船用海水淡化

——水质平衡与饮用安全

方志刚　杨岳平　曹京宜 等　著

科 学 出 版 社

北　京

内 容 简 介

本书提出了海水淡化水质平衡概念，从物质平衡角度阐述了淡化水使金属材料、涂层腐蚀失效的机理。通过试验对比，研究了多种水质平衡调控、消毒、过滤循环方法的优劣。结合健康医学、材料学、海水淡化工程三个领域的基础技术，探索了海水淡化在船舶上综合利用的相关科学问题。

本书可供从事远洋舰船和民用船舶海水淡化系统研究、设计、建造、使用、维护的技术人员阅读，也可为远洋舰船保障理论研究者提供参考。

图书在版编目（CIP）数据

船用海水淡化：水质平衡与饮用安全/方志刚等著. —北京：科学出版社，2021.11

ISBN 978-7-03-068090-7

Ⅰ. ①船…　Ⅱ. ①方…　Ⅲ. ①船舶-生活用水-海水淡化　Ⅳ. ①U664.5

中国版本图书馆 CIP 数据核字（2021）第 029251 号

责任编辑：张淑晓　孙静惠 / 责任校对：杜子昂

责任印制：吴兆东 / 封面设计：东方人华

科学出版社 出版

北京东黄城根北街 16 号

邮政编码：100717

http://www.sciencep.com

北京虎彩文化传播有限公司印刷

科学出版社发行　各地新华书店经销

*

2021 年 11 月第　一　版　开本：720×1000　1/16

2021 年 11 月第一次印刷　印张：31

字数：650 000

定价：198.00 元

（如有印装质量问题，我社负责调换）

前　言

水是生命之源，人类早期依水而居。水是人类生活、生产的基本需求之一，是宝贵的自然资源。长期以来，通过地球的自我调节，空气、水、岩石、生物这四大圈体可以和谐地处于相对平衡之中，水也可以通过自身大系统循环为生物圈做出贡献。但种群数量的快速增长消耗了越来越多的水资源，并且不断将万亿吨级的碳杂乱无章地洒落到空气和水中，可供人类使用的水资源越来越少了。进入21世纪以来，全球范围内有100多个国家面临着缺水问题，全世界约有12亿人口得不到安全的饮用水，每年有500万人因此而丧生，其中近90%是不满5岁的儿童。联合国教科文组织指出，在未来的10年，全球半数人口将生活在缺水的环境中，这种现象将会越来越严重。全球用水量在20世纪增加了7倍，其中工业用水量增加了20倍，特别是近30年来，全球用水量以每年4%～8%的速度持续增长，淡水供需矛盾日益突出，可利用淡水面临枯竭。

水，这个人类最常见的物质变得稀缺，人们开始寻求其他能产生“饮用水”的方式。科技的进步使我们在水资源开发利用方面取得一些突破，海水淡化、水净化就是其中的典型代表，它们在技术上使水变得越来越“干净”成为可能，但是脱盐水、过度净化水是适合我们生存和生活的“饮用水”吗？与北美、欧洲等地区相比，我国在饮水与人体疾病之间的相关性等流行病学领域的研究水平差距较大，并且存在饮水水质标准制定、流行病学研究、水质安全评定、水净化和脱盐技术多个方面相互脱节现象，这可能与这些领域需要大量样本、长达数十年的研究和跟踪有关，相关研究项目难以在当今中国科研环境中开展。自1957年以来，世界各地出版的流行病学研究文献表明，水硬度与心血管疾病有关，大量研究表明，心血管疾病的死亡率和水硬度之间存在负相关。世界卫生组织（WHO）在《饮用水水质准则》以及多次研讨会中已经提倡对脱盐水再矿化，认为从控制腐蚀和健康角度对海水淡化水进行再矿化是必要的。用什么样的方式去再矿化，以获得一些对人体有益的元素，并达成水质平衡，这是需要我们进一步思考的问题。

面对大海，数千年来人类是“望洋兴叹”。一方面感叹大海浩大深邃，另一方面对如何利用大海资源特别是水资源而感到束手无策。自600年前开创大航海时代以来，人类对自然的开发、利用和战略制高点的抢夺已逐渐从陆地走向海洋。我国在开发、经略海洋方面起步较晚，“海洋命运共同体”“一带一路”倡议的提出，标志着我们必须站在历史制高点来看待海洋开发问题，另外，我国进出口货运总量约90%都是海上运输，也要求我国必须从海洋大国快速发展成为海洋强国。在海洋强国战略中，无论是对海洋资源的勘探、开发、利用的海洋工程，物质交易运输的海运工程，还是护航舰船、守护岛屿的海洋监察和海军工程等，海水淡化技术都是至关重要的。

军用舰船海水淡化技术引领了船舶行业相关技术发展，其作用和军事意义重大。海水淡化能力是远洋海军的关键指标，美国海军就长期致力于新型高效海水淡化新技术的研发。相对于陆用海水淡化系统，远洋舰船海水淡化有着鲜明特点：装备适应性要强，要求能适应世界主要海域并能制备出合格淡水；系统安全性要高，不能引发突发性安全事故，否则会出现大面积非战斗减员或导致人员心理疾病；装备可靠性要好，维修更为方便；船舶空间和载重量资源有限，系统的集成化、模块化、轻量化程度要高；船上资源和携带能源有限，系统的高效率能带来更高的效费比。除海水淡化装置本身外，水质平衡调控和安全健康是设计的焦点，系统材料、消毒、水舱过滤、末端净化、水质监测和检测需要统筹考虑。

船舶淡水保障与设计、建造和使用维护密切相关，涉及多个部门，饮用安全又涉及卫生医学领域。本书尝试着提出水质平衡概念，从物质平衡角度解释淡化水对金属材料、涂层腐蚀失效的机理，论述保持水平衡对海水淡化生产、储存、输送以及人类饮用的重要性和必要性，提出了一种基于自然矿石对淡化水快速矿化调质的方法，结合健康医学、材料学、海水淡化工程三个领域的基础技术，探索了一些海水淡化在船舶上综合利用的相关科学问题。

本书由方志刚、杨岳平、曹京宜主笔，方志刚统稿。全书共10章。第1章绪论，由方志刚撰写；第2章饮用水矿物质对预防疾病的影响，由杨岳平、张洋、张硕、孙昊撰写；第3章典型金属材料在淡化水中的失效行为及耐蚀性，由杨延格、董彩常、任群、李亮撰写；第4章有机涂层在淡水中的失效机制与材料优选，由曹京宜、殷文昌、杨延格撰写；第5章船用海水淡化装置及试验，由方志刚、杨岳平、李亮撰写；第6章淡化水水质平衡调控方法及材料，由方志刚、祁成林、褚广哲、周德佳撰写；第7章水质调控试验与体验，由杨岳平、周德佳、殷文昌撰写；第8章淡水消毒技术与试验，由曹京宜、方志刚、冯亚菲撰写；第9章饮水舱二次污染控制及试验，由方志刚、杨万国、臧勃林、张波撰写；第10章船舶饮用安全保障系统设计与管理，由方志刚、曹京宜、杨岳平撰写。

本书基于作者以及国内外广大学者近年来在海水淡化、水质流行病学、材料学等方面的研究成果撰写而成，对本书参考文献的作者的辛勤劳动表示由衷的感谢。感谢国家相关部门提供的科研经费支持，感谢高从堦院士、冯根生教授、邵舜研究员、陈金增教授在水质平衡、消毒方法上的指导，感谢敖晨阳、刘云生、张海永、韩冰、任群等同志在相关工作上的帮助。

海水淡化是一门新兴技术，正在快速发展之中，船舶海水淡化及安全饮用是一项复杂的系统工程，需要更多的科技工作者从不同的角度去探索和实践。受篇幅和研究深度所限，许多技术、方法和措施不能一一详述。由于著者水平有限，书中不足之处在所难免，敬请读者批评指正。

方志刚

2021年10月

目　录

第1章 绪　　论

在人类生存和生活中，似乎没有什么比水更常见又更重要的了。水最重要的作用是饮用。究竟什么样的水适合长期饮用，是一个值得认真思考的问题。水是自然界的主要组成部分，水自然而生，水自然循环，世界因水而变得美好，人类因水而得以自然延续和健康长寿。但是地球上可供饮用的水越来越少了，人工生产饮用水越来越普遍。人工生产饮用水主要有对淡水或海水进行净化、纯化、淡化等方式，对地表淡水中杂质的净化或更严格的纯化，形成常见的“纯净水“，对海水进行淡化形成“淡化水”。纯净水或者淡化水是适合我们正常生活的饮用水吗？饮用水是不是需要水质平衡后再进入人体？用什么方法达到饮用水水质的平衡和安全？……这些都需要全人类的考究。

1.1 引　　言

人类早期依淡水水源地而居，很少居住在缺少淡水的地方，后期的迁徙也与干旱缺水或水源地受到污染密切相关。可以想象的是，人类诞生和人群扩大的地方的水资源是适合人类生存的，是“最好的水”，可惜这种景象被历史的脚步以及地球本身的生长轨迹覆盖而变得模糊，人类开始在越来越高的山涧、越来越深的地下河流、越来越远的溪流取水，似乎找到好水越来越困难了。水是一种自然物质，既是地球成长、变迁的一个最主要组成部分，又是一个整体，同时又是有生命的。亿万年来，水遍布地球每个角落，遍布每个生物体。地球是由空气、水、岩石、生物四个圈体组成的平衡体，水也处在平衡—平衡破坏—再平衡的循环往复和发展中。

人们已经大致认识到水的循环过程是“蒸发—下雨（雪）—沉淀、渗透、过滤—地表水＋地下水”，但是生存竞争压力已经让人们等不及水的自然循环了，人们开始迫不及待地对高山之水、地下之水、千年之水进行挖掘利用。

水本身具有多重特性，水的结垢和腐蚀是日常生活经常碰到的现象，对一种材料来说，在一个温度条件下水有一个平衡点——既不结垢又不腐蚀。人体也是一个平衡体，去掉许多物质的水肯定要有一个平衡的过程，而在哪个过程获得平衡，需要研究海水淡化技术和利用的工作人员去思考和回答。

1.2　生命的起源与水

1.2.1　水与生命之源

关于生命的起源，现在学术界还处在不断的研究和争论之中，长期以来就有唯心主义和唯物主义两种不同的认识。唯心主义的观点，包括生命是由神创（如上帝创造）和生命是超然于物质存在的精神力量的表达两种不同的解释。根据这个观点，生命起源是一个没有必要提出也没有必要进行研究的问题。唯物主义的基本观点是生命不是物质世界原本就存在并永远如此存在下去的，生命有一个产生和发展的过程，这个过程有其自身的规律，是可以被人们认知的。但无论是唯心主义还是唯物主义，对生命存在的必要条件的认知一致的内容有：一是适合生物生存的温度，一般应在−50～150℃；二是必要的水分，生命物质如蛋白质、核酸的活力都和水紧密相关，没有水，也就没有生命；三是适当成分的大气，虽然已发现少数厌氧菌能在没有氧气的条件下生存，但氧气和二氧化碳对于生命存在是极为重要的；四是要有足够的光和热，为生命系统提供能源。

地球上一切生命最古老的共同祖先，第一个能够复制自身的原始细胞，是由构成宇宙间 98%物质的氢（H）、氦（He）、碳（C）、氮（N）、氧（O）、氖（Ne）六大元素组成的。目前科学家对地球生命形成的普遍共识是：大约在 38 亿年前，地球首先形成了很长的核糖核酸（RNA）分子的分子链，到了 36 亿年前，这些能形成很长分子链的 RNA 发展成为脱氧核糖核酸，即 DNA。生命主要就是从 DNA 发展出来的。关于生命起源的学说，主要有起源于淡水、海底、太空和陨石之说，其中起源于淡水和海底的两个学说都与水有关，是最被大众认可的。

生命起源于淡水。美国加利福尼亚大学科学家的一项试验研究得出了惊人的结论——地球生命起源于陆地淡水池塘。他们研究发现，对于早期生命来说，淡水比咸水更适宜生存。生命的最初形态是一种被称为囊泡的薄膜，里面含有具备自我克隆能力的化学物质。这种囊泡是 DNA 的“远祖”。科学家利用地球早期化学物质（碳氢化合物）在淡水中成功合成了囊泡，但咸水中的 NaCl、镁离子或钙离子会使薄膜分离。地球早期海水的盐度为现今的两倍，这使得生命细胞难以形成。生物进化论的代表人物达尔文早就认为生命起源于淡水池塘。他在几封私人信件中写道，原始生命的诞生地是一些富含氨和磷盐等物质，并且光、热、电作用比较活跃的小池塘。

生命起源于海底。德国杜塞尔多夫大学的威廉·马丁与英国格拉斯哥环境中心的米歇尔·罗塞尔等提出，生命最初是在海底含有硫化铁的岩石空腔中产生的。他们认为，在狭小空间内聚集的氢气、氰化物、硫化物和二氧化碳及其他生命体起源所需物质，最终发生化学反应，并形成了最原始的有机体。

2002年，德国雷根斯堡大学的科学家在冰岛北部大西洋火山区约120m深处的海底发现一种微小细菌（称为“骑火球的超级小矮人”），其体积相当于大肠杆菌的1/160。它是有史以来人类发现的最小生命体。这一发现对研究生命起源有重大科学意义。2005年，德国生物化学家克里斯托弗·比伯里切尔等通过冰冻海水试验，培养出具有400多个链条的RNA分子链，此前培养出的最长的RNA分子链只有15个链条。这个数目已经足够让RNA自我复制。

另外，目前一些已经在–150～–80℃的低温下存放1年多的试管，为生命起源的奥秘提供了另一种可能：生命有可能起源于冰冷的海水。

地球是迄今人类发现的唯一一个存在生命的星球，现在人类还在不断地探索其他星球存在生命或者适合于生物生存的可能性，这种可能性最突出的标志就是是否有水存在。可见，水在生命起源和塑造环境的过程中起到了至关重要的作用。

1.2.2 水圈与地球结构组成

原始地球既无大气，又无生命。地球形成之后，地球的物质产生了分异作用，使地球逐步分出了不同的圈层。地球内部的密度、压力和温度，都随着深度的增加而增大。地球初始物质（球粒陨石等）因局部熔融、分异作用，形成了不同物质的圈层。地核（距地表6371km）是由非常致密的铁镍、陨铁硫物质组成的。其密度比钢铁还大，压力超过300万MPa，温度高达4000～6000℃。介于地核与地壳之间的地幔，也称为中间层（其厚度约2900km），其密度与整个地球的平均密度接近，以橄榄岩和玄武岩为主。地壳（较轻的硅铝质和硅镁质物质）是地球最外面的一层，其厚度各地不一，海洋中最薄的为5～6km，大陆最厚的地方有70～80km，平均值约33km。地球除了内部这三个圈层外，还分异出了水圈和大气圈。水圈包括地球上海洋、江河、湖泊、湿地、冰川和地下水，约占地球质量的0.04%。地球最外面的一层气体就是大气圈，范围从地面到高空1000～3000km。地球上的水和空气，给生命诞生和发育提供了条件，于是地球上又形成了一个丰富多彩、生机盎然的生物圈。

有的学者也把地球外部的三大圈层和地球内部的岩石圈一起合称为地球表层的四大圈层。岩石圈、大气圈、水圈和生物圈一起构成地球的生态系统。人类生活在地表，也就是岩石圈的顶部，大气圈和水圈是地球生命生存的基础条件之一，生物圈是四大圈层系统中的主体和最活跃的因素。大气圈和水圈可能是由普通球粒陨石类物质构成的原始地球“表层”释放的气体形成的，其中水汽成分凝结降落形成了原始水圈。原始大气圈和原始水圈经过长期演化，特别是经过生物作用后才形成了现今的大气圈和水圈。原始大气圈和水圈形成之后，在它们与岩石圈的接触地带，无机物经化学演化形成有机物质，生命从无机界中产生出来，经过长期的进化形成了现今的生物圈。大气圈、水圈和生物圈，是互相渗透的，也是互相重叠的。人类社会的进步，主要标志是如何利用和改造岩石圈，从现在和将来发展的观点来看，四个圈体相互渗透的趋势越来越明显。

关于水环境的形成，地质科学家普遍认为，当46亿年前地球形成的时候，它是一个岩浆球，当时存在着大量的活火山。这些火山不断喷发，岩浆携带着水蒸气散布到地球各处。当岩浆冷却后，水蒸气就凝结成雨水，降落到地球表面。这样就开始了水的循环。水流向地球上的凹地，于是就形成了湖泊、江河、海洋。数百万年后，在海洋中聚集了产生生命的化学物质——甲烷、氢和水。

据估算，地球拥有逾140万Mt水，其分布状况大致是：海洋占97.23%（约1.37×10^{18}t），两极冰川占2.15%，陆地（含地下水）仅占0.62%——这是人类真正的储备用水（其中江河占0.24%、湖泊水占0.1%、地下水占0.22%、大气中含有0.05%的水，而土壤中的水仅占0.01%）。

这些水一直在地球上流动、循环，它维系和保存了自然界的一切生命，人们在21世纪的今天仍享用着6500万年前的水。

1.2.3　一方水土养一方人

人是大自然的一部分，既受赐于自然，也受制于自然。地理环境作为人类繁衍生息的物质基石，一方面，它通过物质资料生产方式及其技术系统等介质深刻地影响着人类社会、上层建筑；另一方面，它直接影响民族性格，造成文化的差异。在人与自然的关系中，水作为生命之源和自然环境中不可或缺的组成部分，在人类的起源、进化和文化创造中扮演着极为重要的角色，不同国家、地区和民族所彰显的不同文化特质，无不打着水影响和塑造的深刻烙印，正所谓一方水土养育一方人，一方水土孕育一方文化。也可以反过来讲，经过长期进化的各地区不同人种对水的要求和需求也是不一样的。

地域文化是以“历史地理学”为中心展开的文化探讨，其“地域”是文化形成的地理背景和约定俗成的历史区域。在中国，地域文化一般指特定区域内，在人与自然环境（如气候、地貌、水文、植被等）互动基础上形成和发展起来的源远流长、独具特色、传承至今仍发挥作用的文化传统。虽然地域文化是不断发展和变化的，但在一定阶段具有相对的稳定性。社会与自然的联系以劳动为介质。地理环境经由物质资料生产方式这一中介，给各民族、各国文化类型的铸就奠定了物质基石。德国哲学大师黑格尔在《历史哲学》中将自然环境对人类社会的影响归结为三个方面，即：对生产方式、经济生活发生作用，对社会关系、政治制度发生作用，对民族性格发生作用。为此，他还针对人类所处的地理环境的不同，划分出高原游牧文化、大河农耕文化、海洋工商文化三大类型，并提出了著名的“温带文明发生论”。

事实上，地域文化的形成离不开两个主要因素，一是自然环境，二是人文环境或社会结构。正所谓“古今沿革，有时代性；山川浑厚，有民族性”（黄宾虹《九十杂述》)。中国自春秋战国以来形成的各具特色的区域文化，如黄河流域的三秦文化、三晋文化、中州文化、齐鲁文化，长江流域的巴蜀文化、荆楚文化、吴越文化等，都是区域自然环境与人类文化在特定的时空内发展起来，是自然和人文共同作用下逐渐形成和发展起来的。讨论水环境与地域文化的关系，不仅要有量的探究，还要有状和质的考量——因为它们对人的品性和体貌乃至健康都有潜移默化的影响。“状”就是水的形态，是线条的江河还是块状的湖泊，是动水还是静水，是深水还是浅水，是湍急还是舒缓，是雄浑还是秀美。“质”就是水的质量，包括水体的物理（如色度、浊度、嗅味等)、化学（无机物和有机物含量）和生物（细菌、微生物、浮游生物、底栖生物）特性及其组织状态。

关于水环境对人们习性、体貌的影响，中国古代先哲很早便注意到了，并不乏精当、深刻的见解。《管子·水地》在提出“水者何也？万物之本原也，诸生之宗室也，美恶、贤不肖、愚俊之所产也”的命题以后，还将战国时期各诸侯国的水态、水质状况与国民的习性、品德等对照起来，为自己的论点张目，论述了齐、楚、越、秦、晋、燕、宋诸国水态水质的差异对当地百姓品性产生的重要影响，这是我国古代早期论述水性与人性关系的作品。《吕氏春秋》说：“轻水所，多秃与瘿人；重水所，多尰与躄人；甘水所，多好与美人；辛水所，多疽与痤人；苦水所，多尪与伛人。”其认为水之轻、重、甘、辛、苦的不同，对人体的形貌和健康有直接的影响。

水质对人健康影响很大，这种说法已被现代医学所证明。据世界卫生组织调查，人类疾病的 80%与水质不良有关。《世说新语•言语篇》认为山水的特性可以决定一方人的性格：平坦而水清的地方，人的品性简淡清洁；而山高水急的地方，人往往具有磊落不凡的英气。唐人刘禹锡认为水清则人慧：“潇湘间无土山、无浊水，民乘是气，往往清慧而文。”（《送周鲁儒序》）明人王士性在论及关中和川中水土与人性的关系时指出，关中土厚水深，“故其人禀者博大劲直而无委曲之态……川中则土厚而水不深，乃水出高原之义，人性之禀多与水推移也”。(《广志绎》卷三)近代国学大师刘师培认为北人与南人的生活、性格和气质等方面的差异，也与水土环境有关系。上述观点虽不一定都科学、准确，但其无疑道出了水土环境感召和影响人类性格、体貌和风俗习惯等的客观现象。

1.2.4 水的循环与海水淡化利用

天然水在自然界中分布和循环，构成地球的水圈，在循环过程中受到污染混入各种物质，形成不同的水质特征。各类天然水体如江河湖海、地下水层等有差别很大的水质特点，即使同类水体，其水质也不尽相同。这取决于水体所处的环境条件，如气象、气候、地理、地质、人类社会活动、各种生物的生长繁殖等。下面简要叙述各类水体的水质特点，主要是自然环境下的基本概况。

海洋水量超13亿立方千米，覆盖地球表面70%以上，而且各大洋的水流是相通的，使它们之间充分混合。因此，世界各地海洋的水质有着基本的相似性与稳定性，当然这并不排除海洋水质组成在水平和垂直方向上有一定规律的变化，另外，在局部地区海洋水质可能有很大的不同。

大气降水是由海洋和陆地所蒸发的水蒸气凝结而成，它的水质组成很大程度上取决于地区条件，因而变化幅度较大。靠近海岸处的降水可混入由风卷送的海水飞沫、火山灰粉，内陆的降水可混入大气中灰尘、细菌，城市上空的降水可混入煤烟、工业粉尘等。但总的说来，雨和雪是杂质较少而矿化度低的软水。

雨水的含盐量一般为1～50mg/L，其组成在靠海岸处与海水相似，以Na^+、Cl^-为主，而在内陆与河水相似，以Ca^{2+}、HCO_3^-为主，但SO_4^{2-}的含量常稍高。雨水中的溶解气体如O_2、CO_2等常是饱和或过饱和的，还常含有雷电生成的含氮化合物。雨水pH一般在5.5～7.0，在城市上空受工业气体污染可能酸性更强。

河流是降水经地面径流汇集而成的，它在发源地可能由高山冰雪或冰川水补给，沿途可能与地下水相互交流。由于流域面积十分广阔，又是敞开流动的水体，河水的水质成分与地区和气候条件关系密切。而且受生物活动和人类社会活动的影响最大的，也是用水废水、环境污染涉及最多的水质系统。河水广泛接触岩石土壤。水质与地形、地质等条件直接相关，不同的地区矿物组成决定着河水的基本化学成分。江河水一般均卷带泥沙悬浮物而有浊度，浊度从数十到数百度，夏季或汛期可达上千度，冬季冰封期又可降至数度，随季节有较大变化。山区、林区、沼泽地带流出的河水因含腐殖质而有较高色度，或因水藻繁生而带有表色，也随季节而变化。水的温度更与季节气候直接有关。

湖泊是由河流及地下水补给而形成的，虽然湖水的水质与补给来源的水质有密切关系，但两者的化学成分可能相差很远。气候、地质、生物等条件也同样影响着湖泊水质，另外，湖泊有着与河流不相同的水文条件，湖水流动缓慢而蒸发量大，由于有相对稳定的水体而具有调节性，因此，流入和排出的水量、水质、日照和蒸发的强度等因素也强烈地影响湖泊水质。如果流入和排出的河流水量都较大，而湖水蒸发量相对较小，则湖水可保持较低的含盐量，成为淡水湖。如果流入的水量大部分或全部被蒸发，而输入的溶解盐在湖水中积聚起来，就形成咸水湖以至盐湖。一般淡水湖是指含盐量低于 1000mg/L 的湖泊；咸水湖的含盐量在 1000g/L 以上直到 35000mg/L，即相当于海水的范围；而含盐量超过海水时就称为盐湖。在沿海地区也可构成盐湖或咸水湖，这可由海水侵入或海湾变迁生成，称为海源湖或者潟湖。

水库可算是人工的湖泊，一般为淡水湖，其水质状态与湖泊十分近似，但在新建成时期要有一个过渡阶段，从河水及原有地区的水质特点逐步调整为稳定的湖泊状态。

地下水是由降水经过土壤地层的渗流而形成的，有时也可以由地表水体渗流补给，但由于存在条件不同，其水质可能与地表水有很大区别。地下水的水质与所接触的土壤岩石、环境条件密切相关，同时局部水层之间不易交流，所以水质成分变化多种多样成为地下水的一大特征。总的说来，地下水质的基本特点是：悬浮杂质少，水比较透明清澈；有机物和细菌的含量可能较少，受地面污染的影响大；溶解盐含量高，硬度和矿化度较大。地下水按其深度可以分为表层水、层间水和深层水等，水层越深，地下水的特点就越明显。

人口越来越多、淡水消耗量越来越大、可供人类使用的淡水资源越来越少，海水淡化技术提到日程上来，技术上也变得可能。海水淡化的终极目的是什么呢，仅仅是获得可观的淡水吗？我们需要什么样的淡水呢？

地球上的水圈是一个永不停歇的动态系统。在太阳和地球引力的推动下，水在水圈内各组成部分之间不停地运动着，构成全球范围的海陆间大循环，并把各种水体连接起来，使得各种水体能长期存在。海洋和陆地之间的水交换是这个循环的主线。在太阳能的作用下，海洋表面的水蒸发到大气中形成水汽，水汽随大气环流运动，一部分进入陆地上空，在一定条件下形成雨雪等降水，大气降水到达地面后转化为地下水、土壤水和地表径流，地下水和地表径流最终又回到海洋，由此形成淡水的动态循环。这部分水容易被人类社会所利用，具有经济价值，正是我们所说的水资源。陆地上发生的水循环是降水—地表和地下径流—蒸发的复杂过程。陆地上的大气降水、地表径流及地下径流之间的交换称为三水转化。地下水储量很大，是经过长年累月甚至上千年蓄积而成的，水量交换周期很长，循环极其缓慢。

无论是海洋水蒸发还是陆地上的水蒸发，实际上都是海水淡化现象，这时的水汽是一种气态的纯净水，降到地面后有一个或长或短时间的与岩石层相互渗透的过程，只有与岩石层充分渗透后的淡水，才是地球上最原生态的水，才是最自然的水、利用价值高的水。这也就为海水淡化后的淡水利用提供了参考途径。

1.2.5 建设海洋命运共同体

地球作为一个星球存在约 46 亿年，鲨鱼在恐龙出现的 3 亿年前就已经在地球上了，属于地球上出现比较早的动物物种，人类作为一个物种大约存在了数百万年，相对于地球和地球上许多动物种类来说，是一个很年轻的物种。在近几百年来，人类文明高速发展。一方面，人们利用自然和改造自然的能力快速提升，正在形成高度的文明社会，例如，火星、月球等星体探测器的诞生和运用，使得人们可以加速认知地球以外的世界；速度越来越快的火箭、飞机或打击性武器的诞生，是人们征服地球万有引力和有能力在地球上占据一方的证明；对超过万米海沟海洋最深处的考察，表现出人们可以具备从探索、了解逐步到征服、利用海洋的能力。另一方面，人类正在加速对地球的毁灭。人类对各种矿物的开发、冶炼，每年从地下提取数万吨的碳和矿物质，并将其排放到大气和海洋中，大气污染、饮水污染越来越严重，台风、海啸、地震等自然灾害越来越频繁，让空气、水这些地球上最基本的物质变得越来越稀缺，找到一块净土似乎越来越困难。我们能阻止这种行为吗？从历史发展进程来说，我们无论是作为一个个体还是作为一个国家，好像都不能改变这种行为继续蔓延，因为作为个体，能力和实力总是有限的，个人是不可能改变世界的；而作为一个国家，只有其军事、科技、金融等综合实力站在世界最前沿时才有话语权，而这种话语权是靠消耗地球上大量的资源来获得和保持的。在这个大量消耗矿石和碳的时代，如何获取更多的人类赖以生存的优质资源和进一步有效利用地球资源，是一个技术问题，也是一个国家战略问题，是“人类命运共同体”的重要组成部分，需要全国、全人类共同努力。构建“海洋命运共同体”，加强海水淡化以及有效利用研究同样具有战略意义和现实意义。

1.3 金属腐蚀与岩石圈的物质循环

1.3.1 岩石圈的物质循环

岩石圈包括地壳的全部和上地幔的顶部，由岩浆岩、沉积岩、变质岩等组成，它们受岩浆喷出和冷却凝固、重熔再生，以及流水、风、冰川、海浪等的风化、侵蚀、搬运、堆积的作用，组成一个大的地球物质循环系统。我们今天看到的山系、盆地、流水、冰川、风成地貌等，是岩石圈物质循环在地表留下的痕迹。

我国科学工作者在喜马拉雅山发现海洋生物的化石，说明地球在几亿年或更久以前的地形与现在完全不一样，如印度与我国西藏地区，也许在以前，那片地区是一片海洋或临海地区，所以会有海洋生物生存。可能经过漫长的地质运动——大陆的漂移导致大陆与大陆碰撞，海水消失，从而导致海里的岩石垮塌、变形，珊瑚礁破裂等，将各种生物埋藏，在地壳板块长期相互挤压、山体形成、山峰抬升以后，形成今天的喜马拉雅山脉。最新测定数据表明，珠穆朗玛峰平均每年增高 1cm。在世界上海洋底部如我国东部海底，也发现了人类活动的遗迹，也就留下了岩石圈的运动痕迹。

生物圈会变成岩石圈的一部分，这是许多考古工作者最感兴趣的部分。生物变成化石的有趣和不同寻常的一种方式就是在琥珀中保存。古代的昆虫可被某些针叶树分泌出的黏树胶所捕获。当松脂硬结后进一步变成琥珀，昆虫便留在其中，有些生物体的软组织保存的完好程度令人叹为观止。古生物学家更看重的是研究保存在岩石中的化石。这种化石成分更多的是生物体的硬组织，化石可以通过石化作用和矿化作用而保存下来。当矿化的地下水把矿物沉淀于生物体的坚硬部分所在的空间时，生物体的坚硬部分变得更坚硬、抵抗风化作用的能力更强。较常见的矿物有方解石、二氧化硅和各种铁的化合物。矿化作用或者置换作用是生物体的坚硬部分被地下水溶解，与此同时其他物质在所空出来的位置上沉淀下来的过程。

水环境会加快动物尸体腐烂，尸体浸泡在水中，不久就会释放出黏稠液体，在陆地或者水域环境，细菌和食腐动物都会加快尸体的自然腐烂过程。水和空气加速了生物圈向岩石圈的转化。

1.3.2 金属的冶炼和腐蚀

人类文明进步的重要标志是从石器时代走向铁器时代。炼铁过程实质上是将铁从其自然形态——岩石（矿石）等含铁化合物中还原出来的过程。新石器时代，人类已经会使用金属，最早使用的金属是铜等以化合物形式存在于自然界的物质，后来人类学会了冶炼。在我国古代商周奴隶社会，青铜的冶炼技术已有很高的水平。据考证，最早开始人工炼铁的国家是小亚细亚的赫梯帝国，赫梯人掌握炼铁技术是在公元前 12 世纪。经过数千年的发展，现代炼铁方法主要有高炉法、直接还原法、熔融还原法等，其原理是矿石在特定的气氛中（还原物质 CO、H_2、C，适宜温度等）通过物化反应获取还原后的生铁。生铁除了少部分用于铸造外，绝大部分作为炼钢原料。

高炉炼铁是炼铁方法中应用最多的，使用的原料主要由铁矿石、燃料（焦炭）和熔剂（石灰石）三部分组成。铁矿石主要被还原的是铁的氧化物如赤铁矿（Fe_2O_3）、磁铁矿（Fe_3O_4）和浮氏体等。主要还原剂为焦炭中的碳和鼓风中的氧燃烧生成的CO气体，以及鼓风和燃料在炉内反应生成的H_2。进入高炉的矿石的脉石和焦炭灰分还含有一些其他氧化物（SiO_2、Al_2O_3、CaO、MgO等）、硫化物（FeS_2）和磷酸盐[$Ca_3(PO_4)_2$]。一些共生铁矿还含有锰、钛、铬、钒、铜、钴、镍、铌、砷、钾、钠等的含氧化合物和少量硫化物。各种氧化物因化学稳定性不同，有的在高炉内全部还原，有的部分还原，有的完全不能还原，不还原的氧化物就进入炉渣。从这个过程可以看到，金属是岩石存在于地球的一种变化形式。

金属发生腐蚀其实是自然界中的一种自发过程。在自然界中，只有少数几种金属如金、银、铂等有单质存在，大多数金属以化合物，即矿石状态存在。这是因为以这种状态存在最稳定，这称为热力学稳定状态。当金属被冶炼成单质以后，就处于热力学不稳定状态。由热力学不稳定状态向稳定状态的转变是自发过程，因此，可以说金属发生腐蚀是必然的过程，人类只能采取一些措施减缓腐蚀过程，但不能完全阻止这一过程。

尽管人们花费很大力气把金属矿石开采出来，利用各种冶金手段，将其还原成金属单质，并加工成金属结构和各种制品。但是在使用过程中，它们还会与周围环境介质发生反应，重新形成化合物，这个返回原始状态的过程就是腐蚀过程。

例如钢铁材料，它们是从含氧化铁和四氧化三铁的矿石中冶炼出来的，又很容易与氧化合再回到矿石状态，红褐色的铁锈主要成分就是氧化铁和四氧化三铁，它们与铁矿石没有太大区别，见图1.1。

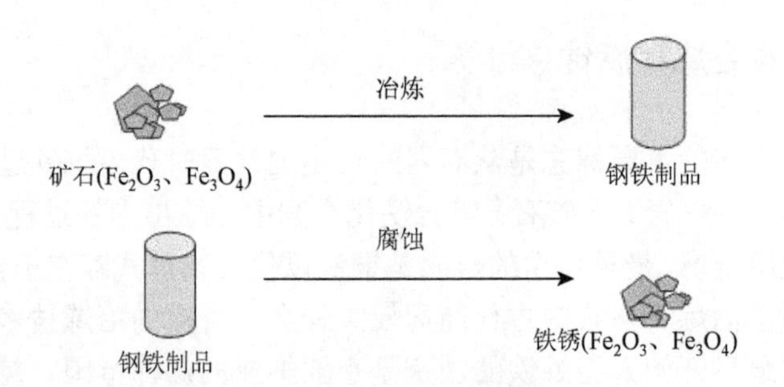

图1.1　金属的冶炼与腐蚀

Fe_3O_4可表示成$Fe_2O_3 \cdot FeO$

在自然界，金属在海水环境中是最易发生腐蚀的。在有水的环境中，钢铁变成腐蚀产物——矿石状态是有一个过程的，大体过程是：金属晶格中的铁原子先在电解质中溶解，变为水合离子，一般情况下水合离子继续发生反应形成化合物。

（1）铁在水中溶解变成二价铁离子：

$$Fe \longrightarrow Fe^{2+} + 2e^- \quad (e^-\text{代表电子}) \tag{1.1}$$

（2）水合亚铁离子与水中的 OH^- 作用生成 $Fe(OH)_2$ 沉淀：

$$[Fe(H_2O)_6]^{2+} + 2OH^- \longrightarrow Fe(OH)_2\downarrow + 6H_2O(\text{白色沉淀}) \tag{1.2}$$

（3）$Fe(OH)_2$ 继续氧化：

$$4Fe(OH)_2 + O_2 + 2H_2O \longrightarrow 4Fe(OH)_3 \quad (\text{红色锈}) \tag{1.3}$$

最后形成较复杂的铁锈：$m\mathrm{Fe_2O_3}\cdot n\mathrm{FeO}\cdot p\mathrm{H_2O}$。

由于海水中含有氯化物，生成的铁锈中除上述产物外还可能有少量的 $FeCl_2$（只能短暂存在）或 $FeCl_3$。

1.3.3 金属合金化再平衡

为了阻止金属的腐蚀，数千年以来人们一直在尝试各种工艺和方法，其中一种方法是在冶炼过程中加入其他元素，使金属组织结构更趋于稳定或复杂化，以抵挡大气圈、水圈、生物圈多种因素的侵蚀，如在铁中加入合金元素或其化合物，主要是溶入铁素体，或者与碳形成碳化物，少量存在于夹杂物（如氧化物、氮化物、硫化物及硅酸盐）中，在高合金钢中还可能形成金属间化合物。因此，将钢中的合金元素分为碳化物形成元素和非碳化物形成元素两大类。常用碳化物形成元素有 Ti、Zr、Nb、V、W、Mo、Cr、Mn 等（按形成碳化物的稳定性由强到弱排列），它们主要与碳结合形成合金渗碳体或合金碳化物。常用非碳化物形成元素有 Ni、Co、Cu、Si、Al、N、B、Re 等，它们主要是溶入铁素体，形成合金铁素体。

合金化防腐蚀方法是让冶炼成金属的矿石再次回到复杂组织结构和复杂成分组成的状态，现在发展最快的耐高温陶瓷基复合材料更是如此，否则，金属会在大气圈、水圈、生物圈等自然界中最基础物质的帮助下自发地回到岩石圈的矿石状态。

1.4 水的结垢、腐蚀与平衡特性

1.4.1 水的结垢特性

用锅炉、水壶等容器烧水或供应蒸汽时，硬水中溶解的钙、镁碳酸氢盐受热分解，析出白色沉淀物，渐渐积累附着在容器上，这种现象称为结垢。锅炉结垢，不但多耗燃料，且易造成局部过热，引起事故。

管路和容器内壁结垢分为水垢和污垢。水中溶解盐类产生固相沉淀是结垢（水垢）的主要原因，其产生固相沉淀的条件是：随着温度的升高，某些盐类的溶解度降低，如 $Ca(HCO_3)_2$、$CaCO_3$、$Ca(OH)_2$、$CaSO_4$、$MgCO_3$ 等；随着水分的蒸发，水中溶解盐的浓度增高，达到过饱和程度；在被加热的水中产生化学过程，某些离子会形成难溶的盐。

形成污垢的原因有：多组分过饱和溶液中盐类的结晶析出；有机胶状物和矿质胶状物的沉积；不同分散度的某些物质固体颗粒的黏结；某些物质的电化学还原过程生成沉淀物等。污泥是污垢形成的主要因素，是循环水系统中常见的物质，可遍布于冷却水系统的各个部位，特别是水流滞缓的部位，如冷却塔水池的底部。污泥的组成主要是冷却水中的悬浮物与微生物繁殖过程中生成的黏泥。冷却水中悬浮物的来源有：采用未经处理的地面水作为补充水，或澄清处理的效果不佳，以致有泥沙、氢氧化铝和铁的氧化物等悬浮物进入冷却水系统；因冷却水处理的工艺条件控制不当而生成的沉淀物；水通过冷却塔时，将空气中的杂质带至冷却水中，这是常见的污染根源，特别是在风沙较大的地区。天然水中微生物的种类很多，有藻类、真菌类和细菌类，有孢子、鞭毛虫等。

具备了上述条件的某些盐类，首先在金属表面的某些部位沉积出原始的结晶胚，并以此为核心逐渐合并增长。之所以易沉积于金属表面，是因为金属表面在微观上具有一定的粗糙度，微观上的凹凸不平成为过饱和溶液中的固体结晶核心；同时加热面上的氧化膜对固相物也有很强的吸附力。作为构成水垢的盐类——钙、镁，在过饱和溶液中生成固相结晶胚芽，逐渐变为颗粒，具有无定形或潜晶型结构，接着互相聚附，形成结晶或絮团。固相沉渣的生成与胚芽核心的生成速度有关，即与单位时间内出现的结晶核数量和结晶生长的线速度有关，而这两个因素又与水温和水中盐浓度及其他杂质的存在有关。

总的来看，水的结垢是由于水中钙、镁等离子过多，在合适温度下通过一定的作用机制生长而成。

1.4.2　水的腐蚀特性

水是一种电解质溶液，在水中许多金属都会发生腐蚀。金属发生腐蚀的基本条件有哪些？由于腐蚀形式及种类繁多，发生腐蚀的条件相应地也很多。这里仅就电化学腐蚀谈谈金属发生腐蚀的基本条件。

1. 环境条件

金属表面存在适合于该种金属发生电化学腐蚀反应的介质，或者说是电解质溶液，一般为水溶液。适合该金属发生电化学腐蚀反应的介质，是指溶液中存在一种或多种氧化剂，它们有能力夺取（或称得到）金属原子的电子。从电化学腐蚀的原理上讲，金属原子失去电子变为水合离子的氧化反应（阳极反应）会在金属与溶液界面之间建立一个电位；而氧化剂得到电子的还原反应（阴极反应）也有一个电位。这两个反应耦合，还原反应的电位若高于金属发生氧化反应的电位，金属就会发生腐蚀。例如，铁或锌在稀硫酸或盐酸中，酸中有可以得电子的氢离子，氢离子得电子的阴极反应，其电极电位高于铁、锌等失去电子的阳极反应，则铁或锌在稀硫酸或盐酸中会发生腐蚀。然而对于铜来说，如果酸中没有氧，则由于氢离子得电子的阴极反应的电极电位低于铜失去电子的反应，腐蚀就不会发生，见图 1.2。但是如果酸中有较多的氧，则氧得电子的反应所建立的电位较铜失去电子反应的电位正，则铜也会发生腐蚀。在海水中，铁、锌、铝、铜等都会发生腐蚀，这是由于海水中有氧。锅炉的炉水、核反应堆一回路与二回路水都要进行除氧处理，就是为了消除水中可引起设备发生腐蚀的氧化剂。

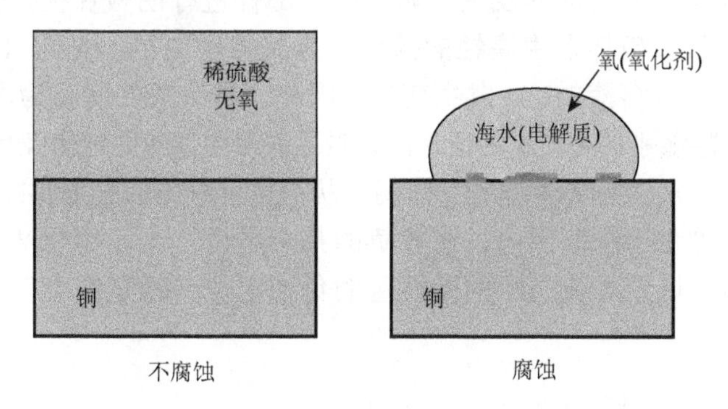

图 1.2 铜在常见介质中发生电化学腐蚀的条件

2. 金属自身条件

金属在所处的介质中，其表面原子能够失去电子变为水合离子，这个条件的本质是，金属原子在其固体晶格上的能量（吉布斯自由能）比水合离子的能量高，有离子化趋势。

要满足上述转化过程还要有表面状态的条件，即金属部件与介质接触部位有裸露的活化表面。这个条件比较容易理解。腐蚀发生在金属表面，金属部件周围有腐蚀介质，但是表面如果存在有相当绝缘效果的隔离层，则腐蚀就不会发生，或进行得极其缓慢。如金属表面有保护效果很好的涂层，或金属表面进行了阳极氧化或钝化处理，有一层很好的保护膜，则会有效地阻止或减缓腐蚀。

然而，在金属部件整体有涂层或保护膜的条件下，局部表面甚至是微小的局部表面保护层（膜）发生了破坏，局部就要发生腐蚀，而且局部破坏部位的腐蚀速率可能更快。金属部件表面发生局部裸露的原因很多，可能是结构设计原因，如结构缝隙，且海水进入了缝隙，造成缝隙内的金属表面局部活化；也可能是表面保护层（膜）遭到机械损伤；还可能是逐渐发展的腐蚀破坏，如不锈钢发生应力腐蚀时，尽管不锈钢部件整体表面有保护膜且基本完好，其应力腐蚀裂纹前端却裸露出高度活化的微区而发生快速的腐蚀溶解。

3. 电位-pH 条件

在合适的电解质及金属有裸露表面的条件下，金属发生腐蚀还要考虑其电位-pH 条件，具体说就是在一定 pH 的电解质溶液中，金属的电位必须处于相应的腐蚀电位区，才能发生腐蚀。

需要说明的是，在没有外界进行电位干涉情况下，金属裸露的活化表面处于适合于腐蚀的电解质溶液中，则一般情况下，其自然就会符合发生腐蚀的电位-pH 条件。但是有时可以人为地改变金属部件的电位，使金属腐蚀速率发生改变，甚至可以避免腐蚀的发生，如对腐蚀部件进行阴极保护，使金属的电位降至免蚀区，从而破坏发生腐蚀的条件，金属得以免蚀，见图 1.3。有些金属的免蚀电位会随着溶液的 pH 发生变化，因此，将该条件明确为电位-pH 条件。图 1.4（a）为铁-水系的电位-pH 图，它标明了铁发生腐蚀、钝化及免蚀的电位-pH 条件。图 1.4（b）为铝-水系电位-pH 图，从中也可看出铝发生腐蚀的电位-pH 条件。在中性较宽的 pH 范围内，在较负的某个电位之上，铝会产生钝化，而在较低 pH 的酸性区及较高 pH 的碱性区的免蚀电位（稳定区）以上，铝都会发生腐蚀。

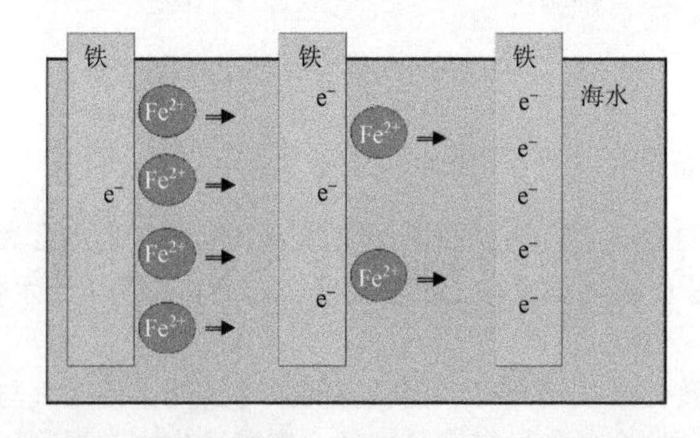

图 1.3　当电位降到某一临界值以下时腐蚀就会停止

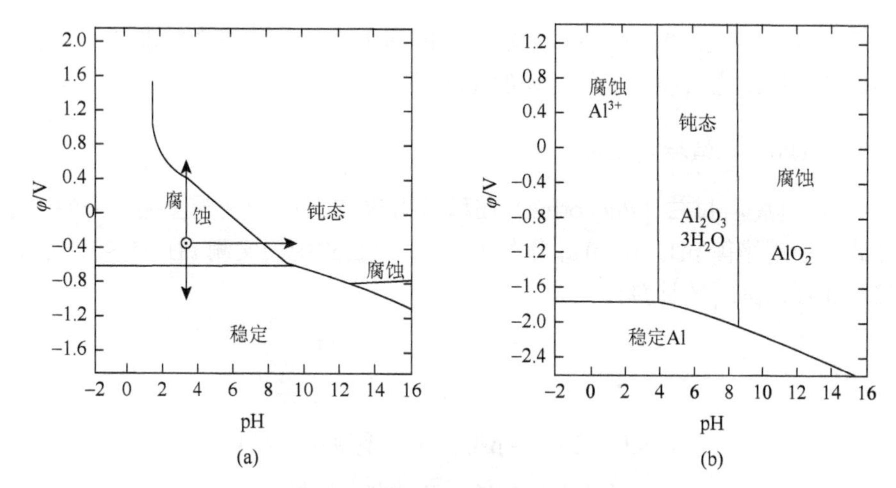

图 1.4 典型金属-水系的电位-pH 图

（a）铁-水系的电位-pH 图；（b）铝-水系的电位-pH 图

1.4.3 水的平衡特性

水在日常生活和工业生产中无处不在，对材料的负面影响主要包括结垢和腐蚀，这将会给材料的使用带来困难，比较好的方法是使水处于“中性”状态，初始状态就是一个平衡状态，既不具有结垢倾向又不具有腐蚀倾向。如何判断水是否处于平衡状态呢，有下面几个方法。

1. Langelier 饱和指数法

$$\text{L.S.I.} = \text{pH} - \text{pH}_\text{s} > 0 \quad \text{结垢}$$

$$\text{L.S.I.} = \text{pH} - \text{pH}_\text{s} = 0 \quad \text{不腐蚀不结垢}$$

$$\text{L.S.I.} = \text{pH} - \text{pH}_\text{s} < 0 \quad \text{腐蚀}$$

式中，$\text{pH}_\text{s} = (9.7 + A + B) - (C + D)$，其中，$A$ 为总溶解固体系数，B 为温度系数，C 为钙硬度系数，D 为碱度系数。

2. Ryznar 稳定指数法

R.S.I. 是由雷兹纳（Ryznar）在实际工作中总结出的一个经验公式，计算式如下。

$$\text{R.S.I.} = 2\text{pH}_\text{s} - \text{pH} < 6 \quad \text{结垢}$$

$$\text{R.S.I.} = 2\text{pH}_\text{s} - \text{pH} = 6 \quad \text{不腐蚀不结垢}$$

$$\text{R.S.I.} = 2\text{pH}_\text{s} - \text{pH} > 6 \quad \text{腐蚀}$$

同 L.S.I. 相比，R.S.I. 更接近实际，但同 L.S.I. 一样未考虑水处理因素对结垢的影响，因此也只能对未做处理的原水做判断。

3. Puckorius 结垢指数法

P.S.I. 是帕科拉兹（Puckorius）在稳定指数 R.S.I. 的基础上提出来的一个经验公式，他用平衡 pH，即 pH_{eq} 代替 R.S.I.计算公式中的实测 pH。P.S.I. 比 R.S.I. 更接近实际。pH_{eq} 的计算公式如下：

$$pH_{eq} = 1.465\ \lg M + 4.54$$

$$R.S.I. = 2pH_s - pH_{eq} < 6 \quad 结垢$$

$$R.S.I. = 2pH_s - pH_{eq} = 6 \quad 不腐蚀不结垢$$

$$R.S.I. = 2pH_s - pH_{eq} > 6 \quad 腐蚀$$

式中，M 为系统中水的总碱度（以 $CaCO_3$ 计），mg/L。

由于 P.S.I. 只是用总碱度对 R.S.I. 进行修正，也未考虑到人为的水处理措施对结垢的影响，因此在实际应用中具有较大的局限性。

4. 临界 pH 结垢指数法

临界 pH 结垢指数是由法特诺提出来的。他用实验的方法测出结垢时水的真实 pH，即 pH_c。用 pH_c 与日常运行时的 pH 比较，当 pH 大于 pH_c 时，水结垢，当 pH 小于 pH_c 时，水不结垢，但是否腐蚀还要考虑其他因素。

临界 pH 结垢指数由于是由实验方法得出来的，已考虑了结垢所有的影响因素，准确度较高。但工作量大，对实验条件及工作人员的要求也较高，因此临界 pH 结垢指数法在日常运用中也受到限制。

1.5 饮食平衡与心血管疾病

1.5.1 水对人体的重要性

水是人体中含量最高的物质，水的沸点、蒸发点、比热容以及介电常数都比其他氢化物高得多。水的这些物理特性与其在人体内的含量直接决定着人体内环境的稳定性。在正常人体内，内环境的理化因素如温度、渗透压、酸碱度、各种离子的浓度、氧和二氧化碳的压力，以及营养物质的含量和化学成分都经常在一定范围内变动着。这种相对稳定的内环境，是细胞进行各种生理活动（如繁殖、发育、兴奋、抑制、冲动传导、收缩、分泌等）的必要环境条件。若由于某种原因（腹泻、呕吐等）造成人体脱水，细胞间液中水含量下降，就引起内环境的渗透压、酸碱度、各种离子的浓度等理化因素的变动。概括来说，水分在人体生命活动过程中发挥着如下几点主要的作用。

（1）水是物质运输的介质。水是良好的溶剂，能运输营养物质和氧气到各组织，同时又从周围组织将代谢废物运到排泄器官而排出体外。人体内许多小分子或离子皆溶解于水中，且多与水结合为水合分子或水合离子。蛋白质、多糖和磷脂只有以亲水胶体的形式均匀分布于体液中，才能够实现其生理功能。

（2）水是代谢反应的基础。水的介电常数很高，能使溶解或混悬于其中的物质处于游离状态，而水溶物质和游离物质极有利于化学反应。水还直接参加体内水解、氧化和还原等反应。生物体的一切正常活动，也只有在一定的细胞水分含量的环境下才能进行，所以水是促进体内生化反应必不可少的物质。

（3）水对调节体温有重要作用。水是人体内含量最大的物质，沸点高达100℃、蓄热量大，所以体内生物氧化过程中产生的大量热能不至于使体温明显上升；外界温度有很大变化时体温也不至于有明显的变化，皮肤散热和汗腺出汗也有助于调节体温。

（4）水对人体结构起润滑作用。在胸腔、腹腔、关节腔等处的水分，起重要的润滑作用；泪液能防止眼球干燥，唾液有利于咽部湿润和吞咽；呼吸道和胃肠道液均有良好的润滑作用。人体能够灵活运动，水的润滑作用是基础。

1.5.2 血管的结垢与堵塞

人体每6.5cm^{2}的皮肤上就分布着长约6.1m的血管。

有些人的血管就像自来水管一样，用的时间长了，管道内壁就要结垢、生锈，逐渐导致管道受阻而无法供水。

血液中的“水垢”是指胆固醇、甘油三酯等，它们在血管壁上越积越多，形成如同黄色小米粥样的斑块，久而久之，使血管壁弹力下降，血液流动受阻，最终因缺血而患心脑血管疾病。

这些心脑血管疾病与饮食、饮水、运动、生活习惯密切相关。餐餐大鱼大肉，血管容易堵，“高油、高盐、高糖”和“浓油赤酱”炮制出来的菜肴美味可口，但长期食用会导致血管里的脂肪越来越多，容易将血管堵塞；昼夜颠倒，打乱血管生物钟，心脑血管的生物钟也会被打乱，导致体内过多地分泌肾上腺素和去甲肾上腺素，让血管收缩和血液流动缓慢、黏稠度增加，长期“黑白颠倒”的人，患心脏病的风险会比正常人增加一倍；长期吸烟和饮酒，血管易“中毒”，美国科学家耗时50多年的研究表明，每天吸烟20支以上，冠心病风险会增加2～3倍；还有研究发现，熬夜时吸烟，会使血液的黏稠度比正常时升高8倍以上；

运动少，血管垃圾多。血管内的垃圾和结垢会逐渐累积，形成粥样硬化斑块这个“不定时炸弹”。

对于有血管堵塞风险的患者，医生开的药方主要有以下几点：提倡清淡饮食，戒烟酒，适量运动，规律作息，以及服用一些降脂清淤的药物。这就像水管结垢和堵塞后的处理方式一样：水中的“东西”多了，需要控制并逐渐降低水的钙、镁等浓度值，减少结垢风险；保持管内一定流速，防止结垢进一步发生。

1.5.3 水的硬度与人体健康

在生活中，水的硬度过高时会“显而易见”或者被人感受到，例如，烧水时容器底部会留下一层白色的垢，甚至在饮用水中还能看到这种白色的东西，影响喝水的心情，喝起来口感也不是很好；常饮硬水会增加人体过滤系统结石的得病率；用硬水烹调鱼肉、蔬菜，会因不易煮熟而破坏或降低食物的营养价值；有的人偶尔因饮用硬水，会产生胃肠功能紊乱，即出现“水土不服”；在硬水中用肥皂洗涤时，硬水和肥皂反应产生不溶性的沉淀，降低洗涤效果；在加热情况下，沉淀出不溶于水的碳酸钙和碳酸镁，使全棉衣服或毛巾板结僵硬，多次洗涤后颜色黯淡。

受环境污染等因素影响，“硬水不能喝，喝了会消化不良，可能得结石病”这种观点似乎被多数人接受，而饮用水越纯净越好的消费导向也越来越多。我国还未开展水硬度与人体健康之间相关性的系统研究。1957 年以来，世界各地出版的多个流行病学研究文献表明，水硬度与心血管疾病风险有关。这些研究在北美、欧洲和日本等 10 余个国家和地区展开，除少数研究外，大多数研究发现心血管疾病的死亡率和水硬度之间存在负相关。来自不同国家的调查者利用不同的研究设计得到了相同的结论，在群体和个体的研究中都证明水硬度增加对于降低心血管疾病的死亡率有益，最常见的好处是降低了局部缺血性心脏疾病的死亡率。流行病学证据表明，饮水中镁浓度对心血管疾病存在有益影响，另外也显示出饮水中钙和镁具有协同作用。这些流行病学研究的潜在意义为，通过简单调节水质，有益健康的影响可能长期惠及大量人群。

国际上对水中微量元素及其营养功能的研究不多，但营养研究表明这些元素对身体有直接或间接的影响。在芬兰发表的研究显示，一方面饮用水中的铁和铜可能与心脏病风险增加有关，另一方面硬水的益处是相对于软水来说降低了腐蚀性带来的间接结果，可以降低人们摄入的从管道和设备溶入的饮水中的金属含量。

在英国、美国、瑞典、俄罗斯和法国开展的流行病研究以及对钙/磷代谢和骨骼脱钙作用的研究发现，饮用水中的钙镁含量对人体健康是有益的，降低心血管疾病死亡率及其他健康益处的饮用水推荐值为钙含量 20～30mg/L 和镁含量 10mg/L。同时这些研究者们也认为，按照饮用水钙、镁最低水平建议的每天摄入的钙和镁含量将随国家和地区的不同而变化，含有较低浓度的矿物质的水可能在某些地区足以为人们带来健康，但是在其他地区可能达不到要求。所有的健康益处还有总的饮食摄入量和除水浓度以外的其他因素，还需要更长久、更大范围的研究以为每个地方和不同群体的人们提供有益的钙和镁含量的推荐值。

以上研究还有许多不确定的地方，但有一点可以肯定，就是饮用水不是越纯越好，饮用水中一定的硬度以及钙、镁含量是必要的。

1.6 海水淡化技术

1.6.1 古老的传说

从海水中获取淡化水是航行于大海上的船舶设计者们最直接的想法。海水淡化是人类追求了数以千年的梦想，古代就有从海水中去除盐分的故事和寓言。有证据表明在公元前 1400 年，古代海边居民就知道利用蒸馏方法从海水中“要”淡水进行饮用。关于海水淡化装置或者器皿，中国古代有“海井”“定水带”的传说，宋代学者周密在他的著作《癸辛杂识》中记载，有一个老船夫花费三百缗买下一个“如桶而无底，非木非竹，非铁非石”的“海井”，可以使海水变为甘泉；清代学者董含在《三冈识略》中记载，有人花费五十金买下一个高三尺许、宽两寸多的古铁物件，说是昔日大禹治水使用的“定水带”，“命贮苦水数斛，搅之以盐，投以带，水沸作鱼眼”，不一会儿苦咸水就变得甘洌了。

1405～1433 年郑和七次下西洋，是中国古代规模最大、船只和海员最多、时间最久的海上航行，也是 15 世纪末欧洲地理大发现航行以前世界历史上规模最大的一系列海上探险。船队配置有宝船、马船、粮船、坐船、战船等大大小小船只 200 余艘，人员超过 2 万，最多时超过 2.8 万人。第 1、2、3 次到达最远的地方为现今印度西南部的古里，第 5、6、7 次到达更远的地方，中国学者认为郑和船队最远到达非洲南端接近莫桑比克海峡，即现今肯尼亚和坦桑尼亚一带，国外有的学者认为郑和船队已越过好望角，还有的认为其有可能到达澳大利亚西北的达尔文港，甚至于 1422 年到达了南极。当时明朝在航海技术、船队规模、航程、持续时间、涉及领域等方面均领先于同一时期的西方，创造了世界航海史的奇迹，远航开始时间比哥伦布发现美洲大陆早 87 年，比达·伽马早 92 年，比麦哲伦早 114 年。每次下西洋怎么解决淡水问题呢？马欢随郑和船队下西洋，将行旅见闻记录成书，在《瀛涯胜览》中，记录了郑和船队途经中南半岛、马来半岛、爪哇岛、苏门答腊岛、印度半岛、马尔代夫群岛、阿拉伯半岛等，在船上种蔬菜、养活禽，水产就地捕钓。但是大量的新鲜蔬果、肉类及饮用水，势必待上岸时补给，尤其是不可或缺的淡水。巩珍在《西洋番国志》的自序中所述：“缺其食饮，则劳困弗胜，况海水卤咸，不可入口，皆于附近川泽及滨海港湾，汲汲淡水。水船载运，积贮仓粮舟者，以备用度，斯乃至急之务，不可暂驰。”在600年前，在创造航海奇迹的时候，郑和及同僚们该是多么想把古老的传说变成现实，让大海既能载船又能将海水变成能喝的淡水啊。

16世纪初，随着英国海外扩张的加剧，英国女王曾颁布一道命令：对发明廉价淡化海水方法者给予一万英镑的奖金（约合现在700余万人民币），据说400多年来英国政府一直承认此项命令的有效性，而至今竟没有哪位科学家夺得这笔奖金。由此可见能被人们接受的廉价淡化海水方法具有难度和紧迫性。

1.6.2　近现代工业革命的产物

1675年和1683年英国专利提出了海水蒸馏淡化，18世纪提出了冰冻法海水淡化，1806年后，由于蒸汽机的出现，研制了浸没式蒸发器，以此作为海水淡化技术发展的开始。1840年开发了单效和真空多效蒸发，开始了闪蒸的研究和设计工作。1872年，在智利出现了世界上第一台太阳能海水淡化装置，日产淡化水2m^3。1884年，英国建成第一台船用海水淡化器，以解决远洋航运的饮水问题。1898年，俄国巴库日产淡水1230m^{3}的多效蒸发海水淡化工厂投入运行。1936年反渗透（RO）和电渗析的概念被提出。1953年利用半透膜将淡水与盐分离的反渗透海水淡化方法问世。1957年发明了多级闪蒸（MSF），由于其克服了多效蒸发中易结垢和腐蚀等问题，所以在中东等缺水地区获得快速发展，这可视为海水淡化技术大规模应用的开始。1960年反渗透膜获得突破性进展，1975年美国杜邦公司“Permsep”B-10中空纤维反渗透器首先在海水淡化中应用，同年低温多效装置商品化。20世纪80年代中期以后，由于反渗透膜性能提高、价格下降、能量回收效率提高等，反渗透成为投资最省、成本最低的海水淡化制取饮用水的技术。

在世界现代海水淡化方法的早期研究开发中，蒸馏法的应用最为广泛，但由于反渗透法具有低能耗的显著优势，生产同等质量的淡水，能耗仅为蒸馏法的1/40，因此20世纪70年代以来，欧美发达国家不约而同地将海水淡化技术研究开发方向和重点转向了反渗透法。在已开发出来的诸多海水淡化技术中，蒸馏法、电渗析法、反渗透法都达到了工业规模化生产的水平，并在世界各地得到了广泛应用。

膜法海水淡化的关键技术是反渗透膜，其原理是美国科学家Sourirajan博士在 1950 年无意间发现的。他观察到海鸥在海平面上飞行时从海面啜起一大口海水，很快又吐出一小口海水。后来研究发现海鸥体内有一层非常精密的薄膜，海水经由海鸥吸入体内后加压，经过压力作用将水分子贯穿透过薄膜转化为淡水，而含有杂质的高浓度盐分的海水被吐出嘴外，即反渗透的基本原理。1953 年佛罗里达大学将该原理应用于海水淡化去除盐分设备。1960 年以后，美国联邦政府专项资助反渗透膜的研究，将其应用于太空领域，使得太空船不用运载大量的饮用水升空。在这之后，投入研究的国家、学者、企业越来越多，膜材料性能越来越好，反渗透海水淡化技术得到了空前的发展。

最近 30 多年来，海水淡化在世界范围内发展迅速。1983 年，沙特阿拉伯在吉达港修建了日产淡水 $30\times10^4m^3$ 的海水淡化厂，巴林建成日产淡水 $10\times10^4m^3$ 的海水淡化厂，科威特也随即拥有了 $100\times10^4m^3$ 以上的海水淡化处理能力。中东地区各国的人民生活用水已经基本依靠海水淡化供应，有的国家的海水淡化水甚至已经占到了全国淡水供给量的 80%～90%。在海水淡化总量方面沙特阿拉伯居世界第一，阿联酋位居第二，2009 年阿联酋海水淡化水量达 $840\times10^4m^3/d$。至 2019 年，全球已有超过 160 个国家和地区利用海水淡化技术，已建成和在建的海水淡化工厂已有 2 万个，全球海水淡化产能超过 13000 万 t/d，我国海水淡化产水规模约为 180 万 t/d。

1.6.3 世界航海史的新起点

对于远洋船舶，由于连续航行时间长，离开补给基地远，要储备足够多的淡水，必然要减少载货吨位，影响运输能力的充分利用；同时淡水储存时间长，也容易被细菌污染而变质；远洋船舶航行的生命力，也要求能源源不断地补充淡水，以适应海上航行多变的气象和工作条件，而单纯使用水舱储存的淡水，难以达到这个目的。

船舶作为独立的单元，远离基地执行任务，船员、设备需要消耗大量淡水，根据统计，人员每天最少量为饮用水 5～10L、洗涤水 20L，美国海军规定新造舰船人员淡水消耗量设计标准为每人每天 50gal（加仑），约合 189L。而机械设备用水量更大，包括设备冷却水、补充水等，如采用闭式冷却系统的柴油发电机、高压空气压缩机、蓄电池补充水等；尤其对于大型蒸汽动力船舶，锅炉补充水量为动力系统蒸汽耗量的 1%～2%。航母上飞机弹射和洗消则需要更多的淡水，美国福特航母淡水配置标准为每天产水 1800～2000t。如此大的淡水需求，对远海航行的舰船来说依靠自身携带淡水是远远不够的，这会严重限制舰船远洋活动。不解决远海舰船淡水保障问题，海军将不成为真正的海军，还是停留在“湖军”或者“江军”的起步阶段。所以，现代大中型舰船和远洋邮轮等都必须装备海水淡化装置，以提供船员和设备用淡水，保证船舶的自持力、续航力。

舰船装备反渗透海水淡化装置以来的 20 多年里，综合比较体积、质量、效率、水品质、经济性、可靠性、维修性等来说，美国海军认为反渗透海水淡化技术应用在舰船上有着比其他方法更多的优势，所以将反渗透海水淡化技术作为海军海水淡化的发展主流。美国海军在大量装备该类装置的同时，大力发展该类技术，将产水效率从现在的 20%提高至 50%，膜的寿命提高一倍视为发展目标。

搞好了海水淡化，解决了海上淡水供应问题，再也不用像大航海时期的“远洋船队”配备数量众多的水船，海军就能成为真正的远洋海军，世界航海史将迈入一个新的篇章。

1.6.4　我国与造船大国的差距

进入 21 世纪以来，我国造船业取得飞速发展，自 2012 年以来，我国造船总吨位保持在 3000 万～4500 万 t，已稳居世界第一，但是我国的船用海水淡化装置、系统和技术与造船大国地位极不适应。目前国内已有十多家船用海水淡化装置的供货商，由于反渗透海水淡化装置的组装技术相对成熟，反渗透船用海水淡化装置生产商居多，因此也推动了市场发展。所以与国际船用市场不同，近几年国内反渗透海水淡化装置的装船数量已远远超过了蒸馏法海水淡化装置，但反渗透海水淡化核心技术——膜的制备和高压泵等一直依赖进口。而蒸馏法海水淡化装置国产化率高，板式蒸馏装置性能指标达到了国际水平，已在沪东中华造船集团有限公司、江南造船（集团）有限责任公司、大连船舶重工集团有限公司建造的各类民用工作船得到广泛应用，同时国内已完成了船用多级闪蒸装置的研发。由于生产规模、经济实力、保障能力等因素，我国的船用海水淡化装置尚无法进入国际市场，甚至无法进入国内生产的远洋轮上，主要原因不是价格和质量上没有优势，而是我国的供货商还没有建立全球维修服务网络，无法为用户提供全球的售后服务。

虽然我国海水利用技术近年来取得了较大的进步和发展，海水淡化产水规模为 180 万 t/d，但与国外相比仍然存在较大的差距，海水淡化产水主要还是用于解决工业用淡水缺乏问题。在船用海水淡化方面差距更大，主要表现在：一是成套化、规模化技术程度较低；二是海水利用与各种能源耦合技术不高；三是关键设备、核心部件国产化能力差，还主要依靠进口；四是远海保障能力弱，缺乏全球保障技术体系。

今后我国要进一步强化海水利用技术的自主创新，在引进消化吸收基础上推进海水利用技术集成创新；加强政产学研用密切结合，加快推进海水利用产业化发展。重点发展反渗透和蒸馏法海水淡化技术研究，以及与之配套的关键技术、材料和装备的研发；研究海水淡化与新型清洁、可再生能源耦合技术及余热利用海水淡化技术。

1.7 船用海水淡化系统

1.7.1 远洋船舶海水淡化的重要意义

对于航行于江、湖和内河的船舶来说，由于离陆地距离不远，可以通过码头或相应的保障船舶来补充淡水，而不必装备一个脱盐或净化系统来提供淡水，毕竟安装一个脱盐系统占用了船舶非常有限的空间资源和重量储备资源。对于航行于茫茫大海的远洋船舶来说，淡水变得比陆地更为珍贵和稀缺，装备一个海水淡化系统就非常必要了。一是在大洋上远离大陆的时间可能很长，人和设备需要消耗大量淡水，而用船舱携带淡水要消耗更多的动力和燃料，特别是要牺牲本来可以用来装载的空间和重量资源；二是为保持船舱的水质安全，需要定期消毒，即使这样，时间一长携带的淡水水质还是有可能变得非常糟糕，不适合饮用；三是若定期补给，船舶航线会受到制约，15 世纪郑和下西洋开创大航海时代的时候就是如此，一般是在离海岸线不远的航线航行，真正横跨大洋的航线并不多。这几点在现代远洋舰船上尤为突出。

（1）海水淡化是现代舰船淡水保障的一个最主要的手段。美国海军淡水配备标准为每人每天 50gal（189L），500 人左右的巡洋舰舰员日常需求量为 70t，5000 人左右的航母舰员淡水日消耗量为 950t 左右，实际上美国航母淡水消耗量定为每天 1500～1800t，这里包括人用和设备消耗的水量。这么大的淡水消耗靠传统的携带方式来解决是难以想象的，不仅要占据较大而且宝贵的舱容空间、载重量，而且运载这些淡水需要消耗大量的能源，还涉及一个时间长了以后淡水变质、异味而不安全、不适合于饮用的问题。

（2）淡水保障能力对作战影响深远。舰船上的淡水用途广泛，可以供饮用、烹调、洗衣、医疗、个人卫生、消防、动力系统及其他用途。淡水保障关系到人员的生存和身体健康，影响军心和士气，关系到各种武器装备和设施的正常运转和功能发挥。

淡水是舰船上每天使用的必需品，消耗量很大。舰船淡水保障模式和能力事关海军的远洋作战能力，对于支持海军远洋常态化存在、维持和发挥战斗力具有非常重要的作用，关系到海军能不能走向远洋，成为真正的蓝水海军。

淡水保障对战斗力产生重大影响。淡水水质不达标或水量不足，不仅会威胁人员的生命和安全，而且会对整个部队的战备程度产生巨大影响，严重制约海军执行任务的能力。

（3）先进的淡水保障理念是现代海军建设和发展的重要组成部分。现代海军需要重视人员生命和安全，体现以人为本的思想。从保证人员健康、维持战斗力、保持战备状态的角度，在舰船资源分配，特别是优质资源的分配上，如为淡水系统分配的舱位、空间，淡水系统采用的材料等方面，重点考虑、优先支持与人有关的各种因素。

现代海军应立足舰船自身的淡水生产能力来提升保障能力。充分考虑平时与应急（战时）保障，要求海军舰船上的产水设备能够满足舰船的自给自足，必须摒弃传统的“带水”理念，实现淡水自我保障将为海军常态化遂行远洋任务提供有力支持。

现代海军应综合权衡目标达成、能力建设、资源消耗等多种因素。以海水淡化为主要手段的舰船淡水保障技术的实施，可以为舰船节省更多的空间、重量和燃油消耗，为舰船续航率、战斗力的提升提供强有力的支持。

现代海军应用体系化思想指导舰船淡水保障。从淡水保障军事需求提出、舰船设计、标准制定、操作使用等多个层面综合考虑，实现自我保障、分级保障、分类保障、适度保障和规范保障，体现出全局考虑、相互关联、密切协作、科学有序的特点。

1.7.2 船用海水淡化技术的发展

自 15 世纪大航海时代以来，早期都是采取船舱带水、水船补水和岸基定点补给的方式来提供船用淡水。1884 年，英国建成第一台船用海水淡化器，以解决远洋航运的饮水问题。一直到 20 世纪 80 年代中期的 100 年时间里，国外船用海水淡化装置全部采用蒸馏法。1973 年美国杜邦公司率先在国际海水淡化会议上宣布研制成功了海水淡化中空纤维膜，此后美国多家公司也相继研制成功。由于反渗透膜投入商业化生产，反渗透海水淡化装置得到了快速发展，特别是军事用途的舰船上，反渗透海水淡化方式占据统治地位的趋势越来越明显。

从民船市场来看，蒸馏法海水淡化装置仍然有一定比例。无论是远洋货轮还是超级豪华邮轮，大多采用蒸馏法海水淡化装置：小容量多采用单效蒸馏装置，生产商有瑞典 Alfa-Laval、英国的 APV 等公司，容量大多在 50t/d 以下，并以板式蒸馏装置取代了管式蒸馏装置；大容量采用多级闪蒸，容量基本在百吨以上，一般用于大型邮轮，如德国 Serck Como 公司生产的 700t/d 多级闪蒸装置用于 4 艘 Millennium，每艘使用 2 台。

军用舰船的海水淡化技术代表了远洋船舶相关技术的发展，某种程度上引领了整个海水淡化行业的技术进步。美国海军护卫舰 DD992 曾在 1983 年首次试装了反渗透海水淡化装置，目的是取得舰船使用反渗透装置的经验。1991 年美国海军在相应的规范中对反渗透装置的配置、反渗透膜的型式进行了严格的规定，此后反渗透海水淡化装置在舰船上得到广泛的应用。在 1982 年英阿马岛战役中，由于战时的淡水补给需要，英国海军将 16 艘商船和 5 艘军船改装为淡水补给船，并采用反渗透海水淡化装置。由于反渗透装置具有易于模块化、安装周期短等特点，所有的船只在三个月内改装完毕并投入战斗，使用情况良好。这也为英国赢得这场被视为冷战时期规模最大、战况最激烈的一次海陆空联合作战做出了贡献，这场战争后来成为现代海战海上战略投送的经典范例。至 21 世纪的第二个十年，美国海军一直致力于反渗透海水淡化技术发展与应用，在最新建造并交付的“福特”号航母上，将海水淡化作为全舰 13 项关键技术之一，目的是在产水量一定的前提下寻求设备和系统有更高的产水效率、更小的重量和体积。

1.7.3 船用海水淡化的主要特点

不同于陆地海水淡化技术，船用特别是海军舰船有着其显著特点。

（1）适应性强。远洋船舶航行于各个海域，海水溶解性总固体含量为 7000～40000mg/L，表层海水温度为–4～35℃，在波斯湾某些海域溶解性总固体含量甚至达到 45000mg/L，在所有具备制水条件的海域其淡水水质都要符合标准，这就要求装备的海水淡化系统具有很强的海水环境适应能力。

（2）安全性高。舰船等远洋船舶是一个特殊的单元，在领受一项任务航行于大洋之上以后，绝大多数时间只有依靠自身力量（人员、装备等）去完成，如果出现安全性事故则很有可能将任务取消，行动即告失败。2020 年年初的几个月内，美国多艘航母因新型冠状病毒肺炎流行和蔓延而返回母港即是一个很好的例子。饮用水如果处置不当，会出现病毒和微生物感染，也会引发突发性安全事故，进而出现大面积非战斗减员。另外，长期远离大陆，人们心理会发生很多变化，若饮水安全和饮用健康得不到充分保证，会滋生消极、怀疑、担心等情绪，从而不利于维持战斗力。舰船饮用水安全性要求应该比陆地上公共卫生的要求更高。

（3）可靠性好。远洋船舶执行任务时长期远离大陆，没有专业场所和人员进行维护、修理、保障，其系统的可靠性要求比陆地海水淡化工厂更高，维修更为方便。

（4）集成度高。民用海船主要是装载货物或游客，军用舰船主要是装载武器和作战人员，高船舶的装载率是一个永恒的追求，要求其他系统和设备（包括船体、动力、电力和辅助系统等）占用资源越少越好，对海水淡化这类辅助系统的集成化、模块化、轻量化要求也就越来越高了。

（5）效率高。虽然海水取之不尽，但是船上资源和携带能源有限，提高海水淡化系统的产水率，减少单位水量的能源消耗，其花费更高，需求比在陆地岸基更为迫切。美国军方报道近期石墨烯薄膜的突破和应用，可将产水率从现在的20%～30%提高到 50%，为舰船海水淡化应用提供了一个更为广阔的想象空间和可期待的技术途径。

1.8 饮用水安全与健康

1.8.1 我国淡水资源

可利用淡水是人类赖以生存和生产的不可缺少的基本物质，是地球上不可替代的宝贵的基础自然资源，同时也是战略性的经济资源，是国家综合国力的有机组成部分。水资源匮乏正日益影响全球的经济发展与生态环境，中东等许多国家和地区间的冲突与水资源的抢夺有关。相对于世界其他大国，我国存在比较明显的水资源战略安全问题。

（1）水资源拥有量不高。我国水资源总量为 $2.8\times10^{12}m^3$，居世界第 6 位，人均淡水资源量 $2220m^3$，为世界人均的 1/4，是美国的 1/5，在世界 153 个国家和地区的统计中排名 121 位。我国水资源在区域分布上很不均匀，占全国面积 1/3 的长江以南地区拥有全国 4/5 的水量，北方耕地面积大、人口多、水资源少；全国每年都有旱灾，以黄河流域为甚；全国 600 多个城市中有 2/3 中缺水，几乎所有北方城市都严重缺水；绝大部分岛屿属严重缺水，后期开发困难。我国是全球人均水资源贫乏的国家之一，可持续发展能力必然受水资源匮乏所限。

（2）水资源利用水平较低。我国是世界上用水量最多的国家，2017 年全国淡水用量超过 6000 亿 m^3。我国万美元 GDP 用水量约为 $1200m^3$，与世界平均水平相差 $487m^3$，是美国的 3 倍，与用水效率较高的以色列相差 10 倍以上；农业灌溉水利用率仅有 46%，美国为 54%，以色列达到 87%，我国与国际先进水平相比有较大差距；城市公共供水系统管网漏损率平均超过 22%，水浪费率在世界上也是比较高的。

（3）水资源现状与经济发展矛盾凸显。我国是世界第一人口大国，自改革开放至今，经济发展速度居世界前列，在生存和发展两个层面，水资源领域面临五大严峻挑战：一是水资源开发过度，生态破坏严重，可持续发展潜力受限；二是城市化发展速度过快，城市供水集中，供需矛盾越来越突出；三是地下水过度开采，环境地质灾害越来越频繁；四是水资源开发利用缺乏统筹规划和有效管理；五是水资源污染严重，水环境日益恶化。

1.8.2 饮用水水质安全

国际上饮用水水质标准的发展已有近百年的历史，世界上有很多不同国家的饮用水水质标准，而最具有代表性和权威性的是WHO提出的《饮用水水质准则》，它是世界各国制定本国饮用水水质标准的基础和依据。另外，比较有影响力的是欧盟理事会制定的《饮用水水质指令》和美国国家环境保护局（USEPA）颁布的《饮用水水质标准》。一些国家和地区分别选择其中的标准，并据此作为本国饮用水水质标准的重要参考或制定（修订）基础。东南亚、南美以及东欧的一些国家采用或很大程度参考了WHO的《饮用水水质准则》。欧盟成员国以欧盟的《饮用水水质指令》为指导。

在1983～1984年、1993～1997年和2004～2006年，WHO分别发布了《饮用水水质准则》的第一版、第二版和第三版，并于2011年7月在新加坡发布了第四版，内容涵盖了雨水收集、储存和政府决策的各个方面。该准则的主要指导思想为：控制微生物的污染是极端重要的，消毒副产物对健康有潜在的危险性，但较之消毒不完善对健康的风险要小得多；符合该准则，准则指导值的饮用水就是安全的饮用水，安全饮用水包括个人卫生用水等所有家庭用水，但不适用于对水生生物的保护，也不适用于某些工业用水，饮用水不仅是个人用水还是家庭生活用水等；短时间水质指标检测值超过指导值并不意味着此种饮用水不适宜饮用；在制定化学物质指导值时，既要考虑直接饮用部分，也要考虑沐浴或淋浴时皮肤接触或易挥发性物质通过呼吸摄入的部分。

该准则评估了水质中的微生物、化学物质、放射性元素对人体健康的影响，并就评估结果给出了相应的限值。微生物评估准则中包括对29种致病菌、7种病毒、11种致病原虫（寄生虫）的评估；另外，还涉及对蓝藻和蓝藻毒素的评估，对8类微生物安全质量指示生物的应用的阐述。化学物质评估准则中评估了187种化学物质，其中已建立准则值有90种化学物质。放射性评估准则就辐射来源及危害、筛查和检测程序，饮用水中常见核素的指导值，普遍含有的天然放射性核素氡的相关问题进行了阐述，给出了具体放射性核素的分析方法和补救措施，特别是新增问题出现后如何与公众就放射性风险进行沟通的内容。

《饮用水水质指令》（80/778/EEC）列出了66项水质参数，给出了多数指标的指导值（guidelines）和最大允许浓度（maximum acceptable concentration）。该指令是欧洲各国制定本国国家标准的重要参考。1995年，欧盟对该指令进行了修正。指标参数由66项减少至48项（瓶装水为50项），包括15项新增参数。新指令更加强调指标值的科学性，以及与WHO指导标准的一致性，提出应以用户水龙头处的水样满足水质标准为准。

我国目前尚无针对饮用水安全统一的定义，较为规范的表述是2004年水利部和卫生部联合发布的《农村饮用水安全卫生评价指标体系》，该指标体系被分为安全和基本安全两个档次，由水质、水量、方便程度和保证率四项指标组成，四项指标只要有一项低于安全或基本安全最低值，就不能定为饮用水安全或基本安全。

在我国，安全饮用水是指水质符合《生活饮用水卫生标准》（GB 5749—2006），用于个人饮用、生活洗漱，并且可终生保障饮用者的身体健康和生活质量。安全饮用水可正常发挥水在人体内的生理功能，预防水中生物、化学、物理因素引起的各种急性、亚急性或慢性危害和疾病，安全饮用水是民众健康的有效保障。《生活饮用水卫生标准》（GB 5749—2006）是我国保障饮用水水质安全的强制性最新国家标准，规定指标由原标准的35项增加至106项，其中包括42项常规指标和64项非常规指标。水质42项常规指标包括4项微生物指标、15项毒理指标、17项感官性状和一般化学指标、2项放射性指标、4项消毒剂常规指标。新标准制定过程中参考了WHO、欧盟和美国等国际组织或国家的水质标准，符合我国国情，基本上实现了我国饮用水标准与国际标准的接轨。可以认为，在我国符合新标准的饮用水就可以保证饮用安全。但在标准的实施过程中，出现了筛选污染物针对性较差、检测指标针对性较差、国家检测能力不足、水处理能力不足、缺乏相关配套法律保障等问题，标准还需要持续的效果跟踪、及时更新、不断发展，既有中国特色，又能与世界相关先进标准同步发展，有较好的动态性和先进性。饮用水饮用安全保障涉及技术体系建设问题，还涉及管理体系和法律法规体系等方面，我国饮用水饮用安全技术发展和标准体系建设任重而道远。

1.8.3　长期饮用健康

WHO的《饮用水水质准则》保障了基础性的饮用水安全。除了安全以外，饮用水还有一个非常重要的课题需要研究，即水中的营养成分有哪些、水质及营养与人体健康的相关性。从某种程度上来说，饮用水饮用健康应该是饮用安全的一个主要组成部分。我国在《生活饮用水卫生标准》（GB 5749—2006）中强调饮用水用于个人饮用、生活洗漱并且可终生保障饮用者的身体健康和生活质量，一方面说明人们已经意识到饮用水对身体健康和生活质量的影响，另一方面，这种说法科学性、系统性不够，“终生保障”是很难做到的，也不具备可考核性。饮用健康属于一个长期的流行病学研究过程，对于不同地区、不同人种、不同生活习惯的人群来说，许多水质指标对应性、可参照性不是特别强，WHO表示在确定某些元素是否具有致癌性以及指标限值时，需要70年以上的流行病研究和跟踪对比时间，世界各国对此类研究的工作量、时间都有差距，许多指标还在不断地修订、完善、发展过程中，就研究工作的基础性、全面性、先进性来说，我国显然不在世界前列。

随着海水淡化等新兴技术的发展，将海水、苦咸水甚至污水等各种水变得“干净”成为可能，但同时带来的问题是“水”中多种物质变得很少了，例如，钙、镁等指标参数接近于零。从水质标准上来说，符合 WHO 以及各国水质指标不是很难，但这种水适合人们长期饮用健康吗？WHO 第一版《饮用水水质准则》就指出：饮用水中的钙、镁的典型摄入量约为成人总摄入量的 5%～20%，并且在修订现有的第四版《饮用水水质准则》前，WHO 在罗马组织了来自世界各国的营养学和医学方面的专家，专门对饮用水中的矿物质、微量元素对人体健康影响问题进行讨论，重点审视了饮用水的矿物质被去除或者被人为添加后对人体健康的长期影响。最终结果表明，水中的矿质元素可以部分补充人群膳食矿物元素的摄入，尤其是钙和镁，并且可能在心血管疾病方面对人体健康存在一定保护，而去掉水中矿物质可能存在一定健康风险。

1.8.4 水质指标

《饮用水水质准则》以及各国或地区的水质标准是基于一个普遍性原则来建立的，要考虑到安全、流行病学、技术等因素，又要兼顾各国或地区现有资源条件、可操作性、可行性等因素，绝大多数参数规定了一个限值，随着人们对饮水资源、水中物质以及这些物质对人体健康影响样本数和时间的积累，有些限值尚在不断地调整优化过程中。基于此原因，全世界没有一个统一的水质标准，世界各国和地区应根据各自条件、特点进行研究、分析和编制水质标准。

WHO《饮用水水质准则》、欧盟《饮用水水质指令》等更重视指标限值的科学性；美国现行的《饮用水水质标准》（USEPA，2011c）则分为一级指标、未来饮用水指标、二级指标三个方面。一级指标是强制性标准，通过规定最大污染物浓度或处理技术来执行，涉及无机物 20 项、有机物 53 项、消毒剂及消毒副产物等指标 32 项；未来饮用水指标包括总大肠菌落指标、高氯酸盐指标、铜铅指标修订、污染物组群、无机化学品 5 个方面；二级指标（非强制性标准）共 15 项。我国现行的《生活饮用水卫生标准》（GB 5749—2006）制订时主要参考了 WHO《饮用水水质准则》第三版。我国现行标准与 WHO 第四版比较，限值不同的有 21 项，大部分没有 WHO 第四版的限值严，同时在 WHO 第四版中已经将 36 项化合物修改为不设定限值，而我国则继续沿用旧的限值。

同一物质限值各标准也有不一样的情况。数字差别比较大的是硼限值，WHO 第四版《饮用水水质准则》为 2.4mg/L，欧盟《饮用水水质指令》（98/83/EC）为 1.0mg/L，美国《饮用水水质标准》没有规定，中国《生活饮用水卫生标准》

（GB 5749—2006）规定值为0.5mg/L，日本《生活饮用水标准》则小到0.2mg/L。在膜法去盐方法中硼不容易去除，0.5mg/L 限值对于许多一级反渗透海水淡化在有些海域还有困难，如果是 2.4mg/L，则一级反渗透方法在绝大部分海域达到此限值则没有问题。溶解性总固体在各标准中也有较大差别，在 WHO 第四版《饮用水水质准则》中没有限值，认为饮用水中存在的溶解性总固体浓度水平不影响健康；欧盟以电导率 2500μS/cm（20℃）为限值，美国在二级标准中以溶解性总固体 500mg/L 为限值，我国水质标准限值为 1000mg/L。对于自然水域水源，溶解性总固体限值 1000mg/L 是一个可接受的值，但是对于海水淡化，限值应该更小一些，为 500mg/L 较为合适。

1.9 本章小结

本章讨论了很多话题，有的内涵很深且范围很大，至今在全世界范围内还没有一致结论，需要人们长期研究。

（1）水是生命之源，如何利用海水开发淡水，不妨从生命起源进行思考和探索。

（2）水是地球基本组成单元之一，开发和利用好海水，应该充分利用地球自然物质，如将富含钙、镁的矿石与淡化海水进行融合，可以生成优质淡水。

（3）地球是一个平衡体，岩石（矿石和金属）有一个循环、平衡的过程，回到其自然状态是地球物质的本质特性，金属如此，水也不例外。水也有一个回到平衡状态的趋势，处在非平衡态的水如果在人体内回到平衡态，可能对人体影响很大。

（4）相对于饮用软水，饮用硬水有可能益处更多，海水淡化需要提升处理后淡水的硬度。

（5）海水淡化技术在近 200 年左右发展很快，是今后提供可用淡水的主要方法之一。

（6）海水淡化技术对于远洋舰船军事意义重大，需要引起足够的重视。

（7）远洋船舶海水淡化系统有显著特点，在开发研究中需要充分关注。

（8）对远洋舰船来说，人们长期生活在海上，海水淡化水可能是生活饮用水的唯一来源，需要研究水质平衡及其带来的长期饮用健康问题。

参考文献

曹喆，钟琼，王金菊. 2017. 饮用水净化技术[M]. 北京：化学工业出版社.

董含. 2018. 三冈识略[M]. 北京：北京燕山出版社.

鄂学礼，凌波. 2004. 饮用水深度净化与水质处理器[M]. 北京：化学工业出版社.

甘日华，温伟群. 2007. 饮用水卫生与管理[M]. 北京：人民卫生出版社.
巩珍. 2019. 西洋番国志[M]. 南京：南京出版社.
管子. 2009. 管子[M]. 扬州：广陵书社.
厚生省令第 69 号. 1993. 日本生活饮用水水质标准[S].
黄宾虹. 1999. 黄宾虹文集[M]. 上海：上海书画出版社.
李福勤，陈宏平. 2014. 纯净水与矿泉水处理工艺及设施设计计算[M]. 北京：化学工业出版社.
李广贺. 2015. 水资源利用与保护[M]. 北京：中国建筑工业出版社.
李一良，孙思. 2016. 地球生命的起源[J]. 科学通报，61（Z2）：3065-3078.
刘义庆. 2011. 世说新语[M]. 北京：中华书局.
刘禹锡. 1975. 刘禹锡集[M]. 上海：上海人民出版社.
刘智安，赵巨东，刘建国. 2017. 工业循环冷却水[M]. 北京：中国轻工业出版社.
吕不韦. 2008. 吕氏春秋[M]. 北京：北京出版社.
马欢. 2019. 瀛涯胜览[M]. 南京：南京出版社.
莫杰，李绍全. 2007. 地球科学探索[M]. 北京：海洋出版社.
欧盟. 2015. 饮用水水质指令[S].
曲宝中，朱炳林，周伟红. 2001. 新大学化学[M]. 北京：科学出版社.
史晓颖，李一良，曹长群，等. 2016. 生命起源、早起演化阶段与海洋环境演变[J]. 地球前缘，23（6）：128-139.
世界卫生组织. 2003. 饮用水中的营养素[M]. 北京：人民卫生出版社.
世界卫生组织. 2011. 饮用水水质标准[S]. 4 版.
舒为群，赵清，李国平，等. 2001. 长期饮用纯净水、净化水、自来水的大鼠血清矿物元素水平比较[J]. 第三军医大学学报，（11）：1267-1270.
王冠，杨晓亮，宋武昌. 2015. 给水管网水质化学稳定性判定指标及控制技术研究进展[J]. 城镇供水，3：69-72.
王腊春，史运良，曾春芬. 2014. 水资源学[M]. 南京：东南大学出版社.
王明. 2015. 生物起源探索[M]. 北京：中国广播影视出版社.
王士性. 2019. 广志绎[M]. 上海：上海人民出版社.
王顺年，李晋. 2009. 微量元素与保健[M]. 北京：人民军医出版社.
魏艳红，郭建强，陈志明，等. 2014. 环境汞污染对人体健康的影响及预防措施[J]. 大众科技，16（3）：59-61.
夏敏. 2003. 必需微量元素与人体健康[J]. 广东微量元素科学，10（1）：11-16.
许仕荣，赵伟，王长平，等. 2012. 碳酸钙沉淀势理论计算模型及其应用[J]. 给水排水，48（5）：157-160.
杨頔，于善亮，靳红旗. 2014. 从离子反应本质的角度深入认识离子反应发生的条件[J]. 化学教学，（4）：35-37.
杨克敌. 2003. 微量元素与健康[M]. 北京：科学出版社.
杨洋，高学理，李玉. 2014. 海水淡化水的后处理研究[J]. 水处理技术，40（6）：62-65.
杨月欣. 2007. 实用食物营养成分分析手册[M]. 北京：中国轻工业出版社.
叶卓明，吕志荣，史龙. 2008. 有关水污染现状与纯净水对机体健康影响的探讨[J]. 癌变·畸变·突变，（2）：153-156.
尹军，刘志生. 2005. 饮用水 ORP 的健康意义及影响因素探讨[J]. 中国给水排水，21（9）：25-28.
曾强，赵亮，刘洪亮. 2012. 饮用纯净水对健康影响的研究进展[J]. 环境与健康杂志，29（5）：477-479.
张显龙. 2016. 生命起源前有机小分子的水热进化[D]. 长春：吉林大学.
张照英，舒为群. 2003. 长期饮用纯净水对血脂、钙镁离子、丙二醛、一氧化氮和血浆内皮素含量的影响[J]. 中国动脉硬化杂志，11（4）：367-368.
郑伟民. 1999. 世界水资源问题与对策[J]. 泉州师专学报：自然科学版，17（4）：17-22，48.
周密. 1988. 癸辛杂识[M]. 北京：中华书局.

周文化，刘绍. 2013. 食物营养与卫生学[M]. 长沙：中南大学出版社.

朱蕾. 2011. 体液代谢的平衡与紊乱[M]. 北京：人民卫生出版社.

朱志祥. 1982. 关于地球起源的几个问题[J]. 地球物理学报，(2)：172-179.

Ackermann U. 2009. 生理学[M]. 刘崇斌，郭益民，韩丽萍，译. 北京：人民卫生出版社.

United States Environmental Protection Agency. 2011. Drinking Water Standards and Heaith Advisories[S].

World Health Organization. 2011. Guidelines for drinking-water quality[M]. 4th ed. Geneva：World Health Organization.

WHO/HSE/WSH/11. 03. Safe Drinking-water from Desalination[S].

80/778/EEC. 1980. Offical Journal of the European Communities Council Directive. Relating to the Quality of Water Intended for Human Consumption[S].

98/83/EC.1998. Offical Journal of the European Communities Council Directive. On the Quality of Water Intended for Human Consumption[S].

第2章　饮用水矿物质对预防疾病的影响

世界卫生组织认定水中某些元素、细菌和毒素含量过高能引起水中毒并突发公共卫生事件，已制定了水中各种矿物质、细菌和毒素的最大值指南。世界卫生组织和越来越多的国家已经关注到水中的矿物质及其对人和动物的影响，正在提倡水中矿物质最低含量及其平衡。船舶海水淡化后属于软化水，不仅涉及人们的身体健康问题，还涉及心理健康问题，对船用淡化水进行平衡处理是必要的。

2.1　概　　述

进入21世纪，饮用水安全越来越受到全球关注，一方面全球数以亿计的人无法获得干净、安全的饮用水，而且这种趋势受环境污染、气候变化的影响正在日益增长，另一方面随着科技的进步，越来越多的地区和人口正在饮用低质量水经净化或海水经处理和再生后得到的水。全球饮用水安全隐患日益严重，不容忽视。世界上许多地区发生过水中某些元素、细菌和毒素含量过高而引起的水中毒事件。相对于食物，人们每天在水中摄取的营养占比很少，至今不用考虑水中矿物质及从中摄取营养的观点在水处理技术行业占有很大比例，但是越来越多的国家和人们已经关注到水中的矿物质及其对人和动物的影响。目前欧洲、美国、日本等国家和地区已经认识到水中钙、钾、硫酸盐等常量元素以及硒、锌、硼、氟等微量元素都与人体健康有关。随着淡水资源的减少，越来越多的人依赖于净化水和再生水，利用反渗透和蒸馏技术处理的“软化水”（或称为“脱矿水”），越来越多的案例和病例数据显示，长期饮用此类水会严重影响健康。

在没有研究清楚或者没有权威指导值之前，一些国家和地区组织发布了一些建议，例如，德国营养学会提醒公众不要饮用软化水。他们认为人体内的水分通常含有一定浓度的电解质（如 K^+和 Na^+），电解质的浓度由人体自行控制，水通过肠上皮的再吸收过程也启用了 Na^+运输。如果直接摄入未经调质处理的淡化水，肠道必须从身体储备中消耗电解质。人体低电解质水平的早期症状是疲倦、乏力和头痛，更加严重的症状是肌肉痉挛、心率受影响，后期体内的水分在隔室之间将再分配不足，可能会影响重要器官的功能。

世界卫生组织和一些国家已经认识到，在目前的饮用水规程中不仅要重点关注细菌和毒素的最大允许值，同样需要合理地规定矿物质含量的最大值和最小值，以及各种成分所占的比例，以既能避免这些有毒物质的伤害，又能获取水中主要元素和这些元素的平衡，有益于身体健康和长寿。对淡化后的“软化水”进行再矿化不仅是如何将海水淡化、水净化处理以实现可持续发展的科学技术和技术综合发展问题，而是人类能否长久在地球上生存以及以此为目的确保饮用干净、安全的淡化水的“人类命运共同体”的大问题，需要各级公共组织和各个国家共同树立水安全政策意识、制定全球饮用水规程，这非常艰难，各国、各地区、各人种又不尽相同，但我们必须共同前行。

作为居民饮用水的主要来源，应对海水淡化后的软化水进行再矿化，世界许多国家正在逐渐形成这方面的共识，并将其作为海水淡化综合处理发展方向。21世纪是以开发海洋、经略海洋为重点的世纪，世界多个国家都有相应的海洋、极地发展战略，生活、工作在海上的人们的数量和时间会越来越多。各种用途的大型海上平台和船舶数量、规模呈几何级数增长，大型航空母舰人数超过5000人，如同一个小型海上城市，单舰每天淡水用量超过1800t。由于运输、携带成本和资源、作业或作战需要，这些在海上生活的人们会越来越依赖于海水淡化技术。人类自诞生开始，就是一个陆生动物，如何长期在海上获取良好的生活、工作质量，是需要在海洋世纪学习的。特别是以军事斗争为目的的海军部队，如何保持在长期远离大陆的舰船上官兵的战斗力；以及岛礁居民饮用淡化水的身体健康问题和长期饮用“不安全”的水后带来的心理健康问题，短期来说后面的问题可能比身体健康对战斗力影响更大。

2.2 矿物质对预防疾病的影响

人体中各种丰富的矿物质含量约占人体体重的5%。人体每日需求量超过100mg的矿物质被称为常量元素，如钙、镁、钠、钾、氯和磷。其他元素如铁、铜、锌、锰和硒等被称为微量元素。

2.2.1 常量元素对预防疾病的影响

1. 钙

钙是人体中含量最丰富的一种元素，90%以上的钙存在于骨组织中，能支持牙齿和骨骼的强度、重量和硬度。钙元素还是甲状旁腺素（PTH）、降钙素和维生素D等激素活动的调节器。钙能降低血压，支持血管和肌肉收缩。细胞膜更新、神经冲动、母乳分泌、pH的调节及激素的释放都依赖于足够的钙元素水平。相关研究表明，健康人体中的钙元素水平被人体自身严格调节，血浆中的钙元素水平过高时，多余的钙元素就会通过肾脏排出或与蛋白质结合。血浆钙元素水平过低时甲状旁腺素就会激活，促使骨组织释放钙离子，这可能导致骨质疏松症，缺钙还可能导致佝偻病。Porkka 等（1991）研究发现，人体的整个肠胃道都能吸收钙元素，其生物利用度取决于小肠中已电离的钙元素浓度。而肌醇六磷酸、甘油三酯能与肠道中的钙结合，从而减少其吸收。钙还能改变其他饮食元素的利用，Romasz 等（1977）用含有不同浓度等级钙元素的饮食喂养老鼠，发现当饮食中的钙元素水平增加时，肝脏中的铜元素水平也会增加，而锌元素水平会降低。Reeves 和 Chaney（2002）发现，当老鼠摄入的钙元素含量低时，镉元素的吸收与滞留会增加。

Costi 等（1999）统计得出终身饮用富含高生物利用度的钙的饮用水对维持人体内的钙平衡和脊柱骨量有着重要意义。Yang 等（1998）还发现硬水能预防各种癌症。Emsley 等（2000）发现幼儿认知障碍与水硬度之间的关联。美国营养与饮食学会建议钙元素的日常摄取量是：婴儿 200mg，青少年 1300mg，成人 1000mg。

钙和镁互为代谢拮抗物，世界卫生组织基于人口的生态学研究表明，饮用水中钙镁比过高以及饮食或水中缺镁都会大大增加急性心肌梗死的危险，建议钙镁比是（2～3）∶1。

2. 镁

正常人体内镁总量为 20～28g，平均含镁 0.3～0.4g/kg 体重，其中骨骼内含镁约占总量的 53%，肌肉内镁占 27%，软组织中的镁占 19%，另外还有少量存在于肝、肾、脑等组织。镁主要以阳离子的形式存在于各种细胞内，几乎不参与交换，细胞外液的镁只占体内总量的 1%。正常成人血镁浓度为 0.8～1.1mmol/L，其中 1/3 与血浆蛋白结合，因而不能透过血管壁；少量的血镁与磷酸、柠檬酸等化合物合成不易分解的化合物，而大部分血镁以 Mg^{2+}形式存在。

镁是近 300 种酶的辅助因子。Bowman 和 Russell（2006）发现镁在人体内对能量的产生和储存、糖类代谢、肌肉发育、骨骼和神经冲动都有重要的意义。当体内缺少镁时，会出现多种异常和疾病：食欲不振、肌肉痉挛、疲劳、虚弱、神经性肌肉兴奋、骨质疏松症、糖尿病、心脏病并发症、过度紧张、节律障碍、心绞痛及急性心肌梗死等。Turlapaty 和 Altura（1980）发现冠状动脉缺镁时，直径会减少，这可能减少血流量并导致猝死。Faghihi 等（2008）发现在缺氧环境中，富含镁元素的心肌细胞能存活更久。镁过量和镁缺乏的症状是类似的，另外，还包括精神状态改变、腹泻、食欲不振、肌无力、呼吸困难、血压极低、心律失常等。血液中镁元素水平过高时，通常会用钙处理，因为它能平衡镁元素。Altura 还发现足够的镁对维持正常心率和冠状动脉尤其重要，冠状动脉能为心肌提供富氧血。

在美国，心血管疾病死亡率最高的25个城市的饮用水中，镁元素平均水平是5.1mg/L，心血管疾病死亡率最低的25个城市的饮用水中，镁元素平均水平是16.5mg/L。Schroeder（1996）发现供水富含镁的城市，各种疾病死亡率都更低。Punsar和Karvonen（1979）试验分析得出芬兰西部的土壤和地下水中镁元素含量比其东部要高3倍，而东部的心血管疾病死亡率大约是西部的2倍。Rubenowitz等（1995）发现在芬兰，供水中镁元素含量为20mg/L的城镇比含量为2mg/L的城镇心血管疾病死亡率低35%。Rubenowitz等（1999）研究得出饮用水中镁浓度超过9.9mg/L的地区，死于心肌梗死的概率比其他地区要低34%。根据瑞典国家食品管理局2012年的建议，镁的推荐日摄取量为280～350mg，具体摄取量视不同的人群而定。糖尿病患者需要摄入更多的镁元素，因为他们的尿液中流失的镁元素较多。

3. 钾

钾和钠相互作用，具有维持身体的水分平衡、肌肉控制、血压控制等生理功能。人体内95%的钾都在细胞内，对一般人群来说，钾元素主要来源于饮食，因为几乎所有的食物中都含有钾元素，如乳制品、肉类、蔬菜和水果，高钾低钠的饮食可以预防高血压。成年人的日常摄入量是2～4g/d，钾元素不足和过量都会导致心脏、肌肉和神经功能紊乱。

饮水中的钾元素水平普遍较低，通常为0.1～10mg/L。水再生软化剂常用氯化钾代替氯化钠，这使得饮用水中的钾元素浓度提高，使用高锰酸钾作为氧化剂净水也能适度提高钾元素的含量，一般小于10mg/L。由于西方饮食中钾元素含量一般较低，未来饮用水将成为钾元素的重要来源。鉴于人们对需要增加钾摄入量的关注越来越多，未来可能会考虑增加推荐钾元素浓度范围。

4. 钠

钠和钾一样，对于体液平衡和维持pH水平非常重要。细胞外液中钠元素浓度较高。细胞外液中钠元素含量过高会导致高血压，而缺钠会导致恶心、疲劳、肌肉抽搐等症状。钠元素过量会导致惊厥、肌肉颤动和僵硬、大脑水肿、肺水肿等。出汗后如果不及时补充水分，会使体内的水和电解质不平衡。

大部分的饮用水中钠元素水平都小于20mg/L，但Gopal（1988）发现在海水侵蚀、矿物沉积、污水排放或公路撒盐化冰等情况下，某些地区水中钠元素浓度可超过250mg/L。家用或私人的水软化剂能使水中的钠含量达到300mg/L。饮用水中钠含量过高可能导致高血压。对于大部分人而言，食盐已经提供了身体所需的足够的钠，因此通常不需要依靠饮用水来补充钠元素。此外，饮用水中的钠含量超过200mg/L时就会有咸味。欧盟给出的钠参考值是0.2mg/L。

5. 碳酸氢根

为了维持正常的功能，人体的 pH 需要控制在一个狭小的范围内。血液 pH 的正常范围是 7.34～7.45。碳酸氢根（HCO_3^-）是人体 pH 调节系统中的一种——碳酸/碳酸氢根调节系统，碳酸氢根能被人体体液吸收，从而提高 pH 水平。大部分的饮食会使身体产生过量的酸，而人体内环境 pH 较低可能引发代谢紊乱。只有蔬菜和水果等饮食不会使身体细胞内产生过量的酸。过量的酸通过肾脏排出体外，随着年龄的增长，肾功能逐渐衰退，可能的原因是无法将体内产生的酸排出体外，过量的酸就会与储存在骨骼和血液中的碱发生反应。Sellmeyer 等（2001）发现碱同样负责维持血液的 pH，其产生是以骨骼中钙元素的流失为代价的，因此对健康有害。这种血液中酸积累的现象称为代谢性酸中毒。

随着骨骼丧失大量储备的钙和碱，血液 pH 可能会降低到 7.35 以下，这种症状称为慢性代谢酸中毒。这种情况下除了骨骼中的钙元素会流失，肌肉蛋白也开始退化。另外，血液 pH 较低时其携氧能力也会降低，从而影响心脏功能。尿酸的排出量增加也会加剧具有保护心脏功效的镁元素的流失。对于严重的酸中毒患者可以使用碳酸氢钠或碳酸氢钾进行治疗，此种方法可改善患者的健康状况。

饮用水中的碳酸氢根含量一般为 20～400mg/L。在不含碳酸的水中，碳酸氢根的浓度取决于 pH，当 pH 低于 5 时，所有的 HCO_3^- 都会与氢离子结合形成碳酸，并释放二氧化碳。当 pH 大于 8 时，大部分 HCO_3^- 会形成 CO_3^{2-}。因此在 pH 为 7～8 时 HCO_3^- 的浓度最高。HCO_3^- 能中和酸，减轻酸中毒，还能缓解因消化不良、便秘、过敏性大肠综合征及胃溃疡等带来的不适症状。HCO_3^- 与胃中的酸发生反应时会释放二氧化碳，从而增大胃的体积，缓解疼痛。最早报告饮用水中碳酸氢根过低会造成健康危害的是一位日本化学家，他于 1957 年发现日本年轻人因卒中（猝死）而引起的早死率非常高，并猜测可能与日本水源中的碳酸氢根浓度过低有关。另外，饮用水中高浓度的 HCO_3^- 能减少尿液中的钙镁流失。根据目前世界卫生组织推荐值，饮用水标准中能降低疾病发生风险的碳酸氢根的范围是 100～300mg/L。

6. 硫酸盐

硫酸盐是合成 3′-磷酸腺苷-5′磷酰硫酸（PAPS）的必需原料，而 PAPS 则用于合成多种化合物，包括软骨中的软骨素、骨骼、肌腱、血管、牛磺酸（在体内与胆汁酸结合）、肝素（一种血液促凝剂），还有很多种蛋白质。从饮水和食物中摄取的硫酸盐平均为 500mg/d，食物是硫酸盐的主要来源，含硫氨基酸（如蛋氨酸、半胱氨酸等）的生物降解也是硫酸盐的来源之一。

自然来源的饮用水中硫酸盐含量范围为 10～500mg/L，或者更高。硫酸盐与重金属不相容，易形成难溶性沉淀，故可以用来缓解重金属中毒。饮用水中硫酸盐浓度高时，日常吸收的硫酸盐也会增加，当其含量超过 1000～1200mg/L 时，有下泻的作用。相反，当硫酸盐含量水平较低时，可能导致便秘。长期饮用硫酸盐和镁含量较低的饮用水的人，当改喝浓度高的水时，初期可能会产生显著的腹泻症状。Schroeder（1996）研究发现饮用水硫酸盐浓度低的城市（钙、镁、钠、钾的浓度往往也很低），高血压和动脉硬化引起的死亡率较高。在瑞典，水中硫酸盐浓度＞100mg/L 时需要进行标识，并且水可能具有腐蚀性。正因为硫酸盐对人体健康很重要，所以应当给出它的最低可接受浓度。但由于很少有这方面的研究，硫酸盐在饮用水中的最低量至今难以确定。高浓度的硫酸盐会有味道，当硫酸盐的浓度低于 250mL/L 时，不会影响饮用水的味道。迄今，国际上没有建立硫酸盐的健康指导值，欧盟给出的参考值是 250mg/L。

元素在人体体重中所占比例见图 2.1。

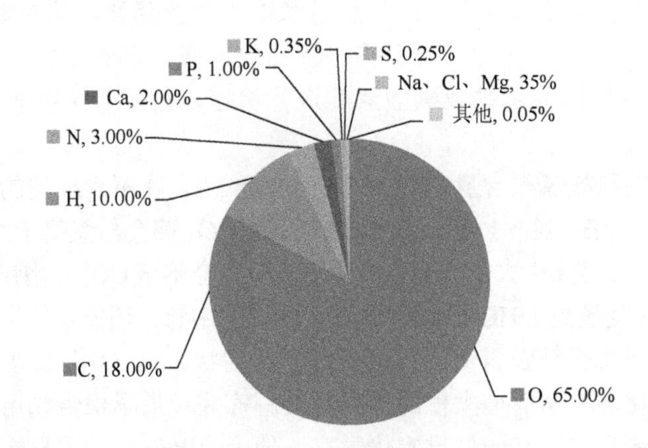

图 2.1　元素在人体体重中所占比例

2.2.2　必需微量元素对预防疾病的影响

1. 铁

铁是人体必需的微量元素之一，占人体体重的 0.006%，即体重为 70kg 左右的成人体内含铁 4.0g 左右，其中 70%的铁存在于血红蛋白、肌红蛋白、血红素加氧酶类、辅助因子中，又称功能性铁；其余 30%的铁作为体内储存铁，主要以铁蛋白和含铁血黄素的形式存在于肝、脾和骨髓中。铁在人体的分布极为普遍，几乎所有组织中都有，其中以肝、脾含量最高，其次为肾、心、骨骼肌和脑。铁在体内的含量随年龄、性别、营养状况和健康状况而有很大的个体差异。此外，患传染病、恶性病变时，肝脏铁含量可极大地增加。

铁主要在十二指肠和空肠上段吸收。二价铁离子吸收后在铜蓝蛋白的作用下氧化成三价铁离子，之后与转铁蛋白结合被转运到各组织，在组织细胞内三价铁离子与转铁蛋白分离并被还原成二价铁离子，血浆转铁蛋白将大部分铁转运到骨髓，用于合成血红蛋白，小部分运到组织细胞用于合成含铁蛋白或储存。

体内缺铁可分为 3 个阶段。第 1 阶段为铁减少期，体内储存铁减少，血清铁浓度下降，无临床症状。第 2 阶段为红细胞生成缺铁期，即血清铁浓度下降，运铁蛋白浓度降低和游离原卟啉浓度升高，但血红蛋白浓度尚未降至贫血标准，处于亚临床状态。第 3 阶段为缺铁性贫血期，此时血红蛋白和红细胞比积下降，并伴有缺铁性贫血的临床症状，如头晕、气短、心悸、乏力、注意力不集中、记忆力明显下降、脸色苍白等。铁在体内储存过多也会中毒。铁中毒有急性和慢性之分。急性铁中毒多见于儿童，多因误服铁制剂造成，死亡率很高，达 20%左右。慢性中毒是长期过量服用铁制剂，或从食物中摄取了过多的铁造成，当人体内铁过量时，铁则会因不能及时排出体外而沉积于肝脏、胰脏、心脏和皮肤，从而引起血色病（血红蛋白沉积）、肝功能异常、心肌损伤和糖尿病、肿瘤、骨质疏松等。

铁在饮用水中以二价铁离子（Fe^{2+}）的形式存在，与空气接触后发生氧化反应，由二价铁离子变为三价铁离子（Fe^{3+}）。因此，去除铁元素的一般方法是利用二价铁离子与空气、高锰酸钾或氯气接触，使其发生氧化反应，然后将沉淀过滤掉。一些研究表明，饮用铁元素过高的水后，可能会出现腹痛及其他铁元素超负荷症状。当饮用含铁元素水时，铁元素的摄入值能从头发样本中测量出来。欧盟给出的铁元素参考值是 0.2mg/L。

2. 铜

正常成人体内一般含铜为 100～200mg，主要分布在肝、脑和血液中。其中 50%～70%在肌肉和骨骼中，20%在肝脏中，5%～10%在血液中，少量存在于铜酶中。铜主要在小肠被吸收，少量由胃吸收。可溶性铜吸收率为 40%～60%。膳食中铜被吸收后，通过门脉血送到肝脏，渗入到铜蓝蛋白，然后释放到血液，传递到全身组织。铜大部分由消化道排出，由胆汁排出 80%，由肠壁排出 16%，铜在血液中与蛋白质结合，不能通过肾小球滤出，因而只有 4%随尿排出，尿铜每日不超过 0.25mg。

机体的生物转化、电子传递、氧化还原、组织呼吸都离不开铜。机体缺铜时，细胞色素氧化酶活性降低，传递电子和激活氧的能力下降，导致生物氧化中断。此时血中虽有氧，但却不能被组织利用，造成组织缺氧。由于铜能影响铁的吸收和运输，并促使无机铁变为有机铁，由三价变为二价状态，还能促进铁储存于骨髓，加速血红蛋白及卟啉的合成，对机体造血功能有积极作用。

人体铜过量会使血红蛋白变性，发生溶血性贫血。铜过量还会使胆汁排泄铜的功能紊乱。铜存留在肝脏内，会引起肝损害，出现慢性、活动性肝炎；铜沉积在脑组织，会引起神经组织病变，出现小脑运动失常和帕金森病；铜存留在近侧肾小管，会引起氨基酸尿、糖尿、蛋白尿和尿酸尿。

美国几项研究证明，地表水中的铜元素浓度范围为 0.0005～1mg/L，但由于铜制管路的内部腐蚀，水中的铜元素浓度可能大于 30mg/L。水管中的铜容易溶解在低矿水、软水和酸性水中。另外，天然有机物（NOM）与硬水之间的化学反应也会造成水管铜腐蚀。水中的铜含量高时，会在盛水洁具中看到绿松色沉淀。饮用水中铜元素含量过高可能会导致肠道问题，如腹泻，尤其是婴儿食用这种水调制的婴儿食品后。硫酸铜（$CuSO_4$）经常被用作催化剂。水管在经过充分冲刷后，流出来的水中铜含量水平较低。欧盟和世界卫生组织给出的铜元素含量指导值是 2mg/L，美国国家环境保护局以健康为基础给出的标准是 1.3mg/L。

3. 锌

锌分布于人体所有组织器官、体液和分泌物，除铁以外，锌比其他任何微量元素都多。但锌不能像能量一样储存于脂肪组织内，机体内没有特殊的锌的储存机制。锌含量高的有皮肤、骨骼肌、毛发、内脏、前列腺、生殖腺、指甲、眼球等，血液中含量很少。锌在体内主要是以酶的方式存在。锌一般需要在胃内酸性环境下与食糜中的配体形成复合物才易被吸收，主要吸收部位在小肠。正常人在十二指肠末端和空肠具有最大吸收。锌被吸收得很少，食物中锌能被机体吸收的不足 10%。

锌与酶的构成以及活性有密切的关系，大约有 100 多种特异性酶含有锌元素，这些酶的活性有赖于锌的存在。在六大酶系中均可以发现锌依赖性金属酶，目前研究得较多的有核糖核酸聚合酶、醇脱氢酶、碳酸酐酶和碱性磷酸酶。缺少锌会导致一系列代谢紊乱以及病理变化，各种含锌酶的活性降低，如引起胱氨酸、蛋氨酸、亮氨酸、赖氨酸的代谢紊乱。可能的含锌金属酶与疾病的关系，包括酒精性肝病中锌缺乏与乙醇脱氢酶的关系，以及胸苷激酶 mRNA 活性的降低可以部分解释缺锌动物的生长延迟。

值得注意的是，锌与糖尿病的关系十分密切。每一个胰岛素分子中有两个锌原子，协助葡萄糖在细胞膜上的运转，因此锌与胰岛素活性有关。锌起着调节和延长胰岛素的降血糖的作用，如果体内缺锌，会引起胰岛素原的转换率降低，致使血清中胰岛素水平降低，肌肉和脂肪细胞对葡萄糖的利用也大大降低，大量的葡萄糖将留在血液中，使血糖浓度增加，就会出现糖尿病。

大部分欧洲饮用水中锌元素含量都低于 0.1mg/L，但据报道，欧洲瓶装水中的锌浓度低于 0.2～651μg/L，而地下水的锌浓度范围为 1～1300μg/L。世界卫生组织指出，饮用水中的锌浓度超过 3mg/L 时就会出现异样的味道，难以被消费者接受。饮用水锌浓度过高可能源于新镀锌的水管。世界卫生组织制定的锌元素指导值为 3mg/L。

4. 锰

锰是一种生命必需的微量元素。它可以激活 100 多种酶，在能量代谢、蛋白质代谢、黏多糖形成中起着非常重要的作用。锰本身又是多种酶活性中心的组成成分。它具有促进生长发育、保证内分泌功能正常、参与人体骨骼造血、促进细胞内脂肪的氧化等多种生物学功能。人缺锰会导致发育不良、性功能衰退、食欲不振、机体衰老等各种情况。成人体内缺锰元素时会导致葡萄糖利用率降低，常出现食欲不振，体重下降。缺锰还容易引起高血压、肝炎、肝癌、衰老等病状。临床检验表明，患糖尿病的人体内锰含量低，缺锰是患糖尿病的重要原因之一。

水中的锰元素浓度取决于其 pH 和氧气浓度，水的 pH 越低，氧气含量越少，锰元素的浓度就越高。锰与铁经常同时存在。当水中的锰元素浓度超过 100μg/L 时，会形成暗黑色沉淀物。Bouchard 等（2011）发现水中的锰元素浓度超过 600μg/L 时，可能会改变铁元素的存在状态，对人体神经系统造成不良影响。福莱顿研究发现，锰元素也是造成阿尔茨海默病的危险因子。美国营养与饮食学会指出饮用含锰水的人，可以从其头发样本中检测出锰摄入量。欧盟制定的锰元素参考值是 50μg/L，世界卫生组织制定的参考值是 40μg/L。

5. 钴

一般正常人体内含钴总量为 1.1～1.5mg，其中 14%分布于骨骼，43%分布于肌肉，其余分布于其他软组织内。钴在人体内主要通过形成维生素 B_{12} 的形式发挥生物学作用。人类不能利用食物中的钴合成维生素 B_{12}，必须通过胃肠道从食物中摄取生素 B_{12}，钴可经消化道和呼吸道进入人体，在血浆中无机钴附着在白蛋白上，它最初储存于肝肾，然后储存于骨、脾、胰、小肠及其他组织。

钴能刺激促红细胞生成素的生成，促进胃肠道内铁的吸收，还能加速铁的储存，使之进入骨髓被利用。钴通过维生素 B_{12} 参与核糖核酸及造血有关物质的代谢，作用于造血过程。若人体缺钴及维生素 B_{12}，红细胞的生长发育将受到干扰，出现巨幼红细胞性贫血。大量研究及临床观察都证明，钴能治疗多种贫血，维生素 B_{12} 对高血色素巨细胞贫血疗效显著，钴盐对小细胞低色素性贫血也有较好的疗效。此外，钴参与核酸、胆碱、蛋氨酸的合成及脂肪与糖代谢。胰腺含有大量钴，用以合成胰岛素及一些糖、脂肪代谢所必需的酶。钴以维生素 B_{12} 的形式发挥其生理作用，维生素 B_{12} 能参与蛋白质的合成、叶酸的储存、硫酸酶的活化以及磷脂的形成，钴还有去脂作用，可防止脂肪在肝内沉积。

关于饮用水中的钴元素对人体的影响，未获得相关研究材料。欧洲的瓶装水中钴元素的含量水平一般低于 0.002μg/L。瑞典南部的井水中钴元素浓度为 0～14μg/L。此外，对于饮用水中钴元素的浓度，未规定相关标准。

6. 钒

地壳中的钒的平均含量为135mg/kg，较铜、锌、钴等含量要高得多。钒以极低的浓度广泛存在于动物体内，含量在0.02～0.06mg/kg，肝脏为0.03～0.05mg/kg，肌肉为0.03mg/kg左右，肺中含量较高，接近于0.06mg/kg，与其他动物相比，鸡体内钒的含量相对较高，骨中含量最高 0.37mg/kg，其次为肝 0.038mg/kg 和肾 0.015mg/kg。钒进入体内的途径主要有两种：一是饮食摄入，水溶性的阳离子钒易被吸收，吸收率高达10%，而阴离子钒在肠道的吸收量只有0.1%～1.0%，吸收部位主要在消化道；二是经肺和皮肤吸收，空气中的 V_2O_5 可通过呼吸系统吸入，沉积在肺上。

钒对哺乳动物的造血功能有促进作用。动物试验证明，给予试验动物葡萄糖酸钒后，可使其血红蛋白、网织红细胞和红细胞数量增多。骨骼是储存钒的最重要的组织，这可能是由于 PO_4^{3-} 和 VO_4^{4-} 结构相似，因而促进骨骼中磷酸盐与钒的交换，导致骨骼中钒的沉积增多。最近报道，钒有促进成骨和抑制破骨的作用。钒缺乏时，生物生长发育受阻，死亡率增加，脾脏肿大，蛋白质代谢紊乱，红细胞的渗透性增加。研究表明，小鸡食物中的钒含量低于10μg/kg，生长显著减缓，当供应钒时，生长明显加快。反刍动物缺钒会引起母畜产乳量的下降。另外，据报道，缺钒使怀孕和泌乳山羊以及山羊羔的生长明显受到影响，母羊的产奶量下降，平均寿命缩短。

钒虽然具有重要的生物学作用，但钒同时也有毒性。钒的毒性与其化学形式和价态有关。金属钒的毒性很低，但其化合物对人和动物有中等毒性，钒的毒性随化合价的升高而增大，+5价钒的毒性最大，所以 V_2O_5 和它的盐类的毒性最大。

7. 镍

镍分布于人体各组织和器官，主要包括脑、肺、肝、心脏、淋巴结、睾丸、血液、肌肉。镍主要由呼吸道吸收，且吸收较好，金属镍不易被消化道吸收，也不能被皮肤吸收。

镍是一些酶的组成部分，可以激活肽酶。镍还是胰岛素分子中的一种成分，相当于胰岛素的辅酶，试验证明添加少量镍的胰岛素有增强胰岛素降低血糖的作用。镍在机体内能激活许多酶，包括精氨酸酶，脱氧核糖核酸酶镍是多种酶的激活源，参与多种酶蛋白的组成。

镍有刺激生血功能的作用，能促进红细胞再生。在人体内缺铜时，镍的生理活性会充分发挥，又不影响铜的生理活性。补充适量镍可使红细胞、白细胞及血红蛋白的生成增多。各种贫血及肝硬化的患者血中镍含量均会降低。镍具有生血功能，硫酸镍和溴化镍等镍盐曾用于治疗贫血。

正常情况下，饮用水中镍的浓度限值为0.02mg/L，世界卫生组织的饮用水水质标准值为0.07mg/L，欧盟的饮用水水质指令标准值为0.02mg/L。

8. 铬

铬是自然界中广泛存在的一种元素，主要分布于岩石、土壤、大气水及生物体中。土壤中的铬分布极广，含量范围很宽；水体和大气中铬含量较少，动、植物体则含有微量铬。自然界铬主要以三价铬和六价铬的形式存在。

研究表明，三价铬参与人体内糖和脂肪的代谢。其生理功能是：铬作为胰岛素的一种“协同激素”，协助或增强胰岛素的作用。三价铬能增加胆固醇的分解和排泄，缺乏三价铬可使脂肪代谢紊乱，出现高脂血症，特别是高胆固醇血症，诱发动脉硬化和冠心病。六价铬的长期摄入会引起扁平上皮癌、腺癌、肺癌等疾病；吸入较高含量的六价铬化合物会引起流鼻涕、打喷嚏、瘙痒、鼻出血、溃疡和鼻中隔穿孔等症状；短期大剂量的接触，在接触部位会发生溃疡，且会引起鼻黏膜刺激和鼻中隔穿孔；摄入超大剂量的铬会导致肾脏和肝脏的损伤以及恶心、胃肠道不适、胃溃疡、肌肉痉挛等症状，严重时会使循环系统衰竭，失去知觉，甚至死亡。父母长期接触六价铬还可能给其子代的智力发育带来不良影响。

由于来源和溶解度有限（0.5～2μg/L），饮用水中的Cr^{3+}含量一般都非常低。据报道，水中的Cr^{3+}含量为10～50μg/L时对人体最有益。美国某些地方的地下水Cr^{3+}含量高达50μg/L。一般而言，通过食物摄取的Cr^{3+}约为50μg/d，水可能是Cr^{3+}日常摄入的主要来源，但饮用水中的Cr^{3+}难以吸收。此外，世界卫生组织指出，由于工业污染，饮用水中可能含有有毒的Cr^{6+}。长年饮用含Cr^{3+}量超标的饮用水可能会使人患有过敏性皮炎，或产生皮肤反应。欧盟和世界卫生组织给出的指导值是50μg/L。

9. 锡

锡元素是生命活动的必需微量元素。研究证明，锡与多种酶活性有关，并能促进有关蛋白质与核酸的代谢反应，故有助于动物生长。每天给实验动物纯氨基酸饲料中加入1～2μg的硫酸锡，则动物生长率增加60%。缺锡则导致人体发育迟缓，特别是儿童锡补充不够会影响身体的正常生长发育，严重者可引起侏儒症。动物试验证实缺锡可使动物生长发生障碍，补锡后可加速生长。

人体每天由胃肠道和呼吸道摄入的锡量可达 1.5～17.0mg，主要从普通膳食及饮用水中摄取，少量从大气获得。人体中的锡量常随摄入的食物及食物的处理法而变化，有机锡在体内吸收很少，约 90%从粪中排出，锡的排泄途径与化合物类有关。进入人体内的锡大部分分布于肝、肾、肺、脾、心脏、骨骼等处。胸腺含锡较多，这可能与胸腺能合成防止肿瘤形成的锡类或肽类化合物的功能有关。锡及其化合物还可通过消化道、呼吸道、皮肤黏膜及眼结膜等进入人体。

10. 氟

人体可以通过饮水等多种途径摄入氟，正常人体内的含氟量为 2.6g，仅次于硅和铁。氟在人体内主要分布在骨骼、牙齿、指甲及毛发中，其中骨骼和牙齿的含氟量占身体含氟总量的绝大部分，同时氟还分布于皮肤、肺、肾、心、脾、肝等软组织中。

人们所摄入的氟在体内主要以离子型的氟化物存在，从肠胃吸收的氟很快进入血液，其中 75%的氟能与白蛋白结合，部分以氟化物的形式参与血液循环，并进入组织、唾液、肾脏。用 ^{18}F 检查证明，放射性氟经口服后很快被肠道吸收，并经肾排出体外，仅有约 10%的氟留存在体内，且主要存于骨骼和牙齿中。为了使体内的氟保持正常水平，人们每天应摄入适量的氟。氟在代谢过程中受钙、镁、铁的影响较大，钙、镁含量越高，人体对氟的吸收受到的干扰就越大，但是较高的铁含量却可以促进人体对氟的吸收。

适量的氟有利于牙齿硬组织的形成和骨钙的沉积，有利于人体对钙和磷的吸收，加速骨骼的形成，增强牙齿的抗龋能力。低氟对人体的危害一般不易被人们注意，其危害的一个较明显表现就是龋齿的发生。临床研究发现，氟化物可以减少龋齿发生的机制是通过降低牙釉质的溶解度和促进矿物质的补充，进而影响牙齿形态的过程，以及它对菌斑作用的途径来减少龋齿。缺氟时，不但易发生龋齿，也在一定程度上影响骨骼。

一般情况下，人体每日摄入的氟超过 4mg，就能产生毒副作用。摄入过量氟可使牙齿造釉细胞受损，引起造釉细胞变性剥离，出现釉基质合成障碍，改变釉质的正常钙化过程，形成釉质发育不良，出现小窝而且发脆，形成氟斑牙，严重的可合并全身氟骨症，影响体内氟、磷、钙的正常比例，导致骨骼畸形，关节病变，甚至造成脊柱硬化、断折。

饮用水中氟元素的含量一般不超过 0.5mg/L，但在非洲、印度及世界其他地区的一些地下水中可能会达到 100mg/L。Bowman 和 Russell（2006）指出饮用水中的氟元素几乎可以被人体 100%吸收。瑞典、美国及其他一些国家研究者认为，饮用水氟浓度在 0.8～1.2mg/L 能防止蛀牙。1.5mg/L 是世界贸易组织和欧盟制定的以健康为基础的氟元素含量指导标准。

11. 碘

碘是最先被确认为人类和动物所必需的营养元素，其唯一功能是作用于合成甲状腺分泌的含碘激素——甲状腺素，因此，甲状腺素所具有的生理功能与碘有直接关系。正常人体内含碘 30～50mg，即每 1kg 人体含碘 0.5mg 左右。每天从食物中摄入的碘约 150～200μg。碘近半数集中在甲状腺内，除此之外，肾脏、唾液腺、胃液腺、乳腺、松果体也可以从血液中浓集少量的食物中的碘化物，在消化道转化为离子碘后，能迅速经肠道上皮细胞进入血浆，在血浆内，离子碘与蛋白质结合，一部分被甲状腺泡上皮细胞摄取和浓集，另一部分主要通过肾脏排出体外。甲状腺激素对中枢神经系统、骨骼系统、心血管系统和消化系统的影响更为重要。例如，新生儿的甲状腺低下，若不及时治疗，会导致智力低下或痴呆。发育期儿童的身高、体重、肌肉、骨骼和性发育都必须有甲状腺激素参与，此时期碘缺乏可致儿童生长发育受阻，侏儒症的一个主病因就是缺碘。给动物适量甲状腺激素后，细胞核 RNA 聚合酶的活性升高，整个 RNA 的合成增加，进而使蛋白质的合成增加，一些参与物质代谢的酶的活性增加，一些蛋白质的合成增多，脏器的组织细胞耗氧量增加。以上说明，甲状腺不仅刺激蛋白质、核糖核酸和脱氧核糖核酸的合成，而且还增加了糖、脂肪、维生素、水和盐的代谢。

在美国，饮用水中碘元素的平均含量为 4μg/L，被报道过的最大值是 18μg/L。Fordyce 等（2000）研究指出斯里兰卡的某一地区甲状腺肿很罕见，究其原因是该地的饮用水碘含量水平高达 84μg/L。另外，我国研究发现，在饮用水碘含量水平为 150～300μg/L 的地区，碘诱导的甲状腺肿流行率为 6.3%，而在饮用水碘含量水平超过 300μg/L 的地区碘诱导的甲状腺肿流行率为 11%。近来已证明，饮用水中碘含量过高会对儿童智力产生不良影响。数篇报道描述，在中国，用碘化的乡村水供应来减少地方性甲状腺肿，并起到了消灭大部分微生物的功效。

12. 硒

微量元素硒在人体内含量较低，为 14～20mg，广泛分布在肝、肾、胰、心脏、脾脏、肌肉、血液、骨骼等组织和器官中，脂肪中最低。硒主要来源于摄入的食品饮料中，正常人全血硒浓度为 40～80μg/100mL。人对硒的需要量每日为 50～200μg，人对菌类有机硒的利用率较高，可达 70%～90%，对鱼类和谷物所含的硒利用率也可达 70%左右。蔬菜、水果等富含的维生素 A、维生素 C、维生素 E 的食品有助于硒的吸收。

硒主要存在于肌肉（心肌）中，是谷胱甘肽过氧化物酶（GSH-Px）的重要组成部分，该酶的主要功能是清除体内脂质过氧化物，维持膜系统的完整性，对心肌有保护作用，并能促进损伤的心肌修复和再生。硒能作用于人体并转化成硒酶，大量破坏血管壁损伤处集聚的胆固醇，使血管保持畅通，提高心脏中辅酶的水平，使心肌所产生的能量提高，从而保护心脏。

在细胞免疫方面，人体内缺少硒元素将导致淋巴细胞数目减少，活性下降，免疫能力衰退或受到抑制。大量研究表明，硒具有激活淋巴细胞中一些酶体系的作用，硒可促进机体内 T 细胞和自然杀伤细胞（NK 细胞）活性明显增强，是免疫功能的增强剂，硒能促进淋巴细胞分泌具有免疫调节作用的淋巴因子。

抗氧化性是硒的另一大功能，其生物抗氧化作用可分为酶和非酶两类，主要针对活性氧自由基及其衍生物。GSH-Px 是哺乳动物体内的含硒酶，现在已证实，硒是GSH-Px的必需成分，可清除自由基和过氧化脂质（LPO），补充硒可使GSH-Px活性增强，随时清除过多的自由基和 LPO，提高机体免疫水平，从而达到延缓衰老的目的。

地下水和地表水中的硒元素含量为小于 0.1～400μg/L。在某些地区，地下水的硒含量水平能达到 6000μg/L。对饮用酸性井水的瑞典女性的头发进行抽检时，未检测到碘元素的存在，同时在瑞典井水中检测到硒元素浓度极低，一般低于 1μg/L。据报道，这些女性的健康状况不如饮用碱性井水的女性。在中国的部分地区，克山病（会使心脏衰竭）的出现与当地谷物及饮用水中硒和钼元素浓度过低有关。世界卫生组织和欧盟暂定的硒元素指导值分别为 40μg/L 和 10μg/L，但在美国和南非，都使用 50μg/L 作为参考值。

13. 硅

硅是生物体组织特别是软骨组织、结缔组织正常生长发育的必需微量元素之一。硅的生物功能主要表现在与铝的拮抗作用，降低了铝的生物利用效果，减少了铝的生物毒性作用。硅和铝的环境平衡和拮抗作用具有相当重要的生物学意义。在哺乳动物和高等有机体中，硅是骨骼与组织的“砖石”，是正常生长和骨骼钙化不可缺少的元素。

缺硅会引起软骨组织变性。动物试验表明，软骨的正常生长需要硅，尤其在胚胎时期特别明显，适量地补充硅者比硅不足者软骨质量可增加 7 倍。硅还能增强血管内膜弹力层的弹力纤维强度，维持血管的正常功能及通透性，防止动脉硬化。此外，研究发现，硅是一个与长寿有关的元素，当人的年龄增长时，各组织中的硅含量会逐渐减少，动脉硬化的发生概率增加，动脉硬化必然导致衰老。适应生长和健康所需的硅每日最少需要量究竟是多少尚不清楚。但有研究推荐，硅元素的日常摄入量为 20～1200mg，建议日常摄食量是 25～30mg。硅能控制钙和镁的代谢，但是和铝元素不相容。

有关饮用水中的硅与人体健康的关系的研究很少。饮用水中的硅元素含量水平一般不超过 10mg/L。欧洲的瓶装水中，硅元素的含量为 0.3～3mg/L。饮用水中较高的硅元素含量能预防认知功能损害，另外，硅能预防铝元素所导致的阿尔茨海默病和动脉硬化，这可能是因为硅与铝互不相容。世界卫生组织和欧盟没有给出硅元素的指导值。

14. 钼

钼是生物必需的微量元素，也是人体必需的生命元素。人体对钼元素的需要量极微，所以人体内钼的含量极小，一个体重为 70kg 的健康人，体内钼的总量不超过 9g，约为 0.2×10^{-4}%。但钼元素在人体内的分布很广，且生理功能也非常重要。它是人体内多种酶的重要组成，具有抗癌、保护心血管、担负细胞内电子的传递、防止龋齿和肾结石等多种生理作用。钼主要储存在于肝、骨骼和肾脏等组织和器官中，以肝中含量最高，肾其次，通过尿、粪便、毛发排出。人体内钼缺乏能引起食管癌、心血管病、肾结石等多种疾病；人体内钼过量，则会损伤生殖细胞及性功能，可致使睾丸萎缩及性欲减退，甚至产生钼中毒，影响人体的生长发育。钼过量还能抑制铜吸收，增加铜排泄。

目前，有关饮用水中钼元素对人体影响的研究很少。饮用水中的钼元素浓度一般不会超过 10μg/L。碱性水中的钼元素含量一般较高，范围为 0.3～14.8μg/L，而酸性水中一般为 0～0.37μg/L。与酸性井水相比，在 50 种元素中，钼是唯一在碱性井水、女性头发、土壤和蔬菜中的含量都显著较高的元素。世界卫生组织制定的钼元素指导值是 0.07mg/L。

人体常见必需微量元素的食物来源和日需要量见表 2.1。

表 2.1　常见必需微量元素的食物来源和日需要量

元素	主要食物来源	日需要量/mg	元素	主要食物来源	日需要量/mg
铁	肉、肝、鱼、家禽、豆类、谷物、水果、土豆等	10～20	锰	坚果、水果、蔬菜、谷物、豆荚、黄豆、咖啡、茶等	2～5
锌	肉、肝、蛋、蛤蜊、内脏、奶、豆类、坚果类等	10～20	钼	肉、内脏、绿叶蔬菜、豆类等	0.1～0.3
铜	水果、坚果、肝、肉、海产品、粗面包粉、蔬菜等	1～3	硒	肉、海产品、肝、肾、真菌、蔬菜等	0.05～0.2
钒	山楂、豌豆、绿豆等	1～2	镍	萝卜缨、丝瓜、黄瓜、大葱、茄子、洋葱、海带等	0.2～0.5
铬	肉、啤酒、粗麦粉等	0.01～0.2	硅	谷物、麸皮、肉等	20～1200
锡	肉、内脏、谷物、麦等	3.5	碘	海带、水产品等	0.1～0.2
钴	肉、奶制品、肝等	0.0001	氟	茶叶、海产品、内脏等	1～2

2.2.3 非必需微量元素对预防疾病的影响

世界卫生组织对饮用水中的大多数毒性元素进行了规定，将饮用水中的铝、铅、汞等元素定义为有毒元素，发现了这些元素统计值过高与某些疾病有相关性。实际上也没有完全证据证实，这些元素的缺乏或者很多这类“有毒”元素的缺乏是否会引起其他疾病，只不过病例统计信息证实人体对这些元素非常敏感，在此将这类元素放在非必需微量元素中。

1. 硼

硼是地壳中含量很低的一种非金属元素。越来越多的证据表明微量元素硼对人和动物具有重要的生理功能。硼对动物机体的矿质元素、维生素 D_3、氨基酸、蛋白质、脂肪等代谢和骨骼发育、脑功能、免疫功能以及胰岛素分泌有着重大的影响；对人体具有抗骨质疏松、抗炎症、抗肿瘤、降血脂等作用，尤其对人的生殖健康有重要影响。

硼在动物体内的吸收、转运和分泌主要以 $B(OH)_3$ 的形式进行。研究表明，无机硼（硼酸和硼砂）主要通过胃肠道、破损皮肤和呼吸道被动物机体吸收，摄入动物体内的硼，82%～100%以原样形式从尿中排出，汗液、乳汁和粪便可排出少量硼，但排泄速度较慢，12～24h 约排出一次摄入量的 50%，96h 排出 90%，全部排尽需 5～9d，甚至更长时间。

大量研究表明，硼能提高机体内许多重要激素和酶的表达和分泌，这可能是硼发挥其生理功能的重要途径。硼还能促进组织对葡萄糖的摄取、肝糖的合成及葡萄糖向脂肪的转化，使血糖降低。硼与钙、磷及维生素 D_3 的代谢关系密切，硼可升高血清 25-羟维生素 D_3 水平，降低饮食中铜、镁不足引起的高降钙素含量，从而可预防骨质疏松症的发生。硼和硼类似物有抗炎症、止痛和促进免疫器官发育等作用，硼（硼砂）对甲醛诱发的关节炎大鼠具抗关节炎活性作用。

硼中毒大多表现为结膜炎或皮炎。病理检查发现肝充血，肝细胞浑浊、肿胀，肾呈弥漫性水肿，肾小管和肾小球受损害，脑肺出现水肿，胰腺细胞有空变性，雄性动物的睾丸发生病变。无机硼中毒主要由硼酸和硼砂引起，硼的毒性作用包括急性硼中毒和慢性硼中毒，急性硼中毒多在误服硼酸和破损皮肤大面积接触后数小时发生；慢性硼中毒常因长期食用经硼酸或硼砂防腐的食品，或长期少量误服含硼药物引起。

世界各地地下水的硼浓度变化范围很大，从小于 0.3mg/L 到大于 100mg/L。欧洲硼含量最高的地区在南部。很多报道曾阐述了过高的硼摄入量对动物繁殖的不利影响。然而，当饮用水中存在小剂量的硼时（<1mg/L）可能是最有益的，

因为在饮用水中含有一定剂量（虽然低于 1mg/L）硼元素的城市，出生率更高而早死亡率更低。欧盟制定的硼元素含量标准为 1mg/L，世界卫生组织给出的指导值从早期的 0.5mg/L 调整为现在的 2.4mg/L，我国现行的《生活饮用水卫生标准》（GB 5749—2006）还是沿用世界卫生组织早期的推荐值 0.5mg/L，这点对海水淡化特别是船用海水淡化影响很大，值得船用海水淡化工程设计人员、卫生管理人员和使用者关注。

2. 砷

砷在自然界的分布极为广泛，存在于地壳、土壤、海水、河水、大气及食物中。人类摄砷的主要途径是饮水和食物，食物中含有机砷和无机砷，而饮水中则主要含有 As^{3-}、As^{-}、As、As^{+}、As^{3+}和 As^{5+}等多种形式的无机砷。砷可通过呼吸道、消化道和皮肤吸收进入人体。人从食物中摄入砷约 1mg/d，从空气中吸入约 14μg/d，吸收量只占百分之几。经肺和胃肠吸收的砷随血流分布和储存于脑、肝、心、脾、肾、胸腺、胰腺、前列腺、甲状腺、主动脉、卵巢、子宫、肠壁、肌肉等全身各种组织和器官中，其中以毛发（0.46mg/kg）、指甲（0.28mg/kg）、皮肤（0.08mg/kg）含量最高。

砷是国际癌症研究机构（IARC）确认的人类致癌物之一，它对人体健康的损害有很多种，譬如皮肤和内脏器官肿瘤、心血管及神经系统疾病等都与砷暴露明显相关，尤其是饮水型砷暴露。在各种砷化物中，无机砷比多数有机砷的急性毒性大，其中 As^{3+}比 As^{5+}的毒性大 35～60 倍。

目前，世界卫生组织对饮水砷浓度的推荐值为 0.01mg/L，澳大利亚砷值为 0.007mg/L，2001 年美国将砷值从 0.05mg/L 降至 0.01mg/L。然而，许多发展中国家的饮用水砷值仍在 0.05mg/L。通常公认的超出公共健康保护作用的饮用水砷水平≥0.05mg/L。

3. 铝

铝是日常生活中最常见的金属之一。铝元素在地壳中分布广泛，占地壳质量的 8.8%，继氧元素、硅元素之后位居第三。铝大多以不溶解的形式（即生物不可利用形式）——硅铝酸盐存在于矿物、岩石、土壤中。早期人们认为铝不被人体肠胃吸收，也无毒性，属安全物质。近几十年来科学研究表明，肠壁对铝的屏障作用并不完全，摄入过多的铝后，体内吸收及滞留的铝增多，血清铝含量增高，导致人体出现多种神经、骨骼及血液疾病。世界卫生组织于 1989 年正式将铝确定为食品污染物而加以控制，提出成人每天允许摄入量为 60mg。

人体内铝的过量存在及形态转化会影响人体对某些无机元素和有机元素的吸收，引发多种疾病和生理功能障碍。铝主要通过肾脏排泄，慢性肾衰时，铝的排泄受阻，在体内过量积聚；若再有为治疗肾衰时的高磷血症而服用铝制剂或透析用水处理不严，其内含铝过高，就会造成铝中毒。体内富集的铝，通过取代钙化组织中的钙、磷以及与维生素D相互作用等方式造成骨骼系统的损伤和变形，如肾病性骨营养不良、软骨病、骨质疏松症等。长期摄入过量铝及其化合物，可使胃酸及胃液分泌减少，抑制胃蛋白酶的活性，导致甲状旁腺亢进，引发消化功能紊乱和提早衰老等问题。

根据记录，饮用水中的铝元素与潜在的神经症状有关，如阿尔茨海默病和尿毒症患者的骨质疏松症。Alfrey（1993）研究发现，对于暴露于透析废水中的患者，其脑部的铝元素浓度将增加。欧盟给出的铝元素浓度的参考值为0.2mg/L。

4. 铅

铅在自然界中主要存在于岩石圈和土壤圈，是一种用途广泛的重金属元素工业原料。由于人类的活动，铅向大气圈、水圈以及生物圈不断迁移，人类通过呼吸含铅尘埃和饮水污染以及食用累积铅的蔬菜摄入铅，对身体产生影响。世界卫生组织建议，成人每周允许铅摄入量为 25μg/kg，正常人的血铅一般为 15～40μg/100g，血铅在 40μg/100g 以下为正常。

过量的铅将引起动物神经紊乱，使消化道平滑肌、肠系膜血管发生痉挛，出现腹绞痛、胃肠道出血、局部贫血、溃疡等症状；铅对多个中枢和外围神经系统中的特定神经结构有直接的毒性作用，大脑皮质和小脑以及运动神经轴突均是铅的主要靶组织，血脑屏障也极易受铅的损害；铅对肾脏的毒性作用分为急性铅肾病和慢性铅肾病两类，急性铅性肾病是以氨基酸尿、糖尿及血磷酸过少为特征。

自1995年以来，含铅添加剂的汽油使用率减少了99%以上，并且在全球范围持续减少，铅在大气中浓度持续下降。因此，从饮用水中摄入的铅在铅的总摄入量中占有更大比例。直到1965年年末，铅水管还被用于连接主管道和家庭水龙头，低矿化水不稳定，因此对接触的管道材料具有强腐蚀性。其他的水质参数也会影响管道中的铅析出。在欧盟国家中，除北欧国家外，大约有25%的住所使用铅管（超过800万住所），可能有1.2亿人处于饮用水铅危险之中。欧盟和世界卫生组织给出的铅标准值均为10μg/L。

5. 镉

镉被摄入血液后主要与血浆中的白蛋白和其他高分子量蛋白质结合，而后分布于体内从血浆到各类细胞中。镉-白蛋白被肝脏大量摄取后释放出镉并诱导合成金属硫蛋白（MT）。镉在低剂量时可能是动物生长的必需超微量元素，镉缺乏可使小鸡、大鼠和山羊生长受抑、第一次受胎成功率降低、流产率增加。据估计，人对镉的每日需要量不到5μg。据1996～1997年对全国4省市12类食物样品开展的典型调查，中国成年男子膳食镉摄入量为 75.6μg/d，这一数字比最新国际估算值高约 3 倍。

动物试验和人群调查证明，镉可引起各种心血管系统障碍，并可对心肌和收缩系统产生不良影响。在对神经系统的影响方面，镉可直接抑制含巯基酶，也可导致去甲肾上腺素、5-羟色胺、乙酰胆碱水平下降，对脑代谢产生不利影响。儿童脑组织发育不够完善，中枢神经系统对镉敏感性比成人高，在相同的污染环境中，镉对儿童神经系统的危害比成人严重。镉最严重的健康效应是对骨的影响。20 世纪 60 年代发生在日本富山县的痛痛病，其主要特征就是骨软化和骨质疏松。最新研究表明，较低的环境镉暴露就会影响骨，绝经后妇女骨密度降低和骨折危险性增加与长期镉暴露有关。

饮用水中的镉可能来自肥料、镀锌管道、老化的焊料和配件。饮用水中的镉可能造成上面所提到的健康影响。世界卫生组织给出的镉标准值为 3μg/L，欧盟的标准值为 5μg/L。

6. 汞

汞常温下是银白色液态金属，有毒，主要以汞元素（金属汞）、无机汞（汞盐）和有机汞 3 种形式存在。其毒性以慢性神经毒性居多。元素汞主要通过呼吸道被吸收，生物利用率接近 100%，其很难经消化道吸收，但汞盐及有机汞易被消化道吸收。吸收后汞及其化合物先集中到肝，后转移至肾；可透过血脑屏障和胎盘，并可经乳汁分泌。汞主要经尿和粪排出，少量随唾液、汗液、毛发等排出。

汞有很强的神经毒性，即使是低水平暴露也会损害神经系统，表现为精神和行为障碍，能引起感觉异常、共济失调、智能发育迟缓、语言和听觉障碍等临床症状，主要机制为神经细胞凋亡、神经递质的异常表达和生物膜系统的脂质过氧化作用。有机汞通过食物链富集放大后具有更大的生物毒性，不仅会造成神经系统的严重缺陷，还表现出强烈的致畸、致癌和致突变作用。

Aastrup 等（1995）研究发现地下水和地表水的天然汞浓度均小于 0.5μg/L。因此，人们认为饮用水不是汞的主要暴露源。然而，据报道，在火山频繁爆发的伊豆诸岛的井水中汞含量达到 5.5μg/L。世界卫生组织给出的汞标准值为 6μg/L，欧盟给出的汞标准值为 1μg/L。

7. 铊

铊是一种高度分散的稀有重金属元素，微呈蓝白色到灰白色，质重而软，具有延展性，易氧化，易溶于酸，不溶于水和碱溶液。铊在自然环境中含量很低，是一种伴生元素，几乎不单独成矿物，大多以分散状态同晶形杂质存在于铅、锌、铁、铜等金属的硫矿中，常作为这些金属冶炼的副产品来回收和提取，其主要的化合物有氧化物、硫化物、卤化物、硫酸盐等。

环境介质中铊的本底含量很低。铊在海水中的丰度为 0.1012～0.1016μg/L，淡水中丰度为 0.1001～0.1036μg/L。正常人体中铊含量极少，人体代谢的铊量为 1～2μg/d，其主要来源为新鲜蔬菜、水果等食物及呼吸道吸入。因此，天然环境中铊污染和中毒现象很少见，铊对人们生活环境的污染更多是人为因素造成的。

铊及铊化合物可以经由多种途径快速进入体内，主要是经消化道进入，其次是呼吸道和皮肤。可溶性的铊被胃肠道吸收后，以离子形式进入血液，存在于红细胞中，并随血液到达全身的器官和组织。铊主要通过肾和肠道排出，少量可从乳汁、汗腺、泪液、毛发和唾液排出，但是排泄非常缓慢。铊对哺乳动物的毒性大于铅、汞，属高毒类，具有蓄积性，为强烈的神经毒物。

2.3 水中矿物质平衡相关基础理论

2.3.1 水中难溶电解质的溶解平衡

强电解质中，有一类溶解度较小，但它们在水中溶解的部分是全部解离的，这类电解质称为难溶电解质。在难溶电解质的饱和溶液中，存在着固态电解质（通常称为沉淀）与其进入溶液的离子之间的平衡。平衡建立于固-液两相之间，所以属于多相平衡。

1. *溶度积*

任何难溶电解质在水中总是或多或少地溶解，绝对不溶的物质是不存在的。难溶强电解质硫酸钡的溶解度较小，它在水中少量溶解后，溶解部分将全部解离成 Ba^{2+}和 SO_4^{2-}，即

$$BaSO_4(s) \longrightarrow Ba^{2+}(aq) + SO_4^{2-}(aq) \tag{2.1}$$

与此同时，溶液中的 Ba^{2+}和 SO_4^{2-} 又有可能重新结合成固态 $BaSO_4$：

$$Ba^{2+}(aq) + SO_4^{2-}(aq) \longrightarrow BaSO_4(s) \tag{2.2}$$

在一定条件下，当固体溶解速率和水合离子沉淀速率相等时，建立了动态平衡：

$$BaSO_4(s) \underset{\text{沉淀}}{\overset{\text{溶解}}{\rightleftharpoons}} Ba^{2+}(aq) + SO_4^{2-}(aq) \tag{2.3}$$

这是发生于固-液之间的沉淀-溶解平衡，溶液中的离子浓度不再发生变化。因此，这时溶液的浓度就是该温度下的溶解度。此系统就是该电解质的饱和溶液。

应用平衡原理讨论这个沉淀-溶解平衡时，可以得到相应的平衡常数表达式：

$$K^{\ominus} = \{b(Ba^{2+})/b^{\ominus}\}\{b(SO_4^{2-})/b^{\ominus}\} = b(Ba^{2+}) \cdot b(SO_4^{2-}) \cdot (b^{\ominus})^{-2} \tag{2.4}$$

式中，$K^{\ominus}$ 为标准平衡常数，量纲为 1；$b(Ba^{2+})$ 为钡离子的质量摩尔浓度，mol/kg；$b(SO_4^{2-})$ 为硫酸根离子的质量摩尔浓度，mol/kg；$b^{\ominus}$ 为标准质量摩尔浓度，$b^{\ominus} = 1.0$mol/kg。

对于难溶电解质的沉淀-溶解平衡，可用通式表示为

$$A_mB_n \rightleftharpoons mA^{n+}(aq) + nB^{m-}(aq) \tag{2.5}$$

$$K_s^{\ominus} = \{b(A^{n+})\}^m \{b(B^{m-})\}^n \tag{2.6}$$

在一定温度下，难溶电解质的饱和溶液中，离子的质量摩尔浓度幂的乘积为一常数，此常数称为溶度积常数，用 $K_s^{\ominus}$ 表示，它反映了难溶电解质的溶解能力。同其他标准平衡常数一样，溶度积常数也随温度的改变而改变，与离子浓度无关。

溶度积和溶解度都可用来表示一定温度下相应物质的溶解能力，尽管二者是完全不同的概念，但它们也有一定的关系，可以互相换算。

对于结构类型相同的难溶电解质，可以用溶度积来比较其溶解度的大小。例如 $K_s^{\ominus}(AgCl)(1.77\times10^{-10}) > K_s^{\ominus}(AgBr)(5.35\times10^{-13})$，因而可知 AgBr 的溶解度比 AgCl 的溶解度小。但是对于不同结构类型的难溶电解质不能直接进行这样的比较。

2. *溶度积规则*

在一定温度下，难溶电解质溶液中，任意情况下有关离子的质量摩尔浓度（除以标准质量摩尔浓度，以其化学计量数为幂）的乘积称为离子积，用符号 $\prod_B (b_B/b^{\ominus})^{\nu_B}$ 表示，其中 ν_B 是物质 B 的化学计量数，量纲为 1。

离子积与溶度积的表达式相同，但二者含义不同。$K_s^{\ominus}$ 表示难溶电解质饱和溶液中有关离子浓度幂的乘积，它在一定温度下为一常数；$\prod_B (b_B/b^{\ominus})^{\nu_B}$ 则表示任意情况下有关离子浓度幂的乘积，其数值不是常数。例如，在 $Mg(OH)_2$ 不饱和溶液中的离子积 $\prod_B (b_B/b^{\ominus})^{\nu_B} = \{b(Mg^{2+})/b^{\ominus}\}\{b(OH^-)/b^{\ominus}\}^2$。

在任何给定的溶液中 $\prod_B (b_B/b^{\ominus})^{\nu_B}$ 和 $K_s^{\ominus}$ 之间可能有三种情况，借此可以判断沉淀的生成或溶解。

（1）$\prod_B (b_B/b^{\ominus})^{\nu_B} = K_s^{\ominus}$，系统是饱和溶液，此状态下并无沉淀析出。

（2）$\prod_B (b_B/b^{\ominus})^{\nu_B} < K_s^{\ominus}$，系统是不饱和溶液，不会有沉淀析出。若系统中有沉淀存在，沉淀将溶解，直至溶液饱和。

（3）$\prod_B (b_B/b^{\ominus})^{\nu_B} > K_s^{\ominus}$，系统是过饱和溶液，不会有沉淀析出。若系统中有

沉淀存在，沉淀将溶解，直至溶液饱和。

上述三条规则称为溶度积规则。实际上，它是难溶电解质沉淀-溶解-平衡移动规律的总结。可以依据这一规则，采取控制离子浓度的办法，使沉淀生成或溶解。

实践中，常在该溶液中加入某种物质，这种物质能与难溶电解质的组分离子反应，生成弱电解质、配离子，或生成溶解度更小的物质，从而破坏了原来的沉淀-溶解平衡，促使难溶电解质溶解。

例如，生成弱电解质使沉淀溶解：

$$CaCO_3(s) \rightleftharpoons Ca^{2+}(aq) + CO_3^{2-}(aq) \tag{2.7}$$

$$HCl \longrightarrow Cl^- + H^+ \tag{2.8}$$

$$CO_3^{2-} + 2H^+ \longrightarrow H_2CO_3 \rightleftharpoons H_2O + CO_2 \tag{2.9}$$

结果平衡向右移动，$\{b(Ca^{2+})/b^\ominus\}\{b(CO_3^{2-})/b^\ominus\} < K_s^\ominus(CaCO_3)$，所以碳酸钙逐渐溶解。

又如 $Mg(OH)_2$ 的溶解：

$$Mg(OH)_2(s) \rightleftharpoons Mg^{2+}(aq) + 2OH^-(aq) \tag{2.10}$$

$$NH_4Cl \longrightarrow Cl^- + NH_4^+ \tag{2.11}$$

$$NH_4^+ + OH^- \rightleftharpoons NH_3 \cdot H_2O \tag{2.12}$$

生成配离子使沉淀溶解，如：

$$AgCl(s) \rightleftharpoons Ag^+(aq) + Cl^-(aq) \tag{2.13}$$

$$Ag^+(aq) + 2NH_3(aq) \rightleftharpoons [Ag(NH_3)_2]^+(aq) \tag{2.14}$$

硫化物的 $K_s^\ominus$ 相差很大，所以硫化物在酸中的溶解情况差别也很大：$K_s^\ominus > 10^{-25}$ 的硫化物一般可溶于稀酸，如 ZnS（白）$K_s^\ominus = 2.93\times10^{-25}$，可溶于 0.3mol/kg 盐酸；$K_s^\ominus$ 更大的 MnS（肉色，$K_s^\ominus = 4.65\times10^{-14}$），可溶于乙酸；$K_s^\ominus$ 介于 10^{-26}～10^{-30} 的硫化物一般不溶于稀酸而溶于浓盐酸，如 PbS（黑，$K_s^\ominus = 39.04\times10^{-29}$）。$K_s^\ominus$ 太小的 CuS（黑，$K_s^\ominus = 1.27\times10^{-36}$）则不溶于浓盐酸。此时常加入氧化剂，使硫化物发生氧化还原反应而溶解：

$$3CuS(s) + 8HNO_3(aq) \longrightarrow 3Cu(NO_3)_2(aq) + 3S(s) + 2NO(g) + 4H_2O(l) \tag{2.15}$$

3. 同离子效应

如果在难溶电解质的饱和溶液中加入含有相同离子的强电解质，则难溶电解质的多相平衡将向生成沉淀的方向移动。例如，在 $CaCO_3$ 饱和溶液中加入 Na_2CO_3，由于二者都有 CO_3^{2-}，依据化学平衡移动原理，$CaCO_3$ 的多相离子平衡将向左移动：

$$Na_2CO_3 \longrightarrow 2Na^+ + CO_3^{2-} \tag{2.16}$$

$$CaCO_3 \rightleftharpoons Ca^{2+} + CO_3^{2-} \tag{2.17}$$

结果降低了 $CaCO_3$ 的溶解度。这种在难溶电解质饱和溶液中加入具有相同离子的强电解质，从而降低难溶电解质溶解度的现象称为同离子效应。

在洗涤沉淀时，选用含相同离子的电解质水比用水作洗涤剂好，这样可以减少因沉淀溶解而造成的损失。此外，氧化铝的生产通常是由 Al^{3+}与 OH^-反应生成 $Al(OH)_3$，再经焙烧制得 Al_2O_3。在制取 $Al(OH)_3$ 的过程中加入适当过量的沉淀剂 $Ca(OH)_2$ 可使溶液中的 Al^{3+}沉淀更完全。若沉淀剂过量太多，盐效应的影响便不可忽视，沉淀会有部分溶解。

又如，锅炉用水中常含有 $CaCl_2$ 和 $CaSO_4$，它们易形成锅垢而可能发生危险。因此需加入沉淀剂 Na_2CO_3 使 Ca^{2+}成为 $CaCO_3$ 而除去。由于 $CaCO_3$ 仍有少量溶解，为进一步降低 Ca^{2+}的浓度，还可用 Na_3PO_4 补充处理，使之生成更难溶的 $Ca_3(PO_4)_2$ 沉淀而除去。反应如下：

$$3CaCO_3(s) + 2PO_4^{3-}(aq) \longrightarrow Ca_3(PO_4)_2(s) + 3CO_3^{2-}(aq) \qquad (2.18)$$

4. 沉淀的转化

上述反应之所以能够实现，是因为在 25℃时 $Ca_3(PO_4)_2$ 的溶解度（1.31×10^{-7}mol/kg）比 $CaCO_3$ 的溶解度（2.23×10^{-5}mol/kg）更小，因而多相离子平衡得以向右移动，使溶液的 Ca^{2+}浓度进一步减小。

在含有某种沉淀的溶液中，加入适当的沉淀剂，使之与其中某一离子结合为更难溶的另一种沉淀，称为沉淀的转化。沉淀转化反应进行的程度可以用反应的标准平衡常数 $K_s^\ominus$ 来衡量。沉淀转化反应的标准平衡常数越大，沉淀转化反应就越容易进行。若沉淀转化反应的标准平衡常数太小，沉淀转化反应将非常困难，甚至是不可能的。

根据溶度积规则，在有难溶电解质固体存在的溶液中，只要使其离子积小于溶度积，这种难溶电解质就能溶解。因此，实践中常在该溶液中加入某种物质，这种物质能与难溶电解质的组分离子反应，生成溶解度更小的物质，从而破坏了原来的沉淀-溶解平衡，促使难溶电解质转化为其他沉淀。因此，可以得出适用于沉淀转化的一条规律：当难溶物类型相同时，$K_s^\ominus$ 大者向 $K_s^\ominus$ 小者转化比较容易，二者 $K_s^\ominus$ 相差越大，转化越完全；反之，$K_s^\ominus$ 小者向 $K_s^\ominus$ 大者转化比较困难，甚至不能转化。难溶物类型不同时，必须通过计算转化反应的 $K_s^\ominus$ 来进行判断。例如，下述转化反应：

$$CaSO_4(s) + CO_3^{2-}(aq) \rightleftharpoons CaCO_3(s) + SO_4^{2-}(aq) \qquad (2.19)$$

$$K_s^\ominus = \frac{b(SO_4^{2-})/b^\ominus}{b(CO_3^{2-})/b^\ominus} = \frac{b(SO_4^{2-})\times b(Ca^{2+})}{b(CO_3^{2-})\times b(Ca^{2+})} = \frac{K_s^\ominus(CaSO_4)}{K_s^\ominus(CaCO_3)} = \frac{7.1\times10^{-5}}{4.9\times10^{-9}} = 1.4\times10^4 \qquad (2.20)$$

可见，$CaSO_4$ 是可以向 $CaCO_3$ 转化的。

2.3.2 各种元素之间的相互作用

矿物质对人体很重要，矿物质的比例也很重要，因为矿物质彼此可以是拮抗作用，也可以是协同作用。含高浓度钙的水可以减轻对铜管和铅管的腐蚀。钙和镁是人体的增效剂，在一定的程度上相互协助，以促进人体健康。但钙镁比升高特别是在矿泉水中，会对心脏健康造成威胁。锌、铁、铜和钼元素是拮抗剂的实例，一种元素可以抑制另一种元素，然而在一些情况下，铁的吸收利用需要铜的配合。饮用水中的镁可以降低患直肠癌的风险。当营养矿物质元素比例高时，女性将更加健康。

饮用水中矿物质的吸收和利用由多种因素决定。因此，相比含有硒氨基酸的食物，从水中吸收的硒比较少，但是大多数的矿物质都更容易从水中吸收，因为它们都以离子的形式存在于水中。钙、铁、镁、磷、铜、锌在富含植酸的食物或者饮食中生物利用度低，如谷物。磷和甘油三酯与钙结合，可能会减少钙的吸收。老年人对铜和锌元素的吸收较少，且对铁、锌、铜、锰和铬的吸收率往往不能满足健康需要。硫化物可以与铜和其他金属结合。钙更容易在肠内的酸性环境中被吸收。

一些元素既是增效剂也是拮抗剂，如 Fe-I 和 Cu-Fe 在代谢中两两相互依赖。共享转运体的矿物质可以相互抑制：Ca-Zn、Ca-Pb、Cd-Zn 和 Zn-Cu。摄入草酸盐和大量铁会降低铬的生物利用度。锌、铁和钼的升高会降低铜的生物利用度。对小鼠的研究表明氟能增加铁的吸收或利用。铁价态的改变可能与摄入高浓度的锰的饮用水有关。硅控制着钙和镁的代谢，并对铝有拮抗作用。水中的钙可能抑制像铅和镉类元素的吸收和扩散。镉可以与金属硫蛋白酶结合，通常也包含锌或铜。硒使人体免受汞和甲基汞毒性的伤害。钙和镁可以用来降低水中铁过量的副作用。铝与钙、氟、铁、镁、磷和锶相互作用，用来治疗氟中毒或和减少尿毒症患者对 PO_4^{3-} 的吸收。镁和钙具有协同作用，但水中钙镁比的升高会使镁在饮食和水中流失，可能会显著增加急性心肌梗死的风险，冠心病与饮用含高钙镁比的软水有关。饮用水中，矿物质能影响如三卤甲烷类的物质，当饮用水中镁浓度很低时，由三氯甲烷造成的直肠癌风险会增加。

瑞典研究人员发现，钙、镁、钾的和与铝在碱性井水中的比值（1412）远高于在酸性井水中的比值（239），这意味着碱性井水可以使人体免受铝的侵害。这种比值差异在当地妇女的发质中也有所体现：饮用碱性井水的妇女发质钙、镁、钾和铝的比值为 804，饮用酸性井水的妇女钙、镁、钾的和与铝的比值为 177。女人饮用碱性水更加健康。

在瑞典瓶装水的研究中，一些矿物质比例出现两极化特征。在所有的瓶装水中钠和钾的中值比是5.4∶1，但显示有5个品牌瓶装水钠钾比高达（54～100）∶1。其中有些加入了钠盐。这些品牌的钙钠比是0.03∶1，然而中值比为1.4∶1。15个品牌的水中钙钠比低于1∶1，其中6个品牌低于0.1∶1，表明这6个品牌水质太软，缺乏钙和镁。在瓶装水中钙和镁的中值比是4.7∶1，有3个品牌超过了20∶1，说明这3个品牌的水质很硬。不含矿物质和含不同矿物质比例的饮用水对健康的影响有待进一步研究。

因此，研究饮用水中营养元素和有毒元素之间的相互作用具有以下重要意义。

（1）净化水可能会腐蚀管道和其他材料，但水中的钙盐可以在管道内壁形成保护层，防止管道的铜铅材料受到更严重的腐蚀。

（2）营养元素和有毒元素可能通过相同的通道进入体内，在肠内摄入矿物质时，它们之间可能会有竞争。

（3）营养元素和有毒元素可能使用相同的转运体，因此可能会有竞争，如钙和铅，二者使用相同的转运体。

（4）营养元素和有毒元素在体内的作用，如钙和铅，在骨头内都形成稳定的磷酸盐，但只有钙能构建合适的骨材料。

在未来，需要开展更多的工作来研究饮用水中矿物质之间的相互作用。

饮用水中元素之间的拮抗和协同作用总结在表2.2中。营养元素之间的两者可能在低浓度时协同，但在浓度升高或比例不当时拮抗，如钙和镁元素。

表2.2　饮用水中元素之间的拮抗和协同作用举例

拮抗（营养元素-有毒元素）	拮抗（营养元素-营养元素）	协同（营养元素-营养元素）
Ca-Cd	Ca-Co	Ca-Mg
Ca-Pb	Ca-Fe	Cu-Fe
Ca-U	Ca-Mg	Cu-Zn
Cu-Zn	Ca-Mn	F-Fe
Se-Hg	Ca-Zn	Se-I
Si-Al	Cu-Cd	—
Zn-Cd	Cu-Mo	—
Al-F	Cu-Zn	—
—	Fe-Cr	—
—	Fe-Cu	—
—	Fe-Mn	—
—	Mg-Fe	—
—	Zn-Cu	—

2.4 水质平衡与稳定

2.4.1 水中矿物质及其平衡

1. 矿物质及其水溶性

矿物质是指构成各种无机盐的主要化学元素，按照其物理化学性质一般可把它们分为金属元素和非金属元素两种类型。在化学元素周期表中，金属元素的名称均为金字旁，非金属元素的名称多为石字旁，金属元素的数量远多于非金属元素。常见的金属矿物元素有钾、钠、钙、铁、铜、铝、镁、锌等，其中钾、钠、钙、铁、锌等均与生命密切相关。主要的非金属元素有碳、硫、磷、硅、砷、硒、碘、硼等，其中碳、硫、磷是构成生命体的重要元素。

金属元素的氧化物溶解于水后一般呈碱性，如氧化钠溶于水后形成烧碱，氧化钙溶于水后形成消石灰。非金属元素的氧化物溶解于水后一般呈酸性，如二氧化硫溶于水后形成亚硫酸，三氧化硫溶于水后形成硫酸，二氧化氮溶于水后形成硝酸，二氧化碳溶于水后形成碳酸。

2. 水中矿物质的类别

水是一种良好溶剂，所以地球上的绝大多数矿物质都可以在水中找到。自然界的水实际上是包括各种矿物元素的溶液，这些矿物质的存在不同程度地影响了水的物理化学特性。一切生命均离不开水，因此水中的矿物质也与人体健康密切相关。

水中矿物质含量的多少与水所接触的环境密切相关。一般来讲，地下水矿物质含量最多，湖水和水库水次之，河水较少，未与地表接触的雨滴、雪花或高山积雪最少。

水中溶解性总固体（总含盐量）的95%～99%由钠、钾、钙、镁四大阳离子和氯离子、硫酸根、碳酸根、重碳酸根四大阴离子组成。按照含量的多少，水中的元素可分为以下 4 组。

（1）主要元素。如钾、钠、钙、镁、铁、铝、氯、硫、氮、氧、氢、碳、硅等。

（2）含量较少的元素。如锂、锶、钡、铅、镍、锌、锰、铜、溴、碘、氟、硼、磷、砷等。

（3）稀有而含量极少的元素。如铬、钴、铀、铟、铍、锗、锆、钛、钒、汞、铋、镉、钨、硒、钼、银、金、铂、锡、锑等。

（4）放射性元素。如镭、钍、氡等。

3. 水中矿物质的形态

水的电离能力极强，水中溶解的矿物质大多数以离子或离子团形式存在，可分为带正电的阳离子和带负电的阴离子。阳离子多数为金属元素，阴离子多数为非金属元素组成的离子团。矿物质的物理化学特性不同，在水中的溶解度差异很大，溶解度影响矿物质在水中的丰度。一般氯酸盐溶解度最大，硫酸盐次之，磷酸盐较小，碳酸盐最小；强碱金属盐溶解度较小，弱碱金属盐溶解度较小。

除了溶解的矿物质外，水中还有以非溶解态存在的矿物质，即悬浮颗粒。悬浮颗粒中的矿物质一般不易被人体吸收，且大部分悬浮颗粒在水质净化过程中被去除，所以悬浮颗粒对人体健康的影响较小。

4. 水中矿物质的平衡

人体内的水与矿物质成分动态地联系在一起。由于摄入与排出的生物平衡及各种自我平衡机制，在健康的人体内这些矿物质含量一般会保持不变或在相对的狭小范围内维持稳定。作为人体含量最丰富的成分，水占人体体重的60%，其中，40%在细胞内，20%在细胞外。体内水的总量取决于年龄、性别和体脂率（随着年龄和肥胖度的增加而降低）。体液渗透压取决于单价电解质的浓度，如细胞外液的 Na^+、Cl^-和 HCO_3^-，还有细胞内液的 K^+和 PO_4^{3-} 。

细胞外液体积和渗透压通过维持水盐平衡进行充分调节，这对于维持血压、防止细胞膨胀或缩水非常重要。细胞外液体积的膨胀或缩小会分别导致动脉血压的升高和降低，肾脏和渴感机制在这一调节中起主要作用。人体体内平衡的另一重要部分是酸碱平衡，它被严格控制在一个很小的酸碱度范围内（7.35～7.45）。当人体处于酸中毒或碱中毒状态时，pH 的微小变化也能改变神经肌肉的兴奋性和酶活性，并导致其他严重后果。人体血液正常 pH 水平的维持需要 3 种机制的参与：肾脏、呼吸及体液化学缓冲机制（HCO_3^- 、PO_4^{3-} 、蛋白质和血清蛋白缓冲机制）。细胞培养试验表明，细胞外液 pH 减小（酸中毒）会抑制成骨细胞和碱性磷酸酶的活性，后两者都参与骨基质的矿化作用。相反，培养的成骨细胞（负责骨吸收）通过 H^+敏感离子通道直接受到酸的刺激，因此酸中毒对骨骼有不良影响，而且会间接影响人体的矿物质含量。

现代西方饮食的特点是：摄入的动物性食物和谷物增加、高钠低钾摄入。相反，人类祖先的饮食都是未加工的食物，摄入的植物性食物与动物性食物的比例很高。除产酸或产碱的饮食外，饮用水或矿物质的选择都会影响酸碱新陈代谢和矿物质体内平衡。

2.4.2 饮用水的营养性与健康性

水的功用和名称是多种多样的，而安全水、健康水则是从对人体健康的作用程度出发的一种特质饮用水，这三种特质饮用水，目前在国内尚处在理论研讨、试验研究和试开发阶段，甚至其名称和含义尚无权威性的科学界定。很明显，它们不像自来水、直饮水及矿泉水的名字那样具体明确而成熟。

1. 安全水

安全水是安全饮用水的简称，是指可供人类长期生活饮用而终生不会对人体健康产生风险的饮用水。

此处所述的饮用水包括供居民饮用的饮用水和生活用水，后者如淘米、洗菜、做饭及个人洗漱卫生等用水。这里强调的是应终生饮用安全，而不强调其是否具有保健和去除疾病作用。

安全饮用水的水质重在长期饮用终生安全可靠。为达到这种目的，其水质特征应符合三个方面的基本要求。

（1）为防止水介传染病的发生和传播，要求安全水不得含有病原微生物。这是因为它能在同一时间内造成大片人群发病或死亡。故对水的消毒处理不能丝毫松懈，以消除发生急性传染病的条件。

（2）水中所含化学物质及放射性物质不得对人体健康产生危害，包括不引起急性或慢性中毒及造成潜在的远期危害（致畸、致癌、致突变），既要考虑直接饮用部分，也要考虑洗浴时皮肤接触或挥发性物质通过呼吸道摄入部分。

（3）水的感官性状应良好，因为它是人们对饮用水的直观感觉，是判断水质好坏的直接凭据。只有感官性状良好的饮水，饮用者才会有安全感，才乐于饮用。

从安全水的含义及水质特征不难看出，合格的自来水应当是安全水。因此，也有将安全水定义为：符合 WHO《饮用水水质准则》要求的水。所以自来水与安全水应是同义语，尤其对于集中统一供应生活饮用水的城镇来说，自来水的安全性更重要。

另外，从水质上看，直饮水（饮用净水）以及纯净水也应属于安全水。但我国的直饮水与发达国家和地区的直饮水有所不同，他们的自来水就是直饮水，如欧盟和美国等皆是如此。而我国的直饮水（饮用净水或纯净水）一般只供饮用，不包括生活使用，其水质要比自来水更好或更纯。

2. 健康水

饮用水与人类生命的健康作为饮用水的主题，目前已经被全世界科学和技术界广泛关注。饮用水健康逐渐成为现代人生活中的一个追求。人们更加关注饮水和健康的关系，不再满足饮用安全水，而希望饮用有益健康的水。因此有专家认为，现在饮用水正从安全时代走向健康时代，健康饮用水是饮水更高层次的要求。

健康水是能促使人体健康的优质饮用水的简称。如前所述，从水的生理功能和生命科学角度考虑，健康水的基本条件应是：洁净卫生、康体益寿、可以生饮，即感官好、味纯美、无毒害、促健康、益寿命。这样的水，对人体不仅具有正常可靠的生理功效，而且还有广域的强体保健作用。健康水是在生命安全的基础上，更注重生命质量的提高。所以有学者把它定义为："健康水是在满足人体基本生理功能和生命维持基础上，长期饮用可以改善、增进人体生理功效和增强人体健康，提高生命质量的水产品。"

健康、快乐和长寿是人生的基本追求，其中健康是基础，是生命质量的基本保障。水是百病之源，又是百药之王，人体的健康和生命质量的提高也是以水为先。现在乃至未来，作为安全水的自来水仍是居民饮用水的主体。水的安全性是人体健康的基础和前提，但不是健康的全部。安全饮水的水质标准主要考虑水中对人体有毒有害物质的控制，而缺少有益人体健康的项目指标及其最低限值，并且主要针对的是自来水行业。健康饮水水质标准是建立在安全的基础上，同时强调其对人体有益的物质及含量。

目前健康水尚无法定标准，但国内外已有不少专家学者在进行着潜心研究。国内有学者提出了《健康饮用水水质标准》，并归纳提出了健康水的 7 条标准：

（1）不含对人体有毒、有害及异味的物质；

（2）水硬度（以碳酸钙计）适中（30～200mg/L）；

（3）人体所需矿物质含量适中（其中钙含量≥8mg/L）；

（4）pH 呈中性及微碱性；

（5）水中溶解氧及二氧化碳含量适中（水中溶解氧≥6mg/L，二氧化碳 10～30mg/L）；

（6）水分子团小（半幅宽≤100Hz）；

（7）水的营养生理功能强（如渗透力、溶解力、代谢力、氧化还原性等）。

对于健康水的这 7 条标准，国内有研究者认为，对于健康饮用水来说，其中矿物质含量适中的水源是其基础；小分子团水是其核心，因为生物细胞只有 2nm 的离子通道，单个水分子的最大直径为 0.2nm，而水在自然界里以数个或数十个水分子组成的水分子团存在，其溶解力和渗透力都很低，不易被吸收，即人喝了水不等于细胞都能喝水；弱碱性是关键（可帮助血液和体液降低偏高的酸性，维持酸碱平衡，使身体更有效地对抗细菌、病菌、炎症和疾病）。

另外，据国外文献介绍，健康水的标准是：含有一定量的硬度（以 $CaCO_3$ 计，理想的是 170mg/L 左右），需要一定量的溶解性总固体（理想的是 300mg/L）和偏碱性（pH 在 7.0 以上）。

2.5 淡化水水质调控对人体健康影响的研究发展概况

2.5.1 淡化水对人体功能的影响

在自然界中，除了未污染的雨水和自然形成的冰，没有发现其他不含矿物质的水。然而，许多自然水中含有的矿物质浓度很低或者是软水（二价或多价阳离子浓度低），硬水通常被人为地软化，特别是在工业化国家。淡化水中的矿物质浓度低，水质不稳定，长期饮用淡化水会对新陈代谢和矿物质动态平衡或其他人体功能产生不利的影响。海水淡化以后通过余氯含量控制可以实现安全水的目标，现在越来越多的研究表明，日常生活或长期饮用的水应该是健康水。

WHO 的研究报告显示动物饮用淡化水后分泌功能（胃酸增加、酸性增强）和胃部肌肉弹性均有所改变，但现有资料不能清楚证明淡化水对肠胃黏膜会产生直接的负面影响。已有充足证据显示，饮用淡化水会危害身体内矿物质和水的新陈代谢，对动态平衡机制产生负面影响。尿量的增加（即多尿）与体液中主要的细胞内和细胞外排出的离子增加及它们之间的负平衡有关，还与身体含水量水平和一些由含水量决定的激素的功能活动有关。周期长达一年的动物试验（主要是大鼠试验）重复显示摄入淡化水或总溶解固体（TDS）不高于 75mg/L 的水会导致：①摄入水分增加，尿量、细胞外体液、血浆内 Na^+和 Cl^-浓度增加，以及身体对这些物质的排出量增加，从而导致体内全面负平衡；②红细胞量减少及其他一些血细胞比容发生变化。俄罗斯联邦卫生部组织的研究并未发现淡化水会产生致突变或生殖毒性影响，但却报告了三碘甲状腺原氨酸和醛固酮分泌减少，皮质醇分泌增加，肾脏形态改变，包括肾小球明显萎缩、血管内皮肿胀，限制了血液的流动。同时在为期一年的研究中还发现，以淡化水喂养的母鼠的胎儿骨骼骨化速度降低。显然，即使以热量、营养和盐分均满足生理要求的标准食物喂养大鼠，它们由水中少摄取的矿物质也未能从食物中得到补偿。经世界卫生组织研究人员报告评估，人类志愿者试验结果与动物试验结果一致，这表明溶解性总固体较低的水（如小于 100mg/L）对人体水和矿物质动态平衡有影响。

德国营养学会提醒公众不要饮用软化水，人体内的水分通常含有一定浓度的电解质（如钾和钠），电解质的浓度由人体自行控制。另外，他们声明水通过肠上皮的再吸收也启用了钠运输。因此，如果摄入淡化水，肠道必须从身体储备中消耗电解质。

据报道，饮用氟含量低的淡化水的人群，牙齿的健康度会下降，因为有很高的患龋齿风险。婴儿饮用淡化水或低矿物质瓶装水制成的饮料会造成脑水肿、痉挛和代谢性酸中毒。在血浆中，由于矿物质浓度降低，渗透压改变，导致体内水分再分配，细胞外液总量增加。为应对血浆量的变化，人体增加了钠的消耗，增强了利尿。人在剧烈体育运动后连续摄入几升低矿水后，可能会发生低血钠休克、水中毒等。

Brown 等（1970）研究了青年志愿者心血管反应与饮用淡化水（低渗）和 0.9%盐水（等渗）的关系。他们发现，与饮用淡化水相比，等渗盐水不会改变心率、心率变异性、压力反射敏感性和总外周阻力。饮用淡化水，会引起一系列的心血管改变，包括增加外周阻力、心率变异性和心脏压力反射敏感性，降低心率。

2.5.2　淡化水钙镁含量低的影响

钙和镁均为人体必需元素。钙是骨骼和牙齿的重要组成部分。此外，钙还在神经肌肉的兴奋性（即降低神经肌肉的兴奋性）、心肌系统的正常工作、心脏和肌肉的收缩性、细胞内信息传输以及血液的凝结性方面有重要作用。而镁则在 300 余种酶促反应（包括糖酵解、新陈代谢）方面，通过细胞膜传输钠、钾和钙等元素方面，合成蛋白质和核酸方面，神经肌肉兴奋性方面以及肌肉伸缩性方面作为辅助因素和催化剂发挥着重要作用。

虽然饮用水并非人们摄入钙和镁的主要渠道，但从饮用水中补充这些元素对健康的影响可能超过其在总的每日摄入量中的比例所表现的营养贡献。即使在工业化国家，钙和镁含量充足的食物也不能完全补足饮用水中缺乏的这两种元素，尤其是镁。

约旦的一个项目研究了从水中摄入钙的量（与总钙摄入量相比）。63%的安曼人、43%的伊尔比德人和 30%的扎尔卡人，由于自来水含盐量较高，饮用反渗透水并使用反渗透水烹饪。水中含有的钙不超过 6mg/L。统计数据表明，通常使用的反渗透水中钙的摄入量低于建议值。研究者得出结论，如果钙的摄入量较少，则会引起严重的健康问题，如造成骨质疏松症，特别是在老年人和女性中。此外还有研究者发现使用淡化水烹饪，会造成食物（蔬菜、肉类、谷物）中各种必需元素大量流失。其中钙和镁的损失可达 60%，而其他一些微量元素的损失甚至更高（如铜为 66%、锰为 70%、钴为 86%）。与之相反，使用硬水烹饪时这些元素的损失则小得多，有时甚至会出现烹饪食物中钙含量增加的情况。

2.5.3 淡化水中微量元素低的影响

除少数特例之外，饮用水并非人类基本元素的主要来源，但是其作用却很重要，食物不能提供充足的矿物质和微量元素。当某种元素处于临界缺乏状态时，即使从饮用水中摄入相对少量的该元素，也能发挥相应的保护作用。这是因为水中的元素通常以自由离子的形式出现，而食物中的元素多数情况下以化合物形式存在，因此，与食物相比，水中的元素更易吸收。

Kondratiuk（1989）研究发现改变摄入的微量元素，最多可使肌肉组织中该元素含量出现 6 倍变化。这些结果是由一项为期六个月的试验得出的，该试验将大鼠随机分为 4 组并分别喂食：①自来水；②淡化水；③补充了含碘化合物、钴、铜、锰、钼、锌和氟化物的自来水的低矿物质淡化水；④同样添加上述元素的淡化水，但元素浓度高出 10 倍。此外，还发现未添加矿物质的去矿物质水会对血液形成过程产生负面影响。喂食未添加矿物质的去矿物质水的大鼠血红细胞的平均血红蛋白含量比喂食自来水的大鼠平均低 19%，与喂食添加了矿物质水的大鼠相比，血红蛋白差别更大。

2.5.4 淡化水可能增加有毒金属摄入的风险

淡化水可能增加摄入有毒金属的风险，原因有两个：①淡化水通常呈酸性，对管路会有比较严重的腐蚀，会溶解出比较多的金属，导致饮用水中金属含量增加；②淡化水中钙、镁含量低，使得水保护（抗毒）能力较低。水和食物中的钙、镁具有抗毒活性。这两种元素能通过直接与毒素反应生成不能吸收的复合物或通过与毒素竞争结合位点，防止肠道中的铅和镉等有毒金属被血液吸收。

1993～1994 年，美国报道的 8 起因饮用水暴发的化学物中毒事件中，有 3 起为婴儿铅中毒，其血铅水平分别为 15μg/dL、37μg/dL 和 42μg/dL，而监测水平为 10μg/dL。在这 3 起事件中，铅均是由饮用水储存罐中的黄铜配件和铅焊缝泄漏的。这 3 个供水系统均使用淡化饮用水，从而加剧泄漏进程。从血铅水平最高的两个婴儿家庭提取的厨房自来水初样其铅含量为 495～1050μg/L；而第三高的婴儿家庭厨房水样品铅含量为 66μg/L。

参考文献

曹喆，钟琼，王金菊. 2017. 饮用水净化技术[M]. 北京：化学工业出版社.

陈文强. 2006. 微量元素锌与人体健康[J]. 微量元素与健康研究，23（4）：62-65.

成晓琳，于清江，王家柱. 2004. 铝对人体健康的危害及防治[J]. 菏泽师范专科学校学报，（4）：57-60.

鄂学礼，凌波. 2004. 饮用水深度净化与水质处理器[M]. 北京：化学工业出版社.
范娟娟，窦淑艳. 2014. 微量元素与人体健康[J]. 工程与材料科学，(8)：59.
付美兰. 1997. 微量元素与人类健康的研究进展[J]. 广东微量元素科学，10（11）：1-4.
甘日华，温伟群. 2007. 饮用水卫生与管理[M]. 北京：人民卫生出版社.
李福勤，陈宏平. 2014. 纯净水与矿泉水处理工艺及设施设计计算[M]. 北京：化学工业出版社.
李广贺. 2015. 水资源利用与保护[M]. 北京：中国建筑工业出版社.
李军. 2008. 微量元素硒与人体健康[J]. 微量元素与健康研究，25（5）：59-63.
李青仁. 2007. 微量元素铜与人体健康[J]. 微量元素与健康研究，24（3）：61-63.
李青仁，苏斌，李胜钏. 2008. 微量元素钴、镍与人体健康[J]. 广东微量元素科学，(1)：66-70.
李桃，詹晓黎. 2003. 微量元素锡与健康[J]. 广东微量元素科学，10（11）：7-12.
李一良，孙思. 2016. 地球生命的起源[J]. 科学通报，(Z2)：3065-3078.
梁奇峰. 2008. 铬与人体健康[J]. 广东微量元素科学，(2)：67-69.
刘智安，赵巨东，刘建国. 2017. 工业循环冷却水[M]. 北京：中国轻工业出版社.
莫杰，李绍全. 2007. 地球科学探索[M]. 北京：海洋出版社.
欧盟. 2015. 饮用水水质指令[S].
秦俊法，李增禧. 2004. 镉的人体健康效应[J]. 广东微量元素科学，11（6）：1-10.
曲宝中，朱炳林，周伟红. 2001. 新大学化学[M]. 北京：科学出版社.
申冬杰. 2003. 铝与人体健康[J]. 广东微量元素科学，(11)：13-17.
史晓颖，李一良，曹长群，等. 2016. 生命起源、早起演化阶段与海洋环境演变[J]. 地球前缘，23（6）：128-139.
世界卫生组织. 2003. 饮用水中的营养素[M]. 北京：人民卫生出版社.
世界卫生组织. 2011. 饮用水水质标准[S]. 4版.
舒为群，赵清，李国平，等. 2001. 长期饮用纯净水、净化水、自来水的大鼠血清矿物元素水平比较[J]. 第三军医大学学报，(11)：1267-1270.
苏斌，李青仁，范东凯. 2008. 碘、氟、硅与人体健康的关系[J]. 广东微量元素科学，(4)：10-13.
王冠，杨晓亮，宋武昌. 2015. 给水管网水质化学稳定性判定指标及控制技术研究进展[J]. 城镇供水，(3)：69-72.
王腊春，史运良，曾春芬. 2014. 水资源学[M]. 南京：东南大学出版社.
王明. 2015. 生物起源探索[M]. 北京：中国广播影视出版社.
王顺年，李晋. 2009. 微量元素与保健[M]. 北京：人民军医出版社.
王秀红. 2005. 微量元素砷与人体健康[J]. 国外医学（医学地理分册），26（3）：101-105.
韦友欢，黄秋婵. 2008. 铅对人体健康的危害效应及其防治途径[J]. 微量元素与健康研究，25（4）：62-64.
魏艳红，郭建强，陈志明，等. 2014. 环境汞污染对人体健康的影响及预防措施[J].大众科技，16（3）：59-61.
吴茂江. 2006. 钼与人体健康[J]. 微量元素与健康研究，23（5）：66-67.
吴茂江. 2007. 锰与人体健康[J]. 微量元素与健康研究，24（6）：10-13.
夏敏. 2003. 必需微量元素与人体健康[J]. 广东微量元素科学，10（1）：11-16.
谢伟，徐国茂，叶琴. 2010. 微量元素硼与人体健康[J]. 微量元素与健康研究，27（1）：65-66.
徐素萍. 2007. 微量元素铁与人体健康的关系[J]. 中国食物与营养，(12)：51-54.
许仕荣，赵伟，王长平，等. 2012. 碳酸钙沉淀势理论计算模型及其应用[J]. 给水排水，48（5）：157-160.
许韫，李积胜. 2005. 汞对人体健康的影响及其防治[J]. 国外医学（卫生学分册），32（5）：278-281.
杨頔，于善亮，靳红旗. 2014. 从离子反应本质的角度深入认识离子反应发生的条件[J]. 化学教学，(4)：35-37.
杨克敌. 2003. 微量元素与健康[M]. 北京：科学出版社.
杨洋，高学理，李玉. 2014. 海水淡化水的后处理研究[J]. 水处理技术，(6)：62-65.

杨月欣. 2007. 实用食物营养成分分析手册[M]. 北京：中国轻工业出版社.
叶卓明，吕志荣，史龙. 2008. 有关水污染现状与纯净水对机体健康影响的探讨[J]. 癌变·畸变·突变，(2)：153-156.
尹军，刘志生. 2005. 饮用水 ORP 的健康意义及影响因素探讨[J]. 中国给水排水，(9)：25-28.
曾强，赵亮，刘洪亮. 2012. 饮用纯净水对健康影响的研究进展[J]. 环境与健康杂志，29 (5)：477-479.
张显龙. 2016.生命起源前有机小分子的水热进化[D]. 长春：吉林大学.
张小磊，何宽，马建华. 2006. 氟元素对人体健康的影响[J]. 微量元素与健康研究，23 (6)：66-67.
张照英，舒为群. 2003. 长期饮用纯净水对血脂、钙镁离子、丙二醛、一氧化氮和血浆内皮素含量的影响[J]. 中国动脉硬化杂志，11 (4)：367-368.
张忠诚. 2006. 镁与人体健康[J]. 世界元素医学，13 (2)：24-27.
郑伟民. 1999. 世界水资源问题与对策[J]. 泉州师专学报，(04)：17-22，48.
周文化，刘绍. 2013. 食物营养与卫生学[M]. 长沙：中南大学出版社.
朱蕾. 2011. 体液代谢的平衡与紊乱[M]. 北京：人民卫生出版社.
朱延河，牛小麟. 2008. 铊的生态健康效应及其对人体危害[J]. 国外医学（医学地理分册），29 (1)：14-16，29.
Aastrup M，Thunholm B，Johnson J，et al. 1995. The Chemistry of Ground Water[R]. The Swedish bed-rock，SEPA report 4415.
Ackermann U. 2009. 生理学[M]. 刘崇斌，郭益民，韩丽萍，译. 北京：人民卫生出版社.
Alfrey A. 1993. Aluminuim toxicity in patients with chronic renal failure[J]. Therapeutic Drug Monitoring，15 (6)：593-597.
Altura B T，Altura B M. 1987. Endothelium-dependent relaxation in coronary arteries requires magnesium ions [J]. British Journal of Pharmacology，91 (3)：449-451.
Bouchard M F，Sauvé S，Barbeau B，et al. 2011. Intellectual impairment in school-age children exposed to manganese from drinking water [J]. Environmental Health Perspectives，119 (1)：138-143.
Bowman B A，Russel R M. 2006. Present knowledge in nutrition[M]. 9th ed. Washington DC：International Life Sciences Institute.
Brown J，Bourke G J，Gearty G F，et al. 1970. Nutritional and epidemiologic factors related to heart disease[J]. World Review of Nutrition and Dietetics，12：1-42.
Bruce R M，Odin M. 2001. Beryllium and beryllium compounds [R]. Geneva：World Health Organization.
Costi D，Calcaterra P G，Iori N，et al. 1999. Importance of bioavailable calcium drinking water for the maintenance of bone mass in post-menopausal women [J]. Journal of Endocrinological Investigation，22：852-856.
Emsley C L，Gao S，Li Y，et al. 2000. Trace element levels in drinking water and cognitive function among elderly Chinese [J]. American Journal of Epidemiology，151 (9)：913-920.
Faghihi M，Sukhodub A，Jovanvic S，et al. 2008. Mg^{2+} protects adult beating cardiomyocytes against ischemia[J]. International Journal of Molecular Medicine，21 (1)：69-73.
Fordyce F M，Johnson C C，Navaratna U R B，et al. 2000. Selenium and Iodine in soil，rice and drinking water in relation to endemic goitre in Sri Lanka [J]. Science of the Total Environment，263：127-141.
Gopal D. 1988. You and your drinking water：health implications for the use of cation exchange water softeners [J]. Journal of Clinical Pharmacology，28 (8)：683-690.
Imran S A，Dietz J D，Muto G，et al. 2005. Red water release in drinking water distribution systems [J]. Journal American Water Works Association，97 (9)：93-100.
Ingegerd R. 2015. Drinking water minerals and mineral balance [M]. London：Springer.
Kimmo V K，Porkka M D，Jorma S A，et al. 1991. Tracking of serum HDL-cholesterol and other lipids in children and

adolescents：the cardiovascular risk in young finns study [J]. Preventive Medicine，20（6）：713-724.

Kondratiuk V A. 1989. Hygienic significance of microelements in drinking water with low mineral level[J]. Gig Sanit, （2）：81-82.

Porkka K，Viikari J，Akerblom H K. 1991.Tracking of serum HDL-cholesterol and other lipids in children and adolescents:the cardiovascular risk in young finns study[J]. Preventive Medicine, 20（6）：713-724.

Punsar S，Karvonen M J. 1979. Drinking water quality and sudden death：observation from west and east finland [J]. Cardiology，64：24-34.

Reeves P G，Chaney R L. 2002. Nutritional status affects the absorption and whole-body and organ retention of cadmium in rats fed rice-based diets [J]. Environmental Science & Technology，36（12）：2684-2692.

Robert E B，Henry K J H. 1979. Trace elements in human nutrition [J]. Medical Clinics of North America，63（5）：1057-1068.

Romasz R S，Lemmo E A，Evans J L. 1977. Diet Ca，sex and age influences on tissue mineralization and cholesterol in rats[J]. Proceedings on Trace Substances in Environmental Health，11：289-296.

Rubenowitz E，Axelsson G，Rylander R. 1995. Magnesium in drinking water and death from acute myocardial infarction [J]. American Journal of Epidemiology，143（5）：456-462.

Rubenowitz E，Axelsson G，Rylander R. 1999. Magnesium and Calcium in drinking water and death from acute myocardial infarction in women [J]. Epidemiology，10（1）：31-36.

Ryznar J W. 1944. A new index for determining amount of calcium carbonate scale formed by a water [J]. Journal American Water Works Association，36（4）：472-483.

Schroeder H A. 1966. Municipal drinking water and cardiovascular death rates [J]. Journal of the American Medical Association，195（2）：181-185.

Sellmeyer D E，Stone K L，Sebastian A，et al. 2001. A high ratio of dietary animal to vegetable protein increases the rate of bone loss and the risk of fracture in postmenopausal women [J]. American Journal of Clinical Nutrition，73（1）：118-122.

Turlapaty P，Altura B M. 1980. Magnesium-deficiency produces spasms of coronary-arteries:relationship to etiology of sudden-death ischemic-heart-disease[J]. Science，208（4440）：198-200.

World Health Organization. 2005. Nutrients in drinking water [M]. Geneva：World Health Organization Press.

World Health Organization. 2003. Antimony in drinking water. Background document for development of WHO guidelines for drinking water quality[Z]. Geneva：World Health Organization.

World Health Organization. 2009. Calcium and Magnesium in Drinking-water: Public Health Significance [M]. Geneva：World Health Organization.

World Health Organization. 2002. Environmental Health Criteria 228. Principles and Methods for the Assessment of Risk from Essential Trace Elements [M]. Geneva：IOMC WHO.

World Health Organization. 2011. Guidelines for Drinking-water Quality[M]. 4th ed. Geneva：World Health Organization.

World Health Organization. 2011. Nitrate and nitrite in drinking water-background document for development of WHO [Z]. Geneva：World Health Organization.

World Health Organization. 2005. Zinc in drinking water. Background document for development of guidelines for drinking water quality [Z]. Geneva：World Health Organization.

Yang C Y. 1998. Calcium and Magnesium in drinking water and risk of death from cerebrovascular disease [J]. Stroke，29：411-414.

Yang C Y，Chiu H F，Chang C C，et al. 2002. Association of low birth weight with calcium levels in drinking water [J].

Environmental Research，89（3）：189-194.

Yang C Y，Chiu H F，Cheng M F，et al. 1999. Esophageal cancer mortality and total hardness levels in Taiwan's drinking water [J]. Environmental Research Section A，81：302-308.

Yang C Y，Chiu H F，Cheng M F，et al. 1999. Mg in drinking water and the risk of death from Diabetes mellitus [J]. Magnesium Research，12（2）：131-137.

Yang C Y，Chiu H F，Tsai S S. 2000. Calcium and magnesium in drinking water and risk of death from prostate cancer[J]. J Toxicol Environ Health，60：231-241.

Yang C Y，Hung C F. 1998. Colon cancer mortality and total hardness levels in Taiwan's drinking water [J]. Archives of Environmental Contamination and Toxicology，35（1）：148-151.

Yang C Y，Tsai S S，Lai T C，et al. 1999. Rectal cancer mortality and total hardness levels in Taiwan's drinking water [J]. Environmental Research Section A，80：311-316.

第3章　典型金属材料在淡化水中的失效行为及耐蚀性

为了控制造价，早期船舶淡水管路采用与市政供水管路材料类似的镀锌钢管，在传输的水为岸基补给的市政自来水时，管路腐蚀并不明显，但是如果传输的水为反渗透淡化水时，则会出现水中铁含量大幅超标、水质变黑等严重问题。在陆地上为解决管路腐蚀问题，更多地考虑采用非金属管，但是在船舶上由于防火安全、振动冲击的综合影响，采用金属管还是主流设计思路。采用什么金属材料制作饮用水输水管，既能满足船舶总体设计要求，又能耐蚀、经济、安全、环保，这是最近20多年以来出现海水淡化以后困扰远洋船舶设计者的问题，为此，需要研究金属材料的腐蚀机理，以及不同金属材料在淡化水中的耐蚀性。

3.1　概　　述

3.1.1　腐蚀成分的检测

某船海水淡化装置管路材质为镀锌钢管，在远离大陆后采取反渗透海水淡化装置制取淡水，在海上航行三周左右后，所造淡水开始呈现淡黄色，2个月后呈现黄褐色，至6个月返航时几乎为黑色，检查发现镀锌钢管腐蚀严重，热水管路比冷水管路腐蚀重，热水柜出口腐蚀最为严重。这类腐蚀问题对远航船员的日常生活造成很大影响。根据调研，现役许多远洋船舶饮用水管路为镀锌钢管材料，遇到带有腐蚀性的淡化水时特别容易遭到腐蚀破坏，管内壁腐蚀速率比在海水中的腐蚀速率更快，造成淡化水变黄、发黑的现象。研究淡化水环境条件下典型金属材料的失效行为和机制，优选好用、健康、耐用以及具有经济、实用的远洋船舶淡水管路系统材料，对提高船舶设计水平、提升远洋保障能力、保证船员身心健康具有重要意义。

对镀锌钢腐蚀产物成分进行分析，表3.1为镀锌管外锈层和内锈层的元素荧光分析结果。从表中数据可以看出，外锈层的元素成分比较复杂，除了铁锈常规的Fe和O元素外，Zn元素的含量较高，可以推测外锈层中除了常规的氧化铁的系列腐蚀产物外，还存在一定比例的锌的腐蚀产物。另外，从元素含量可以看出外锈层中虽含有一定的 Ca 元素，但其含量极少，因此，可以推断镀锌管内壁形成的锈层并没有出现 Ca、Mg 氧化物等常规的水垢层。相比较外锈层来说，内锈层的 Zn 元素含量仅为 3.26%，分析原因应该是内锈层取样时不小心混入了一定的外锈层，从图 3.1 中可以看出，外锈层薄内锈层厚。从 Zn 元素的含量也可以推测出，镀锌管内壁锈层的形成是由内向外逐渐发展形成的。

表 3.1　元素荧光分析结果（%）

部位	Fe	O	Zn	Na	Si	S	Ca	其他
外锈层	42.52	28	21.76	3.61	1.28	0.436	0.386	—
内锈层	66.49	29.9	3.26	—	0.28	0.07	—	—

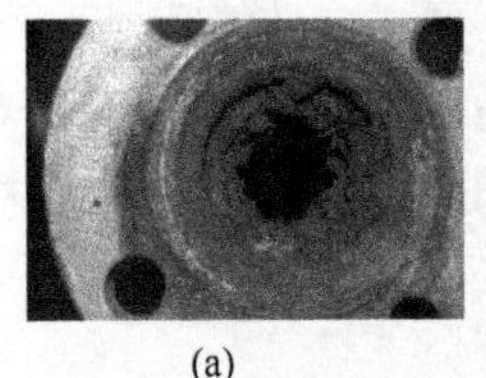
(a)

(b)
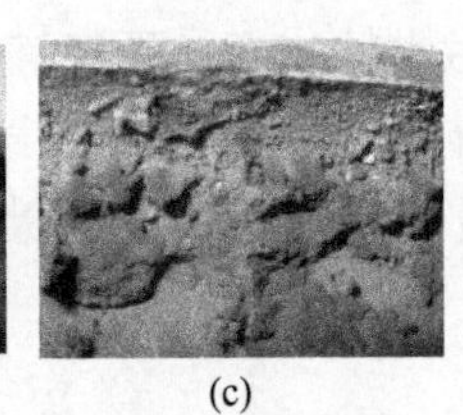
(c)
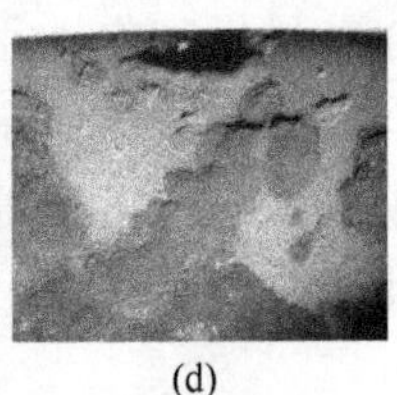
(d)

图 3.1　镀锌管内壁腐蚀层宏观形貌

（a）管端口处腐蚀形貌；（b）外腐蚀层；（c）内腐蚀层；（d）腐蚀层去除后基体表面

图 3.2 为镀锌管内壁锈层红外光谱分析结果。从图中可以看出，内、外锈层都含有 Fe_3O_4（$587cm^{-1}$），并都有少量 γ-FeOOH（$1162cm^{-1}$、$1020cm^{-1}$ 和 $745cm^{-1}$）。从图中峰的强度可以判断出，内、外锈层中 Fe_3O_4 含量均较多，γ-FeOOH 含量均较少。对于铁的腐蚀产物来说，Fe_3O_4 和 γ-FeOOH 都具有一定的反应活性，而 α-FeOOH 相对来说是一种热力学稳定物质，从红外分析结果可以看出，锈层产物中基本上全为 Fe_3O_4 和 γ-FeOOH，α-FeOOH 几乎检测不到，可以推测，在淡化海水中镀锌管的腐蚀产物处于活化状态，其腐蚀产物层并不像海水中致密的腐蚀产物层一样可以阻止底层金属的不断腐蚀，从图 3.1 中锈层可以看出，整个锈层并不是非常致密，在外锈层剥落后，甚至可以发现锈层内部有较大的孔洞。

另外，从外锈层的红外曲线可以看出，在 $1624cm^{-1}$ 处有明显的单峰，此处的吸收峰是 $Zn(OH)_2$ 的特征峰。在 $712cm^{-1}$ 处是 $CaCO_3$ 红外吸收特征峰，而此处峰并不明显，所以外锈层中 Ca 的含量较少。此部分的分析结果与锈层元素荧光分析结果相符合。

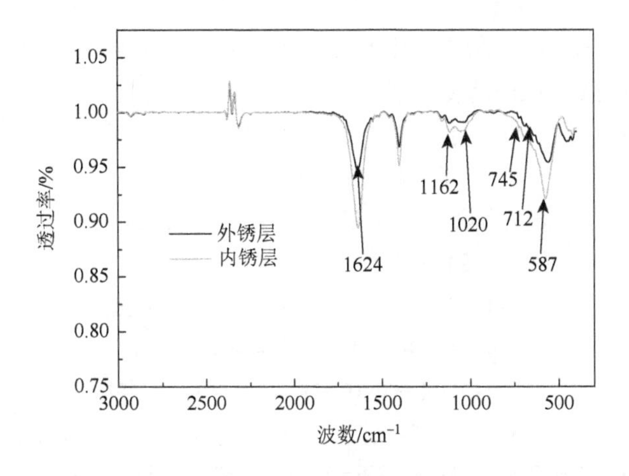

图 3.2　外锈层、内锈层红外光谱分析结果

3.1.2　金属在淡化水中的腐蚀行为研究概况

1. 碳钢的腐蚀

王宏义等（2012）对碳钢在海水及海水淡化一级反渗透（RO）产水中的腐蚀行为进行了研究，试验表明碳钢在两种水中形成的锈层结构有很大差异，在海水中短期内形成的锈层为单层，长期浸泡后，逐渐出现黑色内层，且较为致密；在一级 RO 产水中的腐蚀产物很快形成双层结构，外层黄色腐蚀产物厚度很薄，远小于黑色内层厚度，腐蚀时间继续延长后，内层有所增厚，但外层厚度依然很薄，未见致密锈层出现。

同时，碳钢在两种水中形成的腐蚀产物成分差别较大，在海水中腐蚀 24h 时，腐蚀产物主要为 γ-FeOOH，并有少量 α-FeOOH，168h 后的腐蚀产物中出现了少量 β-FeOOH，浸泡 360h 后，锈层中出现了 Fe_3O_4，其为内层锈层在缺氧条件下逐渐产生；在一级 RO 产水中浸泡 24h 时，腐蚀产物主要成分为 γ-FeOOH，并有一定含量的 Fe_3O_4 及少量 α-FeOOH，48h 后 Fe_3O_4 锈层中相对含量急剧增加，已成为锈层主要成分，此时 γ-FeOOH 相对含量明显减少，α-FeOOH 已无法检出。试验时间继续延长，Fe_3O_4 在锈层中的比重不断增大，应是其余腐蚀产物在弱酸性的一级 RO 产水中直接快速转化所致。

根据上述试验结果，推断导致一级 RO 产水较海水对碳钢腐蚀性更强的原因是两者形成的锈层存在明显差异：海水中的锈层能够阻碍氧扩散的过程，对金属具有保护性，而在一级 RO 产水中形成的锈层无此作用，致使腐蚀速率较大。

碳钢在海水中腐蚀后，腐蚀产物处于动态转化过程：γ-FeOOH 逐渐转化为热力学稳定状态的 α-FeOOH；β-FeOOH 因易转化，在长期腐蚀后消失；锈层内部缺氧，逐渐形成了 Fe_3O_4。锈层外层存在的致密 α-FeOOH 层对金属具有保护作用，能够阻碍氧的扩散，从而降低腐蚀。

推断碳钢在一级 RO 产水中的腐蚀行为为

$$\text{阳极：} Fe \longrightarrow Fe^{2+} + 2e^- \tag{3.1}$$

$$\text{阴极：} O_2 + 2H_2O + 4e^- \longrightarrow 4OH^- \tag{3.2}$$

$$\text{锈层转化：} Fe^{2+} + H_2O \longrightarrow FeOH^+ + H^+ \tag{3.3}$$

$$2FeOH^+ + O_2 + 2e^- \longrightarrow 2\gamma\text{-}FeOOH \tag{3.4}$$

$$\gamma\text{-}FeOOH + H^+ + e^- \longrightarrow Fe(OH)_2 \tag{3.5}$$

$$2\gamma\text{-}FeOOH + Fe(OH)_2 \longrightarrow Fe_3O_4 + 2H_2O \tag{3.6}$$

腐蚀中间产物 $FeOH^+$能被 O_2 迅速氧化生成 γ-FeOOH，构成了初期锈层的主要成分；γ-FeOOH 在酸性条件下极不稳定，与 H^+作用迅速生成 Fe_3O_4，并大量堆积在金属表面，迅速成为锈层主要成分。Fe_3O_4 为导电氧化物，可以促进还原反应的进行，同时若其生成速度过快，则将使锈层容易开裂，呈不连续的状态，对基体金属无保护作用。

2. 不锈钢的腐蚀

有学者依据一级 RO 产水高氯离子的特点，研究了其对不锈钢的腐蚀，认为氯离子是引起腐蚀的主要原因。同时，在一级 RO 产水中高 Cr 含量的不锈钢比低 Cr 含量的不锈钢耐点蚀能力更强。

钢铁研究总院青岛海洋腐蚀研究所对 321 不锈钢在天津海水淡化厂淡化海水中的耐蚀性进行了分析，试验结果表明，随着试验温度的升高，321 不锈钢点蚀电位 E_b 逐渐负移，如表 3.2 所示。

表 3.2　321 不锈钢在淡化海水中的点蚀电位

T/°C	35	50	70
E_b/mV	470	400	345

中国石油集团工程设计有限责任公司大连分公司对海水淡化工程中管道选材进行了研究，推荐低温多效蒸发及反渗透工况下，淡化海水管路应选用 316L 不锈钢。

316L 含铬 17.5%，与其他奥氏体不锈钢的含铬量相差不多，因不锈钢的耐蚀性能主要取决于其含铬量，因此其耐海水腐蚀性好，而且 316L 含碳量 0.02%，属于超低碳，可有效控制晶间腐蚀。

3.2　镀锌钢材料在淡化水中的失效行为

3.2.1　研究水样条件

海水淡化是保障船上淡水供应的重要技术手段，不同海域的海水具有不同的pH、盐度、离子浓度等，海水淡化处理后所获得的水质环境也不尽相同。钢板镀锌处理是工程领域中应用广泛的防护手段，研究镀锌钢板在不同淡水环境中的腐蚀行为对于淡水舱的选材以及淡水的存储具有重要的意义。本节共选用了 8 种水样，其中 1#～3#水样为不同盐度的海水经淡化处理后所得的反渗透二级产水，4#～6#水样为在 2#水样的基础上，添加不同浓度的 Ca^{2+}、Mg^{2+}、HCO_3^- 的淡水，不同水样的具体含义和物理化学性质分别见表 3.3 和表 3.4。作为对比，同时选择了 7#盐水水样和 8#饮用水水样，其中 7#水样为模拟海水（利用去离子水和分析纯 NaCl 配制的盐度为 35000mg/L 的 NaCl 溶液），8#水样为来自沈阳市政的自来水。

表 3.3　不同水样的具体含义

水样编号	含义
1#	进水为 25000mg/L 海水的反渗透二级产水
2#	进水为 35000mg/L 海水的反渗透二级产水
3#	进水为 45000mg/L 海水的反渗透二级产水
4#	2#水样、氯化镁 20mg/L、氯化钙 15mg/L、碳酸氢钠 90mg/L
5#	2#水样、氯化镁 50mg/L、氯化钙 35mg/L、碳酸氢钠 90mg/L
6#	2#水样、氯化镁 50mg/L、氯化钙 35mg/L、碳酸氢钠 70mg/L

表 3.4　不同水样的物理化学性质

水样编号	pH	TDS/(mg/L)	浊度 NTU	色度	余氯/(mg/L)	重碳酸盐/(mg/L)	硬度(以 $CaCO_3$ 计)/(mg/L)	钙/(mg/L)	镁/(mg/L)
1#	8.27	3.86	0.15	0	<0.02	未检出	未检出	未检出	未检出
2#	7.72	5.65	0.15	0	<0.02	未检出	未检出	未检出	未检出
3#	7.13	120.4	0.20	0	<0.02	未检出	未检出	未检出	未检出
4#	6.86	71.1	0.27	0	<0.02	88.45	27.75	7.70	2.04
5#	6.62	103.2	0.25	0	<0.02	87.84	85.70	21.80	7.49
6#	6.54	89.0	0.26	0	<0.02	73.20	55.97	13.47	5.35

了解镀锌钢在盐水和饮用水中的腐蚀行为差异对于进一步揭示镀锌钢在不同反渗透淡水中的腐蚀机理具有重要意义，因此本节随机选取了一种国产镀锌钢样品，研究它们在 7#盐水和 8#饮用水中的腐蚀性能及机理。

3.2.2 镀锌钢在盐水和饮用水中的腐蚀行为

国产镀锌钢在盐水（7#）和饮用水（8#）中开路电位随浸泡时间的变化如图 3.3 所示。可以看出，在 720h 的试验周期内，国产镀锌钢在饮用水中的开路电位主要分布在−1.02～−0.98V 范围内，在盐水中的开路电位主要分布在−1.06～−1.02V 范围内，在饮用水中的开路电位始终高于在盐水中的开路电位。

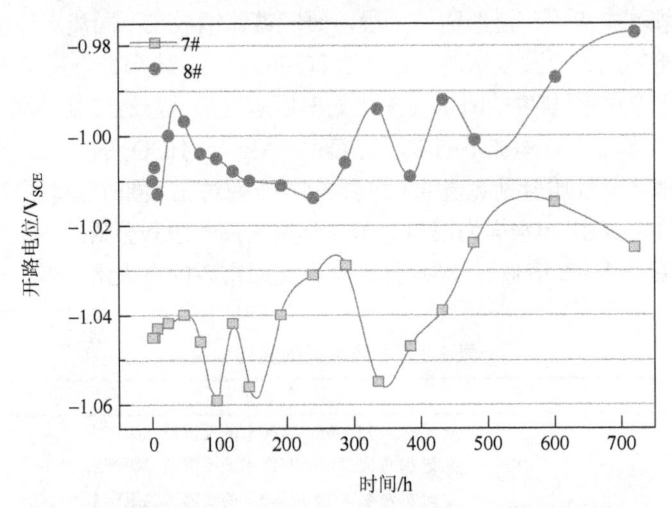

图 3.3 国产镀锌钢在盐水和饮用水中开路电位随浸泡时间的变化

国产镀锌钢在盐水中电化学阻抗谱随浸泡时间的变化如图 3.4～图 3.6 所示。根据阻抗谱在不同时间阶段所表现出的特征，将镀锌钢的整个腐蚀历程分成三个时间段，第一个时间段为 0～144h，Nyquist 图[图 3.4（a）]显示镀锌钢表现出高频容抗和低频容抗两个时间常数的特征，且容抗弧的半径随浸泡时间的增加不断减小，Bode 图[图 3.4（c）]显示高频的相位角随着浸泡时间的增加逐渐降低，低频的阻抗模值随着浸泡时间的增加不断降低[图 3.4（b）]，由 4h 的 $1.3\times10^4\Omega\cdot cm^2$ 降低到 144h 的 $1.7\times10^3\Omega\cdot cm^2$，低频阻抗模值降低了约 1 个数量级，预示着镀锌钢的耐腐蚀性能不断降低。第二个时间段为 144～600h，Nyquist 图[图 3.5（a）]和 Bode 图[图 3.5（c）]显示镀锌钢在此阶段表现出三个时间常数的特征：高频和中频的容抗以及低频的扩散过程。低频阻抗模值随着浸泡时间的增加表现出先增加后降低的趋势[图 3.5（b）]。第三个时间段为 600～720h，镀锌钢的电化学阻抗谱特征与第一时间段相似，再次表现出高频容抗和低频容抗的特征[图 3.6（a）]，扩散过程消失，同时低频阻抗模值增加[图 3.6（b）]，由 600h 的 $1.2\times10^3\Omega\cdot cm^2$ 增加到 720h 的 $4.4\times10^3\Omega\cdot cm^2$。

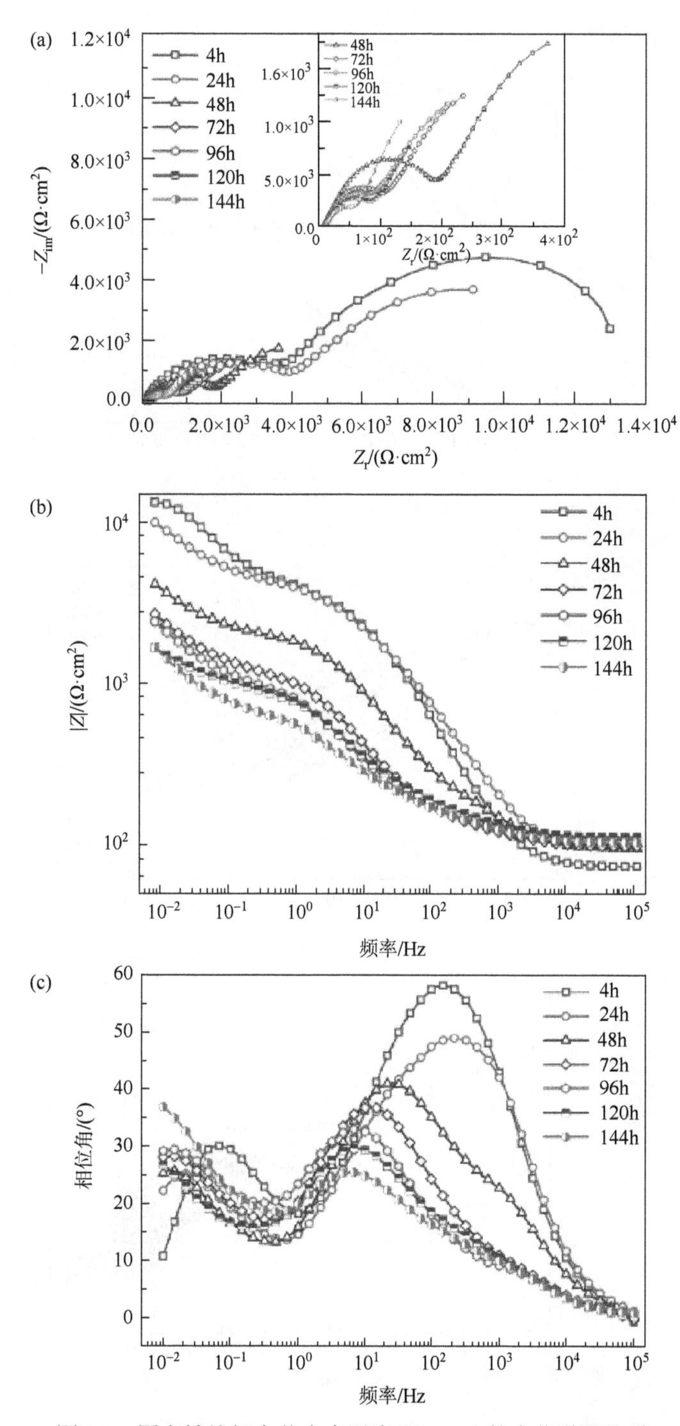

图 3.4　国产镀锌钢在盐水中浸泡 4～144h 的电化学阻抗谱

（a）Nyquist 图；（b）Bode 图：阻抗模值；（c）Bode 图：相位角

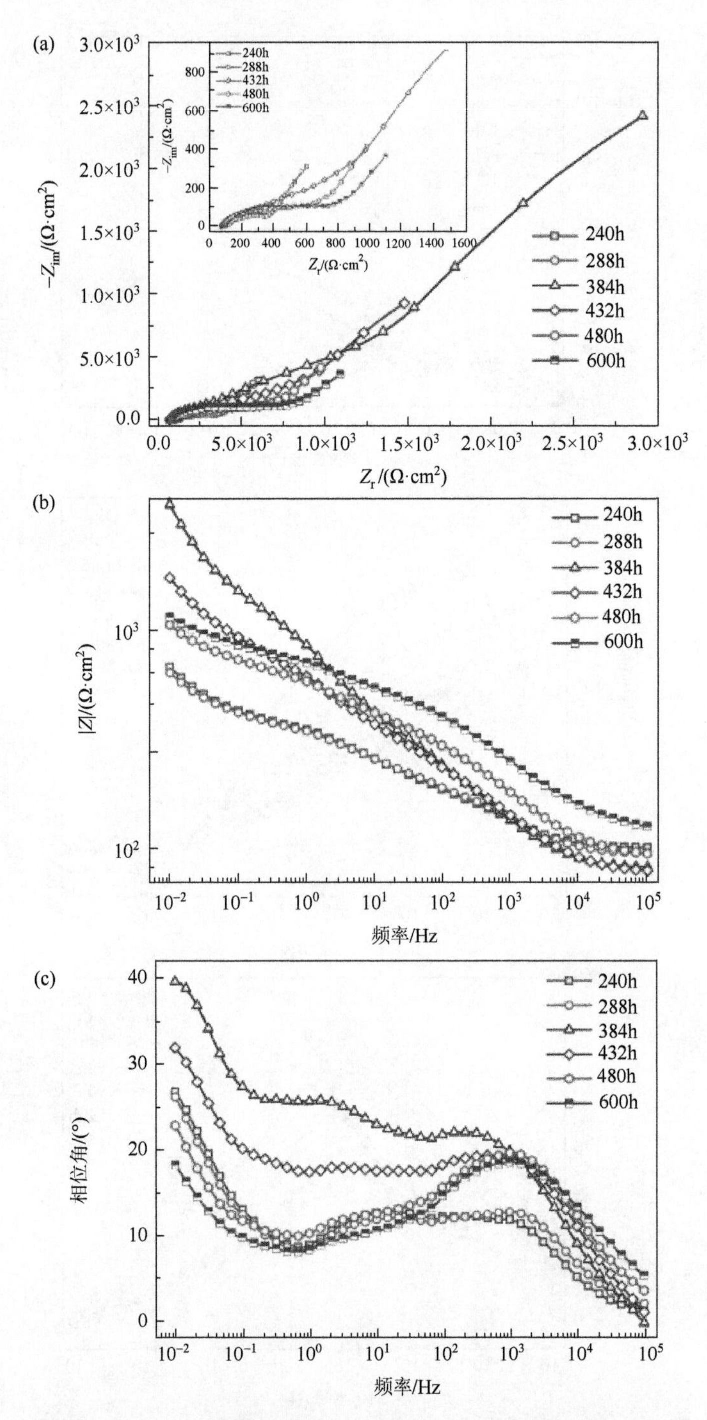

图 3.5　国产镀锌钢在盐水中浸泡 240～600h 的电化学阻抗谱

（a）Nyquist 图；（b）Bode 图：阻抗模值；（c）Bode 图：相位角

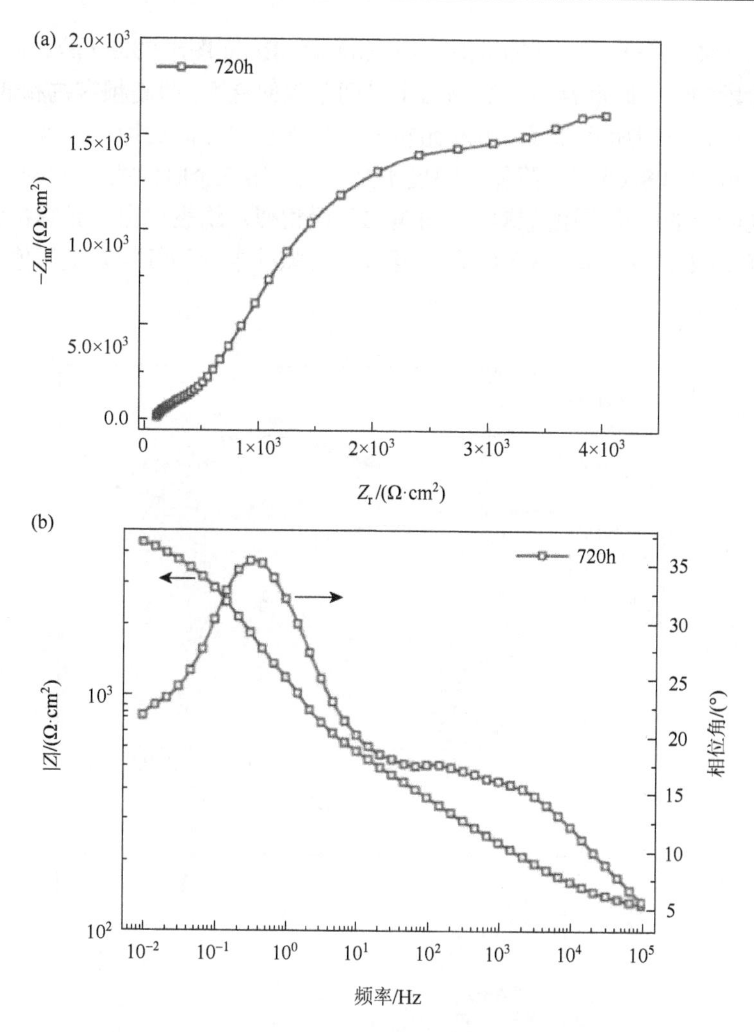

图 3.6　国产镀锌钢在盐水中浸泡 720h 的电化学阻抗谱

（a）Nyquist 图；（b）Bode 图

国产镀锌钢在饮用水中电化学阻抗谱随浸泡时间的变化如图 3.7～图 3.9 所示。根据阻抗谱在不同时间阶段所表现出的特征，将其在饮用水中的腐蚀历程同样分成三个阶段，第一个时间段为 0～144h，Nyquist 图[图 3.7（a）]显示镀锌钢表现出单一容抗弧的特征，且容抗弧的半径随浸泡时间的增加不断增大，Bode 图[图 3.7（c）]显示相位角的特征峰随着浸泡时间的增加有向两个特征峰转变的趋势，低频的阻抗模值随着浸泡时间的增加不断增加[图 3.7（b）]，由 0h 的 $8.8\times10^4\Omega\cdot cm^2$ 增加到 144h 的 $6.4\times10^5\Omega\cdot cm^2$，低频阻抗模值增加近 1 个数量级，预示着镀锌钢的耐腐蚀性能不断增强，这与盐水中的变化趋势刚好相反。第二个时间段为 144～336h，Nyquist 图[图 3.8（a）]和 Bode 图[图 3.8（c）]显示镀锌钢由第一阶段的一个时间常数转变为两个时间常数的特征，即高频容抗和低频容抗，容抗弧的半径先增加后降低，低频阻抗模值随着浸泡时间的增加表现出先增加后降低的趋势[图 3.8（b）]，降低的幅度不是很大。第三个时间段为 336～720h，镀锌钢在此阶段的电化学阻抗谱特征与第二阶段相似，均表现出高频容抗和低频容抗的特征[图 3.9（a）和图 3.9（c）]，同时容抗弧的半径和低频阻抗模值稍有增加[图 3.9（b）]。

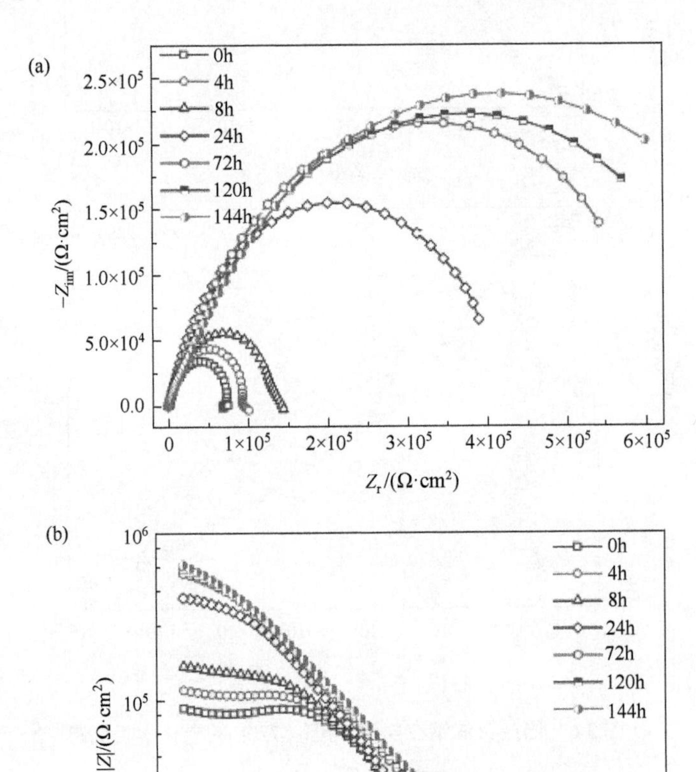

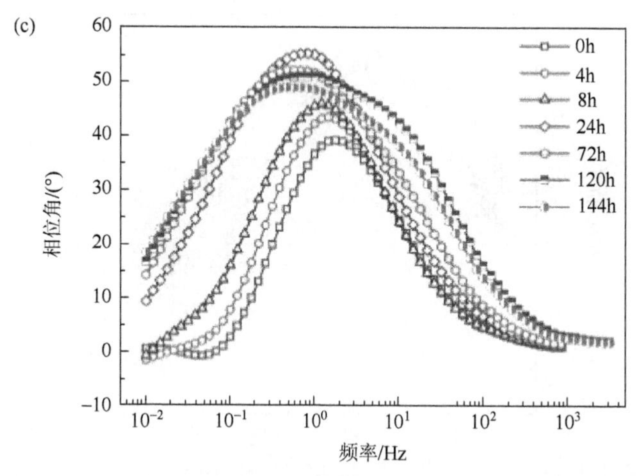

图 3.7　国产镀锌钢在饮用水中浸泡 0～144h 的电化学阻抗谱

（a）Nyquist 图；（b）Bode 图：阻抗模值；（c）Bode 图：相位角

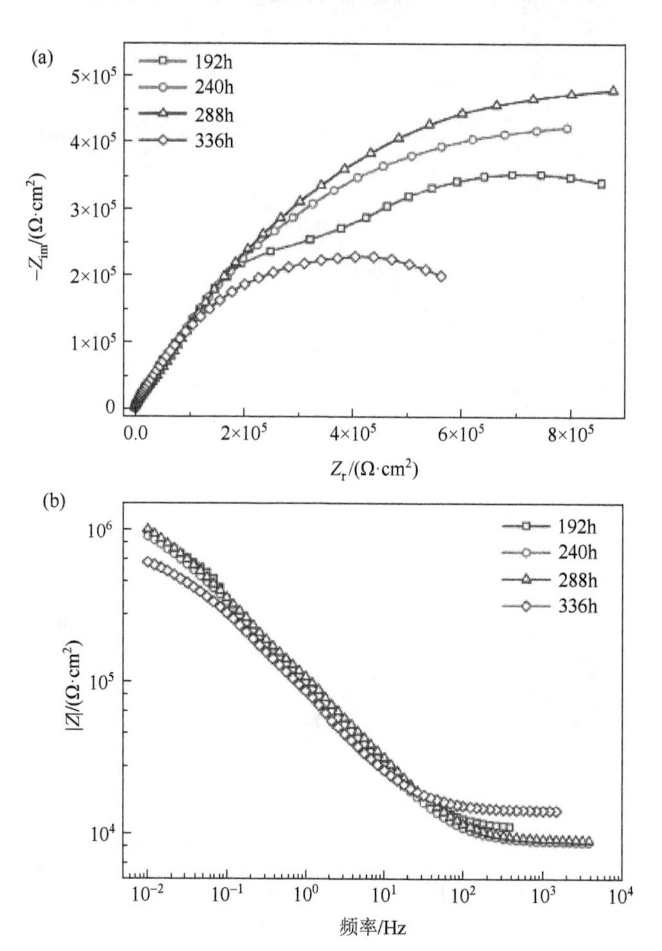

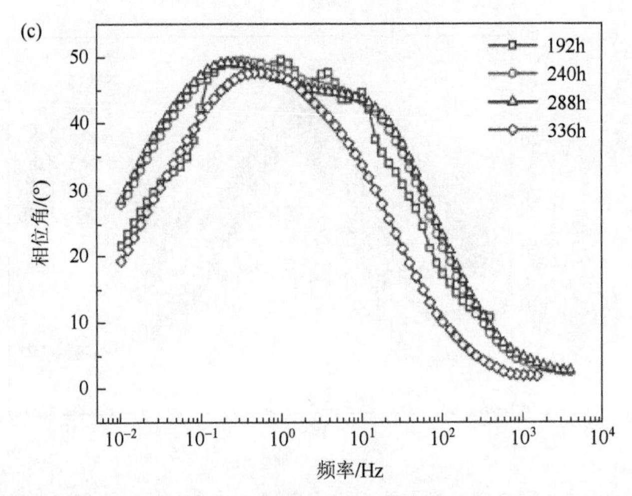

图 3.8　国产镀锌钢在饮用水中浸泡 192～336h 的电化学阻抗谱

（a）Nyquist 图；（b）Bode 图：阻抗模值；（c）Bode 图：相位角

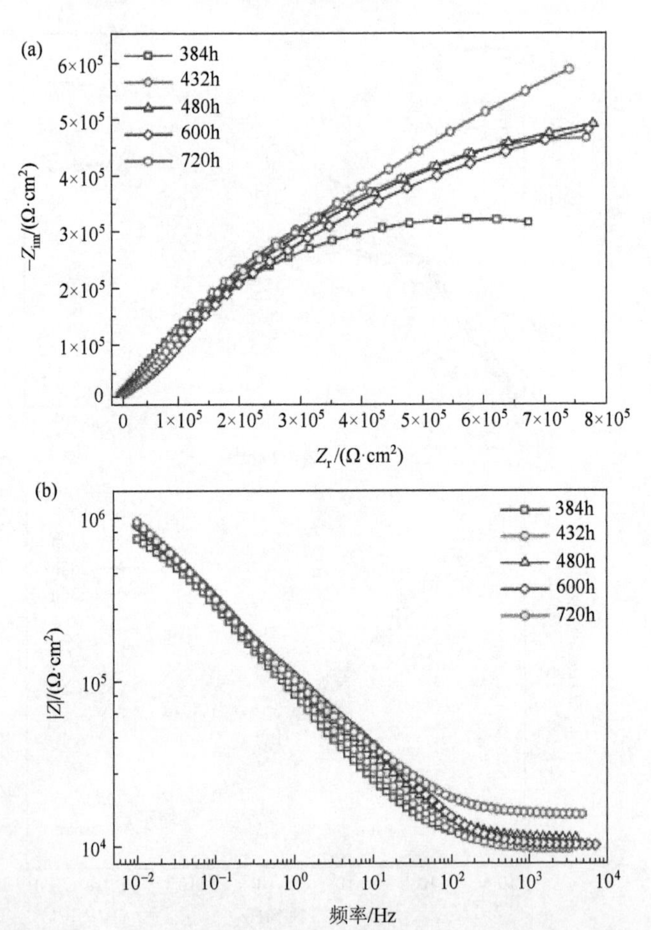

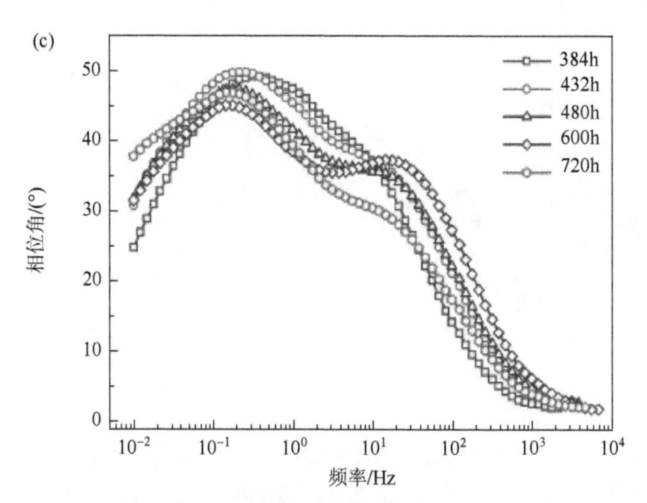

图3.9 国产镀锌钢在饮用水中浸泡384～720h的电化学阻抗谱

（a）Nyquist图；（b）Bode图：阻抗模值；（c）Bode图：相位角

根据以上描述可知，国产镀锌钢在盐水和饮用水中的腐蚀过程虽然均可分成三个阶段，但却表现出完全不同的电化学特征，镀锌钢在两种溶液中低频阻抗模值随浸泡时间的变化如图3.10所示。从图中可以看出以下几点：①从开始的性能表现来看，镀锌钢在饮用水中的腐蚀速率明显低于在盐水中的腐蚀速率，一个明显的特征是浸泡初期镀锌钢在饮用水中的阻抗模值比盐水中高出近1个数量级；②从变化趋势上来看，镀锌钢在盐水中的阻抗模值在整个浸泡周期内由$1.3\times10^4\Omega\cdot cm^2$降低到$4.4\times10^3\Omega\cdot cm^2$，在饮用水中的阻抗模值在整个浸泡周期内由$8.2\times10^4\Omega\cdot cm^2$增加到$1.1\times10^6\Omega\cdot cm^2$，尤其是在第一阶段0～144h，镀锌钢在盐水中的防护性能快速恶化，而在饮用水中的腐蚀速率却越来越低。

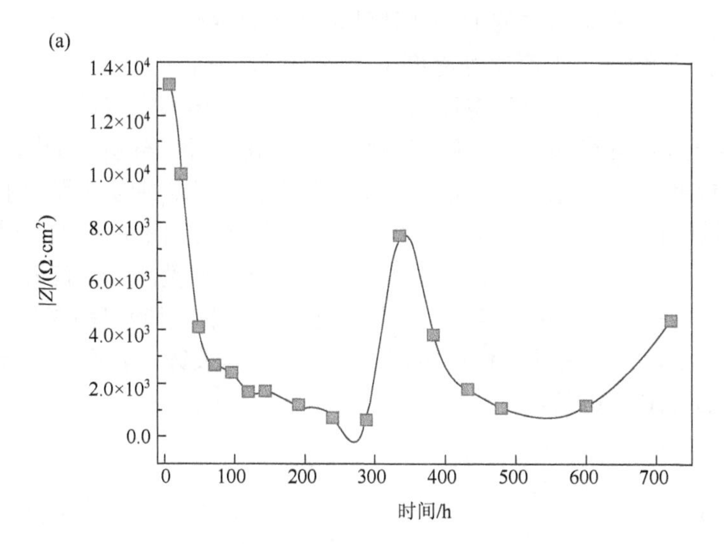

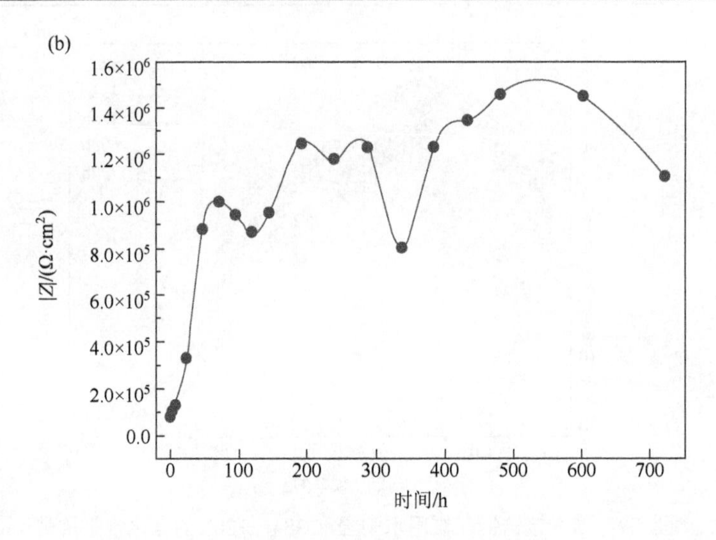

图 3.10　国产镀锌钢在两种水溶液中浸泡 720h 电化学阻抗谱低频模值随时间的变化

（a）盐水；（b）饮用水

为了更深入地了解镀锌钢在两种溶液中的电化学特性，采集了镀锌钢在不同时间节点的电化学噪声，并利用五次多项式拟合的方法对直流偏差进行了去除，镀锌钢在盐水中不同时间点的电化学噪声原始信号及其去除直流偏差后的电流噪声信号如图 3.11 所示。从中可以看出，在腐蚀历程的第一阶段[4h，图 3.11（a）、（b）]，电流噪声暂态峰表现为快速上升和快速下降，波动范围在-1×10^{-9}～1×10^{-9}A/cm^2，随着浸泡时间的增加[48h，图 3.11（c）、（d）]，电流噪声暂态峰的频率有所降低，但波动幅度增加了 1 倍，增加至-2×10^{-9}～2×10^{-9}A/cm^2，预示着镀锌钢表面局部腐蚀增强。随着腐蚀历程进入第二阶段[240h，图 3.11（e）、（f）]，电流噪声暂态峰的频率持续增加，同时波动幅度增加至-5×10^{-9}～5×10^{-9}A/cm^2，预示着表面腐蚀程度进一步加强。腐蚀历程进入第三阶段[600h，图 3.11（g）、（h）]，电流暂态峰的幅度稍有降低，但暂态峰的频率依然较高。利用 Hilbert-Huang 变换对电流噪声随时间的变化进行了分析，如图 3.12 所示。从中可以看出，腐蚀刚开始时主要以低频腐蚀事件即腐蚀慢过程为主，如全面的均匀腐蚀[图 3.12（a）]，随着时间的增加，低频腐蚀事件在整个时间内占据主导地位[图 3.12（b）]，全面腐蚀增强，进入第二阶段，腐蚀较为均匀，低频和高频腐蚀事件所占比例相差不大，腐蚀进入一个稳定阶段[图 3.12（c）]，最后的第三阶段，低频腐蚀事件仍然占据主导地位，镀锌钢表面继续维持着全面腐蚀状态[图 3.12（d）]。

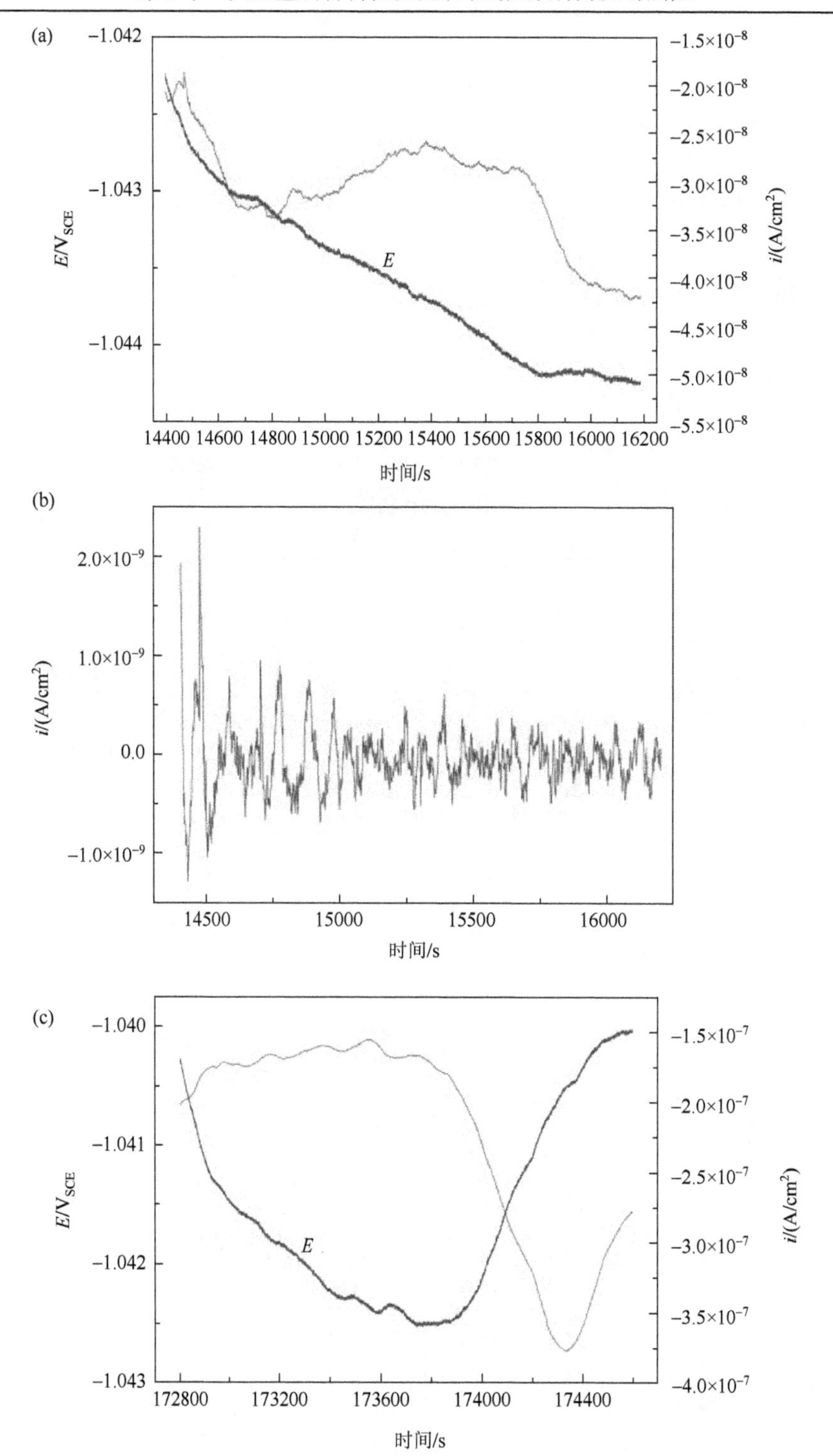
(a)
−1.042
−1.043
−1.044
E/V_{SCE}
E
−1.5×10⁻⁸
−2.0×10⁻⁸
−2.5×10⁻⁸
−3.0×10⁻⁸
−3.5×10⁻⁸
−4.0×10⁻⁸
−4.5×10⁻⁸
−5.0×10⁻⁸
−5.5×10⁻⁸
$i/(A/cm^2)$
14400 14600 14800 15000 15200 15400 15600 15800 16000 16200
时间/s
(b)
2.0×10⁻⁹
1.0×10⁻⁹
0.0
−1.0×10⁻⁹
$i/(A/cm^2)$
14500 15000 15500 16000
时间/s
(c)
−1.040
−1.041
−1.042
−1.043
E/V_{SCE}
E
−1.5×10⁻⁷
−2.0×10⁻⁷
−2.5×10⁻⁷
−3.0×10⁻⁷
−3.5×10⁻⁷
−4.0×10⁻⁷
$i/(A/cm^2)$
172800 173200 173600 174000 174400
时间/s

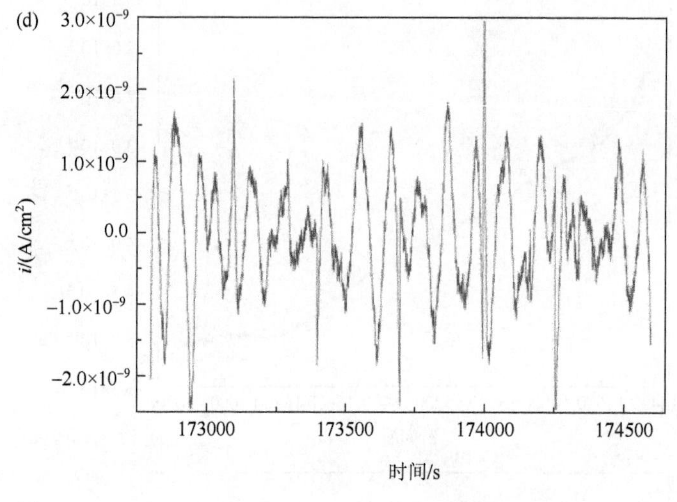
(d)
3.0×10⁻⁹
2.0×10⁻⁹
1.0×10⁻⁹
0.0
−1.0×10⁻⁹
−2.0×10⁻⁹
i/(A/cm²)
173000
173500
174000
174500
时间/s

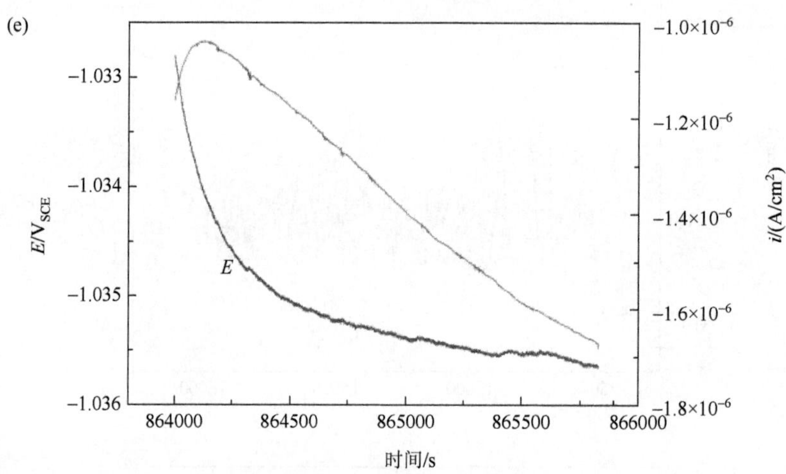
(e)
−1.033
−1.034
−1.035
−1.036
E/V_SCE
E
−1.0×10⁻⁶
−1.2×10⁻⁶
−1.4×10⁻⁶
−1.6×10⁻⁶
−1.8×10⁻⁶
i/(A/cm²)
864000
864500
865000
865500
866000
时间/s

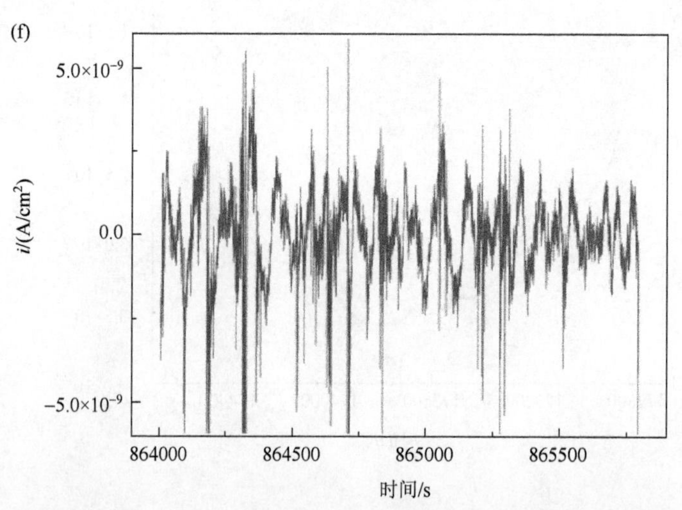
(f)
5.0×10⁻⁹
0.0
−5.0×10⁻⁹
i/(A/cm²)
864000
864500
865000
865500
时间/s

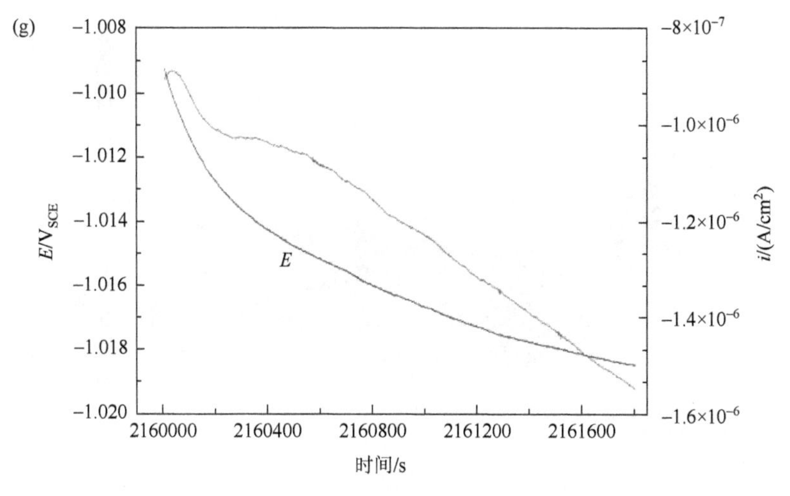

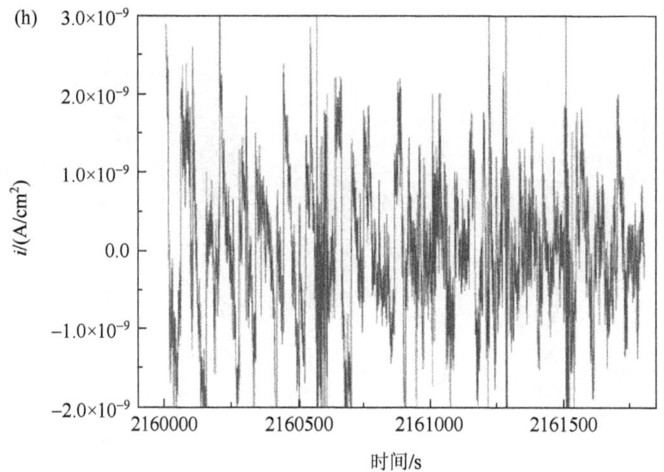

图 3.11　镀锌钢在盐水中不同时间节点的电化学噪声信号

（a）、（b）4h；（c）、（d）48h；（e）、（f）240h；（g）、（h）600h

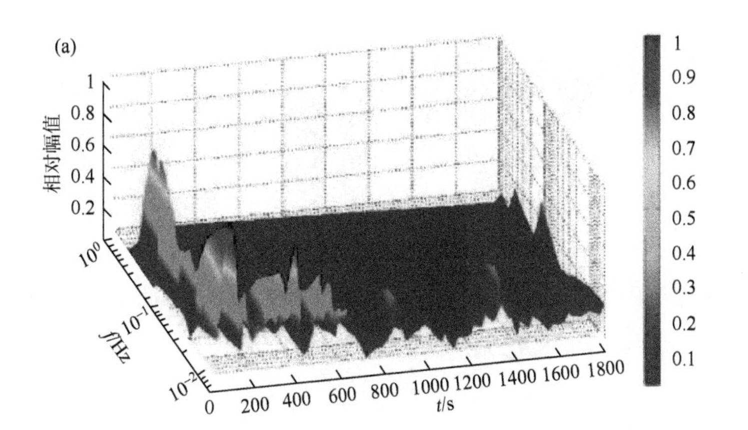

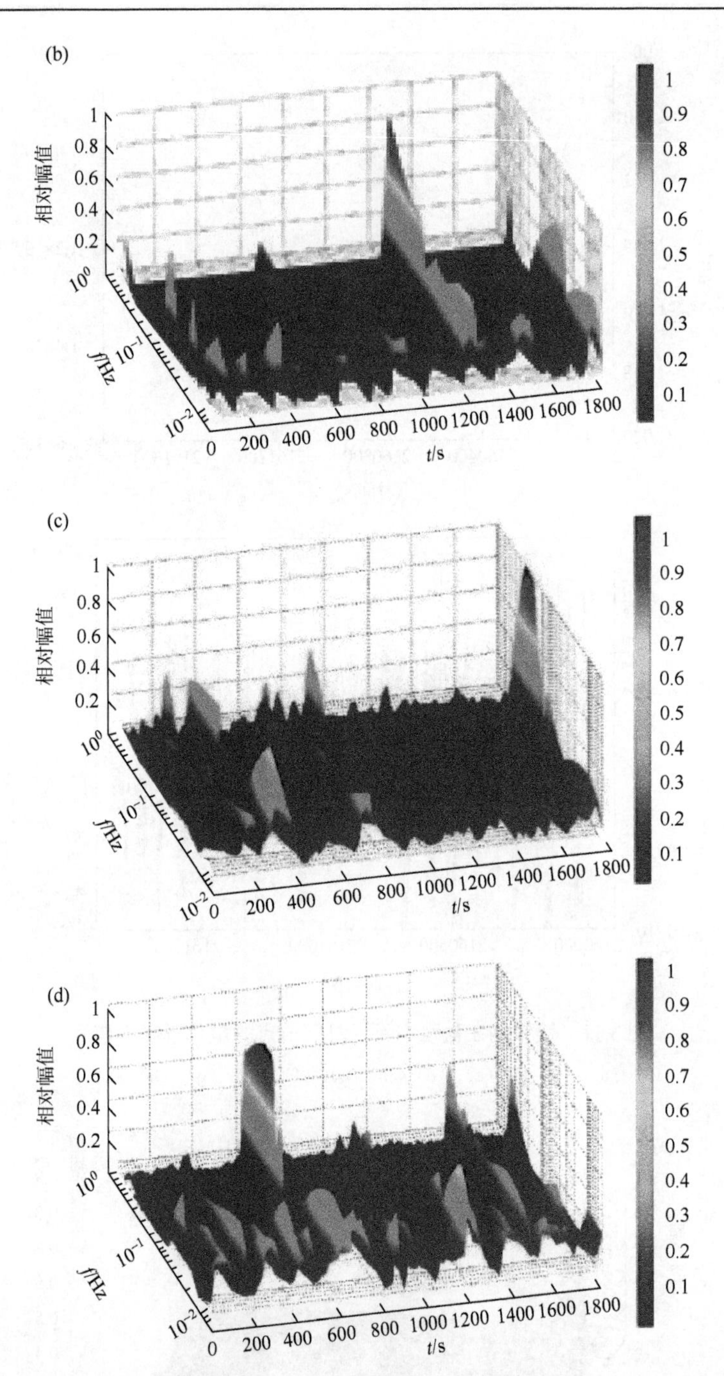

图 3.12　国产镀锌钢在盐水中不同时间节点电流噪声的 Hilbert-Huang 谱图

（a）4h；（b）48h；（c）240h；（d）600h

镀锌钢在饮用水中不同时间点的电化学噪声原始信号及其去除直流偏差后的电流噪声信号如图 3.13 所示。从中可以看出，镀锌钢的电位噪声和电流噪声在每个时间节点均表现为同步上升的特征[图 3.13（a）、（c）、（e）、（g）]，且在每个时间节点，电流噪声的暂态峰都表现出了较高的频率，随着时间的增加，电流暂态峰主要的分布区间扩大，由 4h 的-5×10^{-11}～5×10^{-11}A/cm^{2}增加至 48h 的-1×10^{-10}～1×10^{-10}A/cm^2、240h 的-1.5×10^{-10}～1.5×10^{-10}A/cm^{2}以及 600h 的-2.0×10^{-10}～2.0×10^{-10}A/cm^2。每个时间节点电流噪声的 Hilbert-Huang 谱图如图 3.14 所示。从中可以看出，腐蚀刚开始时低频腐蚀事件和高频腐蚀事件所占的比例较为平均[图 3.14（a）]，随着时间的增加，低频腐蚀事件所占的比重逐渐增加[图 3.14（b）、（c）]，全面腐蚀增强，最后阶段，低频和高频腐蚀时间依然保持着相对平均的状态[图 3.14（d）]。

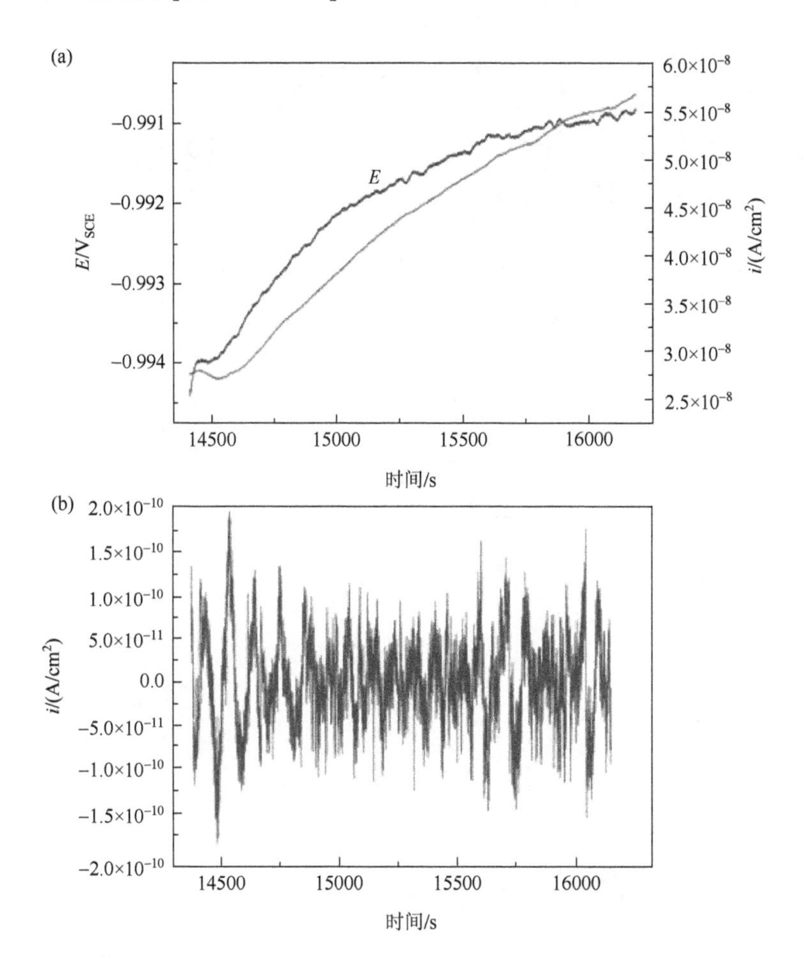

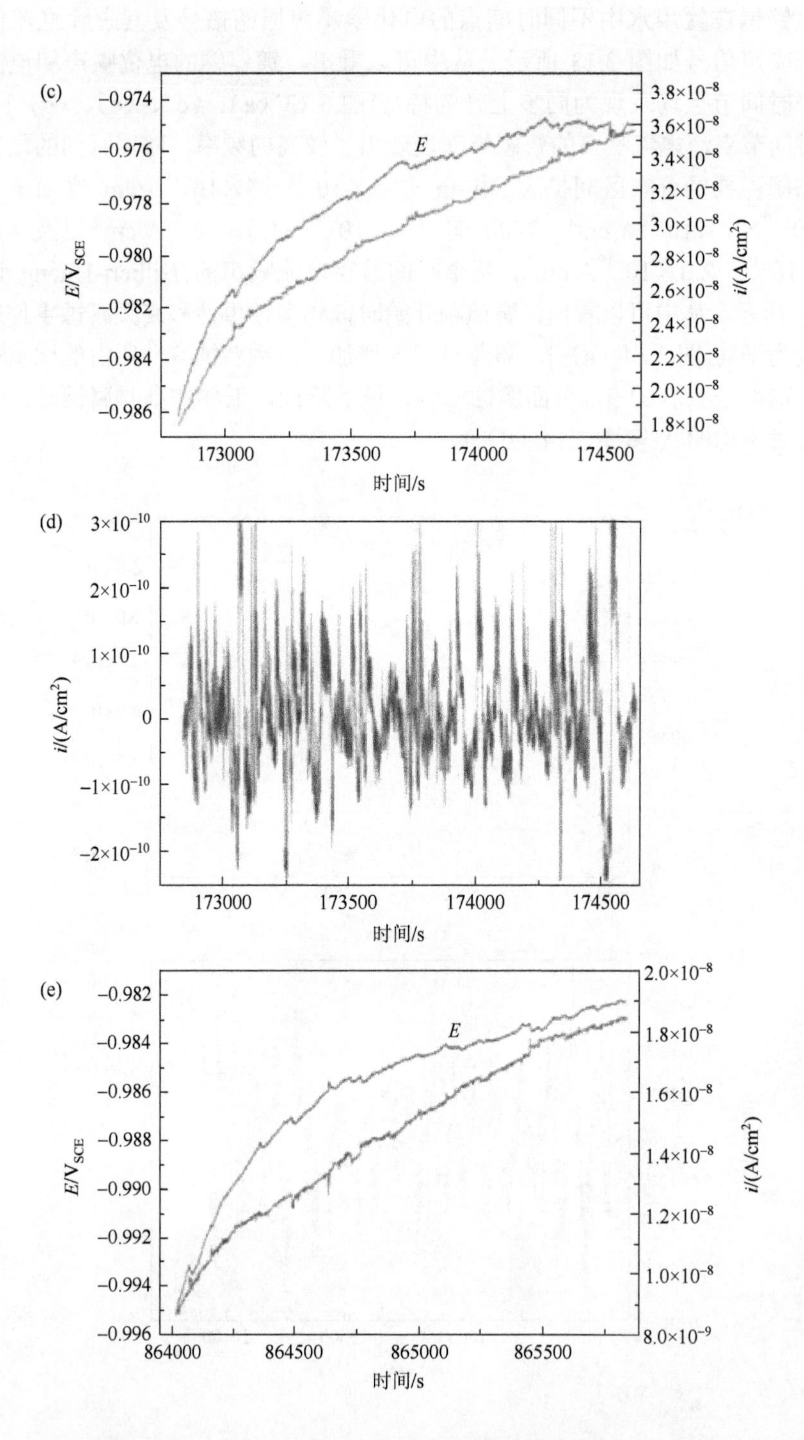
(c)
E
E/V_{SCE}
$i/(A/cm^2)$
时间/s
(d)
$i/(A/cm^2)$
时间/s
(e)
E
E/V_{SCE}
$i/(A/cm^2)$
时间/s

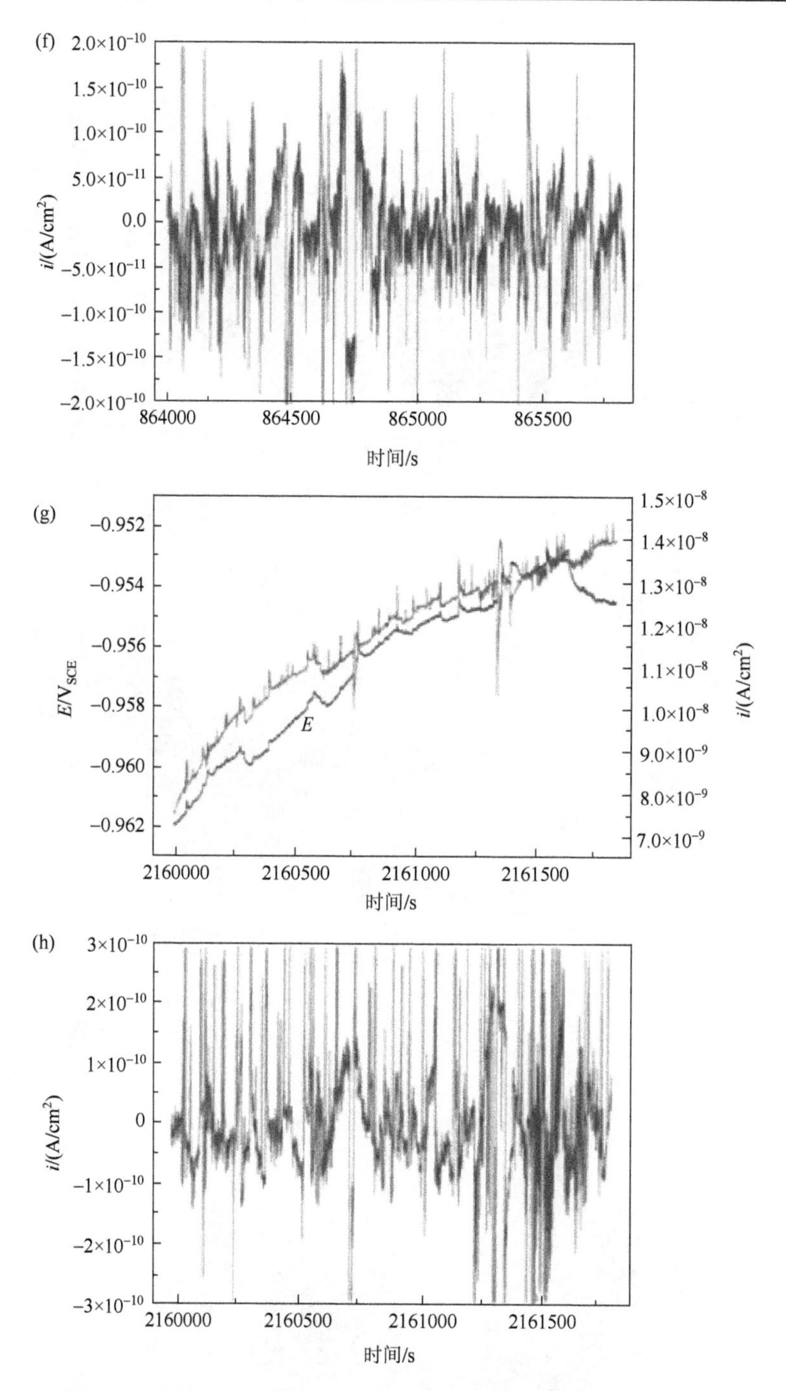

图3.13　国产镀锌钢在饮用水中不同时间节点的电化学噪声信号

（a）、（b）4h；（c）、（d）48h；（e）、（f）240h；（g）、（h）600h

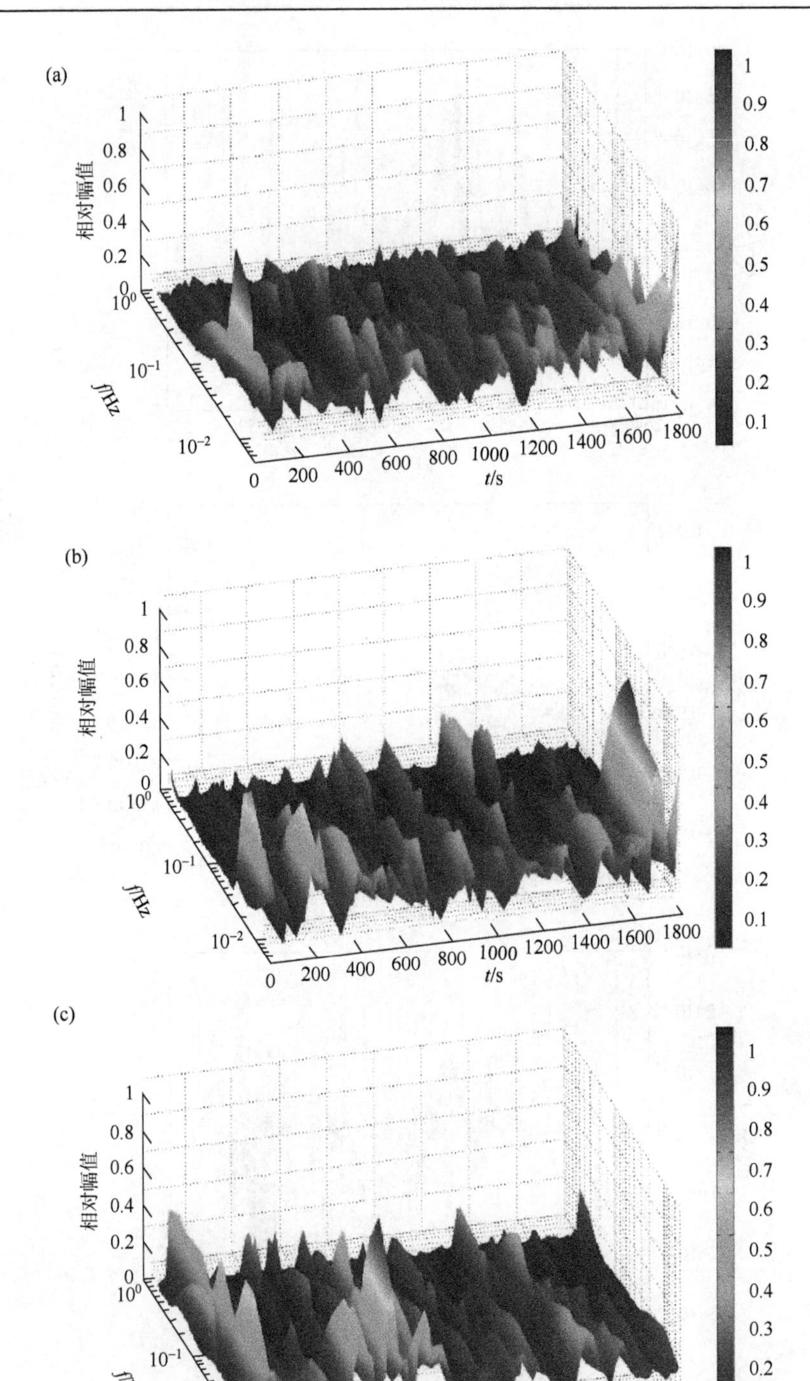
(a)
相对幅值
1
0.8
0.6
0.4
0.2
0
10^0
10^{-1}
10^{-2}
f/Hz
0 200 400 600 800 1000 1200 1400 1600 1800
t/s
1 0.9 0.8 0.7 0.6 0.5 0.4 0.3 0.2 0.1
(b)
相对幅值
1
0.8
0.6
0.4
0.2
0
10^0
10^{-1}
10^{-2}
f/Hz
0 200 400 600 800 1000 1200 1400 1600 1800
t/s
1 0.9 0.8 0.7 0.6 0.5 0.4 0.3 0.2 0.1
(c)
相对幅值
1
0.8
0.6
0.4
0.2
0
10^0
10^{-1}
10^{-2}
f/Hz
0 200 400 600 800 1000 1200 1400 1600 1800
t/s
1 0.9 0.8 0.7 0.6 0.5 0.4 0.3 0.2 0.1

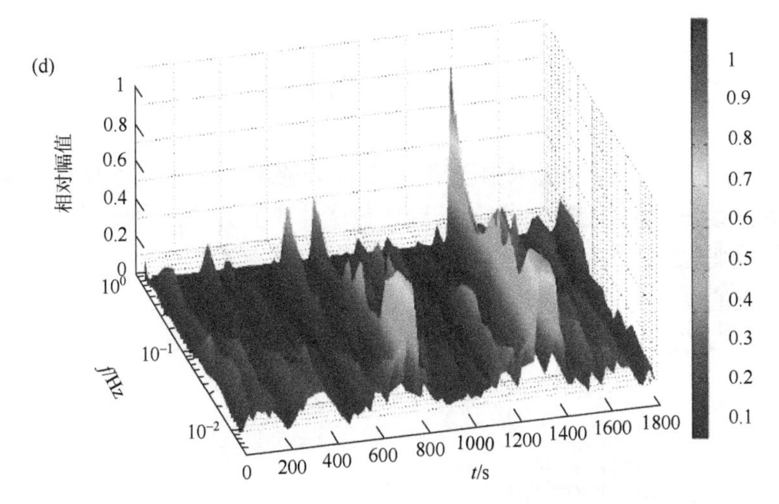

图 3.14 国产镀锌钢在饮用水中不同时间节点电流噪声的 Hilbert-Huang 谱图

（a）4h；（b）48h；（c）240h；（d）600h

根据以上对镀锌钢在盐水和饮用水中腐蚀行为的分析，可以看到镀锌钢在两种溶液中表现出了完全不同的电化学行为，镀锌钢在以上两种溶液中浸泡 30 天的微观形貌如图 3.15 所示。可以看出，镀锌钢在两种溶液中呈现出完全不同的腐蚀形态，在盐水溶液中主要是棒状和片层状腐蚀产物堆积[图 3.15（a）]，在饮用水中主要是球状产物规律密集地排布[图 3.15（b）]。由此可见，镀锌钢在盐水和饮用水中有完全不同的腐蚀机理，在盐水中是疏松的腐蚀产物不断形成的腐蚀过程，在饮用水中是致密的保护性膜层生成的过程，这也就解释了为什么其在饮用水中具有良好的耐蚀性能。

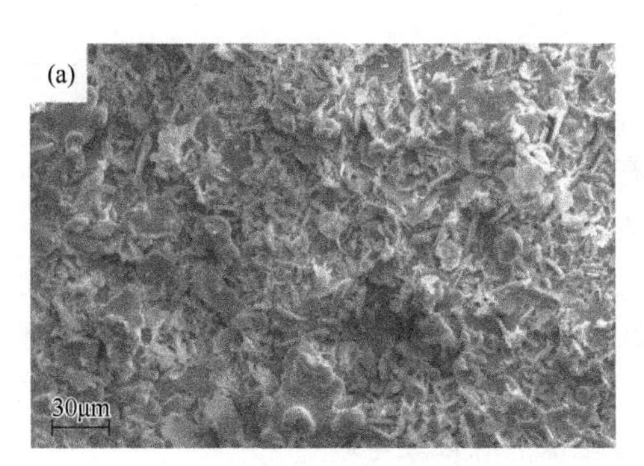

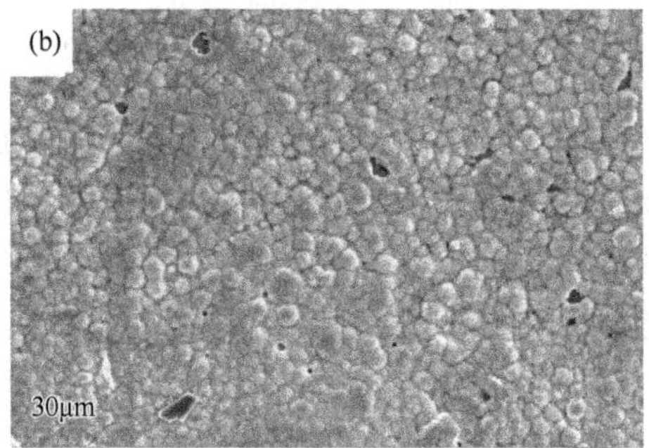

图 3.15 镀锌钢在盐水和饮用水中浸泡 720h 的微观形貌

（a）盐水；（b）饮用水

3.2.3 镀锌钢在不同反渗透水中的腐蚀行为

镀锌钢在 1#～3#反渗透水中浸泡 720h 的开路电位如图 3.16 所示。从图中可以看出镀锌钢在三种反渗透水中的开路电位变化主要分成三个阶段：快速上升阶段、波动式变化阶段和后期反弹上升阶段。从整体上看，镀锌钢在三种反渗透水中开路电位的高低为：2#＞1#＞3#，即镀锌钢在进水盐度为 35000mg/L 的海水淡化处理后所得的反渗透二级水中的开路电位最高。

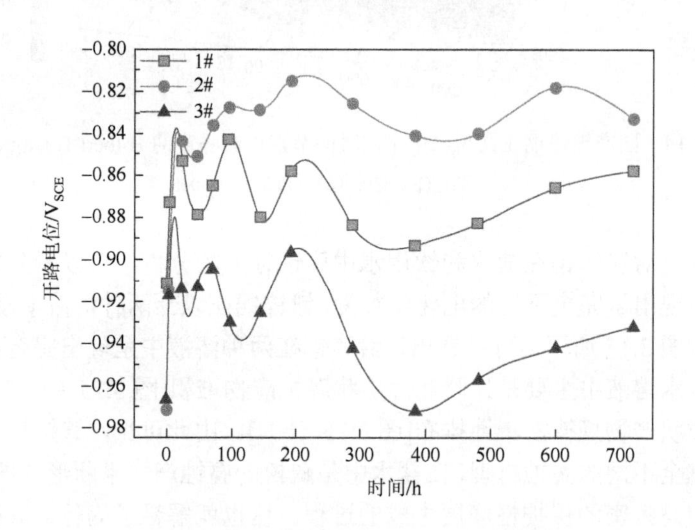

图 3.16 镀锌钢在不同反渗透水中开路电位随时间的变化

为了更进一步地揭示镀锌钢在整个 720h 浸泡时间内的失效机制，对镀锌钢在三种水环境中浸泡不同时间的电化学阻抗谱进行了测试，浸泡开始时的 Nyquist 图如图 3.17 所示。图 3.17 显示，镀锌钢在三种水样中的阻抗谱均由两个容抗弧组成，其中第一个容抗弧与 X 轴的交点即为该溶液体系下的溶液电阻，由于三种水样的离子浓度不尽相同，所测的溶液电阻不同，且溶液电阻随浸泡时间的变化而变化。第二个容抗弧代表了镀锌钢腐蚀过程中的信息，可以看出镀锌钢在 2#水样中的容抗弧半径较大，其次是 1#水样和 3#水样，这与图 3.16 中开路电位的测试结果相符，代表着镀锌钢在 2#水样中具有最低的腐蚀速率。

考虑到第一个容抗弧没有实际的物理意义，为了便于比较，对镀锌钢在所有淡水中的电化学阻抗谱进行了归一化处理，将所得的实部阻抗均减去测试时的溶液电阻。根据图 3.16 镀锌钢板在三种水样中的开路电位变化，可以将其腐蚀历程

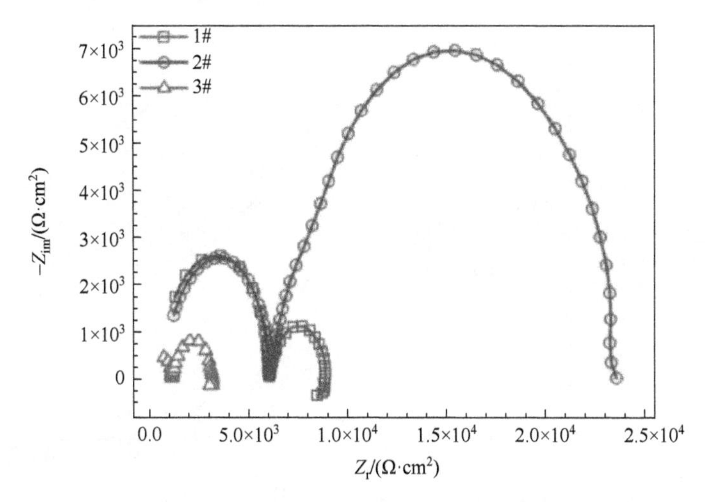

图 3.17　镀锌钢在不同反渗透水中浸泡初期的电化学阻抗谱

分成三个阶段：第一阶段，开路电位快速上升期，时间节点为 0～48h；第二阶段，开路电位波动期，时间节点为 48～384h；第三阶段，开路电位反弹上升期，时间节点为 384～720h。

镀锌钢在 1#水样中浸泡 4～48h 的电化学阻抗谱如图 3.18 所示，从 Nyquist 图[图 3.18（a）]中可以看出，浸泡初期（4h），镀锌钢阻抗表现出单一容抗弧和低频感抗的特征，随着浸泡时间的增加，24h 和 48h 时均表现出双容抗弧的特征，且容抗弧的半径随浸泡时间的增加快速降低。从 Bode 图的阻抗模值变化看[图 3.18（b）]，镀锌板的低频阻抗模值由 4h 时的 $7.19\times10^4\Omega\cdot cm^2$ 逐渐下

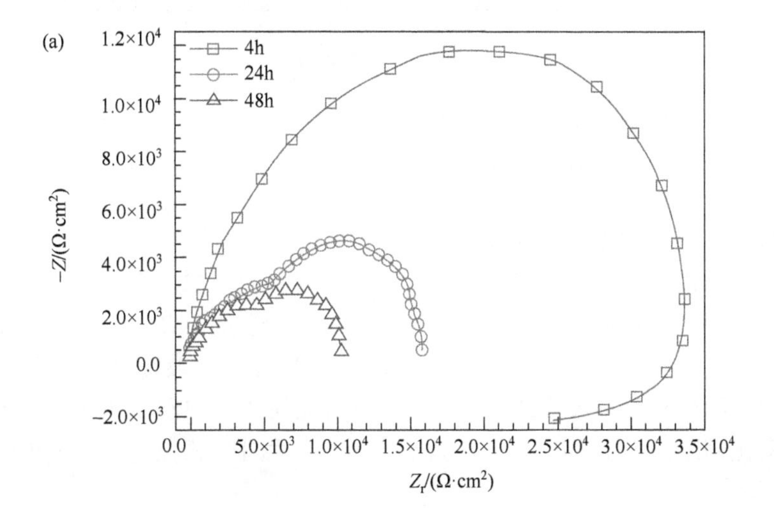

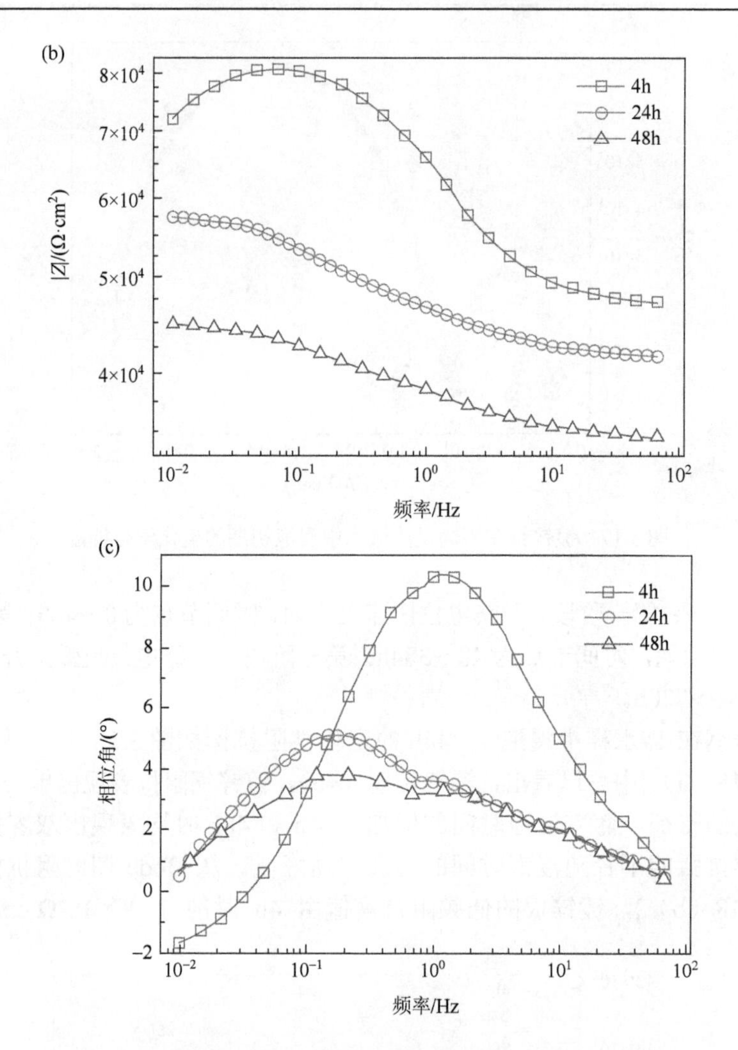

图 3.18 镀锌钢在 1#水样中浸泡 4～48h 的电化学阻抗谱

（a）Nyquist 图；（b）Bode 图：阻抗模值；（c）Bode 图：相位角

降至 48h 时 $4.48\times10^4\Omega\cdot cm^2$，从 Bode 图的相位角变化判断，镀锌钢在 1#水样中的相位角整体偏低，多在 10°以下，且随浸泡时间的增加，相位角进一步降低，由一个宽化的时间常数特征峰向两个峰转变。镀锌钢浸泡 72～720h 的电化学阻抗谱如图 3.19 所示，从阻抗模值的变化看[图 3.19（a）]，镀锌钢在浸泡 72～480h 的过程中，阻抗模值持续降低，在 600～720h 范围内，出现了明显的上升，从相位角的变化判断，镀锌钢在 72～720h 整个浸泡过程中，相位角均表现出两个时间常数特征峰。

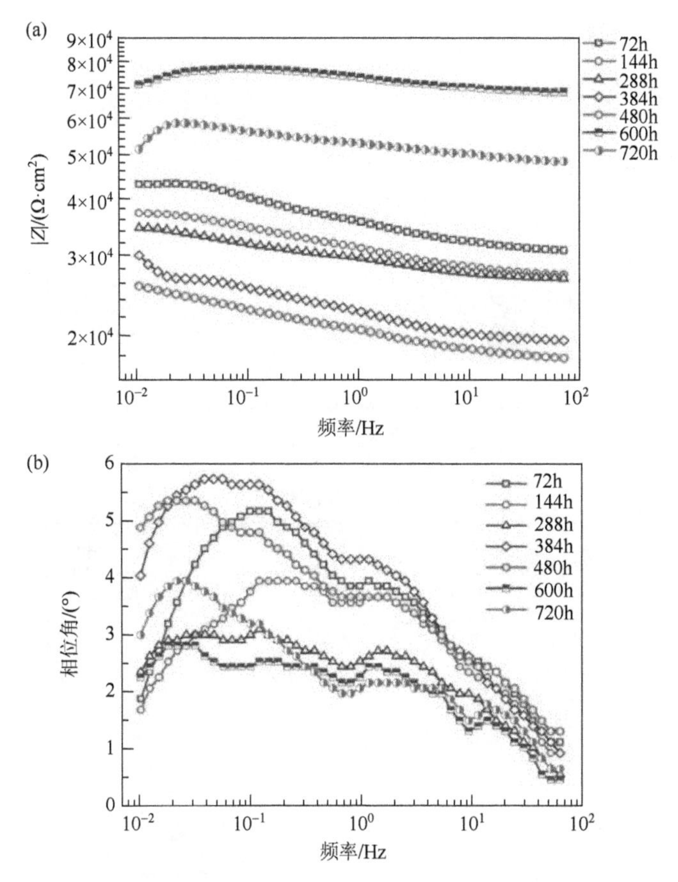

图3.19　镀锌钢在1#水样中浸泡72～720h的电化学阻抗谱

（a）Bode图：阻抗模值；（b）Bode图：相位角

镀锌钢在2#水样中浸泡4～48h、72～720h的电化学阻抗谱分别如图3.20和图3.21所示。从图中可以看出，随着浸泡时间由4h增加至48h，镀锌钢阻抗由单一容抗弧＋低频感抗向双容抗弧转变，容抗弧的半径明显减小[图3.20(a)]，低频阻抗模值由4h的$2.0\times10^5\Omega\cdot cm^2$逐渐下降至48h的$6.7\times10^4\Omega\cdot cm^2$[图3.20（b）]，时间常数特征峰由一个宽化的峰向两个峰转变[图3.20（c）]。镀锌钢在浸泡72～480h的过程中，阻抗模值持续降低，在600～720h范围内，阻抗模值较480h出现了明显的上升[图3.21（a）]，相位角在72～720h的浸泡时间内均表现出两个时间常数特征峰[图3.21（b）]，这与在1#水样中的变化趋势完全一样。镀锌钢在3#水样中浸泡4～48h、72～720h的电化学阻抗谱分别如图3.22和图3.23所示，阻抗变化特征和趋势与其在1#、2#水样中基本一致。

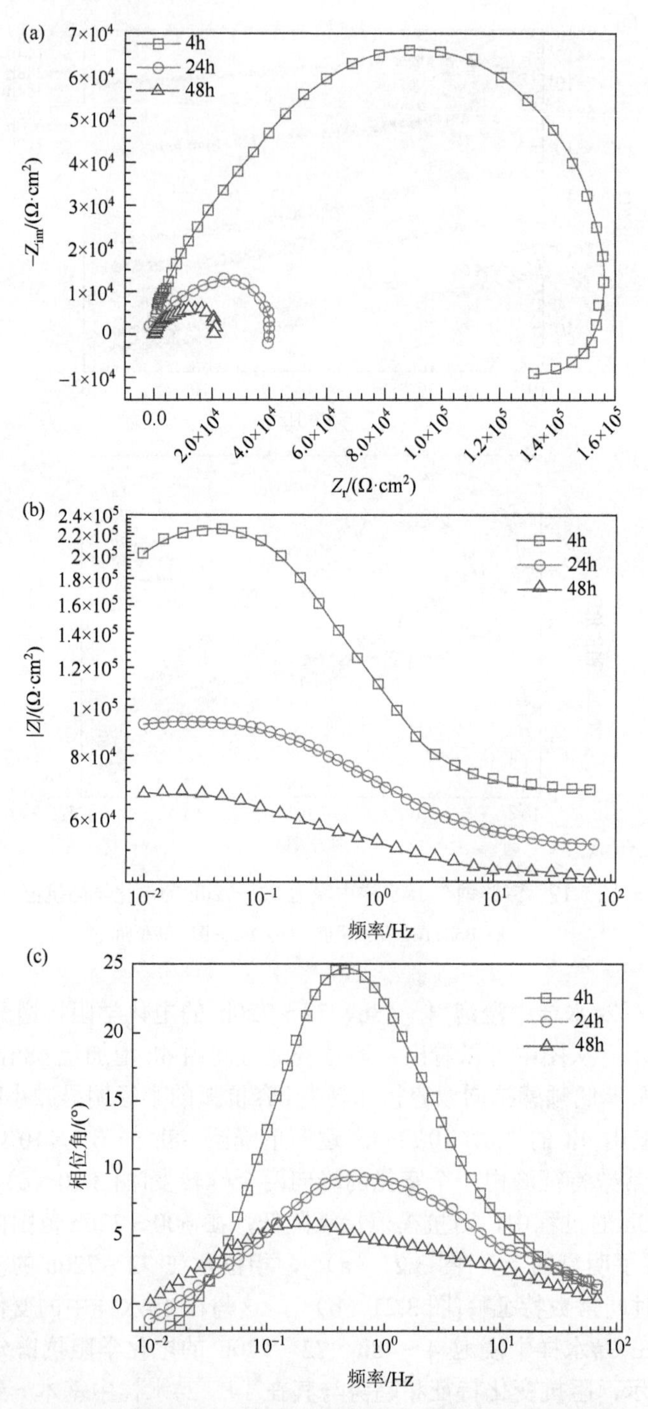

图 3.20　镀锌钢在 2#水样中浸泡 4～48h 的电化学阻抗谱

(a) Nyquist 图；(b) Bode 图：阻抗模值；(c) Bode 图：相位角

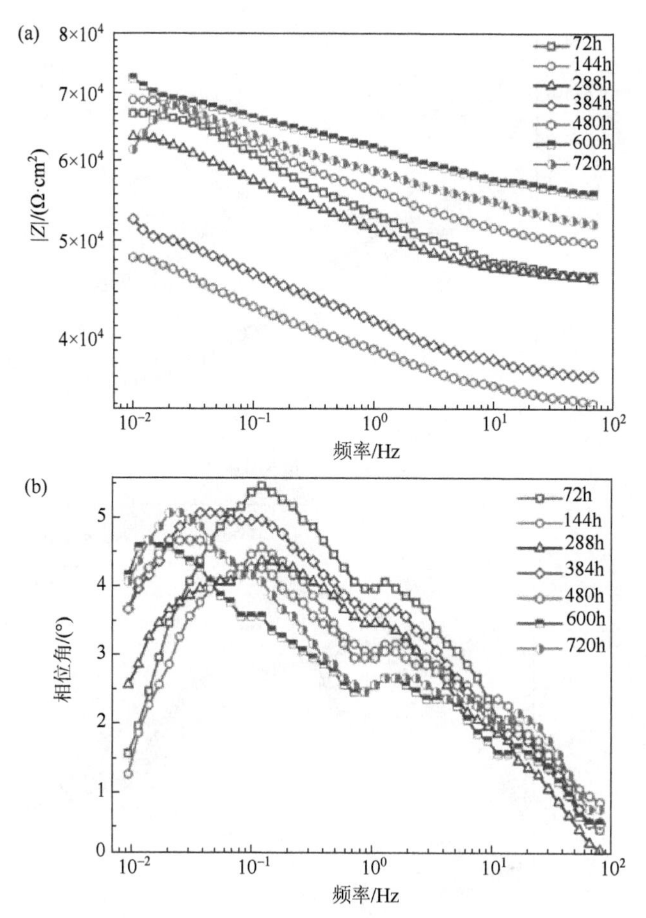

图 3.21　镀锌钢在 2#水样中浸泡 72～720h 的电化学阻抗谱

（a）Bode 图：阻抗模值；（b）Bode 图：相位角

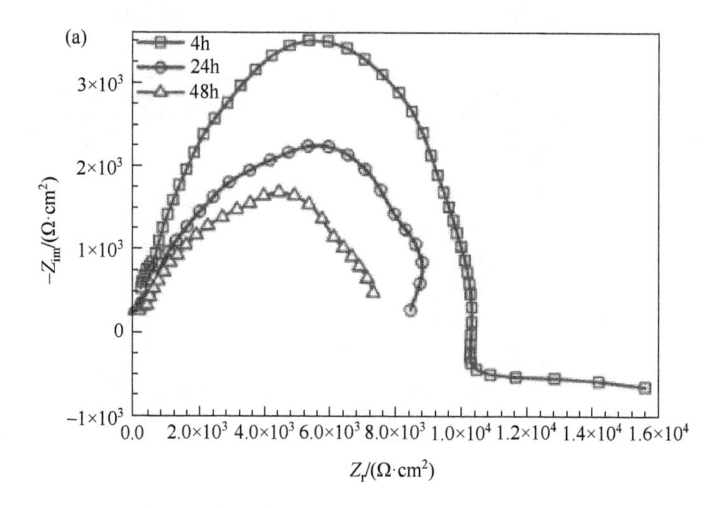

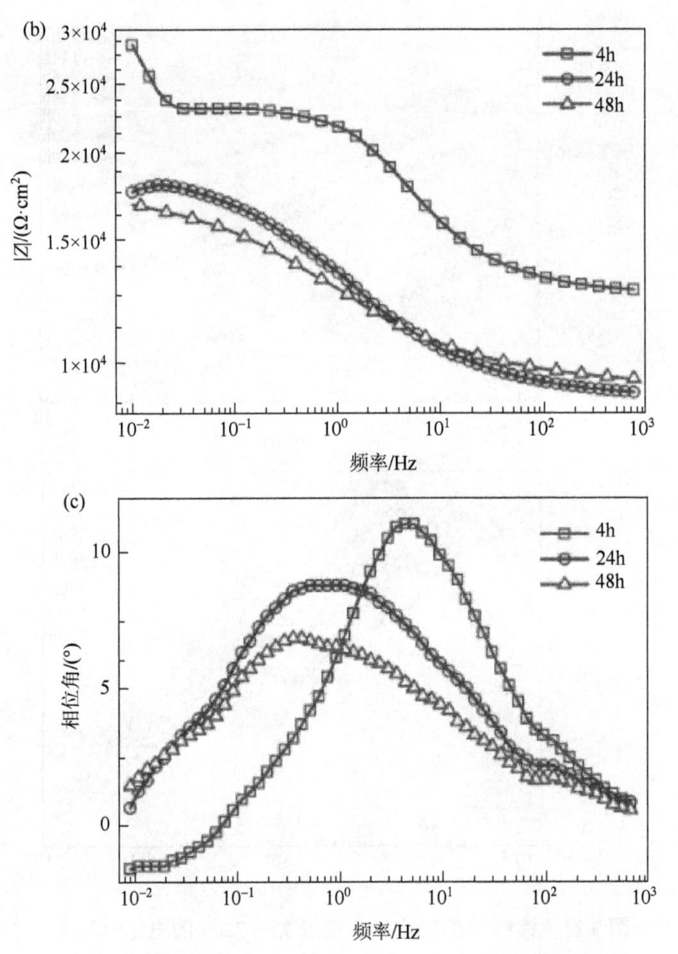

图 3.22　镀锌钢在 3#水样中浸泡 4～48h 的电化学阻抗谱

（a）Nyquist 图；（b）Bode 图：阻抗模值；（c）Bode 图：相位角

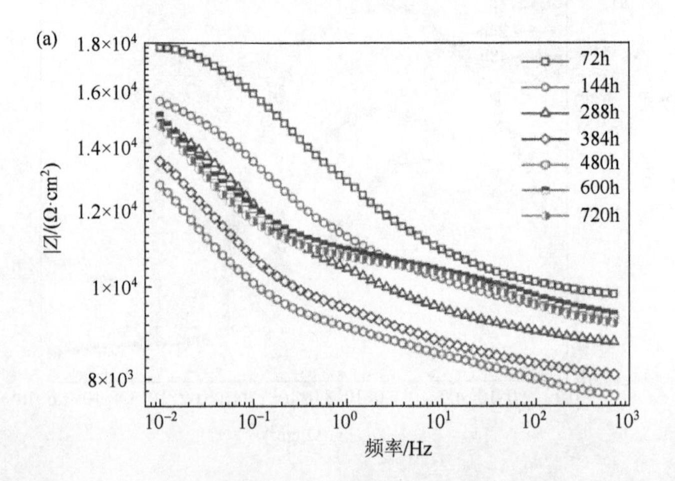

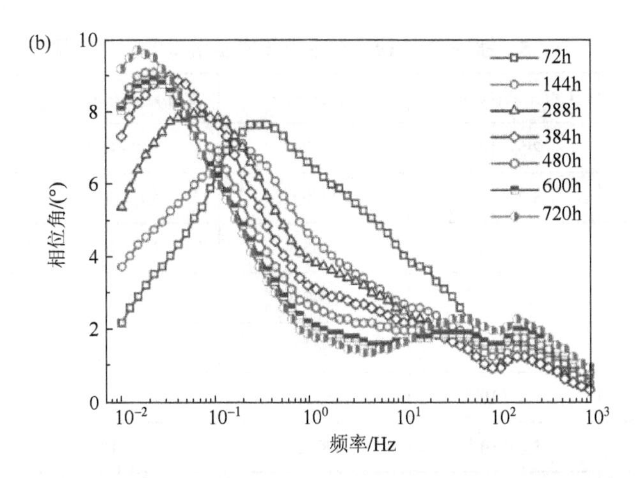

图 3.23　镀锌钢在 3#水样中浸泡 72～720h 的电化学阻抗谱

（a）Bode 图：阻抗模值；（b）Bode 图：相位角

镀锌钢在 1#～3#水样中电化学阻抗谱的低频模值随时间的变化如图 3.24 所示。低频模值的高低在一定程度上可以反映体系腐蚀速率的变化，可以看出镀锌钢在 2#水样中表现出最低的腐蚀速率，其次是 1#水样和 3#水样。进一步分析每一种水样中低频模值的变化可以发现，镀锌钢低频模值随时间的变化同样可分为三个阶段：0～48h，低频模值快速下降；48～384h，低频模值缓慢下降；384～720h，低频模值表现出一定程度的上升。根据图 3.18～图 3.23 镀锌钢在三种水样中电化学阻抗谱的特征，选用如图 3.25 所示的等效电路对数据进行拟合，其中 R_s 为溶液电阻，CPE_{dl} 为双电层电容，R_t 为电荷转移电阻，CPE_f 为表面膜电容，R_f 为表面膜电阻。镀锌钢在不同水样中电化学阻抗谱的拟合结果见表 3.5～表 3.7。

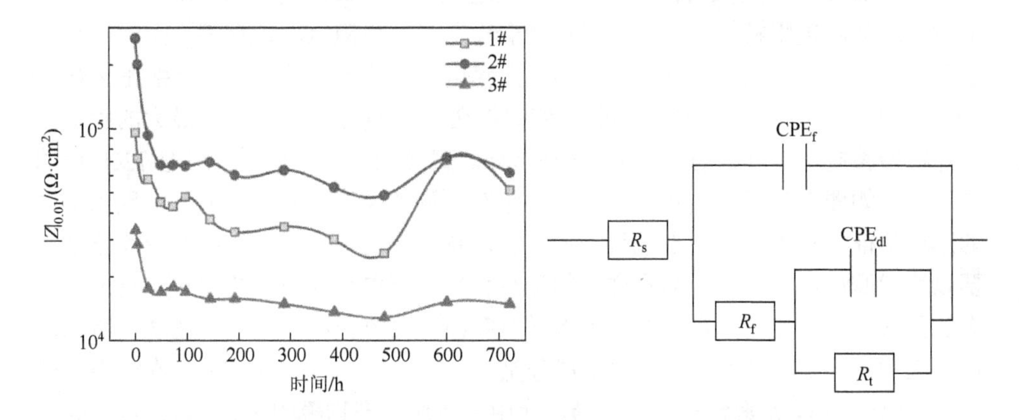

图 3.24　镀锌钢在不同反渗透水中电化学阻抗谱的低频模值随时间的变化

图 3.25　镀锌钢在不同水溶液中电化学阻抗谱的等效电路

表 3.5　镀锌钢在 1#水样中电化学阻抗谱的拟合结果

时间/h	$CPE_f/[s^n/(\Omega\cdot cm^2)]$	$R_f/(\Omega\cdot cm^2)$	$CPE_{dl}/[s^n/(\Omega\cdot cm^2)]$	$R_t/(\Omega\cdot cm^2)$
4	2.5×10^{-6}	10576.7	7.8×10^{-6}	21525.2
24	5.2×10^{-6}	2280.6	6.1×10^{-5}	15234.2
48	7.0×10^{-6}	1785.3	8.2×10^{-5}	9629.1
72	4.7×10^{-6}	2040.3	8.4×10^{-5}	13602.0
96	5.2×10^{-6}	1847.6	9.8×10^{-5}	15721.6
120	6.4×10^{-6}	1622.0	9.8×10^{-5}	9795.7
144	5.1×10^{-6}	1075.7	1.1×10^{-4}	9261.8
192	4.9×10^{-6}	764.9	1.1×10^{-4}	9972.5
240	1.0×10^{-5}	1038.2	1.8×10^{-4}	10006.5
288	2.9×10^{-5}	3303.0	3.7×10^{-4}	5831.9
384	3.1×10^{-5}	2783.9	2.4×10^{-4}	17830.0
480	6.6×10^{-6}	578.7	1.8×10^{-4}	15188.9
600	—	—	—	—
720	4.3×10^{-6}	1509.8	1.6×10^{-4}	48933.2

根据表 3.5～表 3.7 的拟合结果，绘制了镀锌钢表面膜电阻和电荷转移电阻随时间的变化，分别如图 3.26 和图 3.27 所示。从两个图中可以看出，镀锌钢表面膜电阻和电荷转移电阻在三种水样中的变化趋势大体一致，刚开始时由于锌的快速溶解，表面膜电阻持续降低，同时伴随着电荷转移电阻减小，在某一个时间点，表面膜电阻开始增加，1#～3#水样中表面膜电阻开始上升的转折点分别在 200h、300h 和 400h 附近。从整体上判断，镀锌钢在 2#水样中仍然表现出最大的膜电阻和电荷转移电阻，其次是 1#水样和 3#水样。镀锌钢在三种水样中浸泡 720h 后的微观形貌如图 3.28 所示，可以看出镀锌钢在不同的反渗透水中浸泡后呈现出不同的形貌特征，1#水样中的形貌特征主要以球状产物为主，2#水样中的形貌特征主要以块状腐蚀产物为主，3#水样中的形貌特征主要以尺寸较小的球状产物形成的大的团簇为主。镀锌钢在以上三种水样中腐蚀产物膜的化学成分如表 3.8 所示，可见三种水样中腐蚀产物膜的主要成分是 C、O、Na、Zn，其中以 2#水样中生成腐蚀产物膜的 O 元素含量最高，3#溶液中生成腐蚀产物膜的 Zn 元素含量最高，可以推测其产物主要是锌的氧化物、氢氧化物和碱式碳酸锌等，主要的化学反应机理如下。

表 3.6　镀锌钢在 2#水样中电化学阻抗谱的拟合结果

时间/h	$CPE_f/[s^n/(\Omega\cdot cm^2)]$	$R_f/(\Omega\cdot cm^2)$	$CPE_{dl}/[s^n/(\Omega\cdot cm^2)]$	$R_t/(\Omega\cdot cm^2)$
4	1.6×10^{-6}	28201.5	2.8×10^{-6}	125931.9
24	1.7×10^{-6}	7418.8	1.1×10^{-5}	33472.3
48	1.0×10^{-5}	8385.6	5.7×10^{-5}	14180.1
72	3.8×10^{-6}	2878.0	5.3×10^{-5}	22454.6
96	3.7×10^{-6}	2879.1	5.8×10^{-5}	22500.0
120	4.1×10^{-6}	3456.0	7.2×10^{-5}	19076.8
144	4.0×10^{-6}	2049.4	7.7×10^{-5}	22284.6
192	5.1×10^{-6}	1069.0	6.2×10^{-5}	22364.0
240	4.8×10^{-6}	1362.5	8.5×10^{-5}	21502.5
288	3.9×10^{-6}	1252.5	1.0×10^{-4}	21513.8
384	—	—	—	—
480	2.5×10^{-6}	2411.0	9.5×10^{-5}	38901.7
600	1.6×10^{-6}	28201.5	2.8×10^{-6}	125931.9
720	1.7×10^{-6}	7418.8	1.1×10^{-5}	33472.3

表 3.7　镀锌钢在 3#水样中电化学阻抗谱的拟合结果

时间/h	$CPE_f/[s^n/(\Omega\cdot cm^2)]$	$R_f/(\Omega\cdot cm^2)$	$CPE_{dl}/[s^n/(\Omega\cdot cm^2)]$	$R_t/(\Omega\cdot cm^2)$
4	1.0×10^{-6}	1212.8	1.1×10^{-5}	10070.0
24	1.5×10^{-6}	498.3	5.0×10^{-5}	8845.8
48	1.7×10^{-6}	451.6	7.8×10^{-5}	7196.6
72	1.6×10^{-6}	439.5	9.2×10^{-5}	8496.7
96	1.6×10^{-6}	472.7	1.1×10^{-4}	8229.2
120	1.9×10^{-6}	411.0	1.8×10^{-4}	7875.6
144	1.3×10^{-6}	445.6	2.0×10^{-4}	9024.9
192	2.3×10^{-6}	286.7	2.5×10^{-4}	10280.8
240	2.4×10^{-6}	211.1	3.8×10^{-4}	20958.4
288	1.8×10^{-6}	366.5	4.9×10^{-4}	105075.5
384	2.8×10^{-6}	765.3	4.9×10^{-4}	28722.9
480	5.0×10^{-6}	1185.6	6.3×10^{-4}	13817.4
600	1.0×10^{-6}	1212.8	1.1×10^{-5}	10070.0
720	1.5×10^{-6}	498.3	5.0×10^{-5}	8845.8

阳极反应：

$$Zn \longrightarrow Zn^{2+} + 2e^-$$

阴极反应：

$$O_2 + 2H_2O + 4e^- \longrightarrow 4OH^-$$

锌的氢氧化物和氧化物的生成反应：

$$Zn^{2+} + 2OH^- \longrightarrow Zn(OH)_2$$

$$Zn(OH)_2 \longrightarrow ZnO + H_2O$$

碱式碳酸锌的生成反应：

$$5ZnO + 2CO_2 + 3H_2O \longrightarrow Zn_5(CO_3)_2(OH)_6$$

$$4ZnO + CO_2 + 4H_2O \longrightarrow Zn_4CO_3(OH)_6 \cdot H_2O$$

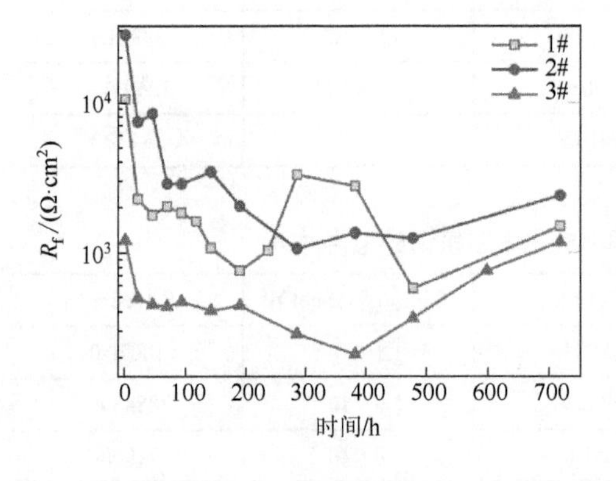

图 3.26　镀锌钢在不同反渗透水中腐蚀产物表面膜电阻随时间的变化

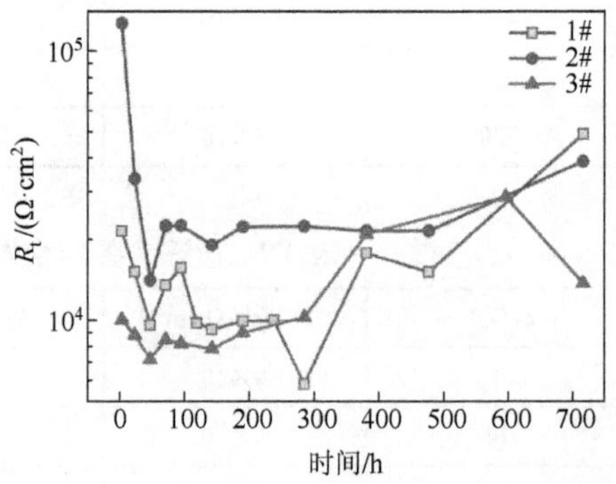

图 3.27　镀锌钢在不同反渗透水中电荷转移电阻随时间的变化

图 3.28　镀锌钢在不同反渗透水中浸泡 720h 后的微观形貌

（a）1#水样；（b）2#水样；（c）3#水样

表3.8　镀锌钢在三种水样中腐蚀产物膜的化学成分

元素	1#	2#	3#
C	11.9	8.1	11.7
O	37.4	43.8	31.9
Na	8.8	9.2	5.0
Zn	41.9	38.9	51.4

3.2.4　反渗透水中离子浓度对镀锌钢腐蚀的影响

在2#反渗透水中通过加入不同浓度的氯化镁、氯化钙和碳酸氢钠，得到4#～6#水样，4#水样和5#水样比较可以得出氯化镁和氯化钙浓度对镀锌钢腐蚀的影响，5#水样和6#水样比较可以得出碳酸氢钠含量对镀锌钢腐蚀的影响。镀锌钢在这三种水样中的开路电位如图3.29所示。从中可以看出，随着浸泡时间的增加，镀锌钢在三种水样中的开路电位呈现相似的变化特征，主要可以分成两个阶段：第一阶段0～192h，开路电位呈波浪式上升后在192h处达到一个顶点；第二阶段192～720h，开路电位先下降后上升。

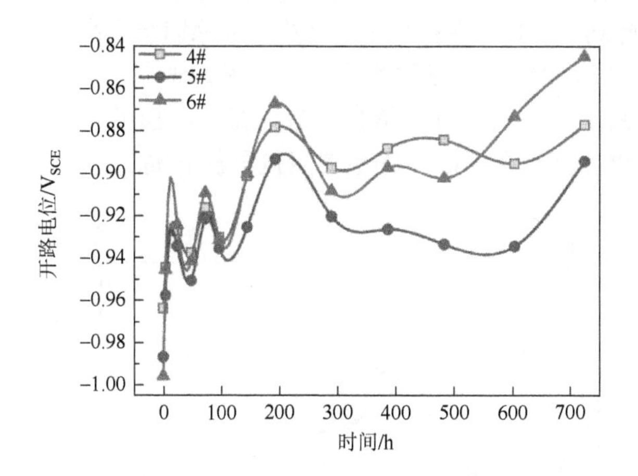

图3.29　镀锌钢在不同水样中开路电位随时间的变化

镀锌钢在4#、5#和6#水样中浸泡720h的电化学阻抗谱分别如图3.30、图3.31和图3.32所示，从中可以看出镀锌钢在三种水样中的阻抗谱具有相似的特征，均表现出高频容抗和低频感抗的特征，根据阻抗谱的变化特征，将镀锌钢在三种溶液中的腐蚀历程分成两个阶段：第一阶段0～192h和第二阶段192～720h。图3.30

显示，镀锌钢在 4#水样中浸泡的第一阶段，容抗弧的半径呈现不断增加的趋势[图 3.30（a）]；在第二阶段，容抗弧的半径先降低后增加，在 600h 时降至最低[图 3.30（b）]。图 3.31 显示，镀锌钢在 5#水样中浸泡的第一阶段，容抗弧的半径在 0～48h 逐渐减小，在 48h 时降至最低，随着浸泡时间的进一步增加，72～96h 出现短暂的波动后，容抗弧的半径不断增大，在 192h 时增至最大[图 3.31（a）]；第二阶段，容抗弧的半径变化趋势与 4#水溶液中相似，表现出先减小后增大的特征，在 600h 降至最低[图 3.31（b）]。图 3.32 显示，镀锌钢在 6#水样中浸泡第一阶段阻抗谱的变化特征与其在 5#水样中的行为完全一致，容抗弧的半径由 0～48h 逐渐减小，在 48h 时降至最低，随着浸泡时间的进一步增加，72～96h 出现短暂的波动后，容抗弧的半径不断增大，在 192h 时增至最大[图 3.32（a）]；浸泡第二阶段，阻抗谱的变化特征与其在 4#、5#水样中的特征基本一致，容抗弧表现出先减小后增大的特征，在 600h 降至最低[图 3.32（b）]。总结镀锌钢在 4#～6#水样中的电化学阻抗谱的特征可以得出以下规律：①在腐蚀历程的第一阶段 0～192h，镀锌钢在 4#水样中的阻抗谱呈现不断增大的趋势，而在 5#和 6#水样中则表现出先降低后增加的趋势，均在 48h 时表现出最差的耐蚀性能，原因可能是相比于 4#水样，5#水样中有更高的 Cl^-浓度，6#水样不仅具有高的 Cl^-浓度，pH 稍低于 4#水样，腐蚀的初期，高的 Cl^-浓度和低的 pH 更容易造成镀锌层溶解，造成体系阻抗降低，随着浸泡时间的增加，表面 Zn 的腐蚀产物不断生成，对表面起到了明显的保护作用，造成了体系阻抗升高；②在腐蚀历程的第二阶段 288～720h，镀锌钢在三种溶液中均表现为先减小后增大的趋势，在 600h 降至最低，体系阻抗的减小可能是表面疏松腐蚀产物膜脱落造成的，待新的腐蚀产物不断生成并沉积在表面，体系的阻抗再次升高。

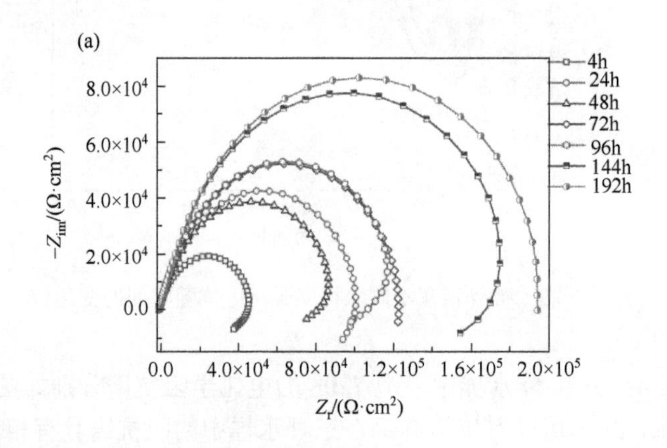

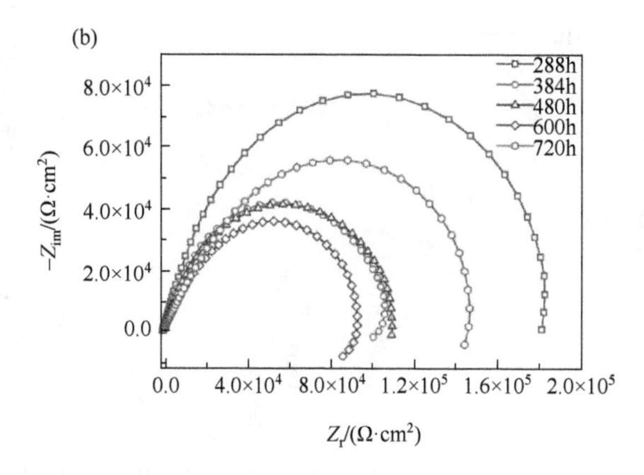

图 3.30　镀锌钢在 4#水样中浸泡 720h 的电化学阻抗谱

（a）第一阶段；（b）第二阶段

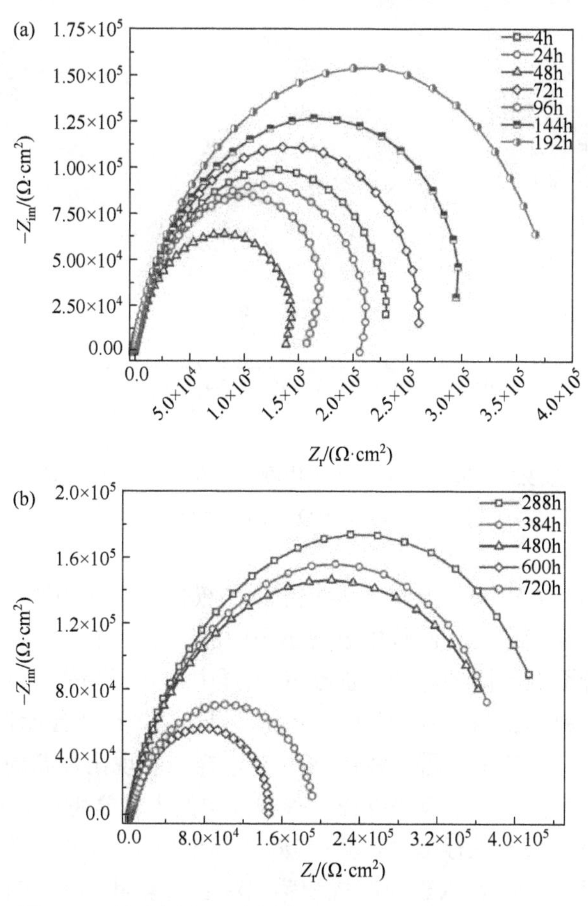

图 3.31　镀锌钢在 5#水样中浸泡 720h 的电化学阻抗谱

（a）第一阶段；（b）第二阶段

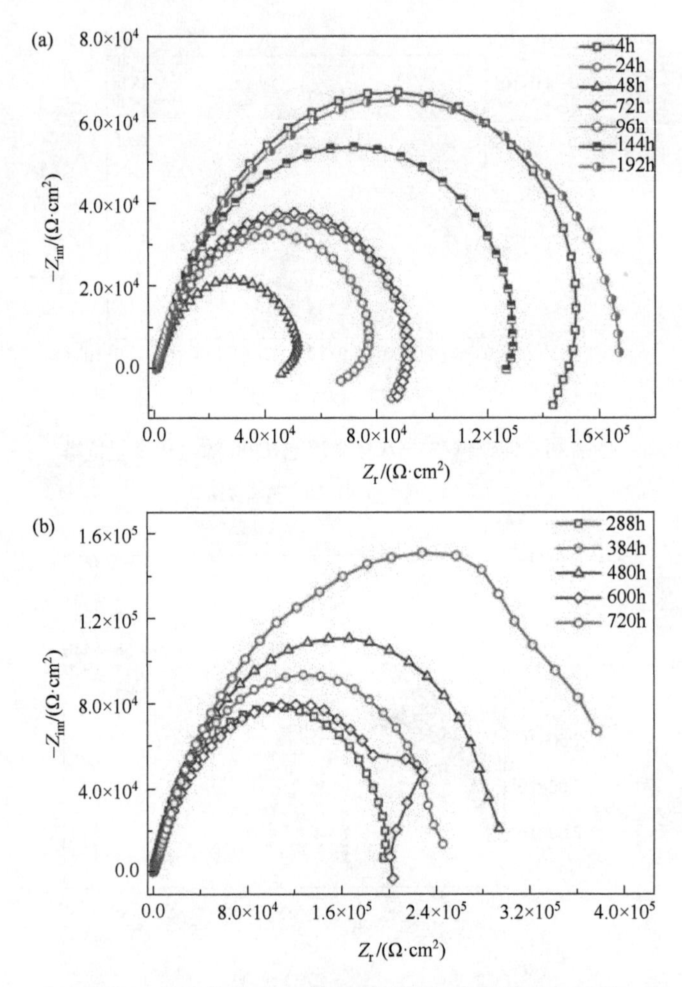

图 3.32　镀锌钢在 6#水样中浸泡 720h 的电化学阻抗谱

（a）第一阶段；（b）第二阶段

镀锌钢在 4#～6#水样中电化学阻抗谱低频模值随时间的变化如图 3.33 所示。镀锌钢低频阻抗模值在三种溶液中表现出不同的变化规律，在 4#和 5#水样中表现出先波浪式上升而后下降的趋势，而在 6#水样中则表现为先降低后上升的特征，尤其是镀锌钢低频阻抗模值在 6#水样中后期的升高，已明显超过其在 5#水样和 4#水样中的值，但从整体上看，镀锌钢在 5#水样中表现出最高的阻抗模值，其次是 6#水样和 4#水样。根据镀锌钢在三种溶液中的电化学特征，选择了如图 3.34 所示的等效电路对数据进行拟合，其中 R_s 为溶液电阻，CPE_{dl} 为双电层电容，R_t 为电荷转移电阻，L 和 R_L 为表面感抗和感抗对应的电阻，感抗的产生可能与表面不稳定产物在表面的吸脱附有关，如溶液中镁和钙的沉积物，拟合结果如表 3.9～

表 3.11 所示。对于其中能够表征电化学反应发生难易程度的关键参数 R_t 随时间的变化进行了表征，如图 3.35 所示。从中可以看出，镀锌钢在三种水样中电荷转移电阻的变化趋势与图 3.33 低频阻抗模值的特征变化基本一致，具体表现为镀锌钢电荷转移电阻在 4#和 5#水样中表现出先上升而后下降的趋势，而在 6#水样中则表现为先降低后上升的趋势，这与表面腐蚀产物膜的生成和脱落密切相关。

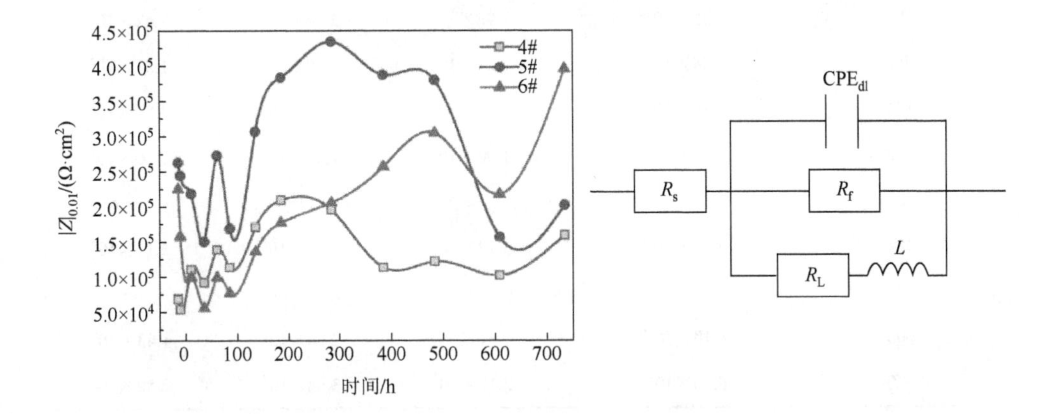

图 3.33　镀锌钢在 4#～6#水样中电化学阻抗谱低频模值随时间的变化

图 3.34　镀锌钢在 4#～6#水样中电化学阻抗谱拟合所用的等效电路

表 3.9　镀锌钢在 4#水样中电化学阻抗谱拟合结果

时间/h	CPE_{dl}/ [s^n/(Ω·cm²)]	R_t/(Ω·cm²)	L/(H·cm²)	R_L/(Ω·cm²)
4	4.75×10^{-6}	3.65×10^{4}	2.43×10^{6}	1.24×10^{6}
24	4.35×10^{-6}	4.94×10^{4}	1.23×10^{6}	1.36×10^{5}
48	4.78×10^{-6}	1.09×10^{5}	6.61×10^{6}	3.58×10^{5}
72	5.02×10^{-6}	9.63×10^{4}	4.14×10^{6}	6.51×10^{5}
96	5.04×10^{-6}	1.33×10^{5}	1.35×10^{7}	8.51×10^{5}
144	5.19×10^{-6}	1.34×10^{5}	4.66×10^{6}	7.11×10^{5}
192	5.24×10^{-6}	2.02×10^{5}	9.55×10^{6}	8.75×10^{5}
288	5.15×10^{-6}	2.19×10^{5}	1.64×10^{7}	1.31×10^{6}
384	5.11×10^{-6}	2.02×10^{5}	2.37×10^{7}	1.52×10^{6}
480	5.53×10^{-6}	1.14×10^{5}	1.76×10^{7}	8.77×10^{5}
600	5.92×10^{-6}	1.18×10^{5}	2.00×10^{7}	7.92×10^{5}
720	6.77×10^{-6}	1.11×10^{5}	3.92×10^{6}	3.40×10^{5}

表 3.10　镀锌钢在 5#水样中电化学阻抗谱拟合结果

时间/h	CPE_{dl}/ $[s^n/(\Omega\cdot cm^2)]$	$R_t/(\Omega\cdot cm^2)$	$L/(H\cdot cm^2)$	$R_L/(\Omega\cdot cm^2)$
4	5.24×10^{-6}	2.59×10^5	6.12×10^7	6.49×10^6
24	5.08×10^{-6}	2.39×10^5	2.37×10^7	1.56×10^6
48	5.35×10^{-6}	1.95×10^5	1.15×10^5	9.00×10^5
72	5.35×10^{-6}	2.96×10^5	3.24×10^7	2.42×10^6
96	5.54×10^{-6}	2.13×10^5	6.70×10^6	1.51×10^6
144	5.89×10^{-6}	3.44×10^5	7.34×10^7	3.82×10^6
192	5.86×10^{-6}	1.00×10^6	1.05×10^5	7.30×10^5
288	—	—	—	—
384	6.26×10^{-6}	3.12×10^6	7.20×10^4	5.11×10^5
480	—	—	—	—
600	6.10×10^{-6}	1.61×10^5	2.28×10^7	1.43×10^6
720	6.16×10^{-6}	2.13×10^5	3.48×10^7	2.50×10^6

表 3.11　镀锌钢在 6#水样中电化学阻抗谱拟合结果

时间/h	CPE_{dl}/ $[s^n/(\Omega\cdot cm^2)]$	$R_t/(\Omega\cdot cm^2)$	$L/(H\cdot cm^2)$	$R_L/(\Omega\cdot cm^2)$
4	4.45×10^{-6}	1.74×10^5	5.95×10^6	8.05×10^5
24	4.56×10^{-6}	9.65×10^4	5.51×10^6	4.41×10^5
48	4.72×10^{-6}	5.43×10^4	2.18×10^6	6.77×10^5
72	4.87×10^{-6}	9.80×10^4	5.75×10^6	5.04×10^5
96	5.21×10^{-6}	8.37×10^4	3.67×10^6	6.00×10^5
144	5.39×10^{-6}	1.42×10^5	1.19×10^7	1.39×10^6
192	5.22×10^{-6}	1.76×10^5	3.90×10^7	1.53×10^6
288	5.29×10^{-6}	2.16×10^5	3.89×10^7	1.60×10^6
384	5.52×10^{-6}	2.64×10^5	4.63×10^7	1.43×10^6
480	5.59×10^{-6}	3.26×10^5	4.56×10^7	1.33×10^6
600	5.85×10^{-6}	2.57×10^5	1.67×10^7	7.68×10^5
720	5.71×10^{-6}	5.74×10^5	8.34×10^6	2.00×10^6

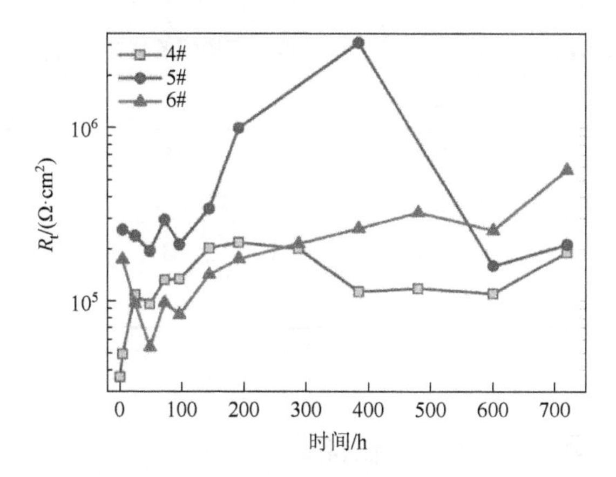

图 3.35　镀锌钢在不同水样中电荷转移电阻 R_t 随浸泡时间的变化

镀锌钢在 4#～6#三种水样中浸泡 720h 的显微形貌如图 3.36 所示。可以看出，镀锌钢在三种水样中的显微形貌并无本质上的差别，均是由球状腐蚀产物堆垛而成，球与球之间会相互合并形成大的团簇增强腐蚀产物膜的致密性。镀锌钢在以上三种溶液中腐蚀产物膜的化学成分如表 3.12 所示，与 1#～3#水样中腐蚀产物膜的成分相似，4#～6#水样中腐蚀产物膜的主要成分依然是 C、O、Na、Zn，其中以 5#水样中生成腐蚀产物膜的 O 元素含量最高，6#水样中生成腐蚀产物膜的 Zn 元素含量最高，可以推测其产物主要是锌的氧化物、氢氧化物和碱式碳酸锌等，主要的化学反应机理与 1#～3#水样中的反应机理相似，这里不再赘述，所不同的是由于溶液中添加了碳酸氢钠，碱式碳酸锌的反应路径除了上述反应式外，还可能通过以下路径，促进了腐蚀产物膜的生成：

$$4Zn(OH)_2 + HCO_3^- + H^+ \longrightarrow Zn_4CO_3(OH)_6 + 2H_2O$$

$$5Zn(OH)_2 + 2HCO_3^- + 2H^+ \longrightarrow Zn_5(CO_3)_2(OH)_6 + 4H_2O$$

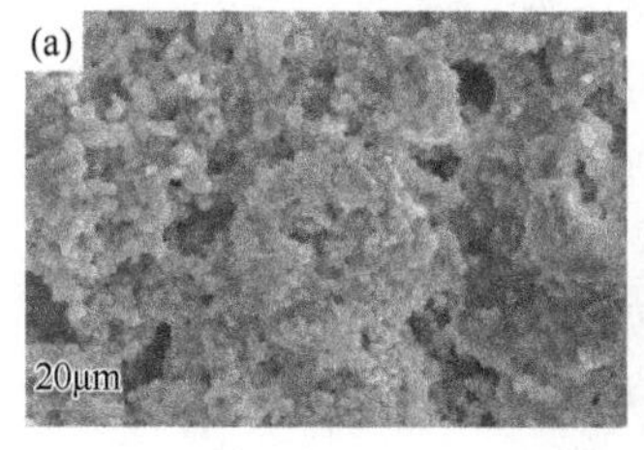

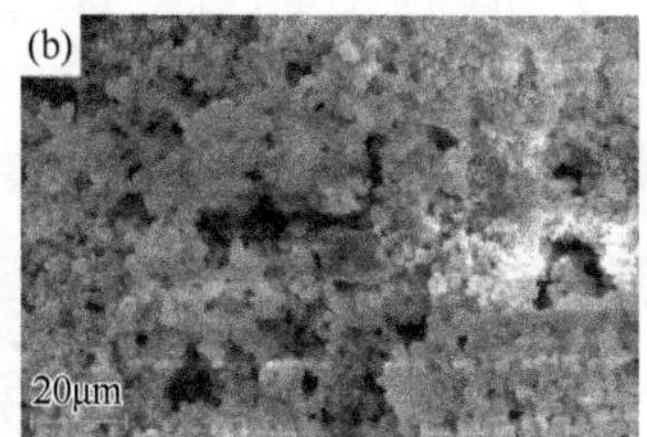

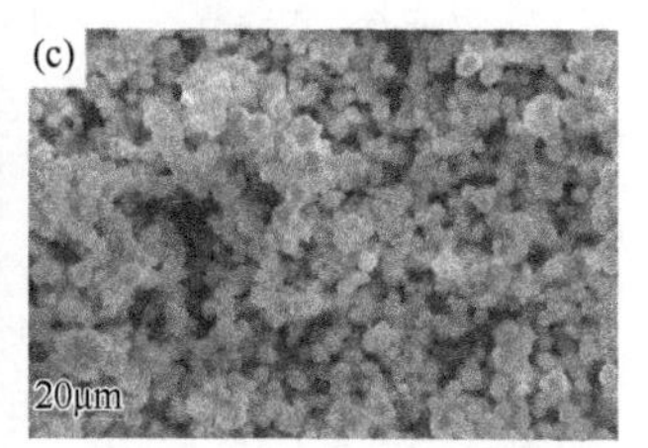

图 3.36　镀锌钢在 4#～6#三种水样中浸泡 720h 的显微形貌

（a）4#；（b）5#；（c）6#

表 3.12　镀锌钢在三种水样中腐蚀产物膜的化学成分（%）

元素	4#	5#	6#
C	11.8	9.8	6.9
O	27.7	35.4	29.9
Na	10.2	7.6	8.4
Zn	50.3	47.2	54.8

3.2.5　镀锌钢在不同淡水中的性能比较

镀锌钢在 2#反渗透水、5#调质水和 8#饮用水中开路电位随时间的变化如图 3.37 所示。从中可以看出，镀锌钢的开路电位在淡水环境中随着浸泡时间的增加均有不同程度的升高，所不同的是镀锌钢在 2#反渗透水中开路电位的增加幅度最大。还可以发现，镀锌钢在 2#反渗透水中的开位电位最高，其次是 5#调质水，最低的是 8#饮用水。

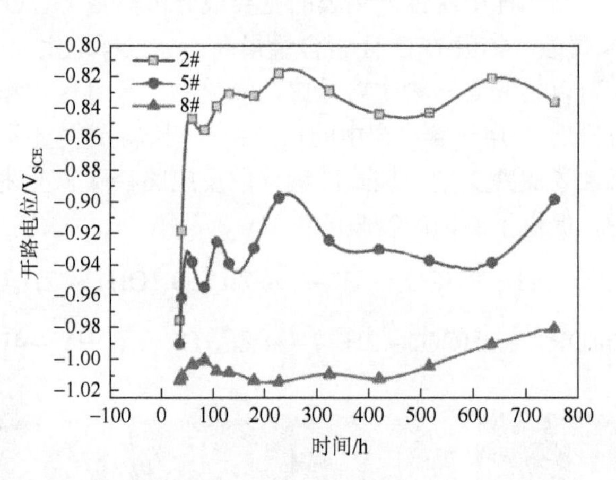

图 3.37　镀锌钢在三种淡水中开路电位随时间的变化

镀锌钢在三种淡水中低频阻抗模值随时间的变化如图 3.38 所示。结合前文所述以及图 3.38 的对比结果，从中可以归纳出两点：①从变化规律上来看，镀锌钢在 8#饮用水中的低频阻抗模值随着浸泡时间的增加呈现波动式上升的趋势，在 5#调质水中表现为先波动上升而后下降的特征，在 2#反渗透水中呈现快速降低、缓慢降低和略有升高的变化规律，镀锌钢在三种淡水中表现出完全不同的腐蚀规律；②从数值大小上分析，镀锌钢在 8#饮用水中的阻抗模值最高，其次是 5#调质水，最低的是 2#反渗透水中，这与开路电位的顺序完全相反。综合以上分析可知，镀锌钢在饮用水中的腐蚀速率最低，在反渗透水中的腐蚀速率最高，经过氯化镁、氯化钙和碳酸氢钠对反渗透水的调整，腐蚀速率与反渗透水中的腐蚀速率相比有所降低。

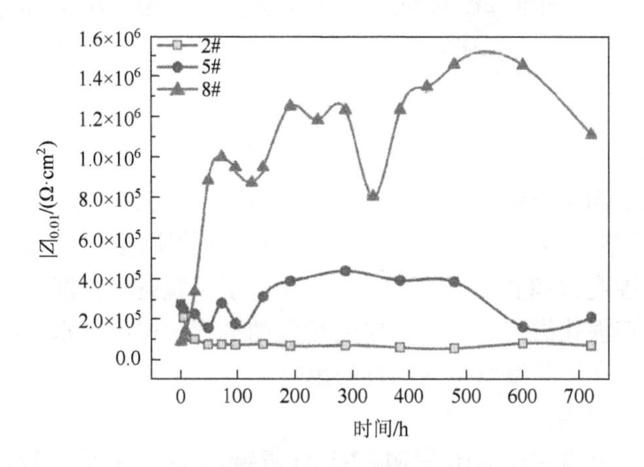

图 3.38 镀锌钢在三种淡水中低频阻抗模值随时间的变化

3.2.6 分析与讨论

本节利用电化学阻抗谱、电化学噪声、显微形貌/成分分析等手段研究了镀锌钢在 8 种不同水溶液中的腐蚀行为，主要得到以下结论。

（1）镀锌钢在盐水和饮用水中表现出完全不同的腐蚀行为，镀锌钢在盐水中浸泡 720h 后的腐蚀性能显著恶化，表面生成了棒状和层状的腐蚀产物，而在饮用水中则表现出完全相反的趋势，在饮用水中浸泡 720h 后生成了一层致密的保护性膜层，腐蚀速率显著降低。

（2）通过对比镀锌钢在利用海水淡化技术所得的不同反渗透二级产水中的腐蚀行为发现，当进水为盐度 35000mg/L 的海水时，镀锌钢表现出最低的腐蚀速率。镀锌钢在反渗透水中的腐蚀历程可分为三个阶段，0～48h 耐蚀性能迅速恶化，48～384h 恶化速率明显降低，384～720h 耐蚀性能略有升高。

（3）增加反渗透水中氯化镁和氯化钙的浓度，镀锌钢的腐蚀速率降低，进一步降低水溶液中碳酸氢钠的浓度，镀锌钢的腐蚀速率有所增加，镀锌钢表面不同电化学性质的表现与其表面腐蚀产物膜的附着和脱落密切相关。

（4）镀锌钢在饮用水中的腐蚀速率最低，在反渗透水中的腐蚀速率最高，利用氯化镁、氯化钙和碳酸氢钠等对反渗透水进行调整，镀锌钢的腐蚀速率有所降低，但仍高于其在饮用水中的腐蚀速率，主要原因是镀锌钢在饮用水中生成了具有保护作用的致密性膜层，在反渗透水和调质水中的腐蚀产物较为疏松。

3.3　不同金属材料在淡化水中的耐蚀性能对比

3.3.1　概述

本节研究了304不锈钢、321不锈钢、316L不锈钢、TUP紫铜、B10白铜、Ni-Al青铜以及镀锌钢7种金属材料在淡化海水下的腐蚀形貌、腐蚀速率、点蚀深度及密度、点蚀电位和腐蚀产物组成等，评价了试验材料在淡化海水中的耐蚀性能，分析了其在淡化海水中的腐蚀原因和腐蚀机理，得出了水质参数、介质温度对试验金属材料在淡化海水中耐蚀性的影响。

主要研究内容为：

（1）进行TUP紫铜、B10白铜、Ni-Al青铜、304不锈钢、321不锈钢、316L不锈钢以及镀锌钢在9种淡化海水介质中，室温（25℃）、50℃和70℃三种水温条件下的室内浸泡腐蚀试验，获取各试验材料在淡化海水中的腐蚀形貌、腐蚀速率、点蚀深度及点蚀密度等参数；

（2）对获得的腐蚀数据进行综合分析，综合评价TUP紫铜、B10白铜、Ni-Al青铜、304不锈钢、321不锈钢、316L不锈钢以及镀锌钢在各种淡化海水条件中的腐蚀性能，分析腐蚀原因、腐蚀机理以及不同的水质参数、介质温度等对各种材料耐蚀性能的影响。

3.3.2　室内浸泡

1. 腐蚀形貌分析

1）不锈钢

研究考查了7种金属材料在9种溶液中的耐蚀性，为了便于对比，选取了不同金属材料在1#(25℃，TDS = 300mg/L，硬度 = 7mg/L)、5#(50℃，TDS = 500mg/L，硬度 = 80mg/L)、9#（70℃，TDS = 700mg/L，硬度 = 40mg/L）溶液中的耐蚀性进行考查，这3种溶液分别代表不同的温度、盐度、硬度，是试验溶液中的典型代表，见表3.13。

表 3.13　9 种淡化水溶液参数

水质编号	1#	2#	3#	4#	5#	6#	7#	8#	9#
温度/℃	25	25	25	50	50	50	70	70	70
TDS/(mg/L)	300	500	700	300	500	700	300	500	700
硬度/(mg/L)	7	40	80	40	80	7	80	7	40

对 304 不锈钢、321 不锈钢、316L 不锈钢分别在 1#、5#、9#淡化水中浸泡 60 天后酸洗前、后的腐蚀形貌进行分析，分别见图 3.39、图 3.40、图 3.41。从图中可以看出，三种不锈钢在三种淡化水中浸泡 60 天后，表面无肉眼可见的腐蚀，在其他淡化水中的试验结果与此相同。

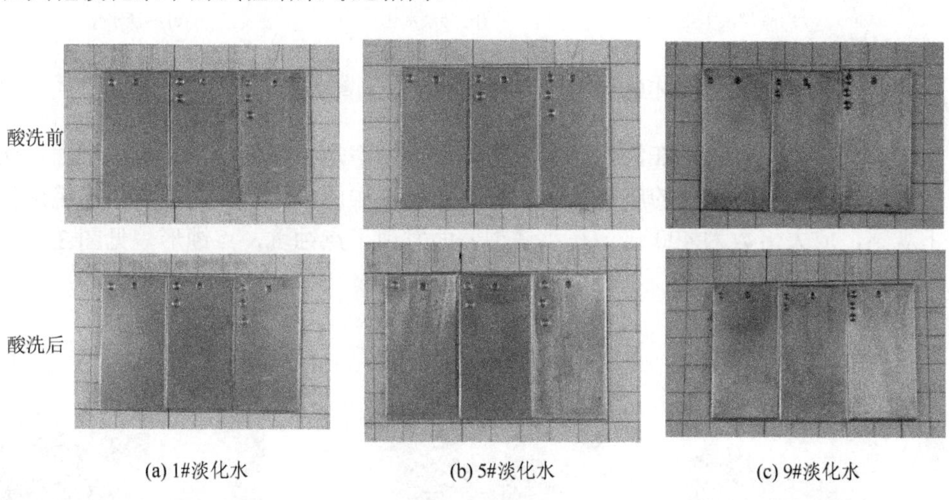

(a) 1#淡化水　(b) 5#淡化水　(c) 9#淡化水

图 3.39　304 不锈钢在 1#、5#、9#淡化水中浸泡 60 天后酸洗前、后的腐蚀形貌

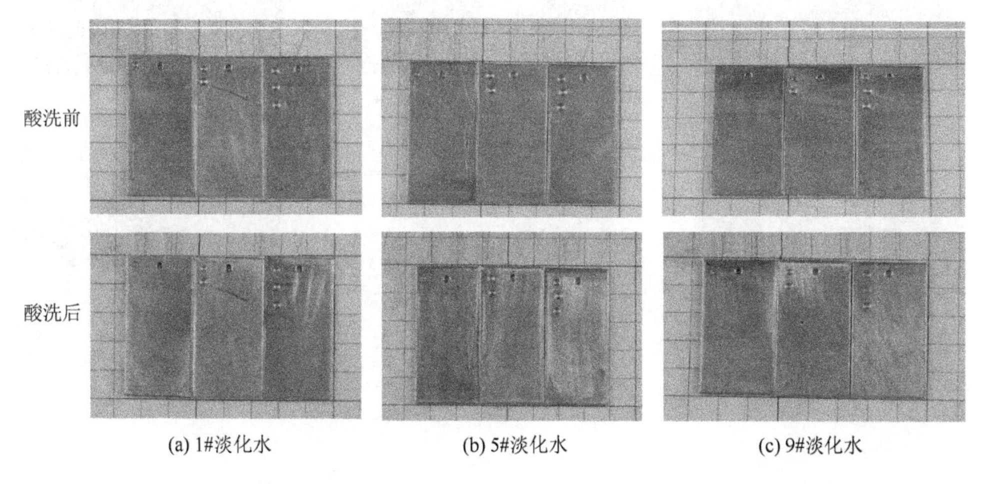

(a) 1#淡化水　(b) 5#淡化水　(c) 9#淡化水

图 3.40　321 不锈钢在 1#、5#、9#淡化水中浸泡 60 天后酸洗前、后的腐蚀形貌

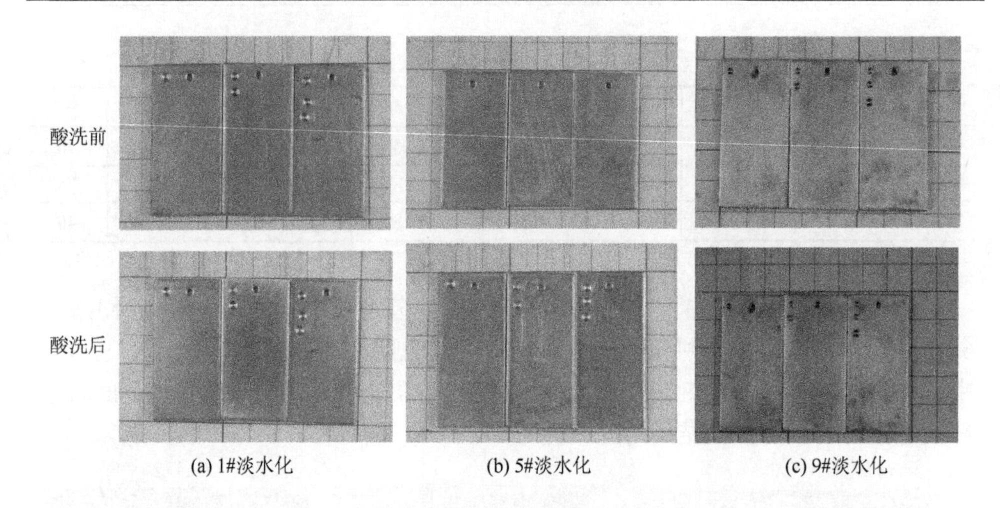

(a) 1#淡水化　(b) 5#淡水化　(c) 9#淡水化

图 3.41　316L 不锈钢在淡化水中浸泡 60 天后酸洗前、后的腐蚀形貌

由此可见，不锈钢在淡化海水中整体腐蚀速率是很低的。为了更加全面地研究不锈钢在淡化海水中的腐蚀行为，对 9 种溶液中的浸泡试样用金相显微镜进行了观察，放大倍数为 400 倍，在不锈钢表面发现了点蚀坑，点蚀形貌见图 3.42，点蚀数据见表 3.14。

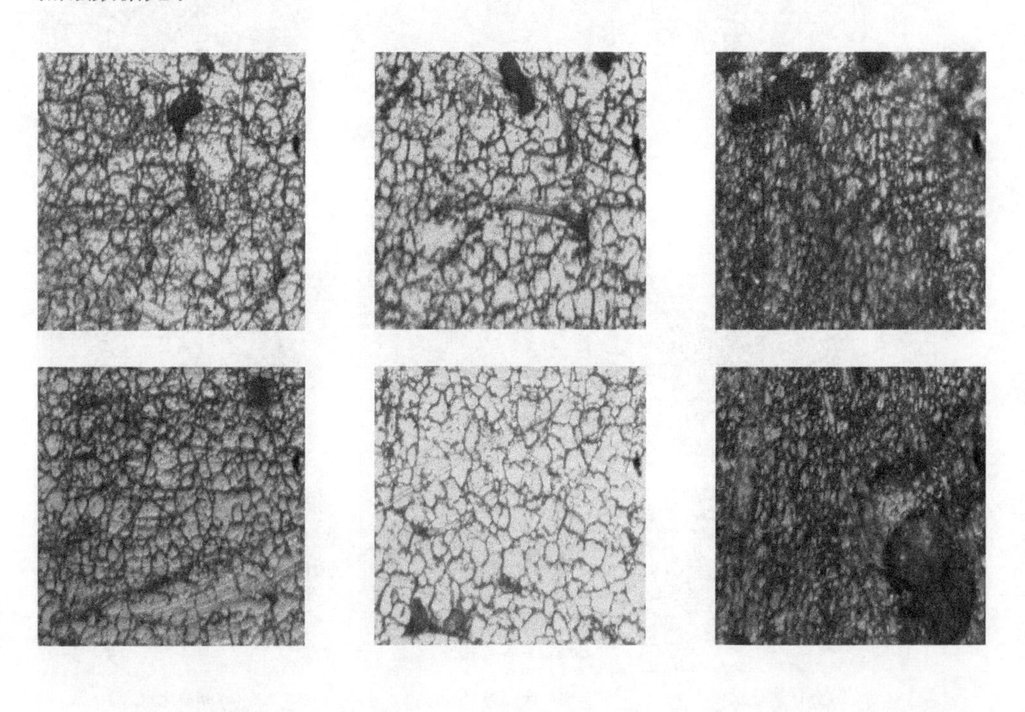

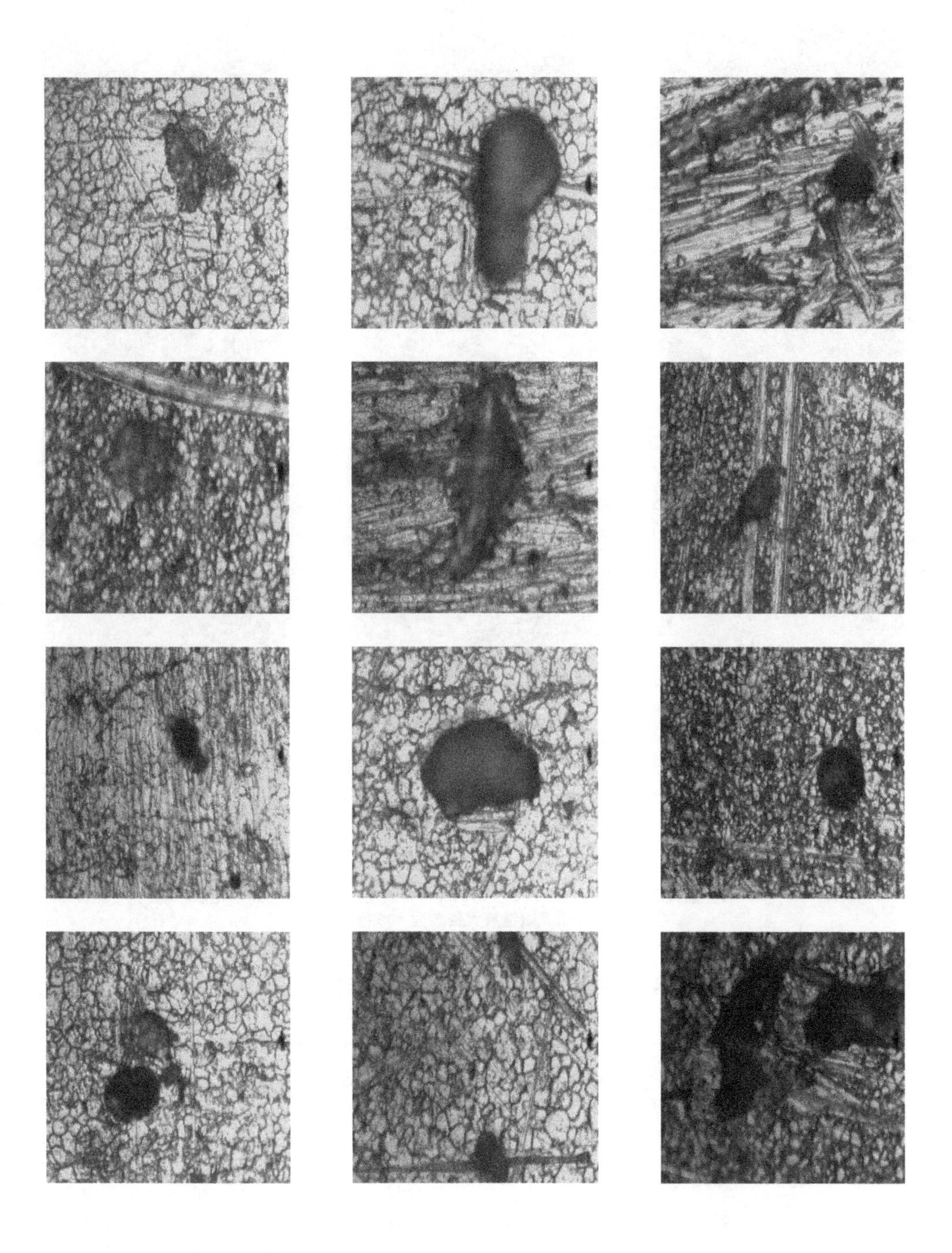

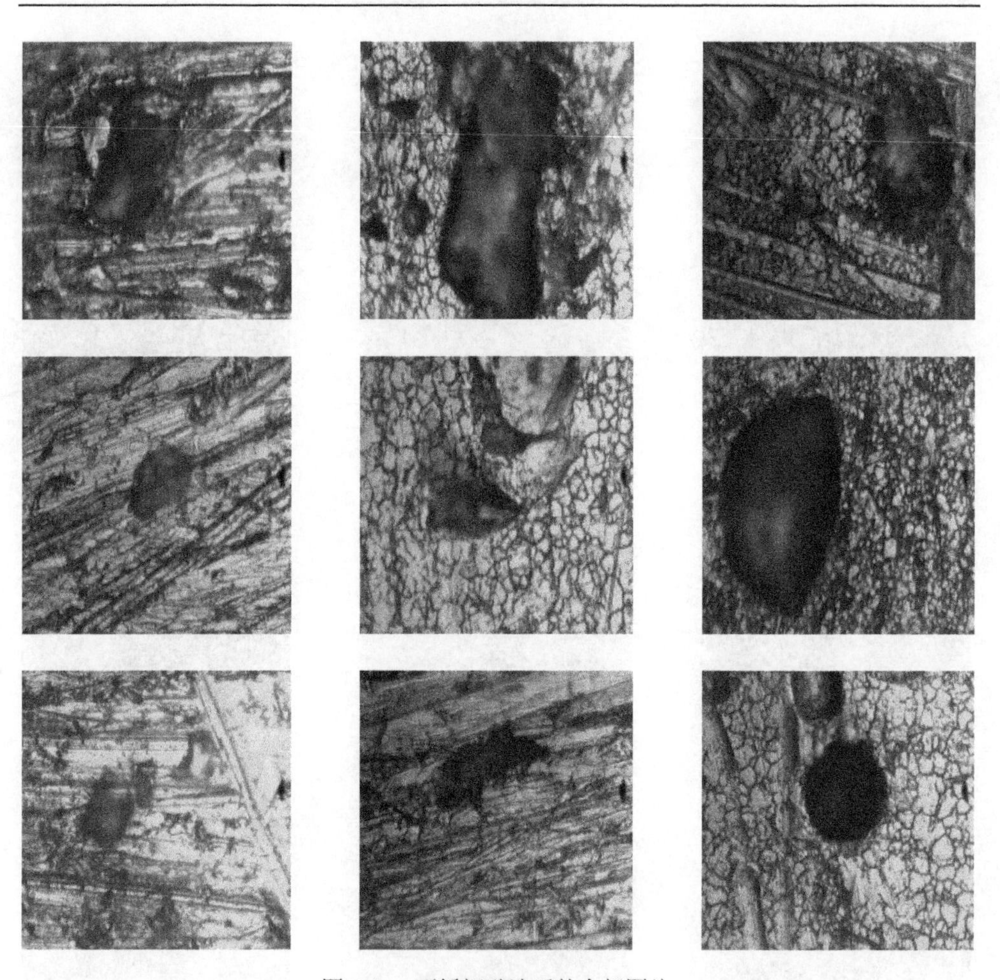

图 3.42 不锈钢酸洗后的金相图片

左、中、右分别代表 304、316L、321 不锈钢样件，自上至下为 1#～9#淡化水环境，金相显微镜放大倍数为 400 倍

表 3.14 不锈钢在 9 种水溶液中的微观点蚀测量结果

编号	304 不锈钢				316L 不锈钢				321 不锈钢			
	平均点蚀深度/μm	最大点蚀深度/μm	点蚀因子	点蚀密度	平均点蚀深度/μm	最大点蚀深度/μm	点蚀因子	点蚀密度	平均点蚀深度/μm	最大点蚀深度/μm	点蚀因子	点蚀密度
1#	7	8	1.14	A-2	7	8	1.14	A-2	7	8	1.14	A-2
2#	7	8	1.14	A-2	7	8	1.14	A-2	8	10	1.25	A-2
3#	8	9	1.13	A-2	8	9	1.13	A-2	9	10	1.11	A-2
4#	8	12	1.50	A-2	8	10	1.25	A-2	12	20	1.67	A-2
5#	9	14	1.56	A-2	6	8	1.33	A-2	9	12	1.33	A-2

续表

编号	304不锈钢				316L不锈钢				321不锈钢			
	平均点蚀深度/μm	最大点蚀深度/μm	点蚀因子	点蚀密度	平均点蚀深度/μm	最大点蚀深度/μm	点蚀因子	点蚀密度	平均点蚀深度/μm	最大点蚀深度/μm	点蚀因子	点蚀密度
6#	8	12	1.50	A-2	6	8	1.33	A-2	10	16	1.60	A-2
7#	9	14	14.00	A-2	8	14	1.75	A-2	12	20	1.67	A-2
8#	8	14	1.75	A-2	8	12	1.50	A-2	12	20	1.67	A-2
9#	9	10	1.11	A-2	9	12	1.33	A-2	9	12	1.33	A-2

从图中不锈钢点蚀微观形貌可以看出，304不锈钢、316L不锈钢、321不锈钢在淡化海水中浸泡60天后出现了点蚀坑，结合表中的数据可以看出，平均点蚀深度介于6～12μm之间。整体来看，316L不锈钢的平均点蚀深度最小，其次为304不锈钢，321不锈钢的平均点蚀深度较大。

点蚀因子定义为最大点蚀深度与平均腐蚀深度的比值。它是考察金属局部腐蚀严重程度的一个量。点蚀密度定义为单位面积内点蚀的严重程度，参照《金属和合金的腐蚀 点蚀评定方法》（GB/T 18590—2001）的相关规定，将点蚀密度分为5级，标记为A-1、A-2、A-3、A-4、A-5，分别表示点蚀密度很小、小、中等、多、很多。点蚀密度表征的是点蚀坑密集的相对程度，而不是绝对数量的多少。从表3.14可以看出，三种不锈钢的点蚀密度均为A-2级，表示点蚀密度小。

点蚀是一种常见的不锈钢局部腐蚀，是一种由小阳极大阴极腐蚀电池引起的阳极区高度集中的局部腐蚀形式，阴极区不发生腐蚀或者腐蚀极其轻微，阳极区出现腐蚀孔或麻点。点蚀的发生经过形核（形成）与生长（发展）两个阶段。点蚀分为亚稳态点蚀和稳态点蚀。点蚀形核后，初期的亚稳态点蚀可能在发展一段时间之后就停止继续腐蚀，也有可能继续发展成为稳态点蚀，引起严重的点蚀破坏。本试验中，氯离子浓度很低，但仍然产生了点蚀，原因可能是金属材料表面夹杂了硫化物，硫化物溶解引起了点蚀的形成。即使在无氯离子溶液中也会发生硫化锰夹杂物的溶解，但金属溶解和蚀孔稳定生长过程必须有氯离子存在。大量的研究表明，不锈钢点蚀孔的生长速度随溶液中氯离子浓度的升高而增加。

在水溶液介质中，硫化物夹杂易于溶解，使“新鲜”的不锈钢基体暴露在介质中，这些基体没有钝化膜的保护，便开始了腐蚀（点蚀形核）。多年来的研究发现，多数情况下点蚀发生都起因于不锈钢中硫化锰夹杂的局部溶解。由以上讨论可知，在淡化海水中，尽管溶液中的氯离子浓度很低，腐蚀性弱，且不锈钢表面有钝化膜保护，但在淡化水中不锈钢仍会发生点蚀，只不过蚀孔生长缓慢。因为不锈钢的点蚀是由表面活性硫化锰夹杂的局部溶解引起的，而点蚀发展速度则受到溶液中氯离子浓度影响，淡化海水中，氯离子的含量是很低的，不足以引发点蚀坑的继续成长。

2）铜合金

选取了 TUP 紫铜、B10 白铜、Ni-Al 青铜分别在 1#、5#、9#水中浸泡 60 天后酸洗前、后的腐蚀形貌，分别见图 3.43、图 3.44、图 3.45。从图中可以看出，在 1#、5#、9#水中浸泡 60 天后，表面有腐蚀产物覆盖，发生了全面腐蚀。

从图 3.43 可以看出，TUP 紫铜在 1#水中，表面覆盖一层均匀的暗红色锈层，该物质为 Cu_2O，在 5#水中，TUP 紫铜表面部分区域有黑色物质覆盖，这是部分 Cu_2O 转化为了 CuO，在 9#水中，试片表面出现了绿色、黑色和暗红色锈层，这是在较高温度下铜合金腐蚀产物出现了分层，腐蚀产物出现了变化，成分更加复杂。

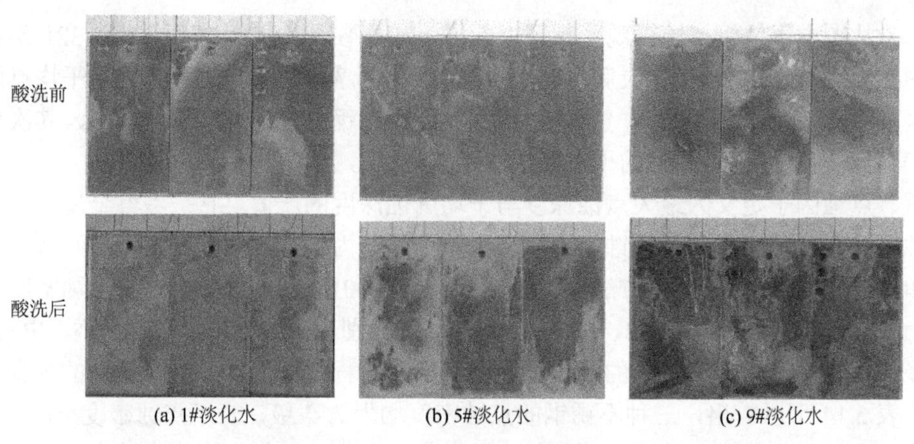

图 3.43　TUP 紫铜在淡化水中浸泡 60 天后酸洗前、后的表面形貌

从图 3.44 可以发现，B10 白铜在 1#、5#和 9#水中，表面均覆盖一层不均匀的暗红色锈层。

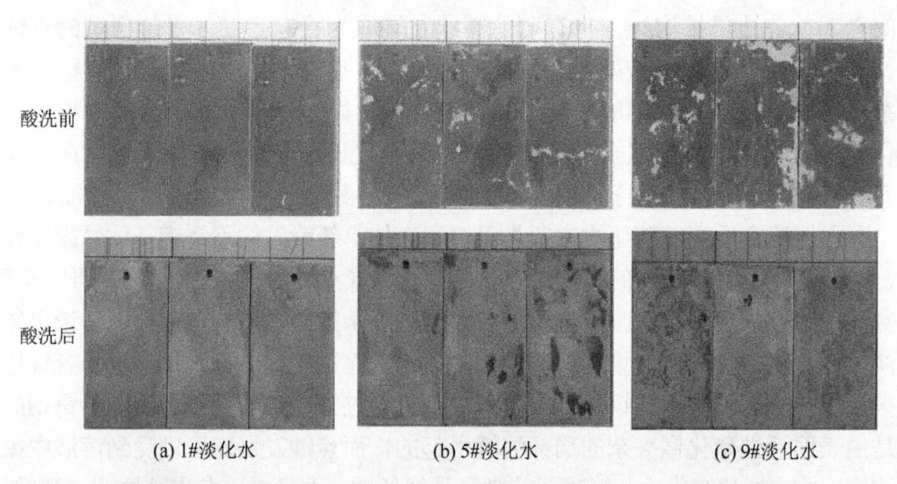

图 3.44　B10 白铜在淡化水中浸泡 60 天后酸洗前、后的表面形貌

从图 3.45 可以看出，Ni-Al 青铜在淡水中发生了较为严重的腐蚀，在 1#水中，局部出现了点蚀坑，在 5#和 9#水中，试片大部分被黑色物质覆盖，小部分有白色物质，酸洗后发现，被黑色物质所覆盖的地方腐蚀较轻，黑色物质为 CuO，有保护基体的作用，白色物质为析出的铝的氧化物。

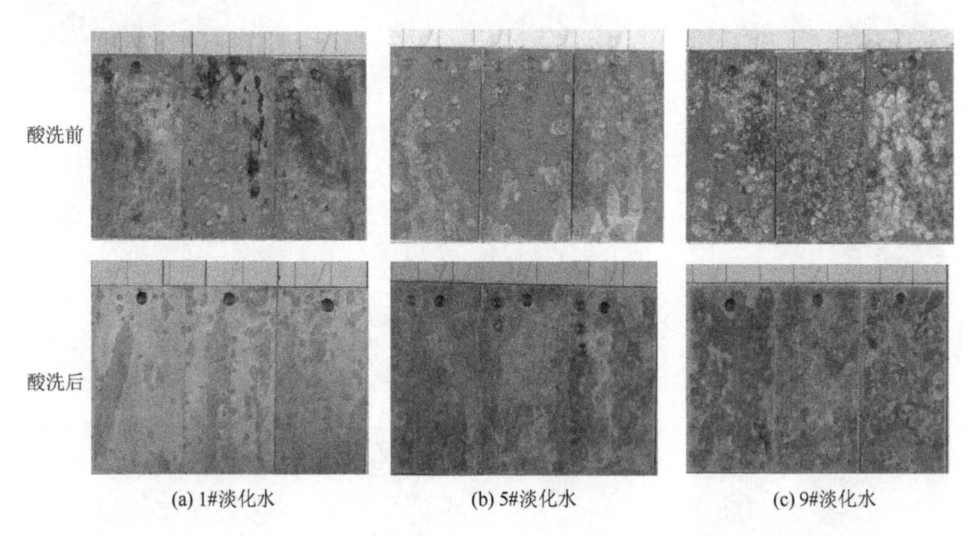

(a) 1#淡化水　(b) 5#淡化水　(c) 9#淡化水

图 3.45　Ni-Al 青铜在淡化水中浸泡 60 天后酸洗前、后的表面形貌

图 3.46 为 3 种铜合金的点蚀金相形貌图，因为表层发生了全面腐蚀而表面凹凸不平，Ni-Al 青铜的点蚀坑口较大，TUP 紫铜和 B10 白铜也不同程度地出现了点蚀坑。从表 3.15 点蚀数据可以看出，整体来看，B10 白铜点蚀平均深度最小，点蚀平均深度介于 6～12μm 之间，其次为 TUP 紫铜，Ni-Al 青铜点蚀深度最大，点蚀平均深度介于 9～22μm 之间。从点蚀平均深度和点蚀因子来看，3 种铜合金中，B10 白铜的耐点蚀性是最好的。B10 白铜的点蚀密度为 A-2 级，表示点蚀数量少，耐点蚀情况优于 TUP 紫铜、Ni-Al 青铜。

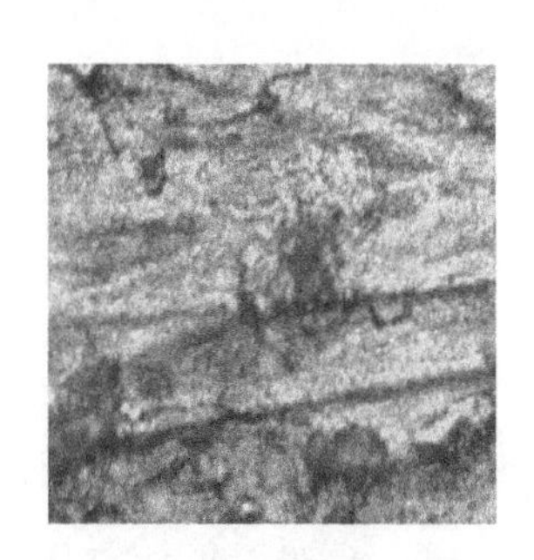
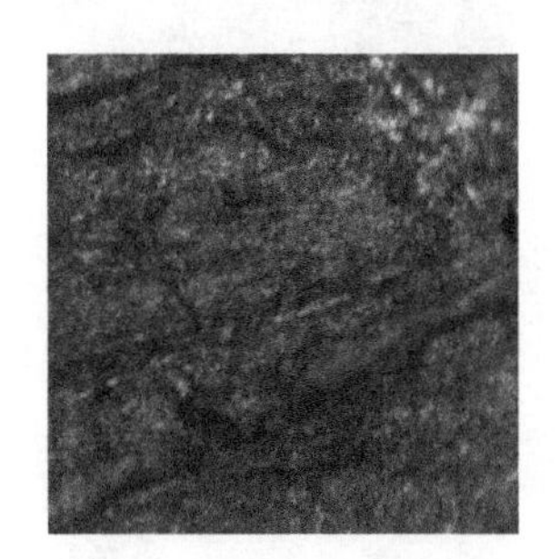

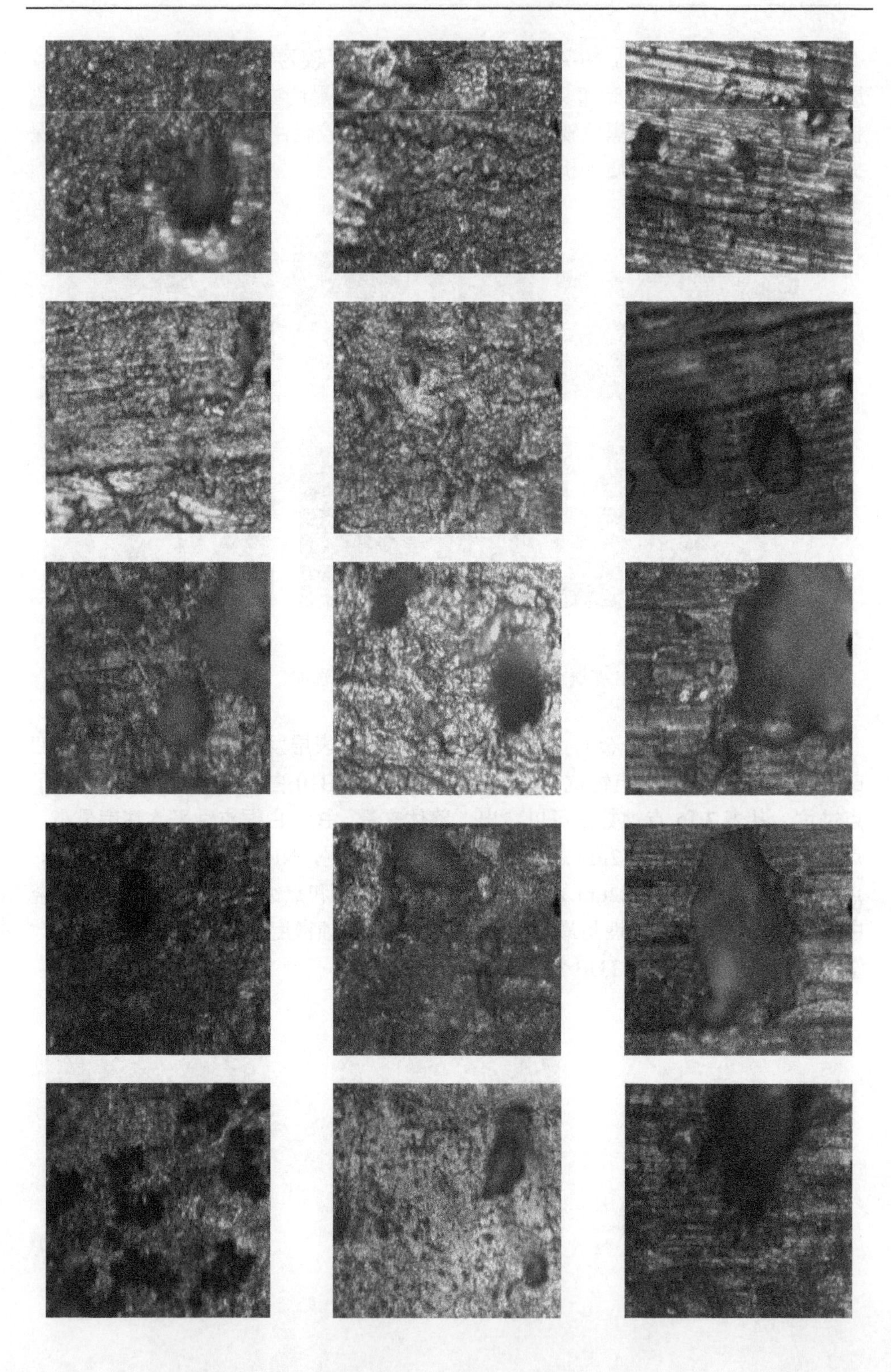

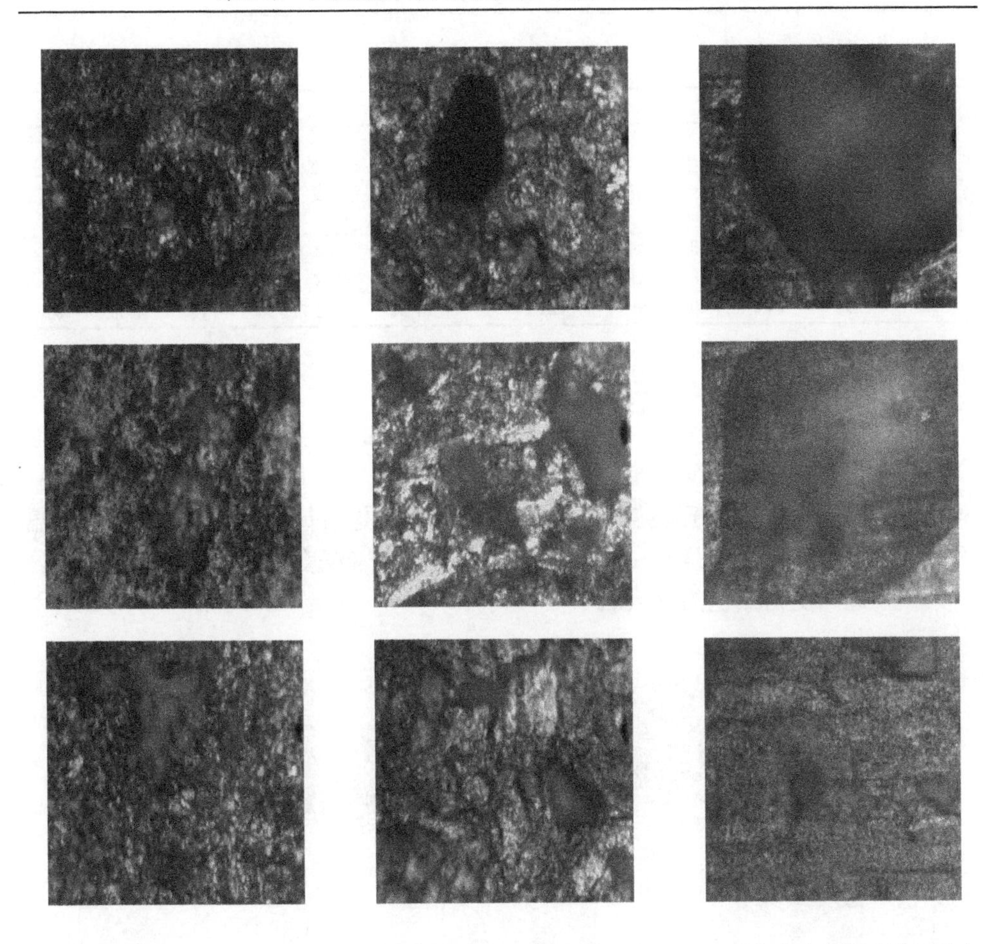

图3.46　TUP紫铜、B10白铜、Ni-Al青铜三种铜合金材料在1#～9#淡化水中腐蚀酸洗后的金相图片

左、中、右图片分别代表TUP紫铜、B10白铜、Ni-Al青铜，自上而下分别代表1#～9#淡化水环境，金相显微镜放大400倍

表3.15　铜合金在9种淡化水中的点蚀测量结果

编号	TUP紫铜				B10白铜				Ni-Al青铜			
	平均点蚀深度/μm	最大点蚀深度/μm	点蚀因子	点蚀密度	平均点蚀深度/μm	最大点蚀深度/μm	点蚀因子	点蚀密度	平均点蚀深度/μm	最大点蚀深度/μm	点蚀因子	点蚀密度
1#	7	8	1.14	A-2	6	10	1.67	A-2	9	10	1.11	A-2
2#	9	10	1.11	A-2	7	10	1.43	A-2	9	10	1.11	A-2
3#	7	8	1.14	A-2	7	8	1.14	A-2	10	12	1.20	A-2
4#	10	16	1.60	A-2	11	13	1.18	A-2	12	14	1.17	A-3
5#	8	12	1.50	A-2	9	12	1.33	A-2	14	20	1.43	A-3
6#	9	12	1.33	A-3	6	10	1.67	A-2	11	14	1.27	A-3

续表

编号	TUP 紫铜				B10 白铜				Ni-Al 青铜			
	平均点蚀深度/μm	最大点蚀深度/μm	点蚀因子	点蚀密度	平均点蚀深度/μm	最大点蚀深度/μm	点蚀因子	点蚀密度	平均点蚀深度/μm	最大点蚀深度/μm	点蚀因子	点蚀密度
7#	12	22	1.83	A-3	12	20	1.67	A-2	22	44	2.00	A-3
8#	9	16	1.78	A-3	9	12	1.33	A-2	14	24	1.71	A-3
9#	10	14	1.40	A-3	12	16	1.33	A-2	10	16	1.60	A-3

3）镀锌钢

图 3.47 为镀锌钢板在 1#～9#水中浸泡 60 天后的腐蚀形貌。可以看出，表面产物颜色由红褐色逐渐变为暗红色，最终变为黑色。据表面产物的变化可以看出，60 天浸泡完后，镀锌层已溶解完全，产物颜色变化是由基体铁的腐蚀引起的，温度较低时外层腐蚀产物是 γ-FeOOH、α-FeOOH，随着温度的升高，溶氧量减少，腐蚀产物逐渐变为黑色的 Fe_3O_4。

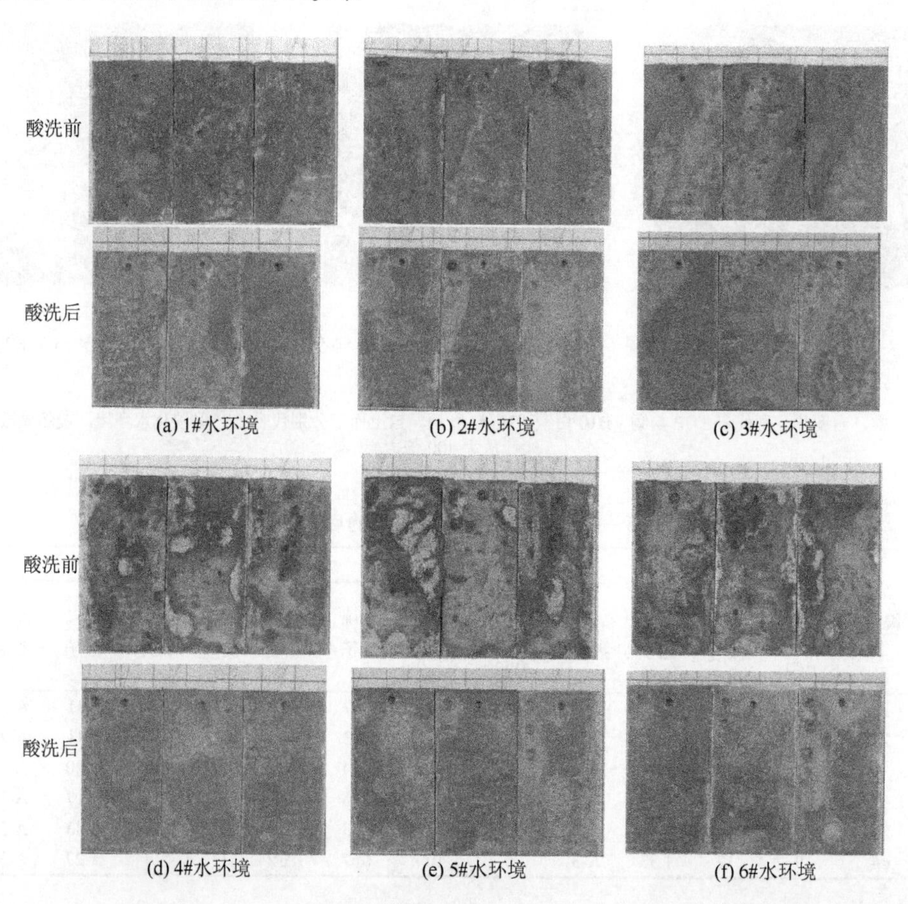

(a) 1#水环境 (b) 2#水环境 (c) 3#水环境

(d) 4#水环境 (e) 5#水环境 (f) 6#水环境

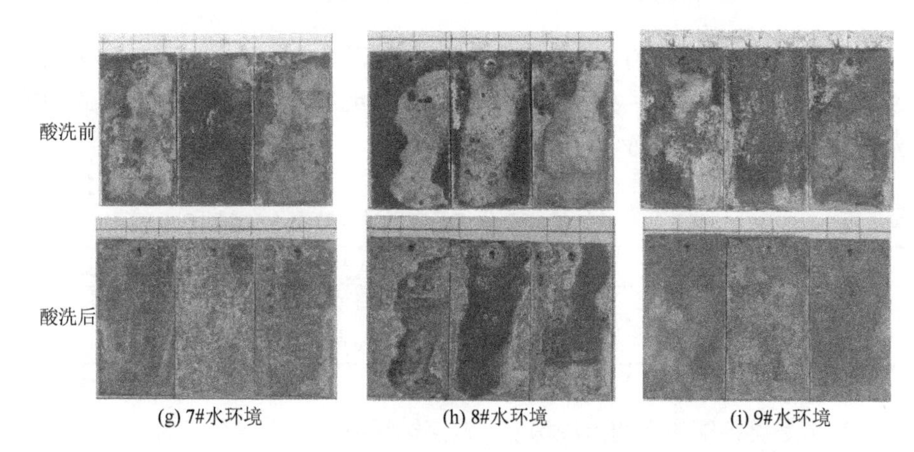

图 3.47　镀锌钢在 1#～9#水中浸泡 60 天后酸洗前、后的腐蚀形貌

图 3.48 为镀锌钢点蚀坑的扫描电子显微镜（SEM）照片和能谱分析，图 3.49 为没有发生点蚀区域的 SEM 照片和能谱分析，具体数据见表 3.16。从表 3.16 可以看出，在点蚀坑底部，Fe 元素质量分数占 97.27%，表明蚀孔早已穿过镀锌层到

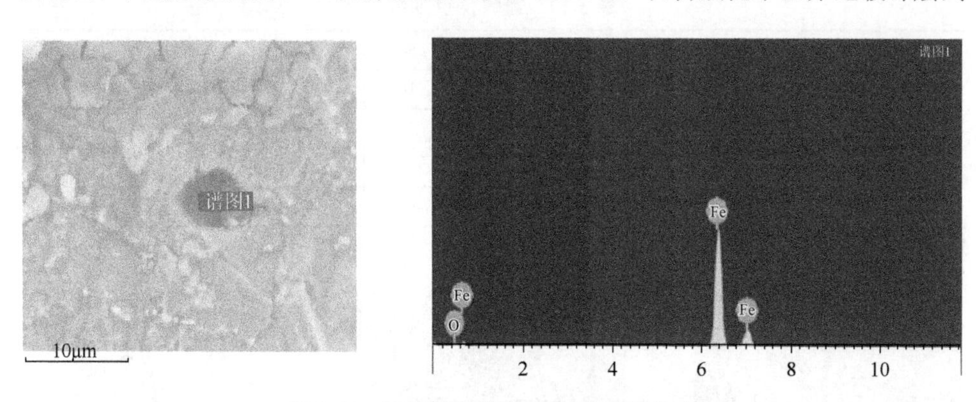

图 3.48　镀锌钢点蚀坑 SEM 和能谱分析

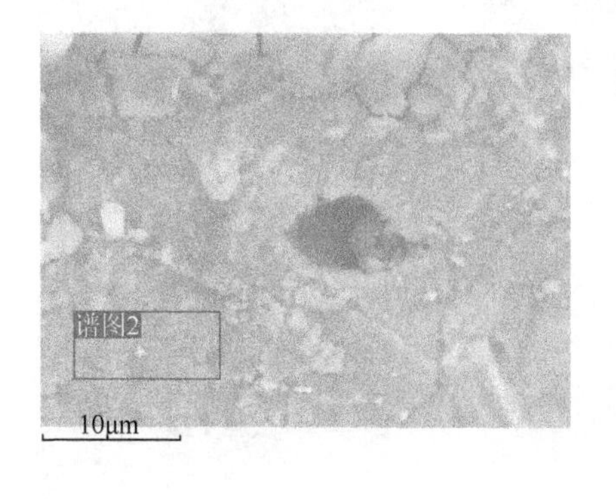

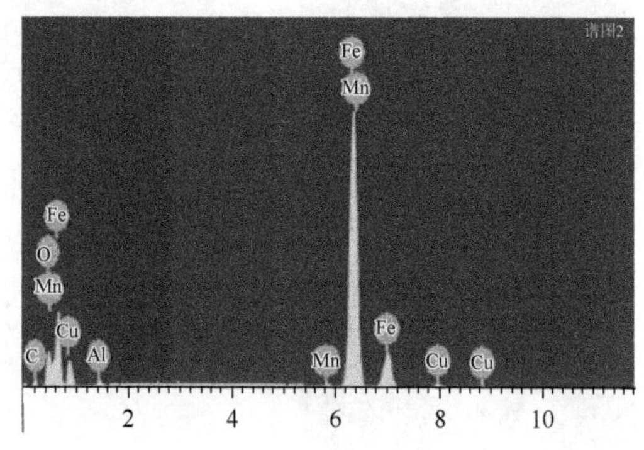

图 3.49　镀锌钢非点蚀部位 SEM 和能谱分析

达了基体铁的内部，在没有发生点蚀区域，Fe 元素质量分数也达到了 89.80%，两个区域均未发现 Zn 元素，表明镀锌层在 60 天浸泡后已溶解完全，起不到保护基体铁的作用，腐蚀反应完全是铁的阳极溶解过程。

表 3.16　镀锌钢能谱分析元素质量分数量（%）

部位	Fe 含量	O 含量	Zn 含量
点蚀坑	97.27	1.48	0
非点蚀部位	89.80	5.48	0

表 3.17 是镀锌钢的平均点蚀深度，该点蚀深度表示镀锌层溶解完后基体铁的点蚀深度，平均点蚀深度在 9～19μm 之间，腐蚀较为严重，表明镀锌层在 60 天的试验结束期前就早已溶解完。从镀锌板的金相图（图 3.50）中也可以看出这一点，表面有很深的点蚀坑，整体凹凸不平，表面腐蚀破坏非常严重。

表 3.17　镀锌钢点蚀统计

项目	1#	2#	3#	4#	5#	6#	7#	8#	9#
平均点蚀深度/μm	9	9	12	14	16	12	19	19	13
最大点蚀深度/μm	10	10	14	22	28	16	30	44	16
点蚀因子	1	1	1	1	1	1	1	2	1
点蚀密度	A-3	A-3	A-3	A-3	A-3	A-3	A-3	A-3	A-3

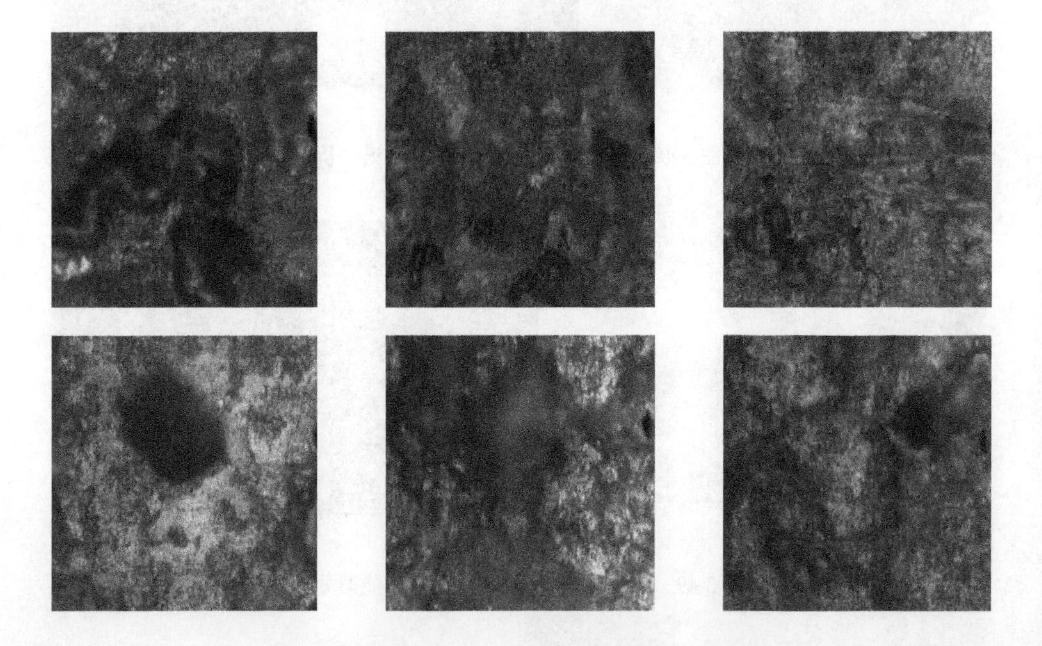

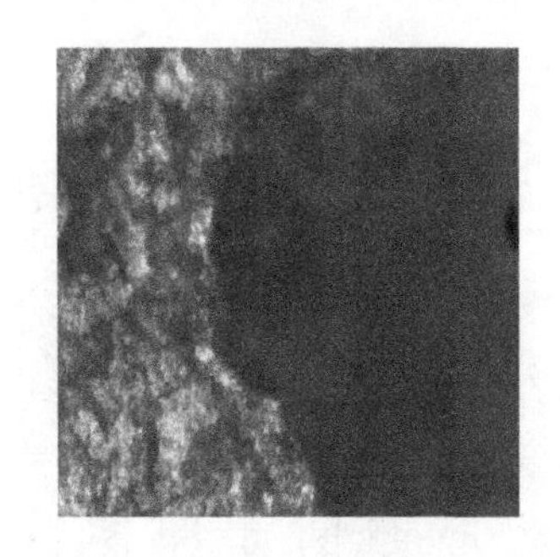
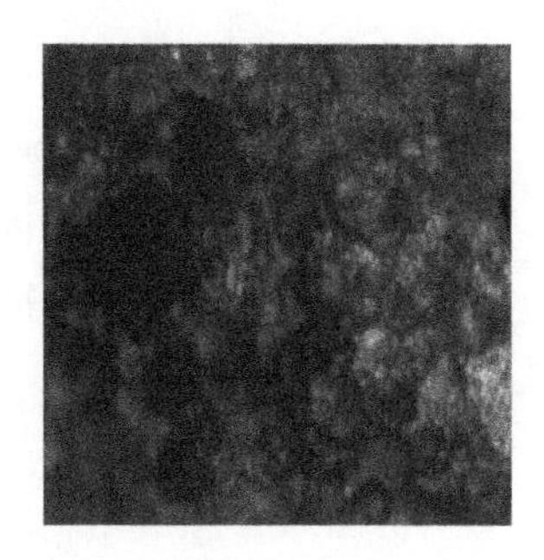

图3.50　镀锌钢在1#～9#水中浸泡60天后的微观形貌

金相显微镜放大400倍

2. 失重分析

不锈钢、铜合金、镀锌钢在1#～9#水中浸泡60天的腐蚀速率见表3.18。从表3.18中可以看出，不锈钢在不同水质中腐蚀速率是最低的，其次为铜合金，镀锌钢的腐蚀速率最高。

表3.18　不锈钢、铜合金、镀锌钢在不同水质中浸泡60天后的腐蚀速率（mm/a）

材料	1#	2#	3#	4#	5#	6#	7#	8#	9#
316L	0.00081	0.00081	0.00089	0.00091	0.00085	0.00082	0.00113	0.00109	0.00118
304	0.00102	0.00102	0.00098	0.00128	0.00143	0.00127	0.00135	0.00130	0.00137
321	0.00098	0.00107	0.00130	0.00140	0.00139	0.00132	0.00145	0.00142	0.00143
TPU紫铜	0.0175	0.0244	0.0164	0.0424	0.0304	0.0353	0.0440	0.0558	0.0533
Ni-Al青铜	0.01330	0.0162	0.0164	0.0327	0.0305	0.0361	0.0511	0.0505	0.0404
B10白铜	0.00930	0.0115	0.0134	0.0182	0.0186	0.0219	0.0231	0.0260	0.0258
镀锌钢	0.117	0.104	0.101	0.143	0.150	0.141	0.226	0.214	0.217

图3.51为304不锈钢、316L不锈钢、321不锈钢在1#～9#水中的腐蚀速率对比。通常来说，讨论不锈钢的腐蚀速率是没有多大意义的，因为它在海水中的腐蚀速率也是极低的，本研究为了综合考察不锈钢和铜合金、镀锌钢在淡化海水中的耐蚀性，也将不锈钢的腐蚀速率列了出来。从图中可以看出，在不同水质中，316L不锈钢腐蚀速率最小，其次为304不锈钢，321不锈钢腐蚀速率最大。不锈钢在淡化海水中的腐蚀速率介于10^{-4}～10^{-3}mm/a数量级，整体腐蚀速率极低。

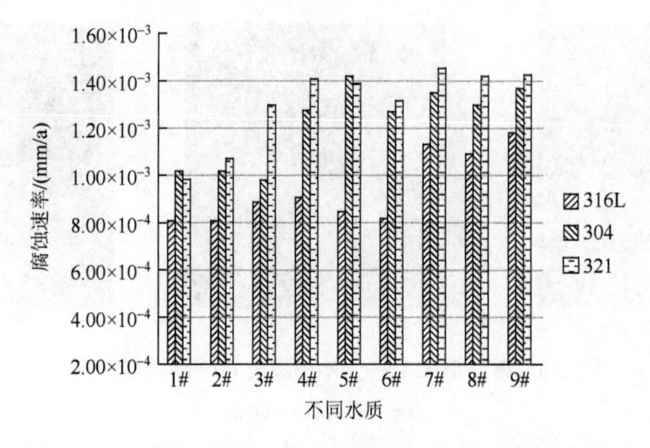

图 3.51　不锈钢在不同水质中浸泡 60 天后的腐蚀速率对比

图 3.52 为 B10 白铜、Ni-Al 青铜、TUP 紫铜在 1#～9#水中的腐蚀速率对比，从图中可以看出，在不同水质中 B10 白铜腐蚀速率最低，其次为 Ni-Al 青铜，TUP 紫铜腐蚀速率最高。铜合金在淡化海水中的腐蚀速率在 10^{-2}mm/a 数量级，腐蚀速率较低。

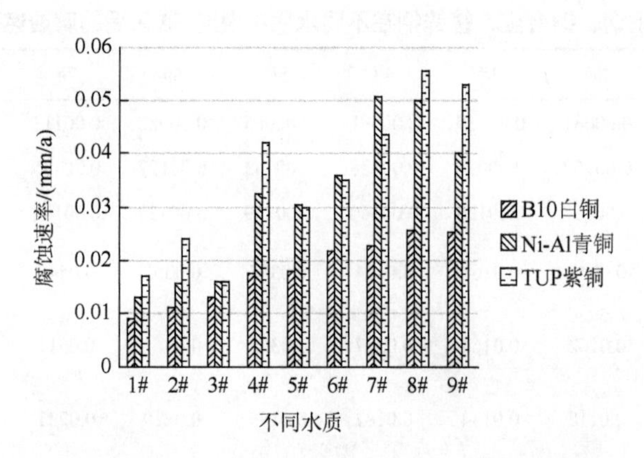

图 3.52　铜合金在不同水质中浸泡 60 天后的腐蚀速率对比

图 3.53 为 316L 不锈钢、B10 白铜、镀锌钢在不同水质中浸泡 60 天后的腐蚀速率对比，从图中可以看出镀锌钢腐蚀速率最高，其次是 B10 白铜，316L 不锈钢的腐蚀速率最低。

3. 耐浸泡性能分析

（1）不锈钢在不同条件的淡化海水中，腐蚀速率介于 10^{-4}～10^{-3}mm/a 数量级，综合来看，316L 不锈钢的腐蚀速率最小，其次为 304 不锈钢，321 不锈钢腐蚀速

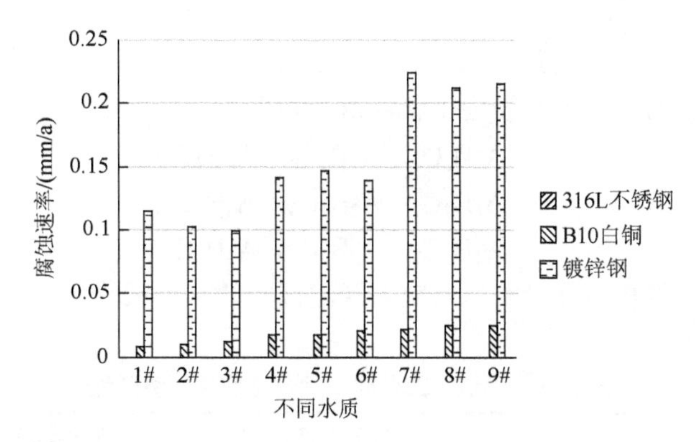

图 3.53　316L 不锈钢、B10 白铜、镀锌钢在不同水质中浸泡 60 天后的腐蚀速率对比

率最大。整体来看，316L 不锈钢的点蚀平均深度均最小，其次为 304 不锈钢，321 不锈钢的平均点蚀深度最大。

（2）铜合金在不同条件的淡化海水中腐蚀速率在 10^{-2}mm/a 数量级，综合来看，B10 白铜腐蚀速率最小，其次为 Ni-Al 青铜，TUP 紫铜腐蚀速率最高。整体来看，B10 白铜点蚀平均深度最小，其次为 TUP 紫铜，Ni-Al 青铜点蚀深度最大。

（3）在腐蚀速率上，316L 不锈钢的腐蚀速率远小于 B10 白铜；从发生的点蚀情况来看，316L 不锈钢和 B10 白铜无明显差别。

（4）在 60 天的试验期内，镀锌钢表层镀锌发生了完全溶解，腐蚀速率达到 10^{-1}mm/a 数量级，腐蚀速率较高。

3.3.3　水质参数对金属耐蚀性的影响

考察淡化水温度、TDS、硬度对金属材料的影响。由于本研究中所涉及的材料和试验条件多，因此采用正交试验方法对各材料涉及的试验条件进行设计，既可以更全面考查各因素对材料腐蚀的影响，又可以减少试验量。

由表 3.13 和拟进行的三个试验温度（25℃、50℃和 70℃），得到正交试验的因素和水平，见表 3.19。

表 3.19　进行正交试验的因素和水平

	因素 A（温度）	因素 B（TDS）	因素 C（硬度）
水平 1	25℃	300	出水口实际浓度
水平 2	50℃	500	40
水平 3	70℃	700	80

不考虑因素之间的交互作用对腐蚀的影响，选择 L_9（3^4）正交表，每种材料需进行 9 个条件的电化学及浸泡试验，组合如下：

$$A_1B_1C_1;\ A_2B_1C_2;\ A_3B_1C_3;$$
$$A_1B_2C_2;\ A_2B_2C_3;\ A_3B_2C_1;$$
$$A_1B_3C_3;\ A_2B_3C_1;\ A_3B_3C_2$$

由此，进行材料电化学测试及室内浸泡试验的 9 种试验条件见表 3.20。

表 3.20　通过正交试验设计获得的各试验条件

编号	温度/℃	TDS/(mg/L)	介质总硬度/(mg/L)
1	25	300	出水口实际浓度（7）
2	25	500	40
3	25	700	80
4	50	300	40
5	50	500	80
6	50	700	出水口实际浓度（7）
7	70	300	80
8	70	500	出水口实际浓度（7）
9	70	700	40

1. 不同水质对不锈钢耐蚀性的影响

失重法是评价金属材料腐蚀速率的一个重要因素，但对于不锈钢来说失重通常很小，考查失重意义不大。局部腐蚀是考察不锈钢耐蚀性的重要标准，如点蚀情况。本节通过电化学试验考查不锈钢的点蚀电位，结合正交试验，得出不同水质因素对不锈钢腐蚀的影响。不锈钢在不同水质下的点蚀电位如表 3.21 所示。

表 3.21　不锈钢在不同水质下的点蚀电位

不锈钢	E_b/V								
	1#水	2#水	3#水	4#水	5#水	6#水	7#水	8#水	9#水
304	0.181	0.791	0.381	0.627	0.450	0.438	0.424	0.396	0.352
316L	0.381	0.917	0.465	0.737	0.520	0.485	0.500	0.450	0.377
321	0.076	0.480	0.286	0.457	0.294	0.394	0.352	0.314	0.328

从表 3.22 中的 316L 不锈钢正交试验可以得出，硬度对 316L 不锈钢点蚀电位影响最明显，其次是 TDS，温度影响较小。316L 不锈钢在 25℃、TDS = 500mg/L、硬度 = 40mg/L 时，点蚀电位最高，耐蚀性最好。

表 3.22 316L 不锈钢正交试验结果

编号	A，温度/℃	B，TDS/(mg/L)	C，介质总硬度/(mg/L)	点蚀电位 E_b/V
1	25	300	出水口实际浓度（7）	0.381
2	25	500	40	0.917
3	25	700	80	0.465
4	50	300	40	0.737
5	50	500	80	0.520
6	50	700	出水口实际浓度（7）	0.485
7	70	300	80	0.500
8	70	500	出水口实际浓度（7）	0.450
9	70	700	40	0.377
K1	1.763	1.618	1.316	
K2	1.742	1.887	2.031	
K3	1.327	1.327	1.485	
K1 平均值	0.588	0.539	0.439	
K2 平均值	0.581	0.629	0.677	
K3 平均值	0.442	0.442	0.495	
极差 R	0.146	0.187	0.238	
主次顺序		C＞B＞A		
优水平	A_1	B_2	C_2	
优组合		$A_1 B_2 C_2$		

表 3.23 为 304 不锈钢的正交试验，从表中可以看出，硬度对 304 不锈钢的耐蚀性影响最明显，其次为 TDS，温度影响较小。304 不锈钢在温度为 50℃、TDS = 500mg/L，硬度 = 40mg/L 时，点蚀电位最高，耐蚀性最好。

表 3.23 304 不锈钢正交试验结果

编号	A，温度/℃	B，TDS/(mg/L)	C，介质总硬度/(mg/L)	点蚀电位 E_b/V
1	25	300	出水口实际浓度（7）	0.181
2	25	500	40	0.791
3	25	700	80	0.381
4	50	300	40	0.627
5	50	500	80	0.450
6	50	700	出水口实际浓度（7）	0.438
7	70	300	80	0.424
8	70	500	出水口实际浓度（7）	0.396
9	70	700	40	0.352

续表

编号	A，温度/℃	B，TDS/(mg/L)	C，介质总硬度/(mg/L)	点蚀电位 E_b/V
K1	1.353	1.232	1.015	
K2	1.515	1.637	1.77	
K3	1.172	1.171	1.255	
K1 平均值	0.451	0.411	0.338	
K2 平均值	0.505	0.546	0.590	
K3 平均值	0.391	0.390	0.418	
极差 *R*	0.114	0.156	0.252	
主次顺序		C＞B＞A		
优水平	A_2	B_2	C_2	
优组合		$A_2 B_2 C_2$		

表 3.24 为 321 不锈钢的正交试验，从表 3.24 可以看出，硬度对 321 不锈钢的耐蚀性影响最明显，其次为 TDS，温度影响较小。321 不锈钢在温度为 50℃、TDS = 500mg/L，硬度 = 40mg/L 时，点蚀电位最高，耐蚀性最好。

表 3.24　321 不锈钢正交试验结果

编号	A，温度/℃	B，TDS/(mg/L)	C，介质总硬度/(mg/L)	点蚀电位 E_b/V
1	25	300	出水口实际浓度（7）	0.076
2	25	500	40	0.480
3	25	700	80	0.286
4	50	300	40	0.457
5	50	500	80	0.294
6	50	700	出水口实际浓度（7）	0.394
7	70	300	80	0.352
8	70	500	出水口实际浓度（7）	0.314
9	70	700	40	0.328
K1	0.842	0.684	0.784	
K2	1.145	1.088	1.265	
K3	0.994	1.008	0.932	
K1 平均值	0.281	0.228	0.261	
K2 平均值	0.382	0.363	0.422	
K3 平均值	0.331	0.336	0.311	
极差 *R*	0.101	0.135	0.161	
主次顺序		C＞B＞A		
优水平	A_2	B_2	C_2	
优组合		$A_2B_2C_2$		

2. 不同水质对铜合金耐蚀性的影响

考查铜合金耐蚀性的指标主要是失重率和点蚀发生情况，因此本部分结合铜合金失重率和正交试验考查水质情况对铜合金耐蚀性的影响。表3.25为TUP紫铜的正交试验结果，从表中可以看出，温度对TUP紫铜的耐蚀性影响最明显，其次为硬度，TDS影响较小。TUP紫铜在温度为25℃、TDS = 300mg/L，硬度 = 7mg/L时，腐蚀速率最低，耐蚀性最好。

表3.25　TUP紫铜正交试验结果

编号	A，温度/℃	B，TDS/(mg/L)	C，介质总硬度/(mg/L)	失重/(mm/a)
1	25	300	出水口实际浓度（7）	0.0175
2	25	500	40	0.0244
3	25	700	80	0.0164
4	50	300	40	0.0424
5	50	500	80	0.0304
6	50	700	出水口实际浓度（7）	0.0353
7	70	300	80	0.0440
8	70	500	出水口实际浓度（7）	0.0558
9	70	700	40	0.0533
K1	0.0538	0.1039	0.1086	
K2	0.1081	0.1106	0.1201	
K3	0.1531	0.105	0.0908	
K1平均值	0.0194	0.0346	0.0362	
K2平均值	0.0360	0.0369	0.040	
K3平均值	0.0510	0.035	0.0303	
极差R	0.0316	0.0023	0.0097	
主次顺序		A>C>B		
优水平	A_1	B_1	C_2	
优组合		$A_1B_1C_2$		

表3.26为B10白铜的正交试验结果，从表中可以看出，温度对B10白铜的耐蚀性影响最明显，其次为TDS，硬度影响较小。B10白铜在温度为25℃、TDS = 300mg/L、硬度 = 80mg/L时，腐蚀速率最低，耐蚀性最好。

表 3.26　B10 白铜正交试验结果

编号	A，温度/℃	B，TDS/(mg/L)	C，介质总硬度/(mg/L)	失重/(mm/a)
1	25	300	出水口实际浓度（7）	0.00930
2	25	500	40	0.0115
3	25	700	80	0.0134
4	50	300	40	0.0182
5	50	500	80	0.0186
6	50	700	出水口实际浓度（7）	0.0219
7	70	300	80	0.0231
8	70	500	出水口实际浓度（7）	0.0260
9	70	700	40	0.0258
K1	0.0342	0.0506	0.0572	
K2	0.0587	0.0561	0.0555	
K3	0.0749	0.0611	0.0551	
K1 平均值	0.0114	0.0169	0.0191	
K2 平均值	0.0196	0.0187	0.0185	
K3 平均值	0.0250	0.0204	0.0184	
极差 *R*	0.0136	0.0071	0.0007	
主次顺序	A＞B＞C			
优水平	A_1	B_1	C_3	
优组合	$A_1B_1C_3$			

表 3.27 为 Ni-Al 青铜的正交试验结果，从表中可以看出，温度对 Ni-Al 青铜的耐蚀性影响最明显，其次为 TDS，硬度影响较小。Ni-Al 青铜在温度为 25℃、TDS = 300mg/L，硬度 = 7mg/L 时，腐蚀速率最低，耐蚀性最好。

表 3.27　Ni-Al 青铜正交试验结果

编号	A，温度/℃	B，TDS/(mg/L)	C，介质总硬度/(mg/L)	失重/(mm/a)
1	25	300	出水口实际浓度（7）	0.0133
2	25	500	40	0.0162
3	25	700	80	0.0164
4	50	300	40	0.0327
5	50	500	80	0.0305
6	50	700	出水口实际浓度（7）	0.0361

续表

编号	A，温度/℃	B，TDS/(mg/L)	C，介质总硬度/(mg/L)	失重/(mm/a)
7	70	300	80	0.0511
8	70	500	出水口实际浓度（7）	0.0505
9	70	700	40	0.0404
K1	0.0459	0.0971	0.0999	
K2	0.0993	0.0972	0.0893	
K3	0.142	0.0929	0.098	
K1 平均值	0.0153	0.0323	0.0333	
K2 平均值	0.0331	0.0324	0.0298	
K3 平均值	0.0473	0.0410	0.0327	
极差 *R*	0.032	0.0087	0.0035	
主次顺序		A>B>C		
优水平	A_1	B_1	C_2	
优组合		$A_1B_1C_2$		

3. 不同水质对镀锌钢耐蚀性的影响

评价镀锌钢最重要的标准是镀锌层保护性能的好坏，失重是最重要的考查指标，因此将失重和正交试验结合来考查不同水质对镀锌钢耐蚀性的影响。表 3.28 为镀锌钢的正交试验结果，从表中可以看出，温度对镀锌钢的耐蚀性影响最明显，其次为 TDS，硬度影响较小。镀锌钢在温度为 25℃、TDS = 700mg/L，硬度 = 80mg/L 时，腐蚀速率最低，耐蚀性最好。

表 3.28　镀锌钢正交试验结果

编号	A，温度/℃	B，TDS/(mg/L)	C，介质总硬度/(mg/L)	失重/(mm/a)
1	25	300	出水口实际浓度（7L）	0.117
2	25	500	40	0.104
3	25	700	80	0.101
4	50	300	40	0.143
5	50	500	80	0.150
6	50	700	出水口实际浓度（7）	0.141
7	70	300	80	0.226

续表

编号	A，温度/℃	B，TDS/(mg/L)	C，介质总硬度/(mg/L)	失重/(mm/a)
8	70	500	出水口实际浓度（7）	0.214
9	70	700	40	0.217
K1	0.322	0.486	0.472	
K2	0.434	0.468	0.464	
K3	0.657	0.459	0.477	
K1 平均值	0.107	0.162	0.157	
K2 平均值	0.145	0.156	0.155	
K3 平均值	0.219	0.153	0.159	
极差 *R*	0.112	0.009	0.004	
主次顺序		A＞B＞C		
优水平	A_1	B_3	C_2	
优组合		$A_1B_3C_2$		

综上所述，不锈钢在硬度为 40mg/L 时，耐蚀性最好。在淡化海水中，硬度对不锈钢的耐蚀性影响大，综合分析认为，主要原因是温度和氯离子含量均未达到其发生点蚀的临界值，也可能是在本试验条件下，由于试验时间短，点蚀仍处于孕育期，温度和盐度（氯离子）对点蚀还没有产生明显的影响。

3 种铜合金在温度为 25℃、TDS = 300mg/L 介质中，耐蚀性最好。在本正交试验条件下，温度对铜合金的耐蚀性影响最大，硬度的影响最小。3 种铜合金的耐蚀性随着介质温度的升高而降低。

镀锌钢在温度为 25℃的 3 种介质中的腐蚀速率较其他介质中低。在本正交试验条件下，温度对镀锌钢的耐蚀性影响最大，硬度的影响较小。

4. 小结

（1）不锈钢在硬度为 40mg/L 时，耐点蚀性能最好。在淡化海水中，硬度调节会影响不锈钢的点蚀敏感性，但在温度未达到发生点蚀的临界温度值时，仍是安全的。

（2）3 种铜合金在温度为 25℃介质中，耐蚀性较好。在本正交试验条件下，温度对铜合金的耐蚀性影响最大，硬度的影响较小。3 种铜合金的耐蚀性随着介质温度的升高而降低，提高淡化水温度会加速材料腐蚀。

（3）镀锌钢在温度为 25℃的介质中的腐蚀速率较其他介质中低，与铜合金类似。温度对镀锌钢的耐蚀性影响最大，随温度升高腐蚀速率显著增加。

3.4　本章小结

（1）不锈钢在不同条件的淡化海水中，腐蚀速率介于10^{-4}～10^{-3}mm/a数量级，316L不锈钢的腐蚀速率最小，其次为304不锈钢，321不锈钢腐蚀速率较304不锈钢略大；316L不锈钢的微观点蚀平均深度最小。点蚀电位最高，表明其耐蚀性最好。

（2）铜合金在不同条件的淡化海水中腐蚀速率在10^{-2}mm/a数量级，三种铜合金中，B10白铜耐蚀性最好，其次为Ni-Al青铜，TUP紫铜相对较差；B10白铜点蚀平均深度最小，其次为TUP紫铜，Ni-Al青铜点蚀深度最大。

（3）在淡化海水介质中，无论从腐蚀速率、腐蚀形貌还是表面成膜状态上，316L不锈钢均表现出了较B10白铜更加优异的耐蚀性能，尤其是随着温度的升高，316L不锈钢的耐蚀性和稳定性更加突出。

（4）在60天的试验期内，镀锌钢表层镀锌发生了完全溶解，腐蚀速率达到10^{-1}mm/a数量级。

（5）淡化水水质参数改变会影响材料的耐蚀性，铜合金、镀锌钢均随温度升高而腐蚀加速，温度是首要影响因子，这也符合腐蚀的基本常识和规律。不锈钢在试验条件下其点蚀电位的变化表现出了对硬度的敏感性，在水质调节时应对此现象予以关注。虽然在温度未达到发生点蚀的临界值时，不锈钢是安全的，但仍有必要对此现象进行更加深入和充分的试验研究。

（6）从耐蚀性、力学性能、生产配套情况、经济性和安全性等方面综合来看奥氏体不锈钢和铜镍合金，在淡化海水系统选材上奥氏体不锈钢比铜镍合金更具有优势，316L不锈钢是较为现实的选择。

参考文献

曹楚南. 2008. 腐蚀电化学原理[M]. 3版. 北京：化学工业出版社：158-187.

曹楚南，张鉴清. 2002. 电化学阻抗谱导论[M]. 北京：科学出版社：151-185.

车淳山. 2005. Sandelin效应机理及其抑制方法研究[D]. 广州：华南理工大学.

胡家元，曹顺安，谢建丽，等. 2012. 锈层对海水淡化一级反渗透产水中碳钢腐蚀行为的影响[J]. 物理化学学报，5：175-184.

黄桂桥，杨朝晖，周学杰，等. 2009. 钢铁材料在武汉长江中的现场腐蚀试验结果[J]. 腐蚀与防护，30（10）：675-677.

李敬，刘贵昌，王玮，等. 2009. 碳钢在反渗透水中耐蚀性研究[J]. 广州化工，4：103-105.

刘李斌，康永林，宋仁伯，等. 2019. 1000MPa级超高强度热镀锌钢板耐腐蚀性能[J]. 腐蚀与防护，40（10）：723-730.

刘栓，孙虎元，范汇吉，等. 2012. 镀锌钢腐蚀行为的研究进展[J]. 材料保护，45（12）：42-45.

刘栓，孙虎元，孙立娟，等. 2013. 海水中$Zn(OH)_2$对镀锌钢腐蚀行为的影响[J]. 材料工程，8：60-64.

路凯，李士英，黄承武. 2000. 美国环保局解释饮水中铜的安全水平[J]. 环境与健康杂志，6：56.
宁丽君，杜爱玲，许立坤，等. 2012. 镀锌层在 NaCl 溶液中的腐蚀行为研究[J]. 腐蚀科学与防护技术，24（4）：291-295.
王宏义，周东辉，梁沁沁，等. 2012. 碳钢在海水及海水淡化一级反渗透产水中的腐蚀行为[J]. 热力发电，7：72-75.
王向东，高令远，陈小平，等. 2002. 国产镀锌钢板的耐蚀性研究[J]. 材料保护，35（10）：12-13.
王友彬. 2016. 热浸镀锌层界面结构与性能研究[D]. 西安：西北工业大学.
王占华，张小阳，杨建良. 2009. 金属材料及防护涂层在淡水环境中的腐蚀试验研究及应用（一）[J]. 质量检测，(2)：15-18.
吴恒，李超，张波，等. 2012. 321 不锈钢在淡化海水中的耐腐蚀性能[J]. 腐蚀科学与防护技术，3：33-36.
杨海洋，丁国清，黄桂桥，等. 2017. 镀锌钢在不同大气环境中的腐蚀行为[J]. 腐蚀与防护，38（5）：369-371.
杨萍，吴一平，孟旭，等. 2011. 模拟淡水中白铜管的性能研究[J]. 上海电力学院学报，27（1）：34-36.
张小阳，王占华，张志修. 2006. 材料及防护涂层在淡水环境中的腐蚀试验研究[J]. 腐蚀与防护，27（5）：240-243.
钟西舟，王振尧，刘艳洁，等. 2015. 镀锌钢在模拟海洋大气环境下的腐蚀行为[J]. 中国腐蚀与防护学报，35（2）：151-155.
周敏. 2006. 海水淡化工程中管道材料选用[J]. 腐蚀与防护，10：54-57.
周学杰，张三平，郑鹏华，等. 2008. 纯锌在水环境中腐蚀行为[J]. 装备环境工程，5（5）：9-12.
Alvarenga E A，Lins V F C. 2016. Atmospheric corrosion evaluation of electrogalvanized，hot-dip galvanized and galvannealed interstitial free steels using accelerated field and cyclic tests [J]. Surface & Coatings Technology，306（B）：428-438.
ASTM A270-2003a. 2003. Standard Specification for Seamless and Welded Austenitic Stainless Steel Tubing for General Service [S].
Chung S C，Lin A S，Chang J R，et al. 2000. EXAFS study of atmospheric corrosion products on zinc at the initial stage [J]. Corrosion Science，42：1599-1610.
Cui Z Y，Li X G，Xiao K，et al. 2014. Corrosion behavior of field-exposed zinc in a tropical marine atmosphere [J]. Corrosion，70（7）：731-748.
de la Fuente D，Castaño J G，Morcillo M. 2007. Long-term atmospheric corrosion of zinc [J]. Corrosion Science，49：1420-1436.
Malik A U，Andijani I N，Mobin M，et al. 2006. Corrosion behavior of materials in RO water containing 250～350 ppm chloride[J]. Desalination，196（1-3）：149-159.
Marder A R. 2000. The metallurgy of zinc-coated steel [J]. Progress in Materials Science，45：191-271.
Meng Y，Liu L J，Zhang D W，et al. 2019. Initial formation of corrosion products on pure zinc in saline solution [J]. Bioactive Materials，4：87-96.
Revie R W. 2005. 尤利格腐蚀手册[M]. 北京：化学工业出版社：882.
Yadav A P，Katayama H，Noda K，et al. 2007. Effect of Fe-Zn alloy layer on the corrosion resistance of galvanized steel in chloride containing environments [J]. Corrosion Science，49（9）：3716-3731.

第4章　有机涂层在淡水中的失效机制与材料优选

饮水舱是船体结构的一部分，多采用结构钢制作。淡水舱涂层是保障海上淡水饮用安全和保持船体免受腐蚀的重要载体，了解不同淡水环境对涂层性能的影响对于淡水舱涂层的选择和设计具有重要的意义。涂层失效的本质是外界腐蚀介质通过涂层内部渗入到涂层/金属基体界面而使涂层丧失保护作用的过程。因此，涂层的寿命主要取决于涂层/金属界面的结合以及涂层对外界腐蚀介质的抵抗能力。将涂层/金属界面的结合归结为涂层的附着性能，将涂层对外界腐蚀介质的抵抗力归结为介质在涂层内部的传输行为以及涂层的致密性。本章将主要围绕涂层的附着性能、水的传输行为和涂层致密性三个方面，重点研究不同的水质环境对涂层失效行为的影响。

4.1　概　　述

4.1.1　船舶淡水舱涂料现状分析

船舶淡水舱空间狭窄，阴暗潮湿，钢铁极易腐蚀。在20世纪50年代以前，全世界范围的船舶上淡水舱部位几乎都采用涂抹或喷涂水泥浆壁。但是多年的实践证明水泥浆干固后性脆，当受到冲击和振动后极易开裂剥落，饮用水被污染。因此，20世纪40年代后期至50年代开始逐渐采用涂料以取代水泥浆。目前，大部分船舶的淡水舱是采用涂料进行保护的。

国内的船舶淡水舱防腐涂料品种繁多，主要是针对船舶淡水舱防腐设计的，淡水舱涂料偏重对人体无害，不改变水质。由于水纯度高，分子小，溶解力强，穿透力强，所以对淡水舱使用的涂料有很高要求，既要满足淡水舱环保要求，符合国家卫生标准，又要满足淡水舱防腐要求。

淡水舱涂料按成膜树脂划分，主要包括醇酸防腐蚀涂料、酚醛防腐蚀涂料、氯化橡胶防腐蚀涂料、环氧防腐蚀涂料等。就防护效果来看，环氧防腐蚀涂料的防护效果最好。

4.1.2　发展趋势及预测

淡水舱涂料的基本要求和发展方向有以下几点。

（1）高固体分和无溶剂涂料。由于船舶舱室狭小，空气难以流通，因而对涂料的有机溶剂挥发含量和毒性限制有更高的要求，高固体分涂料应该完全取代目前使用的溶剂型涂料，并逐渐向无溶剂涂料方向靠近。高固体分涂料指重量固体分大于 80%、体积固体分大于 60%的涂料，主要是采用双组分依赖低黏度树脂配制，目前技术是成熟的，性能相当好。而无溶剂涂料除了要采用双组分依赖低黏度树脂外，还需要采用活性或非活性稀释剂，其结果是给涂膜带来了相对的小分子结构，影响了涂膜的性能。此外，目前无溶剂涂料黏度较大，在施工上需要采用专用喷涂设备，通常不宜手工刷涂。虽然无溶剂涂料在性能上比溶剂型涂料差一些，但因为其不含有机溶剂所具有的较好的环保特征，所以应大力推进该类涂料的使用进程。

（2）具有低表面处理性能的涂料。由于舱室的空间小，维修时表面处理相对困难。为了满足舱室维修的需要，开发具有低表面处理性能的涂料是一个很重要的发展方向。

（3）绿色环保型涂料。这是淡水舱涂料最重要的发展方向，关系到船员的身体健康。当前有两个主要的发展方向，一种是水性涂料，用水作溶剂，但由于海洋环境是一种高湿环境，干燥问题成为水性涂料在海洋环境中使用的致命问题，因此水性涂料在海洋环境中真正使用还有一段距离，需要进一步的研究；另一种是无溶剂涂料，这是一种较实用的涂料，一次涂膜就能达到 150μm 以上，一般只需涂装两道就能达到重防腐的要求，加上无溶剂涂料没有溶剂挥发，因此施工时不会对人体产生危害，而且没有水性涂料的湿度要求，是一个很好的发展方向，目前存在的问题是无溶剂涂料黏度较大，还没有达到手工刷涂的要求，须用专用设备进行涂装，以后的开发应向低黏度类无溶剂涂料发展。

4.2 淡水舱涂层失效机制

本节的研究对象为一种商用的无溶剂型淡水舱涂层，选择的金属基体为普通的 Q235 钢，涂层厚度为 80～95μm，选择 1#～8#八种水样，其中 1#～3#水样为不同盐度的海水经淡化处理后所得的二级反渗透淡化水，4#～6#水样为在 2#水样的基础上，添加不同浓度的 Ca^{2+}、Mg^{2+}、HCO_3^- 的淡水，不同水样的具体含义和物理化学性质分别见表 4.1 和表 4.2。作为对比，7#水样为模拟海水（利用去离子水和分析纯 NaCl 配制的盐度为 35000mg/L 的 NaCl 溶液），8#水样为来自沈阳市政的自来水。

表 4.1 不同水样的具体含义

水样编号	含义
1#	进水为 25000mg/L 海水的反渗透二级产水
2#	进水为 35000mg/L 海水的反渗透二级产水

续表

水样编号	含义
3#	进水为 45000mg/L 海水的反渗透二级产水
4#	2#水样中添加氯化镁 20mg/L、氯化钙 15mg/L、碳酸氢钠 90mg/L
5#	2#水样中添加氯化镁 50mg/L、氯化钙 35mg/L、碳酸氢钠 90mg/L
6#	2#水样中添加氯化镁 50mg/L、氯化钙 35mg/L、碳酸氢钠 70mg/L

表 4.2　不同水样的物理化学性质

水样编号	pH	TDS/(mg/L)	浊度 NTU	色度	余氯/(mg/L)	重碳酸盐/(mg/L)	硬度(以 $CaCO_3$ 计)/(mg/L)	钙/(mg/L)	镁/(mg/L)
1#	8.27	3.86	0.15	0	<0.02	未检出	未检出	未检出	未检出
2#	7.72	5.65	0.15	0	<0.02	未检出	未检出	未检出	未检出
3#	7.13	120.4	0.20	0	<0.02	未检出	未检出	未检出	未检出
4#	6.86	71.1	0.27	0	<0.02	88.45	27.75	7.70	2.04
5#	6.62	103.2	0.25	0	<0.02	87.84	85.70	21.80	7.49
6#	6.54	89.0	0.26	0	<0.02	73.20	55.97	13.47	5.35

4.2.1　有机涂层在盐水和淡水中的失效行为

1. 涂层附着性能

淡水舱涂层与金属基体界面的湿态附着力更能直观地体现涂层在实际服役过程中的附着性能，利用拉开法分别测试了淡水舱涂层在 7#盐水（3.5%NaCl）和 8#自来水中浸泡 0h、240h、480h、720h 和 1200h 后的附着力，按照《色漆和清漆 拉开法附着力试验》（GB/T 5210—2006）要求，每个时间点测试了 6 次，测试结果如表 4.3 所示。对每个时间节点 6 次的测试结果取平均值，得到淡水舱涂层湿态附着力随时间的变化趋势，如图 4.1 所示。由图 4.1 可以归纳出以下两点：①无论是在盐水中还是自来水中，淡水舱涂层随浸泡时间的增加，附着力均没有下降的趋势；②淡水舱涂层在两种溶液中湿态附着力随时间的变化趋势不同，在盐水中，其附着力表现为波浪式上升的趋势，1200h 浸泡后已由初始的 5MPa 左右增加到 9MPa 左右，在自来水中，其附着力表现为先增加后降低的变化特征，1200h 浸泡后附着力与初始值基本一致。

表 4.3　淡水舱涂层在盐水和自来水中浸泡不同时间后的附着力

水样	0h	240h	480h	720h	1200h
7#	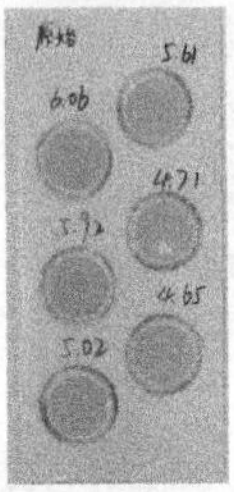	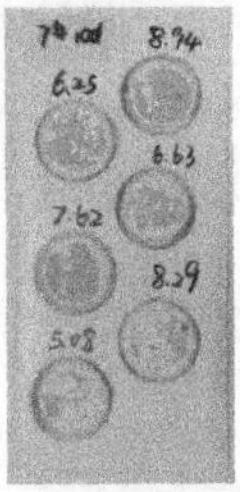	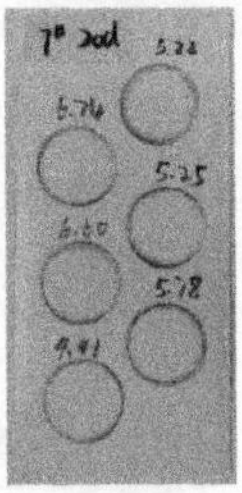	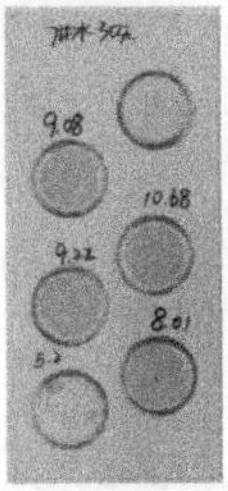	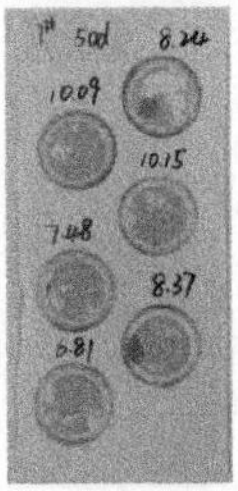
8#	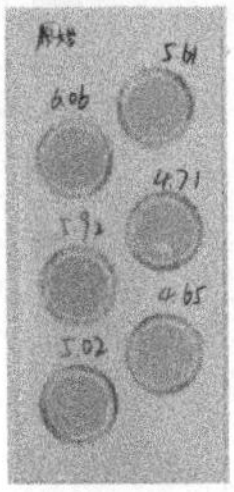	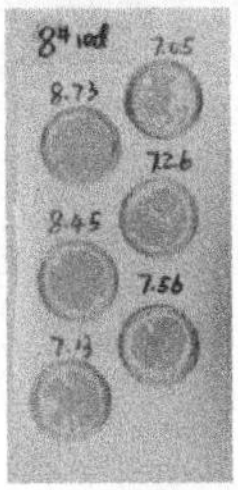	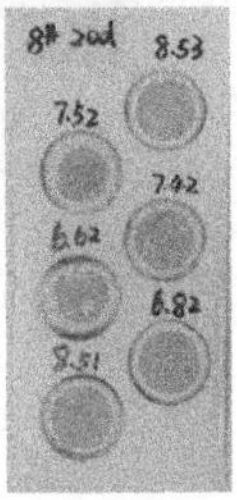	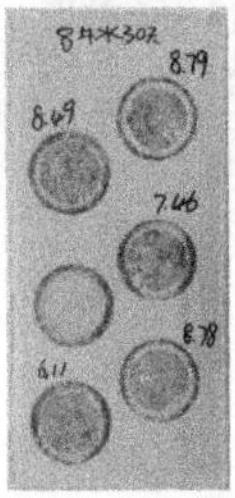	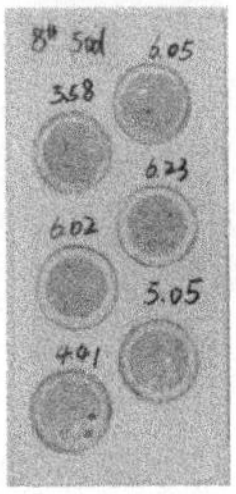

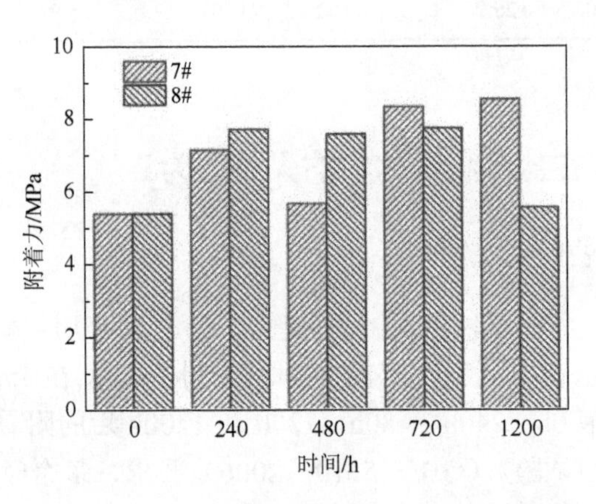

图 4.1　淡水舱涂层在盐水和自来水中湿态附着力随时间的变化

在盐水和自来水环境下淡水舱涂层浸泡不同时间拉拔测试后的典型宏观形貌分别如图 4.2 和图 4.3 所示。由图 4.2 可知，在盐水中浸泡 240h 后，金属基体表面已见明显腐蚀点（图中红色标记处），随着浸泡时间的增加，基体表面腐蚀区域增多。从断裂形式上分析，浸泡 240h 和 480h 后，涂层为混合型断裂，表现为金属基体表面仍有一部分涂层残留，浸泡 720h 和 1200h 后断裂形式表现为完全断裂。与在盐水中的情况相似，淡水舱涂层在浸泡 240h 后，金属基体表面已产生肉眼可见腐蚀点（图 4.3 红色标记处），随着浸泡时间的增加，锈蚀区域的数量和面积不断增多，且比在盐水中的锈蚀更严重。从断裂形式上判断，淡水舱涂层在自来水中均为完全断裂，金属基体表面绝大部分涂层已从金属表面剥离。

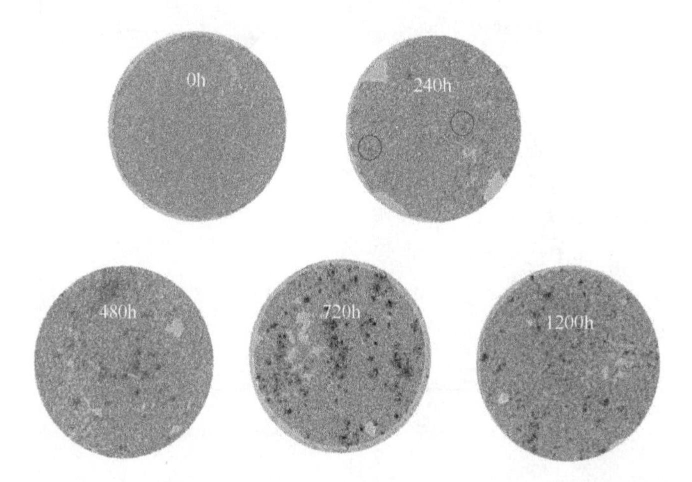

图 4.2　盐水浸泡环境下拉拔测试后淡水舱涂层典型的宏观形貌

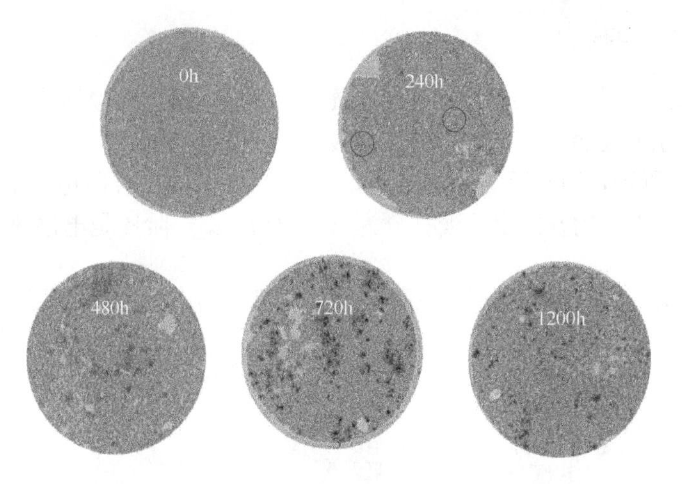

图 4.3　自来水浸泡环境下拉拔测试后淡水舱涂层典型的宏观形貌

2. 介质的水传输性能

淡水舱涂层在盐水和自来水中的水传输动力学曲线如图 4.4 所示。从图中可以明显看出，淡水舱涂层在两种溶液中的水传输过程均可分为两个阶段：吸收阶段和饱和阶段，且达到饱和阶段的时间都在 50h 左右。所不同的是，同一时间节点淡水舱涂层在自来水中具有更高的吸水率，饱和吸水率高达 1.3%，明显高于盐水中的饱和吸水率 1%。由此说明，自来水较盐水具有更高的水渗透压，更容易通过涂层渗透到基体。

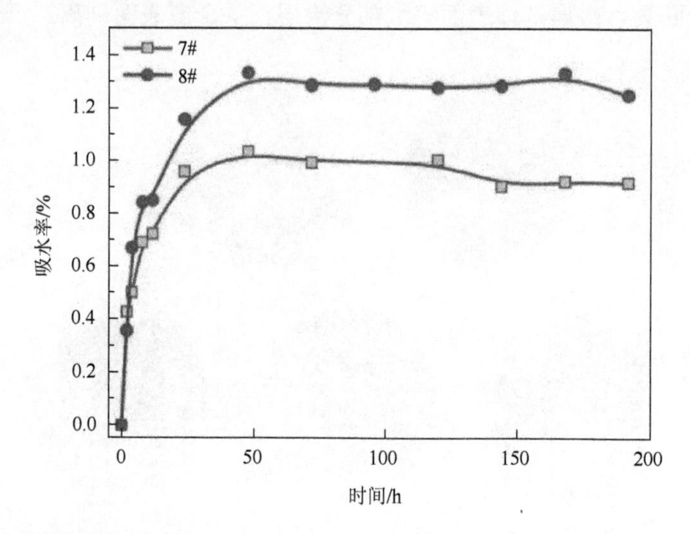

图 4.4　淡水舱涂层在盐水和自来水中的水传输动力学曲线

3. 涂层致密性

涂层的致密性与涂层的电化学性质密切相关，可通过研究涂层的电化学失效历程监测涂层致密性的变化。淡水舱涂层在盐水和自来水中开路电位随时间的变化如图 4.5 所示，可以看出，淡水舱涂层在两种溶液中开路电位的变化趋势完全不同，在盐水中的开路电位变化分为三个阶段：第一阶段是电位快速降低阶段，

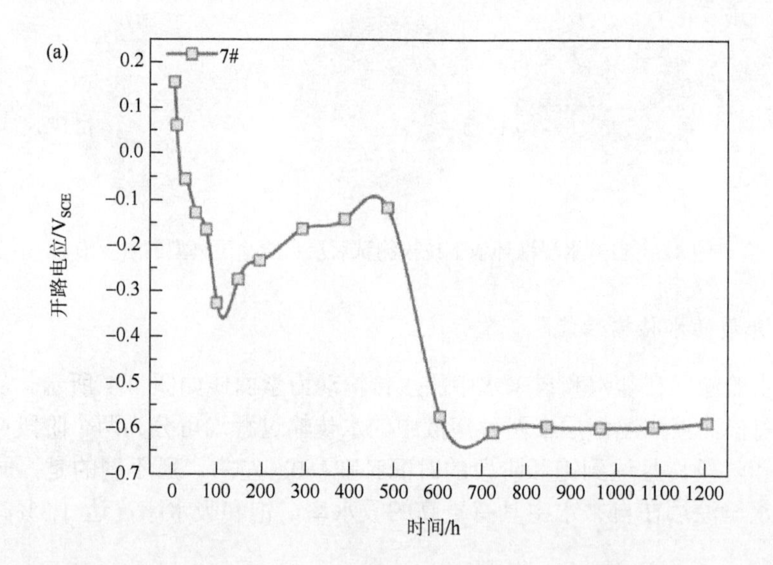

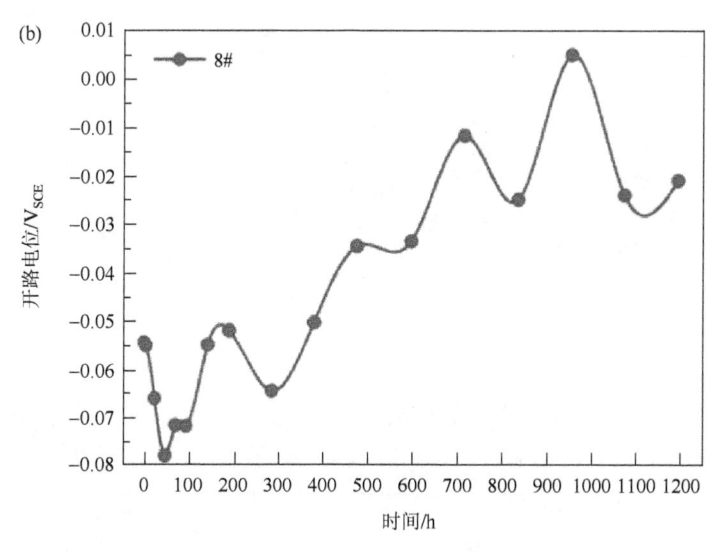

图 4.5　淡水舱涂层在盐水和自来水中开路电位随时间的变化

（a）盐水；（b）自来水

电位由开始时的 0.15V 快速下降至 96h 的−0.33V；第二阶段是电位波动阶段，由 96h 的−0.33V 升高至 480h 的−0.12V 而后迅速降低至 600h 的−0.57V；第三阶段是电位平稳阶段，600～1200h 电位稳定在−0.6V 左右。为了便于比较，淡水舱涂层在自来水中的开路电位也可分为三个阶段：第一阶段是电位下降阶段，0～96h，开路电位由−0.05V 左右降至−0.07V 左右；第二阶段是 96～600h 的电位快速上升阶段，由−0.07V 升高至−0.03V；第三阶段是 600～1200h 电位波动上升阶段，由−0.03V 波浪式上升至−0.02V。

根据淡水舱涂层在盐水中开路电位的变化特征，绘制淡水舱涂层在第一阶段至第三阶段的电化学阻抗谱，如图 4.6～图 4.8 所示。从图 4.6 中可以看出，淡水舱涂层在第一阶段 0～96h 的电化学阻抗谱呈现容抗弧的特征，且容抗弧的半径随着浸泡时间的增加迅速减小[图 4.6（a）]，电化学阻抗模值由 0h 的 $1.1\times10^{11}\Omega\cdot cm^2$ 降至 96h 的 $2.9\times10^{9}\Omega\cdot cm^2$，降低了约 2 个数量级[图 4.6（b）]，高频相位角接近 90°，低频相位角随着浸泡时间的增加不断降低[图 4.6（c）]。第二阶段为 96～600h，淡水舱涂层阻抗谱依然表现出容抗弧的特征，且双容抗弧的特征愈发明显，容抗弧的半径随浸泡时间的增加继续降低[图 4.7（a）]，低频阻抗模值由 96h 的 $2.9\times10^{9}\Omega\cdot cm^2$ 降低到 600h 的 $2.7\times10^{8}\Omega\cdot cm^2$，阻抗模值再次降低 1 个数量级[图 4.7（b）]，随着频率的降低，相位角不断降低[图 4.7（c）]。第三阶段是 600～1200h，淡水舱涂层阻抗谱表现出高频容抗和低频扩散的特征[图 4.8（a）]，阻抗模值和相位角维持在一个相对稳定的状态[图 4.8（b）和（c）]。

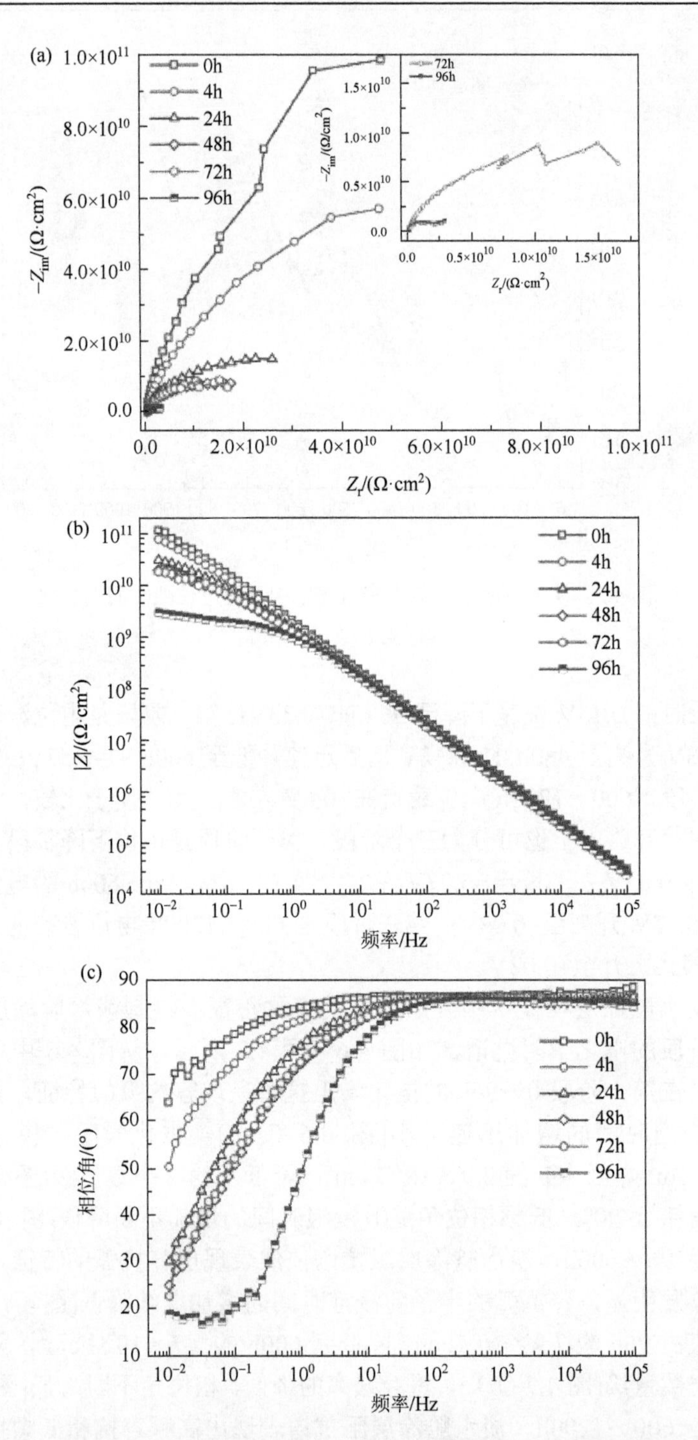

图 4.6　淡水舱涂层在盐水中浸泡 0～96h 的电化学阻抗谱

（a）Nyquist 图；（b）Bode 图：阻抗模值；（c）Bode 图：相位角

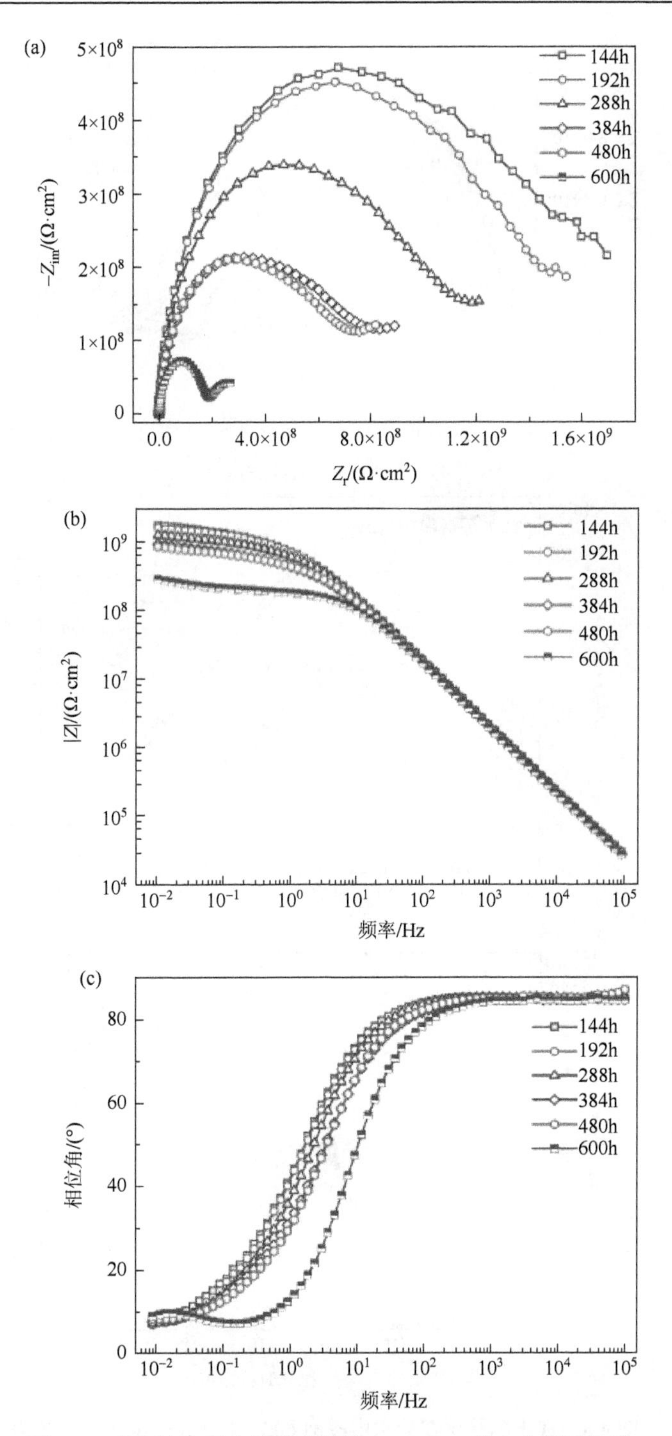

图4.7　淡水舱涂层在盐水中浸泡96～600h的电化学阻抗谱

（a）Nyquist图；（b）Bode图：阻抗模值，（c）Bode图：相位角

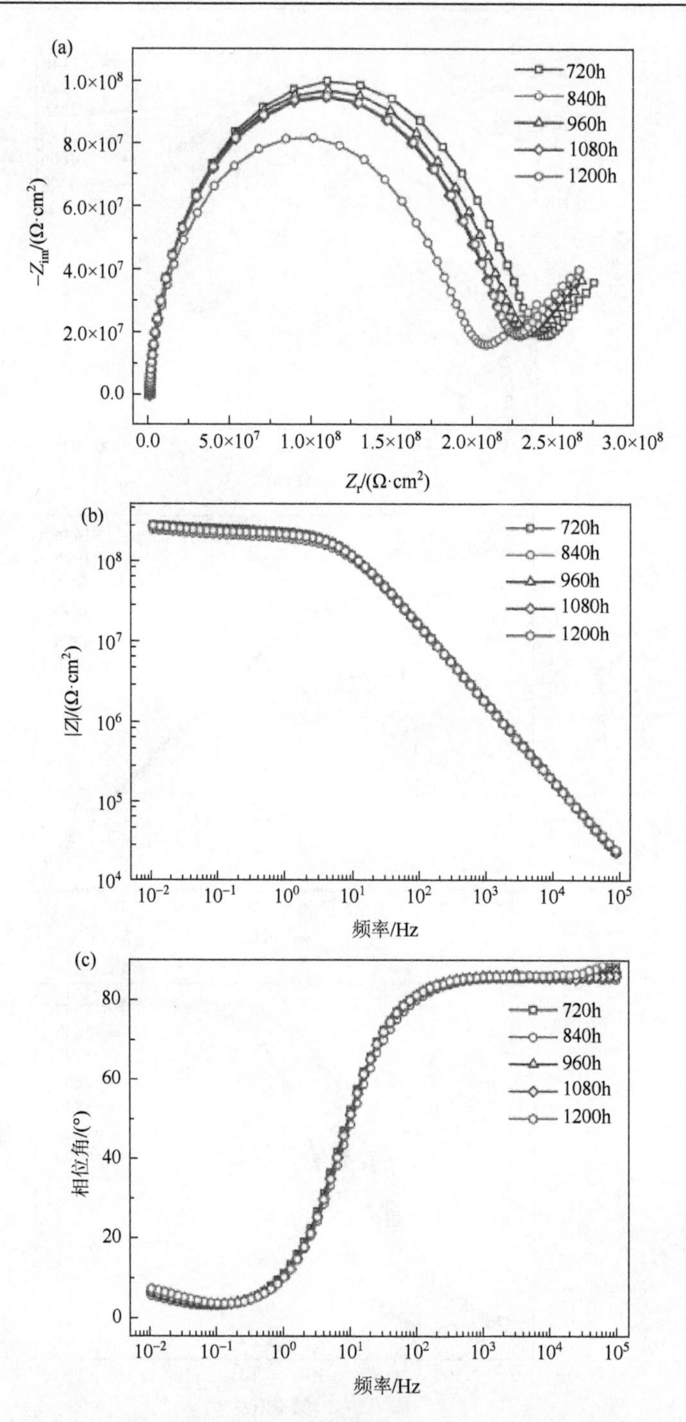

图 4.8　淡水舱涂层在盐水中浸泡 600～1200h 的电化学阻抗谱

（a）Nyquist 图；（b）Bode 图：阻抗模值；（c）Bode 图：相位角

淡水舱涂层在自来水中第一阶段至第三阶段的电化学阻抗谱如图4.9～图4.11所示。图 4.9 显示，淡水舱涂层在第一阶段 0～96h 的电化学阻抗谱呈现容抗弧的特征，且容抗弧的半径随着浸泡时间的增加迅速减小[图 4.9（a）]，电化学阻抗模值由 0h 的 $8.8\times10^{10}\Omega\cdot cm^2$ 降至 96h 的 $9.8\times10^{9}\Omega\cdot cm^2$，电化学阻抗模值降低了约 1 个数量级[图 4.9（b）]，高频相位角接近 90°，低频相位角随着浸泡时间的增加不断降低[图 4.9（c）]，这与其在盐水中第一阶段的变化特征相似。第二阶段是 96～600h，淡水舱涂层阻抗谱依然表现出容抗弧的特征，容抗弧的半径随浸泡时间的增加继续降低[图 4.10（a）]，低频阻抗模值呈现缓慢下降的趋势，由 96h 的 $9.8\times10^{9}\Omega\cdot cm^2$ 降低到 600h 的 $3.5\times10^{9}\Omega\cdot cm^2$，降低一半多[图 4.10（b）]，随着频率的降低，相位角不断降低，相位角的形状已基本不变[图 4.10（c）]，这与其在盐水中第二阶段的变化特征保持一致。第三阶段是 600～1200h，淡水舱涂层阻抗谱依然表现出容抗弧的特征，且容抗弧的半径大小和低频阻抗模值的变化趋势与其开路电位的变化相似，呈现波动式上升趋势[图 4.11（a）和图 4.11（b）]，相位角的形状随浸泡时间的增加已基本不再变化[图 4.11（c）]。

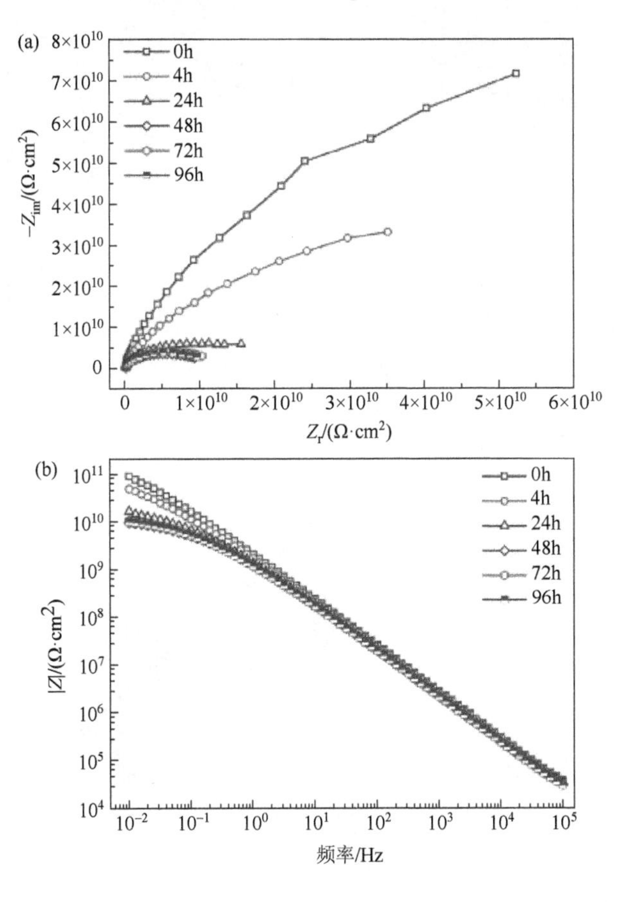

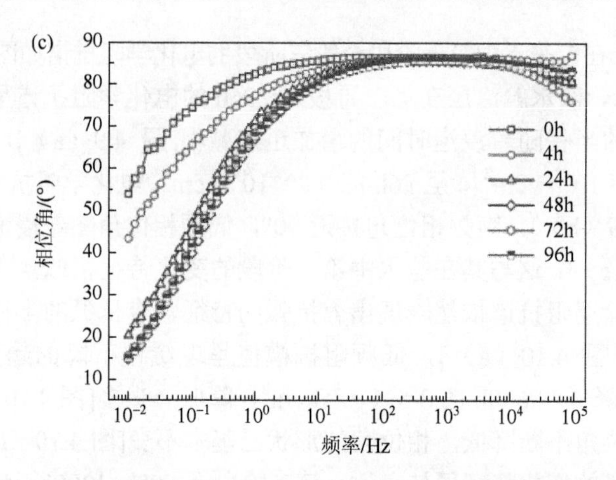

图 4.9 淡水舱涂层在自来水中浸泡 0～96h 的电化学阻抗谱

（a）Nyquist 图；（b）Bode 图：阻抗模值；（c）Bode 图：相位角

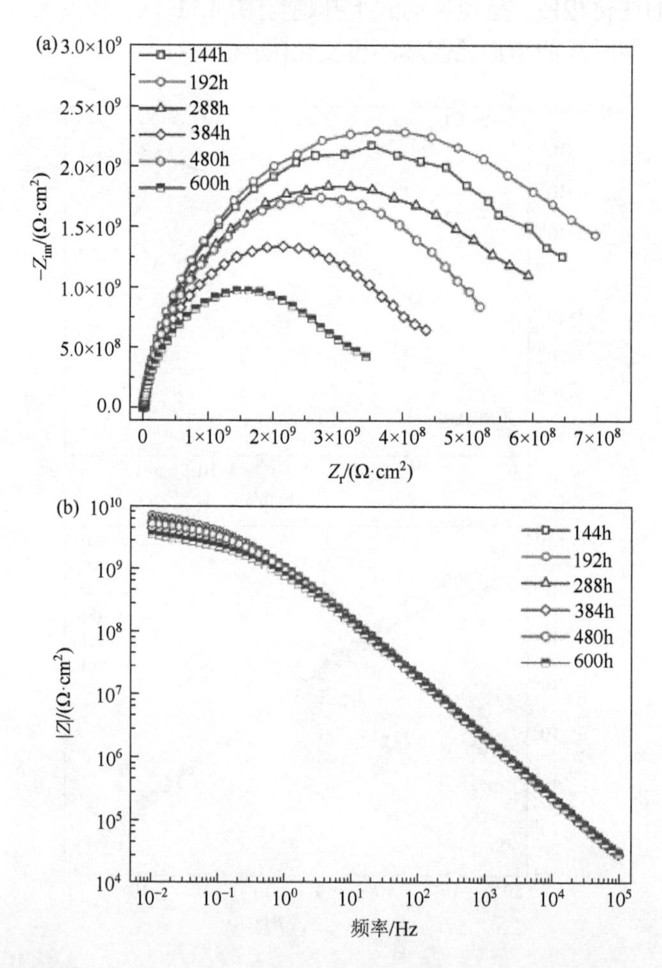

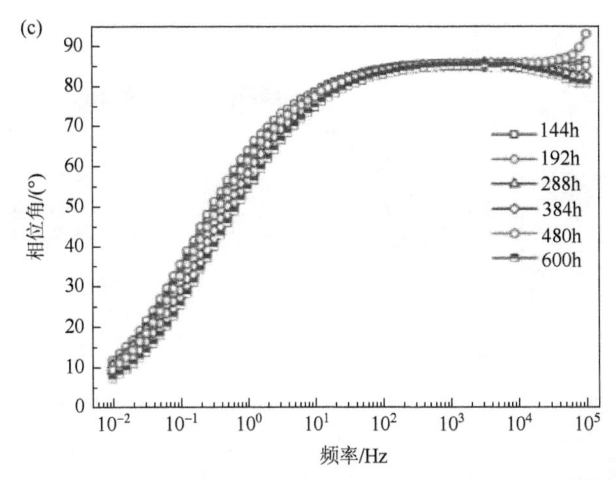

图 4.10　淡水舱涂层在自来水中浸泡 96～600h 的电化学阻抗谱

（a）Nyquist 图；（b）Bode 图：阻抗模值；（c）Bode 图：相位角

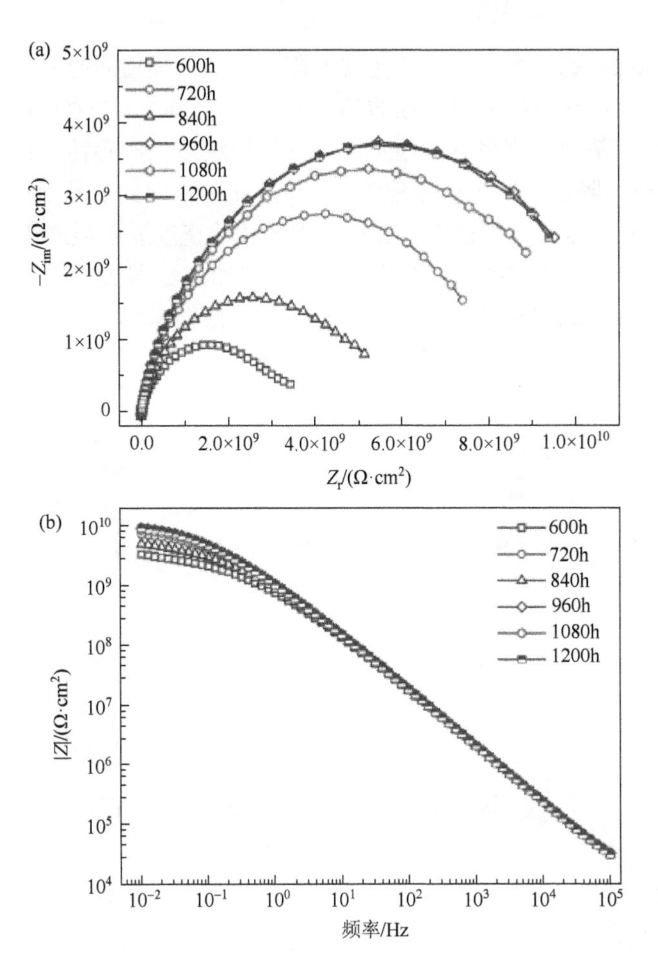

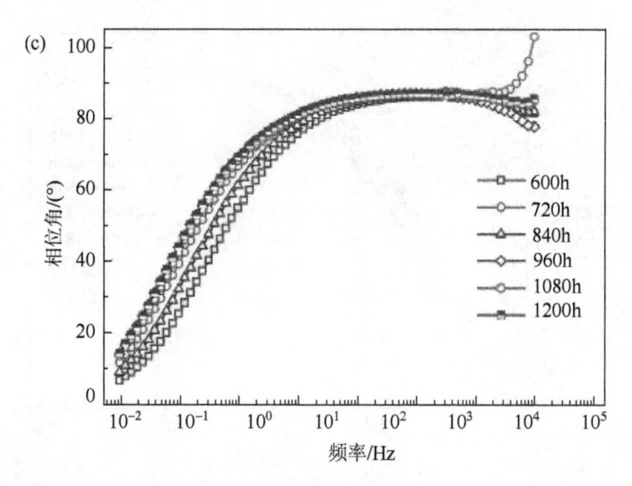

图 4.11　淡水舱涂层在自来水中浸泡 600～1200h 的电化学阻抗谱

（a）Nyquist 图；（b）Bode 图：阻抗模值；（c）Bode 图：相位角

淡水舱涂层在盐水和自来水中电化学阻抗谱低频模值随时间的变化如图 4.12 所示。可以看出，在涂层失效历程的第一个阶段 0～96h，淡水舱涂层在盐水和自来水中的阻抗模值随浸泡时间的增加均表现为快速降低的趋势，由 $10^{11}\Omega\cdot cm^2$ 降低到 $10^{10}\Omega\cdot cm^2$，降低了约 1 个数量级，但涂层在盐水中的低频阻抗模值要高于其在自来水中的值，这是由于自来水在涂层中的传输速度要明显高于盐水（图 4.4），迅速破坏了涂层的致密性。随着浸泡时间的增加，涂层失效进入到第二个阶段 96～600h，淡水舱涂层在盐水中电化学阻抗谱的低频模值持续降低，降低约 1.5

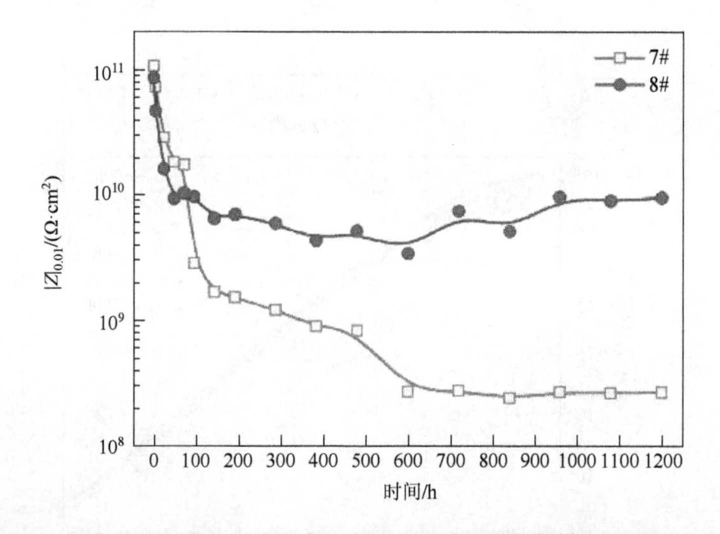

图 4.12　淡水舱涂层在盐水和自来水中电化学阻抗谱低频模值随时间的变化

个数量级，而其在自来水中电化学阻抗谱的低频模值缓慢降低，维持在 $10^9\Omega\cdot cm^2$ 数量级，比其在盐水中的模值高出 1 个数量级，造成这种差异的主要原因是此时盐水和自来水均已渗入到涂层/金属界面，所不同的是盐水对金属基体的破坏速度明显高于自来水，使得涂层体系的阻抗模值持续降低。涂层失效进入到第三个阶段 600～1200h，淡水舱涂层在盐水中的低频模值已趋于平稳，保持在 $10^8\Omega\cdot cm^2$ 这个数量级，而其在自来水中的低频模值出现缓慢上升而后趋于稳定的变化特征，稳定在 $10^{10}\Omega\cdot cm^2$ 数量级，导致最终淡水舱涂层在自来水中的低频阻抗模值比其在盐水中高出约 1.5 个数量级。

4.2.2 淡水舱涂层在不同淡水中的失效机制

为了研究淡水舱涂层在不同淡水中的失效机制，选择了经海水淡化处理的 2#反渗透水、在 2#水基础上加入氯化镁、氯化钙和碳酸氢钠调质处理的 5#水以及 8#自来水，本节着重介绍涂层在 2#反渗透水和 5#调质水中的失效机理。

1. 淡水舱涂层在不同淡水中的附着性能

分别测试了淡水舱涂层在 2#和 5#水中浸泡不同时间后的涂层附着力，测试结果如表 4.4 所示，对每个时间节点 6 次的测量结果取平均值，并与其在自来水中的附着力相比，得到涂层在不同淡水中附着力随浸泡时间的变化，如图 4.13 所示。从图 4.13 中可以归纳出两点：①淡水舱涂层经不同淡水浸泡后附着力并无明显降低，相反，经过 1200h 的浸泡，其在 2#反渗透水和 8#调质水中的附着力反而出现了上升，这可能与涂层中的防腐助剂和防锈颜料有关；②淡水舱涂层在不同淡水中附着力随浸泡时间的增加并无明显的变化规律。

表 4.4 淡水舱涂层在不同淡水中浸泡不同时间后的附着力

水样	0h	240h	480h	720h	1200h
2#	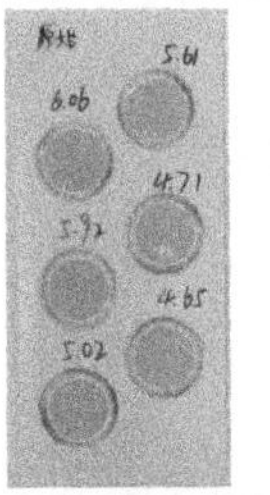	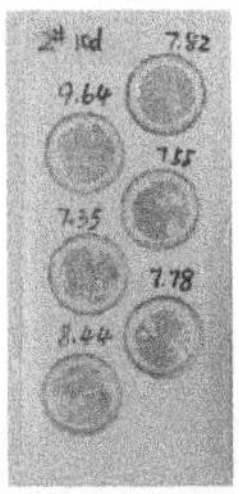	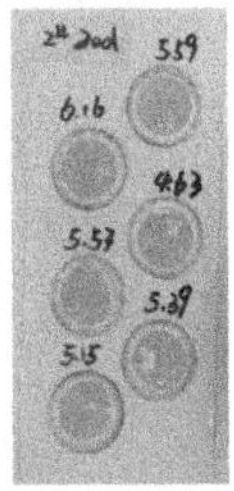	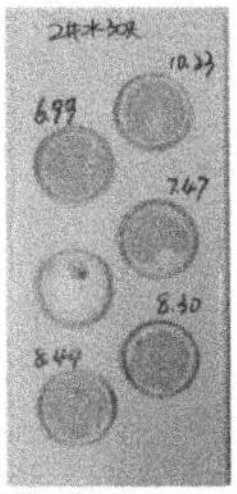	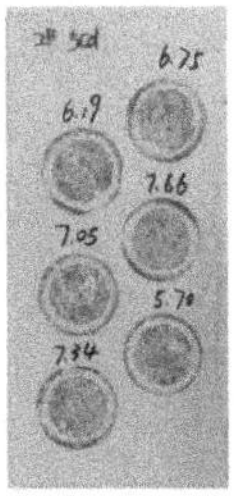

续表

水样	0h	240h	480h	720h	1200h
5#					

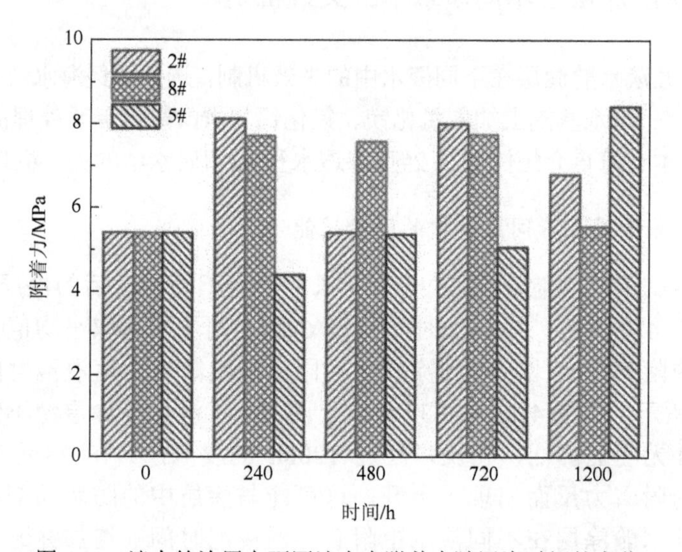

图 4.13　淡水舱涂层在不同淡水中附着力随浸泡时间的变化

淡水舱涂层在 2#反渗透水和 5#调质水中浸泡不同时间附着力测试后的宏观形貌分别如图 4.14 和图 4.15 所示。从图中可以看出，对于两种不同的淡水，在浸泡 240h 后，金属基体表面均可见明显的锈点，说明此时两种水介质均已渗透涂层到达涂层/金属界面，造成了金属基体的腐蚀。此时，金属基体上还有部分涂层残留，随着浸泡时间的增加，涂层已基本完全被拔开，金属基体表面锈蚀程度增加。

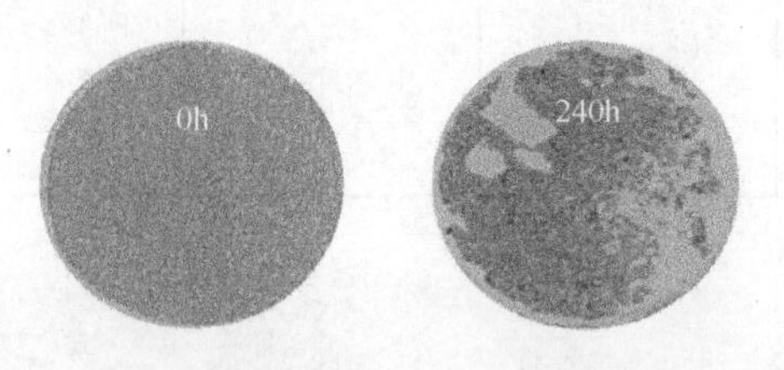

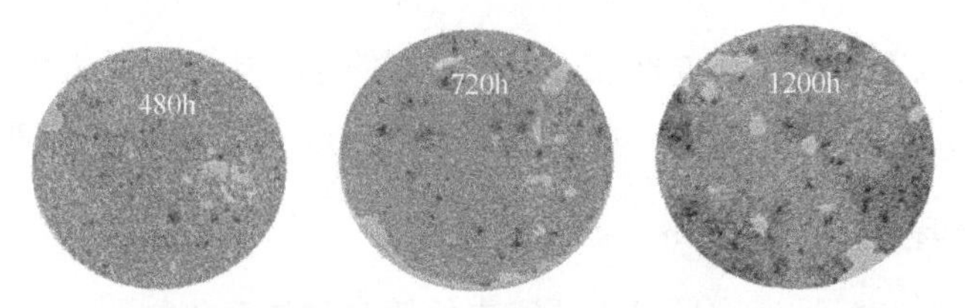

图 4.14　淡水舱涂层在 2#反渗透水中浸泡不同时间附着力测试后的宏观形貌

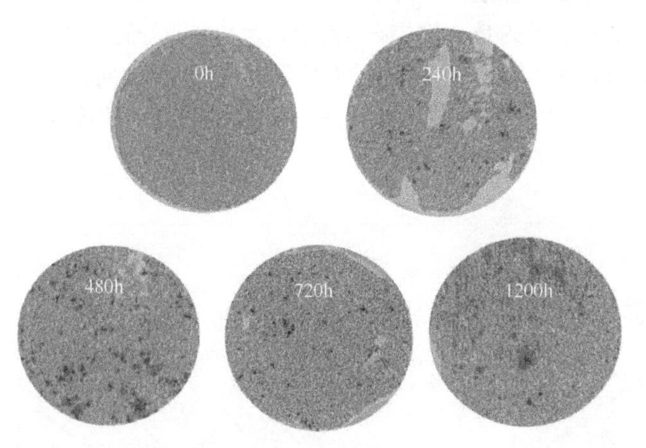

图 4.15　淡水舱涂层在 5#调质水中浸泡不同时间附着力测试后的宏观形貌

2. 淡水舱涂层在不同淡水中的水传输性能

淡水舱涂层在三种不同淡水环境中的水传输动力学曲线如图 4.16 所示。由图可见，涂层在三种淡水中的水传输过程均可分为两个阶段：吸收阶段和饱和阶段，

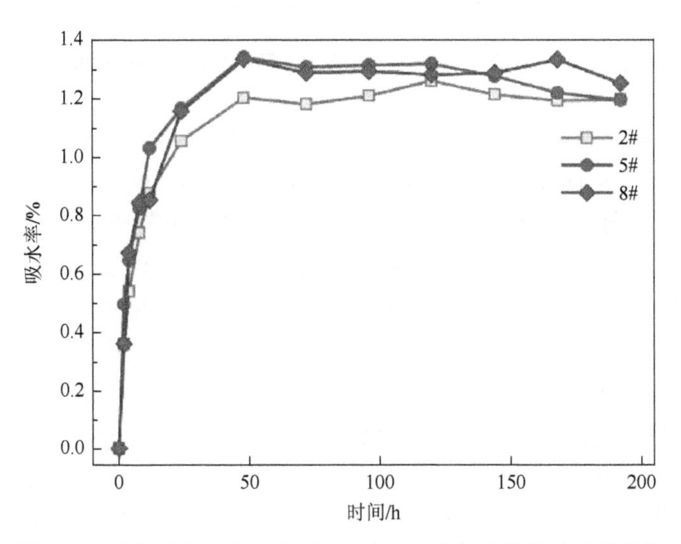

图 4.16　淡水舱涂层在三种不同淡水环境中的水传输动力学曲线

且达到饱和阶段的时间都在 50h 左右。所不同的是，5#调质水和 8#自来水具有更高的吸水率，饱和吸水率高达 1.3%，稍高于 2#反渗透水的饱和吸水率 1.2%。

3. 淡水舱涂层在不同淡水中的致密性能

淡水舱涂层在三种淡水环境中开路电位随时间的变化如图 4.17 所示。可以看出，在三种淡水环境中涂层开路电位随时间的变化特征基本一致，均表现为波动式上升的趋势。所不同的是，涂层在 2#反渗透水中的开路电位始终最高，其次是 5#调质水，最低的为 8#自来水。为了方便和 8#自来水做对比，同样将涂层在 2#反渗透水和 5#调质水中的失效历程分成三个阶段：第一阶段 0～96h；第二阶段 96～600h；第三阶段 600～1200h。

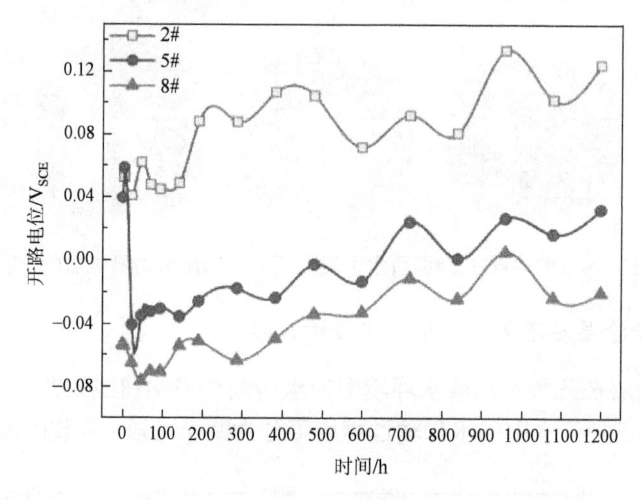

图 4.17　淡水舱涂层在三种淡水环境中开路电位随浸泡时间的变化

淡水舱涂层在 2#反渗透水中第一阶段至第三阶段的电化学阻抗谱如图 4.18～图 4.20 所示。图 4.18 显示，淡水舱涂层在第一阶段 0～96h 的电化学阻抗谱呈现容抗弧的特征，且容抗弧的半径随着浸泡时间的增加迅速减小[图 4.18（a）]，电化学阻抗模值由 0h 的 $9.3\times10^{10}\Omega\cdot cm^2$ 降至 96h 的 $1.0\times10^{10}\Omega\cdot cm^2$，降低了约 1 个数量级[图 4.18（b）]，高频相位角接近 90°，低频相位角随着浸泡时间的增加不断降低[图 4.18（c）]，整体表现出两个时间常数的特征。第二阶段是 96～600h，淡水舱涂层阻抗谱依然表现出容抗弧的特征，容抗弧的半径随浸泡时间的增加持续降低[图 4.19(a)]，低频阻抗模值呈现缓慢下降的趋势，由 96h 的 $1.0\times10^{10}\Omega\cdot cm^2$ 降低到 600h 的 $4.6\times10^{9}\Omega\cdot cm^2$，降低了一半多[图 4.19（b）]，随着频率的降低，相位角不断降低，但随时间的增加，相位角的形状已基本不变[图 4.19（c）]，依然表现出两个时间常数的特征。第三阶段是 600～1200h，淡水舱涂层阻抗谱依然

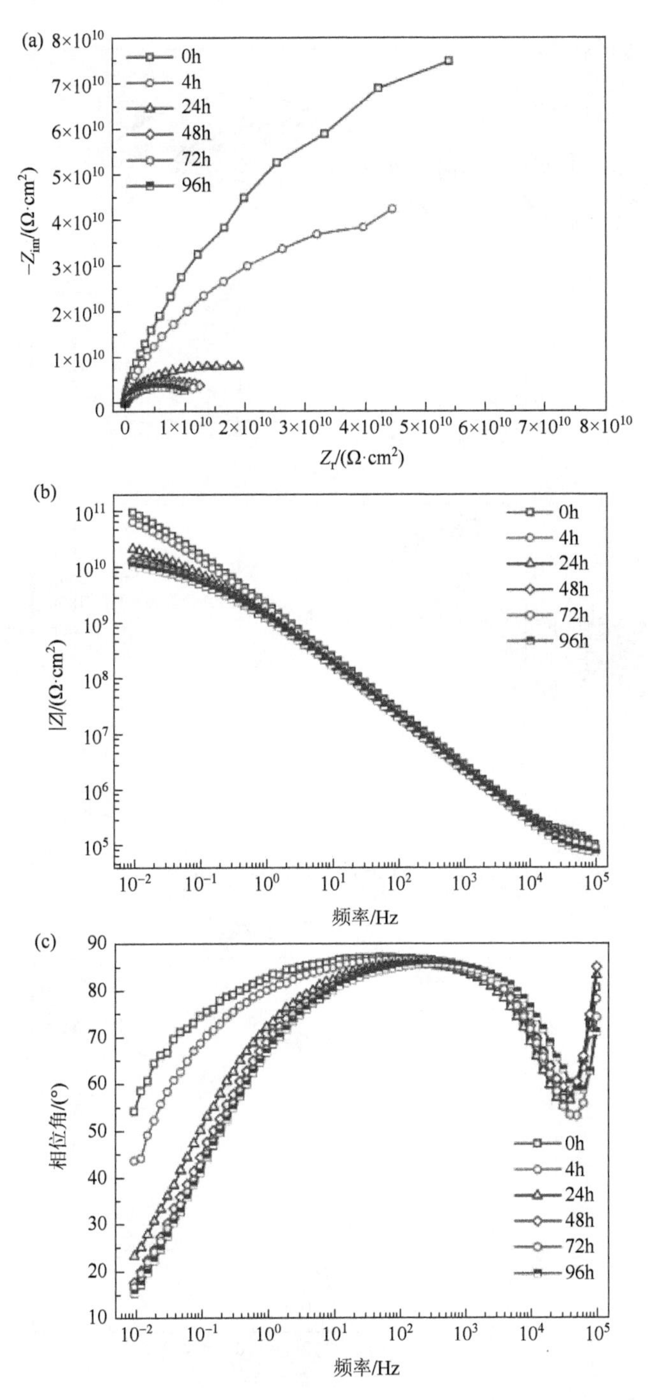

图4.18　淡水舱涂层在2#反渗透水中浸泡0～96h的电化学阻抗谱

（a）Nyquist图；（b）Bode图：阻抗模值；（c）Bode图：相位角

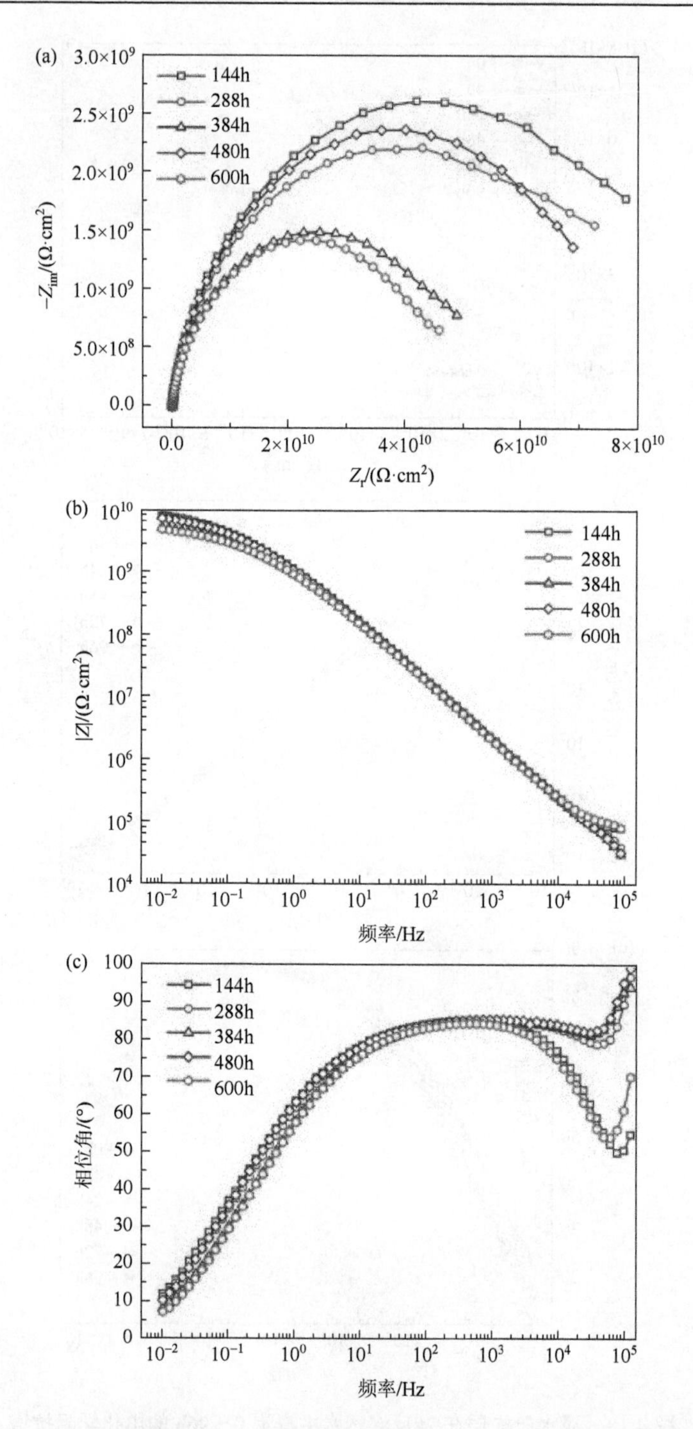

图 4.19 淡水舱涂层在 2#反渗透水中浸泡 96～600h 的电化学阻抗谱

（a）Nyquist 图；（b）Bode 图：阻抗模值；（c）Bode 图：相位角

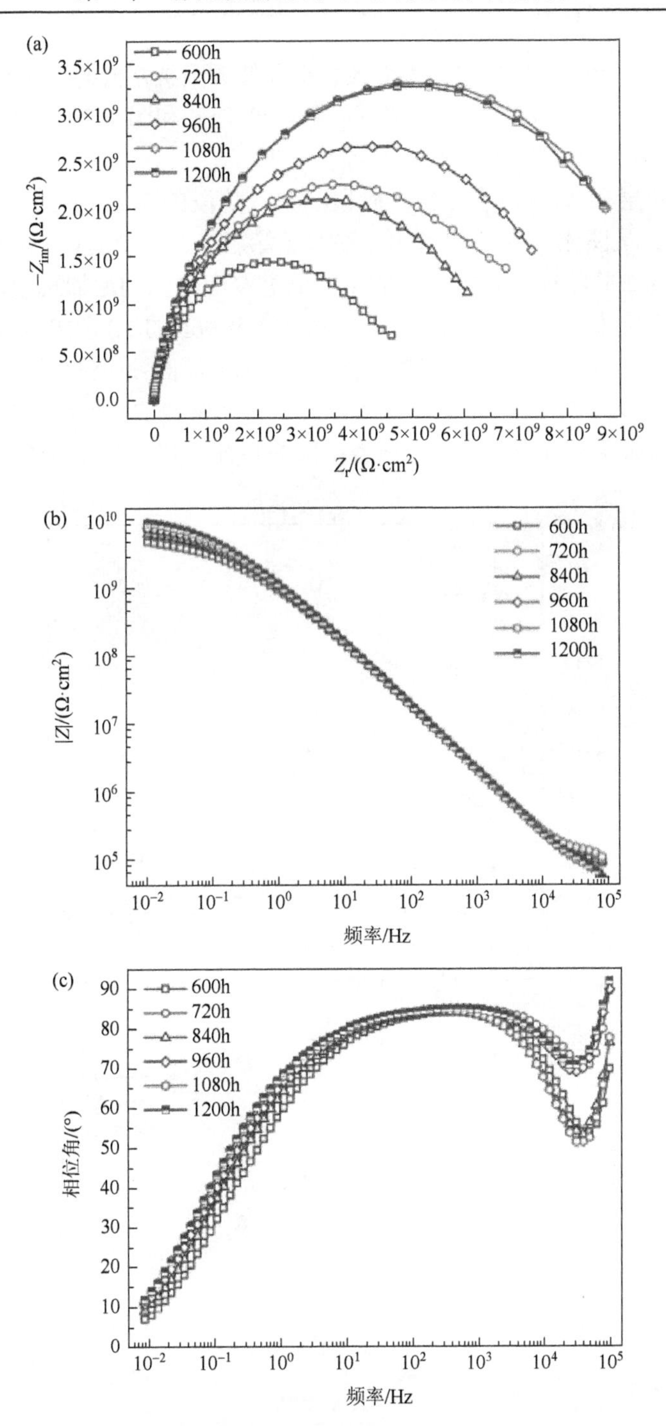

图4.20　淡水舱涂层在2#反渗透水中浸泡600～1200h的电化学阻抗谱

（a）Nyquist图；（b）Bode图：阻抗模值；（c）Bode图：相位角

表现出容抗弧的特征，且容抗弧的半径大小和低频阻抗模值的变化趋势与其开路电位的变化相似，呈现波动式上升趋势[图 4.20（a）和图 4.20（b）]，相位角的形状随浸泡时间的增加已基本不再变化[图 4.20（c）]。

淡水舱涂层在 5#调质水中第一阶段至第三阶段的电化学阻抗谱如图 4.21～图 4.23 所示。从图 4.21 中可以看出，淡水舱涂层在第一阶段 0～96h 的电化学阻抗谱呈现容抗弧的特征，且容抗弧的半径随着浸泡时间的增加迅速减小[图 4.21（a）]，低频阻抗模值由 0h 的 $9.1\times10^{10}\Omega\cdot cm^2$ 降至 96h 的 $1.1\times10^{10}\Omega\cdot cm^2$，降低了约 1 个数量级[图 4.21（b）]，高频相位角接近 90°，低频相位角随着浸泡时间的增加不断降低[图 4.21（c）]，整体表现出两个时间常数的特征。第二阶段是 96～600h，淡水舱涂层阻抗谱依然表现出容抗弧的特征，容抗弧的半径随浸泡时间的

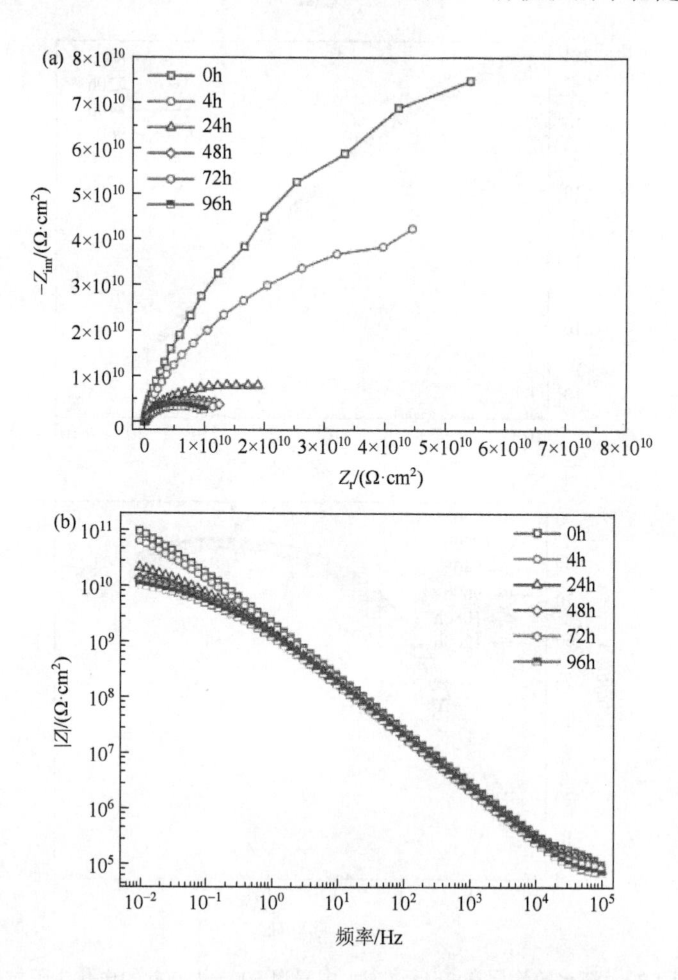

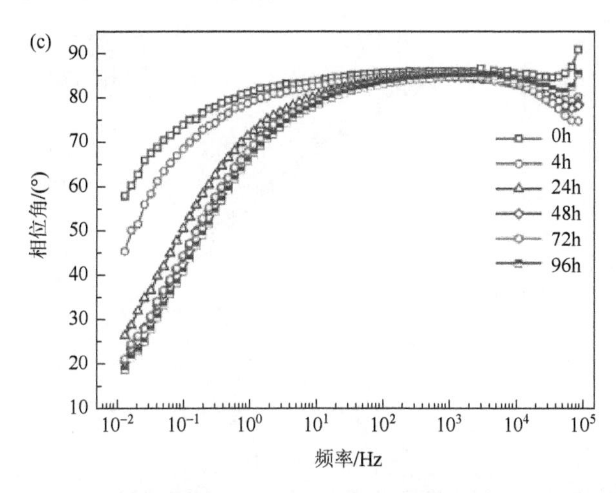

图4.21　淡水舱涂层在5#调质水中浸泡0～96h的电化学阻抗谱

（a） Nyquist图；（b）Bode图：阻抗模值；（c）Bode图：相位角

增加继续降低[图 4.22（a）]，低频阻抗模值呈现缓慢下降的趋势，由 96h 的 $1.1\times10^{10}\Omega\cdot cm^2$ 降低到 600h 的 $4.8\times10^{9}\Omega\cdot cm^2$，降低了一半多[图 4.22（b）]，随着频率的降低，相位角不断降低，但随时间的增加，相位角的形状已基本不变[图 4.22（c）]，依然表现出两个时间常数的特征。第三阶段是600～1200h，淡水舱涂层阻抗谱容抗弧的特征依然没有改变，且容抗弧的半径大小和低频阻抗模值的变化趋势与其开路电位的变化相似，呈现波动式上升的趋势[图 4.23（a）和图 4.23（b）]，相位角的形状随浸泡时间的增加已基本不再变化[图 4.23（c）]。

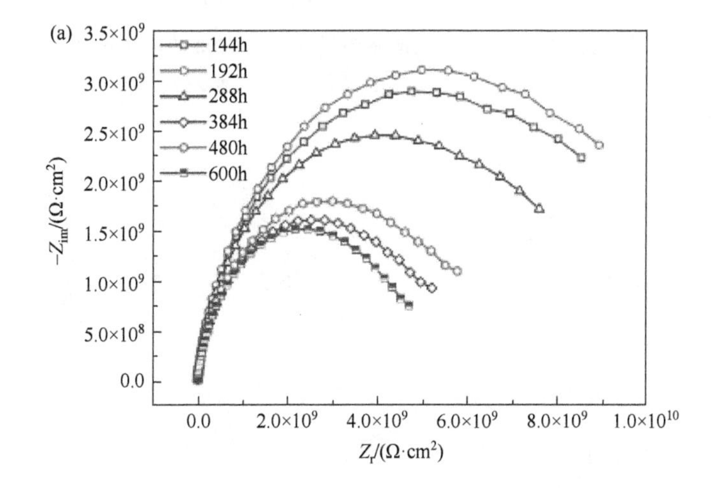

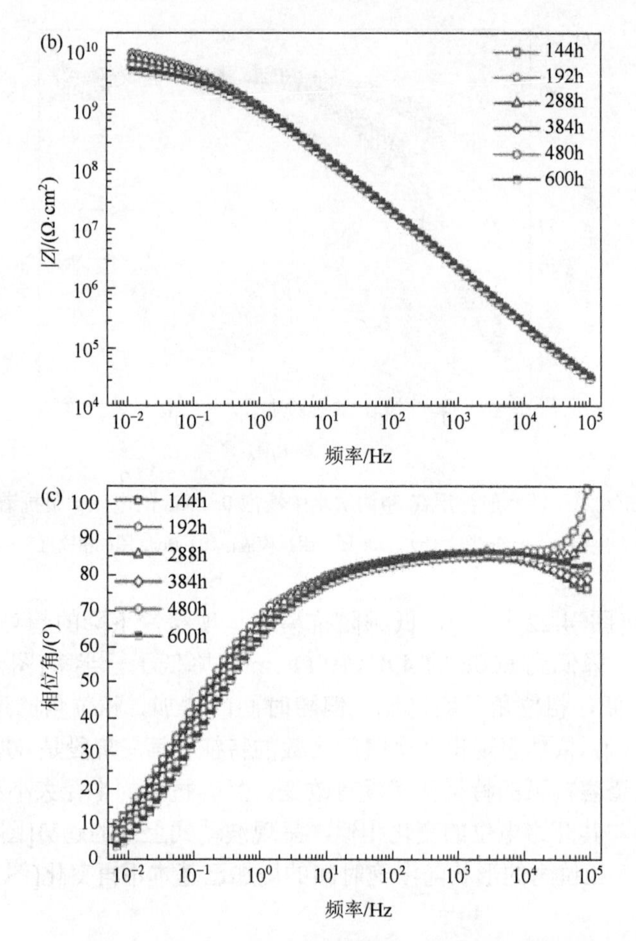

图 4.22　淡水舱涂层在 5#调质水中浸泡 96～600h 的电化学阻抗谱

（a）Nyquist 图；（b）Bode 图：阻抗模值；（c）Bode 图：相位角

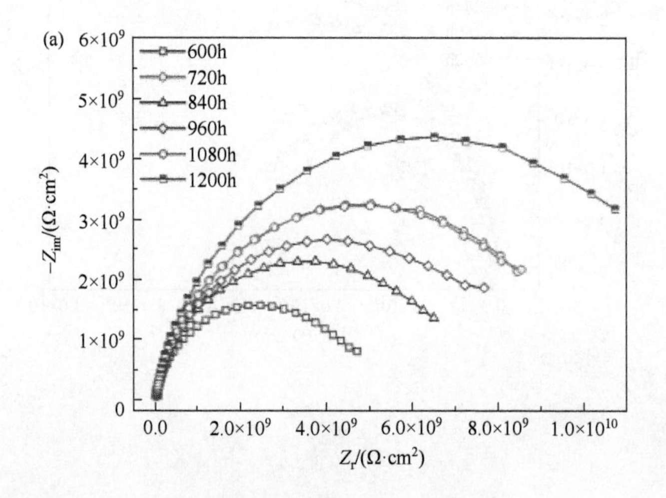

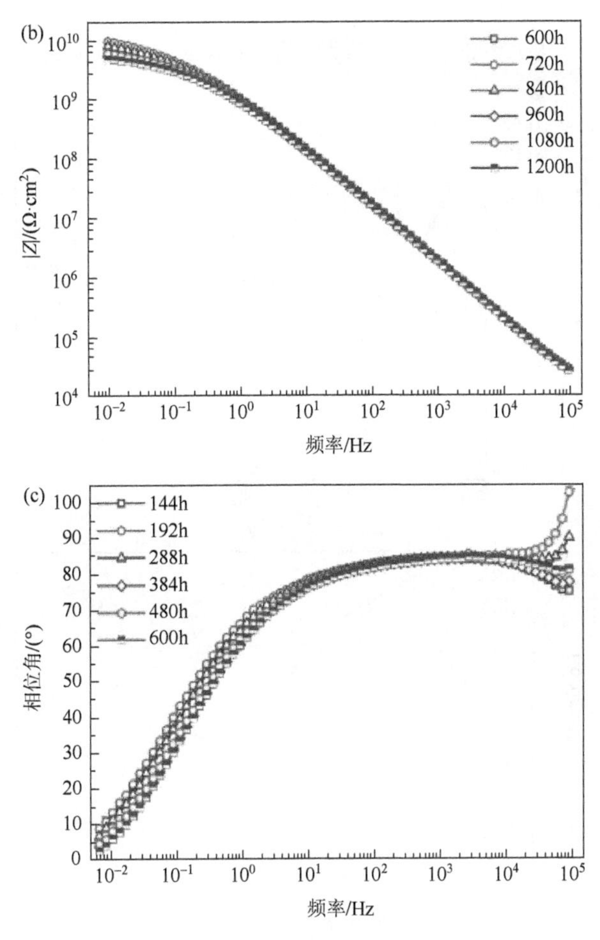

图 4.23　淡水舱涂层在 5#调质水中浸泡 600～1200h 的电化学阻抗谱

（a）Nyquist 图；（b）Bode 图：阻抗模值；（c）Bode 图：相位角

综合以上分析可知，淡水舱涂层在 2#反渗透水、5#调质水和 8#自来水三种淡水环境中表现出相同的腐蚀失效机制，腐蚀失效历程均可分成三个阶段，每个阶段低频阻抗模值随时间的变化如图 4.24 所示。第一阶段，随着水介质的快速渗透，涂层的阻抗模值迅速降低，由 $10^{11}\Omega\cdot cm^2$ 降至 $10^{10}\Omega\cdot cm^2$，降低幅度达 1 个数量级，其中自来水的阻抗模值要低于反渗透水和调质水，如图 4.24（a）所示，主要原因是三种淡水中自来水在涂层中的扩散速度最快（图 4.16）。第二阶段，水质已渗透到涂层/金属界面，并造成了金属基体的腐蚀（图 4.3、图 4.14 和图 4.15），导致涂层的阻抗模值继续降低，降低的幅度较第一阶段有所减小，600h 后阻抗模值降低为 96h 的一半，维持在 $10^{9}\Omega\cdot cm^2$ 数量级，并且自来水中的阻抗模值依然最小，如图 4.24（b）所示。第三阶段，在涂层中防腐助剂、防锈颜填料等的综合作用下，涂层的阻抗模值再次上升到第二阶段开始时的水平，如图 4.24（c）所示。

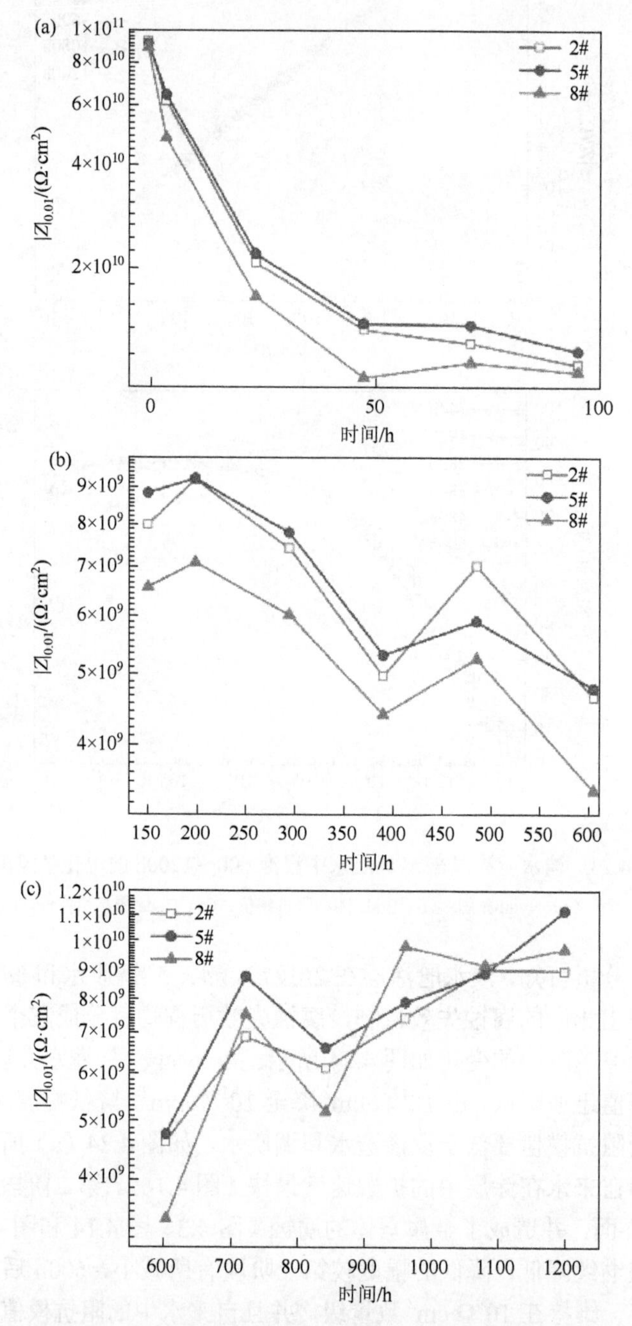

图 4.24　淡水舱涂层腐蚀失效过程中低频阻抗模值的变化

（a）第一阶段 0～96h；（b）第二阶段 96～600h；（c）第三阶段 600～1200h

4.2.3 分析与讨论

本节从附着性能、水传输性能和致密性三个方面研究了淡水舱涂层在盐水和自来水中的腐蚀行为，并对涂层在反渗透水、调质水和自来水三种淡水中的腐蚀失效机制进行了对比，得到如下结论。

（1）淡水舱涂层在盐水和自来水中的附着力随着浸泡时间的增加均没有降低的趋势，淡水舱涂层中自来水比盐水具有更快的渗透速度，导致涂层在淡水中会优先失效，随着腐蚀介质不断渗透到涂层/金属界面，由于盐水比自来水对金属基体的腐蚀性更强，最终涂层在自来水中的阻抗模值明显高于其在盐水中的值。

（2）涂层在反渗透水、调质水和自来水三种淡水中的腐蚀失效过程相同，电化学阻抗谱在特征上可分为明显的三个阶段：阻抗谱快速下降、缓慢下降和上升阶段，造成以上特征的原因分别是水的快速渗透、涂层/金属界面的腐蚀和防腐防锈颜填料的作用。

4.3 淡水舱涂料综合性能对比

4.3.1 研究方案与方法

1. 基本要求

（1）调研国内外船舶淡水舱涂料的配套情况。系统调研国内外军、民领域船舶淡水舱涂料的配套情况，分析各种类型配套涂料防腐期限、施工特点和安全要求，结合我国船舶淡水舱设计特点，初步选择合适的涂料配套品种。

（2）收集配套涂料样品。收集国内外著名船舶涂料供货厂家提供的淡水舱涂料配套产品，并且提供的涂料品种应具有实际船舶应用证明，并附有市级疾病控制中心或海军医学研究所等权威部门检测无毒、涂装该型涂料后浸泡水的水质符合现行《生活饮用水卫生标准》（GB 5749—2006）的证明。

（3）性能对比试验。依据国标对涂料的物理性能、机械性能、抗浸泡性能、耐盐雾性能、耐湿热性能和毒性等进行检测，并记录检测数据。

（4）用加权因子法对试验数据进行分析，优选出涂料配套品种。根据试验大纲的评定方法，用加权因子法优选出性能优异的涂料品种。

2. 研究方案

在充分调研现役船舶淡水舱涂料设计选型特点和国内相关涂料生产供货情况

的基础上，通过对国内外著名船舶涂料供货厂家提供的十种具有代表性的淡水舱涂料配套产品进行综合对比优选试验，筛选出成熟、可靠的新型淡水舱涂料配套产品，并完成淡水舱涂料的设计选型和论证研究，最终制定出淡水舱的涂装工艺和清洗技术要求，以满足船舶淡水舱的防腐需求，保障船舶饮用水的安全，提高船舶涂料的整体配套水平。

采用实验室加速试验配合加权因子方法，对各种类型淡水舱防腐涂料进行综合性能评定，优选出新型无毒、高效的船舶淡水舱涂料配套品种，进行涂装工艺研究，确定清洗技术要求。

3. 试验涂料品种

参试涂料厂家为国内多年为船舶供货的涂料生产厂商，以及著名的中外合资船舶涂料供应商。提供的涂料品种为经过实船应用的淡水舱专用涂料，已具有实际船舶应用证明，附有市级疾病控制中心或海军医学研究所等权威部门检测无毒报告；涂装该型涂料后，浸泡水的水质应符合《生活饮用水卫生标准》（GB 5749—2006），需要对浸泡水和涂层中溶出的有毒物质进行毒理学试验，以确保涂层对人体安全无害，证明该涂料毒性符合国标要求。表 4.5 为参试的涂料配套产品配套表。

表 4.5　参试的涂料配套产品配套表

编号	涂料名称
Y1	HJ110/J111 环氧淡水舱厚涂漆
Y2	H955 食品级无溶剂淡水舱涂料
Y3	725-H45-02 淡水舱涂料
Y4	H55-32 饮水容器防腐面漆
Y5	Naviguard 无溶剂环氧漆
Y6	TLA925 无溶剂型环氧储罐/液舱漆
Y7	诺亚无溶剂环氧淡水舱漆
Y8	FW100 白色环氧漆
Y9	淡水舱无毒纳米抗菌涂层
Y10	TH-29 型无溶剂淡水舱漆

4. 试验项目、试验评定方法和测试设备

1）试验项目

有机涂层在淡水中的测试项目见表 4.6。

表 4.6　有机涂层测试项目表

序号	项目		测试方法
1	涂料物理性能测试	外观	《色漆和清漆　色漆的目视比色》（GB/T 9761—2008）
2		黏度	《涂料粘度测定法》（GB 1723—1993）
3		细度	《色漆、清漆和印刷油墨　研磨细度的测定》（GB/T 1724—2019）
4		固体分含量	《色漆、清漆和塑料 不挥发物含量的测定》（GB/T 1725—2007）
5		遮盖力	《涂料遮盖力测定法》（GB/T 1726—1979）
6	涂料机械性能测试	附着力（划圈法）	《漆膜附着力测定法》（GB/T 1720—1979）
7		附着力（拉开法）	《色漆和清漆拉开法附着力试验》（GB/T 5210—2006）
8		柔韧性	《漆膜柔韧性测定法》（GB/T 1731—1993）
9		冲击强度	《漆膜耐冲击测定法》（GB/T 1732—1993）
10	抗浸泡性能试验	耐蒸馏水性	《漆膜耐水性测定法》（GB/T 1733—1993）
11		耐人造淡水品种 1	《漆膜耐水性测定法》（GB/T 1733—1993）
12		耐人造淡水品种 2	《漆膜耐水性测定法》（GB/T 1733—1993）
13		耐盐水性（3%NaCl）	《漆膜耐化学试剂性测定法》（GB1763—1989）
14		耐酸性（5%HCl）	《漆膜耐化学试剂性测定法》（GB1763—1989）
15		耐碱性（5%NaOH）	《漆膜耐化学试剂性测定法》（GB1763—1989）
16		耐油水混合（柴油-水）	《漆膜耐化学试剂性测定法》（GB1763—1989）
17		耐加速液浸泡（$HCl-CuSO_4$）	《漆膜耐化学试剂性测定法》（GB1763—1989）
18	盐雾试验		《色漆和清漆　耐中性盐雾性能的测定》（GB/T 1771—2007）
19	耐湿热试验		《漆膜耐湿热测定法》（GB1740—2007）
20	氙灯辐射		《色漆和清漆　人工气候老化和人工辐射暴露 滤过的氙弧辐射》（GB/T 1865—2009）

2）试验评定方法

各检测项目通过国标方法进行检测，根据检测结果进行打分，并对涂料相关性能采用添加加权因子的方法进行综合评定，其综合评分加权见表 4.7。

表 4.7　评分加权表

检测项目	物理性能	机械性能	抗浸泡性能	耐盐雾性能	耐湿热性能	耐氙灯老化性能	毒性	总分
评分	10	10	50	15	10	5	必须通过	100

3）测试设备

主要测试设备见表 4.8。

表 4.8　测试设备表

序号	设备名称	型号
1	涂-4 杯黏度计	T-4
2	刮板细度计	QXD
3	黑白板遮盖力测试仪	QZP
4	附着力测试仪	QFZ-11
5	拉开法附着力测试仪	X1003
6	盐雾试验箱	CCT1100
7	湿热试验箱	MKF
8	氙灯老化试验箱	Q-SUN-3HS

4.3.2　物理性能

1. 评定方案

涂料机械性能检测项目包括涂层附着力、柔韧性、抗冲击性，用以评判涂膜的抗碰撞、擦伤基本性能的优劣。

综合考虑各个项目，采用表 4.9 所示的加权因子的方法，对涂料常规性能进行综合评定。

表 4.9　有机涂层物理性能加权因子

外观	黏度	细度	固体分含量	遮盖力	总分
2	2	2	2	2	10

2. 试验结果

10 种有机涂层物理性能测试结果见表 4.10，评定结果见表 4.11。

表 4.10　物理性能测试结果

序号	涂料名称	外观	黏度/s	细度/μm	固体分含量/%	遮盖力
Y1	HJ110/J111 环氧淡水舱厚涂漆	棕色、分层	＞150	100	64.2	238.7
		白色、分层	129	90	64.5	370.2
Y2	H955 食品级无溶剂淡水舱涂料	白色、良好	＞150	60	83.8	169.6
Y3	725-H45-02 淡水舱涂料	白色、分层	＞150	50	76.4	176.5
Y4	H55-32 饮水容器防腐面漆	白色、分层	＞150	70	71.3	252.6
Y5	Naviguard 无溶剂环氧漆	白色、分层	＞150	＞100	92.2	207.6
Y6	TLA925 无溶剂型环氧储罐/液舱漆	白色、分层	＞150	80	88.5	249.1
Y7	诺亚无溶剂环氧淡水舱漆	黄色、良好	＞150	＞100	83.8	155.7
Y8	FW100 白色环氧漆	白色、良好	＞150	100	66.3	311.4
Y9	淡水舱无毒纳米抗菌涂层	白色、分层	—	—	—	—
Y10	TH-29 型无溶剂淡水舱漆	蓝色、良好	＞150	＞100	82.3	235.3

表 4.11　物理性能评定表

序号	涂料名称	外观	黏度	细度	固体分含量	遮盖力	合计
Y1	HJ110/J111 环氧淡水舱厚涂漆	2	2	2	1.8	2	9.7
		2	2	2	1.8	1.8	
Y2	H955 食品级无溶剂淡水舱涂料	2	2	2	2	2	10
Y3	725-H45-02 淡水舱涂料	2	2	2	2	2	10
Y4	H55-32 饮水容器防腐面漆	2	2	2	2	2	10
Y5	Naviguard 无溶剂环氧漆	2	2	2	2	2	10
Y6	TLA925 无溶剂型环氧储罐/液舱漆	2	2	2	2	2	10
Y7	诺亚无溶剂环氧淡水舱漆	2	2	2	2	2	10
Y8	FW100 白色环氧漆	2	2	2	1.8	1.8	9.6
Y9	淡水舱无毒纳米抗菌涂层	—	—	—	—	—	—
Y10	TH-29 型无溶剂淡水舱漆	2	2	2	2	2	10

3. 试验结论

（1）10 个涂料品种中 2 个为厚浆型环氧淡水舱涂料，其余 8 个厂家提供的全部是无溶剂淡水舱漆，无溶剂环氧在淡水舱涂料中占比高。

（2）10 个配套品种存储稳定性较好，无沉淀出现。

（3）10 个配套品种物理性能都属于良好以上级别。

4.3.3 机械性能

1. 评定方案

测试上述 10 种淡水舱涂料的机械性能。涂料机械性能检测项目包括涂层附着力、柔韧性、抗冲击性，用以评判涂膜的抗碰撞、擦伤基本性能的优劣。

综合考虑各个项目，采用表 4.12 所示的加权因子，对涂料机械性能进行综合评定。

表 4.12 涂料机械性能加权因子

附着力（划圈法）	附着力（拉开法）	柔韧性	抗冲击性	总分
3	3	2	2	10

2. 试验结果

10 种涂料机械性能测试结果见表 4.13，评定结果见表 4.14。

表 4.13 机械性能测试结果

序号	涂料名称	附着力（划圈法）/级	附着力（拉开法）/MPa	柔韧性/级	冲击强度/cm
Y1	HJ110/J111 环氧淡水舱厚涂漆	1	4.5	1	20
		1	4.75	1	30
Y2	H955 食品级无溶剂淡水舱涂料	1	5.5	1	50
Y3	725-H45-02 淡水舱涂料	1	3.75	1	30
Y4	H55-32 饮水容器防腐面漆	1	5	1	30
Y5	Naviguard 无溶剂环氧漆	1	2	1	50
Y6	TLA925 无溶剂型环氧储罐/液舱漆	2	2.5	4	20

续表

序号	涂料名称	附着力（划圈法）/级	附着力（拉开法）/MPa	柔韧性/级	冲击强度/cm
Y7	诺亚无溶剂环氧淡水舱漆	1	3.75	1	50
Y8	FW100 白色环氧漆	1	5	1	30
Y9	淡水舱无毒纳米抗菌涂层	—	—	—	—
Y10	TH-29 型无溶剂淡水舱漆	1	5	2	20

表 4.14　机械性能评定表

序号	涂料名称	附着力（划圈法）/级	附着力（拉开法）/MPa	柔韧性/级	冲击强度/cm	总分
Y1	HJ110/J111 环氧淡水舱厚涂漆	3	3	2	1	9.25
		3	3	2	1.5	
Y2	H955 食品级无溶剂淡水舱涂料	3	3	2	2	10
Y3	725-H45-02 淡水舱涂料	3	3	2	1.5	9.5
Y4	H55-32 饮水容器防腐面漆	3	3	2	1.5	9.5
Y5	Naviguard 无溶剂环氧漆	3	3	2	2	10
Y6	TLA925 无溶剂型环氧储罐/液舱漆	2	2.5	2	1	7.5
Y7	诺亚无溶剂环氧淡水舱漆	3	3	2	2	10
Y8	FW100 白色环氧漆	3	3	2	1.5	9.5
Y9	淡水舱无毒纳米抗菌涂层	—	—	—	—	—
Y10	TH-29 型无溶剂淡水舱漆	3	3	2	1	9

3. 试验结论

H955 食品级无溶剂淡水舱涂料、Naviguard 无溶剂环氧漆和诺亚无溶剂环氧淡水舱漆机械性能最好。

4.3.4　抗浸泡性能

1. 评定方案

对淡水舱防腐涂料配套体系耐介质的抗浸泡性能进行测试。此试验用于评价涂层耐人造淡水、蒸馏水、耐酸碱等的性能，其中涂层耐人造淡水和蒸馏水项目是最重要，也是评分比例最高的项目。

测试内容是模拟船舶淡水舱的特殊腐蚀环境进行的浸泡试验，把涂装好的样板浸泡在人造淡水或规定浓度的介质中，一定时间后观察涂层是否合格，或者测定涂层浸泡到破坏失效至一定程度所能持续的时间。评价漆膜开裂、起泡、生锈、脱落、锈迹蔓延等情况，并根据破坏的程度、数量、大小进行评级。

综合考虑各个项目，采用表 4.15 所示的加权因子对涂料抗浸泡性能进行综合评定。

表 4.15 涂层抗浸泡性能加权因子

耐人造淡水品种 1	耐人造淡水品种 2	耐蒸馏水性	耐盐水性（3%NaCl）	耐酸性（5%HCl）	耐碱性（5%NaOH）	耐油水混合（柴油-水）	耐加速液浸泡（$HCl-CuSO_4$）	总分
10	10	5	5	5	5	5	5	50

2. 试验结果

经过实验室评定，得到表 4.16 所示的试验结果，表 4.17 为评定结果。

表 4.16 抗浸泡性能记录表

序号	涂料名称	耐人造淡水品种 1	耐人造淡水品种 2	耐蒸馏水性	耐盐水性（3%NaCl）	耐酸性（5%HCl）	耐碱性（5%NaOH）	耐油水混合（柴油-水）	耐加速液浸泡（$HCl-CuSO_4$）
Y1	HJ110/J111 环氧淡水舱厚涂漆	221 天 完好	221 天 完好	221 天 完好	221 天 完好	221 天 变色	179 天 多小泡	50 天 膨胀	221 天 变色
Y2	H955 食品级无溶剂淡水舱涂料	221 天 完好	221 天 完好	221 天 完好	221 天 变色	221 天 变色	221 天 完好	221 天 完好	221 天 变色
Y3	725-H45-02 淡水舱涂料	221 天 完好	221 天 完好	221 天 完好	221 天 完好	221 天 变色	221 天 完好	221 天 完好	221 天 变色
Y4	H55-32 饮水容器防腐面漆	221 天 完好	221 天 完好	221 天 少量小	221 天 完好	221 天 完好	221 天 完好	221 天 完好	179 天 开裂
Y5	Naviguard 无溶剂环氧漆	221 天 少量 橘皮	221 天 少量 橘皮	221 天 少量 橘皮	221 天 变色、少量 橘皮	3 天 膨胀	221 天 少量 橘皮	179 天 变色，少量 橘皮	3 天 膨胀
Y6	TLA925 无溶剂型环氧储罐/液舱漆	221 天 完好	221 天 完好	221 天 完好	221 天 完好	3 天 膨胀	221 天 完好	179 天 变色，少量 橘皮	3 天 膨胀
Y7	诺亚无溶剂环氧淡水舱漆	221 天 变色，少量 小泡	179 天 变色，多小泡	140 天 多小泡	221 天 变色	3 天 中小泡 密集	221 天 变色	221 天 变色	3 天 膨胀
Y8	FW100 白色环氧漆	221 天 少量小泡	140 天 多小泡	140 天 多小泡	221 天 完好	140 天 多小泡	100 天 小泡密集	221 天 变色	221 天 完好

续表

序号	涂料名称	耐人造淡水品种 1	耐人造淡水品种 2	耐蒸馏水性	耐盐水性（3%NaCl）	耐酸性（5%HCl）	耐碱性（5%NaOH）	耐油水混合（柴油-水）	耐加速液浸泡（HCl-$CuSO_4$）
Y9	淡水舱无毒纳米抗菌涂层	221 天 完好	221 天 完好	221 天 完好	221 天 完好	221 天 变色	221 天 变色	3 天 膨胀	10 天 膨胀
Y10	TH-29 型无溶剂淡水舱漆	221 天 少量小泡	221 天 完好	221 天 完好	221 天 完好	3 天 中小泡密集	221 天 完好	221 天 完好	3 天 小泡密集

表 4.17　抗浸泡性能评定表

序号	涂料名称	耐人造淡水品种 1	耐人造淡水品种 2	耐蒸馏水性	耐盐水性（3%NaCl）	耐酸性（5%HCl）	耐碱性（5%NaOH）	耐油水混合（柴油-水）	耐加速液浸泡（HCl-$CuSO_4$）	合计
Y1	HJ110/J111 环氧淡水舱厚涂漆	10	10	5	5	5	5	1	5	46
Y2	H955 食品级无溶剂淡水舱涂料	10	10	5	5	5	5	5	5	50
Y3	725-H45-02 淡水舱涂料	10	10	5	5	5	5	5	5	50
Y4	H55-32 饮水容器防腐面漆	10	10	4	5	5	5	5	3	47
Y5	Naviguard 无溶剂环氧漆	9	9	4	4	0	4	3	0	33
Y6	TLA925 无溶剂型环氧储罐/液舱漆	10	10	5	5	0	5	3	0	38
Y7	诺亚无溶剂环氧淡水舱漆	6	6	2	5	0	4	4	0	27
Y8	FW100 白色环氧漆	9	5	2	5	2	2	5	5	35
Y9	淡水舱无毒纳米抗菌涂层	10	10	5	5	5	5	0	0	40
Y10	TH-29 型无溶剂淡水舱漆	9	10	5	5	0	5	5	0	39

3. 试验结论

H955 食品级无溶剂淡水舱涂料和 725-H45-02 淡水舱涂料抗浸泡性能最好。Naviguard 无溶剂环氧漆和诺亚无溶剂环氧淡水舱漆抗浸泡性能较差。

4.3.5 耐盐雾性能

1. 评定方案

对淡水舱涂料配套体系进行耐盐雾性能测试。此试验用于评价涂层耐盐雾渗透的性能。

采用盐雾箱，仪器为美国 Q-Panel 公司生产，选用底材和配套涂料按《测定耐湿热、耐盐雾、耐候性（人工加速）的漆膜制备法》（GB/T 1765—1979）制备样板。每品种投试两块样板，样板投试前须记录原始状态。把样板放入仪器样板夹具架，参照国家标准《色漆和清漆 耐中性盐雾性能的测定》（GB/T 1771—2007）或国际标准《盐雾试验设备的操作方法》（ASTM B117—2016）进行试验。

评定方法依据《色漆和清漆 涂层老化的评级方法》（GB/T 1766—2008）标准，评价漆膜开裂、起泡、生锈、脱落、锈迹蔓延等情况，并根据破坏的程度、数量、大小进行评级。

2. 试验结果

经过实验室评定，得到如表 4.18 所示的各配套涂料试验结果，耐盐雾性能评级表见表 4.19。

表 4.18 耐盐雾性能记录表

序号	涂料名称	划“×”试板耐盐雾试验现象	整板耐盐雾试验现象
Y1	HJ110/J111 环氧淡水舱厚涂漆	5300h 完好	5300h 完好
Y2	H955 食品级无溶剂淡水舱涂料	5300h 少量大泡	5300h 完好
Y3	725-H45-02 淡水舱涂料	1200h 少量开裂	5300h 完好
Y4	H55-32 饮水容器防腐面漆	240h 少量小泡	4300h 漆膜开裂
Y5	Naviguard 无溶剂环氧漆	1200h 少量开裂	3300h 漆膜多大泡
Y6	TLA925 无溶剂型环氧储罐/液舱漆	24000h 少量开裂	5300h 完好
Y7	诺亚无溶剂环氧淡水舱漆	500h 少量开裂	5300h 完好
Y8	FW100 白色环氧漆	2400h 少量开裂	5300h 完好

续表

序号	涂料名称	划“×”试板耐盐雾试验现象	整板耐盐雾试验现象
Y9	淡水舱无毒纳米抗菌涂层	5300h 完好	5300h 完好
Y10	TH-29 型无溶剂淡水舱漆	4300h 少量开裂	5300h 完好

表 4.19 耐盐雾性能评级表

序号	涂料名称	划“×”试板耐盐雾试验评分（满分 5 分）	整板耐盐雾试验评分（满分 10 分）	合计
Y1	HJ110/J111 环氧淡水舱厚涂漆	5	10	15
Y2	H955 食品级无溶剂淡水舱涂料	4.5	10	14.5
Y3	725-H45-02 淡水舱涂料	2	10	12
Y4	H55-32 饮水容器防腐面漆	1	9	10
Y5	Naviguard 无溶剂环氧漆	2	8	10
Y6	TLA925 无溶剂型环氧储罐/液舱漆	3	10	13
Y7	诺亚无溶剂环氧淡水舱漆	1	10	11
Y8	FW100 白色环氧漆	5	10	15
Y9	淡水舱无毒纳米抗菌涂层	5	10	15
Y10	TH-29 型无溶剂淡水舱漆	4	10	14

3. 试验结论

（1）耐盐雾综合性能较好的配套有 HJ110/J111 环氧淡水舱厚涂漆、FW100 白色环氧漆、淡水舱无毒纳米抗菌涂层。

（2）综合试验结果，无溶剂淡水舱涂料的耐盐雾性能都比较好。

4.3.6 耐湿热性能

1. 评定方案

对淡水舱防腐涂料配套体系的耐湿热性能进行测试。此试验将涂装好的试样置于温度和湿度受控制的密闭试验箱内，一定时间后评定涂膜抗湿热水汽（含凝露）能力。

采用湿热箱，仪器为国产，选用底材和配套涂料按《测定耐湿热、耐盐雾、耐候性（人工加速）的漆膜制备法》（GB/T 1765—1979）制备样板。每品种投试两块样板，样板投试前需记录原始状态。把样板放入仪器样板夹具架，依据国家标准《色漆和清漆 耐中性盐雾性能的测定》（GB/T 1740—2007）进行测试。

评定方法依据《色漆和清漆 涂层老化的评级方法》（GB/T 1766—2008），评价漆膜开裂、起泡、生锈、脱落、锈迹蔓延等情况，并根据破坏的程度、数量、大小进行评级。

《船用水线漆》（GB/T 9260—2008）标准要求水线漆耐老化性能 200h 漆膜颜色变色小于 4 级，粉化小于 2 级，且无裂纹。

2. 试验结果

经过实验室评定，得到如表 4.20 所示的各配套涂料试验结果，性能评分见表 4.21。

表 4.20　耐湿热性能记录表

序号	涂料名称	划“×”试板耐湿热试验现象	整板耐湿热试验现象
Y1	HJ110/J111 环氧淡水舱厚涂漆	5300h 完好	5300h 完好
Y2	H955 食品级无溶剂淡水舱涂料	5300h 完好	5300h 完好
Y3	725-H45-02 淡水舱涂料	4300h 少量小泡	5300h 完好
Y4	H55-32 饮水容器防腐面漆	4300h 少量小泡	5300h 完好
Y5	Naviguard 无溶剂环氧漆	1700h 少量小泡	3300h 小泡密集
Y6	TLA925 无溶剂型环氧储罐/液舱漆	5300h 完好	5300h 完好
Y7	诺亚无溶剂环氧淡水舱漆	4300h 少量小泡	5300h 完好
Y8	FW100 白色环氧漆	1200h 少量小泡	3300h 小泡密集
Y9	淡水舱无毒纳米抗菌涂层	5300h 完好	5300h 完好
Y10	TH-29 型无溶剂淡水舱漆	5300h 完好	5300h 完好

表 4.21　耐湿热性能评分

序号	涂料名称	划“×”试板耐湿热评分（满分 4 分）	整板耐湿热评分（满分 6 分）	合计
Y1	HJ110/J111 环氧淡水舱厚涂漆	4	6	10
Y2	H955 食品级无溶剂淡水舱涂料	4	6	10
Y3	725-H45-02 淡水舱涂料	3	6	9
Y4	H55-32 饮水容器防腐面漆	3	6	9
Y5	Naviguard 无溶剂环氧漆	2	4	6

续表

序号	涂料名称	划“×”试板耐湿热评分（满分4分）	整板耐湿热评分（满分6分）	合计
Y6	TLA925无溶剂型环氧储罐/液舱漆	4	6	10
Y7	诺亚无溶剂环氧淡水舱漆	3	6	9
Y8	FW100白色环氧漆	1	4	5
Y9	淡水舱无毒纳米抗菌涂层	4	6	10
Y10	TH-29型无溶剂淡水舱漆	4	6	10

3. 试验结论

（1）综合试验结果，耐湿热性能较好的是配套体系的HJ110/J111环氧淡水舱厚涂漆、H955食品级无溶剂淡水舱涂料、TLA925无溶剂型环氧储罐/液舱漆、淡水舱无毒纳米抗菌涂层、TH-29型无溶剂淡水舱漆。

（2）综合试验结果，Naviguard无溶剂环氧漆和FW100白色环氧漆耐湿热性能相对较差。

4.3.7 耐氙灯老化性能

1. 评定方案

对淡水舱防腐涂料配套体系的耐人工老化性能测试。此试验用于评价涂层耐老化性能。

采用老化箱，仪器为美国Q-Lab公司生产，选用底材和配套涂料按《测定耐湿热、耐盐雾、耐候性（人工加速）的漆膜制备法》（GB/T 1765—1979）制备样板。每品种投试两块样板，样板投试前须记录原始状态。把样板放入仪器样板夹具架，参照国家标准《机械工业产品用塑料、涂料、橡胶材料人工气候老化试验方法 荧光紫外灯》（GB/T 14522—2008）进行试验。

评定方法依据《色漆和清漆 涂层老化的评级方法》（GB/T 1766—2008），评价漆膜开裂、起泡、生锈、脱落、锈迹蔓延等情况，并根据破坏的程度、数量、大小进行评级。

2. 试验结果

经过实验室评定，得到如表4.22所示的各配套涂料试验结果。

表 4.22　耐氙灯老化性能记录表

序号	涂料名称	氙灯老化现象	评分
Y1	HJ110/J111 环氧淡水舱厚涂漆	1700h 严重失光，明显粉化	4
Y2	H955 食品级无溶剂淡水舱涂料	1700h 严重失光，明显粉化	4
Y3	725-H45-02 淡水舱涂料	1200h 严重失光，明显粉化	3
Y4	H55-32 饮水容器防腐面漆	1200h 严重失光，明显粉化	3
Y5	Naviguard 无溶剂环氧漆	1200h 严重失光，明显粉化	3
Y6	TLA925 无溶剂型环氧储罐/液舱漆	720h 严重失光，明显粉化	2
Y7	诺亚无溶剂环氧淡水舱漆	1200h 严重失光，明显粉化	3
Y8	FW100 白色环氧漆	1200h 严重失光，明显粉化	3
Y9	淡水舱无毒纳米抗菌涂层	1200h 严重失光，明显粉化	3
Y10	TH-29 型无溶剂淡水舱漆	5000h 严重失光，气孔密集	5

3. 试验结论

耐老化性能较好的配套涂料为 TH-29 型无溶剂淡水舱漆，H955 食品级无溶剂淡水舱涂料、HJ110/J111 环氧淡水舱厚涂漆次之。

4.3.8　综合性能评定及结论

1. 评定方案

对 10 个淡水舱涂料配套体系进行的物理性能测试、机械性能测试、抗浸泡试验、耐盐雾性能测试、耐湿热性能测试和耐人工老化性能测试结果进行汇总评分，评价涂层防腐蚀的综合能力。

综合考虑各个项目，采用表 4.23 所示的综合加权因子，对涂料常规性能进行综合评定。

表 4.23　涂料常规性能综合加权因子

检测项目	物理性能	机械性能	抗浸泡性能	耐盐雾性能	耐湿热性能	耐氙灯老化性能	总分
评分	10	10	50	15	10	5	100

2. 试验结果

10种有机涂层的综合性能评定结果见表4.24。

表4.24 实验室综合性能汇总表

序号	涂料	物理性能	机械性能	抗浸泡性能	耐盐雾性能	耐湿热性能	耐氙灯老化性能	总分
Y1	HJ110/J111 环氧淡水舱厚涂漆	9.7	9.25	46	15	10	4	93.95
Y2	H955 食品级无溶剂淡水舱涂料	10	10	50	14.5	10	4	98.5
Y3	725-H45-02 淡水舱涂料	10	9.5	50	12	9	3	93.5
Y4	H55-32 饮水容器防腐面漆	10	9.5	47	10	9	3	88.5
Y5	Naviguard 无溶剂环氧漆	10	10	33	10	6	3	72
Y6	TLA925 无溶剂型环氧储罐/液舱漆	10	7.5	38	13	10	2	80.5
Y7	诺亚无溶剂环氧淡水舱漆	10	10	27	11	9	3	70
Y8	FW100 白色环氧漆	9.6	9.5	35	15	5	3	77.1
Y9	淡水舱无毒纳米抗菌涂层	—	—	40	15	10	3	68
Y10	TH-29 型无溶剂淡水舱漆	10	9	39	14	10	5	87

3. 综合评定结论

（1）综合实验室试验结果，配套Y2、配套Y1和配套Y3综合性能最好，分别是H955食品级无溶剂淡水舱涂料、HJ110/J111环氧淡水舱厚涂漆和725-H45-02淡水舱涂料。

（2）Naviguard无溶剂环氧漆和诺亚无溶剂环氧淡水舱漆抗浸泡性能较差。

（3）Naviguard无溶剂环氧漆和FW100白色环氧漆耐湿热性能相对较差。

（4）参试涂料品种都能通过市级疾病控制中心等权威部门无毒检测。

（5）无溶剂环氧涂层比厚浆型环氧涂层在淡水中具有较好的综合性能，是淡水舱防护涂层的主要发展趋势。

参考文献

曹楚南，张鉴清. 2002. 电化学阻抗谱导论[M]. 北京：科学出版社：151-185.

曹楚南. 2008. 腐蚀电化学原理[M]. 3版. 北京：化学工业出版社：158-187.

石勇，方倩，郭常青，等. 2016. 环境友好型长寿命淡水舱涂料的制备及性能研究[J]. 中国涂料，10：29-32.

田文亮. 2014. 深海交变压力环境下有机涂层的失效机制及寿命预测方法研究[D]. 沈阳：中国科学院金属研究所.

张小阳，王占华，张志修. 2006. 材料及防护涂层在淡水环境中的腐蚀试验研究[J]. 腐蚀与防护，27（5）：240-243.

Bi H C, Sykes J. 2016. Cathodic delamination of unpigmented and pigmented epoxy coatings from mild steel [J]. Progress in Organic Coatings，90：114-125.

Cambier S M，Frankel G S. 2014. Coating and Interface Degradation of Coated steel，Part 2：accelerated laboratory tests [J]. Electrochimica Acta，136：442-449.

Cambier S M，Posner R，Frankel G S. 2014. Coating and interface degradation of coated steel，Part 1：field exposure [J]. Electrochimica Acta，13：30-39.

Creus J，Mazille H，Idrissi H. 2000. Porosity evaluation of protective coatings onto steel，through electrochemical techniques [J]. Surface and Coatings Technology，130：224-232.

Deyab M A，Rachid O，Al-Sabagh A M，et al. 2017. Enhancement of corrosion protection performance of epoxy coating by introducing new hydrogenphosphate compound [J]. Progress in Organic Coatings，107：37-42.

Dong Y H，Zhou Q. 2014. Relationship between ion transport and the failure behavior of epoxy resin coatings [J]. Corrosion Science，78：22-28.

Khun N W，Frankel G S. 2013. Effects of surface roughness，texture and polymer degradation on cathodic delamination of epoxy coated steel samples [J]. Corrosion Science，67：152-160.

Liu X L，Shao Y W，Zhang Y J，et al. 2015. Using high-temperature mechanochemistry treatment to modify iron oxide and improve the corrosion performance of epoxy coating-II. Effect of grinding temperature [J]. Corrosion Science，90：463-471.

Liu X L，Shao Y W，Zhang Y J，et al. 2015. Using high-temperature mechanochemistry treatment to modify iron oxide and improve the corrosion performance of epoxy coating-I. High-temperature ball milling treatment [J]. Corrosion Science，90：451-462.

Montazeria SH，Ranjbara Z，Rastegar S. 2017. A study on effects of viscoelastic properties on protective performance of epoxy coatings using EIS [J]. Progress in Organic Coatings，111：248-257.

Nazarov A，Le Bozec N，Thierry D. 2018. Assessment of steel corrosion and deadhesion of epoxy barrier paint by scanning Kelvin probe [J]. Progress in Organic Coatings，114：123-134.

Posner R，Marazita M，Amthor S，et al. 2010. Influence of interface chemistry and network density on interfacial ion transport kinetics for styrene/acrylate copolymer coated zinc and iron substrates [J]. Corrosion Science，52：754-760.

Posner R，Wapner K，Amthor S，et al. 2010. Electrochemical investigation of the coating/substrate interface stability for styrene/acrylate copolymer films applied on iron [J]. Corrosion Science，52：37-44.

Sørensen P A，Dam-Johansen K，Weinell C E，et al. 2010. Cathodic delamination：quantification of ionic transport rates along coating-steel interfaces [J]. Progress in Organic Coatings，67：107-115.

Sykes J M，Whyte E P，Yu X，et al. 2017. Does "coating resistance" control corrosion? [J]. Progress in Organic Coatings，102：82-87.

Upadhyay V，Battocchi D. 2016. Localized electrochemical characterization of organic coatings：a brief review [J]. Progress in Organic Coatings，99：365-377.

第 5 章　船用海水淡化装置及试验

现代船舶较长时间航行于大海上，依靠自身携带淡水的方式已不能满足执行任务的需求，且该方式占用船舱极其有限的资源，经济上不划算，机动性也差。对远洋船舶来说，应用海水淡化技术解决饮用水问题比在陆地上显得更为迫切。近年来，新建船舶以装备反渗透式海水淡化装置最多，通过反渗透法和蒸馏法获得设备、人员用水。随着不同海域海水的总固体含量、温度等参数变化，反渗透海水淡化装置的造水量和产水品质会发生变化，有的参数会超出水质标准规定范围。无论对船舶设计者的优化设计还是对使用者来说，获得全海域环境下本船的造水能力参数都是必要的。

5.1　概　　述

经过 60 多年的发展，我国的海水淡化技术研究已较为成熟，形成了良好的产业发展基础。1958 年，中国科学院海洋研究所首先在我国开展了电渗析海水淡化的研究，开启了我国海水淡化发展的序幕。1960 年，中国船舶重工集团上海 704 研究所开发了 $5m^3/d$ 级压汽蒸馏淡化装置和采油机缸套水余热的闪蒸淡化装置。1968 年，国家科学技术委员会、国家海洋局共同组织，中国科学院海洋研究所，中国科学院化学研究所，自然资源部第一、第二、第三海洋研究所，中国海洋大学（原山东海洋学院），天津大学以及北京市环境保护科学研究院参加的反渗透海水淡化会战，研制成功了我国第一台板式反渗透淡化器。20 世纪 60 年代末，我国成功研制了电渗析一次脱盐工艺和定时倒极电渗析技术，解决了电渗析装置的极化问题，提高了运行稳定性。1977 年大连市海水淡化蒸馏法协作组（大连工学院、石油七厂等）研制成功我国第一套竖管多效蒸发海水淡化实验装置，产水能力 $10\sim12m^3/d$。1981 年，杭州水处理技术研究开发中心在西沙群岛永兴岛建成了我国第一个日产淡水 $200m^3/d$ 的电渗析海水淡化站，实现了淡水生产成本为船运淡水成本 1/4 的目标。1997 年，杭州水处理技术研究开发中心在浙江舟山嵊山镇建成当时国内最大的反渗透海水淡化站，该站产水量 $500m^3/d$，吨水耗电 5.5kW·h 以下，技术经济指标已达到同等规模反渗透海水淡化站的世界先进水平，淡化水水质符合我国饮用水卫生标准。2004 年，由国家海洋局天津海水淡化与综合利用研究所设计的 $3000m^3/d$ 低温多效蒸馏海水淡化工程在山东黄岛发电厂投入运行，这表明我国已初步掌握大型低温多效蒸馏海水淡化的成套技术。2009 年，众和海水淡化工程有限公司先后出口印度尼西亚 4 套 3000m^3/d 及 2 套 4500m^3/d 海水淡化装置，标志着我国在热法海水淡化技术及装置加工方面已具备了一定的国际竞争力。2010 年 5 月，天津国投津能发电有限公司引进以色列 IDE 的 4 台单机规模为 2.5 万 t/d 的低温多效海水淡化装置建成。

船舶淡水自保障主要依靠海水淡化技术，通过反渗透法和蒸馏法获得设备、人员用水，近十几年来新建船舶以装备反渗透式海水淡化装置最多，形成了 2.5～200t/d 产水量的反渗透装置生产能力。但由于国内相关技术的发展水平限制，装置的核心部件包括膜、高压泵和大产水量装置的能量回收设备主要依赖进口，有的装置为全套引进，国产化水平低。目前国内关于反渗透海水淡化技术的标准化、系列化及维修性等方面尚不完善，对装备使用过程中的维修保障也提出了新的要求。

对以蒸汽轮机为主动力装置的船舶，由于蒸汽供应充足，主要以蒸馏式海水淡化为主，主要有 100t/d、50t/d、5t/d 单效蒸馏装置以及 5t/d 机械蒸汽压缩淡化装置等。目前蒸馏式海水淡化装置在船舶上仍然获得一定应用，主要有单效蒸馏式、机械蒸汽压缩式、闪发式等。单效蒸馏式海水淡化装置可以利用废热作为热源，如柴油机冷却水、低压蒸汽等，提高了热能的利用效率，但目前在强化传热方面采取的措施不多，主要采用普通的管式换热器，板式换热器曾得到过应用，但未广泛发展，降膜蒸发技术、受限流道换热技术从未在船舶海水淡化装置上得到应用。机械蒸汽压缩式海水淡化装置由于耗电量相对较大，虽在船舶上得到过应用，但范围不大。闪发式海水淡化装置在民用船舶上、军辅船上得到过应用。

从目前的情况看，蒸汽动力装置船舶主要装备蒸馏式海水淡化装置，并一般装备了反渗透海水淡化装置联合使用；内燃动力船舶以装备反渗透装置为主。从目前收集到的资料看，海水淡化装置中采用降膜蒸发技术，传热系数会得到显著提高，以蒸发温度为 100℃为例，采用降膜蒸发技术与普通管式冷凝器比较，传热系数由 2.0 增大为 2.5 左右；降膜蒸发已经成为海水淡化领域广泛采用的方法；通过比较普通壳管式换热器与带鳍片的管式换热器，证明采用带鳍片的管式换热器更具优势；板式换热器应用于海水淡化装置的优势在文献中得到证明。有的研究者利用热泵作为热源进行海水淡化研究，如压缩式热泵、吸收式热泵等，利用压缩式热泵时如果采用氟利昂类制冷剂，则必须结合真空技术，否则其制热量是远远不够的，而且压缩机体积很大，优势体现不出；采用吸收式或吸附式热泵进行海水淡化在低蒸发温度条件下效率高，随着蒸发温度的提高，其运行效率降低，因此也要结合真空技术进行海水淡化。在相关文献中对机械蒸汽压缩、热力蒸汽压缩式海水淡化技术进行了比较细致的研究，结果证明，它们比单纯的单效蒸馏式海水淡化效率要高。船舶对海水淡化装置的要求除了低能耗外，还要求装置质量轻、体积小、可靠性高、便于使用管理与维修。

5.2　船用海水淡化装置

海水淡化技术也称为海水脱盐技术，是分离海水中盐和水的技术。为了达到脱盐目的，可以从海水中取出水，也可以除去海水中的盐。海水淡化技术可以按分离出去的物质进行分类，也可以按分离的方法，分为热法和膜法两大类。热法有冷冻法和蒸馏法，冷冻法又分为直接冷冻法和间接冷冻法；蒸馏法有低温多效蒸馏法、多级闪蒸法、压汽蒸馏法、膜蒸馏法、太阳能蒸馏法。膜法主要有反渗透法、电渗析法和离子交换法，见图 5.1。

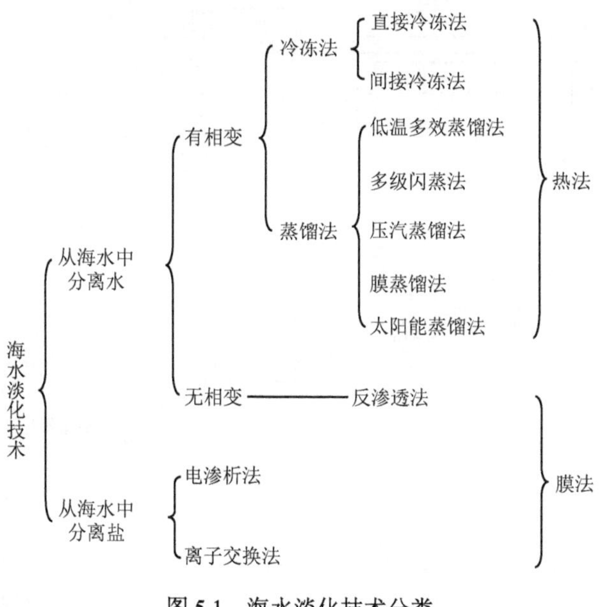

图 5.1　海水淡化技术分类

5.2.1　单效蒸馏式海水淡化装置

蒸馏式海水淡化装置对热源的要求低，在船舶上获得了广泛应用，但是由于系统本身较复杂，包括海水上水系统、淡水系统、浓海水排放系统、热源等，要求各系统之间要匹配好才能获得所要求的淡水，使得蒸馏式海水淡化装置使用操作复杂，影响了目前装置作用的有效发挥，因此研究蒸馏式海水淡化装置的性能变化规律，是海水淡化研究领域的一个重要方面。

海水经过预热器，在其中吸收淡水和喷射器工作蒸汽所放出的热量，温度升高，供入海水淡化装置的冷凝器中作为冷源冷凝海水蒸发所得蒸汽（二次汽），温度进一步得到提高，一部分供入海水淡化装置的蒸发器中作为供水，另外一部分排出舷外；供入蒸发器中的海水在蒸发器中受工作蒸汽（一次汽）的加热，温度升高，达到饱和温度，开始蒸发，所得蒸汽（二次汽）在海水淡化装置内上升，经过分离器分离出所携带的水珠，到达冷凝器中冷凝成淡水，经过预热器将热量传给海水后，进入淡水柜中备用；海水淡化装置内未蒸发的海水浓度升高成为浓海水，由浓海水喷射器排出舷外。

由其工作过程可以看出，整个海水淡化过程实际上是热量传递和质量传递过程，遵循质量守恒和能量守恒原理，其流程图见图 5.2。

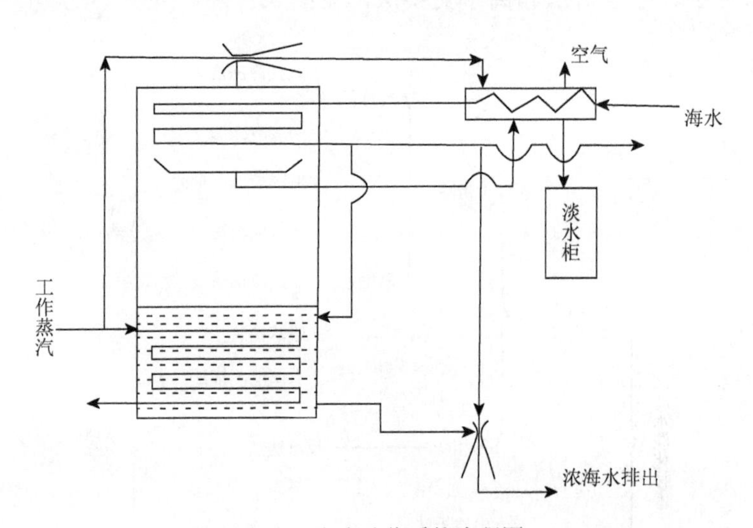

图 5.2　海水淡化系统流程图

船舶单效蒸馏海水淡化装置的热源主要有：低压蒸汽、柴油机冷却水等，图 5.3 所示为柴油机冷却水作为热源的船舶单效蒸馏海水淡化装置系统图。

柴油机冷却水温度为 70～75℃，蒸发器内依靠水喷射泵建立起真空，蒸发器内海水蒸发温度约为 38℃，该装置的产水量为 5t/d，由于利用柴油机冷却水作为热源，装置的能耗主要是两台离心泵消耗的电能，因此装置能耗低；主要缺点在于装置必须在柴油机处于工作状态时才能使用，由于充电时间短，装置产水量受限，加上装置本身较复杂，需要保持蒸发器内真空度、上水量、排盐量的基本稳定，操作复杂，严重影响装置效能的发挥。

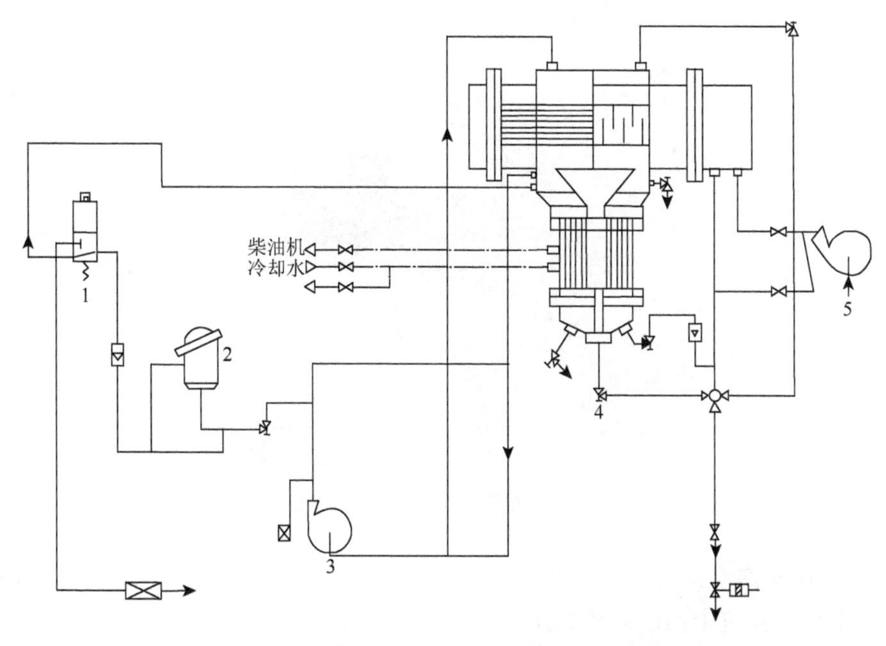

图5.3　柴油机冷却水作为热源的单效蒸馏装置

1-淡水盐度检测装置；2-淡水柜；3-凝水泵；4-蒸发器（包括加热管束和冷凝管束）；5-海水泵

单效蒸馏装置产水量随蒸发温度的升高而减小，随工作蒸汽（一次汽）压力升高而升高；产水量与蒸汽耗量之比随蒸发温度的升高略有增大；海水耗量随蒸发温度的升高而降低，随加热蒸汽压力升高而增大；工作蒸汽耗量随蒸发温度升高而减小，随工作蒸汽压力升高而增大；实际使用中为保证产水量，必须保证蒸发温度，即保证蒸发器内的真空度；当系统真空度降低时，需增大工作蒸汽压力，相应加大工作蒸汽量和海水供应量，此时系统效率降低。

由于船舶特殊的机动性要求，柴油机工况变化大，必然造成海水淡化装置加热水温度的不断变化，因此，为保证装置稳定工作，加热水流量需不断调节，使得操作复杂。瑞典 Alfa Laval 公司在该领域技术领先，其产品见图5.4。

5.2.2　多级闪蒸式海水淡化装置

多级闪蒸（multi-stage flash distillation，MSF）法是1957年由英国学者 R.S.Silver 发明的一种海水淡化方法，它在降低能耗及防垢问题方面有独到的优越性，因而其自诞生之日起即发展迅猛，很快成为海水淡化设备中最主要的工艺。多级闪蒸法是利用闪发蒸馏的原理，将溶液中的水分转变成蒸汽而与溶解于溶液中的盐分分离。闪蒸是以减压的方式降低沸点产生水蒸气，经冷凝后制得淡水的一种方法。

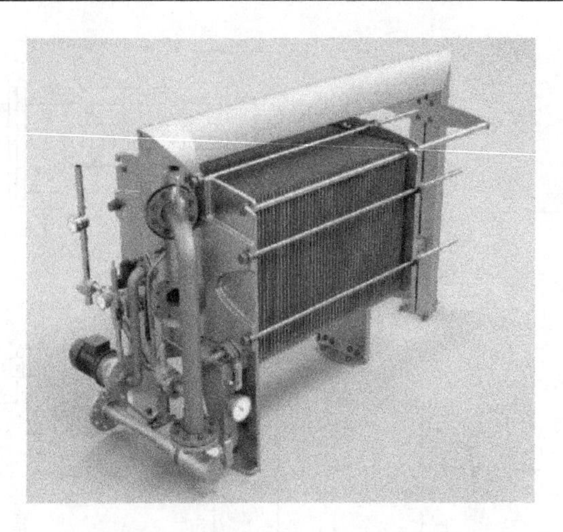

图 5.4　瑞典 Alfa Laval 公司产品

多级闪蒸海水淡化过程的原理如下：将原料海水加热到一定温度后引入闪蒸室，由于该闪蒸室中的压力控制在低于热盐水温度所对应的饱和蒸气压的条件下，故热盐水进入闪蒸室后即成为过热水而急速地部分气化，从而使热盐水自身的温度降低，所产生的蒸汽冷凝后即为所需的淡水。多级闪蒸就是以此原理为基础，使热盐水一次流经若干个压力逐渐降低的闪蒸室，逐级蒸发降温，同时盐水也逐级增浓，直到其温度接近（但高于）天然海水温度。在一定的压力下，把经过预热的海水加热至某一温度，引入第一个闪蒸室，降压使海水急闪蒸发，产生的蒸汽在热交换管外冷凝而成淡水，而使留下的海水温度降到相应的饱和温度，依次将浓缩海水引入以后各闪蒸室逐级降压，使其急闪蒸发，再冷凝而得到淡水。

多级闪蒸系统的工艺流程示意图如图 5.5 所示，图中列出了装置的主要组成部分，即盐水加热器、多级闪蒸热回收段、热排放段，其他装置则还包括海水前

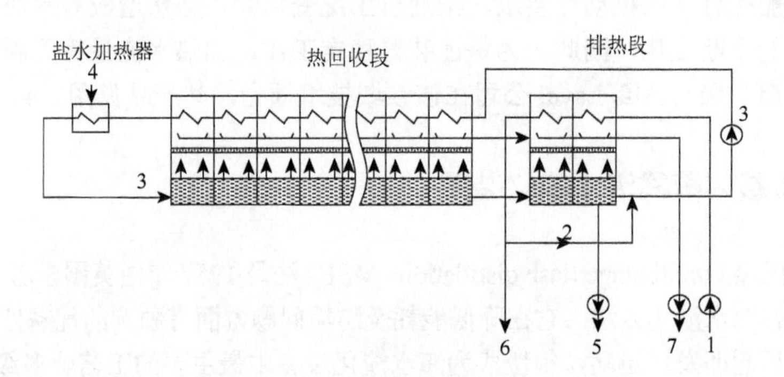

图 5.5　多级闪蒸流程示意图

1-海水；2-进料海水；3-循环盐水；4-加热蒸汽；5-排浓盐水；6-排冷却海水；7-蒸馏淡化水

处理装置、排不凝气装置真空系统、盐水循环泵和进出水泵等，图中未显示。实际工程中热排放段通常为两级或三级，图中一共有两级，而实际工程中热回收段级数通常较多，常见的装置有 20～30 级，有些装置可达 40 级以上。

原海水（流股 1）首先进入热排放段，闪蒸室的冷凝器用来冷凝闪蒸室里产生的蒸汽，同时海水被加热，从热排放段出来的海水大部分返回大海（流股 6)，只有一小部分海水（流股 2）作为装置的进料，进入热排放段的末级闪蒸室内。为满足后续的工艺需要，通常情况下，进入热排放段的闪蒸室前要进行海水前处理，如加药和脱气等。

经过预处理的进料水与闪蒸室内的循环盐水混合（流股 3)，再经盐水循环泵送入热回收装置的末级冷凝器，与热排放段相同，沿着与闪蒸盐水流动方向相反的方向依次冷凝各闪蒸室里闪蒸出来的蒸汽，同时自身也被逐渐加热，循环盐水从第一级闪蒸室的冷凝管出来后，进入盐水加热器被进一步加热，然后进入第一级闪蒸室下部。由于此时其温度大于第一级闪蒸室真空所对应的饱和温度，循环盐水开始闪蒸，闪蒸出来的蒸汽向上经过丝网除沫器除去盐水滴和泡沫后进入冷凝器进行冷凝，凝结后的水滴落入冷凝器下部的淡水槽成为产品水（流股 7)。闪蒸过程中，盐水的含盐量逐级升高，并在热回收段的最后一级达到最高，为了使循环盐水的含盐量不至于无限升高，需要在流程的某处排放一定量的盐水（流股 5)。

多级闪蒸技术是针对多效蒸发结垢较严重的缺点而发展起来的，具有设备简单可靠、防垢性能好、易于大型化、操作弹性大以及可利用低位热能和废热等优点，因此一经问世就得到了应用和发展。多级闪蒸是海水淡化工业中最成熟的技术，运行安全性最高，弹性大，适合于大型和超大型淡化装置，并主要在海湾国家使用。多级闪蒸总是与火力电站联合运行，以汽轮机低压抽汽作为热源。多级闪蒸不需要高压蒸汽为热源，特别适用于与热电厂相结合的大型淡化工厂。若将建在海滨的用于发电的核电站与这种海水淡化和海水的其他方面的利用结合起来，将是一种很经济的综合生产方案。

由于受重量尺寸要求的限制，目前多级闪蒸海水淡化装置的级数一般较少，目前采用的一般少于四级。

图 5.6 所示是某船用三级闪发装置系统原理图。装置由三级闪蒸器、给水泵、淡水泵、浓海水泵、外部加热器以及喷射器组成，外部加热器及喷射器工作流体为蒸汽，给水泵将舷外海水供入闪蒸器的冷凝器中作为冷却水冷却闪发得到的蒸汽，蒸汽凝结即为产品水，海水吸收蒸汽的热量后进入喷射器中作为冷却水冷却蒸汽，温度得到进一步提高，然后进入外部加热器吸热成为过热水，由于外部加热器中的海水压力较高，过热水不会蒸发，从外部加热器出来的过热水喷入低压闪蒸室，部分闪发，获得蒸汽，蒸汽向上流入冷凝器被海水冷凝得到淡水，依靠两级喷射器保证三级闪发室压力逐级降低，实现逐级闪发。

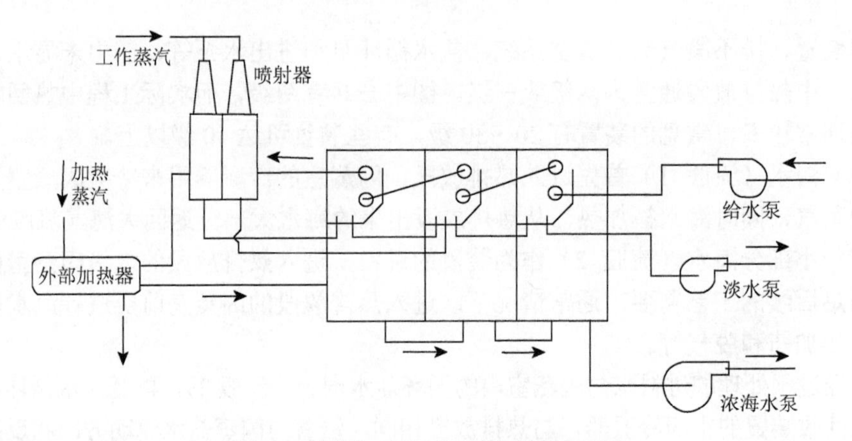

图 5.6　船用三级闪发装置系统原理图

两级喷射器用于抽出闪发室内空气，保持闪发室内的真空，喷射器依靠蒸汽作为工作流体，蒸汽压力 1.2MPa。装置额定产水量为 2t/h，加热蒸汽耗量 1.94t/h，喷射器蒸汽耗量 100kg/h，产品水含盐量 90mg/L。该装置的主要缺点在于效率较低。

图 5.7 所示为船用五级闪发装置中的一级流程图，每一级闪发室包括海水加热器、级间冷凝器、后冷凝器、空气抽除器等，浓盐水泵、蒸馏水泵、海水泵等五级共用；该装置产水量为 100t/d，加热蒸汽压力 0.1MPa，180～200℃，加热蒸汽耗量为 1550kg/h，喷射器蒸汽压力 1.6MPa，蒸汽耗量 450kg/h，整套装置海水

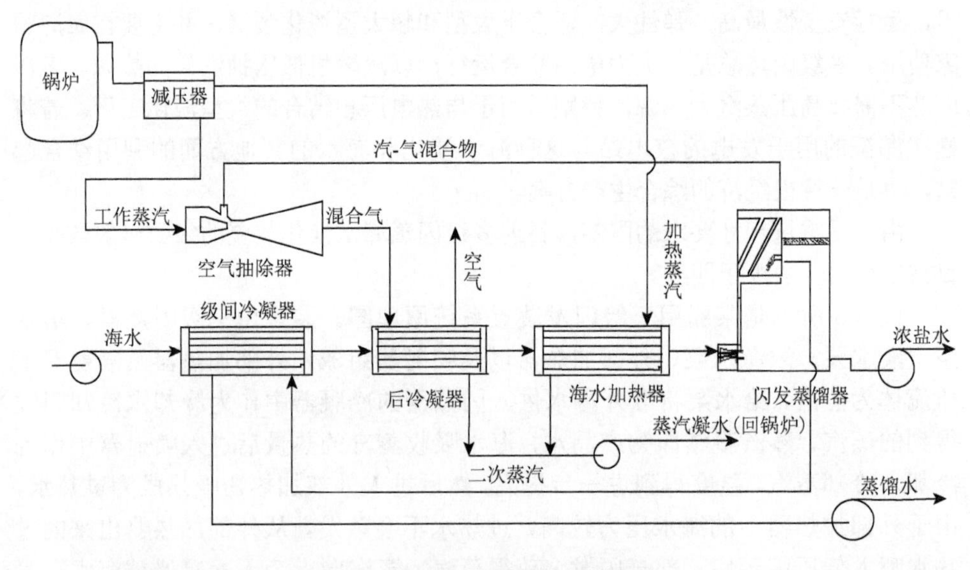

图 5.7　船用闪发装置一级流程图

给水量为 80t/h，产品水含盐量≤3mg/L，满足动力锅炉用水要求。从装置工作参数看，每吨淡水蒸汽耗量为 0.48t，效率高于三级闪发装置，同目前的船舶单效蒸馏装置相比，效率明显提高。

可见，三级闪发装置效率与单效蒸馏装置基本相同，分析其原因，主要在于海水浓缩比较小，浓海水吸收的热量全部损失，提高效率的措施有加装海水预热装置、浓海水部分循环利用。

采用海水预热装置，回收浓海水热量，若使上水温度提高 5℃，需加装一个换热面积 0.134m^2 的换热器，此时上水与浓海水间的对数平均温差为 8.5℃，装置的蒸汽耗量将降低至 1500kg/h，效率可提高 22%，具有显著的节能效果。

采用浓海水循环利用，将浓海水的一半即 27.3t/h 作为上水，结合 29.2t/h 舷外海水，则可提高上水温度至 36℃，而此时上水含盐量略有上升，至 35.588mg/L（略高于标准海水 35mg/L），对产水水质不会有大的影响，蒸汽耗量可显著降低。

5.2.3　电渗析海水淡化装置

电渗析（electrodialysis，ED）技术是开发较早并在食品行业、生化行业及水处理领域均有广泛应用的膜分离技术。电渗析技术是利用选择性离子交换膜和直流电场的作用，从溶液中分离出带电离子组分的一种电化学分离过程。在水处理方面，该项技术一般适用于处理中等盐度（TDS：1000～10000mg/L）的溶液，处理高浓度盐水（如海水）时，因耗电量过大，应用范围有所限制。随着制膜工艺的进步，以及 1-1 价离子交换膜的研制成功，膜具有更高的选择性，电渗析技术开始应用于海水浓缩制盐，实现了海水资源化利用，从而越来越受到重视。

渗析是指溶液中溶质通过半透膜的现象，自然渗析的推动力是半透膜两侧溶质的浓度差。电渗析是指在直流电场的作用下，离子透过选择性离子交换膜的现象。离子交换膜是一种含离子集团的、对溶液里的离子具有选择透过能力的高分子膜，因为一般在应用时主要利用其离子选择透过性，所以也称为离子选择透过性膜。离子交换膜按功能及结构的不同，主要分为阳离子交换膜、阴离子交换膜两种。阴离子交换膜由于膜体固定基带有正电荷离子，可选择透过阴离子。阳离子交换膜透过阳离子，阴离子交换膜透过阴离子，这种性能称为膜的选择透过性。

一台实用的电渗析器由数百个膜对组成，主要部件为阴、阳离子交换膜，隔板和电极三部分。电渗析海水淡化的工作原理如图 5.8 所示。在正负电极之间，间隔排列阴、阳离子交换膜，膜间用带有流道的隔板隔开，形成淡室和浓室。淡室即淡水经过的隔室，又称脱盐室；浓室即浓水经过的隔室，又称浓缩室。在直流电场作用和选择透过性离子交换膜的作用下，隔室内的带电离子发生正向迁移，海水中的阴、阳离子分别透过阴离子交换膜和阳离子交换膜迁移到相邻的隔室中，淡室中的盐水得到淡化，浓室中的盐水得到浓缩。阳极、阴极与膜间形成的隔室分别称为阳极室、阴极室，电渗透析器通电后，在两个极室间将发生电极反应。以 NaCl 溶液为例，阳极室生成氧气和氯气，阳极水呈酸性，电极易被氧化和腐蚀；阴极室生成氢气，阴极水呈碱性，当阴极水中含有钙、镁和碳酸氢根等离子时，易在阴极上生成钙、镁等沉淀物，发生结垢现象。所以图 5.8 中极水的作用就是冲洗因电极反应而在两个极室内生成的污染物，保证电极的正常工作。

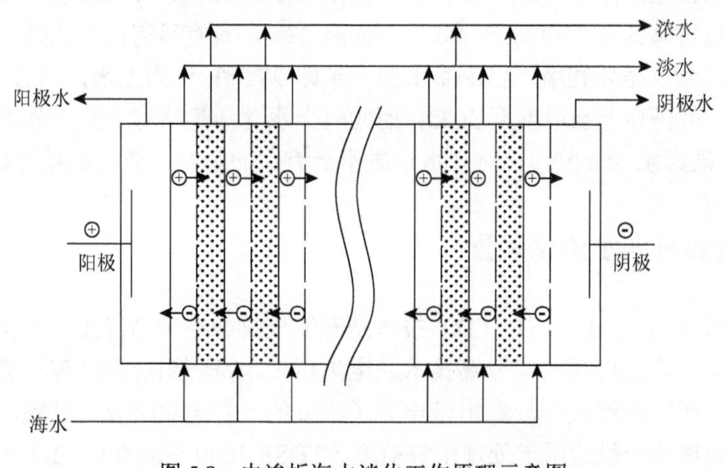

图 5.8 电渗析海水淡化工作原理示意图

—— 阴离子交换膜；— —阳离子交换膜

电渗析主要优点有：能量消耗低；预处理投药量小，对环境危害小；适应海域广，可适应原水含盐量大幅变化的情况；操作简单；设备紧凑，抗腐蚀，对预处理要求不高；水的利用率高。

电渗析主要缺点有：只能去除水中带电离子，而不能去除水中不带电的有机物，某些高价离子如铁、锰等离子将会使膜产生中毒现象，使膜永久性失效；在运行过程中易发生浓差极化现象；在处理高浓度盐水时，高电耗是制约其发展的主要因素。

船用电渗析海水淡化装置相对简单，主要由电渗析器、水柜及水泵组成。工作开始时，舷外海水由水泵先供入水柜和电渗析器，当水位达到要求后，电渗析器工作，随着电渗析器淡水室的淡化，水质达到要求时排放蒸馏水和浓海水，水柜中水位降低，舷外海水再次进入水柜和电渗析器，进行下一个工作过程。装置的主要缺点在于操作复杂，每天需多次交换电极，而且工作过程中在阴极一侧会有氢气产生，对船舶安全性不利。

5.2.4　机械蒸汽压缩海水淡化装置

机械蒸汽压缩（mechanical vapor compression，MVC）是将蒸发产生的二次蒸汽经机械压缩机压缩，提高温度后，再返回蒸发器中作为加热蒸汽的蒸馏淡化方法，也称为热泵蒸发或压汽蒸馏。水平管低温压汽蒸馏海水淡化技术是指通过水平管降膜喷淋蒸发器，使用机械压缩机提高二次蒸汽的压力、温度，使二次蒸汽的潜热在蒸发器内连续循环并发生热交换的淡化过程。这种淡化过程中的原料海水最高蒸发温度一般低于 70℃，由于蒸发温度低，海水对蒸发器设备及传热管的腐蚀以及海水在传热表面的结垢速度得到了削减和控制，从而延长了设备的维修周期，并使装置可以在高传热效率下维持长期的运转，其结果必然会降低造水成本，延长设备的使用寿命，并有可能采用廉价的防腐和传热材料完成设备的设计和制造。

图 5.9 所示是某船用机械蒸汽压缩海水淡化装置系统图。装置由蒸发器、压气机、冷凝器及板式换热器组成。系统包括罗茨式压气机、冷凝器、板式换热器、电加热器、蒸发器、汽水分离器以及抽取海水、供应淡水、排除浓海水的多个离心泵等。装置启动时，电加热器工作，加热蒸发器内的海水，海水蒸发获得的蒸汽被压气机吸入，蒸汽在其中提高压力、温度，成为热源进入蒸发器中加热海水，海水蒸发再次获得蒸汽，作为热源的蒸汽冷凝成淡水，如此不断循环，实现海水淡化。

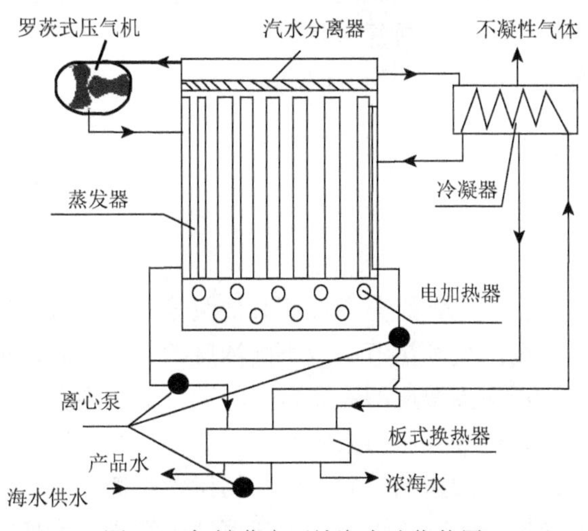

图 5.9　机械蒸汽压缩海水淡化装置

为提高装置的运行效率，海水在进入蒸发器前在板式换热器中吸收淡水和浓海水的热量，获得预热，而淡水和浓海水的排放温度得到降低。逸汽冷却器的作用是冷却蒸发器中的不凝性气体，不凝性气体与一部分蒸汽一起在逸汽冷却器中冷却，蒸汽冷凝成水作为产品水，海水在其中吸热后温度进一步升高，不凝性气体直接排放到舱室。汽水分离器用来分离蒸汽中所携带的小水珠，以保证产品水的水质，可以采用滤网式、波形板式、带钩波形板式等，本装置采用波形板式分离器。压气机是该型海水淡化装置的核心设备，可以采用离心式压气机、罗茨式压气机等，本装置采用罗茨式压气机。

机械蒸汽压缩海水淡化装置工作时依靠蒸发器内的电加热器加热海水，产生初蒸汽，压气机将其提高压力和温度后作为热源加热蒸发器内的海水，此时，停止部分电加热器也可保持装置的正常工作；板式换热器用于回收淡水及浓海水的余热，提高装置的效率；冷凝器用于冷凝蒸发器中的不凝气体并预热海水。

稳定工作时，只需两组电加热器工作，二次蒸汽通过罗茨式压气机提高压力和温度后作为热源加热海水获得淡水；该装置的主要缺点在于整个装置的可靠性取决于压气机，只有压气机可靠工作，装置才能有效运行。

机械蒸汽压缩装置流程简单，蒸汽利用效率高，且不需要冷却水，在 20 世纪 70 年代刚推出时，被认为是一种非常有前途的淡化技术，所具有的突出优势在于只依靠电力供应即可造水，无需单独的热源，这是多级闪蒸和多效蒸馏技术所无法比拟的，与反渗透式海水淡化技术比较，产水水质高，正常运行产品水水质含盐量一般在 100mg/L 以下，对于进水的预处理要求简单，环境适应性强。但是由于压汽蒸馏电能消耗较高，进入 21 世纪后，随着膜技术的飞速发展，反渗透海水淡化装置的设备投资、运行成本等的不断下降，压汽蒸馏与反渗透海水淡化相比已没有优势，目前海水淡化领域压汽蒸馏技术已较少采用。压汽蒸馏技术对进水水质要求较低，可用于处理水质复杂且污染严重的工业废水，因此，其未来的应用将主要集中在对工业废水的处理方面。

5.2.5　反渗透式海水淡化装置

1. 反渗透及其原理

能够让溶液中一种或几种组分通过而其他组分不能通过的选择性膜称为半透膜。当用半透膜隔开纯溶剂和溶液（或不同浓度的溶液）时，纯溶剂通过膜向溶液相（或从低浓度溶液向高浓度溶液）自发流动，这一现象称为渗透。若在溶液一侧（或浓溶液一侧）加一外压力来阻碍溶剂流动，则渗透速度将下降，当压力增加到使渗透完全停止，渗透的趋向被所加的压力平衡，这一平衡压力称为渗透压。渗透压是溶液的性质，与膜无关。若在溶液一侧进一步增加压力，引起溶剂反向渗透流动，这一现象习惯上称为反（逆）渗透（图 5.10）。反渗透是渗透的一种反向迁移运动，是在压力驱动下借助半透膜的选择截留作用将溶液中的溶质与溶剂分开的分离方法。

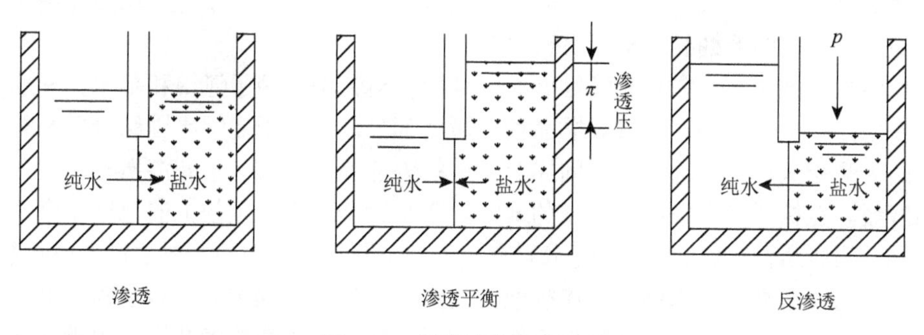

图5.10　反渗透的基本原理

从热力学可知，当在恒温下用半透膜分隔纯溶剂和溶液时，膜两侧在压力 p 下，溶液侧溶剂的化学位 $\mu_1(p)$ 可表示为

$$\mu_1(p)=\mu_1^0(p)+RT\ln\alpha_2 \tag{5.1}$$

式中，$\mu_1^0(p)$ 为纯溶剂的化学位；α_2 为溶液的活度；T 为温度，K；R 为摩尔气体常量，J/(mol·K)。

从渗透平衡可以推出渗透压的公式为

$$\pi=\frac{RT}{V_1}\ln\alpha_2\approx n_2RT \tag{5.2}$$

式中，V_1 为偏摩尔体积；n_2 为溶质质量摩尔分数（稀溶液）。

用一超过渗透压的无限小的压力使纯净水体积 $\mathrm{d}V$ 从溶液侧向溶剂侧传递所做的功记为 $\mathrm{d}W$，可计算任何浓度的溶液分离所需的最低能量为

$$\mathrm{d}W=-\pi\mathrm{d}V \tag{5.3}$$

国际上主要有三种反渗透过程的传质机理及模型学说。

（1）溶解-扩散模型。Lonsdale等提出解释反渗透现象的溶解-扩散模型。它将反渗透的活性表面皮层看作致密无孔的膜，并假设溶质和溶剂都能溶于均质的非多孔膜表面层内，各自在浓度或压力造成的化学势推动下扩散通过膜。溶解度的差异及溶质和溶剂在膜相中扩散性的差异影响着它们通过膜的能量大小。这种模型认为溶剂和溶质都可能溶于膜表面，因此物质的渗透能力不仅取决于扩散系数，还取决于其在膜中的溶解度，溶质的扩散系数比水分子的扩散系数要小得多，因而透过膜的水分子数量比通过扩散而透过的溶质数量多。

（2）优先吸附-毛细孔流动模型。当液体中溶有不同种类物质时，其表面张力将发生不同的变化。例如，水中溶有醇、醛、酯等有机物质时，可使其表面张力

减小，但溶入某些无机盐类时反而使其表面张力稍有增加。当水溶液与高分子多孔膜接触时，若膜的化学性质使膜对溶质负吸附，对水是优先的正吸附，则在膜与溶液界面上将形成一层被膜吸附的一定厚度的纯水层。它在外界压力作用下，将通过膜表面的毛细孔，从而可获取纯水。

（3）氢键模型。在醋酸纤维素（一种膜材料）中，由于氢键和范德瓦耳斯力的作用，膜中存在晶相区域和非晶相区域两部分，大分子之间牢固结合并平行排列的为晶相区域，而大分子之间完全无序的为非晶相区域，水和溶质不能进入晶相区域。在接近醋酸纤维素分子的地方，水与醋酸纤维素羰基上的氧原子会形成氢键并构成所谓的结合水。结合水只有在氢键不断地形成与断开时才能发生迁移，孔中央的普通结构的水则以有序扩散方式迁移。压力的提供为结合水的氢键断开提供了动力，使水分子离开膜表面的致密活性层而进入膜的多孔层。由于多孔层含有大量的毛细管水，水分子能够顺利流出膜外。

2. 反渗透膜的性能参数

1）脱盐率

膜的脱盐率是反渗透膜对盐的整体脱除率，即

$$\text{脱盐率}=\frac{\text{给水含盐量}-\text{产水含盐量}}{\text{给水含盐量}}\times 100\% \tag{5.4}$$

膜元件的脱盐率在其制造成型时就已确定，脱盐率的高低取决于膜元件表面超薄脱盐层的致密度，脱盐层越致密，脱盐率越高，同时产水量越低。反渗透对不同物质的脱盐率主要由物质的结构和分子量决定，对高价离子及复杂单价离子的脱盐率可以超过 99%，对单价离子如钠离子、钾离子、氯离子的脱盐率稍低，但也可超过 98%；对分子量大于 100 的有机物脱除率也可以超过 98%，但对分子量小于 100 的有机物脱除率较低。使用时间越长，化学清洗次数越多，反渗透膜脱盐率越低。

2）膜通量

膜通量又称透过速率，是指单位时间内通过单位膜面积上的流体量，一般以 $m^3/(m^2\cdot s)$或 $L/(m^2\cdot h)$计，是膜分离过程中的一个重要工艺运行参数。膜通量由外加推动力和膜的阻力共同决定，其中膜本身的性质起决定作用。膜通量（J）的计算公式为

$$J = V/(T\times A) \tag{5.5}$$

式中，J 为膜通量，$L/(m^2\cdot h)$；V 为取样体积，L；T 为取样时间，h；A 为膜的有效面积，m^2。

3）回收率

回收率（recovery rate）指膜系统中给水转化为产品水或透过液的百分比，依

据预处理的进水水质及用水要求而设定。计算公式为

$$回收率 = \frac{出水量}{进水量} \times 100\% \tag{5.6}$$

大型海水淡化系统的回收率一般为 40%～50%，小型装置一般为 25%～40%。为节省能量，应尽可能在高的回收率下操作，以减小上游投资费用。但是过高的回收率将产生高的盐水浓度，这会使透过液流量下降及盐通过量增加，导致膜的污染或浓盐水中过量的溶解性盐沉淀，从而产生膜的结垢。

4）压降

压降（ΔP）是进水压力和浓水之间的压力差值，实际上测量的是流经所有膜元件的压力降低值。在连续流量下，如果压降增加，意味着泵屑、无机结垢或生物膜等堵塞了元件里的浓水通道。同时温度和其他因素也会影响压降，可以根据下式对压降标准化：

$$标准压降 = 实际\Delta P \times \frac{(2\times 初始浓水流量 + 初始产水流量)^{1.5}}{(2\times 浓水流量 + 产水流量)^{1.5}} \tag{5.7}$$

如果标准化后压降增加了 10%，建议考虑化学清洗。

3. 膜及其分类

反渗透膜按结构来分主要有非对称反渗透膜和反渗透复合膜两种形式，两者都有多孔支撑层和致密的分离层。非对称反渗透膜一般通过相转化法一步完成，多孔支撑层和致密的分离层为相同的材料，在织物增强层上成膜，并一次成形，底部疏松，表面层致密，因而分离功能层较厚，水通量相对较小。反渗透复合膜由致密的超薄复合层（0.1～1μm）、多孔支撑层（40～60μm）和织物增强层（120μm 左右）组成。反渗透复合膜一般先制备多孔支撑层，再制备超薄复合层，分两步进行。其中超薄复合层采用亲水性较好的材料，如聚酰胺、聚脲等，结构致密，具有选择性分离功能；多孔支撑层大多采用聚砜多孔膜，不具有选择性分离功能；织物增强层采用聚酯类无纺布或涤纶布，也不具有选择性分离功能。

反渗透膜主要分为三类：①醋酸纤维素膜，如通用的醋酸纤维素-三醋酸纤维素共混不对称膜和三醋酸纤维素中空纤维膜；②芳香族聚酰胺膜，如通用的芳香族聚酰胺复合膜和芳香族聚酰胺中空纤维膜；③前两者的组合形成复合膜。

（1）醋酸纤维素膜。醋酸纤维素是应用最早的反渗透膜材料。1957 年，Reid 首次成功制备出氯化钠截留率达到 98%的醋酸纤维素均质 RO 膜。1963 年，Loeb 和 Sourirajan 采用湿法工艺制得醋酸纤维素非对称 RO 膜，使得水通量提高了 10 倍，随后通过调节三醋酸纤维素（CA）与二醋酸纤维素（CTA）配方比例，增强醋酸纤维素材料的耐酸碱性和抗微生物性，不断提高醋酸纤维素 RO 膜的性能，逐步实现中空纤维醋酸纤维素 RO 膜法海水淡化的产业化。至今，以日本东洋纺

Hollosep 为代表的抗污染型中空纤维醋酸纤维素膜在 RO 膜法海水淡化市场一直占据一定的份额。醋酸纤维素膜材料的优点是来源广泛、价格低廉、制备容易、成膜性能好、膜表面光洁、不易结垢和污染、耐氧化和余氯的性能较好和选择性高等，但自身也存在许多缺点，如不耐微生物腐蚀、不耐酸碱、易水解降解、抗化学腐蚀性差和抗压实性差等。

（2）聚酰胺膜。聚酰胺包括脂肪族聚酰胺和芳香族聚酰胺两大类。20 世纪 70 年代应用的主要是脂肪族聚酰胺，如尼龙-4、尼龙-6 和尼龙-66 膜。目前使用最多的是芳香族聚酰胺膜，相比于醋酸纤维素膜，芳香聚酰胺膜具有脱盐率高、通量大、应用 pH 范围宽（2～11）、耐生物降解、操作压力要求低等特点，但其缺点是不耐氧化（氧化后性能急剧衰减）、抗结垢和污染能力差、不耐余氯等。

（3）复合膜。复合膜由以上两种材料制成，由很薄的致密层和多孔支撑层复合而成。多孔支撑层又称基膜，起增强机械强度的作用；致密层也称表皮层，起脱盐作用，故又称脱盐层。由单一材料制成的非对称膜有以下不足之处：致密层和多孔支撑层之间存在被压密的过渡层；表皮层厚度最薄极限为 100nm，很难通过减小膜厚度降低推动压力；脱盐率与透水速度相互制约，因为同种材料很难兼具脱盐和支撑两种功能。复合膜则很好地解决了上述问题，它可以分别针对致密层和支撑层的要求选择脱盐性能好的材料和机械强度高的材料。复合膜的致密层可以做得很薄，有利于降低拖动压力，同时消除了过渡区，抗压密性能好。

20 世纪 60 年代，Francis 等首次制备了聚酰胺/醋酸纤维素复合 RO 膜，随后发现聚砜更适合作为支撑层，聚酰胺/聚砜复合 RO 膜具有更好的化学稳定性、耐候性、耐压性并逐步实用化。但是受限于线性酰胺材料的化学性质，早期聚酰胺 RO 膜的耐氯性较差。1979 年，Cadotte 申请了 FT-30 膜发明专利，通过交联获得表面粗糙结构，使得 RO 膜水通量得到显著提高。随后，美国陶氏化学公司以 FT-30 为基础，日本东丽株式会社以 UTC-70 为基础，日本日东电工株式会社/美国海德能公司以 CPA2 为基础，分别成功开发出一系列商用 RO 膜，并且 RO 膜元件实现了标准化，使得全交联结构芳香聚酰胺薄层复合 RO 膜在全球范围内迅速获得广泛应用。20 世纪 80 年代以后特别是 21 世纪 20 年代以后，新型 RO 膜聚合物材料的研究快速减少，但表面改性及界面聚合反应控制使得聚酰胺 RO 膜水通量不断提升，从而使得 RO 膜法海水淡化能耗不断降低。

4. 膜组件及形式

反渗透膜组件可应用于纯水制备和水处理行业中的分离、浓缩、纯化等化工单元操作，目前，得到工业应用的膜组件主要有板框式、管式、卷式、碟管式、中空纤维式等类型，其中广泛应用的是卷式和中空纤维式反渗透膜组件，碟管式则主要应用于处理垃圾渗滤液，在海水淡化方面的应用近几年刚起步，板框式和管式仅用于特种浓缩处理场合。

（1）卷式反渗透膜组件。卷式反渗透膜组件是目前市场使用最多最广泛的膜应用形式，这种形式的膜组件是在 20 世纪 60 年代中期，由美国内政部盐水局基金资助，Gulf General Atomics 研制而成。此后，对操作压力、流道设计、隔网、黏合剂、密封、防伸缩装置等进行了改进。最初膜材料采用二醋酸纤维素，现在主要采用聚酰胺复合膜材料等制造海水淡化膜。

卷式反渗透膜组件所用的膜通常直接涂刮在聚酯无纺布增强材料上，在两张膜背面之间放入一张透过液（产水）格网，然后将两张膜的 3 条边用环氧或聚氨酯黏合剂密封，第 4 条边开口形成好似一只仅装一片产水隔网的信封状的膜对。这个膜对的开口端与打孔的塑料或不锈钢的中心产水集水管连接。在每两个膜对之间直接插入聚丙烯之类的导流网，最后将其卷在中心产水收集管上形成膜卷，其结构见图 5.11。

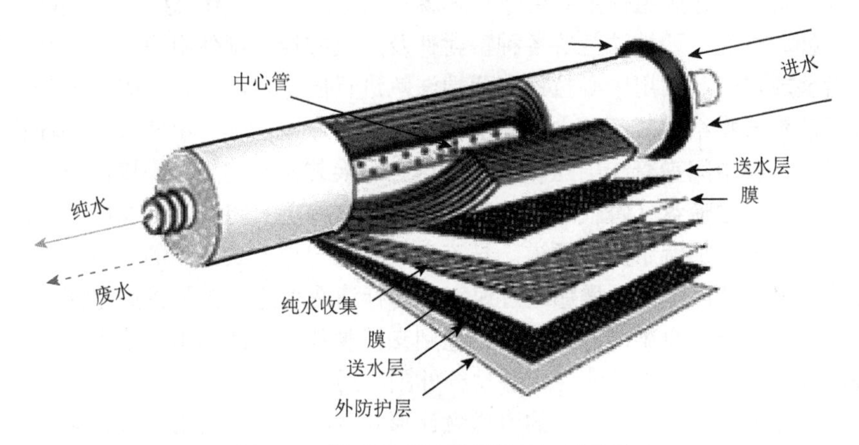

图 5.11　卷式反渗透膜组件结构示意图

根据膜组件直径的不同，卷式反渗透膜组件又分为 2.5in（1in = 2.54cm）、4in、8in、16in 等多种型号，其中以 4in 和 8in 最为常用。近年来大直径反渗透膜也逐步进入市场，世韩工业公司也相应推出了 16in 大直径反渗透膜组件，与 8in 膜组件相比，大直径反渗透膜组件具有减少占地面积、减少连接管路、减少安装工作量和泄漏的优点，将会在未来的大型海水淡化工程中得到推广和应用。

卷式反渗透膜组件给水流动与传统的过滤流方向不同，给水从膜元件端部引入，沿着膜表面平行的方向流动，被分离的淡水垂直于膜表面，透过膜形成渗透液，因此，形成一个垂直、横向相互交叉的流向。水中的颗粒物仍留在给水（逐步形成浓水）中，并被横向水流带走，如果膜元件的水通量过大或回收率过高（指超出设计规定），盐分和胶体滞留在膜表面上的可能性就大。浓度过高会形成浓差极化，胶体颗粒会污染膜表面。

卷式反渗透膜组件具有安装和操作比较方便、可应用于各种膜材料、结构紧凑、单位体积内有效膜面积较大等优点，但也存在高压操作难度大、容易产生浓差极化、在多个单元管中个别单元的检修困难、在使用过程中膜污染后不易清洗等缺点。

（2）碟管式反渗透膜组件。碟管式反渗透膜组件是专门针对垃圾渗滤液处理开发的，1988 年在德国政府的支持下，由 ROCHEM 公司研制成功，1989 年首次应用于德国 Ihlenberg 填埋场至今已有 30 多年，其占据了全球 75%的垃圾渗滤液处理市场份额。碟管式反渗透膜组件非常适用于污染物浓度高、含盐量高、常规工艺处理难度大、出水水质要求高或回用的水处理领域如垃圾填埋场、垃圾中转站渗滤液处理，反渗透浓水处理，垃圾发电厂，煤矿、化工、天然气场、油田废水处理，回收分离（物料分离浓缩），零排放工艺、海水淡化等。

碟管式反渗透膜组件主要由碟片式膜片（过滤膜片）、导流盘、O 型橡胶垫圈、中心拉杆、外壳、两端法兰等各种密封件及连接螺栓等部件组成。把过滤膜片和导流盘叠放在一起，用中心拉杆和两端法兰进行固定，然后置入耐压外壳中，就形成了碟管式膜组件。膜柱中各个部件有不同的作用。膜片由两张同心环状反渗透膜组成，膜中间夹着一层丝状支架，这三层换装材料的外环燥接，内环开口，为净水出口。导流盘（替代了卷式膜中的网状支撑层）将膜片夹在中间，但不与膜片直接接触，加宽了流体通道。导流盘表面有一定方式排列的凸点，在高压下使渗滤液形成湍流作用，增加透过速率和自行清洗功能。O 型橡胶垫圈套在中心拉杆上，置于导流盘梁侧的凹槽内，起到支撑膜片、隔离污水和净水的作用。净水在膜片中间沿丝状支架流道中心拉杆外围，通过净水出口排出。

原液流道：碟管式膜组件的流道设计形式具有专利，采用开放式流道，料液通过入口进入压力容器中，从导流盘与外壳之间的流道流到组件的另一端，在另一端法兰处，料液通过 8 个流道进入导流盘中（图 5.12），被处理的液体以最短的距离快速流过滤膜，然后 180°逆转到另一膜面，再从导流盘中心的槽口流入下一个导流盘（图 5.13），从而在膜表面形成导流盘圆周—圆心—圆周—圆心的双“S”形路线，浓缩液最后从进料端法兰处流出。碟管式膜组件两导流盘间距为 4mm，导流盘表面有一定方式排列的凸点。这种特殊的水力学设计使料液在压力作用下流经滤膜表面遇凸点碰撞时形成湍流，增加透过速率和自清洗功能，从而有效避免膜堵塞和浓差极化现象，成功地延长了膜片的使用寿命；清洗时也容易将膜片上的积垢洗净，保证碟管式膜组件可用于处理高浊度和高含砂系数的废水，适应更恶劣的进水条件。

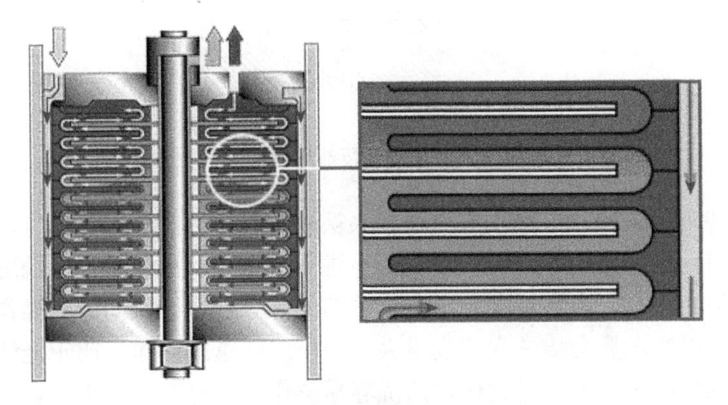

图 5.12　碟管式膜柱流道示意图

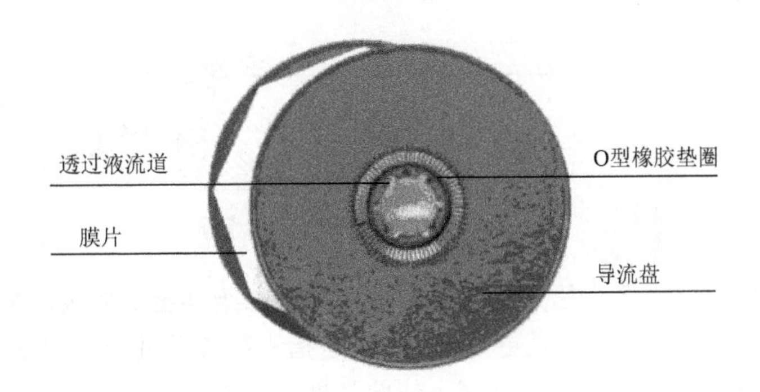

图 5.13　碟管式膜片和导流盘

透过液流道：过滤膜片由两张同心环状反渗透膜组成，膜中间夹着一层丝状支架（图 5.13），使通过膜片的净水可以快速流向出口。这三层环状材料的外环用超声波技术焊接，内环开口，为净水出口。渗透液在膜片中间沿丝状支架流到中心拉杆外围的透过液通道，导流盘上的 O 型橡胶垫圈防止原水进入透过液通道。如图 5.13 所示，透过液从膜片到中心的距离非常短，且对于组件内所有过滤膜片均相等。

碟管式反渗透膜组件具有最低程度的膜结垢和膜污染、膜使用寿命长、组件易于维护、过滤膜片更换费用低等优点，但一次装机费用一般比同等产水量卷式膜组件要高。

5. 反渗透工艺

反渗透工艺的流程根据应用对象和规模的大小，通常可采用连续式、间歇式两类。

绝大多数反渗透系统都是连续运行并有稳定的产水量和回收率，其流程如图 5.14 所示。进水温度和膜片被污染造成的影响可以通过调节压力来弥补。

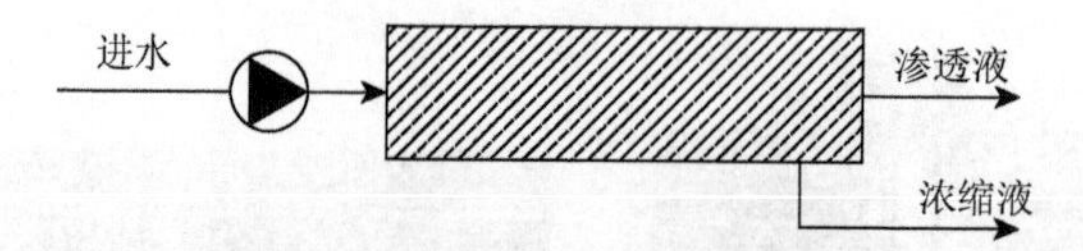

图 5.14　连续式反渗透操作流程

在某些应用领域，原水收集在一个水箱里待处理，产品水收集走，浓水则循环回原水箱，流程见图 5.15。间歇式的改进方式是半间歇模式，系统运行时不断给原水箱补充原水，当水箱中完全充满浓缩液时停止运行。间歇式操作的压力恒定不变，所以产水量会随进水浓度增大而减小。间歇式操作相比于连续式操作的优势在于系统回收率可以更大化，清洗容易操作，缺点在于产水质量不稳定，泵选择偏大，运行费用偏高。

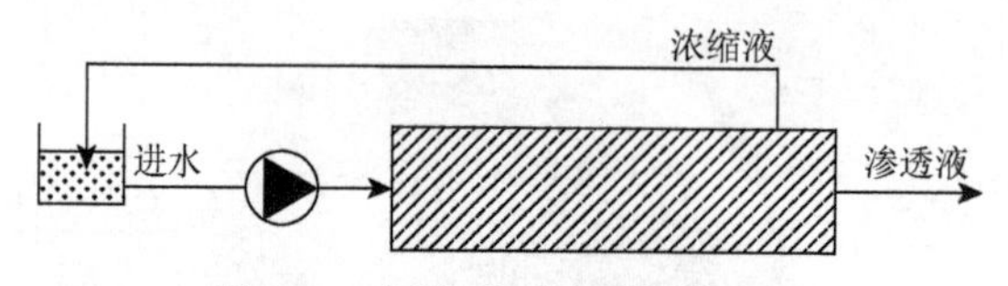

图 5.15　间歇式反渗透操作流程

根据需要，可将多个压力容器排列成一级、二级甚至更多级，每级中的膜组件又可排列成一段、二段甚至更多段。一级是指进料液经过一次加压反渗透分离，二级是指经过二次加压反渗透分离，依此类推。在同一级中，排列相同的膜组件成一个段。

1）单段系统

在单段系统中，两个或两个以上的压力容器并联在一起，进水、产水和浓水均由总管管路系统分别相连。其他方面和单支组件相同，单段系统通常用于要求系统回收率小于 50%的情况，例如，海水淡化通常采用的就是单段系统。

图 5.16 列出了单段反渗透系统的一个示例，三个膜组件并联。

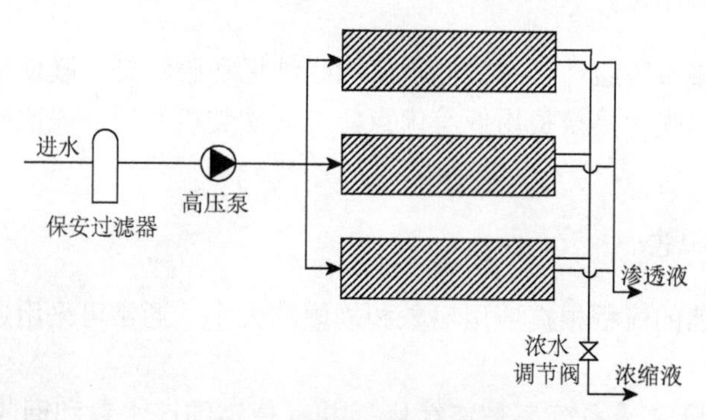

图 5.16　单段反渗透系统流程

2）多段系统

当要求系统回收率更高时，采用一段以上的排列系统，通常两段式排列系统就可以实现 75%的系统回收率，而三段式排列系统则可达到更高的系统回收率，约 87.5%（这些回收率是以每一段采用 6 支膜组件推算出来的）。

相邻段膜组件的数量之比称为排列比。确定排列比的目的是使两段的水通量保持平衡，因为第一段操作压力高，渗透压相对较低，水通量大，而第二段进水流量降低，就需要较少膜的数量来保证水通量的平衡。图 5.17 是一个典型的多段反渗透系统流程，排列比为 2∶1。

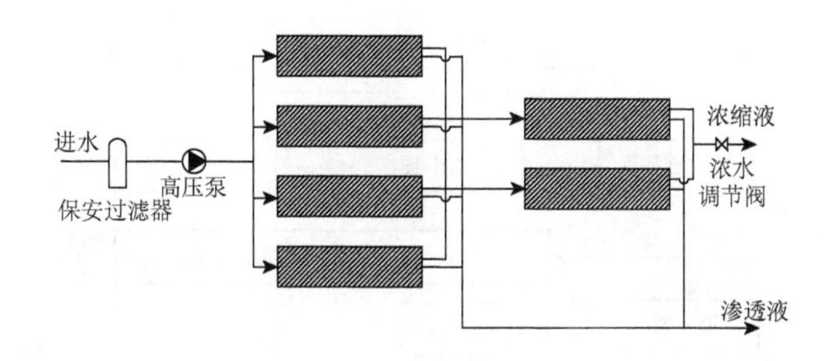

图 5.17　多段反渗透系统流程

3）多级系统

多级反渗透中第一级的产水作为原水进入第二级，依此类推。每级可以设单段或者多段，并且有连续流量的浓水循环。级的数量取决于对产品水的要求，目前海水淡化膜的脱盐率均在 99.5%以上，一般反渗透海水淡化系统一级排列的产水 TDS 可达到 200mg/L 左右，可以基本满足生活饮用水的要求。海水淡化过程中一级产水中硼含量往往超标，为了更有效去除硼，通常采用二级反渗透处理。图 5.18 列举了一个二级反渗透系统流程的示例。

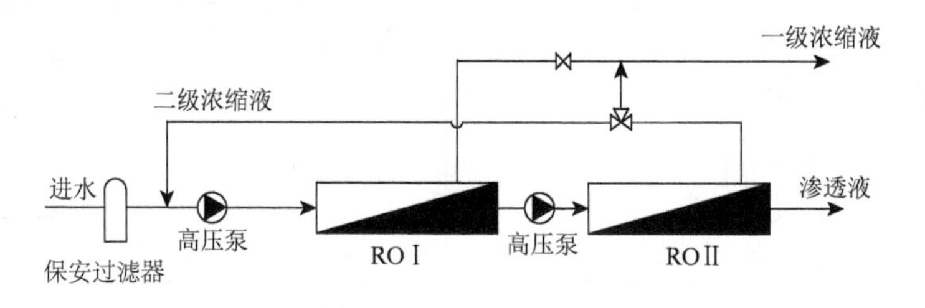

图 5.18　二级反渗透系统

6. 反渗透海水淡化工艺流程

实际上，大型的海水淡化项目往往是一个非常复杂的系统工程。就主要工艺过程来说，包括海水预处理单元、反渗透淡化单元、淡化水后处理单元等，基本工艺流程见图 5.19。海水经过取水泵进入预处理单元去除悬浮颗粒、细菌等大颗粒物质，然后再通过保安过滤器经高压泵泵入反渗透单元进行海水淡化处理，处理后的浓盐水直接排放或者回收进行电解制取次氯酸钠用以消毒，淡水则进入后处理单元进行调质消毒，从而得到可以饮用的淡化水。

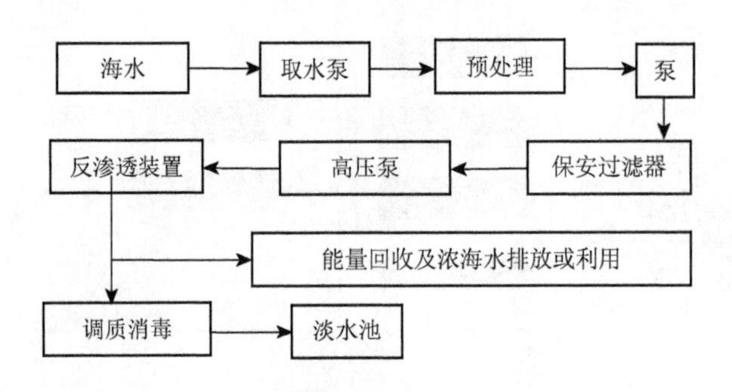

图 5.19 反渗透海水淡化工艺流程图

一级反渗透海水淡化装置的工艺流程如图 5.20 所示。

系统预处理采用多介质过滤器＋保安过滤工艺，确保进入反渗透装置的海水符合要求，增压泵为预处理部分提供压力水源，使进水水压达到高压泵启动压力需求，并且为多介质过滤系统提供反冲洗动力。多介质过滤器内装有两层滤料，上层为粒径 0.5～1mm 的细石英砂，下层为粒径 1～2mm 的石英砂，双

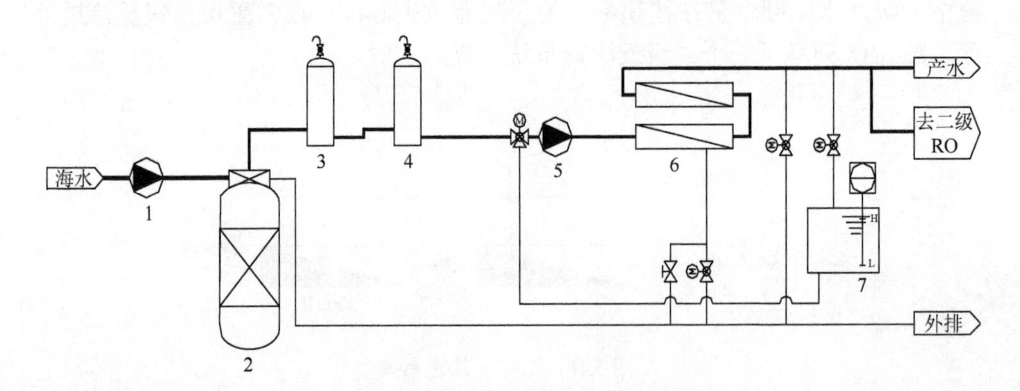

图 5.20 一级反渗透海水淡化装置工艺流程

1-增压泵；2-石英砂过滤器；3-精密过滤器；4-保安过滤器；5-高压柱塞泵；6-反渗透膜系统；7-清洗水箱

层滤料能将海水中的砂粒、尘土、藻类、胶体等颗粒物质滤掉，确保膜进水浊度＜1NTU。多介质过滤器工作一段时间后，颗粒杂质凝聚在滤料表面，需用水反冲洗。多介质过滤器的上部安装多路阀，能根据需求完成反冲洗、正冲洗的功能。

一级反渗透海水淡化装置由增压泵、精密过滤器、保安过滤器、高压泵、缓冲器、反渗透膜、反渗透膜容器、清洗系统等组成，图5.21为实物图。反渗透制造淡水需在高压下进行，工作压力一般在4.0～6.5MPa范围内，经过预处理的海水经高压泵进入反渗透膜，透过反渗透膜的为淡水，浓缩后的海水排出一级反渗透系统。高压泵为柱塞往复泵，输出压力有较大的波动，缓冲器能吸收和平滑这种波动，这样就使得反渗透膜的进水压力达到较为平稳的状态。一级反渗透海水淡化装置设有盐度计，产水经盐度计检测如达到标准即可进入调质装置，如达不到标准，即进入排放管路或回流至该装置。

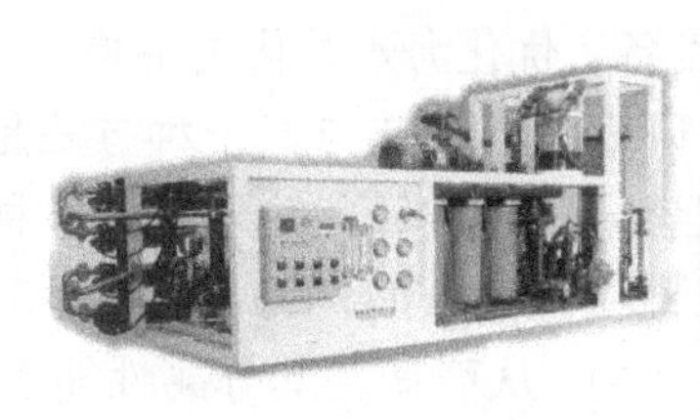

(a) 国产反渗透装置(卷式反渗透膜)

(b) 英国反渗透装置(碟管式反渗透膜)

图5.21　一级反渗透装置

图5.22是带压力交换器可进行能量回收的反渗透装置流程图，由于充分利用了浓海水的压力能，整个装置的能耗显著降低。

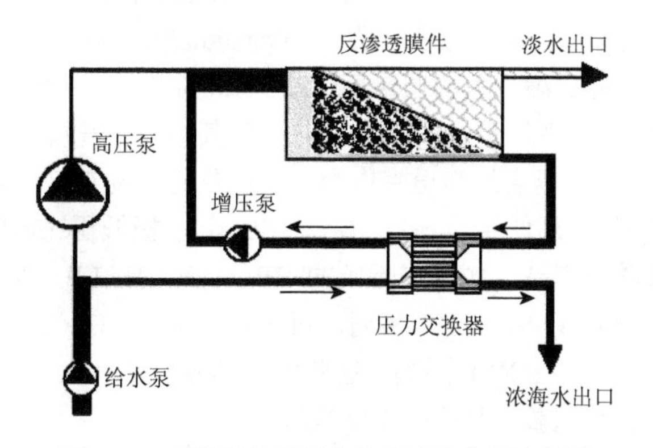

图5.22　可进行能量回收的反渗透装置流程图

5.2.6 反渗透膜的发展方向

膜技术创新是目前影响海水淡化反渗透工程的一个关键因素，作为反渗透海水淡化工程的核心，膜的性能直接影响整个工程的成本和产品水的性能，因此膜技术的创新对海水淡化技术的普及具有非常重要的意义。而且，目前海水淡化反渗透膜的先进技术都来源于国外，如美国的陶氏（FILMTECH™）膜、海德能（HYDRANAUTICS）膜和 $NanoH_2O$ 公司的 QuantumFlux 膜，以及日本的东丽膜。所以，膜技术的创新对我国的意义非常重要。

1. 低压、低能耗聚酰胺复合反渗透膜

海水淡化需要消耗大量的能源，因此淡化水的成本非常高，所以初期海水淡化技术主要在富油国家和地区使用，如中东、以色列等。所以人们通过各种途径来降低淡化水的成本，如开发能量再生设备、优化海水淡化设备等。

开发高通量新型反渗透膜是近年来研究的一个热点，一种方法是利用纳米纤维膜支撑聚酰胺复合膜，但是这种膜还局限在实验室阶段，另一种方法就是在聚酰胺复合膜活性层中掺杂无机纳米颗粒。一方面，无机纳米颗粒在活性层中的掺杂能够调控聚酰胺活性层的网络结构，从而调控其分离性能。另一方面，特殊的无机纳米颗粒如 NaA 型分子筛，其孔径尺寸介于水分子和水合 Na^+尺寸之间，因而能够优先允许水分子通过而有效截留 Na^+。TiO_2、Al_2O_3、SiO_2、分子筛纳米颗粒等都已经被用于进行聚酰胺复合膜的掺杂，其中分子筛纳米颗粒（以 NaA 型分子筛纳米颗粒为主要代表）的掺杂是应用最广泛且已经被商业化的一种方法。

美国 $NanoH_2O$ 公司将无机纳米颗粒掺杂到聚酰胺复合反渗透膜的活性层中，开发出了高通量聚酰胺复合反渗透膜产品——QuantumFlux 膜。相对于传统的聚酰胺薄层反渗透膜，这种反渗透膜的通量能够提高 50%以上，从而能使得其能耗降低 20%，并且将淡化水价格降低 1/3。事实上，全球其他的聚酰胺复合反渗透膜生产商也把开发低压、低能耗复合反渗透膜作为非常重要的发展方向，相继开发出了低压（～1.55MPa/225psi）、超低压（～1.03MPa/150psi）、极低压（～0.69MPa/100psi）聚酰胺复合反渗透膜产品，如美国陶氏的 BW、LE、HRLE、XLE、ECO 系列，美国海德能的 ESPA、CPA、LFX 系列，日本东丽的 TMH、TMG、TM 系列，中国时代沃顿的 ULP、LP、XLP 系列。这些类型的膜都能在大幅度降低运行压力的情况下提供较大的水通量，并同时保持较高的截留率（＞99%），目前主要应用在不同的苦咸水淡化领域。

2. 抗污染聚酰胺复合反渗透膜

在运行过程中，污染物在膜表面和膜内部孔洞之间的沉积会引起膜的污染，污染按照膜的类型分为无机物污染、胶体物污染、有机物污染和生物污染。其中生物高分子和有机物在膜表面沉积形成生物层引起的生物污染是目前海水淡化聚酰胺反渗透复合膜面临的最主要的问题之一。据统计，膜的清洗所需费用占到膜应用总成本的 30%，因此，抗污染聚酰胺复合反渗透膜的研发是海水淡化领域的一个重要方向。

如何在膜表面形成一层亲水性涂层的表面涂覆技术是目前增强膜抗污染性能的研究热点。多种不同类型的亲水性涂层已经被用来对聚酰胺复合膜表面进行改性以提高其亲水性能和抗污染性能。这类涂层主要有：聚乙二醇（PEG）类涂层如 PEG 改性聚氨酯、甲基丙烯酸甲酯-羟乙氧基甲基丙烯酸酯共聚物，PEG、聚乙烯醇和聚丙烯酰胺交联成的树枝状高分子等基于 PEG 的聚合物，多巴胺涂层、两性涂层和层层组装涂层等。美国陶氏的 BW30FR 和 XFRLE 系列，日本东丽的 TML 系列和我国时代沃顿的 FR、FURO 系列，就是典型的抗污染聚酰胺复合反渗透膜的市场化产品。

3. 抗氯聚酰胺复合反渗透膜

鉴于膜的污染会严重降低其性能，往往会在进水中加入活性氯来降低膜的污染，这也是目前应用最广泛的一种方法。但是，聚酰胺复合反渗透膜目前面临的一个最大的问题就是其活性层中的酰胺键的耐氯性非常差，非常低浓度的活性氯就会导致聚酰胺膜的破坏。因此一方面可以通过严格控制进水的活性氯含量来降低膜的分解，另一方面就是开发抗氯聚酰胺复合反渗透膜。

制备对活性氯敏感度相对较低的酰亚胺来代替酰胺是一种提高膜抗氯性能的方法，但是膜的分离性能不是很理想。利用表面改性的方法在聚酰胺复合膜的表面制备抗氯性涂层是目前应用和研究最多的提高膜抗氯化性能的主要方法之一。另外，持久性耐氯涂层的研发或许是未来的一个关键点，目前市场化抗氯聚酰胺复合膜还相对较少，仅在我国时代沃顿有市场化的 HOR 系列产品。

5.3 反渗透海水淡化装置设计

5.3.1 设计海水水质及温度

1. 反渗透膜进水水质要求

进水水质的好坏直接影响反渗透膜的使用寿命，经过多年的实践和数据分析，研究人员发现进入反渗透膜的进水应当满足表 5.1 的要求。若反渗透膜的进水水质要求按照表 5.1 执行，并进行合理的清洗，则反渗透膜的使用寿命可达 5 年，若反渗透膜的进水水质要求不满足表 5.1，则可能导致反渗透的使用寿命缩短。

表 5.1　普遍接受的反渗透膜进水和浓水水质指导值

序号	种类	单位	指导值
1	胶体	SDI（无量纲）	<5
2	悬浮颗粒	NTU	<1
3	碳酸钙	LSI	<0[①]
4	金属离子：铁、锰、铝	mg/L	<0.05
5	钡、锶	mg/L	<0.05
6	硫化氢	mg/L	<0.1
7	微生物	CFU/mL	<1000[②]
8	溶解性硅	mg/L	140～200[③]
9	总有机碳（TOC）	mg/L	<3
10	色度	APHA	<3
11	化学需氧量（COD）	mg/L	<10
12	pH-醋酸纤维素反渗透膜		<4～6
13	pH-复合反渗透膜		<2～12[④]
14	余氯-醋酸纤维素反渗透膜	mg/L	<1
15	余氯-复合反渗透膜	mg/L	<0.02
16	温度-醋酸纤维素反渗透膜	℃	<30
17	温度-复合反渗透膜	℃	<45

①当添加阻垢剂时可以提高至 2.0～2.5；
②在反渗透浓水处检测；
③在反渗透浓水处检测，根据 pH 的不同，其上限值也有所不同；
④常规指导值，具体应参考膜生产厂家提供的值。

2. 设计海水水质

（1）海水 TDS。通常将海水 TDS 为 35000mg/L 的海水称为标准海水，这是因为世界上大部分海域的海水 TDS 都在 35000mg/L 左右，表 5.2 列出了 35000mg/L 的标准海水中主要离子的含量。但是实际海水的 TDS 变化范围很广，例如，波罗的海中 TDS 只有 7000mg/L 左右；蒸发特别剧烈的热带干旱地区海域海水具有很高的 TDS，可达 35000～37000mg/L；印度洋西北部，由于缺少大陆径流又特别干燥，其海水 TDS 大于 36000mg/L；波斯湾和红海具有世界海域最高的 TDS（大于 40000mg/L），例如，沙特阿拉伯的 Jeddah 海水淡化厂的海水 TDS 达 43000mg/L。在南北半球的高纬度地带，由于蒸发量不大，冰川融解生成淡水，使表层水的 TDS 急剧下降至 30000～34000mg/L。在南部洋流被大陆隔绝的北部地带，冰融解的同时，表层水被巨大的西伯利亚河流径流所冲淡。

表 5.2　TDS 为 35000mg/L 的标准海水的主要离子含量（pH=8.1）

离子	浓度/(mg/L)	离子	浓度/(mg/L)
钙（Ca^{2+}）	410	硅（Si^{2+}）	0.04～8
镁（Mg^{2+}）	1310	氯（Cl^-）	19700
钠（Na^+）	10900	硫酸根（SO_4^{2-}）	2740
钾（K^+）	390	氟（F^-）	1.4
钡（Ba^{2+}）	0.05	溴（Br^-）	65
锶（Sr^{2+}）	13	硝酸根（NO_3^-）	<0.7
铁（Fe^{3+}）	<0.02	碳酸氢根（HCO_3^-）	152
锰（Mn^{2+}）	<0.01	硼（B^-）	4～5

表 5.3 所示为不同海域测得的海水平均 TDS 和温度，可以看到，海水 TDS 最高处为红海，达 42000mg/L，海水 TDS 最低处为波罗的海，为 7500mg/L。

表 5.3　典型海域海水温度及 TDS 变化

海域名称	温度/℃	平均 TDS/(mg/L)
渤海	2.3～24.4	28050
黄海	7.9～26.6	31740
东海	16.6～28.3	33690
南海	24.9～29.1	34150
波斯湾	16～35	40000
卡奇湾	24～30	37500
波罗的海	0～20	7500
红海	21～32	42000
加勒比海	25～30	35000
黑海	–0.5～26	15000

续表

海域名称	温度/℃	平均 TDS/(mg/L)
印度洋	17（平均值）	34800
太平洋	19.1（平均值）	35000
大西洋	16.9（平均值）	35900
北冰洋	−1.5～12	30000

反渗透海水淡化系统的设计海水 TDS 应为 7500～42000mg/L，因此设计海水的进水 TDS 为 7000～45000mg/L。

（2）海水中的 CO_2 和 pH。海水中的 CO_2 含量很小，约十分之几毫克每升。海表面水中的 CO_2 的分压（P_{CO_2}）与大气中 CO_2 的分压相近，随深度加大，CO_2 含量稍增，特别是在水交替困难以及聚积有各种有机物残骸的地方。

海水的 pH 主要取决于 P_{CO_2}，通常来说海水 pH 变化较小。大洋表面部分的 pH 变化在 8.1～8.3 之间。随深度加大以及与此相适应的 P_{CO_2} 的增大，pH 减小，但是不超过 7.6～8.4 的范围。在个别水交替较困难的 CO_2 聚积的地区，pH 可能还要更低，而在海滨浅水区则可能高于上述值。在受大陆径流影响的地区，pH 常稍低（虽然有时河水的 pH 可能比海水高）。

反渗透膜的性能在 pH 为 1～13 范围内都不受影响，而海水 pH 一般在 7.5～8.5 之间，因此设计时不需要特别考虑海水 pH 情况。

（3）海水中的硼。海水中的硼约为 4.5mg/L，硼的含量和海水中盐的总量成正比，且其含量与 Cl^-之间的关系为：$[B]\% = 0.00024[Cl^-]\%$。目前《生活饮用水卫生标准》（GB 5749—2006）规定的硼的上限为 0.5mg/L，因此设计的反渗透系统的综合脱硼率应高于 89%。

（4）海水中的重金属。海水中的元素多达 80 多种，几乎所有的重金属在海水中都有存在。但海水中重金属元素含量较低，我国《海水水质标准》（GB 3097—1997）中对海水进行了四级分类，表 5.4 将《海水水质标准》（GB 3097—1997）中规定的重金属含量限值和我国《生活饮用水卫生标准》（GB 5749—2006）中规定的饮用水中重金属含量限值进行了比较，并在符合《生活饮用水卫生标准》（GB 5749—2006）的前提下计算了海水的脱盐率。可以看到，海水中汞、六价铬、铜、锌的含量低于《生活饮用水卫生标准》（GB 5749—2006）；镉、铅、砷、硒、镍的含量高于《生活饮用水卫生标准》（GB 5749—2006），若海水淡化后这些重金属的含量要达到饮用水卫生标准，则反渗透膜对重金属的去除率小于 80%，一般反渗透膜对重金属的去除率约为 90%。因此若海水为第四类及以下的海水时，可不专门考虑重金属超标问题，若海水为劣四类海水，则应当测定海水中实际重金属含量，确保反渗透膜有能力将其产水中含量限定在《生活饮用水卫生标准》（GB 5749—2006）规定值内。

表 5.4　海水水质标准中重金属标准及海水淡化所需脱除率

<table>
<tr><th>序号</th><th>项目</th><th>第一类
/(mg/L)</th><th>第二类
/(mg/L)</th><th>第三类
/(mg/L)</th><th>第四类
/(mg/L)</th><th>（GB 5749—2006）
/(mg/L)</th><th>海水脱除率
要求</th></tr>
<tr><td>1</td><td>汞（Hg）</td><td>0.00005</td><td colspan="2">0.0002</td><td>0.0005</td><td>0.001</td><td>—</td></tr>
<tr><td>2</td><td>镉（Cd）</td><td>0.001</td><td>0.005</td><td colspan="2">0.010</td><td>0.005</td><td>≤50%</td></tr>
<tr><td>3</td><td>铅（Pb）</td><td>0.001</td><td>0.005</td><td>0.010</td><td>0.050</td><td>0.01</td><td>≤80%</td></tr>
<tr><td>4</td><td>六价铬（Cr^{6+}）</td><td>0.005</td><td>0.010</td><td>0.020</td><td>0.050</td><td>0.05</td><td>—</td></tr>
<tr><td>5</td><td>总铬（Cr）</td><td>0.05</td><td>0.10</td><td>0.20</td><td>0.50</td><td>—</td><td>—</td></tr>
<tr><td>6</td><td>砷（As）</td><td>0.020</td><td>0.030</td><td colspan="2">0.050</td><td>0.01</td><td>≤80%</td></tr>
<tr><td>7</td><td>铜（Cu）</td><td>0.005</td><td>0.010</td><td colspan="2">0.050</td><td>1.0</td><td>—</td></tr>
<tr><td>8</td><td>锌（Zn）</td><td>0.020</td><td>0.050</td><td>0.10</td><td>0.50</td><td>1.0</td><td>—</td></tr>
<tr><td>9</td><td>硒（Se）</td><td>0.010</td><td colspan="2">0.020</td><td>0.050</td><td>0.02</td><td>≤60%</td></tr>
<tr><td>10</td><td>镍（Ni）</td><td>0.005</td><td>0.010</td><td>0.020</td><td>0.050</td><td>0.01</td><td>≤80%</td></tr>
<tr><td>11</td><td>氰化物（CN）</td><td colspan="2">0.005</td><td>0.10</td><td>0.20</td><td>0.05</td><td>≤75%</td></tr>
</table>

《海水水质标准》（GB 3097—1997）中规定，四类海水的氰化物含量上限为 0.20mg/L，而《生活饮用水卫生标准》（GB 5749—2006）规定的氰化物含量上限为 0.05mg/L，即反渗透膜至少需要 75%的脱除率才能保证反渗透产水中氰化物的含量低于 0.05mg/L。目前现有的反渗透膜对氰化物的去除率约为 40%，因此有必要确保海水中 CN^-的浓度在 0.08mg/L 以下。

（5）海水中的悬浮物、胶体。海水中的悬浮物和胶体包括淤泥、金属氧化物、SiO_2 等，它们是膜元件的主要污染物，用浊度和淤塞密度指数 SDI（或污染指数 FI）来度量其含量。由于船上反渗透装置的预处理工艺一般为砂滤，若海水浊度太高很容易导致砂滤器堵塞，因此要求海水的浊度应在 10NTU 以下。若预处理采用超滤错流过滤，则海水浊度要求可放宽至 1～100NTU 范围。

（6）海水中的微生物、有机物。海水中含有细菌、藻类、真菌及孢子等微生物，还有多种类型的病毒。海水中的微生物易造成膜的生物污染，所以原水的预处理工艺中要有消毒杀菌的工艺环节，因为一旦生物膜生成，就会产生浓差极化现象，诱发结垢，使生物膜进一步发展。海水中的细菌无处不在、无孔不入，要彻底杀灭原水中的细菌是很困难的，但可以通过采取措施控制细菌的繁殖，减轻微生物对膜的污染。

生物膜中包含的各种有机物来源于海水，方便细菌吸附在膜面上，并为细菌提供营养物和生存条件。所以，要控制海水中的有机物含量，也要采取相应措施。

反渗透膜进水中对TOC的要求是低于3mg/L，对COD的要求是低于10mg/L，对微生物的要求是低于 1000CFU/mL。由于通常采用的砂滤预处理主要是去除颗粒物质，因此海水的TOC、COD、微生物也应该满足上述要求。

3. 设计海水温度

海水温度是反映海水冷热状况的一个物理量。全球海水的水温变化一般在−1～36℃之间，其中年平均水温超过20℃的区域占整个海洋面积的一半以上。海水温度有日、月、年、多年等周期性变化和不规则的变化，主要取决于海洋热收支状况及时间变化。一般来说，影响海洋表层水温的因素有潮汐、太阳辐射、沿岸地形、气象、洋流等。直接观测表明海水温度日变化很小。美国海军规定的反渗透装置海水温度应高于1.5℃，如果在水温低于1.5℃的海域则需要启动舰船上反渗透装置配套的海水加热装置，以制备合适的淡水。因此，将反渗透设计海水温度定为1～36℃是较为合适的。

5.3.2　淡化水水质标准

1. 产水TDS含量

我国《生活饮用水卫生标准》（GB 5749—2006）规定饮用水的最高 TDS 为1000mg/L，我国早期的船舶行业标准规定经过反渗透海水淡化的淡化水TDS应该低于700mg/L，《美国海军舰船技术手册反渗透装置》中规定淡化水的电导率应低于1000μS/cm，即TDS应低于500mg/L。

可以看到，我国早期对饮用水和淡化水中TDS的上限定得比较高，较长时间内大量船舶航行实践表明，产水TDS高于500mg/L的淡水口感不好，不适合长期饮用。随着技术的进步以及人们对水质要求的提高，有必要对TDS的上限进行新的划定。美国海军明确指出了反渗透装置的产水TDS应低于500mg/L，因此船舶反渗透淡化水的TDS上限定为500mg/L是较为合适的。

2. 产水硼含量

《生活饮用水卫生标准》（GB 5749—2006）规定饮用水中硼的含量应低于0.5mg/L，因船舶上淡化水可供船员饮用，因此淡化水中硼含量也应该低于0.5mg/L。

3. 其他水质指标

结合《生活饮用水卫生标准》（GB 5749—2006）中关于饮用水水质指标的各项规定，同时考虑淡化水本身的性质，提出了淡化水水质指标及建议浓度范围，其中产水 TDS 定为500mg/L 以下，pH 不作要求，其他水质指标满足该标准。

5.3.3 反渗透脱盐工艺设计

1. 传统的砂滤预处理工艺

船舶反渗透海水淡化装置中传统的预处理工艺为砂滤工艺，即介质过滤工艺。砂滤过滤的精度一般为20μm，采取的是全流过滤技术，即原水全部通过砂滤器。这种处理工艺的优点是处理效率高，所有原水经过预处理后都能成为反渗透装置的进水，缺点是对原水的浊度或 SS 有要求，若原水浊度过高，则砂滤器很容易堵塞，需要频繁清洗，影响反渗透装置的连续运行。一般规定以砂滤作为预处理工艺，则原水的浊度应低于 10NTU，在船舶上使用时通过规定离海岸线 12 海里[①]外的领域可使用反渗透装置来确保原水浊度低于 10NTU。

为了得到更好的反渗透膜进水水质，经过砂滤工艺后还会再进行微滤滤芯过滤，过滤精度一般为 1～20μm。

2. 超滤预处理工艺

采用超滤预处理的反渗透海水淡化装置又称为“双膜法”反渗透装置。超滤膜的孔径一般在 0.005～0.1μm，因此原水经过超滤预处理工艺后浊度可以降到0.5NTU 以下。采用超滤预处理的反渗透装置产水量更高，反渗透膜污染的风险也更低。超滤预处理工艺可以分为全流过滤工艺和错流过滤工艺。

当采用全流过滤的超滤预处理时，其工艺原理类似于砂滤，即所有原水经过超滤膜后都可作为反渗透装置的进水。由于超滤膜孔径更小，原水浊度过高会使超滤膜的清洗频繁，一般要求进水浊度低于 10NTU。

超滤预处理的另一种工艺为错流过滤。原水进入超滤过滤器后，一部分水通过超滤膜成为超滤产水，另一部分原水中颗粒物经浓缩后从超滤过滤器的另一端排出，排出的浓水对超滤膜的冲刷可以起到对膜的清洗效果。这种工艺的优点是能适应更高浊度的海水，同时清洗也方便。

因此采用错流方式的超滤预处理工艺能适用的海水浊度更大，是一种较先进的船用反渗透装置预处理工艺。

① 1 海里＝1852m。

3. 一级反渗透脱盐工艺

1）20m^3/d 反渗透装置设计工艺参数分析

船舶反渗透海水淡化装置中采用的一般为 4in[①]海水淡化反渗透膜。单支膜元件的标准回收率为 8%。反渗透装置中串联的膜元件数量越多，产水回收率越高。由于反渗透膜后一段的进水是前一段的浓水，因此反渗透膜的段数越多，系统产水的 TDS 越高。在设计反渗透装置时，需要关注装置整体产水 TDS 值。

为使在海水温度为 1～36℃、TDS 小于 45000mg/L 范围内，反渗透装置的产水 TDS 都低于 500mg/L，需要对反渗透装置进行重新设计。在高温高盐下，反渗透装置的产水 TDS 最高，因此只需要考虑 35℃、45000mg/L 的海水条件下，反渗透装置的产水 TDS 是否满足要求。利用陶氏 ROSA9.0 软件模拟分析“高温高盐”下不同反渗透装置的产水情况，其中，模拟分析采用陶氏 SW30-4040 海水淡化反渗透膜，模拟海水温度为 35℃，TDS 为 40000mg/L，模拟预处理采用传统过滤工艺，预处理后进水的 SDI＜3。

表 5.5 是不同膜排列方式和进水流量下产水 TDS 和能耗变化表。从表中可以看到，当其他条件不变时，随着进水流量的增加，反渗透产水流量也相应增加，产水 TDS 则逐渐降低。对于分别为 3 支膜、2 支膜、2 支膜的“3-2-2”3 段式排列的反渗透系统，当进水流量为 3m^3/h 时，产水流量为 0.97m^3/h，产水 TDS 为 456mg/L，虽然水量和水质都能达到 0.83m^3/h 和 500mg/L 以下的设计要求，但是考虑到反渗透装置运行两年后膜性能会有所衰减，导致相同条件下产水流量下降 20%，产水 TDS 上升 20%，从表中可以计算出此时产水流量为 0.78m^3/h，产水 TDS 为 547mg/L，都不满足设计要求。当进水流量大于等于 4m^3/h 时，从表中可以看到即使考虑到膜衰减，产水流量和产水 TDS 也能达到设计要求。考虑到能耗随着进水流量的增加而增加，因此合适的进水流量应该是 4m^3/h，此时按反渗透系统 0.83m^3/h 设计产水流量，则回收率应为 20.75%。

表 5.5　不同膜排列方式和进水流量下产水 TDS 和能耗变化

序号	膜元件数量	段数	排列方式	进水流量/(m^3/h)	第一段单支膜进水流量/(m^3/h)	操作压力/MPa	产水流量/(m^3/h)	产水回收率/%	膜污染后流量(衰减 20%)/(m^3/h)	产水TDS/(mg/L)	膜污染后TDS(上升20%)/(mg/L)	单位产水能耗/(kW·h/m^3)
1	7	3	3-2-2	3.00	1.00	5.5	0.97	32.33	0.78	456	547	5.90
2	7	3	3-2-2	4.00	1.33	5.5	1.14	28.50	0.91	377	452	6.72

① in，英寸，1in＝2.54cm。

续表

序号	膜元件数量	段数	排列方式	进水流量/(m^3/h)	第一段单支膜进水流量/(m^3/h)	操作压力/MPa	产水流量/(m^3/h)	产水回收率/%	膜污染后流量(衰减 20%)/(m^3/h)	产水 TDS/(mg/L)	膜污染后 TDS(上升 20%)/(mg/L)	单位产水能耗/(kW·h/m^3)
3	7	3	3-2-2	5.00	1.67	5.5	1.26	25.20	1.01	330	396	7.25
4	7	3	3-2-2	6.00	2.00	5.5	1.37	22.83	1.10	299	359	8.39
5	7	3	3-2-2	7.00	2.33	5.5	1.45	20.71	1.16	277	332	8.24
6	7	3	3-2-2	8.00	2.67	5.5	1.51	18.88	1.21	260	312	10.09
7	7	2	4-3	4.00	1.00	5.5	1.09	27.25	0.87	400	480	7.04
8	7	2	4-3	5.00	1.25	5.5	1.21	24.20	0.97	351	421	7.91
9	7	2	4-3	5.32	1.33	5.5	1.24	23.32	0.99	341	409	13.63
10	7	2	4-3	6.00	1.50	5.5	1.30	21.67	1.04	319	383	8.78
11	7	2	4-3	6.68	1.67	5.5	1.36	20.38	1.09	303	364	14.33
12	7	2	4-3	7.00	1.75	5.5	1.39	19.86	1.11	295	354	9.65
13	7	2	4-3	8.00	2.00	5.5	1.45	18.13	1.16	277	332	10.51
14	7	2	4-3	9.00	2.25	5.5	1.51	16.78	1.21	263	316	11.37

若反渗透膜的排列方式为“4-3”二段式，则从表中可以看到当进水流量大于等于 4m^3/h 时，产水流量和产水 TDS 都满足设计要求。按照节能的思路设计，则适合的进水流量为 4m^3/h。此时反渗透系统的回收率同样为 20.75%。

在进水流量为 4m^3/h 的情况下比较“3-2-2”三段式排列方式和“4-3”二段式排列方式设计的反渗透膜系统，从表中可以看到三段式设计的产水流量和产水 TDS 都要高于二段式设计，单位产水的能耗也更低。

从上述分析可知，反渗透装置设计时产水回收率应该在 20%，可采用三段或者二段设计，从能耗经济性上考虑应选用三段式工艺。

2）不同系列反渗透装置设计参数推荐

根据船舶上承载人数、人与设备需要的淡水量、安装反渗透海水淡化装置的台数，船用反渗透海水淡化装置的设计流量规格从 2.5m^3/d 至 200m^3/d 不等，可以覆盖设计需求。国际市场上有代表性的陶氏反渗透海水淡化膜的设计通量一般为 16L/(m^2·h)，其中 SW30-4040 型 4in 反渗透膜的膜面积为 7.3m^2，则单支反渗透膜的设计产水量为 116.8L/h。根据反渗透海水淡化装置的设计流量规格可以计算出相应的反渗透膜元件支数，通过 ROSA 9.0 软件给出推荐的膜排列方式。结果见表 5.6。

表 5.6　不同流量规格反渗透膜的工艺设计参数及极端条件校核

反渗透装置设计流量规格/(m^3/d)	计算膜元件数量	设计回收率/%	膜排列方式（膜数×膜段）	进水流量（取整）/(m^3/d)	实际回收率/%	35℃、40000mg/L 条件下（高温极端条件）			2℃、30000mg/L 条件下（低温极端条件）		
						操作压力/MPa	产水流量/(m^3/d)	产水TDS/(mg/L)	操作压力/MPa	产水流量/(m^3/d)	产水TDS/(mg/L)
2.5	1	≥10	1×1	1	≥10	4.8	3.36	400	4.8	2.88	55
5	2	≥15	2×1	2	≥10	4.8	6.72	400	4.8	5.76	55
7.5	3	≥15	2×1＋1×2	2	≥16	4.9	9.84	419	4.9	8.64	55
10	4	≥15	2×1＋2×2	3	≥14	5.2	15.36	363	5.2	12.96	50
15	5	≥20	2×1＋2×2＋1×3	3	≥21	5.5	20	366	5.5	17.04	49
20	7	≥20	3×1＋2×2＋2×3	4	≥21	5.5	27.36	377	5.5	23.76	50
25	9	≥20	3×1＋3×2＋3×3	5	≥21	5.5	34.56	383	5.5	30.24	51
30	11	≥25	3×1＋3×2＋3×3＋2×4	5	≥25	5.5	38.88	423	5.5	35.76	53
40	14	≥25	4×1＋4×2＋3×3＋3×4	7	≥24	5.5	52.08	396	5.5	46.56	51
50	18	≥25	5×1＋5×2＋4×3＋4×4	8	≥26	5.5	62.64	430	5.5	58.32	54

从表 5.6 中可以看到，以常见的陶氏 SW30-4040 反渗透膜作为设计对象，可以设计出 2.5m³/d、5.0m³/d、7.5m³/d、10m³/d、15m³/d、20m³/d、25m³/d、30m³/d、40m³/d、50m³/d 等流量规格的反渗透海水淡化装置，其中设计流量为 2.5m³/d 和 5.0m³/d 时，考虑一段设计；设计流量为 7.5m³/d 和 10m³/d 时，考虑二段设计；设计流量为 15m³/d、20m³/d 和 25m³/d 时，考虑三段设计；设计流量为 30m³/d、40m³/d 和 50m³/d 时，考虑四段设计。一段时设计回收率控制在 10%，二段时设计回收率控制在 15%，三段时设计回收率控制在 20%，四段时设计回收率控制在 25%。从表中可以看到，按此设计的反渗透装置在高温极端条件下产水 TDS 均低于 500mg/L，在低温极端条件下产水流量高于设计值（结果为通过 ROSA9.0 软件模拟得出）。因此表 5.6 中的工艺配置可为反渗透装置设计提供参考。

4. 二级反渗透深度处理工艺

经过反渗透海水淡化装置淡化后，淡化水的 TDS 能达到 500mg/L 以下的要求，但是淡化水中硼的含量会超过 0.5mg/L，一般为 0.9mg/L 左右，因此需要对淡化水进行深度处理。二级反渗透装置可以对淡化水进行深度处理，由于淡化水的 TDS 在 500mg/L 以下，因此，二级反渗透的产水 TDS 更低，按照 95%的脱盐率计算，二级反渗透产水 TDS 可低至 25mg/L。二级反渗透的回收率较高，一般在 80%以上。

5. 反渗透脱盐集成工艺

为了使反渗透海水淡化系统的产水 TDS 低于 500mg/L，硼含量低于 0.5mg/L，需要设计反渗透脱盐集成工艺。将一级反渗透脱盐装置和二级反渗透深度处理装置集成设计，其工艺流程见图 5.23。图中，预处理可采用多介质过滤或超滤过滤，经预处理的海水通过高压泵进入一级反渗透装置，一级反渗透的产水回收率设计为 20%，经一级反渗透后海水分为两股：一股为浓水，外排；另一股为产水，占进水的 20%，进入二级反渗透装置。二级反渗透装置的浓水部分回流到二级进水处，以提高二级反渗透装置的进水流量，剩余部分浓水回流到一级反渗透装置的进水口，可以稀释一级进水 TDS，二级反渗透装置的设计回收率为 80%。经二级反渗透深度处理后，得到反渗透系统产水，此时产水中 TDS 低于 25mg/L，硼含量低于 0.5mg/L，满足反渗透产水设计要求。但此时的淡化水硬度和碱度较低，需要进行后处理来提高淡化水的硬度和碱度。

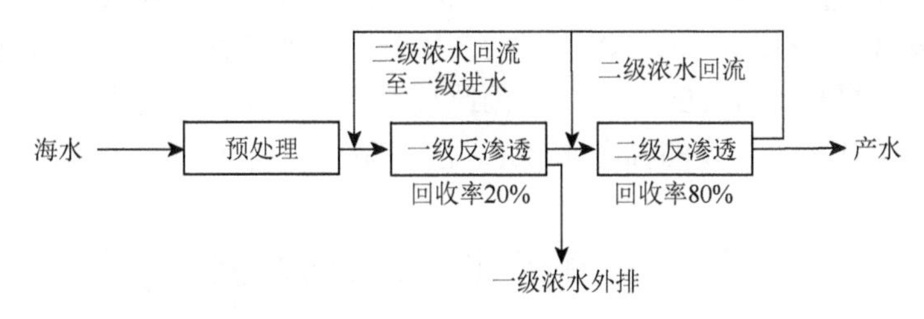

图 5.23　反渗透集成工艺设计

6. 反渗透膜的污染及性能衰减

随着反渗透装置连续运行时间的增加，反渗透膜的污染将不可避免地发生，反渗透膜污染将导致膜性能的衰减，使产水流量降低，产水 TDS 升高。图 5.24 是反渗透装置标准化产水流量随运行时间的变化曲线，在理想状态下，即没有膜污染和性能衰减的情况下，反渗透装置的标准化产水流量基本不变。实际情况下反渗透膜污染必定会发生，当标准化产水流量降低时，反渗透膜即受到了污染，此时如果及时对受污染的反渗透膜进行清洗，可以使反渗透膜的标准化产水流量又回到正常值，在清洗多个周期后反渗透装置的标准化产水流量逐渐衰减，直至反渗透膜失效。图 5.24 中最下面的曲线是未经过充分冲洗的反渗透膜的标准产水流量，可以看到，当反渗透膜受到污染时，若不进行充分的冲洗，反渗透膜的性能将急剧下降，寿命将明显缩短。现有反渗透膜元件在清洗及时的情况下可以连续使用 5 年左右。

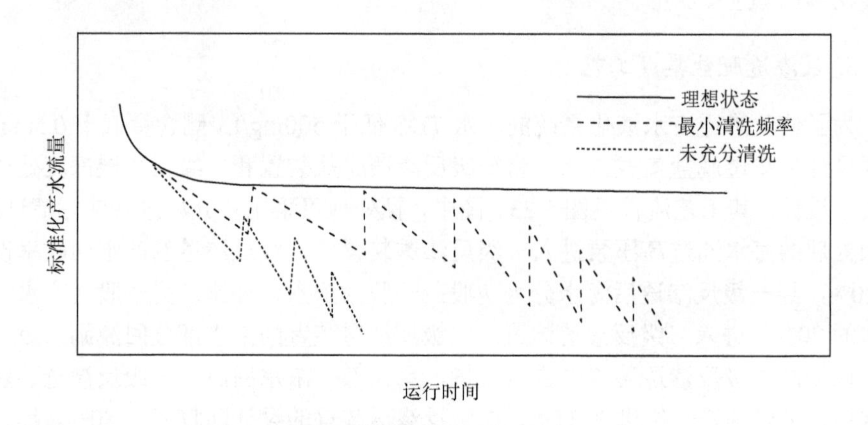

图 5.24　反渗透装置标准化产水流量和运行时间的关系

船舶海水淡化装置一般在离海岸线 12 海里外的海域使用，海水水质较好，因此对反渗透膜的污染风险较低，在不对反渗透膜进行清洗的前提下，一般每年产水流量下降 10%～15%。以反渗透膜的使用寿命为两年估算，两年后反渗透膜的标准化产水流量将下降 20%～30%。因此反渗透装置在设计时需要考虑膜性能衰减情况。标准状态下新膜的标准化产水流量应高于设计值 20%～30%。

5.4　反渗透海水淡化装置试验与性能标定

5.4.1　反渗透海水淡化试验装置

1. *海水淡化装置主要组成*

试验所用的反渗透海水淡化装置由中国常州康耐特环保科技股份有限公司生产。该装置主要由海水增压泵、多介质过滤器、精密过滤器、保安过滤器、高压泵、反渗透膜组件以及清洗箱、机座、电控箱、电气仪表和阀门组成。其中核心部件反渗透膜采用美国陶氏 SW30-4040 和 SW30HRLE-4040 反渗透元件，其中 SW30-4040 单支膜有效面积约为 7.4m^2，在 5.5MPa 压力、32000mg/L、25℃和 8%回收率下产水量为 7.4m^3/d，稳定脱盐率 99.7%；SW30HRLE-4040 单支膜有效面积约为 7.9m²，在 5.5MPa 压力、32000mg/L、25℃和 8%回收率下产水量为 6.1m³/d，稳定脱盐率为 99.75%，陶氏反渗透膜元件没有在制作中应用氧化性的后处理方式以提高前期性能，因此性能长期稳定，更为经久耐用，能满足研究所需。试验装置采用了 7 支膜元件，其中 3 支膜为 SW30-4040，4 支膜为 SW30HRLE-4040，膜排列采用三段式排列，第一段 3 支 SW30-4040 膜，第二、三段各有 2 支 SW30HRLE-4040 膜。

试验中还用到了淡化水深度处理装置——二级反渗透淡化装置，主要用于对淡化水的深度处理，使硼的含量达到《生活饮用水卫生标准》（GB 5749—2006）的要求。二级反渗透采用 3 支陶氏 SW30HRLE-4040 膜元件串联，设计进水流量为 2.4m³/h，设计回收率为 80%左右，设计膜压力小于 1.2MPa。

（1）海水增压泵。海水需经增压泵增压后才能达到预处理所要求的压力和流量，正常工作时，流量为 3.0m³/h，压力为 0.3MPa 左右。当多介质过滤器需进行反冲洗时，该泵提供大流量低压力的海水对多介质过滤器进行反冲洗。

（2）精密过滤器和保安过滤器。精密过滤器和保安过滤器均采用滤芯过滤的方式去除水中杂质，其中精密过滤器内装有 5 支过滤精度为 5μm 的滤芯，保安过滤器内装有 5 支过滤精度为 3μm 的滤芯，过滤后海水达到反渗透膜的进水要求。

（3）高压泵。高压泵为丹麦 Danfoss 公司的柱塞式往复高压泵，流量为 3.0m³/h，运行压力可达 7.0MPa，以满足反渗透膜所需的工作压力，由 1 台 2 极 7.5kW 电机直联带动。

（4）缓冲器。高压泵为柱塞式往复高压泵，该泵输出压力有一定的脉动，对膜及系统管路会造成一定的冲击。缓冲器内装有皮囊，内充 3.0MPa 压力的氮气，通过皮囊的膨胀和收缩可缓和平滑高压泵出口压力的冲击和波动。

（5）反渗透膜组件。一级反渗透膜选用美国陶氏化学公司的产品，型号为 SW30-4040 和 SW30HRLE-4040，共有 7 支，每支反渗透膜装在 1 支膜容器内，膜壳选用哈尔滨乐普实业有限公司的产品，材质为纤维增强复合（FRP）材料。7 支反渗透膜分三段呈“3-2-2”形式排列，海水首先并联进入第一段的 3 支 SW30-4040 反渗透膜，浓水并联进入第二段的 2 支 SW30HRLE-4040 膜，第二段的浓水再进入第三段的 2 支 SW30HRLE-4040 膜，三段后浓水经浓水管道排放；7 支膜的全部产水并联作为最终产水。三段设计可以提高海水的回收率。图 5.25 是反渗透膜元件排列示意图。

（6）清洗水箱。反渗透膜运行较长时间后，膜表面会受到污染并产生污垢，需用化学药剂对其表面进行清洗。清洗水箱内配制一定浓度的化学清洗液，开启高压泵，对反渗透膜进行循环清洗。

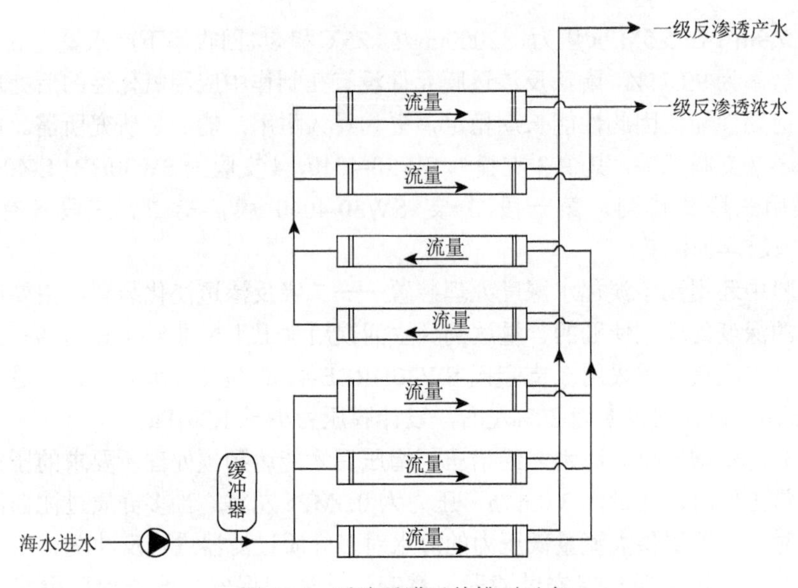

图 5.25　反渗透膜元件排列示意

2. 反渗透预处理和膜组件

反渗透海水淡化装置由预处理、反渗透膜组件两部分组成。

预处理部分可将海水处理成为达到反渗透膜进水要求的水。预处理采用"增压泵 + 多介质过滤器 + 精滤 + 保安过滤"结合的型式，能确保反渗透膜进水浊度<1NTU。多介质过滤器内装有两种滤料，上层为粒径为 0.5～1mm 的细石英砂，下层为粒径为 1～2mm 的石英砂，它能将海水中很细的砂粒、尘土、藻类、胶体等颗粒物质过滤掉，确保其出水浊度<1NTU；精滤器和保安过滤器内装有 5μm 和 3μm 的过滤滤芯，能进一步去除水中的胶体及细微的颗粒，确保 SDI<5。

反渗透膜组件部分由高压泵、缓冲器、反渗透膜、反渗透膜容器、清洗系统等组成。用反渗透原理制造淡水须在高压下进行，工作压力一般在 4.0～6.8MPa 范围内，预处理的海水经高压泵进入反渗透膜，透过反渗透膜的即为产水，未透过膜的海水经过浓缩成为浓水，产水和浓水的取向都可以通过阀门调节，既可以外排也可回流至原水箱。

3. 加热制冷装置

试验所用的海水加热为电加热方式，采用制冷压缩机进行制冷，加热装置加热上限为 40℃，制冷装置制冷下限为–5℃。

5.4.2 产水水质与进水水质、操作参数相关性

1. 研究目标

（1）研究反渗透装置的产水流量和产水 TDS 随进水温度、进水 TDS、操作压力的变化规律。

（2）研究反渗透试验数据，提出合适的反渗透装置评价和标定方法。

（3）针对部分进水条件下产水水质不达标的现象，提出可行的工艺改进措施，并进行分析验证。

2. 试验研究方案

反渗透系统脱盐试验主要包括海水环境模拟水质条件下一级反渗透脱盐试验、二级反渗透脱盐试验、工艺改进措施试验，见表 5.7。

表 5.7　反渗透脱盐试验内容

序号	项目	主要内容	试验方法和步骤
1	一级反渗透脱盐试验	研究不同海水温度、TDS 和膜压力下反渗透装置的脱盐率和产水流量变化情况	1. 通过浓缩或稀释法调节海水 TDS； 2. 通过加热或制冷装置调节海水温度； 3. 开启一级反渗透设备； 4. 调节浓水阀使操作压力达到试验值； 5. 连续运行，记录试验数据
2	二级反渗透脱盐试验	研究不同水质条件下二级反渗透的脱盐率、产水流量和硼含量的变化情况	1. 将一级反渗透 TDS 不合格的产水注入试验水箱； 2. 将水引入二级反渗透装置； 3. 开启反渗透装置，调节操作压力达到试验值； 4. 连续运行，记录试验数据
3	工艺改进措施试验	通过一级回流、二级深度处理、反渗透末端切膜等手段研究产水水质水量是否达到规定要求	1. 按工艺要求连接相应设备和管路； 2. 设定进水条件，开启反渗透设备； 3. 根据要求调节参数； 4. 记录试验数据

1）一级反渗透脱盐试验

（1）海水温度、TDS 和操作压力对反渗透膜产水量和回收率的影响。对海水温度、TDS 和膜进水压力进行三因素完全随机试验，考察三种因素对产水通量和回收率的影响并找到规律，为后续试验条件控制、淡化工艺改良、装置改进提供依据。

具体试验条件变化见表 5.8。

表 5.8　一级反渗透运行试验条件变化

海水温度/℃	海水 TDS/(mg/L)	操作压力/MPa
5	10000	4
10	15000	4.5
15	20000	5
20	25000	5.5
25	30000	6
30	35000	6.5
35	40000	6.5
40	45000	6.5

其中，采用电感应加热和盐水循环制冷的方法控制海水温度；通过向海水原水箱中循环回流浓水或产水的方式来调节海水 TDS；调节浓水流量阀开度来控制压力。

设置海水温度 15℃，改变海水 TDS 和进水压力考查试验设备的运行情况，记录试验数据。其中，海水 TDS 为 10000mg/L、15000mg/L、20000mg/L、25000mg/L、30000mg/L、35000mg/L、40000mg/L 和 45000mg/L 八个梯度；进水压力为 4.0MPa、4.5MPa、5.0MPa、5.5MPa、6.0MPa 和 6.5MPa 六个梯度。15℃下试验结束后，再通过加热和制冷海水的方式改变海水温度，记录不同海水温度下一级反渗透装置的运行数据。海水温度分为 5℃、10℃、15℃、20℃、25℃、30℃、35℃和 40℃八个梯度。

（2）海水温度、TDS 和操作压力对反渗透膜产水 TDS 和脱盐率的影响。调节海水温度和 TDS 到试验设定值后开启设备，将操作压力设定到试验值。在正常运行工况下各部分仪表达到稳定状态后记录进水流量、浊度、pH、TDS、ORP、温度、进水压力；产水压力、流量、浊度、pH、TDS、ORP，并记录运行过程中的设备运行参数的变化。

（3）一级反渗透产水其他水质指标检测。在出水水质稳定后，采集具有代表性的产水水样进行水质检测。以《生活饮用水卫生标准》（GB 5749—2006）106 项水质指标为参考，选取 83 项指标进行水质测定。研究产水的水质指标以及各类水质指标的脱除率。表 5.9 是需要离线检测的产水和对应原水。通过对水样水质进行分析，找出接近或超过《生活饮用水卫生标准》（GB 5749—2006）限值的水质指标，作为重点水质指标进行更多样品的水质检测。

表 5.9　一级反渗透脱盐试验需要离线检测的产水及对应原水

水样	海水温度/℃	原水 TDS/(mg/L)	操作压力/MPa	出水 TDS/(mg/L)
1	10～15	35000	5	～200
2	20～25	40000	5	～450

（4）模拟典型海域海水对反渗透系统脱盐率及通量的影响。依据典型海域实际温度及 TDS 条件（表 5.3），模拟典型海域海水不同的温度、TDS 条件，研究反渗透产水通量以及脱盐率的变化。获得不同温度及 TDS 的海水在水质达标条件下的通量及运行条件、设计通量达标条件下的脱盐率及运行条件。

2）二级反渗透脱盐试验

（1）不同海水 TDS 对二级反渗透产水流量和回收率的影响。在一定的温度和 pH 条件下，研究不同海水 TDS 和操作压力下二级反渗透产水流量和产水回收率的影响。

设置海水 TDS 梯度：500mg/L、700mg/L、1000mg/L。

设置操作压力梯度：0.8MPa、1.0MPa、1.2MPa。

调节海水 TDS 到试验设定值后开启设备，使操作压力达到设定值，在正常运行工况下记录各水质产水随时间的变化情况。

（2）不同海水 TDS 对二级反渗透产水 TDS 和脱盐率的影响。在一定的温度和 pH 条件下，研究不同海水 TDS 和操作压力下二级反渗透产水 TDS 和脱盐率的影响。

设置海水条件和操作方式同上。

（3）二级反渗透产水其他水质指标检测。在出水水质稳定后，采集具有代表性的产水水样进行水质检测。以《生活饮用水卫生标准》（GB 5749—2006）106 项水质指标为参考，选取 83 项指标进行水质测定。了解产水的水质指标以及各类水质指标的脱除率。表 5.10 是需要离线检测的产水和对应原水。

表 5.10　二级反渗透脱盐试验需要离线检测的产水及对应原水

水样	海水温度/℃	原水 TDS/(mg/L)	操作压力/MPa	产水 TDS/(mg/L)
3	20～25	600	1	～50
4	25～30	1000	1	～50

3）工艺改进措施试验

试验中发现了部分水质不合格（产水 TDS 大于 500mg/L）的情况，考虑用不同工艺来保证产水水质（TDS）达到目前 500mg/L 的新要求。

（1）二级反渗透强化深度处理试验。对于一级反渗透产水 TDS 大于 500mg/L 的情况，考虑将一级反渗透产水部分（30%、50%、80%）或全部进入二级反渗透系统，再将二级产水和一级产水混合使产水 TDS 达到设计要求。检测产水 TDS、pH 等一级产水不能达到使用要求的指标；计算两级反渗透整体的脱盐率和回收率。

（2）一级反渗透产水回流强化处理试验。对于一级反渗透产水 TDS 大于 500mg/L 的情况，考虑将一级反渗透产水部分（20%、40%、60%等）回流到一级反渗透膜前，使产水 TDS 达到 500mg/L 以下的设计要求。对产水流量、TDS、pH 等指标进行检测。

（3）一级反渗透“切膜”工艺试验研究。对于一级反渗透产水 TDS 大于 500mg/L 的情况，考虑将一级反渗透“3-2-2”工艺排列的膜中的末端两支膜断开，反渗透进水只进前面两端“3-2”，则产水 TDS 会下降，研究产水 TDS 能否达到 500mg/L 以下的设计要求。对试验中的产水流量、TDS、pH 等指标进行检测。

5.4.3 反渗透装置试验结果分析

1. 操作压力对一级反渗透产水的影响

1）操作压力对产水流量的影响

反渗透海水淡化系统通过膜两侧的压力差进行海水淡化，其原理是当反渗透膜浓水侧施加的操作压力大于浓水和产水之间的渗透压时，浓水中水分子将通过反渗透膜转移到膜的另一侧形成淡化水。试验研究了在固定的进水温度和 TDS 下，反渗透系统产水量随操作压力的变化关系。试验结果标明：当操作压力增大时，产水流量也相应增加。这是因为反渗透膜的产水流量和操作压力存在如下公式：

$$Q_W = K_W \times S/d \times (\Delta P - \Delta \Pi) \tag{5.8}$$

式中，Q_W 为产水流量；K_W 为膜的纯水渗透系数；S 为膜面积；d 为膜厚；ΔP 为膜浓水和产水之间的压力差；$\Delta \Pi$ 为浓水与淡化水之间的渗透压，其计算公式为 $\Delta \Pi = cRT$，其中，c 为摩尔浓度，mol/L；R 为摩尔气体常量；T 为温度，K。当膜元件不变，进水 TDS 和进水温度不变时，式（5.8）还可以简化为式（5.9）：

$$Q_W = A \times \mathrm{NDP} \tag{5.9}$$

式中，A 为膜常数；NDP 为跨过膜的水传质净驱动压力或净驱动力，计算式为 $\mathrm{NDP} = \Delta P - \Delta \Pi$。通过式（5.8）可以看到，当运行压力差 ΔP 低于渗透压 $\Delta \Pi$ 时，反渗透装置不会产水；当运行压力差 ΔP 高于渗透压 $\Delta \Pi$ 时，反渗透装置产水，且产水流量和（$\Delta P - \Delta \Pi$）成正比，产水流量和净驱动压力基本呈线性正相关。操作压力是静驱动压力的决定性因素，产水流量随操作压力上升而增加。

2）操作压力对反渗透回收率的影响

反渗透装置的回收率是指反渗透膜系统中给水转化成为产水或透过液的百分比，已知本试验用的反渗透海水淡化系统的进水流量为 3.0m^3/h，则根据回收率的

定义，可以求出反渗透装置在不同操作压力下的产水回收率。根据反渗透装置产水回收率的定义可知，回收率的计算公式为

$$RE = \frac{Q_w}{Q} \times 100\% \tag{5.10}$$

式中，RE 为回收率；Q_w 为产水流量，m^3/h；Q 为进水流量，m^3/h。

从式（5.10）中可以看到，在进水流量不变的情况下，反渗透装置的产水回收率与产水流量成正比，反渗透装置的产水回收率随操作压力的增大而增大，其增大趋势和产水流量一致。

3）操作压力对产水 TDS 的影响

产水 TDS 是反渗透装置的另一个重要参数，一般要求反渗透装置的产水 TDS 应该能达到 700mg/L 以下，随着科技的进步和人们对淡化水水质要求的提高，将来反渗透产水的 TDS 需低于 500mg/L。通过查阅文献，反渗透膜元件的透盐量只与膜两侧的浓度差有关。反渗透膜的透盐量公式为

$$Q_s = \Delta C \times K_s \times (S/d) \tag{5.11}$$

式中，Q_s 为膜的透盐量；K_s 为膜的盐渗透系数；ΔC 为膜两侧盐浓度差；S 为膜面积；d 为膜厚度。当膜元件及其他条件不变时，式（5.11）可以简化为

$$Q_s = B \times \Delta C \tag{5.12}$$

式中，B 为膜常数；ΔC 为膜两侧盐浓度差。从式（5.12）可以看出反渗透膜的透盐量只与膜两侧的浓度差有关，与反渗透装置的操作压力无关。

4）操作压力对反渗透脱盐率的影响

反渗透装置的脱盐率指的是通过反渗透膜从系统进水中去除可溶性杂质浓度的百分比，根据进水和产水中 TDS 的含量及脱盐率的定义，可以求出反渗透装置在不同操作压力下的脱盐率：

$$RD = \frac{TDS_Q - TDS_w}{TDS_Q} \times 100\% \tag{5.13}$$

式中，RD 为脱盐率；TDS_w 为产水 TDS，mg/L；TDS_Q 为进水 TDS，mg/L。

从式（5.13）中可以看到，在进水 TDS 不变的情况下，反渗透装置的脱盐率与产水 TDS 呈负相关，即在相同进水 TDS 下，产水 TDS 越大，则脱盐率越小。试验反渗透装置的脱盐率基本维持在 98%以上的较高水平。

2. 进水 TDS 对一级反渗透产水的影响

1）进水 TDS 对产水流量的影响

在全球范围内，不同海域的进水 TDS 往往是不同的，而进水 TDS 的变化会引起反渗透装置产水流量的变化，这是因为当进水 TDS 变化时，相应的渗透

压也会发生变化，而反渗透装置是通过克服渗透压来对装置进行产水的，根据式（5.8）可知，进水 TDS 的变化会导致海水渗透压 $\Delta \Pi$ 的变化，进而影响产水流量 Q_W。本试验在操作压力和温度不变的情况下，研究了反渗透装置实际产水流量随进水 TDS 的变化关系。结果表明：在其他条件不变的情况下，随着进水 TDS 的增加，产水流量呈减小趋势，这是因为，当进水 TDS 增加时，进水侧的渗透压增大，在相同的操作压力下，反渗透装置的净压差减小，产水流量也会随之减小。

2）进水 TDS 对产水 TDS 的影响

进水 TDS 的变化会导致反渗透膜两侧浓度差的变化，根据反渗透脱盐率公式[式（5.13）]可知，产水的 TDS 也会随之发生变化。本试验通过保持进水温度和操作压力不变，考查了产水 TDS 随进水 TDS 的变化关系。结果表明：随着进水 TDS 的增加，产水 TDS 也增加。这是因为进水 TDS 增加时，膜两侧的浓度差 ΔC 也随之增加，反渗透膜的透盐量也随之增大，同时根据反渗透膜产水公式[式(5.8)]可知，进水 TDS 增加，则产水流量减小，产水 TDS = 透盐量/产水流量。因此产水 TDS 会随着进水 TDS 的增大而增大。

3）进水 TDS 对反渗透脱盐率的影响

反渗透装置的脱盐率指的是通过反渗透膜从系统进水中去除可溶性杂质浓度的百分比，根据进水和产水中 TDS 的含量及脱盐率的定义，可以求出反渗透装置在不同操作压力下的脱盐率。根据脱盐率的计算公式[式（5.13）]可知，反渗透装置的脱盐率与进水 TDS、产水 TDS 有关，根据进水 TDS 对产水 TDS 的影响结果可以看到，进水 TDS 增加的同时，产水 TDS 也增加了，因此很难直接从公式(5.13)中推断出反渗透脱盐率随海水 TDS 的变化关系。试验结果表明：随着进水 TDS 的增加，反渗透装置的脱盐率有所降低，尤其当进水 TDS 在 35000～45000mg/L 时，降低的趋势更明显，有些条件下甚至低于 500mg/L 下的脱盐率上限。这说明在高的进水 TDS 下，本反渗透装置的脱盐率会明显降低。

3. 进水温度对一级反渗透产水的影响

1）进水温度对产水流量的影响

全球不同海域的进水温度各不相同，即使是同一海域，进水温度也会随着季节的变化而变化。因此有必要了解进水温度对反渗透装置产水流量的影响。试验研究了海水 TDS 和操作压力不变的情况下，产水流量与进水温度的变化关系。试验结果表明：在其他条件不变的情况下，随着进水温度的增加，产水流量也略有增加，这是因为当进水温度上升时，海水的黏度降低，则水分子通过反渗透膜的阻力也随之减小，在相同操作压力下有更多的水分子透过反渗透膜到达产水侧，表现为反渗透膜的产水流量增加。

2）进水温度对产水 TDS 的影响

试验研究了不同操作压力和进水 TDS 下，产水 TDS 随进水温度的变化关系。试验结果表明：随着进水温度的增加，产水 TDS 也增加。这是因为当进水温度增加时，水的黏度降低，使更多的盐离子随水透过反渗透膜而进入产水侧。

3）进水温度对反渗透脱盐率的影响

根据进水温度对产水 TDS 的影响结果可以看到，进水温度增加时，产水 TDS 也增加了，因此可知在相同的操作压力和进水 TDS 下，反渗透装置的脱盐率随着进水温度的增加而减小。分析结果与试验结果一致。

4）膜堆布置方式对脱盐率及回收率的影响

表 5.11 是利用陶氏 ROSA9.0 软件模拟分析的“高温高盐”下不同反渗透装置的产水情况，其中，模拟分析采用陶氏 SW30-4040 海水淡化反渗透膜，模拟海水温度为 35℃，TDS 为 45000mg/L，模拟预处理采用传统过滤工艺，预处理后水的 SDI＜3，反渗透膜堆排列方式为两段式和三段式。

表 5.11　不同膜排列方式和进水流量下产水 TDS 和能耗变化

序号	膜元件数量	段数	排列方式	进水流量/(m^3/h)	操作压力/MPa	产水流量/(m^3/h)	产水回收率/%	产水TDS/(mg/L)	脱盐率/%	单位产水能耗/(kW·h/m^3)
1	7	3	3-2-2	6	5.5	1.11	18.50	387	99.1	10.34
2	5	2	3-2	6	5.5	0.86	14.33	353	99.2	13.38

通过表 5.11 可以发现，反渗透膜元件采用“3-2-2”三段排列时，产水 TDS 为 387mg/L，脱盐率为 99.1%；反渗透膜元件采用“3-2”两段排列时，产水 TDS 为 353mg/L，脱盐率为 99.2%。可见当段数减小后反渗透装置的产水 TDS 下降，脱盐率上升，但由于采用两段处理后，反渗透膜元件的总数量降低，因此反渗透产水流量会有所下降。

从上述模拟结果分析可知，在进水流量不变的情况下，反渗透膜堆的段数越少，产水 TDS 越低，脱盐率越高，但是产水流量会有所下降。

4. 一级反渗透系统产水标准化

膜系统的表观产水性能受进水 TDS、进水温度、操作压力和回收率的影响。例如，当温度下降时，产水流量会有所下降，这是正常现象。为了区分这类正常现象与系统性能真正的变化，应对所实测的产水流量和脱盐率参数进行标准化，这就是指在考虑了操作参数的影响后，系统的真实性能与系统基准性能的比较，基准性能可能为该系统的设计性能或最初设计性能。

当以设计的系统性能作为基准进行标准化时，对于验证该水处理系统是否已经达到预期的性能很有帮助。当以系统最初测量性能作为基准进行标准化时，对于显示任何性能随时间的变化很有帮助。记录系统标准化后的数据，可以及早发现潜在的系统问题（如结垢或污堵），还可以提供更早、更有效的纠正措施。

1）系统产水标准化计算公式

陶氏反渗透膜系统的标准化产水量计算公式见式（5.14）：

$$Q_s = \frac{P_{fs} - \frac{\Delta P_s}{2} - P_{P_s} - \Pi_{fcs}}{P_{fo} - \frac{\Delta P_o}{2} - P_{P_o} - \Pi_{fco}} \times \frac{TCF_s}{TCF_o} \times Q_o \tag{5.14}$$

式中，P_f为进水压力；ΔP为系统压降；P_P为产水压力（制取淡水后的水压力）；Π_{fc}为进水与浓水间平均渗透压；TCF为温度校正系数；Q为产水流量；下标s为标准状况；下标o为运行状况。

反渗透装置的温度校正系数由式（5.15）和式（5.16）计算：

$$TCF = \exp\left[2640 \times \left(\frac{1}{298} - \frac{1}{273+T}\right)\right] \quad T \geqslant 25℃ \tag{5.15}$$

$$TCF = \exp\left[3020 \times \left(\frac{1}{298} - \frac{1}{273+T}\right)\right] \quad T \leqslant 25℃ \tag{5.16}$$

式中，T为温度，℃。

以设计值或首次报告中的最初性能作为标准状况，以获得一个固定的比较基准点。查阅文献发现可以有不同的公式计算渗透压，以下的估算法比较可靠，见式（5.17）和式（5.18）：

$$\Pi_{fc} = \frac{C_{fc} \times (T+320)}{491000} \quad C_{fc} < 20000mg/L \tag{5.17}$$

$$\Pi_{fc} = \frac{0.0117 \times C_{fc} - 34}{14.23} \times \frac{T+320}{345} \quad C_{fc} > 20000mg/L \tag{5.18}$$

式中，C_{fc}为进水与浓水间平均浓度。

进水与浓水间平均浓度可由式（5.19）计算得到：

$$C_{fc} = C_f \times \frac{\ln\frac{1}{1-Y}}{Y} \tag{5.19}$$

式中，Y为回收率，即产水流量/进水流量；C_f为进水TDS，mg/L。

标准化产水TDS的计算见式（5.20）：

$$C_{ps}=\frac{P_{fo}-\frac{\Delta P_{o}}{2}-P_{po}-\Pi_{fco}+\Pi_{po}}{P_{fs}-\frac{\Delta P_{s}}{2}-P_{ps}-\Pi_{fcs}+\Pi_{ps}}\times\frac{C_{fcs}}{C_{fco}}\times C_{po} \tag{5.20}$$

式中，C_p 为产水 TDS 浓度，mg/L；Π_p 为产水渗透压，bar。

通过以上公式，即可对试验得到的产水参数进行标准化计算。

2）产水流量标准化计算分析

以反渗透装置运行的第 5 天作为产水流量（1.03m^3/h）基准值，按上述产水流量标准化计算公式计算每天的标准化产水流量，考查后续运行过程中标准化产水流量的变化情况。图 5.26 是反渗透装置的实际产水流量和标准化产水流量的关系，从图中可以看到，虽然反渗透装置的实际产水流量波动很大，最低时仅为 0.6m^3/h，最高时达 2.4m^3/h，但是经过标准化计算后得到的产水流量波动却很小。反渗透装置在最初运行的 20 天里，标准化产水流量几乎不变，25 天后，标准化产水流量略有下降，这是因为之前对反渗透装置进行管道改造，反渗透装置性能略有下降，但 25 天后的标准化产水流量也基本维持在一个水平。当标准化产水流量明显下降时，说明反渗透膜污染严重，需要进行清洗。

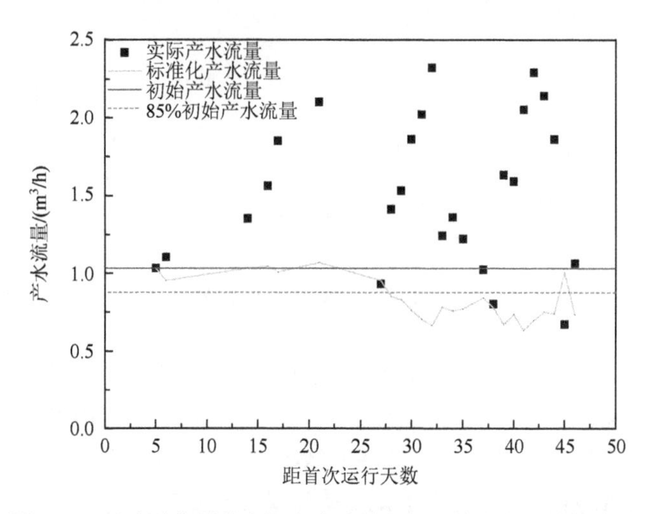

图 5.26　反渗透装置的实际产水流量和标准化产水流量的关系

3）产水 TDS 标准化计算分析

以反渗透装置运行的第 5 天作为产水 TDS（186mg/L）基准值，按上述产水 TDS 标准化计算公式计算每天的标准化产水 TDS，考查后续运行过程中标准化产水 TDS 的变化情况，试验结果见图 5.27。从图中可以看到，虽然反渗透装置的实际产水 TDS 波动很大，最低时仅为 50mg/L，最高时达 700mg/L，但是经过标准化计算后得到的产水 TDS 波动却很小。反渗透装置在最初运行的 20 天里，标准化产水 TDS 几乎不变，25 天后，标准化产水 TDS 略有下降，这是因为之前对反渗透装置进行管道改造，导致反渗透装置性能略有下降。当标准化产水 TDS 明显上升时，说明反渗透膜污染严重，需要进行清洗。

5. *反渗透产水水质结果分析*

1）产水 82 项水质指标分析

反渗透设备运行所得的淡化水 TDS 虽然达到了设计要求，但是如果淡化水作为饮用水则需要达到《生活饮用水卫生标准》（GB 5749—2006）标准，因此本试验对反渗透装置的淡化水中的 82 项水质指标进行了分析。

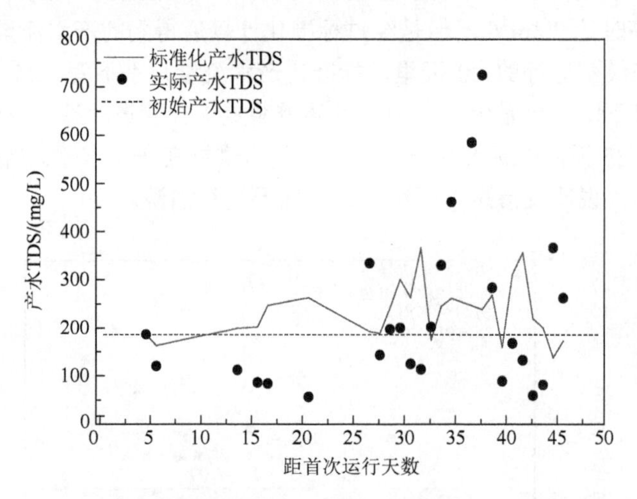

图 5.27　反渗透装置的实际产水 TDS 和标准化产水 TDS 的关系

试验取 TDS 为 35000mg/L 的海水，在 15℃及 5.0MPa 的操作压力下得到的一级反渗透产水 25L，连同相应的原海水 25L 送往上海 SGS 通过标准技术服务有限公司。以《生活饮用水卫生标准》（GB 5749—2006）为依据，选出了其中 82 项水质指标进行测定，测定结果见表 5.12。

表 5.12　水质指标检测结果

编号	测试项目	单位	测试结果		脱除率/%	生活饮用水标准	产水是否达标
			原水	产水			
1	砷	mg/L	未检出	未检出		0.01	是
2	镉	mg/L	未检出	未检出		0.005	是
3	铅	mg/L	未检出	未检出		0.01	是

续表

编号	测试项目	单位	测试结果		脱除率/%	生活饮用水标准	产水是否达标
			原水	产水			
4	汞	mg/L	未检出	未检出		0.001	是
5	硒	mg/L	未检出	未检出		0.01	是
6	铝	mg/L	未检出	未检出		0.2	是
7	铁	mg/L	未检出	未检出		0.3	是
8	锰	mg/L	0.025	未检出	＞80.00	0.1	是
9	铜	mg/L	0.016	未检出	＞62.50	1	是
10	锌	mg/L	未检出	未检出		1	是
11	锑	mg/L	未检出	未检出		0.005	是
12	钡	mg/L	0.035	未检出	＞85.71	0.07	是
13	铍	mg/L	未检出	未检出		0.002	是
14	硼	mg/L	4.14	0.939	77.32	0.5	否
15	钼	mg/L	0.02	未检出		0.07	是
16	镍	mg/L	0.057	未检出	＞98.25	0.02	是
17	银	mg/L	未检出	未检出		0.05	是
18	铊	mg/L	未检出	未检出		0.0001	是
19	钠	mg/L	9830	76	99.23	200	是
20	钙	mg/L	368	0.193	99.95	—	是
21	镁	mg/L	1170	0.444	99.96	—	是
22	氟化物	mg/L	1.02	未检出	＞99.51	1	是
23	硝酸盐氮	mg/L	0.2	未检出	＞97.50	10	是
24	氯化物	mg/L	19700	101	99.49	250	是
25	硫酸盐	mg/L	2860	0.83	99.97	250	是
26	六价铬	mg/L	未检出	未检出		0.05	是
27	氰化物	mg/L	未检出	未检出		0.05	是
28	溶解性总固体	mg/L	26000	218	99.16	1000	是
29	总硬度（以 $CaCO_3$ 计）	mg/L	6670	3.6	99.95	450	是
30	耗氧量（COD_{Mn} 法，以 O_2 计）	mg/L	7.61	1.15	84.89	3	是
31	挥发酚类（以苯酚计）	mg/L	未检出	未检出		0.002	是
32	阴离子合成洗涤剂	mg/L	未检出	0.059		0.03	否
33	色度（铂钴色度单位）		未检出	＜5		15	是
34	浊度（散射浊度单位）	NTU	未检出	＜0.5		1	是

续表

编号	测试项目	单位	测试结果		脱除率/%	生活饮用水标准	产水是否达标
			原水	产水			
35	臭和味		0	0		无异臭、异味	是
36	肉眼可见物		无	未检出		无	是
37	pH		7.6	6.70		6.5～8.5	是
38	氯化氰（以CN^-计）	mg/L	未检出	未检出		0.07	是
39	氨氮	mg/L	0.05	未检出		0.5	是
40	硫化物	mg/L	未检出	未检出		0.02	是
41	乙苯	mg/L	未检出	未检出		0.3	是
42	二甲苯	mg/L	未检出	未检出		0.5	是
43	1, 1-二氯乙烯	mg/L	未检出	未检出		0.03	是
44	1, 2-二氯乙烯	mg/L	未检出	未检出		0.05	是
45	1, 2-二氯苯	mg/L	未检出	未检出		1	是
46	1, 4-二氯苯	mg/L	未检出	未检出		0.3	是
47	三氯乙烯	mg/L	未检出	未检出		0.07	是
48	四氯乙烯	mg/L	未检出	未检出		0.04	是
49	甲苯	mg/L	未检出	未检出		0.7	是
50	苯	mg/L	未检出	未检出		0.01	是
51	苯乙烯	mg/L	未检出	未检出		0.02	是
52	氯乙烯	mg/L	未检出	未检出		0.005	是
53	氯苯	mg/L	未检出	未检出		0.3	是
54	六氯丁二烯	ug/L	未检出	未检出		0.0006	是
55	三氯苯	mg/L	未检出	未检出		0.02	是
56	六六六	mg/L	未检出	未检出		0.005	是
57	林丹	mg/L	未检出	未检出		0.002	是
58	滴滴涕	mg/L	未检出	未检出		0.001	是
59	七氯	mg/L	未检出	未检出		0.0004	是
60	六氯苯	mg/L	未检出	未检出		0.001	是
61	百菌清	mg/L	未检出	未检出		0.01	是
62	溴氰菊酯	mg/L	未检出	未检出		0.02	是
63	对硫磷	mg/L	未检出	未检出		0.02	是
64	甲基对硫磷	mg/L	未检出	未检出		0.02	是
65	马拉硫磷	mg/L	未检出	未检出		0.25	是
66	毒死蜱	mg/L	未检出	未检出		0.03	是

续表

编号	测试项目	单位	测试结果		脱除率/%	生活饮用水标准	产水是否达标
			原水	产水			
67	乐果	mg/L	未检出	未检出		0.08	是
68	敌敌畏	mg/L	未检出	未检出		0.001	是
69	灭草松	mg/L	未检出	未检出		0.3	是
70	2, 4-滴	mg/L	未检出	未检出		0.03	是
71	呋喃丹	mg/L	未检出	未检出		0.007	是
72	莠去津	mg/L	未检出	未检出		0.002	是
73	五氯酚	ug/L	未检出	未检出		0.009	是
74	邻苯二甲酸二（2-乙基己基）酯	ug/L	未检出	未检出		0.008	是
75	环氧氯丙烷	ug/L	未检出	未检出		0.0004	是
76	苯并[*a*]芘	mg/L	未检出	未检出		0.00001	是
77	总 α 放射性	Bq/L	0.05	0.03	40.00	0.5	是
78	总 β 放射性	Bq/L	13	0.11	99.15	1	是
79	亚硝酸盐氮	mg/L	未检出	未检出		—	是
80	微囊藻毒素-LR	mg/L	未检出	未检出		0.001	是
81	草甘膦	mg/L	未检出	未检出		0.7	是
82	丙烯酰胺	mg/L	未检出	未检出		0.0005	是

从上表结果可以看出，除了硼元素和阴离子合成洗涤剂无法达到国家饮用水标准以外，其他水质指标都符合国家饮用水水质标准。对于海水中含量较高的氯化物、钠、硫酸盐等，脱除率可达 99%以上。由于进水中的阴离子合成洗涤剂并未检出，而产水中却又检出了阴离子合成洗涤剂，可能的原因是测量误差。淡化水中的硼元素超标在意料之中，本次测定发现产水中的硼元素含量为 0.939mg/L，若淡化水要作为饮用水，则需要对淡化水进行深度处理来脱硼。

为提高检测结果的准确性，多次取了几组反渗透淡化水水样送往上海 SGS 通标标准技术服务有限公司检测，包括一级进水水样、一级反渗透产水水样、二级进水水样和二级反渗透产水水样，阴离子合成洗涤剂的浓度均未检出，说明反渗透海水淡化后的产水阴离子合成洗涤剂的含量是合格的。另外硼含量从进水时的 4.12mg/L 减小到产水时 1.47mg/L，去除率仅为 64.3%。这是因为此次试验中海水温度为 33℃，而高温状态下硼的脱除率很低，最终导致此一级反渗透后产水的硼含量仍达到 1.47mg/L。

表 5.13 是二级反渗透进水和产水水样的水质检测报告。可以看到，淡化水

经过二级反渗透后，产水中 TDS 的浓度进一步降低，达到 74mg/L。除了硼元素，水质指标都达到设计要求。接近 40℃的水温使二级反渗透对硼元素的去除率不到 5%。

表 5.13　二级反渗透进水和产水水样的水质检测报告

编号	测试项目	单位	测试结果		脱除率/%	生活饮用水标准	产水是否达标
			进水	产水			
1	砷	μg/L	未检出	未检出		10	是
2	镉	μg/L	未检出	未检出		5	是
3	铅	μg/L	未检出	未检出		10	是
4	汞	μg/L	未检出	未检出		1	是
5	硒	μg/L	未检出	未检出		10	是
6	铝	μg/L	未检出	未检出		200	是
7	铁	μg/L	未检出	未检出		300	是
8	锰	μg/L	未检出	未检出		100	是
9	铜	μg/L	未检出	未检出		1000	是
10	锌	μg/L	6	5	16.7	1000	是
11	锑	μg/L	未检出	未检出		5	是
12	钡	μg/L	未检出	未检出		70	是
13	铍	μg/L	未检出	未检出		2	是
14	硼	μg/L	1890	1810	4.23	500	否
15	钼	μg/L	未检出	未检出		70	是
16	镍	μg/L	未检出	未检出		20	是
17	银	μg/L	未检出	未检出		50	是
18	铊	μg/L	未检出	未检出		0.1	是
19	钠	mg/L	178	17.4	90.2	200	是
20	钙	mg/L	0.55	0.38	30.9	—	是
21	镁	mg/L	1.0	0.09	91.0	—	是
22	氟化物	mg/L	未检出	未检出		1	是
23	硝酸盐氮	mg/L	0.013	0.010	23.1	10	是
24	氯化物	mg/L	317	26.5	91.6	250	是
25	硫酸盐	mg/L	2.2	0.49	77.7	250	是

续表

编号	测试项目	单位	测试结果		脱除率/%	生活饮用水标准	产水是否达标
			进水	产水			
26	六价铬	mg/L	未检出	未检出		0.05	是
27	氰化物	mg/L	未检出	未检出		0.05	是
28	溶解性总固体	mg/L	604	74	87.7	1000	是
29	总硬度（以 $CaCO_3$ 计）	mg/L	3.6	3.0	98.4	450	是
30	耗氧量（COD_{Mn} 法，以 O_2 计）	mg/L	0.55	0.39	98.0	3	是
31	阴离子合成洗涤剂	mg/L	未检出	未检出		0.03	是
32	色度（铂钴色度单位）		＜5	＜5		15	是
33	浊度（散射浊度单位）	NTU	＜0.5	＜0.5		1	是
34	臭和味		0	0		无异臭、异味	是
35	肉眼可见物		无	未检出		无	是
36	pH		7.82	8.21		6.5～8.5	是
37	氨氮	mg/L	未检出	未检出		0.5	是
38	硫化物	mg/L	未检出	未检出		0.02	是
39	钾	mg/L	9.7	1.2	87.6		
40	亚硝酸盐氮	mg/L	0.005	0.002	60.0		

通过以上水质分析结果可见：

（1）一级和二级反渗透淡化水除了硼元素含量无法达到《生活饮用水卫生标准》（GB 5749—2006）外，其他水质指标都能达到该标准。

（2）一级反渗透装置对钙、镁离子的去除率极高，分别达到99.95%和99.96%，产水的钙、镁离子浓度在1mg/L以下，总硬度的去除率达99.95%，产水中总硬度为3.6mg/L。

（3）在海水温度较高时，反渗透装置的脱硼性能较低，本试验检测的水样中，一级和二级反渗透硼的脱除率只有64.3%～77.32%和4.23%，产水中硼含量都高于0.5mg/L，这是因为硼在水中通常以硼酸分子的形式存在，分子直径小，而且不带电荷，很容易透过反渗透膜达到产水侧。温度对硼的脱除率影响很大，当温度升高时，硼的脱除率会明显降低。

（4）水中钠离子含量会影响人对饮用水的口感，WHO《饮用水水质准则》第四版中指出，当水中钠离子含量高于 50mg/L 时，饮用时会有味道。一级反渗透产水的钠离子含量一般在 100mg/L 以上，若要降低饮用水味道，提升口感，则最好对一级反渗透产水进行二级深度处理。

2）反渗透装置脱硼研究

人们每日从食物及饮用水中会摄入 1～3mg 硼，硼也是植物生长所必需的微量元素，但是硼的过量摄取和灌溉水中硼含量过高会对人体和作物产生危害。WHO 建议成人每天摄入硼的安全上限为 13mg，过量的硼的摄入会引起恶心、头痛、腹泻、肝脏损害甚至死亡。植物硼中毒会使叶片枯黄、脱落，最终导致光合作用能力的降低和产量的下降。因此，从水源中除硼是必要的。我国《生活饮用水卫生标准》（GB 5749—2006）规定硼含量的上限为 0.5mg/L，而 WHO《饮用水水质准则》第四版为 2.4mg/L，差别很大，我国标准有尽快调整的必要。

试验测定了不同温度下一级和二级反渗透装置的脱硼效果，结果见表 5.14。可以看出在海水 TDS 为 30000mg/L 的情况下，当海水温度为 15℃以下时，一级反渗透产水的硼含量低于 0.5mg/L；当海水温度低于 30℃时，二级反渗透产水的硼含量低于 0.5mg/L；当海水温度高于 30℃时，二级反渗透产水的硼含量也无法达到 0.5mg/L 以下。

表 5.14　反渗透产水中硼含量随进水温度的变化

海水 TDS/(mg/L)	海水温度/℃	海水硼含量/(mg/L)	一级反渗透压力/ MPa	一级反渗透产水硼含量/(mg/L)	二级反渗透压力/ MPa	二级反渗透产水硼含量/(mg/L)
30000	10.3	3.6	4.5	0.4	1.0	0.3
	15.4			0.6		0.2
	21.2			0.9		0.4
	26.1			0.9		0.4
	30.4			0.9		0.6
	35.7			0.9		0.8

5.4.4　反渗透装置标定试验

1. *标定方法*

由于船舶在海上航行，其附近海域海水的 TDS 和温度会随着海域的不同及时令的变化而变化，当进水水质条件不同时，经过反渗透装置的产水水量和水质也会发生变化，因此需要一个科学合理的方法来评价反渗透装置的产水性能，确保其在不同进水条件下水质水量都能达到设计要求。

结合一级反渗透试验结果，设计了如下反渗透装置标定（评价）方案。

（1）海水温度为 5℃、10℃、15℃、20℃、25℃、30℃、35℃和 40℃，试验时首先确定海水温度，如 5℃；

（2）海水 TDS 为 10000mg/L、15000mg/L、20000mg/L、25000mg/L、30000mg/L、35000mg/L、40000mg/L 和 45000mg/L，试验时先确定海水的 TDS；

（3）以确定温度和 TDS 的海水作为进水，进行反渗透试验，反渗透装置在运行时，操作压力设定为 4.0MPa、4.5MPa、5.0MPa、5.5MPa、6.0MPa 和 6.5MPa，每个压力下运行 30～60min，记录产水 TDS 和产水流量；

（4）改变海水 TDS，重复试验步骤（3）；

（5）当不同 TDS 试验做完后，改变海水温度，重复试验步骤（2）～（4）；

（6）结束所有试验，整理数据。

通过以上方法可以得到一系列的试验数据，再进行分析作图，可以得到最终的反渗透设备的一系列标定图。

2. 典型规格装置参数标定

通常情况下，反渗透设备的设备选型指南以及操作手册都会标明产水流量，如 $20m^3/d$，以及产水水质标准，如产水 TDS≤500mg/L，却不会指导在某个温度、某种海水 TDS 条件下具体需用多大的操作压力来达到产水量 $20m^3/d$ 和产水 TDS≤500mg/L 的标准，为设备的使用带来不便，也使得设备在某些航行情况下不能满足造水所需。因此，研究根据系统试验所得出的数据，编制了反渗透装置的操作区间，使得某温度、某海水 TDS 条件下的产水水质水量达标与否一目了然。

试验所用的反渗透设备的主要设计参数如下：

（1）海水 TDS≤40000mg/L；

（2）海水温度 0～40℃；

（3）产水量 $20m^3/d$；

（4）脱盐率≥98%；

（5）回收率≥28%；

（6）产水水质：符合《生活饮用水卫生标准》（GB 5749—2006），其中，pH 符合《饮用净水水质标准》（CJ 94—2005），氯化物≤400mg/L；

（7）出水压力 0.20MPa；

（8）装机容量 10kW；

（9）外形尺寸（长×宽×高）1600mm×750mm×1750mm（含清洗箱）；

（10）干重 800kg；

（11）湿重 1230kg；

（12）海水进水口 DN32；

（13）浓水排放口 DN32；

（14）海水增压泵流量：3.0m^3/h，扬程 40m，功率 2.2kW；

（15）高压泵流量 3.0m^3/h，扬程 650m，功率 7.5kW。

对于最高耐压为 6.9MPa 的陶氏反渗透膜元件，其实际最高运行压力低于 6.5MPa，考虑到反渗透装置在运行 1～3 年后膜性能会下降，此时需要提高反渗透装置的运行压力才能使装置的产水达到设计要求，因此全新的反渗透装置设计运行压力一般低于 6.5MPa，通常留 20%的余量。反渗透装置最初的运行压力一般设计为 5.5MPa，通过试验，可以得到在 5.5MPa 运行压力下，不同海水温度和 TDS 对反渗透装置产水流量和产水 TDS 的影响。试验结果见图 5.28，图中带下划线的数值是产水 TDS，单位 mg/L；不带下划线的数值是产水流量，单位 m^3/d。从图中可以直观地看到在压力不变的情况下，高温低盐则产水流量最大，低温高盐则产水流量最小；低温低盐则产水 TDS 最小，高温高盐则产水 TDS 最大。图中阴影区域是全球实际海域 TDS 和温度的变化区间，反渗透装置运行时，只需考虑在阴影区域里产水达到要求即可。从图中可以看出，以设计进水条件为温度 5～35℃，TDS 范围 0～42000mg/L，则产水流量的最小值为 19m^3/d，则反渗透装置的实际产水流量应为 19m^3/d。当海水温度高于 29℃，海水 TDS 大于 38000mg/L 时，本试验用的反渗透装置的产水 TDS 大于 500mg/L，即产水水质不合格。

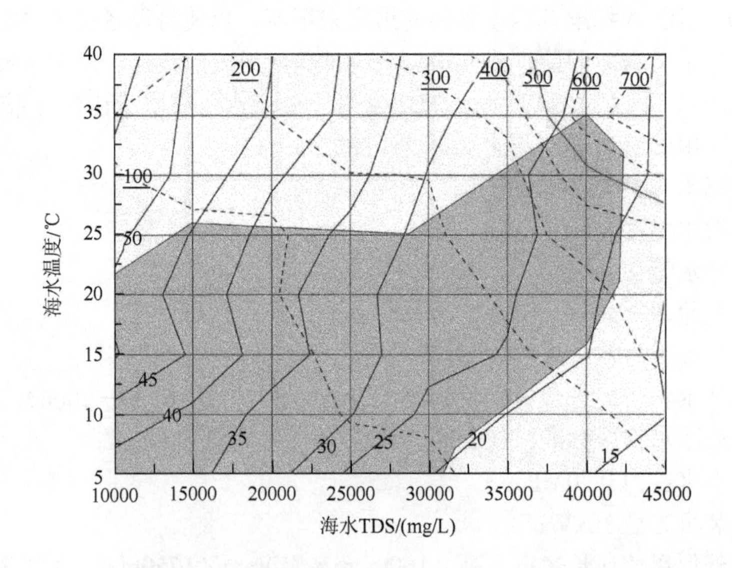

图 5.28　不同进水条件下产水流量和产水 TDS

运行压力为 5.5MPa

5.4.5　分析与讨论

（1）反渗透装置的产水流量随着操作压力的升高而增加，产水 TDS 几乎不随操作压力的升高而变化，在进水 TDS 较高的条件下，产水 TDS 随着操作压力的升高而略有降低。

（2）反渗透装置的产水流量随着进水 TDS 的升高而降低，产水 TDS 随着进水 TDS 的升高而升高。

（3）反渗透装置的产水流量随进水温度的升高而升高，产水 TDS 随着进水温度的升高而升高。

（4）产水回收率和脱盐率是反渗透装置的重要参数，回收率决定了反渗透膜元件串联的段数，脱盐率则是反渗透膜元件的一项重要指标。本反渗透装置的回收率一般在 20%～60%之间，脱盐率在 98.5%以上。

（5）经过标准化换算后，产水流量和产水 TDS 基本能维持在一定浓度。对反渗透数据的标准化处理可以预知反渗透膜元件的潜在问题，并采取合理的对策。

（6）二级反渗透的产水流量、产水 TDS 的变化规律同一级海水反渗透膜一致。经过二级处理后，反渗透产水 TDS 低于 50mg/L，远低于 500mg/L 的上限要求。通过调节工艺参数，二级反渗透的产水回收率能达到 80%以上。

（7）对一级反渗透的产水进行 82 项水质指标检测后发现，除硼元素外，其他水质指标都能达到《生活饮用水卫生标准》（GB 5749—2006）所规定的值；对二级反渗透的产水进行 40 项水质指标检测后也发现，除硼元素外，其他水质指标都能达到该标准。

（8）海水硼含量不高于 3.6mg/L、温度为 15℃以下时，一级反渗透产水的硼含量低于 0.5mg/L；当海水温度低于 30℃时，二级反渗透产水的硼含量低于 0.5mg/L；当海水温度高于 30℃时，二级反渗透的产水无法达到 0.5mg/L 以下。制取硼含量低于 0.5mg/L 的合格淡水，较好的办法是在海水温度低于 30℃的海域采用二级反渗透方式。

（9）船用反渗透海水淡化装置在实际运行中，海水的温度和 TDS 变化范围很宽，反渗透装置的产水流量和产水 TDS 会随着进水温度、进水 TDS、操作压力的变化而变化。本章设计了一种反渗透装置产水流量和产水 TDS 的标定方法。在保持装置操作压力不变的情况下，以海水 TDS 为横坐标，海水温度为纵坐标，绘制反渗透装置的实际产水流量和产水 TDS 图，用于综合评价反渗透装置的性能，通过该方法可以查找出任意进水条件下反渗透装置的产水流量和产水 TDS。

参 考 文 献

陈金增. 2010. 船舶海水淡化及节能技术研究[D]. 武汉：华中科技大学.

韩涛. 2012. 船舶海水淡化装置模拟操作系统的研究与开发[D]. 大连：大连海事大学.

李杭宇，王晓娟，宋保维，等. 2008. 船舶海水淡化装置的研究现状与发展[J]. 船舶工程，30（3）：1-5.

李华，李岩，王福秋，等. 2012. 船用海水淡化装置分析[J]. 能源与节能，5：48-49.

李哲，艾钢，郭丰泽，等. 2006. 海水淡化装置的船上应用及发展[J]. 过滤与分离，16（4）：29-32.

刘永明，张小波，肖海瑞. 2011. 基于某型船反渗透产水水质改进方案设计与实现[J]. 船舶工程，33（增刊 2）：194-197.

苗超，谢春刚，冯厚军，等. 2011. 船用海水淡化技术发展现状与研究建议[J]. 船舶工程，33（6）：6-10.

阮国岭，潘献辉，初喜章，等. 2009. 中空纤维反渗透膜用于胶州湾的海水淡化中试[J]. 中国给水排水，25（10）：90-94.

史林海，王晓娟，王银涛. 2012. 船舶海水淡化技术现状及研究进展[J]. 水处理技术，38（10）：4-7.

宋玮. 2007. 船用反渗透海水淡化装置的研究[D]. 哈尔滨：哈尔滨工程大学.

宋跃飞，高学理，苏保卫，等. 2013. 高回收率反渗透海水淡化工艺的应用研究进展[J]. 水处理技术，39（3）：6-12.

陶氏公司.FILMTEC 反渗透和纳滤膜元件产品与技术手册（2011 版）[A]. 2011.

王意，久岚颖，周强，等. 2014. 我国海水淡化标准发展现状和质量提升建议[J]. 水处理技术，（4）：122-125.

原培胜. 2007. 船用海水淡化装置的预处理技术[J]. 舰船科学技术，29（1）：72-74.

邹士洋，陶永华，曹佳，等. 2011. 船舶反渗透海水淡化水的水质检测及卫生学分析[J]. 中国卫生检验杂志，21（10）：2511-2513.

98/83/EC. 欧盟饮用水水质指令[S].

CB/T 3753—2019. 船用反渗透海水淡化装置[S].

Elimelech M，Phillip W A. 2011. The future of seawater desalination：energy，technology，and the environment [J]. Science，712（333）：712-717.

GB 17324—2003. 瓶（桶）装饮用纯净水卫生标准[S].

GB 5749—2006. 生活饮用水卫生标准[S].

GB 8537—2008. 饮用天然矿泉水[S].

GB/T 13922—2011. 水处理设备性能试验[S].

GB/T 14358—2015. 船用饮用水净化装置[S].

GB/T 19249—2017. 反渗透水处理设备[S].

GB/T 50619—2010. 火力发电厂海水淡化工程设计规范[S].

GJB 1335—1992. 低矿化度饮用水矿化卫生标准[S].

Greenleea L F，Lawlerb D F，Freemana B D，et al. 2009. Reverse osmosis desalination：water sources，technology，and today’s challenges [J]. Water Research，43：2317-2348.

HJ/T 270—2006. 环境保护产品技术要求 反渗透水处理装置[S].

HY/T 062—2002.中空纤维超滤膜组件[S].

HY/T 068—2002. 饮用纯净水制备系统 SRO 系统反渗透设备[S].

HY/T 074—2018. 反渗透海水淡化工程设计规范[S].

HY/T 114—2008. 纳滤装置[S].

JB/T 2932—1999. 水处理设备 技术条件[S].

Karabelas A J，Sioutopoulos D C. 2014. Toward improvement of methods for predicting fouling of desalination membranes—the effect of permeate flux on specific fouling resistance [J]. Desalination，343：97-105.

Khawajia A D，Kutubkhanaha I K，Wieb J M. 2008. Advances in seawater desalination technologies [J]. Desalination，221：47-69.

NSF/ANSI 58-2007. 反渗透饮用水处理系统[S].

Zheng X，Chen D，Wang Q，et al. 2014. Seawater desalination in China：retrospect and prospect [J]. Chemical Engineering Journal，242：404-413.

第6章　淡化水水质平衡调控方法及材料

海水中钙镁离子的含量很高，但反渗透膜对二价离子的去除率也很高，导致淡化水中钙镁离子的含量很低。无论从控制系统腐蚀还是人体健康饮用角度考虑，都需要对淡化水进行平衡调控。快速溶解矿石促进水质往平衡方向发展，是最接近自然界水循环的过程。轻烧结白云石然后将矿石置于容器中，让淡化水与矿石有一个相对稳定可控的接触、溶解速度，使简洁、方便、快速、经济地进行淡化水水质调控成为可能。

6.1　概　　述

船舶所需要的淡水可用水舱来携带，但对航程较远、连续航行时间较长的远洋船舶来说，要携带足量的淡水就必然会相应地减少载重吨位，而且淡水储存过久也会因水舱的污染和细菌的繁殖而变质，仅依靠自身携带的淡水是无法满足远洋需求的，因此船舶本身具有海水淡化能力就显得相当关键。海水淡化的主要方法有蒸馏法和反渗透法。由于反渗透海水淡化具有占地面积省、操作简单、无相变、运行成本低等优点，目前已成为海水淡化的主流方法。

6.1.1　水质特征

通过反渗透法获得的淡化水，总硬度、总碱度、钙镁离子的含量较低，大部分盐类物质被去除，TDS 的去除率达到 99.6%，可控制在 500mg/L 以下，pH 呈中性或偏弱酸性，水质指标基本上都能达到《生活饮用水卫生标准》(GB 5749—2006)，水质纯净，甚至低于标准很多。

表 6.1 为青岛一产水量为 20t/d 的海水淡化设备的一级反渗透产水水质，海水进水 TDS 35000mg/L、温度 15℃、操作压力 5.0MPa，并将淡化水水质与杭州某城区生活用自来水、某品牌市售瓶装饮用水水质与《生活饮用水卫生标准》(GB 5749—2006）进行了比较。

表 6.1　一级反渗透产水与其他水的水质比较

编号	测试项目	单位	测试结果			生活饮用水卫生标准
			淡化水	自来水	瓶装水	
1	砷	mg/L	未检出	未检出	未检出	0.01
2	镉	mg/L	未检出	未检出	未检出	0.005
3	铅	mg/L	未检出	未检出	未检出	0.01
4	汞	mg/L	未检出	未检出	未检出	0.001
5	铝	mg/L	未检出	0.022	未检出	0.2
6	铁	mg/L	未检出	0.012	未检出	0.3
7	锰	mg/L	未检出	0.018	未检出	0.1
8	铜	mg/L	未检出	0.012	未检出	1
9	锌	mg/L	未检出	0.091	0.006	1
10	锑	mg/L	未检出	未检出	未检出	0.005
11	钡	mg/L	未检出	0.043	0.042	0.07
12	铍	mg/L	未检出	未检出	未检出	0.002
13	硼	mg/L	0.939	0.005	未检出	0.5
14	钼	mg/L	未检出	未检出	未检出	0.07
15	镍	mg/L	未检出	0.002	未检出	0.02
16	银	mg/L	未检出	未检出	未检出	0.05
17	钠	mg/L	76	8.1	4.5	200
18	钙	mg/L	0.193	25.7	11.1	—
19	镁	mg/L	0.444	2.7	2.0	—
20	氟化物	mg/L	未检出	0.25	未检出	1
21	硝酸盐氮	mg/L	未检出	1.9	0.68	10
22	氯化物	mg/L	101	10.7	4.4	250
23	硫酸盐	mg/L	0.83	14.8	6.6	250
24	亚硝酸盐氮	mg/L	未检出	未检出	未检出	—
25	溶解性总固体	mg/L	218	119	69	1000
26	总硬度（以 $CaCO_3$ 计）	mg/L	3.6	61.2	41.5	450
27	耗氧量（COD_{Mn} 法，以 O_2 计）	mg/L	1.15	1.40	0.50	3
28	挥发酚类（以苯酚计）	mg/L	未检出	—	—	0.002

续表

编号	测试项目	单位	测试结果			生活饮用水卫生标准
			淡化水	自来水	瓶装水	
29	色度（铂钴色度单位）		<5	—	—	15
30	浊度（散射浊度单位）	NTU	<0.5	—	—	1
31	臭和味	—	0	—	—	无异臭、异味
32	肉眼可见物	—	未检出	—	—	无
33	pH		6.70	7.14	7.60	6.5～8.5
34	总α放射性	Bq/L	0.03	—	<0.03	0.5
35	总β放射性	Bq/L	0.11	—	<0.05	1

由表 6.1 可以看出，与自来水和瓶装水相比，反渗透淡化水呈现出以下水质特点。

（1）反渗透膜无法截留海水中的 CO_2 气体，使得淡化水 pH 偏低，一般呈弱酸性。

（2）淡化水总硬度较低，反渗透膜对二价离子截留率高，水中 Ca^{2+}、Mg^{2+}、硫酸盐等含量偏低，分别仅为 0.193mg/L、0.444mg/L 和 0.83mg/L，远远低于自来水和瓶装水中的含量。

（3）海水中 NaCl 含量高且反渗透膜对一价离子的截留率低，使淡化水中 Na^+、氯化物含量偏高；从表中可以看出，Na^+、氯化物含量虽然都能达到我国《生活饮用水卫生标准》（GB 5749—2006）的要求，但是按照 WHO 的标准，饮用水中 Na^+超过 50mg/L 会影响饮用口感，淡化水中 Na^+浓度为 76mg/L，可能会对淡化水饮用口感产生影响。因此，淡化水若作为饮用水，建议此反渗透系统增加二级反渗透淡化装置，以获得 Na^+含量更低的淡化水。

（4）反渗透膜脱硼率低，导致淡化水硼含量不达标。由于海水淡化产品水具有矿物质含量少、轻微腐蚀性且硬度较低等特点，如不经过后处理，会造成管道腐蚀并影响洗涤及饮用效果，长期饮用也可能会对人体健康产生一定的影响。

6.1.2 相关标准水质要求

从国内外饮用水水质标准来看，各个国家对饮用水中各指标的规定限值有所差异，与水质调质相关的水质指标如表 6.2 所示。

表 6.2　国内外饮用水水质标准对比

序号	水质标准	TDS/(mg/L)	pH	Ca^{2+}/(mg/L)	Mg^{2+}/(mg/L)	总硬度(以 $CaCO_3$ 计)/(mg/L)	总碱度(以 $CaCO_3$ 计)/(mg/L)	Cl^-/(mg/L)	SO_4^{2-}/(mg/L)	Na^+/(mg/L)	Zn^{2+}/(mg/L)
1	WHO《饮用水水质准则》第四版-2011	≤1000	—	—	—	—	—	≤250	≤250	≤50	≤3.0
2	欧盟《饮用水水质指令》98/83/EC-1995	—	—	—	—	—	—	≤250	≤250	≤200	—
3	美国《饮用水水质标准》-2001-一级	—	—	—	—	—	—	—	—	—	—
4	美国《饮用水水质标准》-2001-二级	≤500	6.5～8.5	—	—	—	—	—	≤250	—	≤5.0
5	日本《生活饮用水水质标准》-1993	—	5.8～8.6	—	—	≤300	—	—	—	≤300	≤1.0
6	中国《生活饮用水卫生标准》(GB 5749—2006)	≤1000	6.5～8.5	—	—	≤450	—	≤250	≤250	≤200	≤1.0
7	中国《低矿化度饮用水矿化卫生标准》(GJB 1335—1992)	200～500	7.0～8.5	20～50	10～20	100～200	—	50～100	30～100	20～100	—

由表 6.2 国内外水质标准的对比可以看出，WHO 提出的饮用水中含有的能引起用户不满的物质中，与饮用水口感和腐蚀相关的指标为氯离子、硬度、pH、钠离子、硫酸根离子、TDS、锌离子等。而饮用水中，钙镁离子是硬度的主要组成部分，因此，进行淡化水调质时，还应关注水中的钙镁离子浓度。

（1）pH。WHO 提出饮用水 pH 过低可引起管道腐蚀，pH 过高会导致味道有滑腻感，但是并未对 pH 给出建议值范围。中国《低矿化度饮用水矿化卫生标准》（GJB 1335—1992）中对饮用水中 pH 的建议范围为 7.0～8.5，此标准也符合我国《生活饮用水卫生标准》（GB 5749—2006）的规定的限值（6.5～8.5）。

（2）TDS。TDS 的含量与饮用水的味觉直接相关，其含量过高时会造成水的口味不佳，缩短水管及热水器、热水壶等家用器具的使用寿命；但是过低时水的味道就会平淡无味而不受欢迎。WHO 及我国《生活饮用水卫生标准》（GB 5749—2006）的规定的限值均为 1000mg/L，中国《低矿化度饮用水矿化卫生标准》（GJB 1335—1992）对饮用水中 TDS 的建议范围为 200～500mg/L，而反渗透淡化水一级产水 TDS 一般在 500mg/L 以下，二级产水 TDS 一般在 100mg/L 以下，都可以达到水质标准范围。

（3）碱度。国内外饮用水标准中暂未对碱度的限值做出规定，GJB 1335—1992

对重碳酸盐（即酸式碳酸盐）的规定限值为 50～150mg/L，换算为碱度为 80～250mg/L（以 $CaCO_3$ 计），碱度的建议值可参考此标准。

（4）氯化物、硫酸盐和钠。氯化物是人体中最丰富、作用最广泛的阴离子，是维持人体内正常的水和电解质平衡的重要成分。硫酸盐是毒性最低的阴离子之一，人体摄入过多的硫酸盐后会出现腹泻、胃肠道紊乱并脱水，硫酸盐也会对输水的管网系统造成一定程度的腐蚀。WHO 对氯化物、硫酸盐和钠三种指标的限定值分别为 250mg/L、250mg/L 和 50mg/L，超过该限值可能会引起味道异常。此建议值也符合我国《生活饮用水卫生标准》（GB 5749—2006）的规定，而且在欧盟、美国及日本等组织和国家对饮用水的建议值范围内。淡化水中含有较多的氯化物及钠盐，但是含有较少的硫酸盐，鉴于三种物质对于饮用水口感和腐蚀的重要影响，淡化水若作为日常饮用水应关注水中氯化物、硫酸盐和钠的含量。

（5）锌。WHO 指出，饮用水中锌含量影响水质外观及味道，建议限值为 3.0mg/L，我国《生活饮用水卫生标准》（GB 5749—2006）的规定限值为 1.0mg/L。

（6）钙镁离子。饮用水中，钙镁离子是硬度的主要组成部分，因此，进行淡化水调质时，还应关注水中的钙镁离子浓度。很多水质标准未对饮用水中钙镁离子的浓度做强制性规定。中国《低矿化度饮用水矿化卫生标准》GJB 1335—1992 中对调质水中的钙、镁离子浓度建议值分别为 20～50mg/L 和 10～20mg/L。因此淡化水作为饮用水进行水质调质时可重点参考此标准。

（7）硬度。WHO 提出硬度过高可能引起水垢沉淀从而形成浮渣，而长期饮用硬度过低的水质会影响人体健康。但是 WHO 并未给出硬度的建议值范围。日本《生活饮用水水质标准》从饮用味道方面考虑对硬度的限定值为 300mg/L（以 $CaCO_3$ 计）。我国《生活饮用水卫生标准》（GB 5749—2006）的规定限值为 450mg/L（以 $CaCO_3$ 计）。中国《低矿化度饮用水矿化卫生标准》GJB 1335—1992 中对饮用水中硬度的建议范围为 100～200mg/L（以 $CaCO_3$ 计）。

6.1.3 淡化水腐蚀性

由于缺乏碳酸盐碱度，因此海水淡化水的化学稳定性极差，其缓冲能力相当有限，pH 变化幅度较大。同时淡化水中钙离子含量也很低，使得起保护作用的碳酸钙膜很难在管壁上沉积，进一步加剧了管路系统的腐蚀。腐蚀可能会对供水的很多方面造成不良影响，包括供水成本、用户对淡化水的接受度、消毒效率及因重金属产生的卫生健康等问题。因此，淡化水需经水质稳定矿化处理后再进入供水管网，使水体的腐蚀性得到控制，从而提高水体与管网之间的兼容性。

金属表面腐蚀的化学反应受到众多因素的影响，包括 pH、碱度、钙、硬度、氯化物、硅和温度等。表 6.3 概括了各个水质指标对腐蚀的影响。很多其他水质参数也能对腐蚀过程产生影响，如溶解氧、硫化氢、硫酸盐等，但这些指标不是淡化水的特征组分，在此不讨论。

表 6.3　影响淡化水腐蚀的因素

因素	产生的影响
pH	1. 低 pH（通常指 pH＜7.0）可能增加腐蚀速率； 2. 高 pH（通常指 pH＞8.0，但不是过高）可能降低腐蚀速率
碱度	1. 改善淡水的稳定性和防止 pH 变动； 2. 可能有助于保护膜的沉积
钙	1. 可以碳酸钙膜的形式沉积在管壁上，在金属材料与水之间形成物理屏障； 2. 浓度过高可能降低管路的输水能力
硬度	1. 如果钙和碳酸盐碱度的浓度过高，且具备碳酸钙沉积的适合 pH 条件，则硬水的腐蚀性通常比软水低； 2. 通冷水时碳酸钙不会沉积到镀锌铁管上，但钙硬度可能有助于在金属表面缓冲 pH 以防止腐蚀
氯	高浓度的氯会增加铁管、铅管和镀锌管的腐蚀速率
硅	当以溶解态存在时，可反应形成保护膜
温度	可影响保护膜的溶解性及腐蚀速率

给水管网的铁稳定性是一个十分复杂的问题，包括物理、化学、生物等多种影响因素，具体可分为管网腐蚀、管垢形成和铁释放三类问题，三者相互影响，见图 6.1。管网腐蚀产生腐蚀产物，此过程主要包括电化学作用及微生物作用，腐蚀产物可形成管垢，管垢反过来可以作为钝化层从而阻止进一步的腐蚀，同时也可以由溶解和电化学作用直接向管网水释放铁，而铁释放现象可以破坏管垢结构，从而进一步加剧管网腐蚀，一般铁释放主要受水力条件和水质条件的影响。

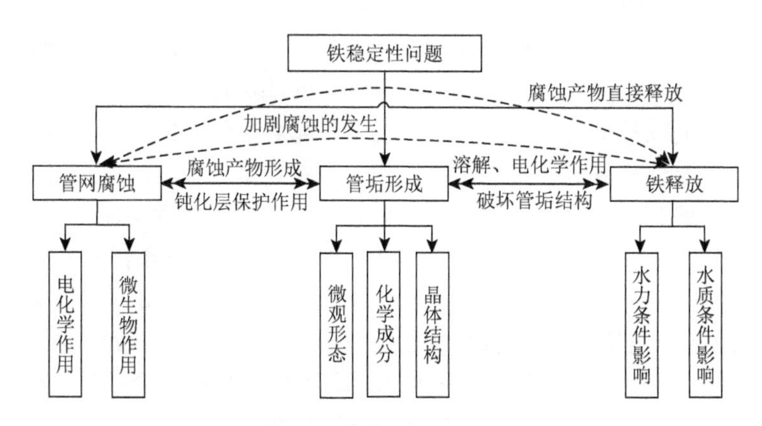

图 6.1　铁稳定性问题示意图

在管壁微环境下，铁元素存在着微妙的化学平衡，如图 6.2 所示。管壁微环境包括铁质管材（金属铁）、管垢（铁的化合物）和管网水环境，其化学过程包括腐蚀反应、铁释放反应及铁沉积反应。腐蚀和铁释放反应都会引起管网水中的铁超标。腐蚀主要涉及电化学作用，一般是由金属铁质管材与水接触而引起的，腐蚀过程中会产生大量的亚铁离子、氢氧根离子等腐蚀产物，这些腐蚀产物可以直接进入管网水，也可经过沉淀、氧化还原等复杂反应后在管内壁形成具有钝化层保护作用的管垢。而管垢在管网水力冲刷或溶解作用下可向管网水中释放铁，这就是铁释放现象，铁释放还包括管壁电化学反应产生的亚铁离子腐蚀产物等直接释放到管网水中。铁释放现象的发生导致了管垢破坏，加剧了铁质管材的腐蚀。当管网水中的铁达一定量时会发生沉淀反应，造成铁沉积现象，也可形成管垢。这些复杂的反应会导致铁超标，进一步引发“红水”现象。

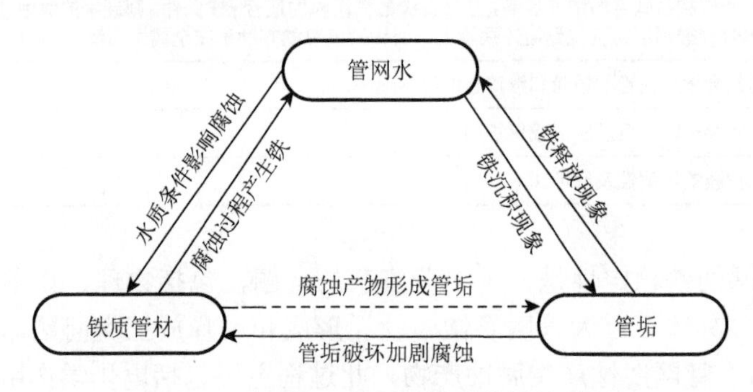

图 6.2　管网水、管垢、铁质管材关系图

6.1.4　饮用安全性

饮用水是由矿物质及溶于其中的气体组成的成分复杂的体系。水中含有多种矿质元素，这些元素对于维持机体健康具有重要意义。水中某些微量元素由于与其他元素和蛋白质争夺结合位置，影响细胞膜的渗透性；或者通过其他代谢作为酶反应的活化剂或抑制剂，在若干生物过程中起着重要的作用。图 6.3 为与动脉粥样硬化和缺血性心脏病相关的矿质元素，这些元素能直接或间接地对血型、脂化合物或糖代谢有影响，从而对心室、血管壁以及与心血管功能有关的其他系统产生影响。水质影响人的微量元素或矿物质平衡，淡化水中含有极少的矿质元素，硬度极低，长期饮用硬度过低的水会影响骨骼发育，因此，如何进行淡化水矿化，以保证淡化水必要的矿物质含量与健康性，正在引起业界的广泛关注。此外，反渗透淡化水存在 pH 低、矿质元素含量少、缓冲能力差的问题，下面就水的 pH、钙镁含量、硬度、碱度与人体健康的关系进行介绍。

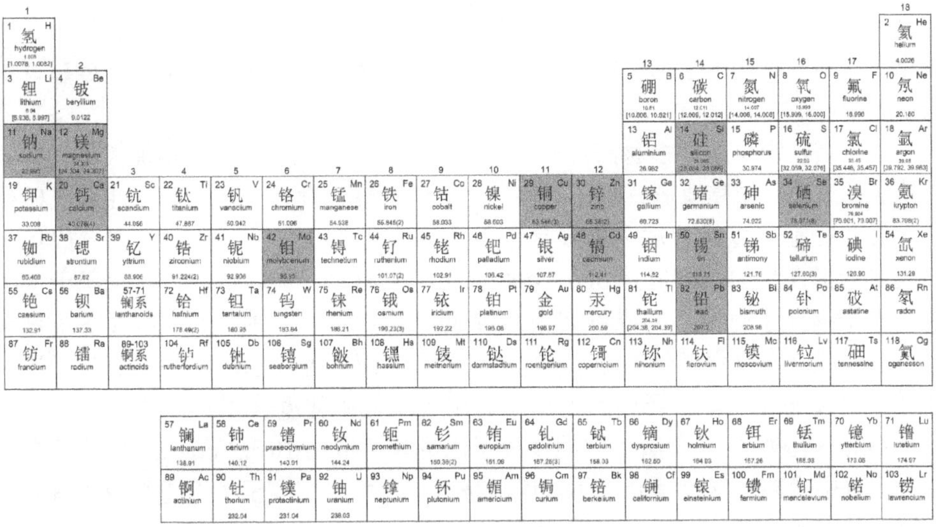

图6.3　元素周期表中与动脉粥样硬化、缺血性心脏病相关的矿质元素

（1）pH。长期饮用高pH的水会对眼睛、皮肤和黏膜造成损伤。当pH大于11时将对眼睛和皮肤产生明显的刺激，有报道称pH为10～12.5的溶液会引起毛发纤维膨胀，也可能会对敏感人群产生肠胃刺激。长期饮用低pH的水也不益于身体健康，同样有报道称pH低于4的水可能会引发眼睛红肿与发炎，pH越低，发病症状越严重；pH低于2.5时将对上皮细胞产生不可逆的影响。同时，水的pH直接影响管网腐蚀程度和消毒效果，因此水的pH与饮水健康存在间接关系。例如，具有腐蚀作用的酸性水经过管道输送后溶入了金属物质，这些金属物质才是对人体健康的直接威胁物质。WHO提出饮用水中pH过低可引起管道腐蚀，pH过高会导致味道有滑腻感，但是并未对pH给出建议值范围。欧盟及美国一级饮用水均未对水中pH限值做强制性规定。美国二级饮用水水质标准对pH规定为6.5～8.5。我国《生活饮用水卫生标准》（GB 5749—2006）对饮用水中pH的规定为6.5～8.5。

（2）钙。钙不仅是骨骼和牙齿的主要成分，还在神经肌肉兴奋、肌肉传导系统运行、心脏和肌肉收缩、细胞间的信息传递和血液凝固功能的正常运作方面起着重要作用。骨质疏松症和骨软化病是人体缺钙最常见的表现，医学证明缺钙还能引起高血压等疾病，同时还可能引起其他生理失调。成年人每天钙的摄入量为700～1000mg，部分人群的需求量甚至可能更高。其中80%来自食物，20%来自饮用水。我国生活饮用水只对水的总硬度做出了要求，并未对饮用水中钙、镁离子浓度做出要求，但是基于钙、镁离子对人体健康的影响至关重要，很多研究者建议建立饮用水中钙、镁离子的最低限值或者适宜范围。以色列卫生部建议淡化水矿化后，水中钙离子含量的合适范围是 80～120mg/L（以 $CaCO_3$ 计）。我国《低矿化度饮用水矿化卫生标准》GJB 1335—1992 中对调质水中的钙离子浓度建议值为 20～50mg/L。

（3）镁。镁是 300 多种酶反应的辅助因子和催化剂，缺镁能增加人体发生各种疾病的风险，如高血压、心律不齐、动脉粥样硬化性血管疾病、急性心肌梗死和骨质疏松症。以上致病因素多次出现在临床和流行病学研究报告中。成年人每天镁的摄入量的推荐值是 300～400mg/L，人体摄取的镁 5%～20%来源于饮用水。鉴于镁元素对农作物灌溉和公众健康的影响，以色列卫生部建议在淡化水中添加镁元素，以保证最低 10mg/L 的镁含量；而以色列水资源管理部门会认为此举不但会增加成本，还会影响水质。中国《低矿化度饮用水矿化卫生标准》GJB 1335—1992 中对调质水中的镁离子浓度建议值为 10～20mg/L。目前世界上对饮用水中镁离子含量没有一个明确的标准，对水中镁离子浓度是否应该有一个合适浓度范围仍存在争议。

（4）硬度。通常把水中钙、镁离子的总量称为水的总硬度。硬度通常以水中碳酸钙的含量表示，水中碳酸钙含量低于 60mg/L 是软水，60～120mg/L 是中等硬度的水，120～180mg/L 是高硬度水，大于 180mg/L 是硬度非常高的水。淡化水硬度极低，属于软水。20 世纪 90 年代末期，流行病学专家研究了饮用水硬度和癌症等多种疾病的关系，研究表明硬度对于脑血管疾病、食管癌、胰腺癌、直肠癌和乳腺癌具有预防作用，饮用水中钙对大肠癌和胃癌有抑制作用，镁对脑血管疾病的发生具有预防作用。长期饮用低硬度的软水会导致人体的水盐代谢障碍和胃酸分泌受到抑制。长期饮用低矿化度的软水，有可能使体内本来存在的矿物质流失，同时加速一些有毒物质的吸收。总之，钙和镁是饮用水的重要组成部分，都直接或间接地影响着人体的健康。人体中钙镁缺乏引起的健康风险已经超过了某些有毒物质，饮用水中应保持一个必要的最小浓度。

因此，从人体饮用安全性的角度考虑，有必要对淡化水进行调质后处理，优化出水水质，降低饮用风险。

（5）碱度。通常说的碱度指的是水体的碳酸碱度，也即水中能接受 H^+的物质总和。水体的缓冲能力是由碱度值和 pH 共同决定的，如果 pH 一定，碱度越大，则水体的缓冲能力也越强。碱度影响水质稳定性的机理，常见的说法是构成碱度的 HCO_3^- 和 CO_3^{2-} 参与了铁腐蚀的诸多反应，主要影响铁管内壁的保护膜的形成，包括管内壁上的 $CaCO_3$ 保护膜和 $FeCO_3$ 钝化膜。我国的饮用水水质标准中没有对碱度的限值做出规定，但是国内外对于碱度值过低的水体一般均采取相关的措施来提高其进入管网前的碱度，以保证管网内的水质稳定。以色列卫生部基于避免“红水”现象考虑，提出淡化水矿化的碱度大于 80mg/L（以 $CaCO_3$ 计）。

6.1.5　水质建议值

反渗透能有效脱除海水中 99.6%的总溶解性固体，产水 TDS 可控制在 500mg/L 以下。在反渗透膜对海水中的组分进行选择性脱除的过程中，反渗透膜对高价离子的截留率比单价离子高，在脱除钠离子的同时，二价的离子如钙、镁等离子也同步脱除，且截留率更高，这种水的缓冲能力相对较弱。此外，反渗透无法截留海水中的 CO_2 气体，这些 CO_2 透过膜组件到达产水侧后会重返水中转化为 HCO_3^-，这将使得反渗透淡化水 pH 较低，淡化水具有更强的腐蚀性。因此，淡化水的 pH、总硬度、总碱度、钙镁离子浓度均较低。硬度过低的水质饮用时口感较差；作为洗涤水时，有“发滑”现象。淡化水对管道产生腐蚀，严重时会产生“黄水”现象，从而导致淡化水中重金属离子（如铬、铁、铅、铜等）超标。因此，从饮用口感、洗涤效果和管道腐蚀性考虑，有必要对淡化水进行调质后处理，优化出水水质。

曾有项目组对国内 30 个城市的自来水水样进行水质检测，水质指标主要有 TDS 含量、pH、钙镁离子浓度、总硬度、总碱度等，取样点涵盖我国华北、东北、华东、华南、华中、西北、西南和青藏地区。对 20 个品牌矿泉水主要指标进行了调查分析，结果见《海水淡化与舰船淡水保障》（国防工业出版社，2016 年）。虽然淡化水水质均能满足《生活饮用水卫生标准》（GB 5749—2006）的水质要求，但是，与城市自来水和饮用天然矿泉水相比，淡化水的总硬度、总碱度及 Ca^{2+}浓度、Mg^{2+}浓度均较低。若要使淡化水能像自来水和饮用天然矿泉水一样达到较好的洗涤及饮用效果，需使淡化水的水质调质至城市自来水和饮用天然矿泉水的水质范围，并在符合《生活饮用水卫生标准》（GB 5749—2006）的要求基础上，参考国内外水质标准进一步优化。如 WHO 提出的饮用水中含有的能引起用户不满的物质和中国《低矿化度饮用水矿化卫生标准》（GJB 1335—1992）对相关指标的建议值都是重要参考。

综上，淡化水的调质目标可以定为：总硬度 50～200mg/L（以 $CaCO_3$ 计）；总碱度 30～150mg/L（以 $CaCO_3$ 计）；Ca^{2+}浓度：10～40mg/L；Mg^{2+}浓度：5～20mg/L。

6.1.6　分析与讨论

通过反渗透法获得的淡化水，虽然水质指标基本上都能达到《生活饮用水卫生标准》（GB 5749—2006），甚至低于标准很多。但是淡化水总硬度、总碱度、钙镁离子的含量较低，饮用时平淡无味；矿物质含量较低，长期饮用不益于身体健康；作为洗涤用水时，“发滑”现象严重；水质不稳定，输水过程中易腐蚀管道。淡化水调质可以提高淡化水 pH、碱度、硬度及钙镁离子浓度，以提高淡化水稳定性、降低人体饮用风险。常用的淡化水调质方法有掺混法、投加试剂法与溶解矿石法。目前暂无淡化水调质的相关标准，淡化水水质调质的标准可以参考国内外饮用水水质标准。

6.2 淡化水水质调质方法

淡化水调质是指通过人工调节的方法，提高淡化水 pH、碱度、硬度，以提高淡化水稳定性、降低人体饮用风险的过程。对淡化水进行调质可以增强水体的可饮用性，并使水体的缓冲能力得到提高。

6.2.1 混合水源水掺混法

淡化水与富含矿物质的水源（海水、苦咸水、地下水等）掺混可以增加水体中的离子含量，且是一种非常廉价的方式。但是仅靠这种方式是不能达到要求的，这是因为掺混的水质是掺混原水水质和掺混比例的函数，要使得掺混后所有的水质参数都达到要求，淡化水与其他水源的掺混比例很难协调。此外，掺混过程中不可避免地会带入实际中并不需要甚至是不能要的物质，这需要在实际运行中严格控制掺混比例来使这些物质不超标。

用处理过的海水作为掺混水源时，添加的成分主要是钠离子和氯离子，而碱度的增加微乎其微。海水中氯离子和硫酸根含量较高，如果掺混比例控制不好，含有大量氯离子和硫酸根的水体会加剧金属管道的腐蚀问题。海水中含有大量的硼离子，硼是一种对人体健康危害极大的元素，掺混时需要严格控制掺混后水体中硼的含量。此外，海水中包含海藻，可能会引起毒素的释放。

总的来说，这种处理方法对掺混水源的水质具有很强的依赖性，通常单一的掺混并不能满足水质要求，还需要进一步添加试剂或者作为其他调质工艺的补充部分。

6.2.2 加试剂调质法

直接添加试剂是比较常用的方法，可通过控制试剂流量达到调质目的。可供选择的试剂有氢氧化钙、碳酸钠、碳酸氢钠、氯化钙、硫酸钙以及二氧化碳等。典型的试剂投加工艺如下。

（1）添加 $Ca(OH)_2 + CO_2$：

$$2CO_2 + Ca(OH)_2 \longrightarrow Ca(HCO_3)_2 \tag{6.1}$$

（2）添加 $Ca(OH)_2 + Na_2CO_3$ 或 $NaHCO_3$：

$$Ca(OH)_2 + Na_2CO_3 \longrightarrow CaCO_3 + 2NaOH \tag{6.2}$$

（3）添加 $CaCl_2 + NaHCO_3$：

$$CaCl_2 + 2NaHCO_3 \longrightarrow Ca(HCO_3)_2 + 2NaCl \tag{6.3}$$

（4）添加 $CaSO_4 + NaHCO_3$：

$$CaSO_4 + 2NaHCO_3 \longrightarrow Ca(HCO_3)_2 + Na_2SO_4 \tag{6.4}$$

以上4种工艺，应根据淡化水水质、处理水量和投资运行成本，结合船舶自身特点进行选用。

工艺（1）中 $Ca(OH)_2$ 可以同时增加淡化水的硬度和碱度，但是不能增加淡化水的碳酸碱度，实际应用中常需要用 CO_2 酸化淡化水，然后加入悬浮态的 $Ca(OH)_2$ 溶液。但在实际应用中，石灰浆中的 $Ca(OH)_2$ 的利用率如果低于96%，产水浊度很可能大于WHO规定的上限值（5NTU），且该法可控性能不好，产水的pH会随着 $Ca(OH)_2$ 的溶解度不同出现较大的波动。

工艺（2）中添加 $Ca(OH)_2$ 和 Na_2CO_3 会产生非吸附性的 $CaCO_3$ 沉淀和NaOH，可以实现pH的调节并且改善水质的腐蚀性。该工艺对处理水质的碱度调节贡献不大，产水的pH一般大于10.5，因而并不适用于单独用于淡化水的矿化处理。有学者指出，该工艺更适用于本身含有一定的碳酸碱度或者二氧化碳的淡化水的水质调节，且 Na_2CO_3 的成本非常高，不经济。

工艺（3）只需将药品加入淡化水中即可，不需要加入悬浮态的试剂，也不会存在浊度超标的问题。从实际应用的角度来讲，比前两种工艺更简单易行。

工艺（4）在淡化水中的应用不多。$CaSO_4$ 在水溶液中溶解度很低，质量分数只有0.23%，$NaHCO_3$ 溶解性也不高，且价格较为昂贵。两者在潮湿条件下容易结块，较难储存。此外，Withers（2005）研究也指出该方法常需要进行后续的pH调节。

综上所述，直接添加试剂法操作简单，具有极大的操作弹性，可以根据需要来调节淡化水的水质参数。实际应用中该法也常与其他矿化工艺联用，作为其他矿化工艺的补充。鉴于船舶自身特点，调质方法应具有占地少、操作简便、稳定高效的特点，工艺（3）可予以考虑。但添加试剂法也存在一定的问题：试剂所需成本比较高，试剂需要量大，运输和存放不方便，大部分试剂易变质和结块。该方法在船舶上的应用有待进一步探究。

6.2.3 溶解矿石法

1. *矿石种类*

目前，淡化水调质用矿石主要有石灰石、麦饭石与白云石。矿石的理化性质不同，对调质出水水质影响很大。

1）石灰石

石灰石的化学式为 $CaCO_3$，理论化学成分：CaO 占 56.04%、CO_2 占 43.96%，以方解石和文石两种矿物存在于自然界。方解石属于三方晶系，六角形晶体，纯净的方解石一般为白色或无色，密度为 2.715g/cm^3，莫氏硬度为 3，性质较脆。按矿床类型，石灰石分为两类：普通石灰石与镁质石灰石，分类及化学成分见表 6.4。我国石灰石资源丰富，分布广泛，主要分布在陕西、河北、河南、湖北、山东等地。许仕荣等（2012）通过对六种不同产地的石灰石进行淡化水溶出试验，表明钙含量高的石灰石溶出效果较好，石灰石接触时间为 10min 时，出水总硬度、总碱度可分别达到 38mg/L、32mg/L（以 $CaCO_3$ 计）。Liat 等（2011）利用硫酸溶解方解石的方法对淡化水进行调质，又通过离子交换的方式将 Mg^{2+} 与 Ca^{2+} 交换以增加调质出水中 Mg^{2+} 含量，既到达了水质调节的目的，又节省了调质费用。

表 6.4　石灰石分类

类别	牌号	化学成分(质量分数)/%					
		CaO	CaO + MgO	MgO	SiO_2	P	S
		不小于		不大于			
	PS540	54.0			1.5	0.005	0.025
	PS530	53.0			1.5	0.010	0.035
普通石灰石	PS520	52.0	—	3.0	2.2	0.015	0.060
	PS510	51.0			3.0	0.030	0.100
	PS500	50.0			3.5	0.040	0.150
	GMS545		54.5		1.5	0.005	0.025
	GMS540		54.0		1.5	0.010	0.035
镁质石灰石	GMS535	—	53.5	8.0	2.2	0.020	0.060
	GMS525		52.5		2.5	0.030	0.100
	GMS515		51.5		3.0	0.040	0.150

石灰石用于淡化水调质时，能明显提高淡化水 pH、碱度与钙离子含量，但由于石灰石主要成分为 $CaCO_3$，镁含量极低，不能有效地对淡化水中镁离子含量进

行调节。此外，石灰石质地坚硬，用于淡化水调质时溶出速率过慢，一般通过投加 H_2SO_4/CO_2 以降低进水 pH 的方法进行调质。

2）麦饭石

麦饭石是由原岩经蚀变、风化作用而形成的结构疏松的层状、脉状、透镜状活性矿物，因其外貌颇似大麦米煮出的饭团而得名。麦饭石的原岩多为石英斑岩、石英二长岩、石英闪长岩、花岗闪长岩、二长花岗岩、花岗片麻岩等，经风化蚀变后，成为结构疏松的层状、脉状、透镜状体麦饭石，矿层厚几公分至几十米不等。1984 年以来，我国先后发现了 20 余处麦饭石矿区（点），近年来内蒙古奈曼旗、辽宁阜新、天津蓟县、浙江四明山、江西信丰县等地已成为开发、应用、研究麦饭石的主要基地。

研究表明，麦饭石主要化学成分为 SiO_2、Al_2O_3、CaO、MgO、Na_2O_2、K_2O_2、Fe_2O_3、FeO 等，其中 SiO_2 与 Al_2O_3 占 70%以上；麦饭石含有大量对人体有益的微量元素，主要微量元素有 Ga、Ge、Se、Sr、Li、V、Zn、Cr、Ni、Nb、Ta、Co、F、Zr、Y、Sn、Mn、P、B 等。麦饭石具有优良的物理化学性能，用于饮用水处理时，不但能增加水中有益微量元素的含量，而且对重金属离子、细菌等有吸附作用，长期饮用麦饭石调质水，有益于补充人体所需微量元素，促进新陈代谢，促进血液循环，加速离子交换，排除人体中残余的有害毒素。

尽管麦饭石用于淡化水调质时，具有诸多的优良性能，但是由于麦饭石主要成分为 SiO_2，钙、镁等元素含量过低，矿化材料使用周期过短，更换频繁，尤其不适用于船舶淡化水调质。闫平科等（2007）采用陕西户县麦饭石为矿化剂浸泡去离子水，浸泡时间为 30min 时，出水 TDS 为 39.5mg/L，用于实际时为保证出水 TDS 含量，停留时间可能更长，此种麦饭石用于船舶淡化水矿化时，会使得矿化装置占地面积过大。郭兴忠等（2004）采用浙江四明山麦饭石浸泡二次去离子水，研究表明，在 25℃时下浸泡 30min 时出水矿化度较低，随着温度的升高，矿化度增大，且想要得到较好的矿化效果，所需麦饭石粒径应很小，为微米级，这在船舶淡化水矿化中显然不切实际。

3）白云石

白云石是碳酸钙和碳酸镁的复盐，化学式为 $MgCa(CO_3)_2$，理论成分为 CaO 30.4%、MgO 21.9%、CO_2 47.7%，主要杂质包括 Fe_2O_3、SiO_2、Al_2O_3 等。白云石结构与方解石相似，为三方晶系或六方晶系，晶体呈菱面体状，晶面弯曲呈马鞍形，纯白云石为白色，因含铁、锰、锌等杂质而呈暗粉色、黑色、灰色、棕色等，玻璃光泽，解离完全，莫氏硬度 3.5～4，相对密度 2.8～2.9。我国白云石储量高达 82.2 亿 t，广泛分布在辽东半岛、冀东、内蒙古、山西、两湖等地，尤其以辽宁营口大石桥、海城一带最多。

直接以白云石作为矿化剂时，钙镁等溶出速率慢，调质效果差，导致设备占地面积大，不能达到快速调节淡化水水质的目的。因此，一般通过将白云石进行轻烧来用于淡化水调质。白云石的分解分为以下两步：

$$MgCa(CO_3)_2 \longrightarrow MgO + CaCO_3 + CO_2 \tag{6.5}$$

$$CaCO_3 \longrightarrow CaO + CO_2 \tag{6.6}$$

白云石的热分解是由表及里进行的，其热分解产物与轻烧温度、保温时间有很大的关系。白云石分解温度受化学组成、晶粒结构、粒径大小、杂质含量及其分布的影响，可通过热重分析/差热分析（TG/DTA）来测定。白云石煅烧时，晶体表面质点温度开始升高，动能增大，质点的迁移扩散导致白云石开始分解，由于 Mg^{2+}半径小于 Ca^{2+}半径，Mg^{2+}首先到达白云石表面，同时，Mg^{2+}为了保持电中性一定要与CO_3^{2-}的向外扩散一起进行，由于压力减小，CO_3^{2-}迁移至表面即分解为O^{2-}和CO_2，Mg^{2+}与O^{2-}结合生成MgO，由于晶体内部空间狭小，CO_3^{2-}难以分解，与Ca^{2+}结合生成$CaCO_3$。

王冲等（2013）以长白山地区白云石为研究对象，发现轻烧温度为 700℃、保温时间为 3h 是得到活性 MgO 和 $CaCO_3$的最佳煅烧参数；随着温度的升高，生成的 MgO 晶粒逐渐长大，在 930℃下保温 3h 时开始形成团聚结构，白云石表面过烧，降低了反应活性。Gunasekaran 和 Anbalagan（2007）研究发现，Neralakere 矿山的白云石原矿 750℃下分解为 MgO 与 $CaCO_3$，且发现Fe_2O_3、SiO_2、Al_2O_3、Cl^-等杂质会使反应活化能有所波动，这些杂质将对白云石晶体结构产生影响，起到催化剂的作用。

将轻烧白云石用于淡化水调质时，轻烧温度与保温时间的控制是得到优质淡化水调质剂的关键因素。当温度过低时，不足以使$CaMg(CO_3)_2$分解，温度过高，$CaCO_3$分解生成 CaO，与淡化水反应生成$Ca(OH)_2$，使得调质出水 pH 过高，易造成钙过饱和析出。同时，保温时间过长时，会使得生成的 MgO 团聚，将$CaCO_3$包裹其中，阻止其溶出。因此，将白云石轻烧的目的在于得到较纯的$CaCO_3$与 MgO，以$CaCO_3$进行淡化水水质调节，以有效调节出水碱度、硬度、pH，同时以 MgO 补充调质出水硬度，增加有益矿质元素，降低对人体的健康威胁，此外轻烧过程中CO_2逸出使得白云石孔隙率增大，由表及里地形成微孔，有利于其他矿质元素的溶出。

4）不同矿石的比较

溶解矿石法是目前最简单且应用最为广泛的处理淡化水的方法。一般的做法是使淡化水通过盛有矿石的反应器，通过溶解矿石中的矿质元素来增加淡化水的硬度、碱度，实现淡化水的调质。反渗透淡化出水一般呈弱酸性，可促进矿石中钙、镁等离子的溶出，并与CO_3^{2-}发生反应，提高淡化水 pH、碱度与稳定性。常用的矿石有麦饭石、石灰石、白云石等，不同矿石的元素组成、产地、调质特点等如表 6.5 所示。

表 6.5　矿石种类及调质特点

矿石种类	元素组成	我国产地	调质特点
麦饭石	主要成分为 SiO_2（SiO_2 与 Al_2O_3 含量占 70%以上），此外还含有 Ca、Mg、Fe、Na、Ga、Ge、Se、Sr、Li、V、Zn、Cr、Ni、Nb、Ta、Co、F、Zr、Y、Sn、Mn、P、B 等	内蒙古奈曼旗、辽宁阜新、天津蓟县、浙江四明山、江西信丰县等	1. 矿物元素溶出种类丰富；优良的吸附性能，对水中细菌、亚硝酸盐等有一定的捕集作用； 2. Al_2O_3 对水的 pH 有双向调节作用； 3. 钙镁含量低，对水的硬度调节作用不大
石灰石	主要成分为 $CaCO_3$，理论化学成分：CaO 占 56.04%，CO_2 占 43.96%，以方解石和文石两种矿物存在于自然界；按矿床类型，石灰石分为两类：普通石灰石和镁质石灰石	陕西、河北、河南、湖北、山东等	1. 钙元素含量丰富，能有效调节水的硬度、碱度； 2. 碳酸盐的水解作用使得出水 pH 较高； 3. 原矿石溶解速率慢，需对进水进行酸化
白云石	化学式为 $CaMg(CO_3)_2$，白云石的理论成分为 CaO 30.4%、MgO 21.9%、CO_2 47.7%，主要杂质包括 Fe_2O_3、SiO_2、Al_2O_3 等	辽东半岛、冀东、湖南、内蒙古、山西、湖北等，尤其以辽宁营口大石桥、海城一带最多	1. 丰富的钙镁元素含量，能有效调节水的硬度、碱度； 2. 原矿石溶解速率慢，需对进水进行酸化

2. 调质工艺

1）H_2SO_4 溶解矿石＋与原水掺混＋pH 后调节

硫酸作为一种廉价的强酸，被广泛应用于淡化水再矿化处理中，以降低进水 pH，增大颗粒矿化剂溶解度。目前以色列年产 $1\times10^8m^3$ 的阿什克伦海水淡化装置使用的就是这种处理方法。通常矿石以过滤柱/池的形式与酸化后的淡化水接触，进水 pH 常被调至 2 左右，12.5%～25%的淡化水进矿化装置进行调质处理，然后与 75%～87.5%的原水进行掺混，以提高出水 pH，因硫酸溶解矿石法出水钙离子与碱度的比例为 2∶1 或者更大，而二者比例为 1∶1 时调质水较稳定，所以常需投加 NaOH 或 $Ca(OH)_2$ 对出水 pH 进行调节。硫酸溶解矿石法的优势在于原料成本与运行成本低，操作简便，很容易通过计算得到要求的出水水质，但硫酸具有很强的腐蚀性，使得这种方法在船舶上的应用受到了限制。

O. Lehmann 等（2013）利用图 6.4 的流程溶解方解石进行淡化水调质，综合研究了硫酸投加量、水力停留时间、流速等对调质出水水质的影响，为实际运行参数提供了理论依据。试验过程中，通过 H_2SO_4 溶解方解石调质后将产生 CO_2，可直接代替硫酸用于调质过程，这将会使得钙离子与碱度的比例接近 1∶1，这样出水更加稳定，同时将减少 SO_3^{2-} 的产生。但用 CO_2 溶解方解石调质时也有弊端：通入 CO_2 不能有效地将进水 pH 降至 4.0 以下，方解石溶解速率变慢，使得反应器体积变大。左世伟等（2010）利用图 6.5 所示的硫酸溶解石灰石流程进行淡化水矿化，结果表明，用硫酸调节淡化水 pH 至 2.00 左右时，可取得较好的矿化效果，矿化后钙离子含量大于 300mg/L。矿化效果先随着填料高度的增加而增加，当高度达到一定值后，再增加填料高度对矿化效果的提高影响较小。矿化效果还和石灰石颗粒粒径有关，试验结果表明 3～4mm 的石灰石颗粒矿化效果最好。但该工艺只考虑了淡化水矿化，而未考虑调质出水 pH，且调质出水钙离子含量过高。

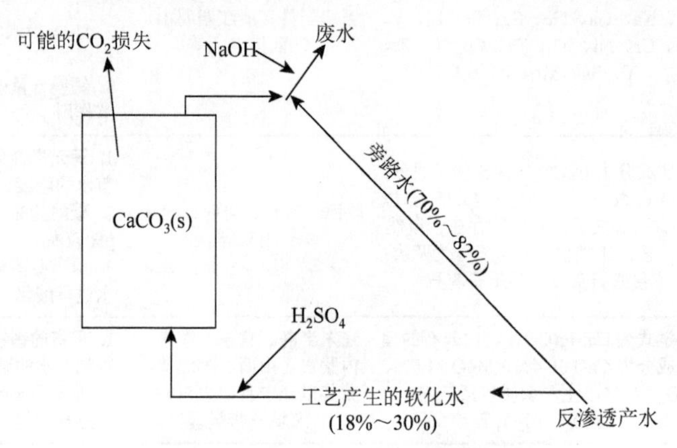

图 6.4　硫酸溶解方解石调质流程

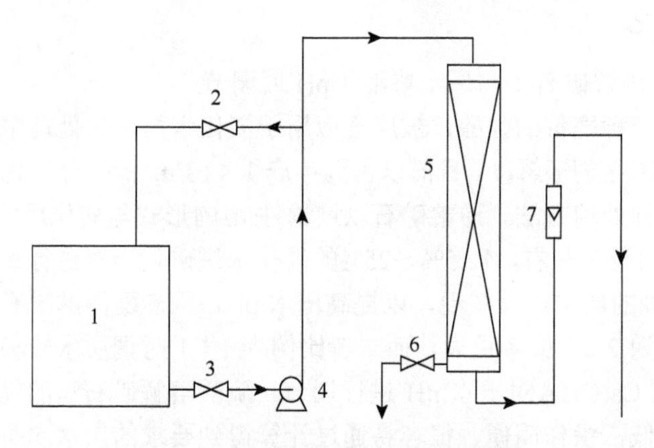

图 6.5　硫酸溶解石灰石调质流程图

1-水箱；2-旁路阀；3-水箱控制阀；4-蠕动泵；5-填料塔；6-出水阀；7-转子流量计

2）CO_2 溶解矿石 + 与原水掺混 + pH 后调节

除硫酸外，CO_2 也被广泛用于淡化水矿化调质中以降低进水 pH，与硫酸调质法相比，CO_2 运行成本较高，但出水生物稳定性和化学稳定性更高，出水 pH 一般不需要人为调节。Plummer 和 Pakhurst（1979）通过研究方解石的溶解过程，对方解石的溶解机理做出了详细的阐述，反应式如下：

$$CaCO_3+H^+ \rightleftharpoons Ca^{2+}+HCO_3^- \tag{6.7}$$

$$CaCO_3+H_2CO_3 \rightleftharpoons Ca^{2+}+2HCO_3^- \tag{6.8}$$

$$CaCO_3 \rightleftharpoons Ca^{2+}+CO_3^{2-} \tag{6.9}$$

刘宏伟（2012）采用 CO_2 溶解方解石的方法处理淡化水，研究了方解石粒径、CO_2 分压、停留时间等对调质水质的影响，并提出了反应动力学模型。曹妃甸日产 5 万 t 海水淡化项目采用升流式石灰石接触器进行淡化水调质，如图 6.6 所示，低温液态 CO_2 转化为低温气态 CO_2 后通过调节阀、流量计和微孔投加器进行定量投加，达到了较好的调质效果。肖裕秀（2012）用图 6.7 的方法改善水质化学稳定性，水中 CO_2 与石灰石接触池填料中的 $CaCO_3$ 发生反应，碳酸钙溶解，结果使水中的碱度、硬度、pH 都得以提高，从而提高了出厂水的水质化学稳定性，缓解出厂水对管网的腐蚀性。试验中对出水进行 CO_2 的脱除，使出水水质化学稳定性能得到了有效的改善，腐蚀性降低。对比于投加 CO_2 与石灰石的方法，该方法虽然能节省 CO_2 用量，但设备复杂，需增设 CO_2 吹脱塔、再泵室等，且该工艺对石灰石纯度要求很高，以防引入有害杂质。

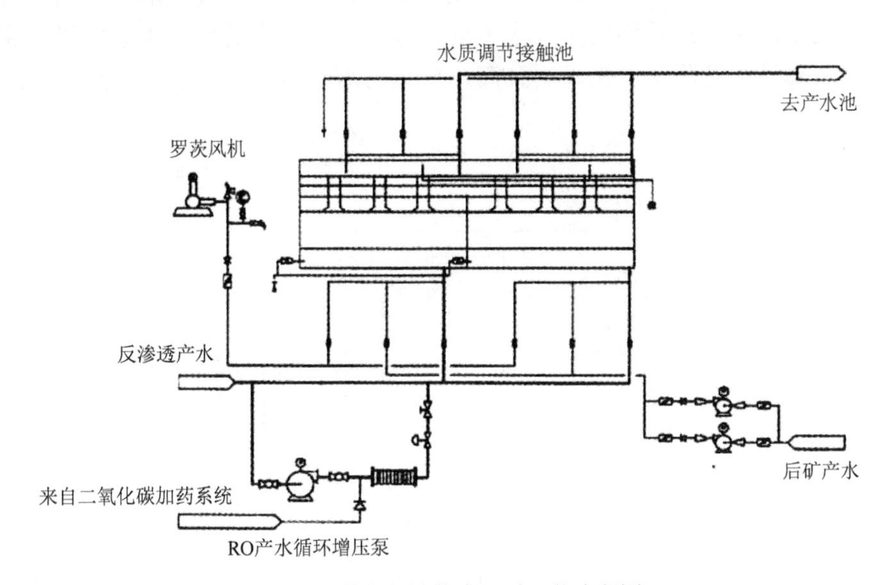

图 6.6　曹妃甸淡化水调质工艺流程图

3）H_2SO_4 溶解矿石 + 离子交换

自以色列卫生部对调质水中 Mg^{2+} 浓度（10～20mg/L）提出要求后，国内外学者就镁的获取开展了一系列研究，其中较为有效的方法就是离子交换法。通常矿石中镁含量较低，利用离子交换能有效提高调质出水中镁离子浓度，保证出水水质，降低人体饮用风险。基于硫酸溶解矿石的明显优势以及淡化水中添

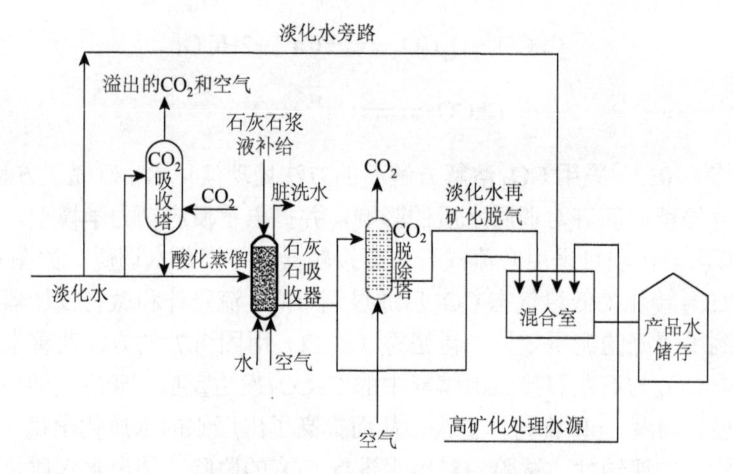

图 6.7 CO_2溶解石灰石工艺流程图

加镁的需要，B. Liat 等（2011）发明了离子交换法，其工艺流程图 6.8 所示。首先利用离子交换树脂交换海水中的镁离子，然后利用硫酸溶解矿石增加淡化水中钙离子浓度，最后利用第一步中的树脂与第二步中的调质水进行钙镁离子交换，钙离子浓度降低，镁离子升高，直至钙离子和镁离子达到一定比例。

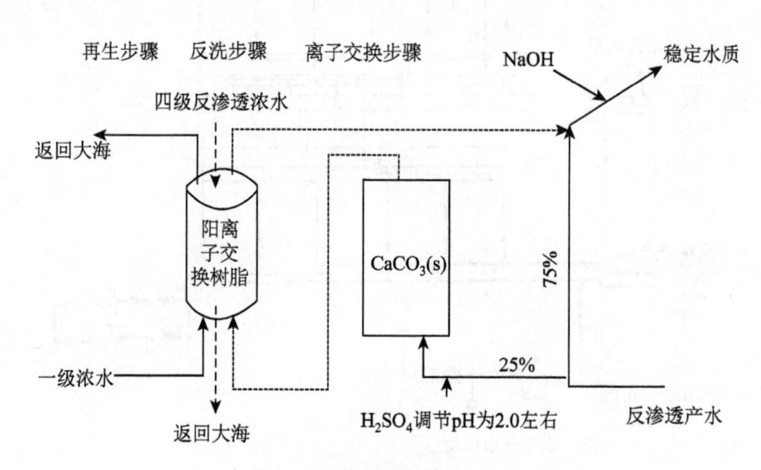

图 6.8 硫酸溶解矿石的离子交换工艺图

这种方法不但成本很低，而且能有效提高调质水中钙镁离子浓度，可控性较高。

左世伟等（2010）利用硫酸溶解石灰石，将 pH 调至 2.00 以下以增加淡化水中的钙离子浓度，用离子交换树脂增加水中镁离子浓度，淡化后的浓盐水用于树脂再生剂，能将树脂的交换能力恢复至起始水平。

相对于国外，目前国内淡化水调质的研究还不够深入，淡化水调质的相关标准缺乏，工艺研究等不够成熟，且淡化水的饮用风险、安全性评估等数据相对匮乏，应积极开展相关方面的研究，以填补国内调质市场的空白，解决我国淡水资源匮乏的危机。

3. *矿石选择的影响因素*

1）矿石理化性能

用于淡化水矿化处理的矿石的选择至关重要，主要受以下因素的影响。

（1）化学组成。矿石中元素组成直接影响着调质水质，包括出水 pH、硬度、碱度、有益元素、有害元素含量等。

（2）孔隙率与孔道分布。在表面力和毛细管力的作用下，水分子通过界面水膜进入孔道和颗粒内部，孔道是水渗入和矿物元素溶出的主要通道，通常，孔隙率越大，孔道越多，越有利于溶出。

（3）形态与粒径。矿石越接近于球形，粒径越小，表面积越大，溶出越好。但在实际应用中，粒径会随着使用时间逐渐变小，当所用矿石粒径过小时，一段时间后矿化剂会从矿化器中流失，增加出水浊度，一般选用 3～5mm 矿石为宜。

（4）晶体形态。矿石中离子的电荷数、半径、晶格结合能等均会影响水域矿化的水合作用。

2）进水 pH

反渗透出水 pH 一般呈弱酸性，能与矿石反应使得矿质元素溶出，但溶解能力有限。一般来说，淡化水 pH 越低，矿质元素溶出越多，在实际中常通过添加硫酸或通 CO_2 的方法降低进水 pH，提高出水矿化度，但在调节进水 pH 的同时，应注意使出水 pH 达标。闫志为等（2009）的研究表明，CO_2 分压越大，方解石、白云石的溶解度越高。刘宏伟（2012）将 CO_2 溶解方解石的方法用于淡化水调质，随着 CO_2 分压的增大，出水钙离子浓度先升高后降低，这是因为 CO_2 分压增大，进水 pH 降低，溶解的钙离子浓度增大，随后，CO_2 与方解石的反应速率达到饱和，反应逸出的 CO_2 吸附在方解石表面，减少了反应面积，导致出水钙离子浓度降低。

3）进水温度

进水温度对矿石溶解度的影响是复杂的。一方面，温度会影响 CO_2 的溶解度；另一方面，温度会影响溶剂分子与岩盐分子的活性，从而影响溶解速率。闫志为等（2009）的研究发现，进水无 CO_2 时，随着温度的升高，破坏白云石与方解石的晶格能量升高，白云石与方解石的溶解度增大；CO_2 分压较大（$P_{CO_2} \geqslant 10^{-3.5}$bar）时，白云石与方解石的溶解度随温度的升高而降低，这是因为 CO_2 在高温下形成 H_2CO_3 的能力较差；CO_2 分压较小（$0 < P_{CO_2} < 10^{-3.5}$bar）时，低温下白云石与方解石的溶解CO_2起主要作用，高温下温度起主要作用。

4）进水杂质含量

海水中富含 Mg^{2+}、Cl^-、SO_4^{2-}，淡化水中这些元素含量也相对较高。由于同离子效应，进水中 Mg^{2+}会影响矿石中镁的溶出。同时，Cl^-、SO_4^{2-} 也会对矿物离子的溶解产生盐效应。有研究表明，SO_4^{2-} 和 Cl^-的存在对提高方解石、白云石的溶解度的作用很大，且对其溶解度的影响为$SO_4^{2-} > Cl^-$。

5）水力停留时间

矿石的溶解是H^+与矿物元素发生反应、矿物离子通过界面水膜进入淡化水的过程，存在一定的反应与溶解平衡。当反应速度为主要控制因素时，为表面反应控制过程，当矿物离子通过孔道时的扩散速度为主要控制因素时，为扩散控制过程。表面反应控制过程可通过调节进水 pH 实现。扩散控制过程可通过调节进水温度、流速实现。装置的水力停留时间与进水流量、流速密切相关。一般，随着水力停留时间的延长，出水硬度将逐渐增大，但增大到一定程度后将基本不随时间变化。因此，在实际应用中，应综合考虑出水水质、装置占地面积、经济成本等因素以确定合理的停留时间。

6.2.4 分析与讨论

随着淡化水技术的发展，生产工艺不断成熟，淡化水已经成为生活、生产用水的一个重要途径。虽然从目前的水质监测资料来看，淡化水能基本满足现有饮用水卫生标准中的常规监测指标，但由于其水源水和淡化技术不同于传统的饮用水，其生产和输送过程可能出现独特的问题，海水淡化水作为饮用水长期使用，还应考虑以下几点。

（1）应结合淡化水的生产工艺，选择合理的水质指标，建立有效的淡化水水质监测系统，对淡化水的水质及其影响因素进行监测。

（2）现行生活饮用水标准主要考虑的是以地表水和地下水为水源的饮用水，对于淡化水的适用性还需要进一步考查，结合淡化水的水质特征，对水质指标进一步补充。

（3）结合流行病学、毒理学等学科，继续开展饮用水水质与人体健康关系的基础研究工作，为保障淡化水作为饮用水的安全性提供技术支持。

（4）由于矿石本身溶出能力的限制，溶解矿石法只能将淡化水调质到一定程度，目前，溶解矿石法的研究还处于起步阶段，未来应开发研究溶出效果更好的矿石，为淡化水调质提供更好调质剂。

6.3　快速矿化材料研制

6.3.1　淡化水天然矿化材料快速矿化原理

溶解矿石法是目前最简单且应用最为广泛的处理淡化水的方法。一般的做法是使淡化水通过盛有矿石的反应器，通过溶解矿石中的矿质元素来增加淡化水中的硬度、碱度，实现淡化水的调质。反渗透淡化出水一般呈弱酸性，可促进矿石中钙镁等离子的溶出，并与 CO_3^{2-} 发生反应，提高淡化水 pH、碱度与稳定性。常用的矿石有麦饭石、石灰石、白云石等。

未经处理的原矿石直接用于海水淡化水矿化后处理时，质地坚硬，溶出速率慢，常需对水进行酸化以提高溶解速率。这种工艺可适用于陆地、岛礁等海水淡化厂中，用于船舶淡化水后处理时，由于船舱空间有限，既没有一个相对大的空间来进行酸化溶出，时间上也不允许淡化水慢慢通过原矿石过流、酸化、溶出，加上酸化物质会加重后端的管路、设备、舱室的腐蚀，所以需寻求其他更为有效的办法进行淡化水调质处理，实际中常采用 H_2SO_4/CO_2 酸化进水的方法进行调质。

硫酸溶解矿石法的优势在于原料廉价、运行成本低、操作简单、很容易通过计算得到要求的出水水质，但硫酸具有很强的腐蚀性，使得该方法在船舶上的应用受到限制。

欧洲国家普遍采用一种烧结后的新型改性白云石，其溶解速率比方解石、麦饭石等原矿石高很多，而且安全可靠，对船用设备和系统要求也不高，是一种用于船舶淡化系统淡化水调质、矿化理想的工艺。欧洲标准化委员会（CEN）制定了《人类饮用水中化学添加剂的要求-半烧白云石》，对调质用半烧白云石的化学成分、运输、储存等做了详细规定，其中对主要成分含量、杂质和主要副产品有严格的要求。

6.3.2　淡化水矿化材料试制

研究制备了适合船舶淡化水水质的调节剂，使船舶淡化水水质调节剂国产化，主要包括原矿筛选、实验室分解机理研究、微观结构的演变、工业化生产中工艺参数的摸索等。

首先是对大量白云石进行筛选，总结原矿的规律，并且探究如何挑选出合适的原矿。进行大量的实验室焙烧试验研究，焙烧结果与德国所使用样品进行比对，求同存异，逐一找出原因并且分析。

对白云石成品品质检测要求如下。首先检验成分分析中有效成分 MgO、$MgCO_3$、CaO、$CaCO_3$ 是否符合要求；其次检验微量元素和痕量元素是否达到产品质量要求；最后保证烧制成分中有效成分、微量元素成分、痕量元素成分都要满足有关卫生标准。

在原矿焙烧的过程中主要考虑的因素有原矿矿物类型、温度、气氛、冷却方式。对焙烧矿物组织结构的研究方法主要使用化学滴定法、X 射线衍射（XRD）、红外光谱、扫描电子显微镜、吸附比表面测试法（BET）等进行系统分析。

选取 A（湖南）、B（辽宁）、C（河北）三个地区的白云石原矿进行研制与试验，对国内白云石矿产地进行对比分析，见表 6.6。

表 6.6 2016 年 A、B、C 三地白云石成分滴定结果

试验编号	矿石产地	CaO/%	MgO/%	C/%
1	A1	38.6	27.8	8.18
2	A2	39.8	28.1	7.80
3	B1	40.2	29.3	7.40
4	B2	40.5	28.3	8.47
5	C1	39.0	27.3	8.31
6	C2	39.4	28.5	8.43
7	A3	38.6	27.9	8.43
8	A4	38.8	28.1	7.48
9	B3	39.6	28.8	8.83
10	B4	39.2	28.0	8.13
11	C3	39.8	27.0	8.00
12	C4	39.0	26.9	8.73

注：1～6 用空气焙烧，7～12 用 CO_2 焙烧。

1. 焙烧矿化剂化学成分

试验分解率在 23.91%左右，分解产物 CaO 接近 40%，MgO 接近 28.57%，误差应在±1%。通过大量的滴定结果也可以分析出，此种反推验算模型是较为实用的。

2. 原矿种类对水质调节矿化剂的影响

研究人员发现在白云石煅烧生产过程中，实际煅烧热分解过程中依然存在煅烧产物含粉率高的问题。相关研究表明，白云石煅烧热分解过程煅烧产物含粉率高的原因除了与转鼓强度和化学组成等常规指标有关外，还与白云石本身的微观结构有关。在国外，从 20 世纪 70 年代开始，研究人员开始用透射电子显微镜（TEM）研究白云石，研究内容多集中在白云石晶体变形机制方面，从 20 世纪 80 年代开始，国外对于白云石晶体中非变形机制的研究越来越多。在我国，尚无统一的标准对白云石品质优劣进行评价。所以，对白云石微观结构进行分析，探讨其在不同煅烧温度和煅烧时间参数下显微组织和化学成分的关系，为白云石煅烧提供技术支持。对于矿物类型的鉴别通常情况下多采用傅里叶变换红外光谱仪分析无机非金属材料，白云石也不例外，因此第一个峰值在光谱图上未标明，将得到的光谱与标准图谱进行对比，会发现红外光谱图中的第 2～6 个峰值表示天然白云石矿石中可能含有的有机物，光谱图中的第 7～9 个峰值与白云石标准红外图谱对应完好。

对德国某样品及与其结构相近的湖南临湘 780℃焙烧 3h 的样品进行红外吸收光谱分析，其结果如图 6.9 所示。

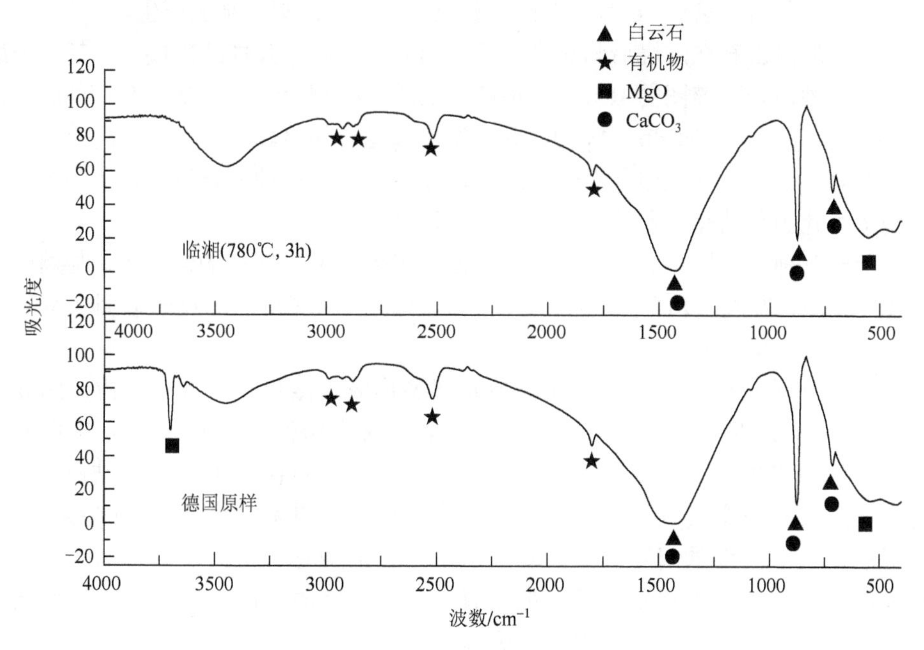

图 6.9　湖南样品 780℃焙烧 3h 分解产物与德国某样品红外光谱比较

德国样品与湖南样品 780℃焙烧 3h 的结果在峰位的多少、准确程度、峰强、半峰宽等方面几乎相同，因此湖南样品可作为生产合格成品的备选之一。

辽宁白云石、河北白云石在空气气氛下 730℃焙烧 3h 的缓冷产物微观结构如图 6.10、图 6.11 所示。

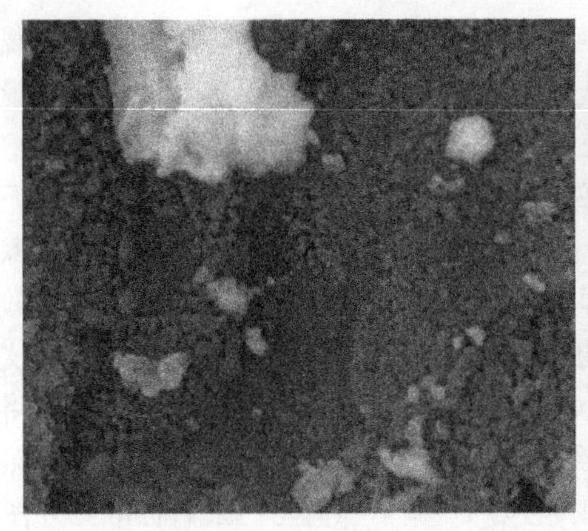

图 6.10 辽宁白云石空气气氛下 730℃焙烧 3h 缓冷微观结构（20000×）

图 6.11 河北白云石空气气氛下 730℃焙烧 3h 缓冷微观结构（5000×）

辽宁白云石在焙烧 3h 后，无论是急冷还是缓冷，都有结晶产生。

河北的白云石在焙烧后与湖南和辽宁的略有不同，其样品较接在一起，强度更大。三种白云石谱图的拟合度均很高，从成分检测上看，都是只有三种成分，即 $Mg_{0.1}Ca_{0.9}CO_3$、$CaCO_3$、MgO，并且湖南和辽宁的焙烧产物都有孔洞及结晶产生，没有裂纹，而河北白云石焙烧产物较接在一起。三种白云石焙烧产物的微观结构都有孔洞和结晶，预计会达到相应的强度。

国产三种试验样品在 730℃空气气氛、焙烧 3h 并且缓冷的情况下，与德国样品进行比较，发现其均含三种物质：$Mg_{0.1}CaO_{0.9}CO_3$、$CaCO_3$、MgO，且主峰和副峰基本相同，见图 6.12。

对不同样品在 CO_2 气氛下不同冷却状态形成的微观结构进行分析。图 6.13 为湖南白云石 CO_2 气氛下 730℃焙烧 3h 急冷微观结构，图 6.14 为辽宁白云石 CO_2 气氛下 730℃焙烧 3h 缓冷微观结构。辽宁白云石在 CO_2 气氛下结晶明显，与湖南白云石在空气气氛下急冷焙烧产物微观结构图类似，这可能与 CO_2 有关，也可能是观察角度的问题。湖南和辽宁白云石焙烧时产生大量的结晶，虽然其结晶不像德国样品那样呈片状，但是有凸起或有序的孔洞，强度未必比德国样品差，而它们的离子交换能力可能更强。

图 6.15 为河北白云石 CO_2 气氛下 730℃焙烧 3h 缓冷微观结构（5000×）。河北白云石 CO_2 气氛下的焙烧产物微观结构仍然与其在空气气氛下相同，产物较接在一起。其强度可达到要求，但是离子交换能力是否受到影响，需要试验来分析。

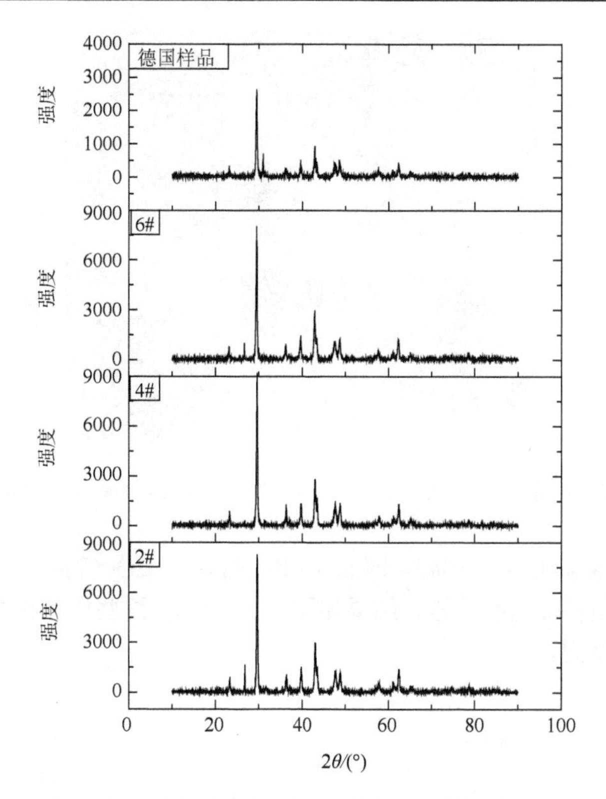

图6.12　白云石空气气氛下730℃焙烧3h缓冷与德国样品的XRD图谱比较

2#-湖南；4#-辽宁；6#-河北

图6.13　湖南白云石CO_2气氛下730℃焙烧3h急冷微观结构（5000×）

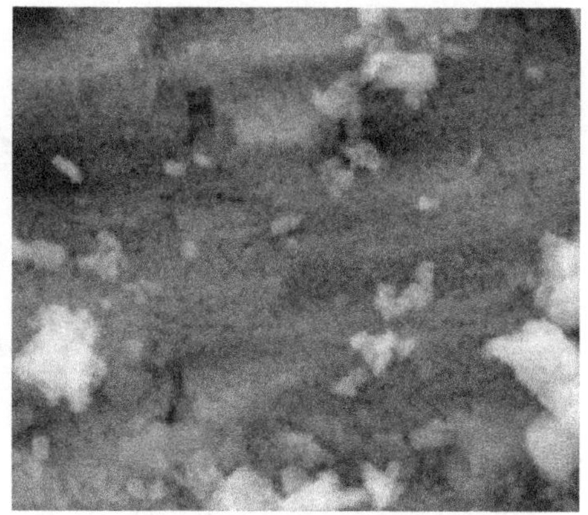

图6.14　辽宁白云石CO_2气氛下730℃焙烧3h缓冷微观结构（20000×）

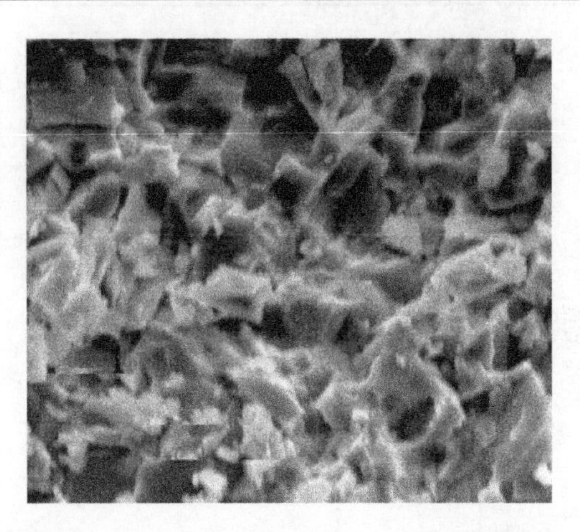

图 6.15 河北白云石 CO_2 气氛下 730℃焙烧 3h 缓冷微观结构（5000×）

将湖南（8#）、辽宁（10#）、河北（12#）样品在 CO_2 气氛下 730℃焙烧 3h 缓冷的状态与德国样品进行比较，结果如图 6.16 所示，这些样品在结构上，主峰位和伴随峰完全相同。

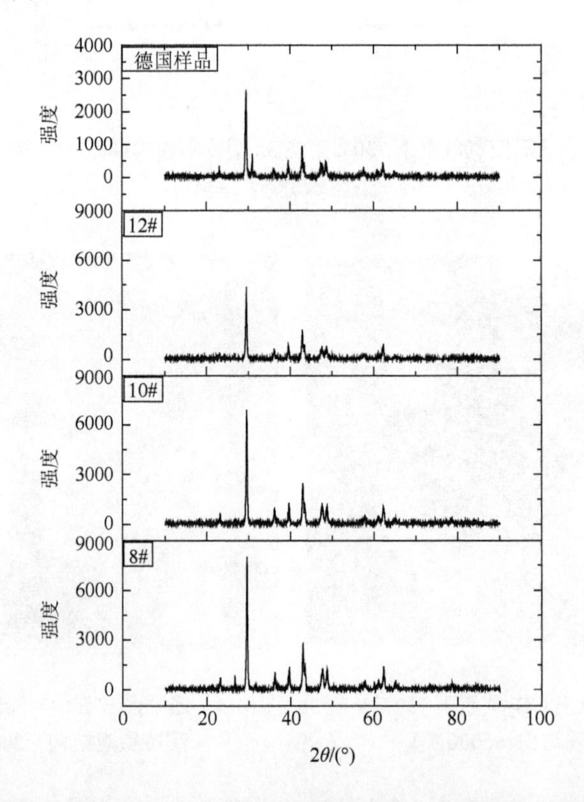

图 6.16 三种白云石 CO_2 气氛下 730℃焙烧 3h 缓冷与德国样品的 XRD 图谱比较

3. 孔隙度分析

本次研究采用的是低温氮吸附法，其在液氮–195℃或液态空气–192℃下进行，因为在这两种温度下，一般不会有化学吸附干扰，能保证气体分子在固体粒子表面呈单分子层吸附。

采用 BET 测定方法，使用吸附曲线分析，多点 BET 分析：0.05～0.35，单点 BET 分析：0.3，孔分析：0.4～1，孔体积 1。

通过 BET 的结果（表 6.7）可以看出，德国样品平均孔径 1.831nm，微孔体积 $5.976\times10^{-3}cm^3/g$，微孔表面积 $16.92m^2/g$。三种缓冷样品比各自急冷样品孔径要大，体积略小，微孔表面积也要小一些。同一样品，孔径越大，微孔体积越小，比表面积也越小。但是不同样品比较，德国样品的孔径最小，但是其微孔体积并非最大，略高于辽宁矿急冷，低于河北矿急冷和缓冷的微孔体积，比表面积也有相同的规律。

表 6.7　孔隙度结果

试样名称	平均孔径/nm	微孔体积/(cm^3/g)	微孔比表面积/(m^2/g)
湖南原矿	2.383	3.015×10^{-3}	10.32
1#	2.192	5.879×10^{-3}	16.65
2#	2.398	5.618×10^{-3}	15.91
辽宁原矿	3.828	3.459×10^{-3}	9.795
3#	1.954	5.953×10^{-3}	16.86
4#	2.064	5.831×10^{-3}	16.51
河北原矿	0.4459	3.345×10^{-4}	0.9472
5#	2.310	6.825×10^{-3}	19.32
6#	2.410	6.169×10^{-3}	18.74
德国某样品	1.831	5.976×10^{-3}	16.92

注：1#-湖南急冷；2#-湖南缓冷；3#-辽宁急冷；4#-辽宁缓冷；5#-河北急冷；6#-河北缓冷。

辽宁白云石原矿本身孔径较大，孔径为 3.828nm，而河北白云石，孔径只有 0.4459nm，比辽宁白云石原矿低了近 90%。而在焙烧后，河北白云石的孔径比辽宁白云石大，并且微孔体积和比表面积都要大。

从图 6.17 来看，在孔体积及孔比表面积分布上，辽宁白云石焙烧后与德国样品最为接近。

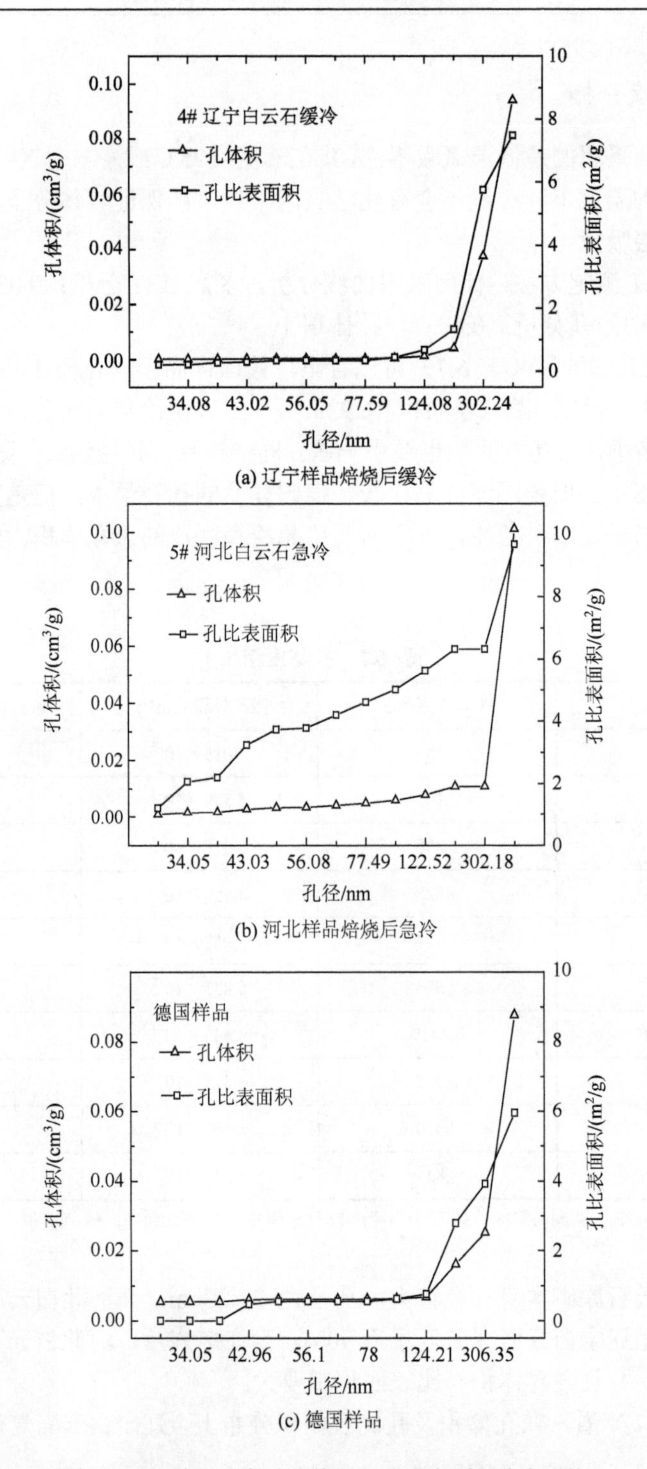

(a) 辽宁样品焙烧后缓冷

(b) 河北样品焙烧后急冷

(c) 德国样品

图 6.17　3 种工艺产品孔体积及孔比表面积分布对比

4. 小结

通过大量的试验研究工作，发现河北样品与德国样品在成分和矿相组成上几乎相同，微观结构不同，德国样品为枝片交织结构，而河北样品为较接微孔结构。河北样品无论是平均孔径、微孔体积还是微孔比表面积，都要高于德国样品。

辽宁样品的成分与矿相组成与德国样品也几乎相同，辽宁样品微观结构为晶体微孔结构，平均孔径、微孔体积、微孔比表面积及孔径分布都与德国样品几乎相同。

因此与德国样品比较来看，本节所研究得到的焙烧样品达到甚至超出德国样品的要求。

6.3.3　分析与讨论

（1）选择不同矿物类型的白云石，对其焙烧制备的样品与德国样品在化学成分、矿物组成、微观结构及相应的性能方面进行比较分析。矿石的选择、焙烧温度、焙烧气氛、焙烧时间、冷却方式等焙烧制度的选择是难度高且步骤复杂的工作，全部为摸索性试验。即使同一种矿物可选择的矿物结晶类型也较多，结合相关矿物研究及之前对不同矿物的了解与分析，逐渐缩小范围，确定了适宜制备船舶淡化水水质调节矿化剂的白云石原矿资源及矿物类型。

（2）在快速矿化材料质量标准方面，从产品质量和使用后水质指标两方面进行考虑。选择一种矿物，制备与进口样品使用功能及效果相似甚至更好的淡化水水质调节矿化剂，成品达到欧洲使用标准，水质达到船舶使用标准。

（3）通过对矿化剂原矿矿物的筛选、试验及分析认为，原矿的矿物类型及结构是矿化剂制备的最重要因素。首先进行原矿 XRD 分析，根据矿物类型及结构分析其应用的价值，然后通过化学滴定的方法来计算分析其化学纯度，判断其是否满足再继续研究或者生产的要求。

（4）对于矿化剂的焙烧制备，除原矿的种类外，还有焙烧温度、焙烧时间与焙烧气氛等焙烧工艺参数的选择等因素。根据对不同类型矿物分解的热力学与动力学条件的分析，制定焙烧制度：通过制定温度、时间、焙烧气氛及冷却制度，进行焙烧试验及分析，确定了与德国样品各类指标类似的矿石类型及不同矿物矿石的焙烧制度。所筛选的河北、辽宁和湖南地区的白云石均可以制备在化学成分、微观组成及结构（如孔隙率、比表面积）等方面与德国样品相同的矿化剂。

（5）冷却制度对成分和物质结构没有影响，但是对样品的孔隙率有较大影响，急冷比缓冷的平均孔径小，而微孔体积和比表面积大。

（6）定量检测分析难度大。矿化剂及原矿矿物为 CaO、$CaCO_3$、MgO、$MgCO_3$，一起定量分析判断存在相互干扰，准确定量分析是个难题，但是 CaO 分解又是衡量产品是否达标的一个重要指标，本研究利用综合检测分析的手段进行定量，并给出反推模型。

（7）需要建立一套稳定有效的从原矿分析检测到焙烧及成品分析检测的矿化剂的品质与制备生产评估体系。

（8）需要进一步完善快速矿化材料品质。从德国某样品来看，通过常规化学滴定测出氧化钙质量分数为 39.10%、氧化镁为 25.20%，生产这种矿化剂需要白云石的纯度相当高。XRD 分析表明其结构不仅有 MgO、$CaCO_3$，而且含有 $Mg_{0.1}Ca_{0.9}CO_3$。微观观察分析发现，1000 倍 SEM 结果显示表面无规则，高倍下有结晶，并且结晶物并非单体而是 $Ca_xMg_y(CO_3)_z$，导致其成品在水中有一定的强度。所需白云石结构为网状不定形结构，而非菱形六方结构。

（9）此次研究工作也利用不同检测手段对矿物及成分进行了定性、定量分析，如判断 XRF 方法和化学滴定方法哪个更适合样品的检测，对化验样品如何进行分析计算，如何摸索出检验的综合方法，从结构上如何分析焙烧矿物的区别。探究了原矿及成品矿选择和分析的适当标准及量化要求，例如，原矿纯净度须从 Ca、Mg 质量含量和纯净度两方面考量，用滴定方法测量原矿中 Ca 和 Mg 的质量分数，XRD 结构分析除白云石外是否有其他矿物物质；以光学显微镜分析焙烧后样品的矿物组成和矿物结构；以 SEM 及能谱分析进行样品微观结构的分析；焙烧后 CaO 和 MgO 的质量分数应精确控制，绝对误差不得高于 2%；以原子吸收光谱方法及 ICP 等离子耦合检测微量元素含量，分析微量组分是否超标、是否达到饮用水标准要求。

（10）进一步丰富和完善船舶淡化水水质快速调节矿化剂的焙烧及分析内容、标准的规范化工作。随着矿化剂筛选、制备及基于实海试验的相关研究的不断深入，以及船舶上使用时可能遇到的问题，后期需要不断对矿化剂进行改良、优化，以达到稳定实施应用的目标，并做好后续应用的研究保障工作。

6.4 淡化水矿化剂研制工艺要求

6.4.1 设备要求

所用设备：全自动多频高温焙烧炉 1 台、与焙烧炉匹配的检测及自动控制装置 1 套、大型烘干箱 1 台、颚式破碎机 1 台、上料前筛分装置 1 套、封装系统 1 套、上料系统 1 套、布料系统 1 套、卸料系统 1 套、成品筛分系统 1 套、实验室化验取样系统 1 套、除尘设备 3 套。生产制品质量报告所用相关检测手段：XRD、化学滴定、BET 化学物理吸附、扫描电子显微镜等。

全自动多频高温焙烧炉，焙烧炉炉膛要求根据生产能力确认；炉内控温，炉膛温度均匀，且控温±2℃；焙烧炉要求密封性能好；焙烧炉需配置相关参数的检测及自动调整控制装置，包括程序温度调整控制系统及对升温降温制度严格的控制；使用质量流量计对出入气氛进行成分检测的气氛精确控制系统。

生产矿化剂辅助系统主要有：除尘系统、扬尘点监控、干燥通风系统、自动上料布料系统、全自动筛分系统、全自动密封装箱系统。

6.4.2 原矿技术要求

1. 纯度

原矿分子量184；经验式$CaMg(CO_3)_2$或$CaCO_3·MgCO_3$；对矿化剂原矿的主要成分要求：CaO 31.43%±2.0%，MgO 21.73%±1.5%。

2. 物相结构

原矿的物相组成应为$CaMg(CO_3)_2$，无杂峰，如图6.18所示。

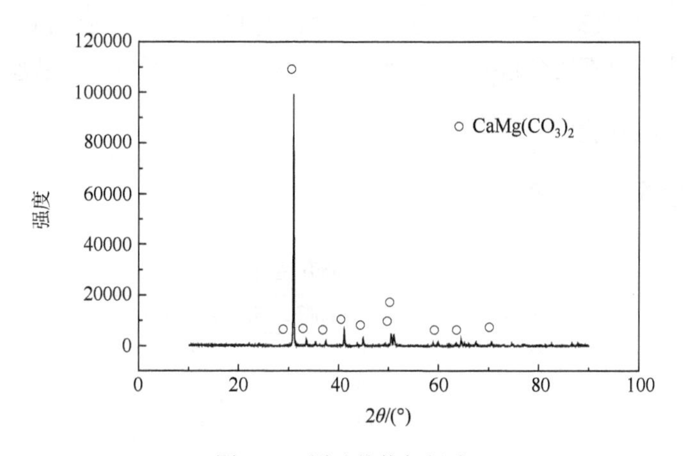

图6.18 原矿的物相组成

3. 原矿晶形

网状结晶结构，而非六方菱形结构。

4. 其他

耐磨系数≤10%；灰比指数≤1.5%。

6.4.3 工艺要求

1. 工艺流程

基本工艺流程：原矿选择→原矿处理→筛分制粒→焙烧→成品封装→检测→验收。

2. 性能要求

性能要求主要有化学成分、孔隙率及比表面积、孔径分布、微观结构、微观组分、粒度组成、颜色、质量、密度。

3. 原矿粒度筛分

筛孔直径要求：0～3mm、3～4mm、4～5mm、5～6mm、6～8mm、＞8mm；8mm 以上白云石需重新破碎筛分。

4. 入炉前准备

白云石烘箱干燥处理：烘箱 105℃±1℃，烘干 10h 以上；把原矿均匀布到炉膛内，并且预留三个不同炉膛部位（炉膛内前、中、后）样品以备成品检测报告使用。

5. 焙烧升温制度

按照表 6.8 进行焙烧升温。

表 6.8　焙烧升温制度

起始温度/℃	终点温度/℃	升温时间/min	升温速率/(℃/min)	备注
室温	300	30	10	
300	300	10	0	
300	730	70	6.14	
730	730	180	0	样品焙烧
730	500	46	–5	降温取样品，500℃试验停止

终点温度因不同白云石而异，一般在 730～760℃。

6. 焙烧过程中气氛的控制

气氛为 CO_2，具体操作如下：先对设备抽真空，使真空度达到–0.1MPa，再通入 CO_2，气体流量≥10L/min。

7. 焙烧后冷却及取检测样品

焙烧后采用缓冷，炉膛温度降低至 200℃方可开炉门；取检测样品要求：在炉内不同方位前、中、后取三个样品检测，有效粒径要求相同。

6.4.4 焙烧矿化剂质量要求

（1）有效成分。生产过程与 MgO 结合的 CO_2 放出量，即原始样品的失重率应在 23.91%±2%；主要样品应以 $CaCO_3$ 及 MgO 两种物质存在，但是可能存在 CaO、$MgCO_3$ 及复杂化合物。通过大量试验得出的有效成分要求见表 6.9。

表 6.9 有效成分质量分数要求

有效成分	质量分数/%
CaO	40±1.5
C	8.57±1
MgO	28.57±1

（2）杂质成分。由于此矿化剂采用天然矿物焙烧所得，根据天然矿物地理位置、形成条件、形成周期的不同，矿物会含有不同种类、不同数量的杂质，原始矿物的主要杂质有 SiO_2、Al_2O_3、Fe_2O_3、S，同时对生成的 CaO 也有一定的要求。对焙烧后矿化剂的杂质提出的要求具体如表 6.10 所示。

表 6.10 矿化剂的杂质要求

杂质	最大质量分数/%
CaO 和以 CaO 计的 $Ca(OH)_2$	2
SiO_2	2
Al_2O_3	2
Fe_2O_3	2
SO_4^{2-}	2

注：SiO_2 属不易溶解矿物，测值偏小，因此如含量接近需要精确测量；在焙烧过程中 S 部分以 SO_2 释放，另一部分残留，因此残留 S 以 SO_4^{2-} 计算；超过最大值禁止使用。

（3）微量元素成分。纯天然矿物含有一些微量元素，这些微量元素进入水中对人体会有不同程度的危害，因此对于焙烧后的矿化剂要有严格的要求，如表 6.11 所示。

表 6.11 焙烧后的矿化剂指标限值

微量元素	限值/(mg/kg)	
	类型 1	类型 2
锑（Sb）	3	5
砷（AS）	3	5
镉（Cd）	2	2
铬（Cr）	10	20
铅（Pb）	10	20
汞（Hg）	0.5	1
镍（Ni）	10	20
硒（Se）	3	5

要求在每批矿化剂检测报告中至少有三份微量元素检测报告。检测结果遵循如下原则：①即使没有检测出，也要进行三次检测；②类型 1 为优，类型 2 为合格，高于类型 2 限值禁止使用；③如有一份报告某一种微量元素高于类型 2，此批矿化剂为废品，禁止使用；④根据产地特点，逐渐完善微量元素种类的检测；⑤微量元素对人体有害，应严格把关，严格要求。

（4）外观。外观为白色颗粒。

（5）密度。矿化剂在 20℃时密度为 2.4g/m^3，堆积密度为 1.05～1.2g/cm^3。

（6）矿物组成。矿化剂的物相要求主要为 $CaCO_3$、MgO 及 $Mg_{0.1}Ca_{0.9}CO_3$，如图 6.19 所示。

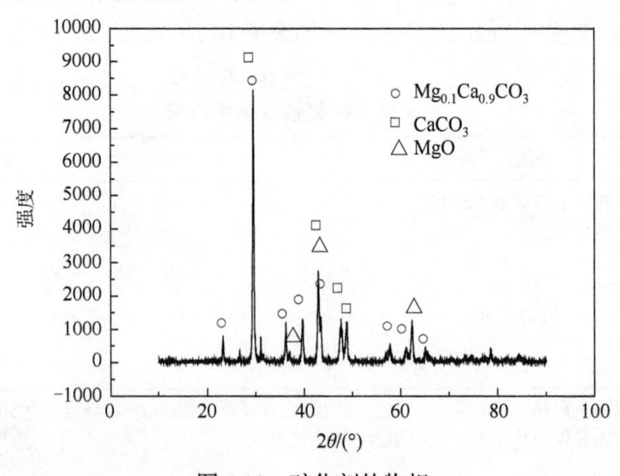

图 6.19 矿化剂的物相

（7）孔径分布及孔隙率。平均孔径在 1.8～2.5nm，微孔体积＞5.9×10^{-3}cm^3/g，微孔比表面积＞16.5m^2/g，如图 6.20 所示。

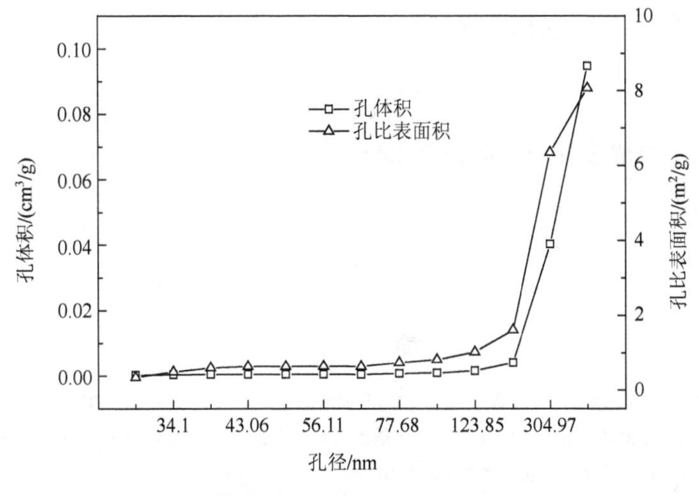

图 6.20　孔径分布及孔隙率

（8）表征结构。表观特征为有序结晶且多微孔。

6.4.5　安全及生产环境要求

1. 安全

焙烧设备应严格按焙烧炉安全规范执行：

（1）操作不当时，不能开机运行；

（2）设置输入错误保护，如输入参数超过设定范围、密码错误；

（3）对焙烧制度的设定，如最后升温有密码确认；

（4）焙烧产物取样应在焙烧产物降低至 50℃以下时进行；

（5）处理焙烧样品时应注意避免与皮肤、眼睛接触，必须戴防尘面具。

2. 急救

眼睛：用大量清水冲洗并立即就医。

吸入：移动尘源或将被感染的人移至新鲜空气中，并立即就医。

摄食：漱口、大量喝水，如有呕吐，请立即就医。

皮肤：仔细轻拭皮肤，擦去所有的痕量物质，立即用水冲洗感染区域，脱去受污染的衣服，有必要时寻求医助。

3. 焙烧生产车间环境

（1）距离设备 1m 远处噪声在 60dB 以下；

（2）含尘量低于 1g/标准 m^3。

4. 泄漏

建议立即移除泄漏源，但要避免与水接触。

5. 起火

该产品不可燃。

参 考 文 献

冯光化. 2001. 中国麦饭石资源与开发研究[J]. 矿物岩石地球化学通报，20（2）：131-135.

郭兴忠，杨辉，曹明. 2004. 麦饭石中元素溶出的微结构模型探讨[J]. 矿物学报，24（4）：425-428.

厚生省令第 69 号. 1993. 日本生活饮用水水质标准[S].

黄纯凯. 2011. 既有给水管网输配淡化海水水质稳定性控制研究[D]. 天津：天津大学.

黄西平，张琦，郭淑元，等. 2004. 我国镁质资源利用现状及开发前景[J]. 海盐湖与化工，33（6）：1-6.

贾利华. 2011. 海水淡化水安全输配研究[D].天津：天津大学.

李娟，张盼月，高英，等. 2008. 麦饭石的理化性能及其在水质优化中的应用[J].环境科学与技术，31（10）：63-75.

李振中. 2009. 海水淡化水在输配系统中化学稳定性研究[D]. 天津：天津大学.

刘宏伟. 2012. 海水淡化矿化工艺研究[D]. 天津：天津大学.

世界卫生组织. 2017. 饮用水中的营养素[M]. 马冠生，译. 北京：人民卫生出版社.

王冲，刘勇兵，曹占义，等. 2013. 白云石煅烧组织的转变过程[J]. 材料热处理学报，34（2）：23-26.

王冲. 2013. 基于 LCA 理论的白云石煅烧过程及炼镁新工艺的研究[D]. 长春：吉林大学.

肖裕秀. 2012. 二氧化碳联用石灰石接触池工艺改善水质化学稳定性研究[D]. 长沙：湖南大学.

徐赐贤，董少霞，路凯. 2012. 海水淡化后水质特征及对人体健康影响[J]. 环境卫生学杂质，2（6）：313-327.

许仕荣，王煜邦，王长平，等. 2012. 用于饮用水再矿化工艺的石灰石选择[J]. 给水排水，38（4）：31-35.

闫平科，马云东，高玉娟. 2007. 麦饭石的溶出性能及其影响因素[J]. 辽宁工程技术大学学报，26（6）：819-821.

闫志为. 2008. 硫酸根离子对方解石和白云石溶解度的影响[J].中国岩溶，27（1）：24-30.

闫志为，刘辉利，张志卫. 2009. 温度及 CO_2 对方解石、白云石溶解度影响特征分析[J]. 中国岩溶，28（1）：7-10.

张雅浩. 2012. 白云石杂质分离技术及钙镁砂制备新工艺的研究[D]. 武汉：武汉科技大学.

赵明，沈娜，何文杰. 2011. 淡化水作为城市供水时的水质问题与对策[J]. 水处理技术，37（10）：1-3.

左世伟，解利昕，李凭力，等. 2010. 海水淡化水矿化过程研究. 化学工业与工程[J]，27（2）：163-166.

GB 5749—2006. 生活饮用水卫生标准[S].

GJB 1335—1992. 低矿化度饮用水矿化卫生标准[S].

Gunasekaran S，Anbalagan G. 2007. Thermal decomposition of natural dolomite[J]. Bulletin of Materials Science，30（4）：339-344.

Lahav O，Birnhack L. 2007. A new post-treatment process for attaining Ca^{2+}，Mg^{2+}，SO_4^{2-} and alkalinity criteria in desalinated water[J]. Water Research，41：3989-3997.

Lahav O，Birnhack L. 2007. Quality criteria for desalinated water following post treatment[J]. Desalination，207（1-3）：286-330.

Lehmann O，Birnhack L，Lahav O. 2013. Design aspects of calcite-dissolution reactors applied for post treatment of desalinated water[J]. Desalination，314：1-9.

Liat B，Nikolay V，Ori L. 2011. Fundamental chemistry and engineering aspects of post-treatment processes for desalinated water—A review[J]. Desalination，273：6-22.

Maitra S，Choudhury A，Das H S. 2005. Effect of compaction on the kinetics of thermal decomposition of dolomite under non-isothermal condition[J]. Journal of Materials Science，(40)：4749-4751.

Plummer L N，Pakhurst D L. 1979. Critical review of the kinetics of calcite dissolution and precipitation[J]. ACS Symposium Series，(93)：537-538.

The Council of the European Union. 1998. Council Directive 98/83/EC of 3 November 1998 on the Quality of Water Intended for Human Consumption[S]. Official Journal of the European Communities，330：32-53.

U.S. Environmental Protection Agency. 1998. National Primary Drinking Water Regulations[S].

Withers A. 2005. Options for recarbonation，remineralisation and disinfection for desalination plants[J]. Desalination，179 (1-3)：11-24.

World Health Organization Working Group. 1986. Health impact of acidic deposition[J]. Science of the Total Environment，52：157-187.

World Health Organization. 2011. Guidelines for drinking-water quality[M]. 4th ed. Geneva：World Health Organization.

YB/T 5279—2005. 石灰石[S].

第7章 水质调控试验与体验

人类已习惯于生活在陆地上，离开陆地长期生活和工作在茫茫大海上，人们会有一种莫名的紧张感。现今船舶食物一般依靠携带或者靠岸补给，这点与陆地上生活习惯基本相同，饮水水质变差则会加剧船员内心的紧张程度，所以船员更倾向于岸基补水以解决饮水问题，即使这种水也是淡化水或者存留于船舱中很长时间品质变得很差的岸补自来水。将饮用水和其他生活用水分开设置的方式会浪费大量的船舶空间及重量资源，“用饮合一”是船舶淡水保障的趋势，所以海水淡化既要以提供饮用为目的，又要解决用量更大的洗漱、洗澡、洗衣服、擦拭等用途的洗涤水。除定量表征水质参数外，对淡化水的洗涤、饮用体验也是决定淡化水水质调控成功与否的关键。

7.1 试验内容与方法

7.1.1 试验内容

（1）我国主要城市自来水、品牌饮用天然矿泉水的pH、硬度、碱度及钙、镁含量等水质指标的测定与分析，为调质水质指标值优化提供参考。

（2）加药调质试验。研究氯化钙、碳酸氢钠投加量对淡化水pH、硬度、碱度的影响，并进行淡化水稳定性测试。

（3）颗粒矿化剂调质试验。对国产颗粒矿化剂进行优选；制备新型的颗粒矿化剂轻烧白云石；研究进水pH、温度、TDS对颗粒矿化剂调质出水水质的影响。

（4）加药调质与颗粒矿化剂工程化试验研究，确定其运行的最佳工艺参数。

（5）不同调质水的洗涤、饮用体验试验。

（6）不同调质水洗涤试验，研究其水质对表面活性剂与钙镁螯合物含量的影响。

（7）进行调质水安全性评估，研究调质水对小鼠小肠对葡萄糖、钾、钙、钠、镁吸收量的影响。

7.1.2 试验方法

1. 加药调质

1）加药调质剂

选用氯化钙对淡化水硬度进行调质，选用碳酸氢钠对淡化水碱度进行调质。加药调质剂规格如表 7.1 所示。

表 7.1　加药调质剂规格

试剂名称	厂家	级别	有效物质含量/%
碳酸氢钠 0#	上海虹光化工厂有限公司	分析纯	≥99.5
氯化钙 0#	国药集团化学试剂有限公司	分析纯	≥99.6
氯化钙 1#	焦作市冠通化工有限公司	食品级	95.86
氯化钙 2#	浙江大成钙业有限公司	食品级	≥93
氯化钙 3#	潍坊海之源化工有限公司	食品级	≥94
碳酸氢钠 1#	青岛碱业股份有限公司	食品级	99.5

2）加药调质工艺流程图

加药调质工艺流程图如图 7.1 所示，包括氯化钙自动加药装置、碳酸氢钠自动加药装置及储存水箱。自动加药装置包括药箱、计量泵及搅拌器。药箱及储存

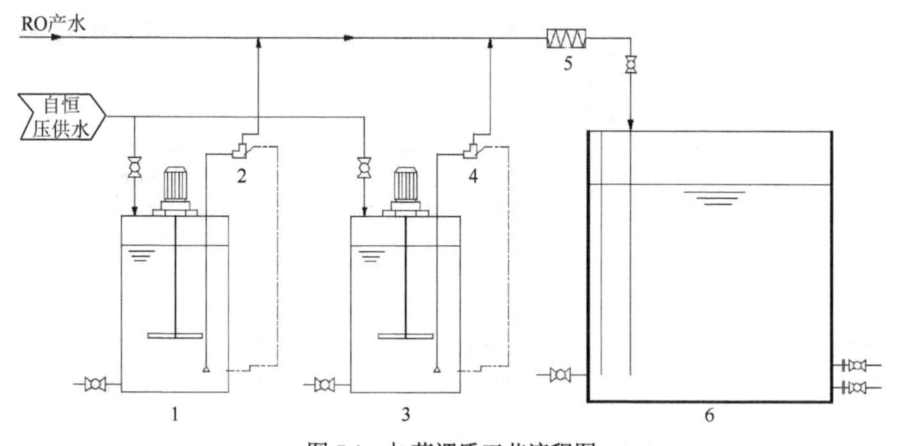

图 7.1　加药调质工艺流程图

1-氯化钙加药箱；2-氯化钙加药泵；3-碳酸氢钠加药箱；4-碳酸氢钠加药泵；5-混合器；6-淡水箱

水箱均设有污水排放阀。通过控制药箱溶液浓度及计量泵投加速度控制氯化钙及碳酸氢钠投加量。

参考实验室小试确定的氯化钙与硬度、碳酸氢钠与碱度的关系计算特定硬度与碱度下氯化钙和碳酸氢钠的投加量，调节加药泵流量，选用食品级的氯化钙 1#和碳酸氢钠 1#进行工程化连续运行试验，其中投加量 C 的计算公式为

$$q \times c \times 1000 = Q \times C$$

式中，q 为自动加药泵加药流量，L/min；c 为加药罐中母液浓度，g/L；Q 为反渗透系统产水流量，即调质系统进水流量，L/min；C 为试剂实际投加量，mg/L。

2. 溶解矿石调质试验

1）实验室振荡试验

（1）振荡试验用淡化水。振荡试验用淡化水水质见表 7.2。

表 7.2 振荡试验用淡化水水质

水样编号	海水 TDS/(mg/L)	一级 RO 压力/Mpa	pH	温度/℃	硬度(以 $CaCO_3$ 计)/(mg/L)	碱度(以 $CaCO_3$ 计)/(mg/L)	Ca^{2+}/(mg/L)	Mg^{2+}/(mg/L)	TDS/(mg/L)
1#	35000	5.0	6.67	19.8	3.12	3.81	0.235	1.79	210
2#	35000	5.0	6.67	20	3.41	8.14	0.322	1.142	300
3#	35000	5.0	6.67	20	2.58	5.09	0.974	1.108	500
4#	35000	5.0	6.67	30	2.48	5.09	1.435	1.230	210
5#	35000	5.0	6.92	40	3.09	5.59	0.322	1.142	210

（2）矿石。试验用麦饭石、方解石、石灰石、白云石和颗粒快速矿化剂，产地分别见表 7.3，外观见图 7.2。

表 7.3 矿石种类及产地

矿石种类	产地
1#麦饭石	河北灵寿
2#麦饭石（人工加工）	山东淄博
3#麦饭石	河南巩义
1#方解石	河北灵寿
2#方解石	湖北荆门
3#方解石	安徽泾县
1#石灰石	河北灵寿
2#石灰石	山东莱州

续表

矿石种类	产地
3#石灰石	浙江衢州
1#白云石	浙江杭州
2#白云石	湖北武穴
3#白云石	河北灵寿
4#白云石	辽宁沈阳
颗粒快速矿化剂	德国

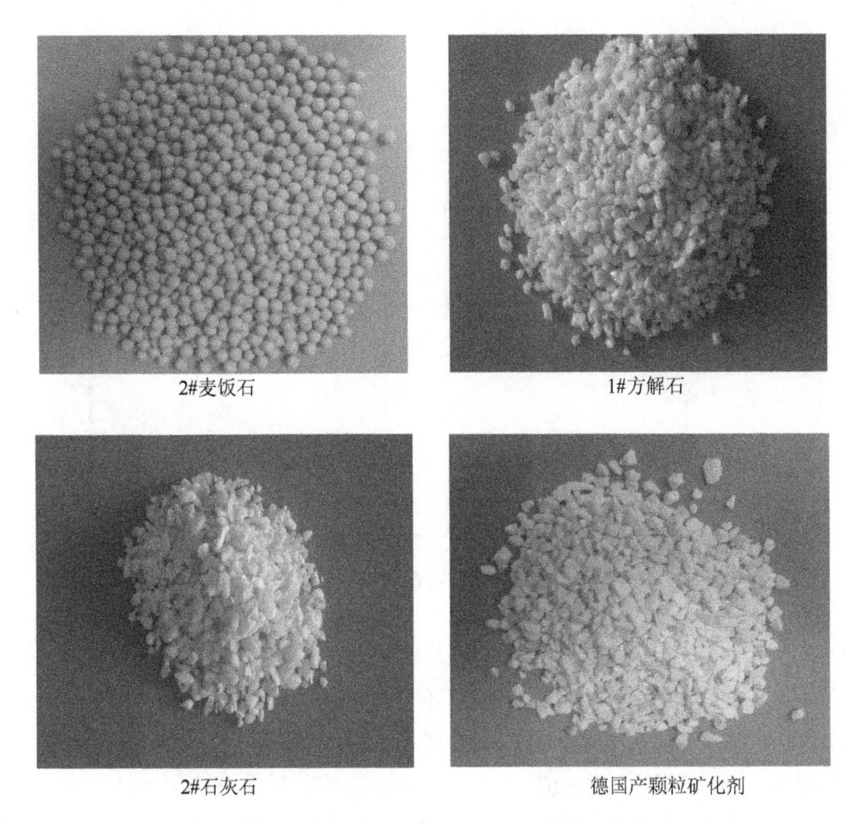

图7.2　颗粒矿化剂外观

（3）国产矿石筛选。分别选取3～5mm的麦饭石、方解石、石灰石测定矿石溶出速率曲线，原水pH为6.67，进水pH不进行调节。采用500mL锥形瓶进行实验室静态振荡试验，采用水样体积250mL，矿石体积200mL。调节振荡器转速为120r/min，以此来模拟实际运行情况下的水流状态。

（4）进水条件对调质水质的影响。分别控制进水pH（5、5.5、6、6.67）、进水 TDS（210mg/L、300mg/L、500mg/L）、进水温度（20℃、30℃、40℃），探究进水水质对调质水质的影响。保持水样体积 250mL，矿石体积 200mL，振荡器转速 120r/min。

2）工程化试验工艺流程图

溶解矿石调质工艺流程图如图 7.3 所示，包括矿化装置、超滤过滤装置、储存水箱。矿化装置与反渗透系统产水管路相连，矿化装置先注入石英砂后注入矿石，通过过流方式溶解矿石中的钙镁离子及其他矿质元素以达到将淡化水矿化的目的。矿化后水质经超滤过滤后注入储存水箱备用。

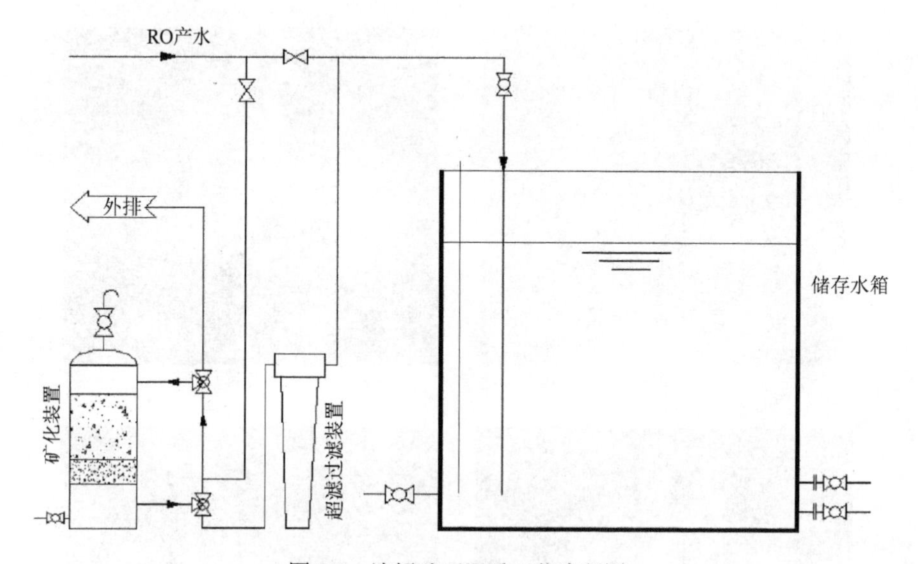

图 7.3　溶解矿石调质工艺流程图

对溶出效果较好的 1#方解石、2#石灰石和 2#麦饭石及进口矿石调质水进行比较。通过调节调质系统进水流量，保证不同矿化器中相同的水力停留时间，研究相同水质及水力停留时间下不同矿石的矿化效果。调质系统连续运行 10h，进水 pH 7.0～7.5，进水 TDS 200mg/L，每 2h 取水样测定调质系统出水水质指标。

（1）调质系统进水流量对调质出水水质的影响。调质系统进水流量分别为 0.5m^3/h、1.0m^3/h 和 1.20m^3/h（即水力停留时间分别为 9min、4.5min 和 3.75min），进水 pH 7.5 左右，进水 TDS 200mg/L，调质系统连续运行 10h，每 1h 取水样测定调质出水水质指标。

（2）调质系统进水 TDS 对调质出水水质的影响。调质系统进水 TDS 分别为 200mg/L、300mg/L 和 400mg/L，进水 pH 7.5 左右，进水流量 0.5m^3/h，调质系统连续运行 10h，每 1h 取水样测定调质出水水质指标。

（3）矿石连续运行试验。调质系统进水 TDS 200～300mg/L、pH 7.0 左右。调质系统进水流量 190L/h（停留时间 10min），调质系统每天连续运行 8h，每天取调质系统出水水样检测 TDS、pH、硬度和碱度。

（4）调质水稳定性测试。取不同流量、不同 TDS 条件下运行 10h 后的调质水，试验室常温密封条件下静止放置一周，检测钙离子浓度、镁离子浓度、总碱度、总硬度、TDS、pH 随放置时间的变化，研究调质水的稳定性。

3. 调质水安全性评估

1）调质水样

不同配方的调质淡化水分别见表 7.4～表 7.7。

表 7.4 不同配方的调质淡化水（1）

水样	$CaCl_2$ 添加量/(mg/L)	$NaHCO_3$ 添加量/(mg/L)	硬度(以 $CaCO_3$ 计)/(mg/L)	碱度(以 $CaCO_3$ 计)/(mg/L)
0#	0	0	3.1	3.8
1#	0.5	2.5	4.1	7.6
2#	1	5	5.2	10.2
3#	2	10	8.3	8.3
4#	4	20	15.6	17.8
5#	8	40	24.9	30.5
6#	12	60	32.1	43.2
7#	16	80	43.6	53.4
8#	20	100	54.9	63.6
9#	24	120	63.4	76.3
10#	32	160	82.1	99.2
11#	40	200	103.9	127.1

说明：根据前期的加药调质试验结果确定 $CaCl_2$ 和 $NaHCO_3$ 的投加量，本次试验的要求是在总硬度 0～100mg/L 之间配制若干个梯度，碱度稍大于硬度。

表 7.5 不同配方的调质淡化水（2）

水样	$CaCl_2$ 添加量/(mg/L)	$NaHCO_3$ 添加量/(mg/L)
12#	4	60
13#	8	60
14#	12	60
15#	16	60
20#	24	60
21#	32	60

说明：参考市售自来水碱度范围，固定碱度为 41mg/L，总硬度范围在 15～100mg/L 之间。

表 7.6　不同配方的调质淡化水（3）

水样	$CaCl_2$ 添加量/(mg/L)	$NaHCO_3$ 添加量/(mg/L)
16#	32	20
17#	32	40
18#	32	80
19#	32	120
22#	32	160
23#	32	200

说明：参考市售自来水硬度范围，固定总硬度为 80mg/L，总碱度范围在 15～150mg/L 之间。

表 7.7　不同配方的调质淡化水（4）

水样	矿石种类	来源
K1#	1#方解石	河北石家庄
K2#	2#麦饭石	山东淄博
K3#	3#麦饭石	河南巩义
K4#	2#石灰石	山东莱州
K5#	德国产颗粒矿化剂	德国

2）口感评价

（1）评估小组。随机抽取至少 10 名研究生或教职工组成评估小组，采用单盲法进行评估。

（2）口感评价步骤。参照杨庆娟等（2009）的方法，稍做修改。

（a）纯水漱口，停留数秒后准备对样品水进行评定。

（b）饮适量样品水，在口中停留数秒。

（c）对样品水进行初步评定。

（d）再次饮适量样品水，在口中停留数秒。

（e）对样品水进行最终评定并记录等级数。

（3）口感评价标准。参照肖伟民等（2004）的口感评价标准进行评判，稍做修改。

（a）2 分（口感好）：有一点甘甜，无任何异味，爽口。

（b）1 分（口感较好）：无任何异味，爽口。

（c）0（口感可接受）：无任何异味，较自来水口感好。

（d）–1（口感较差）：与自来水味道类似，不爽口。

（e）–2（口感差）：苦涩或有明显异味，比自来水味道差。

（4）数据处理、分析与结果判断。按口感评价标准中的等级进行资料整理，各水样口感的比较采用非参数秩和检验。经过口感测试的水样进入初步安全性评估阶段，即大鼠外翻肠囊试验。

3）初步安全性评估（大鼠外翻肠囊试验）

（1）试验动物及剂量分组。选择健康雄性 SD 大鼠若干只，体重 220～250g，由浙江省实验动物中心提供（清洁级），动物按标准条件饲养，自由饮食与饮水，室温控制在 20～24℃，相对湿度为 30%～60%，保持 12h 昼/夜交替光照。待动物适应环境 1 周后进行试验，试验前禁食 12h。依据文献资料和正式试验前完成的预试验数据，每次试验（即 1 只大鼠，其空肠可分为 4 段，每段 5cm）设置 1 个超纯水正常对照组、1 个阿卡波糖阳性对照组和 2 个某一配方调质淡化水组。

（2）主要步骤如下。

大鼠试验前禁食 12h，自由饮水。

腹腔注射 20%乌拉坦麻醉，将大鼠固定于恒温手术台上以保持体温，沿腹中线打开腹腔，按取样位置要求识别相应肠断，将待考查肠段均匀分为 4 段，结扎一端，用预热至 37℃的生理盐水迅速冲洗数次，去除肠系膜、脂肪等。

迅速放入 37℃通氧（95%O_2，5%CO_2）的 Kreb-Ringer's 液（K-R 离体小肠营养液），插入圆头细玻璃棒，沿玻璃棒自上而下外翻，使黏膜层在外、浆膜层在内。

洗净内容物，用手术线结扎肠段一端，另一端固定在细塑料管上。

肠囊内注入 1mL K-R 离体小肠营养液，然后将肠囊放置于 200mL 营养液的三颈烧瓶中，37℃振荡水浴恒温。

平衡 5min 后，向外液加入 0.116g 葡萄糖，使外液葡萄糖浓度由 7.8mmol/L 上升到 11.1mmol/L。

（3）指标观察。分别在 60min 和 120min 取肠囊内外的溶液，氧化酶法测定肠囊内、外溶液中葡萄糖浓度的变化；自动生化分析仪测定肠囊内钾、镁、钠、钙含量的改变。

（4）数据处理、分析与结果判断。各指标试验数据用均数±标准差表示，所有试验至少重复 3 次。各组具体数值的比较采用单因素方差分析（方差齐时）或非参数卡方检验（方差不齐时）。正常小肠吸收功能未受影响为通过测试，进入下一阶段安全性评价待测阶段，即大鼠 90 天亚慢性毒性试验。

7.2　加药调质试验

7.2.1　小试试验

采用加药调质的方法，分别投加不同剂量的氯化钙和碳酸氢钠对淡化水的碱度和硬度进行调质试验。比较不同厂家或不同规格试剂的投加效果。

1. 氯化钙投加量对硬度的影响

氯化钙投加量与硬度之间的关系见表 7.8。

表 7.8　氯化钙投加量与硬度之间的关系

氯化钙投加量/(mg/L)	硬度(以 $CaCO_3$ 计)/(mg/L)			
	氯化钙 0#	氯化钙 1#	氯化钙 2#	氯化钙 3#
0	3.12	3.12	3.12	3.12
33.3	35.85	34.19	32.12	33.11
55.5	46.77	51.81	54.92	49.32
77.7	72.23	73.57	71.50	67.89
111	106.01	103.62	100.51	99.75
133.2	121.1	122.27	118.12	115.89
177.6	162.65	163.72	163.71	152.11
222	201.10	205.78	198.95	196.81

由图 7.4 可以看出，随着氯化钙投加量的增加，淡化水的硬度逐渐增大且呈较好的线性关系。食品级药剂与分析纯药剂的调质效果相差极小，不同公司生产的氯化钙产品的调节效果也相差不大。调质水硬度与氯化钙投加量之间的线性关系为 $Y = 2.8454 + 0.896X$（$R = 0.999$）。四种药剂的投加效果相差不大。

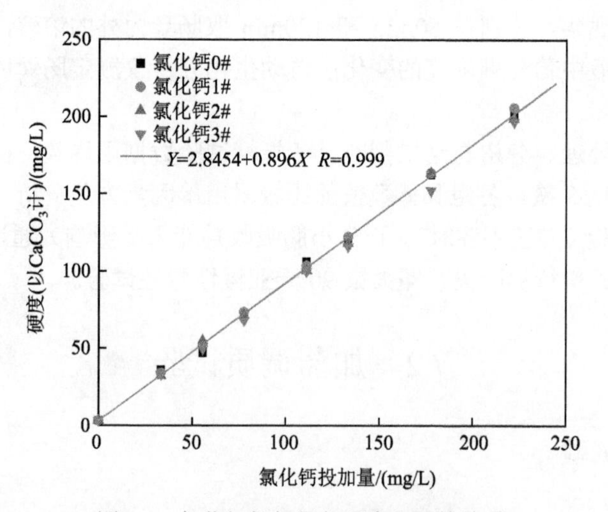

图 7.4　氯化钙投加量与硬度之间的关系

2. 碳酸氢钠投加量对碱度的影响

碳酸氢钠投加量与碱度之间的关系如表7.9和图7.5所示。

表7.9　碳酸氢钠投加量与碱度之间的关系

碳酸氢钠投加量/(mg/L)	碱度(以 $CaCO_3$ 计)/(mg/L)	
	碳酸氢钠 0#	碳酸氢钠 1#
0	3.81	3.81
10	10.17	12.71
20	15.26	16.27
40	30.51	32.04
80	53.40	53.40
120	78.83	76.29
160	99.17	101.72

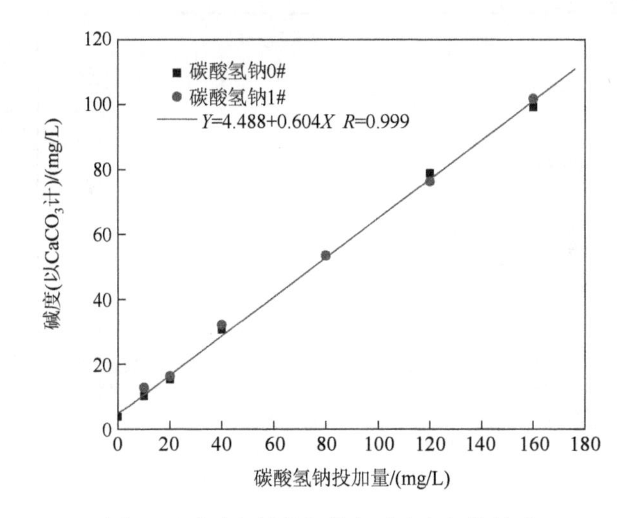

图7.5　碳酸氢钠投加量与碱度之间的关系

随着碳酸氢钠投加量的增加，碱度逐渐增大，且变化呈现较好的线性关系，食品级药剂与分析纯药剂的调质效果相差极小，调质水碱度与碳酸氢钠投加量之间的线性关系方程式为 $Y = 4.488 + 0.604X$（$R = 0.999$）。

如图7.6所示，随着碳酸氢钠投加量的增加，pH先逐渐增大，后趋于平缓，在6.5～8.5之间。碱度调到15～120mg/L（以 $CaCO_3$ 计）时，pH为7.0～8.0。

如图7.7所示，随着碳酸氢钠投加量的增加，浊度呈现增大趋势，碳酸氢钠1#添加后浊度较碳酸氢钠0#要大些，二者均小于0.33NTU，在国家标准范围内。

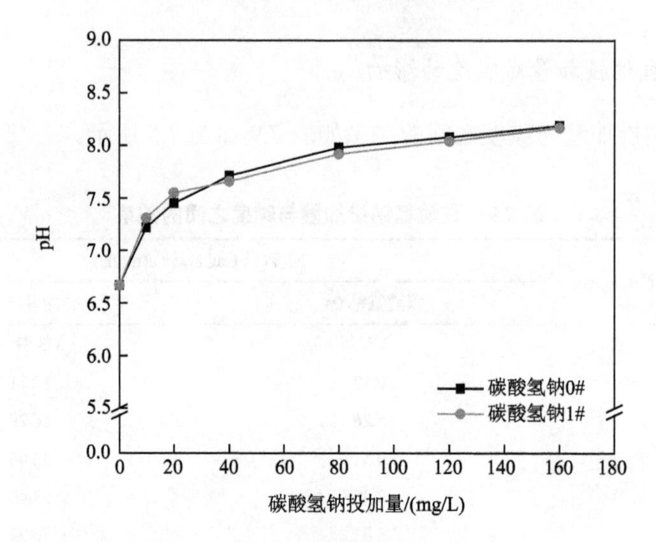

图 7.6 碳酸氢钠投加量对 pH 的影响

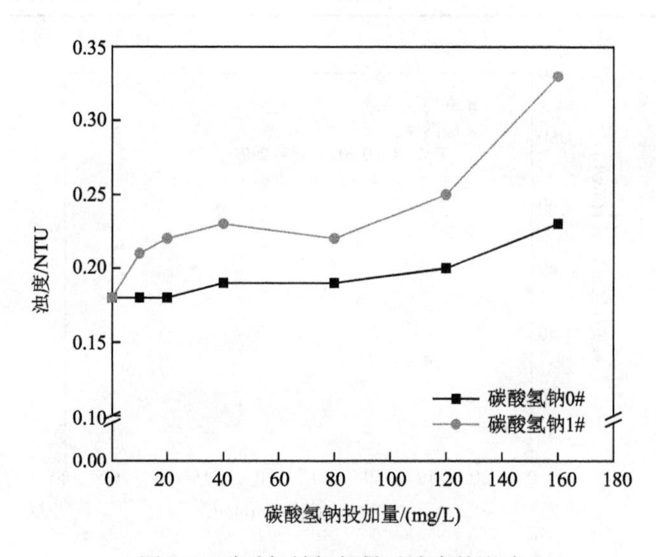

图 7.7 碳酸氢钠投加量对浊度的影响

如图 7.8 所示，随着碳酸氢钠投加量的增加，TDS 逐渐增大，变化明显。

3. 复合投加对硬度及碱度的影响

在前面独立硬度和碱度调节试验基础上，进行硬度碱度复合调质试验。

常温下，采用食品级氯化钙 1#和碳酸氢钠 1#对淡化水样 1#进行复合调节，见表 7.10。

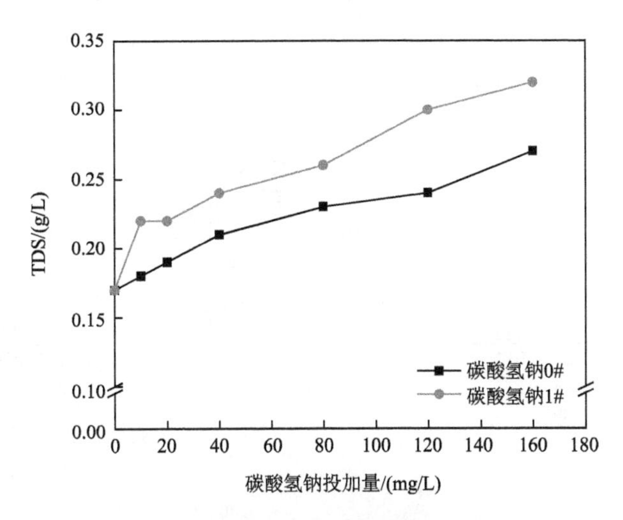

图 7.8　碳酸氢钠投加量对 TDS 的影响

表 7.10　碱度硬度复合调质复配

投加物质			调质后水质				
复配	$CaCl_2$ 投加量/(mg/L)	$NaHCO_3$ 投加量/(mg/L)	硬度(以 $CaCO_3$ 计)/(mg/L)	碱度(以 $CaCO_3$ 计)/(mg/L)	pH	TDS/(mg/L)	浊度/NTU
1#	0	0	4.14	7.63	6.47	220	0.21
2#	1.39	2.5	5.18	10.17	6.56	220	0.2
3#	2.78	5	8.29	8.29	6.63	230	0.25
4#	5.55	10	15.59	17.80	6.77	230	0.24
5#	11.1	20	24.94	30.52	7.13	260	0.26
6#	22.2	40	32.12	43.23	7.16	290	0.32
7#	33.3	60	43.65	53.40	7.19	300	0.32
8#	44.4	80	54.92	63.57	7.37	330	0.33
9#	55.5	100	63.40	76.29	7.39	360	0.37
10#	66.6	120	82.10	99.17	7.56	380	0.43
11#	88.8	160	103.92	127.14	7.61	430	0.46
12#	111	200	4.14	7.63	6.47	220	0.21

复合调质后碱度和硬度与单独调节碱度和硬度相差不大，当总硬度调至 10～100mg/L 时，pH 在 6.0～8.0 之间，TDS 在 230～450mg/L 之间。

4. 调质水稳定性试验

复合调质后 1 天内水质变化如图 7.9 所示。

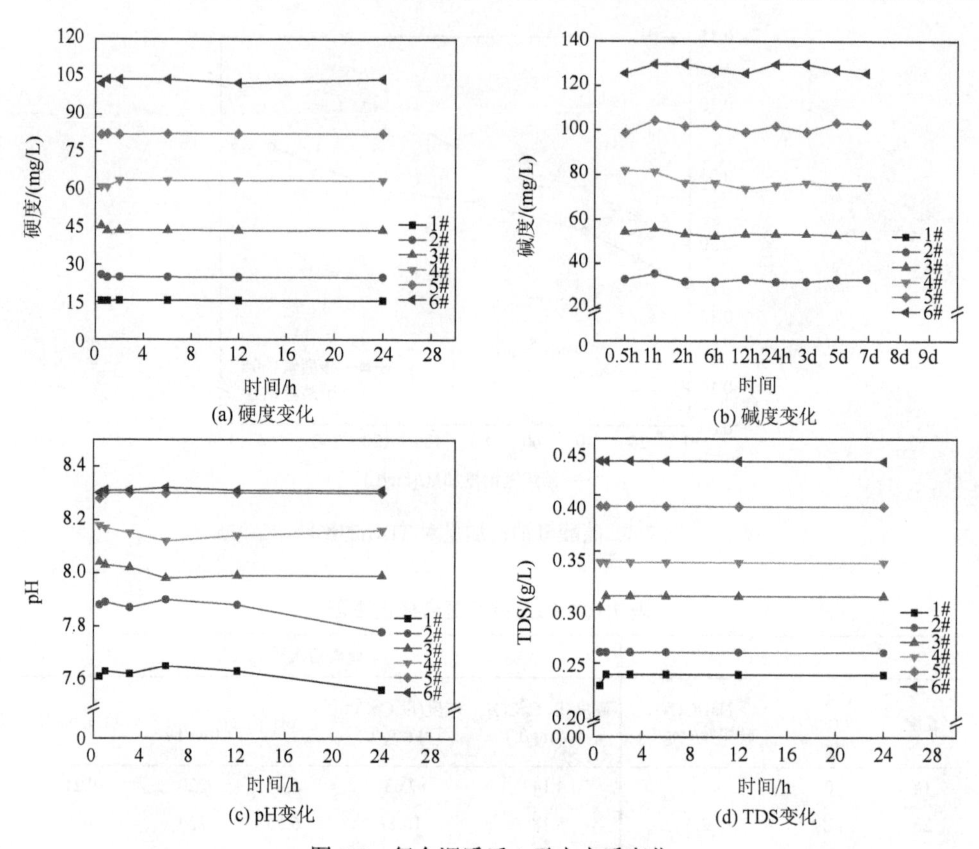

(a) 硬度变化

(b) 碱度变化

(c) pH变化

(d) TDS变化

图 7.9　复合调质后 1 天内水质变化

复合调质 1 天内，pH 会有微小变化，对水质影响不大；TDS、碱度和硬度基本不变。总的来说，水质变化不大，调质效果较稳定。

7.2.2　工程化试验

1. 复合调节

复合调节后，氯化钙和碳酸氢钠投加量与总硬度和总碱度的关系见表 7.11 和图 7.10、图 7.11。

表 7.11　氯化钙和碳酸氢钠投加量与总硬度和总碱度的关系

序号	氯化钙投加量/(mg/L)	碳酸氢钠投加量/(mg/L)	总硬度(以 $CaCO_3$ 计)/(mg/L)	总碱度(以 $CaCO_3$ 计)/(mg/L)
1	0	0	2.003	4.84
2	34.82	32.14	21.42	11.1

续表

序号	氯化钙投加量/(mg/L)	碳酸氢钠投加量/(mg/L)	总硬度(以 $CaCO_3$ 计)/(mg/L)	总碱度(以 $CaCO_3$ 计)/(mg/L)
3	66.96	66.96	25.81	22.7
4	84.64	75	55.63	27.74
5	107.14	91.07	75.64	33.29
6	117.86	107.14	83.44	42.87

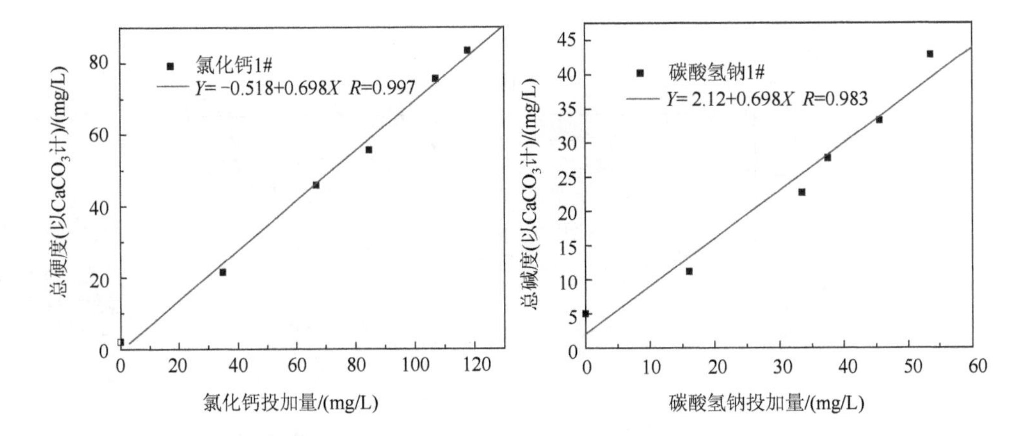

图7.10　氯化钙投加量与总硬度之间的关系　图7.11　碳酸氢钠投加量与总碱度之间的关系

从图7.10可看出，氯化钙投加量与总硬度之间、碳酸氢钠投加量与总碱度之间均呈较好的线性关系，线性方程式分别为 $Y = -0.518 + 0.698X$（$R = 0.997$）和 $Y = 2.12 + 0.698X$（$R = 0.983$）。实际运行中，可参考此曲线确定所要调质到某一硬度和碱度下的氯化钙和碳酸氢钠的投加量，通过调节加药泵流量，以获得某个硬度或碱度的调质水。在淡化水水质调质目标建议值范围内，即总硬度25～150mg/L（以 $CaCO_3$ 计）、总碱度15～100mg/L（以 $CaCO_3$ 计）时，根据上述线性关系得出，氯化钙及碳酸氢钠的投加量分别为36～216mg/L和18～140mg/L。

2. 调质水稳定性测试

将复合调质后的水样密封储存一周，每日进行水质指标测试，研究水质随时间的变化情况。从图7.12可以看出，淡化水经加药调质后储存一周，1#～6#水样水质指标变化较小，说明调质水比较稳定。

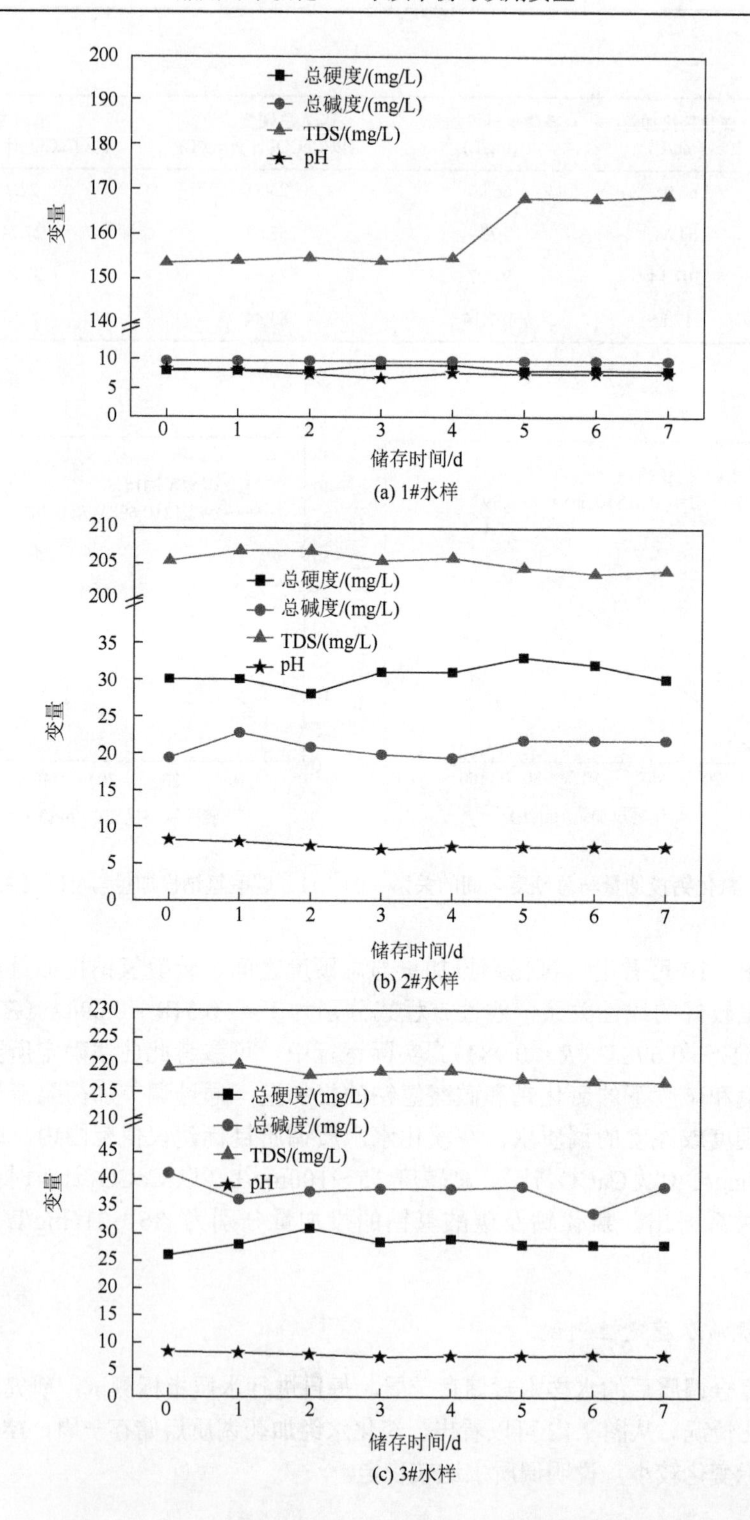

(a) 1#水样

(b) 2#水样

(c) 3#水样

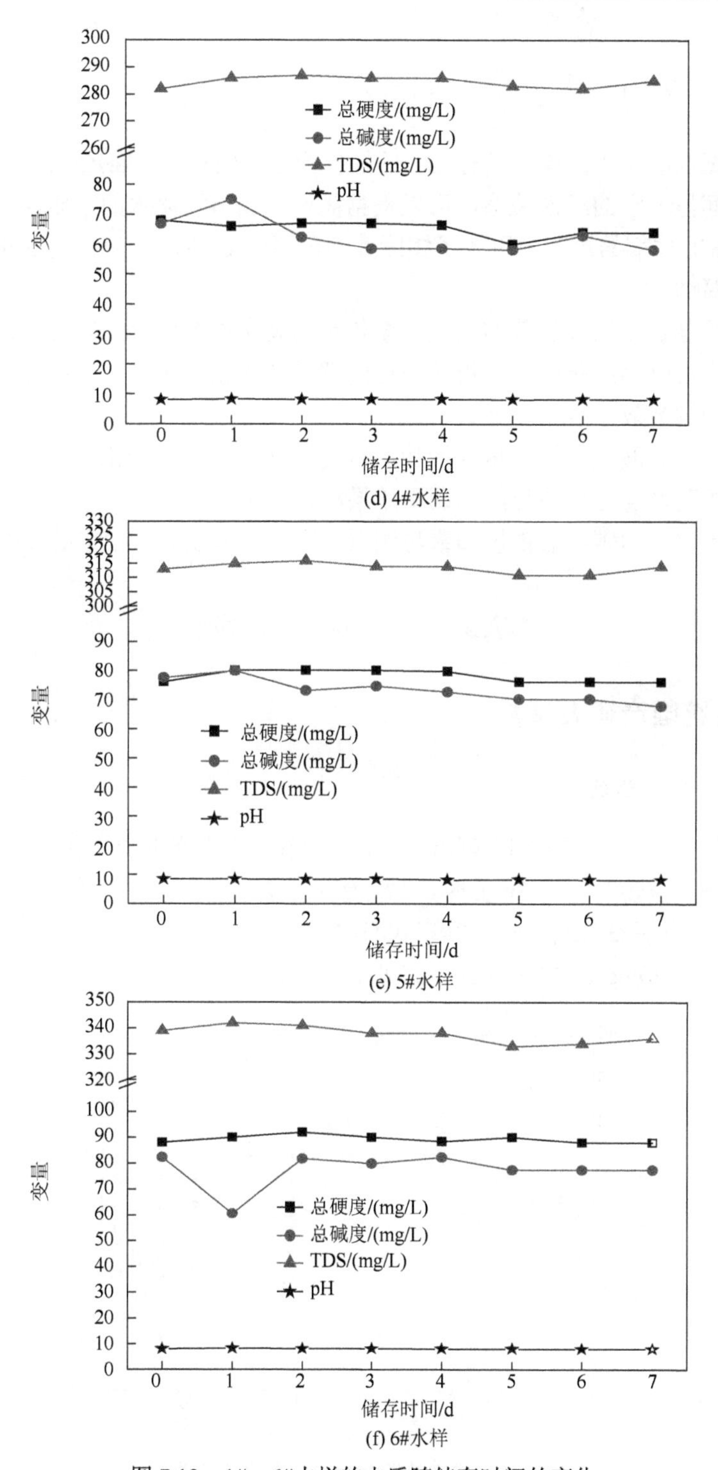

图 7.12　1#～6#水样的水质随储存时间的变化

7.2.3 试验小结

投加试剂法操作简单，具有极大的操作弹性，$CaCl_2$、$NaHCO_3$投加量与硬度和碱度之间呈一定的线性关系，可以根据需要来调节淡化水的水质参数。但是，在投加$CaCl_2$试剂的过程中引入了实际并不需要的Cl^-离子，可能会加重金属管道与水舱的腐蚀。

（1）随着氯化钙投加量的增大，淡化水的硬度逐渐增大。四种药剂的投加效果相差不大。食品级药剂与分析纯药剂的调质效果相差极小，不同公司生产的氯化钙产品的调节效果也相差不大。

（2）随着碳酸氢钠投加量的增加，碱度逐渐增大，且变化呈现较好的线性关系，食品级药剂与分析纯药剂的调质效果相差极小。

（3）氯化钙和碳酸氢钠投加量与调质水硬度和碱度有着很强的相关性。

7.3 矿石调质试验

7.3.1 传统国产矿石调控

1. 溶出速率曲线

（1）出水硬度。由图7.13可以看出，随着振荡时间的增加，出水硬度先增加，后趋于平缓。振荡时间为3min时，1#麦饭石、2#麦饭石、3#麦饭石、1#方解石、2#方解石、3#方解石、1#石灰石、2#石灰石、3#石灰石的出水硬度分别为12.54mg/L、11.35mg/L、16.20mg/L、17.14mg/L、21.67mg/L、20.59mg/L、19.71mg/L、21.26mg/L、

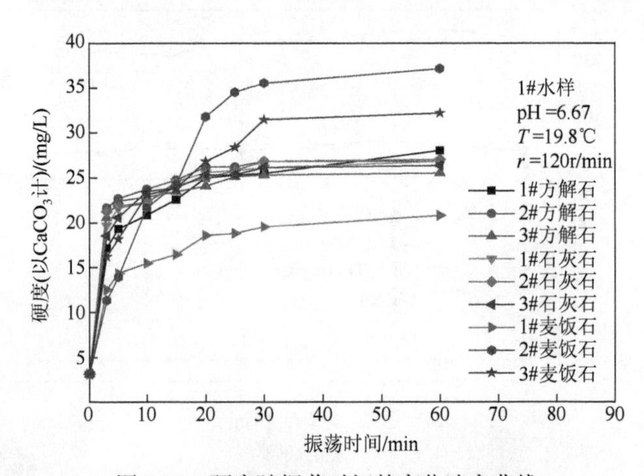

图7.13 硬度随振荡时间的变化速率曲线

18.53mg/L（以 $CaCO_3$ 计），振荡时间为 20min 时，出水硬度基本不变，这 9 种矿石的硬度分别为 18.56mg/L、31.78mg/L、26.83mg/L、25.01mg/L、26.21mg/L、24.09mg/L、25.59mg/L、24.97mg/L、25.33mg/L（以 $CaCO_3$ 计）。出水硬度随振荡时间的变化不是很大，其中 2#麦饭石、3#麦饭石的出水硬度最大，1#方解石、2#方解石、3#方解石、1#石灰石、2#石灰石、3#石灰石次之，1#麦饭石最小。

（2）出水碱度。图 7.14 为碱度随振荡时间的变化速率曲线，碱度是水中所有能与强酸作用的物质总量，反映了水中 OH^-、CO_3^{2-}、HCO_3^- 的含量。由图可以看出，随着振荡时间的增长，出水碱度逐渐上升。石灰石 $CaCO_3$ 含量高，出水碱度较麦饭石、方解石高，1#方解石调质出水碱度随时间的变化基本呈线性关系，2#方解石出水碱度也较大，1#麦饭石、2#麦饭石、3#麦饭石调质出水碱度随时间的变化很小。当振荡时间为 3min 时，1#石灰石、2#石灰石、3#石灰石、1#方解石、2#方解石、3#方解石、1#麦饭石、2#麦饭石、3#麦饭石调质出水碱度分别为 20.34mg/L、19.33mg/L、22.38mg/L、14.75mg/L、21.67mg/L、23.39mg/L、9.15mg/L、10.17mg/L、9.66mg/L（以 $CaCO_3$ 计）。

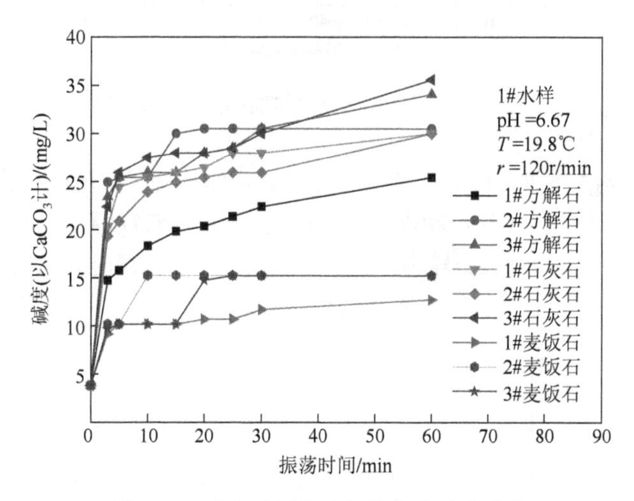

图 7.14　碱度随振荡时间的变化速率曲线

（3）出水 Ca^{2+}浓度。出水 Ca^{2+}浓度随振荡时间的变化速率曲线如图 7.15 所示，曲线变化趋势与出水硬度变化趋势一致，2#麦饭石、3#麦饭石的出水硬度最大，1#方解石、2#方解石、1#石灰石、2#石灰石、3#石灰石次之，1#麦饭石、3#方解石最小。当振荡时间为 3min 时，2#麦饭石、3#麦饭石、1#石灰石、2#石灰石、3#石灰石、1#方解石、2#方解石、3#方解石、1#麦饭石调质出水 Ca^{2+}浓度分别为 12.370mg/L、13.990mg/L、18.453mg/L、18.263mg/L、16.223mg/L、12.123mg/L、17.025mg/L、11.928mg/L、9.338mg/L（以 $CaCO_3$ 计）。达稳定后，2#麦饭石、

3#麦饭石、1#石灰石、2#石灰石、3#石灰石、1#方解石、2#方解石、3#方解石、1#麦饭石调质出水 Ca^{2+}浓度分别为 45.81mg/L、30.03mg/L、30.01mg/L、23.718mg/L、23.308mg/L、22.058mg/L、22.948mg/L、17.813mg/L、17.570mg/L（以 $CaCO_3$ 计）。

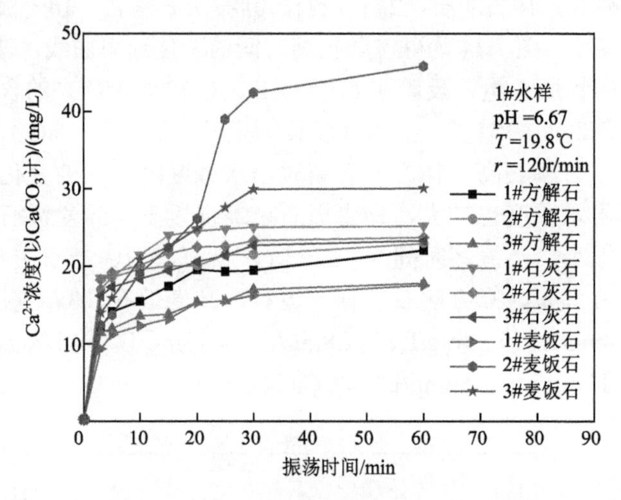

图 7.15　Ca^{2+}浓度随振荡时间的变化速率曲线

（4）出水 Mg^{2+}浓度。由图 7.16 可以看出，出水镁离子浓度达到稳定后，1#方解石调质出水镁离子含量最高，2#麦饭石、3#麦饭石、3#方解石、3#石灰石、2#石灰石次之，1#麦饭石、1#石灰石较小，2#方解石最小。当振荡时间为 3min 时，1#方解石、2#麦饭石、3#麦饭石、3#方解石、2#石灰石、3#石灰石、1#石灰石、1#麦饭石、

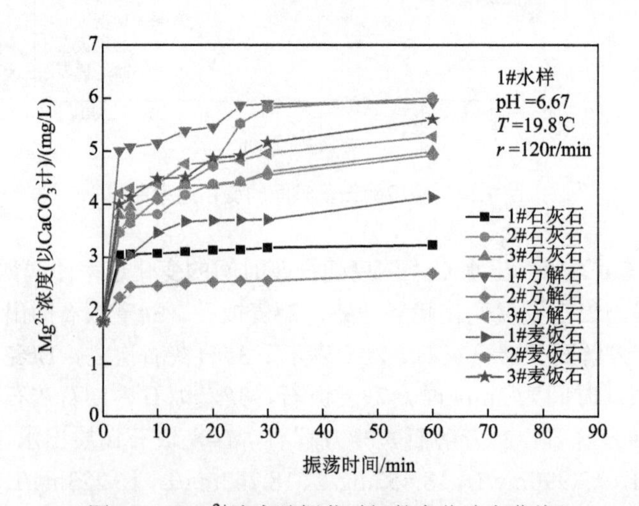

图 7.16　Mg^{2+}浓度随振荡时间的变化速率曲线

2#方解石调质出水镁离子浓度分别为5.004mg/L、3.471mg/L、4.000mg/L、4.204mg/L、3.483mg/L、3.800mg/L、3.046mg/L、2.883mg/L、2.246mg/L（以$CaCO_3$计）。5种溶解矿石调质出水镁离子浓度随振荡时间的变化很小，说明矿石中镁含量很低。

（5）出水pH。由图7.17可以看出，除3#麦饭石外，其他8种矿石出水pH随振荡时间的变化不是很大，其中2#方解石、3#方解石、2#石灰石、3#石灰石、1#石灰石调质出水pH较大，1#方解石与1#麦饭石基本相同，2#麦饭石调质出水pH最小，呈弱酸性。振荡时间为3min时，1#石灰石、2#石灰石、3#石灰石、1#方解石、2#方解石、3#方解石、1#麦饭石、2#麦饭石、3#麦饭石调质出水pH分别为8.22、8.67、8.95、8.04、9.25、9.00、8.06、6.99、7.80。

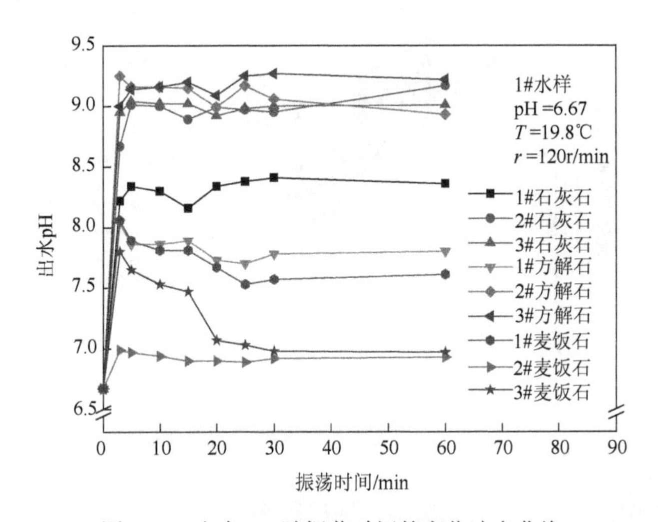

图7.17　出水pH随振荡时间的变化速率曲线

（6）试验结论。由溶出速率曲线可以看出，2#麦饭石、3#麦饭石的出水硬度最大，1#方解石、2#方解石、3#方解石、1#石灰石、2#石灰石、3#石灰石次之，1#麦饭石最小。除1#方解石、2#麦饭石外，其余7种矿石镁离子含量均较少，且矿化出水镁离子浓度随时间的变化较小，1#方解石矿化出水镁离子含量最高。方解石、石灰石矿化出水pH基本呈碱性，麦饭石矿化出水pH呈中性或弱酸性。

2. 循环使用试验

（1）出水硬度。9种矿石调质出水硬度随循环次数的变化曲线如图7.18所示。可以看出，麦饭石调质出水硬度随循环次数的增加下降得最快，方解石次之，石灰石最慢。循环1次时，1#石灰石、2#石灰石、3#石灰石、1#方解石、2#方解石、3#方解石、1#麦饭石、2#麦饭石、3#麦饭石调质出水硬度分别为26.11mg/L、26.83mg/L、26.15mg/L、25.49mg/L、26.83mg/L、25.33mg/L、19.54mg/L、35.56mg/L、

31.47mg/L（以 $CaCO_3$ 计）；循环 5 次时，9 种溶解矿石调质出水硬度分别为 21.77mg/L、22.29mg/L、18.94mg/L、13.42mg/L、22.70mg/L、21.21mg/L、6.09mg/L、11.45mg/L、14.45mg/L（以 $CaCO_3$ 计），分别下降了 16.62%、16.92%、27.57%、47.4%、15.39%、16.27%、68.8%、67.8%、54.08%，此时 1#麦饭石出水硬度基本接近于原水。且由图可以看出，1#石灰石、2#石灰石、2#方解石调质出水硬度随循环次数基本呈缓慢的线性关系降低，1#方解石与 1#麦饭石调质出水硬度先下降得很快，后趋于平缓。

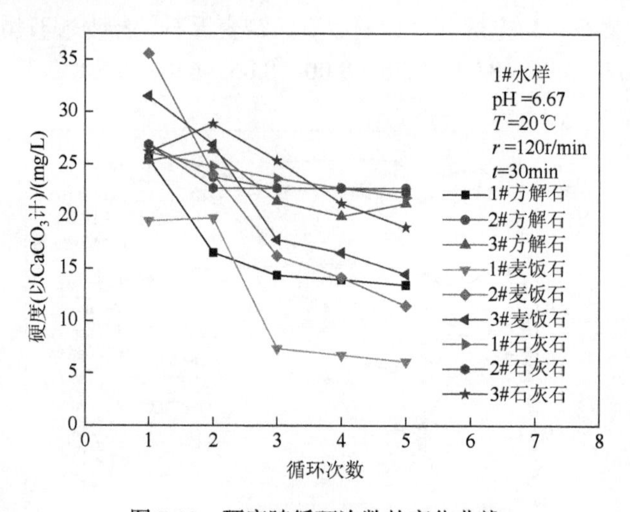

图 7.18　硬度随循环次数的变化曲线

（2）出水碱度。9 种矿石调质出水碱度随循环次数的变化曲线如图 7.19 所示，由图可以看出，几种溶解矿石调质出水碱度随循环次数的变化均不是很大。其中

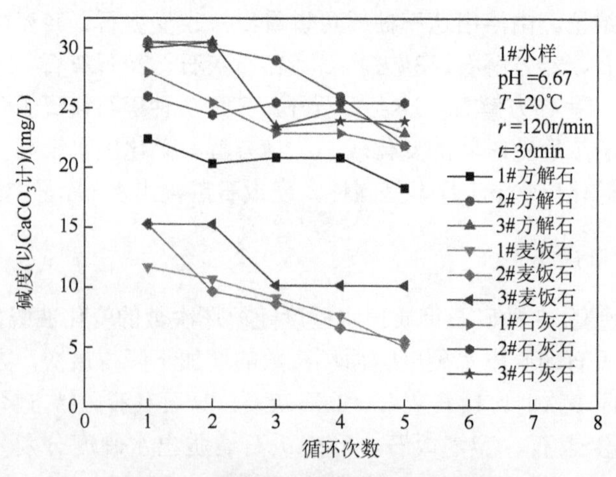

图 7.19　碱度随循环次数的变化曲线

2#石灰石、1#方解石、1#石灰石出水碱度变化最慢，3#方解石、2#方解石次之，麦饭石碱度变化较大。当循环次数为 5 次时，麦饭石调质出水碱度基本接近于原水。循环 5 次后，1#方解石、2#方解石、3#方解石、1#石灰石、2#石灰石、3#石灰石、1#麦饭石、2#麦饭石、3#麦饭石调质出水碱度分别降低了 18.2%、28.32%、24.98%、21.8%、2.00%、20.36%、56.5%、63.4%、33.36%。

（3）出水 Ca^{2+}浓度。9 种矿石调质出水 Ca^{2+}浓度随循环次数的变化曲线如图 7.20 所示，由曲线可以看出，调质出水 Ca^{2+}浓度变化趋势与硬度变化趋势一致，石灰石变化最小，方解石次之，麦饭石最大。1#石灰石、2#方解石调质出水 Ca^{2+}浓度随循环次数增加先增加后降低，3#方解石出水 Ca^{2+}浓度随循环次数增加而增加，这与矿石的结构成分有关，当表层的钙溶出后，内层的钙更易溶出，使得出水 Ca^{2+}浓度增加，此后随着循环次数的增加，出水 Ca^{2+}浓度逐渐降低。1#方解石和 1#石灰石调质出水 Ca^{2+}浓度随循环次数的变化基本一致，先较快，后趋于平缓。当循环 5 次后，1#石灰石、2#石灰石、3#石灰石、1#方解石、2#方解石、1#麦饭石、2#麦饭石、3#麦饭石调质出水 Ca^{2+}浓度分别降低了 9.5%、4.39%、16.68%、35%、1.26%、58.2%、71.6%、46.67%。

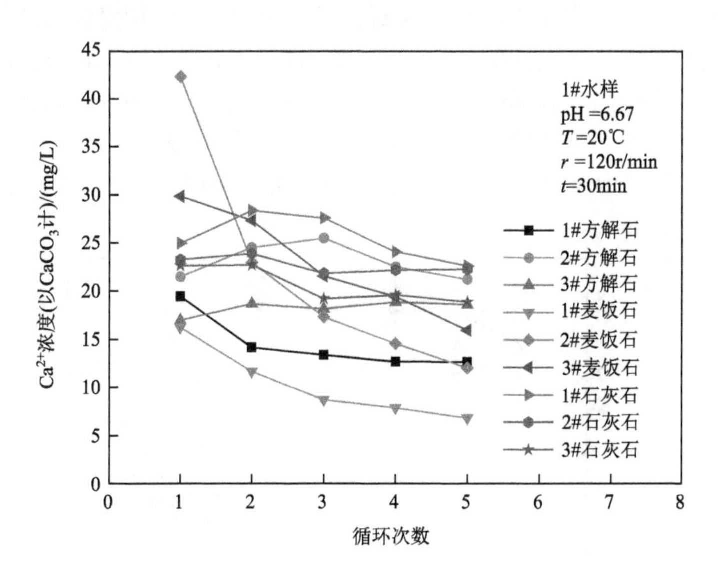

图 7.20　Ca^{2+}浓度随循环次数的变化曲线

（4）出水 Mg^{2+}浓度。9 种矿石 Mg^{2+}浓度随循环次数的变化曲线如图 7.21 所示，由于 9 种矿石 Mg^{2+}含量均较低，镁溶出速率低，9 种溶解矿石调质出水 Mg^{2+}浓度随循环次数的变化不大，与 Ca^{2+}随循环次数的变化趋势基本一致。

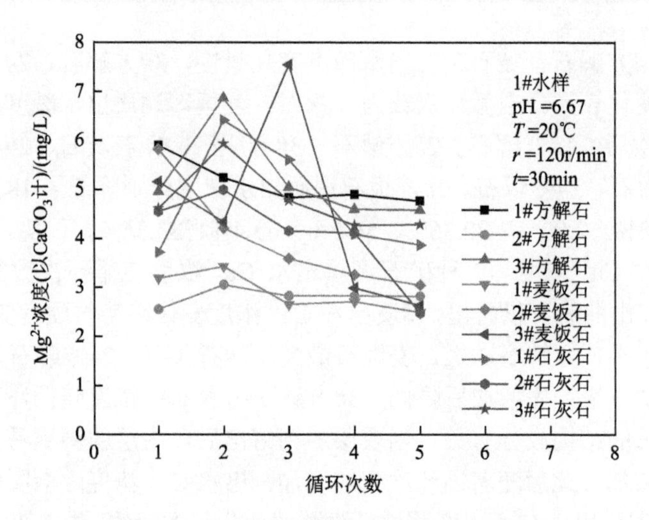

图 7.21　Mg^{2+}浓度随循环次数的变化曲线

（5）出水 pH。出水 pH 随循环次数的变化曲线如图 7.22 所示，由图可以看出，随着循环次数的增加，出水 pH 呈上升趋势，其中 2#方解石、3#方解石、2#石灰石、3#石灰石调质出水 pH 较高，1#石灰石、1#方解石、1#麦饭石次之，2#麦饭石、3#麦饭石最低。且方解石、石灰石出水 pH 较高，基本均＞8，麦饭石出水 pH 变化不大，在 7～8 之间，出水呈弱碱性。循环 5 次时，1#石灰石、2#石灰石、3#石灰石、1#方解石、2#方解石、3#方解石、1#麦饭石、2#麦饭石、3#麦饭石调质水的出水 pH 分别为 8.99、9.35、9.32、8.79、9.42、9.22、8.31、7.06、7.22。

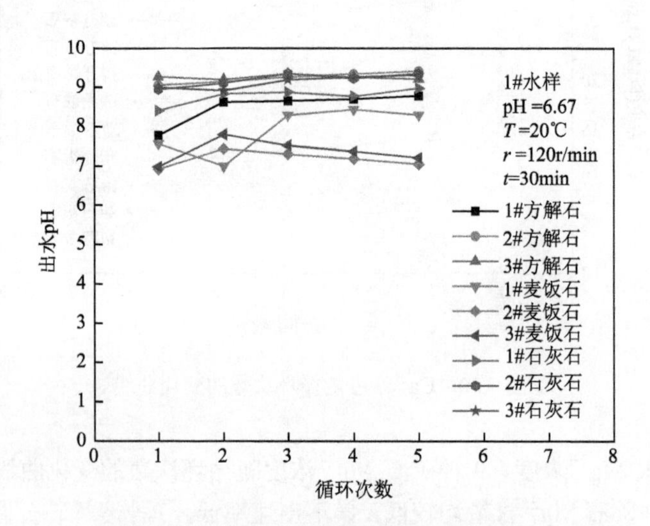

图 7.22　出水 pH 随循环次数的变化曲线

（6）试验结论。石灰石矿化出水硬度、钙离子浓度随循环次数的增加降低得最慢，方解石次之，麦饭石最快。这说明石灰石钙含量较高，溶出速率快；麦饭石溶出速率慢，循环次数增多时，矿化出水硬度基本与原水一致。随着循环次数增加，出水碱度有下降趋势，pH 值变化不大。由于 9 种矿石镁离子含量均较少，且溶出速率慢，镁离子浓度随循环次数的变化不明显。

3. 试验小结

通过溶出速率曲线和循环使用试验研究，得到以下结论。

（1）石灰石、麦饭石及方解石三种类型的矿石中，石灰石溶出速率最快，循环使用时出水水质变化最小。

（2）三种产地的方解石中，1#方解石较 2#方解石、3#方解石溶出速率快。三种产地的麦饭石中，2#麦饭石较 1#麦饭石、3#麦饭石溶出速率快。三种产地的石灰石中，2#石灰石较 1#石灰石、3#石灰石溶出速率快。

（3）优选出的矿石为 1#方解石、2#麦饭石和 2#石灰石，优选的矿石进行与德国产矿石的对比研究。

7.3.2　白云石调质试验

（1）物相分析。对不同产地的颗粒矿化剂进行 XRD 分析，获取颗粒矿化剂的主要成分，定性地判断颗粒矿化剂中 $CaCO_3$、$MgCa(CO_3)_2$ 的高低及其杂质的含量。其中各白云石产地为：1#白云石为浙江杭州；2#白云石为湖北武穴；3#白云石为河北石家庄；4#白云石为辽宁丹东。

由图 7.23 可以看出，1#白云石主要成分为 $CaCO_3$，基本不含 $CaMg(CO_3)_2$，2#白云石、3#白云石、4#白云石主要物相为 $CaMg(CO_3)_2$，2#白云石还含有 $CaCO_3$。白云石原矿中含有 $CaCO_3$ 时，烧结过程中易产生 CaO，使得出水 pH 过高。

（2）元素分析。由表 7.12 可以看出，1#白云石镁含量极低，钙含量较高；2#、3#、4#白云石钙镁含量十分接近，3#白云石钙、镁含量较 2#白云石和 3#白云石钙、镁含量高。

（3）溶出特性。主要对出水硬度、碱度、Ca^{2+}浓度、Mg^{2+}浓度和 pH 进行了对比试验。

（a）出水硬度。由图 7.24（a）可以看出，随着振荡时间的延长，调质出水硬度增大，但会出现波动。四种白云石原矿调质出水硬度的差别不是很大，3#白云石调质出水硬度较其他三种低。当振荡时间＞6min 时，调质出水硬度随时间的变化较小，在实际设计中应综合考虑出水水质与装置占地面积，选择适当的停留时间。

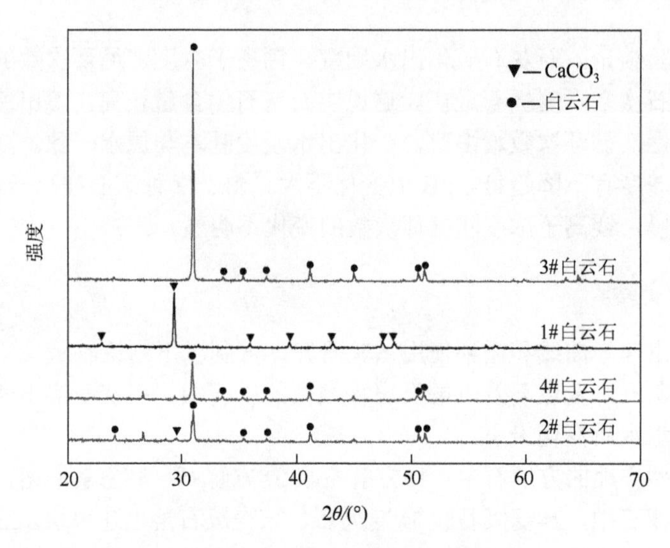

图 7.23　白云石原矿物相分析

表 7.12　白云石原矿钙、镁含量对比分析（%）

矿石种类	Ca	Mg
1#白云石	38.21	1.09
2#白云石	21.42	12.01
3#白云石	21.95	12.81
4#白云石	21.77	11.45

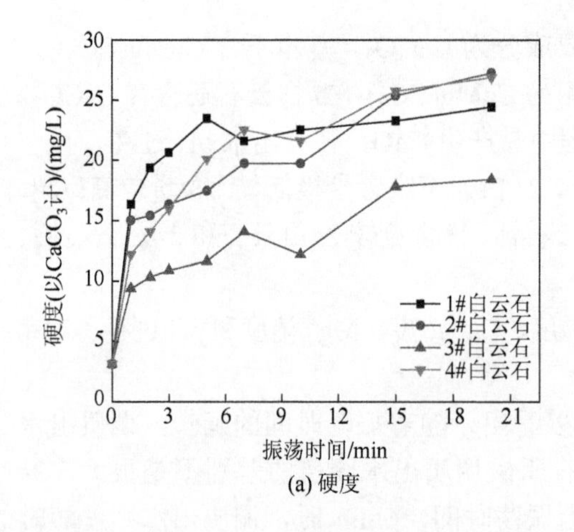

(a) 硬度

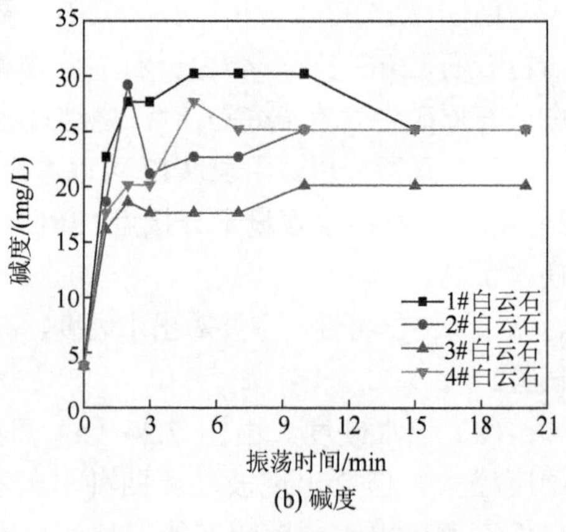

(b) 碱度

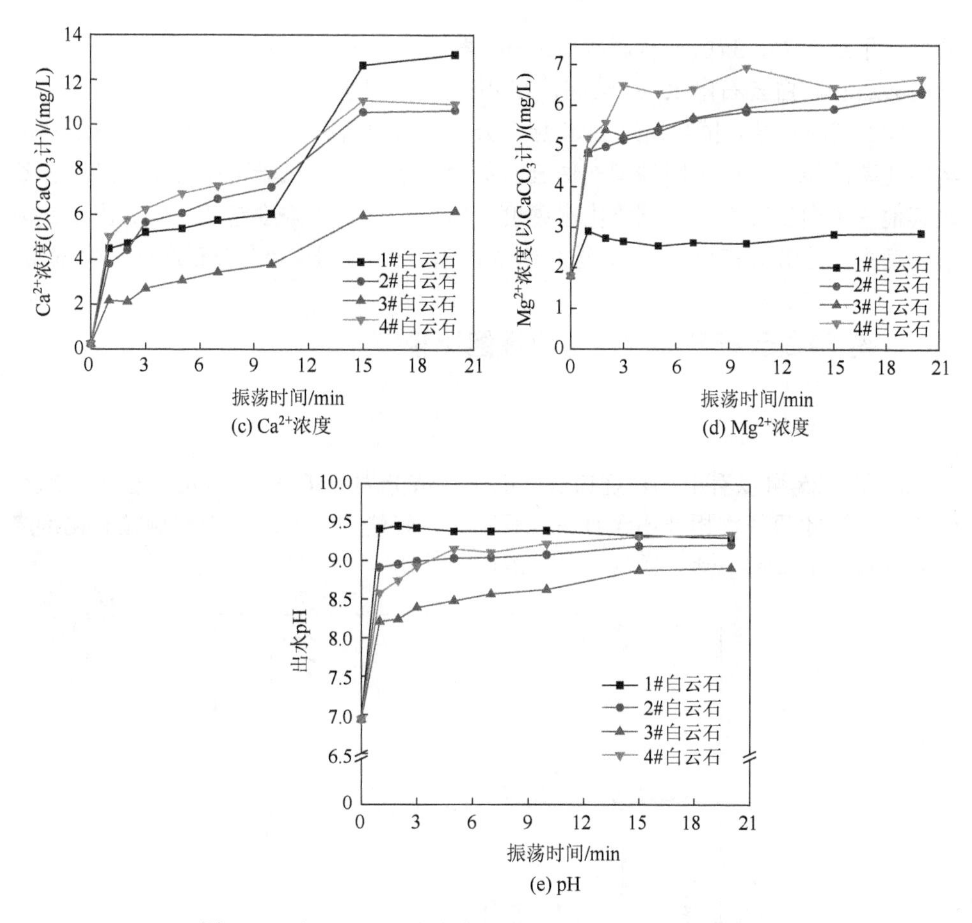

(c) Ca^{2+}浓度　(d) Mg^{2+}浓度

(e) pH

图 7.24　白云石调质出水典型水质参数随振荡时间的变化

（b）出水碱度。由图 7.24（b）可以看出，调质出水碱度 1#白云石＞4#白云石＞2#白云石＞3#白云石。调质出水碱度随振荡时间的变化先增大，当振荡时间＞9min 时，调质出水碱度基本不变。

（c）出水 Ca^{2+}浓度。由图 7.24（c）可以看出，1#白云石、2#白云石、4#白云石调质出水 Ca^{2+}浓度较为接近，均较 3#出水 Ca^{2+}浓度高。当振荡时间＜10min 时，Ca^{2+}浓度随振荡时间的变化较为缓慢，10～15min 内，直线斜率明显增大，最后趋于平缓。

（d）出水 Mg^{2+}浓度。由图 7.24（d）可以看出，4#白云石调质出水 Mg^{2+}浓度较高，3#白云石、2#白云石十分接近，1#白云石最低。相对于硬度、碱度、Ca^{2+}浓度，调质出水 Mg^{2+}浓度随振荡时间的变化较小，这一方面与白云石中镁离子的含量有关，一方面与镁的溶出速率有关。

（e）出水 pH。由图 7.24（e）可以看出，四种白云石调质出水 pH 随振荡时间的变化不是很大。3#白云石调质出水 pH 最低，在 8.0～8.7 之间，而 1#白云石、2#白云石、4#白云石出水 pH 较高，在 8.5～9.5 之间。

（4）试验小结。试验通过测定 1#白云石、2#白云石、3#白云石和 4#白云石的溶出速率曲线，对比了四种国产白云石的溶出效果。由试验可以看出，3#白云石较其他三种白云石而言，调质出水硬度、碱度、钙离子浓度略低，但其出水镁离子浓度高，且出水 pH 较低，故综合比较物相分析，选择 3#白云石进行轻烧试验。

7.3.3　轻烧白云石与德国产材料性能比较

1. 物相比较

由图 7.25 可以看出，轻烧白云石的主要成分为 $CaCO_3$ 与 MgO，德国产颗粒矿化剂中除此两种物相外还含有白云石物相，轻烧白云石较德国产颗粒矿化剂烧结程度高，更有利于钙、镁等元素的溶出。

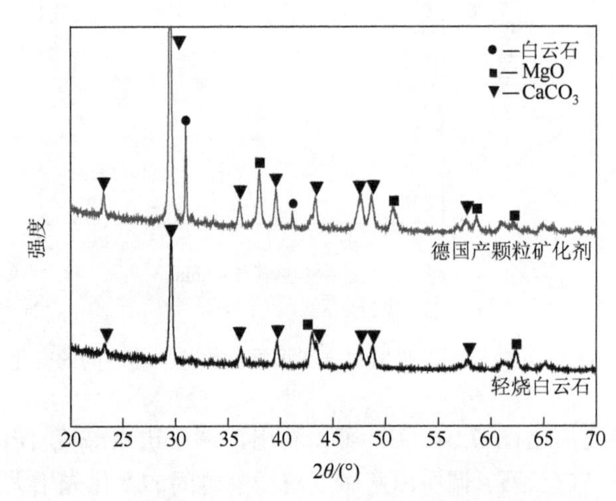

图 7.25　轻烧白云石与德国产颗粒矿化剂物相分析比较

2. 元素比较

由表 7.13 可以看出，德国产颗粒矿化剂与轻烧白云石钙镁含量相差不大，德国产颗粒矿化剂略高于轻烧白云石。

表 7.13　白云石原矿钙镁元素对比分析（%）

矿石种类	$CaCO_3$	MgO
轻烧白云石	54.88	21.35
德国产颗粒矿化剂	62.53	24.58

3. 扫描电镜分析比较

白云石原矿质地坚硬，表面为层状结构，呈显晶质组成，晶粒发育程度高，晶格缺陷小，孔隙率低，用于淡化水调质时，溶出速率慢，见图 7.26（a）。德国产颗粒矿化剂晶粒发育程度较高，多次溶出后，表面重结晶成为片状结构，见图 7.26（b）。轻烧白云石表面也重结晶成为片状结构，且孔隙率高，溶出速率快，见图 7.26（c）。

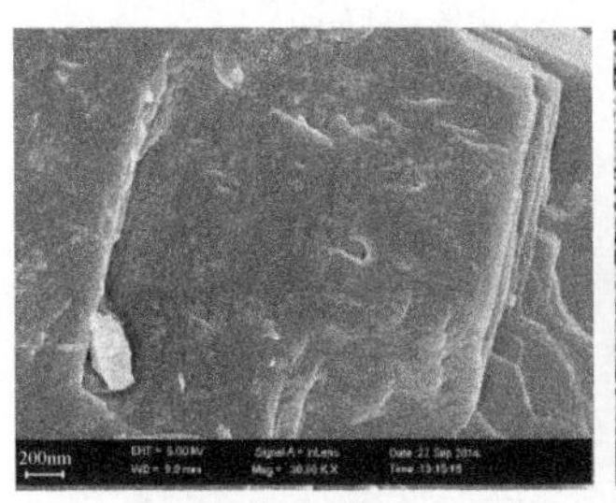

(a) 白云石原矿

(b) 德国产颗粒矿化剂

(c) 国产轻烧白云石

图 7.26　白云石与德国产颗粒矿化剂 SEM 照片比较

4. 溶出特性比较

由图 7.27（a）可以看出，轻烧白云石调质出水硬度较白云石原矿有了明显提高，随振荡时间的变化较快。轻烧白云石出水硬度高于德国产颗粒矿化剂，振荡时间为 10min 时达到 51.17mg/L（以 $CaCO_3$ 计）。

由图 7.27（b）可以看出，轻烧白云石调质出水碱度较原矿有了很大的提高且高于德国产颗粒矿化剂，振荡时间为 10min 时达到 80.07mg/L（以 $CaCO_3$ 计）。

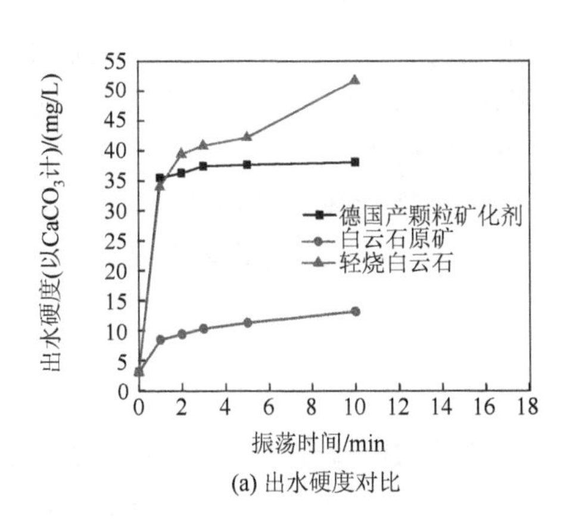

(a) 出水硬度对比

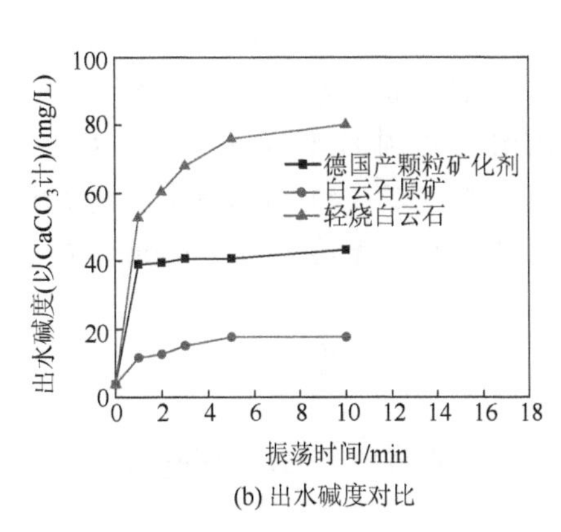

(b) 出水碱度对比

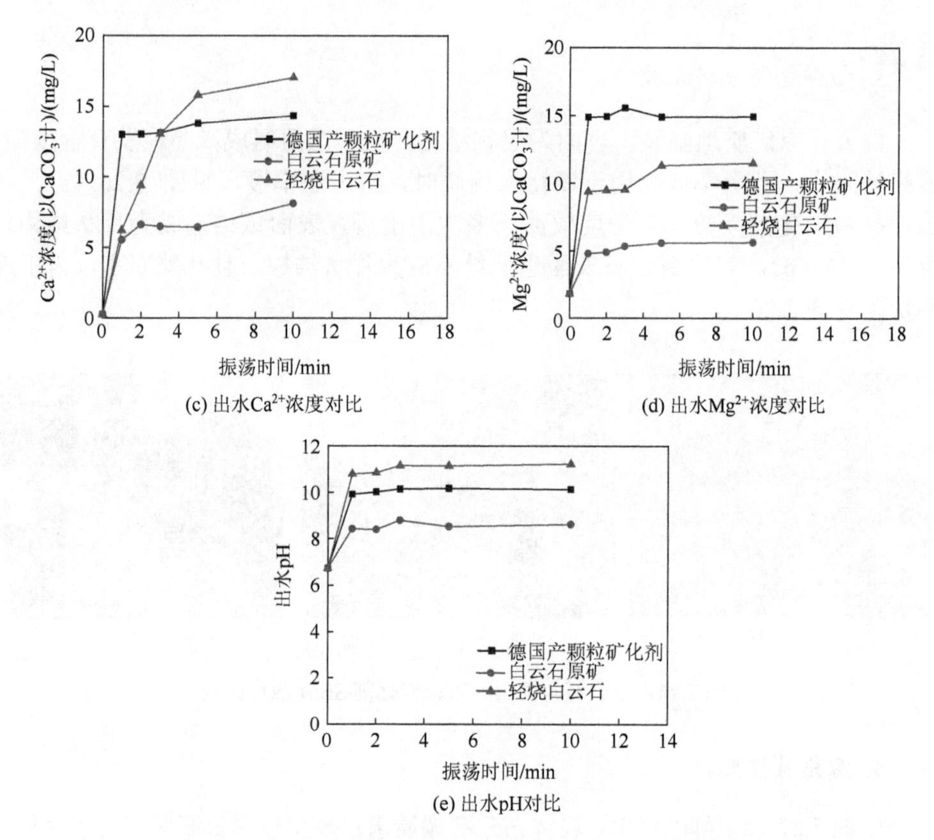

(c) 出水Ca^{2+}浓度对比

(d) 出水Mg^{2+}浓度对比

(e) 出水pH对比

图 7.27　白云石与德国产颗粒矿化剂调质出水水质参数对比

由图 7.27（c）可以看出，轻烧白云石调质出水钙离子浓度较白云石原矿有了较大的提高。振荡时间为 10min 时，轻烧白云石调质出水钙离子浓度达到 17.04mg/L（以 $CaCO_3$ 计），即 6.82mg/L。

由图 7.27（d）可以看出，轻烧白云石出水镁离子浓度低于德国产颗粒矿化剂但较白云石原矿有了较大的提高。振荡时间为 10min 时，轻烧白云石调质出水镁离子浓度达到 11.47mg/L（以 $CaCO_3$ 计），即 2.75mg/L。

由图 7.27（e）可以看出，调质出水 pH 为轻烧白云石＞德国产颗粒矿化剂＞白云石原矿。振荡时间为 10min 时，轻烧白云石的调质出水 pH 达 11.23。

7.3.4　试验小结

（1）轻烧白云石出水硬度、碱度、钙镁离子均较白云石原矿有了明显的提高。

（2）轻烧白云石与德国产颗粒矿化剂在物相和成分含量及微观形态方面极为接近。

（3）轻烧白云石溶出速率强于德国产颗粒矿化剂。调质出水总硬度、总碱度高于德国产颗粒矿化剂。轻烧白云石矿化出水总硬度达到 51.17mg/L（以 $CaCO_3$ 计），总碱度达到 80.07mg/L（以 $CaCO_3$ 计），钙镁离子浓度分别为 6.82mg/L 和 2.75mg/L，pH 达到 11.23。

7.4　多种材料性能综合比较

7.4.1　溶出速率比较试验

不同颗粒矿化剂调质出水水质对比见图 7.28。轻烧白云石的矿化出水硬度、碱度、Ca^{2+}浓度及 Mg^{2+}浓度较白云石原矿有了较大提高，并且高于麦饭石、石灰石和方解石等国产颗粒矿化剂。轻烧白云石的矿化出水硬度、碱度、Ca^{2+}浓度高于德国产颗粒矿化剂。振荡时间为 10min 时，淡化水的硬度、碱度、Ca^{2+}浓度分别达到 51.74mg/L（以 $CaCO_3$ 计）、80.07mg/L（以 $CaCO_3$ 计）、6.82mg/L。轻烧白云石矿化出水 Mg^{2+}浓度较德国产颗粒矿化剂低，振荡时间为 10min 时，出水 Mg^{2+}浓度为 2.75mg/L。

7.4.2　主要成分对比分析

与水接触时，颗粒矿化剂中的 CaO 和 MgO 可水解为 $Ca(OH)_2$ 和 $Mg(OH)_2$。当呈酸性或弱碱性的淡化水流经颗粒矿化剂时，CaO 和 MgO 含量高的颗粒矿化剂便可溶出一定的钙、镁离子。由表 7.14 可以看出，颗粒矿化剂中含有丰富的矿质

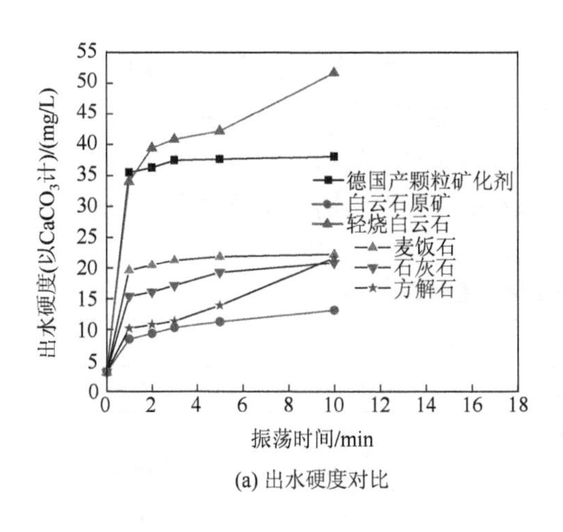

(a) 出水硬度对比

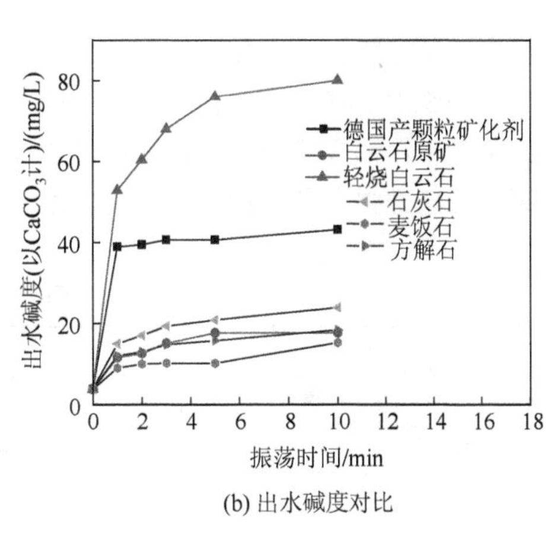

(b) 出水碱度对比

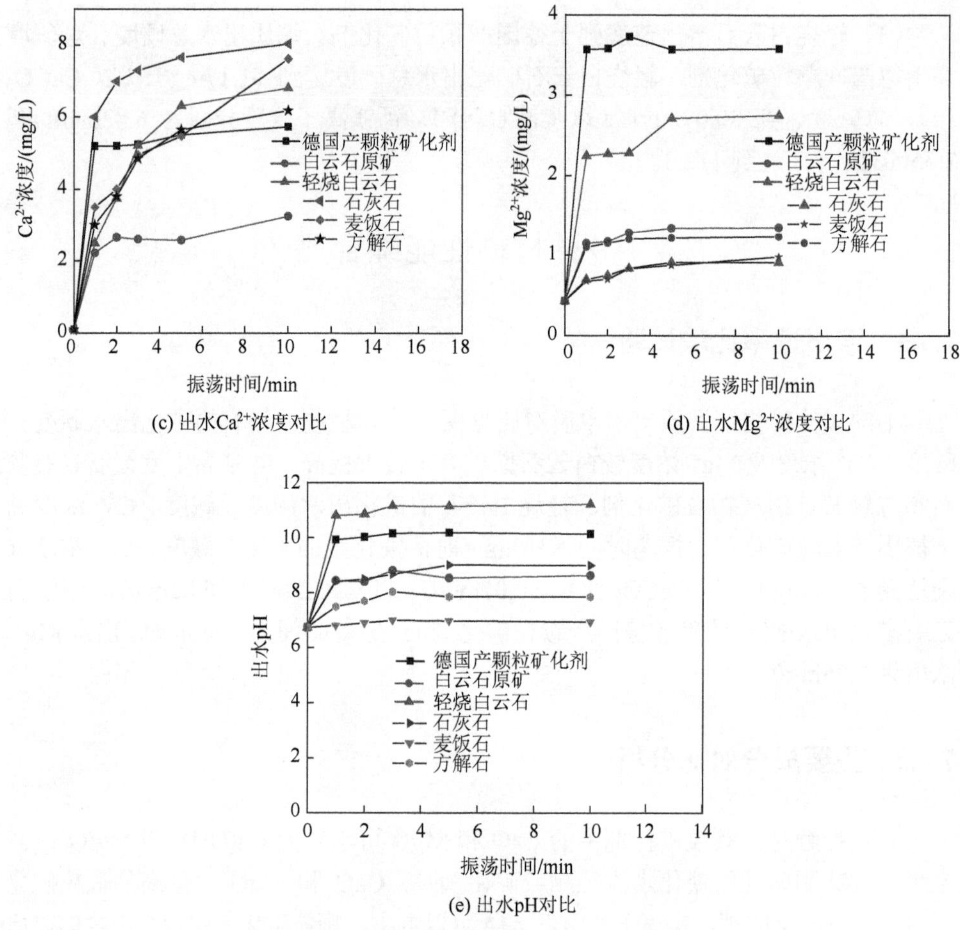

(c) 出水Ca^{2+}浓度对比　　(d) 出水Mg^{2+}浓度对比

(e) 出水pH对比

图 7.28　不同颗粒矿化剂调质出水水质对比

元素。1#方解石、2#石灰石、2#麦饭石、德国产颗粒矿化剂中 CaO、MgO 含量总和分别为 52%、48.45%、1.66%、59.6%。德国产颗粒矿化剂中钙镁含量最高，麦饭石矿化剂中钙镁含量最低。由此可以看出，从成分来说，德国产颗粒矿化剂溶出钙镁离子的能力强于国产颗粒矿化剂，麦饭石颗粒矿化剂溶出钙镁离子的能力最弱。

表 7.14　不同颗粒矿化剂主要成分分析

主要成分	含量/%			
	德国产颗粒矿化剂	2#麦饭石	1#方解石	2#石灰石
Fe_2O_3	0.011	6.17	0.12	0.19
SiO_2	0.96	60.83	1.07	17.06
Al_2O_3	0.042	25.14	0.26	0.35

续表

主要成分	含量/%			
	德国产颗粒矿化剂	2#麦饭石	1#方解石	2#石灰石
CaO	35.02	0.85	30.58	31.25
MgO	24.58	0.81	21.42	17.20
K_2O	0.025	2.45	0.052	0.093
Na_2O	<0.0010	0.060	0.080	0.16
P_2O_5	0.022	0.24	0.013	0.036
SO_3	0.025	0.037	0.012	0.014
Cd	<0.0002	<0.0002	<0.0002	<0.0002
Pb	<0.0010	0.0039	<0.0010	<0.0010
Mn	0.0016	0.030	0.0066	0.016
Ag	<0.0005	<0.0005	<0.0010	<0.0010
Cr	0.017	0.024	<0.0010	<0.0010
Sb	<0.0010	<0.0010	<0.0010	<0.0010
Be	<0.0010	<0.0010	<0.0010	<0.0010
Ba	<0.0010	0.048	<0.0010	0.0030

7.4.3　扫描电子显微镜对比分析

不同颗粒矿化剂 SEM 照片对比分析见图 7.29。方解石原矿质地坚硬，表面为片状结构，呈显晶质组成，晶粒发育程度高，晶格缺陷小。石灰石原矿质地坚硬，表面为块状结构，呈显晶质组成，晶粒发育程度高，晶格缺陷小。经人工高温焙烧的麦饭石颗粒表面呈碎屑状，孔隙率明显提高，为 19.3551%，质地坚硬，不易破碎，由于烧制过程中有黏土添加剂，表面呈现出明显的胶着状结构。经多次溶出后，德国产颗粒矿化剂表面重结晶成为片状结构。

(a) 德国产颗粒矿化剂

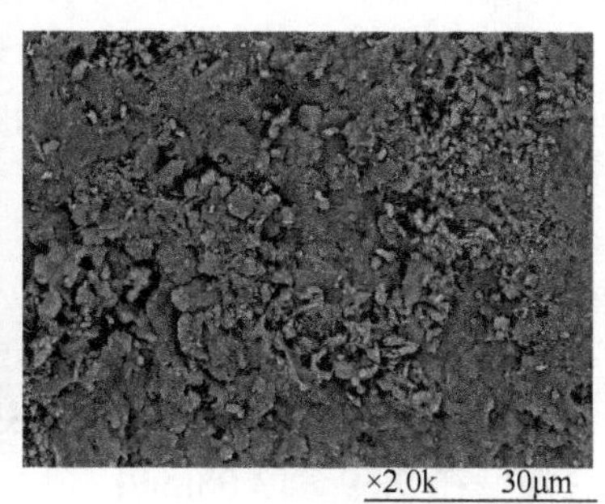

(b) 2#麦饭石

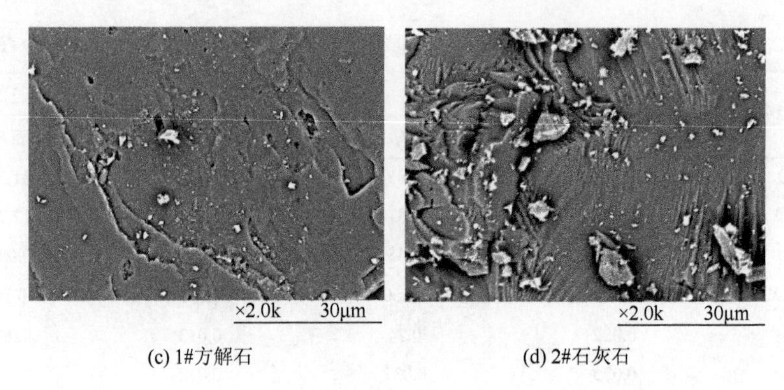

(c) 1#方解石　(d) 2#石灰石

图 7.29　不同颗粒矿化剂 SEM 照片对比分析

7.5　溶解矿石调质工程化试验

7.5.1　国产颗粒矿化剂连续运行结果

1. *石灰石*

从图 7.30 可以看出，石灰石调质系统出水较为稳定。出水 pH 在 9.02～9.29 之间，较饮用水标准 pH 偏高。出水总硬度在 15.81～17.01mg/L（以 $CaCO_3$ 计）之间，出水总碱度在 17.92～19.38mg/L（以 $CaCO_3$ 计）之间。

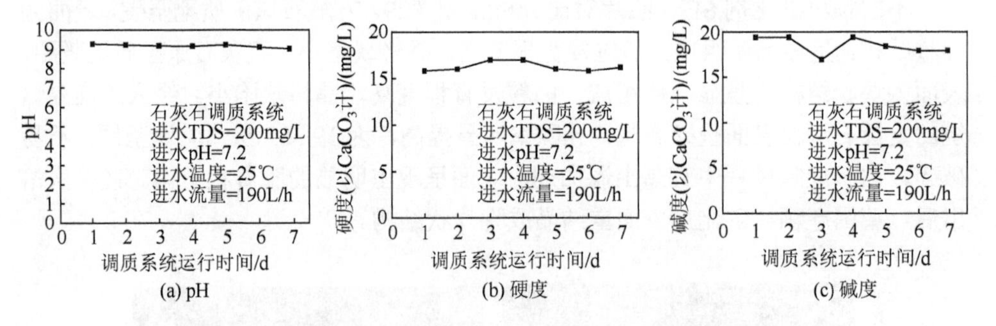

(a) pH　(b) 硬度　(c) 碱度

图 7.30　石灰石调质系统调质出水参数随系统运行时间的变化

2. *方解石*

从图 7.31 可以看出，方解石调质系统出水较为稳定。出水 pH 在 8.55～8.89 之间，较饮用水标准 pH 偏高。出水总硬度在 7.6～10.02mg/L（以 $CaCO_3$ 计）之间，出水总碱度在 9.69～13.08mg/L（以 $CaCO_3$ 计）之间。

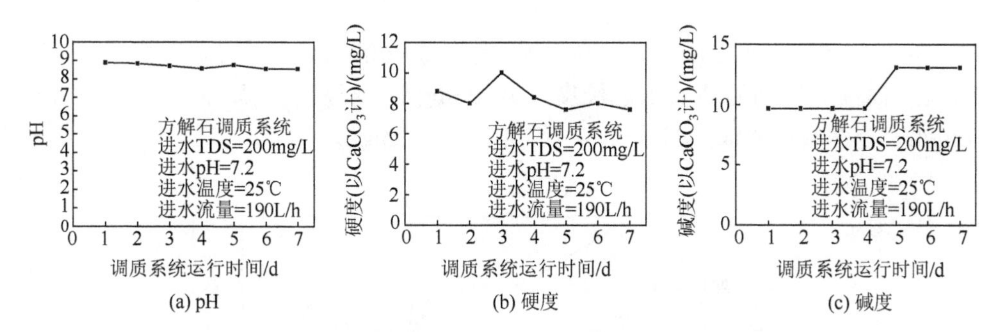

图 7.31 方解石调质系统调质出水参数随系统运行时间的变化

3. 试验结论

由石灰石和方解石调质系统连续运行试验可以看出，石灰石过滤调质系统出水碱度和硬度高于方解石，说明石灰石溶出效果强于方解石。但二者出水 pH 均偏高，且超出饮用水水质标准范围。

7.5.2 德国产与国产矿石连续运行试验

由图 7.32 可以看出德国产颗粒矿化剂和石灰石调质系统的调质出水 pH 均较高，分别为 10.1 和 8.9 左右，均高于饮用水标准 pH 范围。方解石和麦饭石的调质出水 pH 分别为 8.3 和 7.5 左右，在饮用水标准 pH 范围。

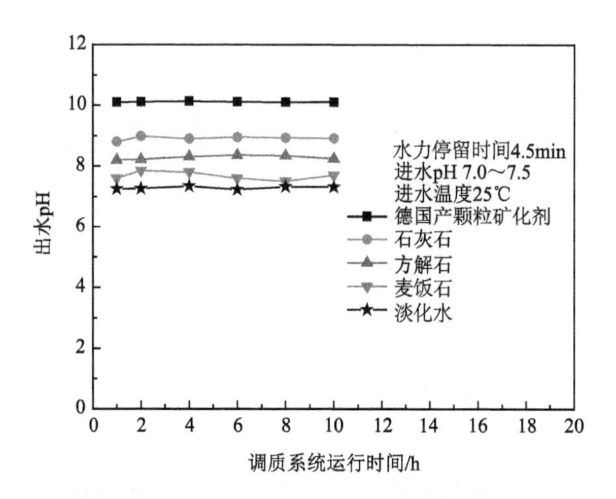

图 7.32 不同颗粒矿化剂工程化试验调质系统出水 pH 比较

由图 7.33 可以看出，不同颗粒矿化剂的调质出水总硬度相差很大，德国产颗粒矿化剂的调质出水总硬度远远高于国产颗粒矿化剂（石灰石、方解石和麦饭石），德国产颗粒矿化剂的调质水总硬度 20～25mg/L，石灰石调质水的总硬度 8～9mg/L，方解石和麦饭石的调质水总硬度 3.5～5.5mg/L。

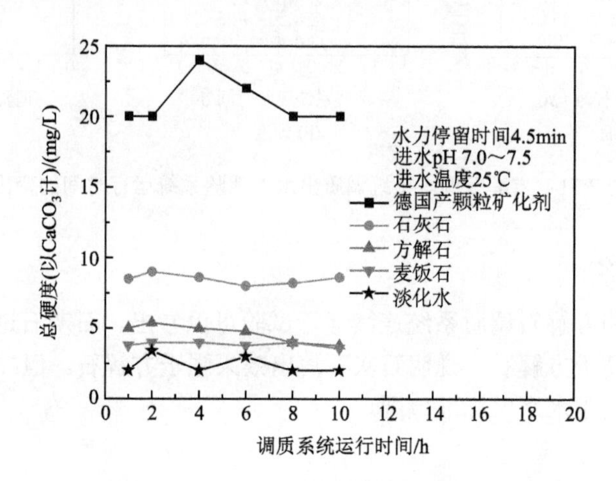

图 7.33　不同颗粒矿化剂工程化试验调质系统出水总硬度比较

由图 7.34 可以看出，不同颗粒矿化剂的调质出水总碱度相差很大，德国产颗粒矿化剂的调质水总碱度 20～25mg/L，石灰石调质水的总碱度 13～15mg/L，方解石的调质水总碱度 7～9mg/L，麦饭石的调质水总碱度 5～10mg/L。

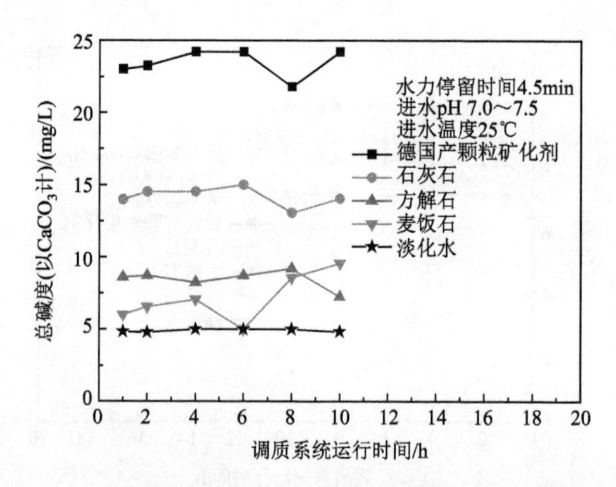

图 7.34　不同颗粒矿化剂工程化试验调质系统出水总碱度比较

由图 7.35 可以看出，德国产颗粒矿化剂的调质出水中 Ca^{2+}浓度 7～9mg/L，石灰石调质后的 Ca^{2+}浓度 7～12mg/L，方解石和麦饭石溶出的 Ca^{2+}较少，方解石

调质水 Ca^{2+}浓度 2～5mg/L，麦饭石调质水 Ca^{2+}浓度 0.5～1.5mg/L。

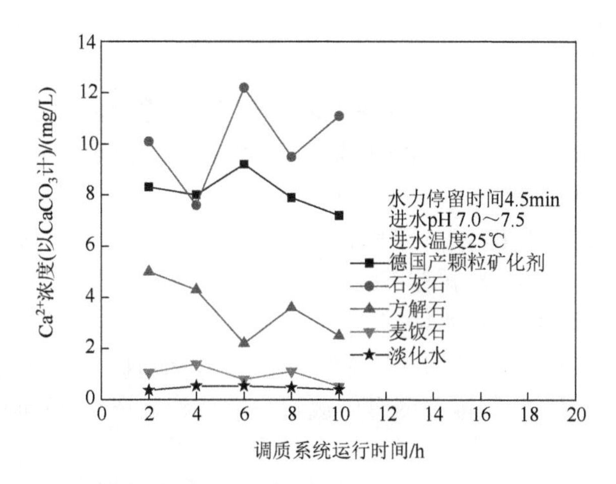

图 7.35　不同颗粒矿化剂工程化试验调质系统出水 Ca^{2+}浓度比较

由图 7.36 可以看出，德国产颗粒矿化剂的调质出水 Mg^{2+}浓度远远高于国产颗粒矿化剂（石灰石、方解石和麦饭石），德国产颗粒矿化剂的调质水 Mg^{2+}浓度 13～15mg/L，石灰石调质水的 Mg^{2+}浓度 3～4mg/L，方解石调质水 Mg^{2+}浓度 3～5mg/L，麦饭石调质水 Mg^{2+}浓度 2～3mg/L。

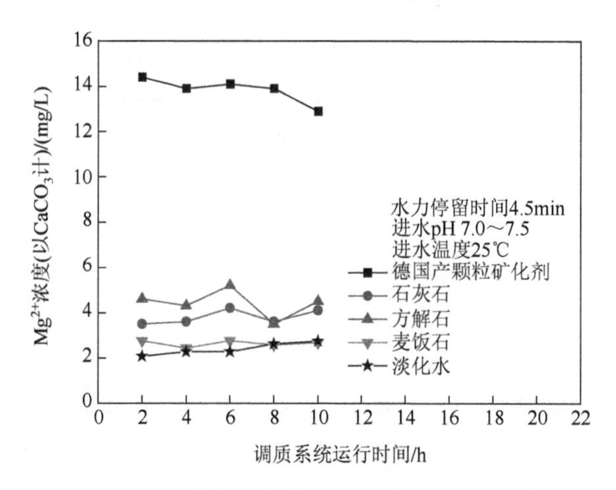

图 7.36　不同颗粒矿化剂工程化试验调质系统出水 Mg^{2+}浓度比较

试验结论：德国产颗粒矿化剂的溶出效果较好，调质出水的硬度、碱度、镁离子指标高于国产颗粒矿化剂，但是德国产颗粒矿化剂的出水 pH 较高，其调质出水不符合生活饮用水标准。

7.5.3 试验小结

（1）通过溶出速率曲线和循环使用试验研究，优选出的颗粒矿化剂为1#方解石、2#麦饭石和2#石灰石，将优选的颗粒矿化剂进行与德国产颗粒矿化剂的对比研究，为新型颗粒矿化剂的研究提供依据。

（2）工程化试验证明，德国产颗粒矿化剂的溶出效果较好，调质出水的硬度、碱度、镁离子指标高于国产颗粒矿化剂。但是德国产颗粒矿化剂的出水pH较高，其调质出水不符合生活饮用水标准。

（3）德国产颗粒矿化剂总硬度基本稳定在20～25mg/L，总碱度基本稳定在20～25mg/L，Ca^{2+}浓度和Mg^{2+}浓度随时间波动稍大，分别在7～9mg/L范围和13～15mg/L范围。

（4）石灰石较麦饭石、方解石溶出效果好，石灰石出水总硬度在 8～9mg/L（以$CaCO_3$计）之间，出水总碱度在13～15mg/L（以$CaCO_3$计）之间。方解石出水总硬度在3.5～5.5mg/L（以$CaCO_3$计）之间，出水总碱度在7～9mg/L（以$CaCO_3$计）之间。方解石出水pH在8.3左右，石灰石出水pH在8.9左右，较饮用水标准pH偏高。麦饭石溶出效果极差，麦饭石的调质水总硬度3.5～5.5mg/L，总碱度5～10mg/L，与淡化水水质接近。

（5）进水TDS和进水流量对颗粒矿化剂的调质效果影响较小。

（6）石灰石、麦饭石、方解石的溶出效果较差，难以达到将淡化水矿化的目的，德国产颗粒矿化剂的溶出效果较好，但是出水pH较高不符合饮用水的水质范围。下一步应该进行新型颗粒矿化剂的研制，制备出一种溶出速率快、调质效果好的颗粒矿化剂。

7.6 调质水体验与效果试验

开启调质系统，制备不同硬度和碱度的调质水，进行洗涤体验和饮用效果评价试验。调节反渗透设备使调质系统进水TDS 200mg/L，进水pH 7.5左右。通过投加食品级$CaCl_2$和$NaHCO_3$分别对淡化水硬度和碱度进行调节。水样指标如表7.15所示。1#水样为调质前一级反渗透淡化水，2#～6#水样为一级反渗透淡化水调质水（加药），7#水样为一级反渗透产水经德国产颗粒矿化剂调质后的调质水，8#水样为二级反渗透产水经德国产颗粒矿化剂调质后的调质水，9#水样为青岛小麦岛自来水。

表 7.15　体验试验的调质水水质

水样编号	名称	硬度/(mg/L)	碱度/(mg/L)
1#	一级 RO 淡化水	2.001	5
2#	调质水 1	84.07	35.56
3#	调质水 2	88.68	34.3
4#	调质水 3	62.03	28.75
5#	调质水 4	52.03	22.7
6#	调质水 5	21.42	15.64
7#	调质水 6	23.42	26.733
8#	调质水 7	20.01	25.72
9#	青岛小麦岛自来水	171.09	90.79

7.6.1　饮用体验试验

调质水样煮沸后饮用效果试验如图 7.37 所示。大部分受试者认为，淡化水、调质水和自来水口感效果均可接受。有小部分受试者认为，1#、2#、9#水样的饮用口感效果较差，由表 7.15 可知，1#水样为一级反渗透淡化水，硬度和碱度均较低，9#（自来水）水样硬度和碱度较其他水质高。这说明硬度和碱度过高或过低均影响饮用口感。2#水样口感的评价不高，可能与受试者的个体感受差异有关。

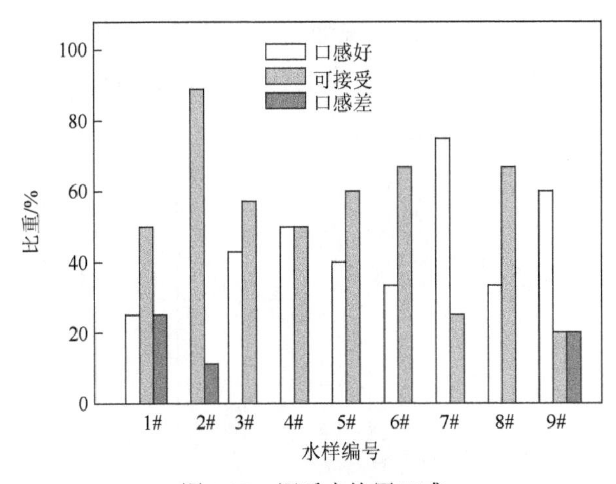

图 7.37　调质水饮用口感

7.6.2　洗涤体验

1. 洗手体验

1）A 品牌洗手液洗手体验

用 A 品牌洗手液洗手时，体验者对洗涤过程中的泡沫量感受情况如图 7.38 所示。从图中可以看出，92.31%的受试者认为 1#水样洗手过程中泡沫量较多。所有人都认为 2#、4#、5#、6#和 9#水样的感受是适中。大部分受试者认为 3#、7#、8#调质水样洗涤过程中泡沫量适中。

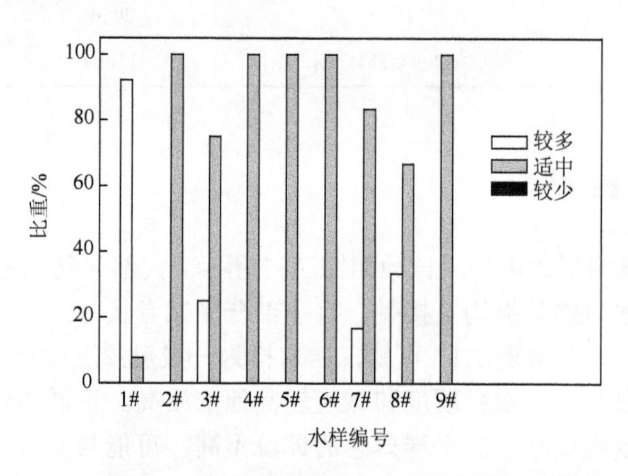

图 7.38　调质水洗涤过程中泡沫量情况

洗涤过程中，泡沫是否易冲洗情况如图 7.39 所示。只有小部分受试者认为 8#、9#水样在洗手过程中泡沫不易冲洗干净，仍有部分残留。

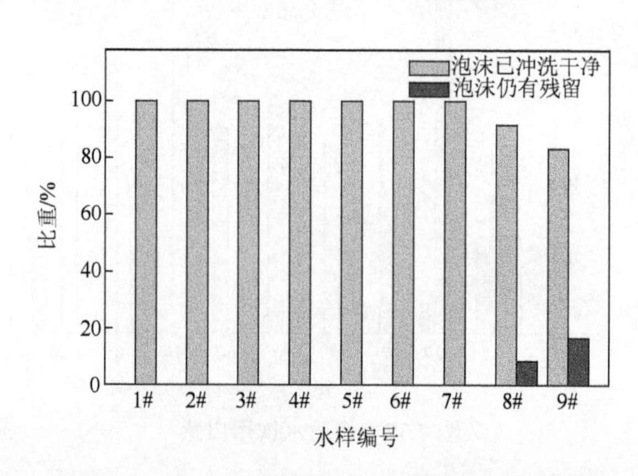

图 7.39　调质水洗涤过程中泡沫是否易冲洗情况

擦干手后，双手感受情况如图 7.40 所示。对于 6#、7#、8#水样，大部分受试者在洗完手并且擦干后有双手发黏的感觉，这可能是因为 6#、7#、8#水样的硬度及碱度较低。对于包括自来水样在内的所有水样，均有受试者感觉洗完手有双手发黏的现象，这也可能与所用洗手液的特性有关。通常洗手液中含有一种保护液，洗手后可覆盖在皮肤上以达到护肤的效果。

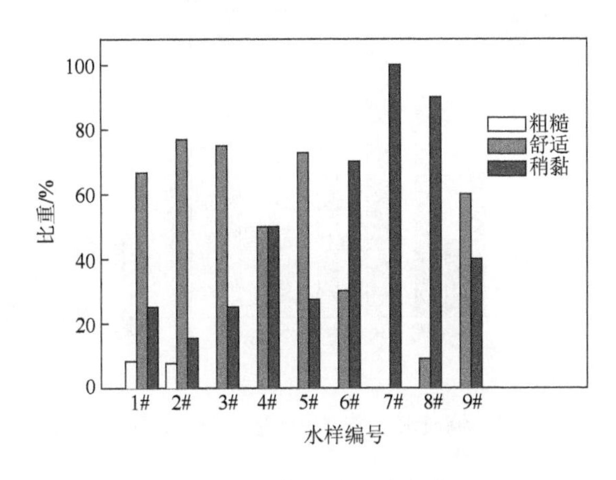

图 7.40　擦干后双手感受

2）B 品牌香皂洗手体验

用 B 品牌香皂洗手时，体验者对洗涤过程中的泡沫量感受情况如图 7.41 所示。从图 7.41 可以看出，大部分人对各种调质水样的感受是泡沫量适中。

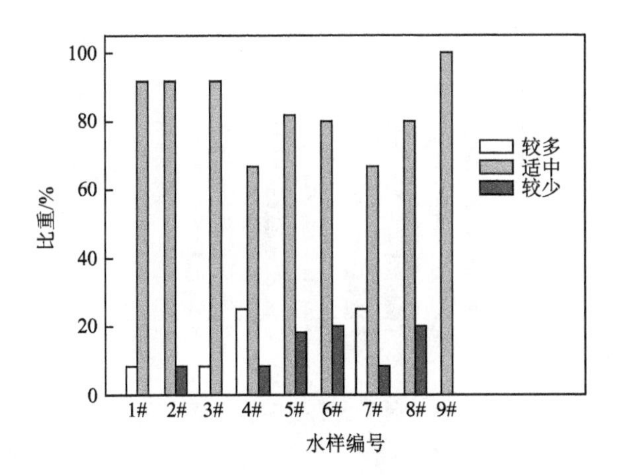

图 7.41　调质水洗涤过程中泡沫量情况

洗手过程中，泡沫是否易冲洗情况如图 7.42 所示。所有受试者都认为 2#～9#水样在洗手过程中泡沫易冲洗干净。只有少数受试者认为 1#水样在洗手过程中泡沫不易冲洗干净。

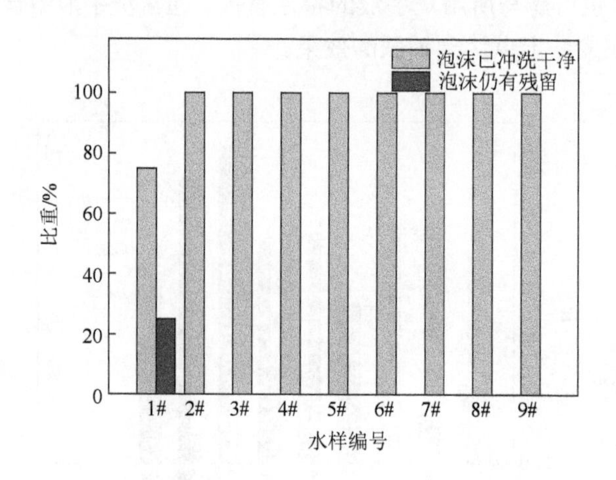

图 7.42　调质水洗涤过程中泡沫是否易冲洗情况

洗手后，双手感受如图 7.43 所示。所有受试者均认为 2#水样在擦干手后，双手感觉舒适；大部分受试者认为 3#～6#水样、8#水样、9#水样在擦干手后，双手感觉舒适。

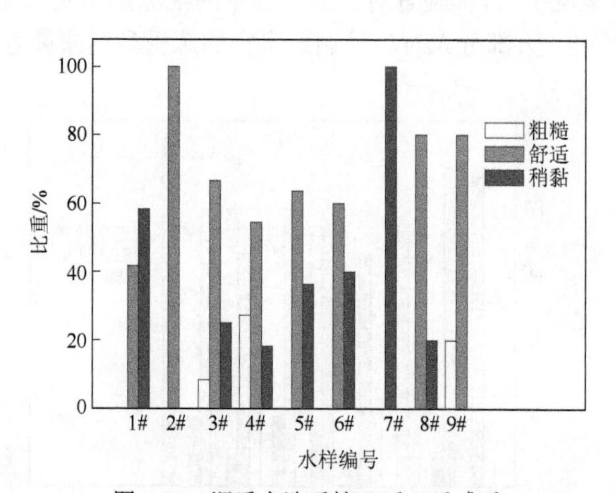

图 7.43　调质水洗手擦干后双手感受

2. 洗涤衣物体验

用 C 品牌低泡皂粉进行洗涤衣物试验，泡沫量情况如图 7.44 所示。对于 1#

水样，50%的受试者认为洗衣过程中泡沫量适中，50%的受试者认为洗衣过程中泡沫量较少。

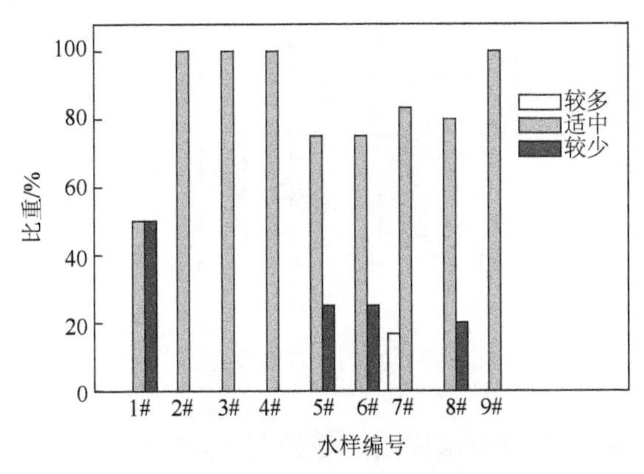

图 7.44　调质水洗涤衣物过程中泡沫量情况

衣物洗涤过程中泡沫是否易冲洗情况如图 7.45 所示。对于 1#、7#水样，大部分受试者认为衣物在洗涤过程中，泡沫冲洗时间较长。这可能是因为 1#、7#水样硬度较低。

3. 刷牙体验

调质水刷牙过程中泡沫量情况如图 7.46 所示。对于所有水样，均有全部或大部分受试者认为，刷牙过程中泡沫量适中。

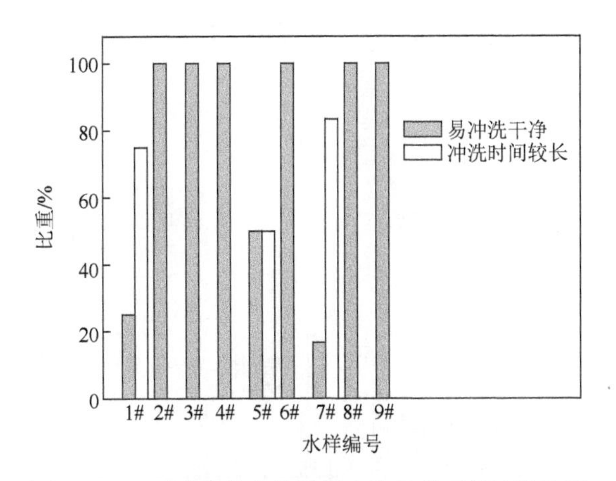

图 7.45　调质水洗涤衣物过程中泡沫是否易冲洗情况

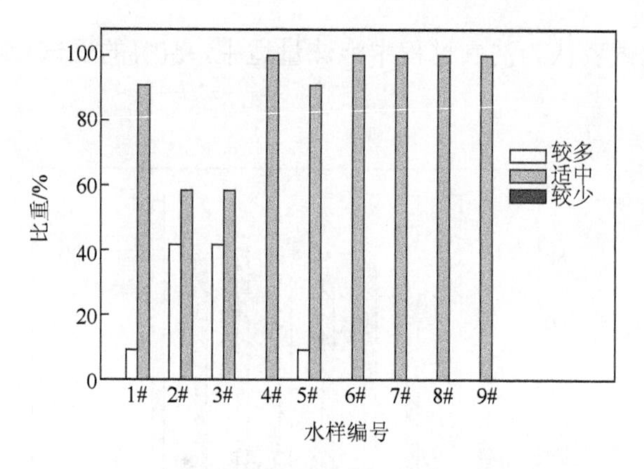

图 7.46　调质水刷牙过程中泡沫量情况

调质水刷牙过程中口腔对水样的感受如图 7.47 所示。大部分受试者认为 1#水样在刷牙过程中口腔感受是有点甜。50%受试者认为，2#水样有点甜。33.33%受试者认为 4#水样有点甜。33.33%的受试者认为 3#水样有其他味道。

4. 试验小结

（1）从洗涤体验的各项指标来看，6#、7#、8#水样在手擦干后发黏现象严重，1#和 7#水样在洗涤衣物时泡沫冲洗时间较长。1#号水样为一级反渗透系统产水，硬度仅有 2.001mg/L，6#、7#和 8#水样硬度在 20～25mg/L，相对其他调质水水样，硬度相对较低。而对于 2#、3#、4#和 5#水样，在洗手、刷牙及衣物洗涤时大部分受试者感觉良好，说明 2#、3#、4#和 5#水样的硬度范围内洗涤效果较好。即调质水硬度 50～100mg/L 范围内，洗涤效果较好。由于 6#、7#、8#

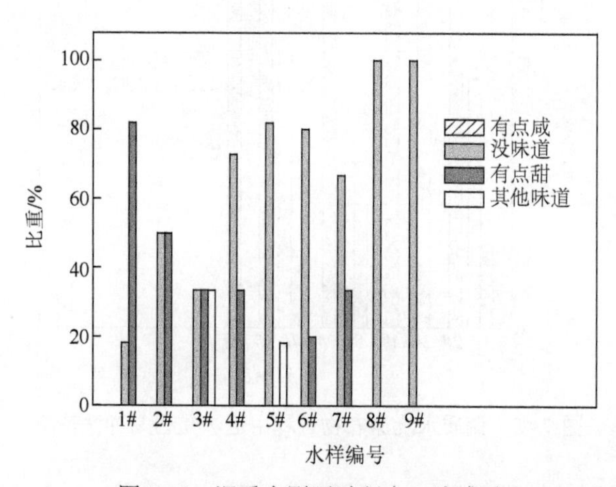

图 7.47　调质水刷牙过程中口腔感受

与 2#、3#、4#、5#水样的碱度无明显区别，因此洗涤效果可能与水的碱度无明显相关关系。

（2）在试验用水水质范围内，即硬度 2～100mg/L、碱度 5～100mg/L 时，大部分受试者认为调质水口感可以接受。对于 1#和 9#水样，调质水的硬度分别较低和较高，有小部分受试者认为调质水的饮用口感差。综合考虑，在调质水硬度 20～100mg/L 和碱度 15～100mg/L 范围内，调质水的饮用口感较好。

（3）根据调质水的使用体验试验可以得出的结论是，在调质水硬度 50～100mg/L 范围内，洗涤效果较好；在调质水硬度 20～100mg/L 和碱度 15～100mg/L 范围内，调质水饮用口感较好。此结论进一步说明，调质水在浓度建议范围内，可以达到较好的洗涤和饮用效果。

7.6.3　洗涤试验

根据北京市消费者协会沐浴液比较试验结果汇总表，对洗涤剂的 pH、表面活性剂含量、起泡高度进行比较，本试验选取最具有代表性的三种洗涤剂，分别是 1#洗涤剂（C 品牌）、2#洗涤剂（A 品牌）和 3#洗涤剂（D 品牌）。这三种洗涤剂主要性能参数如表 7.16 所示。

表 7.16　洗涤剂性能参数

洗涤剂	pH	起泡高度/cm	表面活性剂含量/%
1#洗涤剂	7.7	8.67	17
2#洗涤剂	7.8	11.2	18
3#洗涤剂	7.2	9.5	17

测定不同硬度和不同碱度复合调配的水样在不同复配条件下洗涤剂的洗涤效果，具体的洗涤效果如图 7.48 所示。

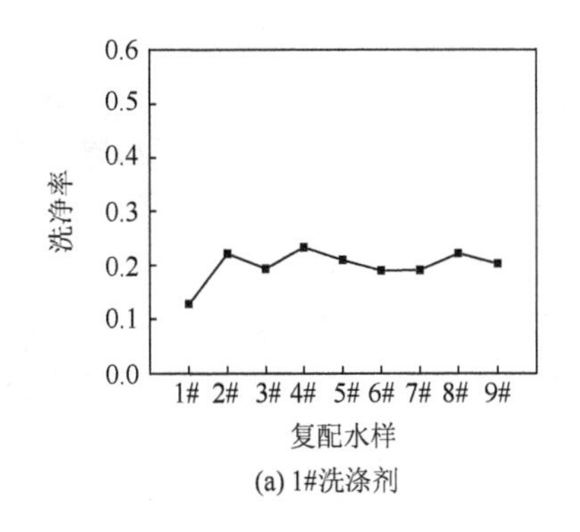

(a) 1#洗涤剂

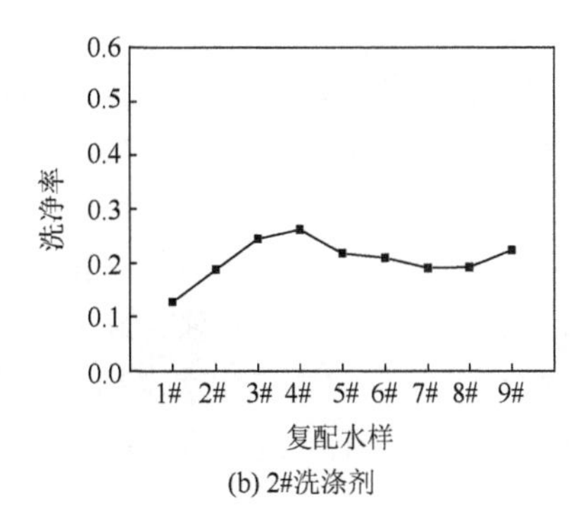

(b) 2#洗涤剂

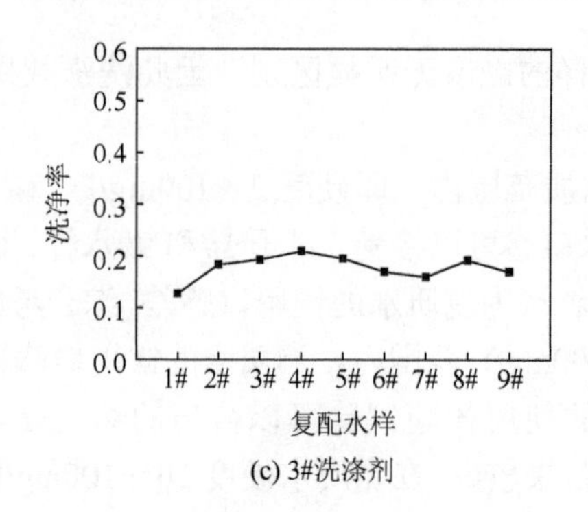

(c) 3#洗涤剂

图 7.48　使用不同洗涤剂时复合调配对洗净率的影响

由图可以看出，相对于淡化水，1#、2#、3#洗涤剂在调质水中的洗净率有了一定提高，洗净率分别从 12.78%、12.98%、12.61%提高到了 23.33%、27.00%、21.88%；调质水在硬度 15～150mg/L 和碱度 15～150mg/L 范围内，随着硬度和碱度的增大，洗净率都稳定在 20%左右；说明水质硬度及碱度过低，影响洗涤效果；水质硬度 15～150mg/L 和碱度 15～150mg/L 范围内，硬度及碱度的变化对水质洗涤的效果影响较小。

7.6.4　试验小结

（1）通过对淡化水和调质水的洗净率进行比较，调质水的洗净率比淡化水高，可见对反渗透海水淡化水适当调质，可进一步提高洗净率。

（2）调质水在硬度 15～150mg/L 和碱度 15～150mg/L 范围内，随着硬度和碱度的增大，洗净率稳定在 20%左右。硬度及碱度的变化对水质洗涤的效果影响不大。洗涤剂的种类对洗净率的效果影响也较小。

7.7　调质水安全性评估试验

选用 $CaCl_2$ 和 $NaHCO_3$ 分别作为调整硬度和碱度的调质剂，配制出若干种配方的调质淡化水，并选用不同颗粒矿化剂的溶出物进行调质。所有水样在安全性评估之前需采用评定小组等级评估法进行口感评价。初步安全性评估：将雄性大鼠的空肠肠段置于K-R离体小肠营养液中在37℃通氧条件下进行离体外翻肠囊试验，每次试验设置 1 个正常对照组（试验室用超纯水）、1 个阳性对照组（1.25g/L 阿卡波糖）和 2 个调质淡化水水样。分别在 60min 和 120min 时取肠囊内外的溶液，检测葡萄糖和无机电解质（钾、镁、钠、钙）含量的改变情况。

7.7.1　口感评价结果

口感评价结果见表 7.17 和表 7.18。口感被分为好、较好、可接受、较差和差 5 个等级。从两个表格中可以看出，被评估小组大部分组员（≥5 人，小组共 10 人）评判为较好以上的水样分别是 0#、1#、2#、3#、5#、6#、12#、13#和 K3#、K4#、K5#共 11 个水样。这些水样有一个共同点，即总硬度较低，约在 30mg/L 以下。未调质淡化水的口感也处于较好水平。值得注意的是，德国产颗粒矿化剂溶出物调质的淡化水评价得分最高，评估小组的所有成员均认为该水样口感较好或好，没有出现被评判为口感较差或差的情况。

表 7.17　不同水样的口感评价结果（各等级对应人数）

水样	评价等级				
	2 （口感好）	1 （口感较好）	0 （口感可接受）	−1 （口感较差）	−2 （口感差）
0#	1	6	2	1	0
1#	3	3	2	1	1
2#	2	4	3	1	0
3#	3	2	3	2	0
4#	0	1	4	4	1
5#	3	4	2	1	0
6#	2	5	0	2	1
7#	0	0	5	1	3
8#	1	2	2	4	1
9#	2	2	1	3	2
10#	0	1	2	6	1
11#	1	0	1	4	4
12#	4	4	2	0	0
13#	0	7	2	1	0
14#	0	1	5	3	1
15#	0	0	3	7	0
16#	1	3	5	1	0
17#	0	1	4	4	1
18#	0	2	1	6	1
19#	2	0	1	2	5
20#	0	2	5	3	0

续表

水样	评价等级				
	2（口感好）	1（口感较好）	0（口感可接受）	−1（口感较差）	−2（口感差）
21#	0	1	5	3	1
22#	1	2	3	3	1
23#	4	0	0	5	1
K1#	0	4	3	2	1
K2#	1	3	5	1	0
K3#	1	4	5	0	0
K4#	0	5	3	1	1
K5#	3	7	0	0	0

表 7.18 各水样选择口感等级对应人数

水样		口感好与口感较好合计人数	口感差与口感较差合计人数
硬度碱度同时调整	0#	7*	1
	1#	6*	2
	2#	6*	1
	3#	5*	2
	4#	1	5
	5#	7*	1
	6#	7*	3
	7#	0	4
	8#	3	5
	9#	4	5
	10#	1	7
	11#	1	8
固定碱度调硬度	12#	8*	0
	13#	7*	1
	14#	1	4
	15#	0	7
	20#	2	3
	21#	1	4
固定硬度调碱度	16#	4	1
	17#	1	5
	18#	2	7

续表

水样		口感好与口感较好合计人数	口感差与口感较差合计人数
固定硬度调碱度	19#	2	7
	22#	3	4
	23#	4	6
颗粒矿化剂调质	K1#	4	3
	K2#	4	1
	K3#	5*	0
	K4#	5*	2
	K5#	10*	0

*表示可以作为优选的水样。

7.7.2　调质淡化水对小肠葡萄糖吸收的影响

不同配方调质剂或颗粒矿化剂溶出物调质的淡化水处理 60min 和 120min 后，外翻肠囊内外葡萄糖浓度的改变情况见表 7.19。

表 7.19　正常对照组和阳性对照组处理后外翻肠囊内外葡萄糖浓度的改变情况（60min 和 120min）

组别	处理时间/min	葡萄糖浓度/(mmol/L)	
		肠囊外	肠囊内
正常对照组（超纯水）	60	11.46±0.37	12.72±2.57
	120	11.52±0.75	12.25±1.10
阳性对照组（1.25g/L 阿卡波糖）	60	11.48±0.23	8.70±1.48↓
	120	11.22±0.24	8.90±1.20↓

注：均值±标准差，每个数据至少重复 3 次；↑，与正常对照组相比显著升高（$P<0.05$）；↓，与正常对照组相比显著下降（$P<0.05$）；下同。

1. 模型验证

在 60min 时，阿卡波糖阳性对照组（1.25g/L）肠囊内的葡萄糖含量明显降低（$P<0.05$），而同时超纯水正常对照组肠囊内葡萄糖显著升高（$P<0.05$），说明离体肠段具备正常的吸收功能。

2. 未调质淡化水对外翻肠囊内外葡萄糖浓度的影响

未调质淡化水对外翻肠囊内外葡萄糖浓度的影响见表 7.20。在 60min 和

120min 时，与正常对照组肠囊内的葡萄糖含量相比，未调质淡化水处理组肠囊内的葡萄糖含量明显降低（$P<0.05$），说明在本试验条件下，未调质淡化水对葡萄糖的吸收有一定的抑制作用。

表 7.20 未调质淡化水处理后外翻肠囊内外葡萄糖浓度的改变情况（60min 和 120min）

水样	处理时间/min	葡萄糖浓度/(mmol/L)	
		肠囊外	肠囊内
未调质淡化水（0#）	60	11.23±0.41	6.88±1.46↓
	120	11.37±0.34	6.95±1.25↓

3. *硬度和碱度同时调整*

本试验结果见表 7.21 和表 7.22。在本试验条件（硬度和碱度同时调整，碱度略大于硬度）下，与正常对照组相比，8#、9#和 10#调质水样处理 60min 后对葡萄糖的吸收有显著抑制作用（$P<0.05$），而在 120min 时，7#、8#、9#和 10#调质水样对葡萄糖的吸收也有显著抑制作用（$P<0.05$），其他水样在两个时间点均对葡萄糖的吸收无显著影响（$P>0.05$）。提示硬度和碱度对葡萄糖的吸收可能有显著影响。

表 7.21 硬度和碱度同时调整对外翻肠囊内外葡萄糖浓度的影响（60min）

水样	$CaCl_2$ 添加量/(mg/L)	$NaHCO_3$ 添加量/(mg/L)	葡萄糖浓度/(mmol/L)	
			肠囊外	肠囊内
1#	0.5	2.5	11.45±0.34	10.21±0.92
2#	1	5	11.90±0.42	13.23±2.27
3#	2	10	11.49±1.05	11.58±0.76
4#	4	20	10.72±0.52	13.61±1.83
5#	8	40	10.94±0.52	9.79±1.85
6#	12	60	11.65±0.67	10.20±0.19
7#	16	80	11.32±0.38	8.06±4.04
8#	20	100	11.11±0.09	7.80±0.05↓
9#	24	120	11.41±0.34	9.75±0.98↓
10#	32	160	11.53±0.18	9.68±0.53↓
11#	40	200	12.16±1.00	9.39±4.79

表 7.22　硬度和碱度同时调整对外翻肠囊内外葡萄糖浓度的影响（120min）

水样	$CaCl_2$ 添加量/(mg/L)	$NaHCO_3$ 添加量/(mg/L)	葡萄糖浓度/(mmol/L)	
			肠囊外	肠囊内
1#	0.5	2.5	11.55±0.25	11.36±1.51
2#	1	5	11.76±0.21	13.29±3.09
3#	2	10	11.49±1.01	12.67±2.31
4#	4	20	10.53±0.20	13.61±8.26
5#	8	40	11.06±0.04	10.41±1.87
6#	12	60	11.71±0.27	10.03±2.22
7#	16	80	11.13±0.32	7.97±0.99↓
8#	20	100	11.14±0.03	7.93±0.62↓
9#	24	120	10.98±0.64	8.29±2.11↓
10#	32	160	11.56±0.19	9.72±0.92↓
11#	40	200	11.36±0.21	9.39±4.28

4. 固定碱度调节钙硬度

此部分试验的目的是明确钙硬度对葡萄糖吸收的影响，结果见表 7.23 和表 7.24。在本试验条件（固定碱度调节钙硬度）下，与正常对照组相比，除 14#调质水样在 60min 和 120min 两个时间点对葡萄糖的吸收无显著抑制作用（$P>0.05$）外，其余水样均在 60min 或 120min 时对葡萄糖的吸收有显著抑制作用（$P<0.05$）。提示钙硬度与碱度的调节需要达到一定的平衡，例如，本试验数据中的 $CaCl_2$ 添加量（mg/L）和 $NaHCO_3$ 添加量（mg/L）的最佳比例为 1∶5。

表 7.23　固定碱度调整钙硬度对外翻肠囊内外葡萄糖浓度的影响（60min）

水样	$CaCl_2$ 添加量/(mg/L)	$NaHCO_3$ 添加量/(mg/L)	葡萄糖浓度/(mmol/L)	
			肠囊外	肠囊内
12#	4	60	11.02±0.07	5.89±0.71↓
13#	8	60	11.35±0.31	7.86±0.10↓
14#	12	60	11.19±0.10	9.30±1.77
15#	16	60	11.08±0.18	7.20±0.29↓
20#	24	60	10.81±0.12	4.74±1.32↓
21#	32	60	10.49±0.39	5.85±0.83↓

表 7.24 固定碱度调整钙硬度对外翻肠囊内外葡萄糖浓度的影响（120min）

水样	$CaCl_2$ 添加量/(mg/L)	$NaHCO_3$ 添加量/(mg/L)	葡萄糖浓度/(mmol/L)	
			肠囊外	肠囊内
12#	4	60	11.27±0.16	7.90±1.01↓
13#	8	60	11.10±0.04	9.62±1.41
14#	12	60	11.23±0.26	9.16±1.52
15#	16	60	11.09±0.04	7.90±0.23↓
20#	24	60	10.81±0.10	6.09±1.77↓
21#	32	60	10.53±0.36	6.89±1.13↓

5. 固定硬度调节碱度

此部分试验的目的是明确碱度对葡萄糖吸收的影响，结果见表 7.25 和表 7.26。在本试验条件（固定硬度调节碱度）下，与正常对照组相比，18#和 19#调质水样在 60min 和 120min 两个时间点对葡萄糖的吸收有显著抑制作用（$P<0.05$），其余水样在 60min 和 120min 时对葡萄糖的吸收均无显著抑制作用（$P>0.05$）。再次提示钙硬度与碱度的调节需要达到一定的平衡。

表 7.25 固定硬度调整碱度对外翻肠囊内外葡萄糖浓度的影响（60min）

水样	$CaCl_2$ 添加量/(mg/L)	$NaHCO_3$ 添加量/(mg/L)	葡萄糖浓度/(mmol/L)	
			肠囊外	肠囊内
16#	32	20	14.19±5.31	9.57±4.71
17#	32	40	11.42±0.50	9.86±1.10
18#	32	80	11.14±0.16	7.16±1.15↓
19#	32	120	11.08±0.14	6.78±0.37↓
22#	32	160	14.22±5.01	12.95±3.04
23#	32	200	11.39±3.71	11.77±0.65

表 7.26 固定硬度调整碱度对外翻肠囊内外葡萄糖浓度的影响（120min）

水样	$CaCl_2$ 添加量/(mg/L)	$NaHCO_3$ 添加量/(mg/L)	葡萄糖浓度/(mmol/L)	
			肠囊外	肠囊内
16#	32	20	10.57±0.78	12.72±8.60
17#	32	40	11.01±0.43	10.98±1.85
18#	32	80	10.99±0.19	7.81±1.03↓
19#	32	120	10.08±1.71	9.68±1.35↓
22#	32	160	10.54±0.06	14.18±6.31
23#	32	200	10.99±0.21	11.82±0.32

6. 颗粒矿化剂溶出物调质

本试验结果见表 7.27 和表 7.28。在本试验条件下，与正常对照组相比，K2#和 K4#调质水样在 60min 或 120min 两个时间点对葡萄糖的吸收有显著抑制作用（$P<0.05$），其余水样在 60min 和 120min 时对葡萄糖的吸收均无显著抑制作用（$P>0.05$）。提示 K1#、K3#和 K5#可以作为候选水样。

表 7.27　不同颗粒矿化剂调质水对外翻肠囊内外葡萄糖浓度的影响（60min）

水样	颗粒矿化剂种类	葡萄糖浓度/(mmol/L)	
		肠囊外	肠囊内
K1#	1#方解石	11.96±0.47	9.74±4.24
K2#	2#麦饭石	11.76±0.56	8.52±1.36↓
K3#	3#麦饭石	12.13±0.75	14.06±7.87
K4#	2#石灰石	12.66±0.59	6.99±0.50↓
K5#	德国产颗粒矿化剂	12.14±0.48	11.70±6.90

表 7.28　不同颗粒矿化剂调质水对外翻肠囊内外葡萄糖浓度的影响（120min）

水样	颗粒矿化剂种类	葡萄糖浓度/(mmol/L)	
		肠囊外	肠囊内
K1#	1#方解石	11.81±0.31	11.56±5.85
K2#	2#麦饭石	11.81±0.80	9.00±2.01
K3#	3#麦饭石	12.29±0.27	14.93±7.49
K4#	2#石灰石	11.88±0.29	7.62±0.44↓
K5#	德国产颗粒矿化剂	12.16±0.11	12.07±5.90

7.7.3　调质淡化水对小肠钾、钠、钙、镁吸收的影响

不同配方调质剂或颗粒矿化剂溶出物调质的淡化水处理 60min 和 120min 后，外翻肠囊内外钾、钠、钙、镁离子浓度的改变情况见表 7.29～表 7.32。

表 7.29　不同调质淡化水处理 60min 和 120min 后外翻肠囊内外钾离子浓度的改变

水样	钾离子浓度/(mg/L)			
	60min		120min	
	肠囊外	肠囊内	肠囊外	肠囊内
超纯水对照组	4.75±0.53	4.98±0.46	5.04±0.33	5.15±0.24
0#	4.73±0.29	4.87±0.49	4.85±0.07	5.40±0.57

续表

水样	钾离子浓度/(mg/L)			
	60min		120min	
	肠囊外	肠囊内	肠囊外	肠囊内
1#	5.07±0.15	5.23±0.25	5.07±0.15	5.20±0.10
2#	4.97±0.06	5.13±0.23	5.07±0.06	5.00±0.17
3#	5.07±0.15	4.97±0.29	5.17±0.12	5.33±0.31
4#	4.57±0.31	4.03±1.03	4.47±0.06	4.03±0.78
5#	4.87±0.12	5.13±0.45	4.87±0.12	4.93±0.29
6#	4.83±0.06	5.40±0.52	4.87±0.06	5.17±0.31
7#	4.90±0.00	6.43±1.92	4.90±0.00	5.30±0.30
8#	4.93±0.06	5.33±0.76	4.97±0.06	5.17±0.50
9#	4.80±0.00	5.50±0.75	4.87±0.06	5.17±0.49
10#	5.07±0.12	5.33±0.12	5.13±0.00	5.43±1.15
11#	5.00±0.00	5.43±0.74	5.03±0.06	5.43±0.55
12#	4.95±0.07	6.20±0.42	5.05±0.07	5.80±1.00
13#	4.90±0.00	5.75±0.21	4.90±0.00	5.35±0.21
14#	4.97±0.06	5.23±0.21	5.00±0.10	5.37±0.25
15#	4.90±0.00	6.15±1.49	5.00±0.00	5.70±1.42
16#	4.60±0.78	5.00±0.26	5.03±0.06	5.23±0.45
17#	4.70±0.00	4.67±0.25	4.67±0.06	4.74±0.11
18#	4.97±0.06	6.00±1.52	4.97±0.06	5.40±0.17
19#	4.90±0.00	5.37±1.21	4.97±0.06	5.10±0.20
20#	4.67±0.06	5.57±1.24	4.67±0.00	5.13±1.25
21#	4.77±0.06	4.97±0.15	4.83±0.06	5.07±0.15
22#	4.90±0.00	4.90±0.00	4.90±0.00	4.85±0.07
23#	4.95±0.06	5.10±0.14	5.00±0.00	4.90±0.42
K1#	5.00±0.00	5.17±0.45	5.00±0.00	5.20±0.26
K2#	5.10±0.00	5.13±0.23	5.10±0.00	5.53±1.32
K3#	5.13±0.15	5.37±1.27	5.23±0.12	5.17±0.61
K4#	5.13±0.23	5.60±0.50	5.10±0.26	5.47±0.21
K5#	5.00±0.00	4.70±0.99	5.00±0.00	4.75±0.78

表 7.30 不同调质淡化水处理 60min 和 120min 后外翻肠囊内外钠离子浓度的改变

水样	钠离子浓度/(mg/L)			
	60min		120min	
	肠囊外	肠囊内	肠囊外	肠囊内
超纯水对照组	157.93±4.51	156.15±2.55	160.42±9.11	163.04±3.64
0#	152.63±8.17	151.23±3.37	156.05±2.62	154.50±2.26

续表

水样	钠离子浓度/(mg/L)			
	60min		120min	
	肠囊外	肠囊内	肠囊外	肠囊内
1#	161.43±3.60	161.80±3.30	161.77±2.84	162.43±2.93
2#	159.60±3.10	160.43±3.93	161.77±3.18	160.90±2.82
3#	160.80±5.99	161.10±2.80	164.20±2.82	164.27±2.14
4#	146.97±8.63	140.73±4.49	144.30±0.87	140.73±3.22
5#	160.47±1.34	159.60±5.47	160.60±1.14	159.43±1.86
6#	159.37±1.93	158.60±3.55	159.33±0.64	158.70±0.30
7#	158.17±0.35	154.60±2.46	157.57±0.49	153.87±1.82
8#	160.17±0.15	158.23±0.87	160.03±0.55	160.07±0.81
9#	158.70±0.40	154.87±2.11	158.83±0.45	157.83±1.62
10#	164.20±0.10	162.90±1.39	164.53±0.57	164.63±1.72
11#	160.27±0.67	154.53±4.62	160.10±2.31	154.53±3.35
12#	156.75±1.20	156.75±1.77	157.95±1.06	157.80±1.41
13#	156.15±0.21	156.40±2.40	157.00±0.00	157.55±0.49
14#	158.07±0.98	157.67±0.47	157.77±0.72	157.60±1.35
15#	158.70±0.42	157.15±1.91	159.80±0.28	159.90±0.99
16#	155.13±6.46	157.43±3.09	157.50±0.92	157.40±2.42
17#	157.63±0.47	157.87±2.91	158.07±1.10	159.37±3.86
18#	159.13±0.75	153.63±1.89	159.27±0.90	157.17±0.65
19#	158.63±0.57	155.50±1.76	159.17±2.07	160.07±3.05
20#	156.40±0.98	156.67±1.17	157.43±0.82	157.50±0.62
21#	157.37±1.74	157.73±0.74	157.77±1.74	157.77±1.01
22#	156.55±1.48	150.10±1.98↓	156.00±0.42	154.35±1.06↓
23#	162.50±3.16	152.40±1.41↓	163.00±0.85	160.35±0.78↓
K1#	160.83±1.07	161.50±3.17	161.27±0.65	160.13±1.56
K2#	162.20±0.36	162.43±1.72	161.77±0.45	162.40±1.31
K3#	157.57±5.28	155.80±0.92	159.93±1.01	157.37±3.57
K4#	160.37±0.87	160.17±1.46	160.00±2.00	161.60±0.53
K5#	163.25±0.49	161.00±4.53	162.45±0.35	158.75±3.32

表 7.31　不同调质淡化水处理 60min 和 120min 后外翻肠囊内外钙离子浓度的改变

水样	钙离子浓度/(mg/L)			
	60min		120min	
	肠囊外	肠囊内	肠囊外	肠囊内
超纯水对照组	2.38±0.26	2.61±0.35	2.38±0.13	2.69±0.36
0#	2.48±0.07	2.44±0.18	2.34±0.05	2.53±0.01

续表

水样	钙离子浓度/(mg/L)			
	60min		120min	
	肠囊外	肠囊内	肠囊外	肠囊内
1#	2.45±0.24	2.50±0.55	2.43±0.21	2.70±0.26
2#	2.52±0.23	2.37±0.39	2.45±0.07	2.32±0.42
3#	2.42±0.23	2.42±0.45	2.43±0.06	2.55±0.45
4#	2.46±0.01	2.05±0.60	2.38±0.15	2.05±0.49
5#	2.54±0.11	2.34±0.35	2.52±0.09	2.47±0.33
6#	2.50±0.00	2.30±0.00	2.40±0.00	2.33±0.00
7#	2.83±0.09	2.28±0.47	2.61±0.05	2.40±0.56
8#	2.49±0.05	2.37±0.07	2.59±0.14	2.44±0.14
9#	2.57±0.14	2.41±0.07	2.45±0.07	2.30±0.16
10#	2.85±0.46	2.85±0.68	2.79±0.12	2.84±0.23
11#	3.05±0.19	3.02±0.59	2.87±0.17	3.02±0.52
12#	2.33±0.21	1.85±0.79	2.55±0.43	2.37±0.21
13#	2.62±0.23	2.81±0.12	2.47±0.35	2.87±0.28
14#	2.36±0.00	2.89±0.16	2.88±0.18	2.72±0.05
15#	2.45±0.21	2.73±0.18	2.49±0.29	2.55±0.33
16#	2.45±0.11	2.46±0.09	2.42±0.07	2.56±0.18
17#	2.46±0.17	2.53±0.11	2.45±0.12	2.42±0.08
18#	2.49±0.07	2.27±0.16	2.55±0.13	2.40±0.27
19#	2.52±0.11	2.51±0.06	2.42±0.09	2.33±0.10
20#	2.76±0.20	2.80±0.12	2.79±0.10	2.74±0.36
21#	2.96±0.23	2.97±0.10	3.01±0.27	2.84±0.26
22#	3.02±0.18	2.02±0.14↓	3.07±0.08	2.29±0.09↓
23#	2.77±0.24	2.39±0.55↓	2.74±0.50	2.19±0.15↓
K1#	2.60±0.18	2.65±0.10	2.56±0.18	2.58±0.14
K2#	2.64±0.26	2.86±0.11	2.60±0.21	2.65±0.10
K3#	2.80±0.41	2.33±0.22	2.72±0.20	2.31±0.30
K4#	2.78±0.08	2.78±0.09	2.79±0.09	2.88±0.01
K5#	2.32±0.59	1.69±0.25	2.57±0.16	2.22±0.50

表 7.32　不同调质淡化水处理 60min 和 120min 后外翻肠囊内外镁离子浓度的改变

水样	镁离子浓度/(mg/L)			
	60min		120min	
	肠囊外	肠囊内	肠囊外	肠囊内
超纯水对照组	2.20±0.08	2.27±0.39	2.08±0.11	2.04±0.21
0#	1.99±0.10	1.90±0.08	2.03±0.05	2.05±0.04

续表

水样	镁离子浓度/(mg/L)			
	60min		120min	
	肠囊外	肠囊内	肠囊外	肠囊内
1#	2.24±0.04	2.21±0.08	2.16±0.17	2.27±0.04
2#	2.20±0.09	2.15±0.01	2.17±0.03	2.11±0.17
3#	2.23±0.10	2.22±0.12	2.18±0.16	2.04±0.27
4#	1.95±0.19	1.45±0.56	1.81±0.04	1.45±0.42
5#	2.35±0.31	2.15±0.55	2.32±0.32	2.16±0.48
6#	1.96±0.05	1.89±0.12	1.99±0.04	1.86±0.11
7#	2.06±0.07	1.81±0.26	1.99±0.03	1.93±0.05
8#	1.94±0.03	1.87±0.10	1.93±0.02	1.86±0.10
9#	1.96±0.05	1.89±0.09	1.99±0.02	1.87±0.08
10#	2.56±0.39	2.58±0.29	2.58±0.04	2.81±0.10
11#	2.03±0.02	1.91±0.22	2.01±0.05	1.91±0.19
12#	2.18±0.04	2.19±0.07	2.24±0.03	2.21±0.00
13#	2.22±0.01	2.28±0.01	2.20±0.06	2.25±0.04
14#	2.24±0.06	2.29±0.09	2.25±0.03	2.22±0.04
15#	2.26±0.00	2.28±0.04	2.25±0.03	2.29±0.00
16#	1.79±0.38	1.81±0.26	1.99±0.01	1.69±0.37
17#	1.95±0.05	1.92±0.07	1.98±0.05	1.84±0.15
18#	1.98±0.03	1.86±0.05	1.97±0.04	1.85±0.08
19#	1.95±0.03	1.80±0.12	1.87±0.13	1.79±0.11
20#	2.00±0.03	2.03±0.11	2.01±0.01	1.98±0.11
21#	1.94±0.04	1.96±0.06	1.93±0.03	1.95±0.01
22#	2.02±0.06	1.67±0.11↓	2.00±0.01	1.65±0.14↓
23#	2.09±0.03	1.75±0.07↓	2.10±0.01	1.78±0.08↓
K1#	1.97±0.32	2.07±0.38	1.82±0.50	1.74±0.34
K2#	1.69±0.10	1.92±0.13↑	1.76±0.39	1.67±0.27
K3#	1.91±0.30	1.70±0.28	2.08±0.53	1.94±0.10
K4#	2.49±0.33	2.50±0.38	2.31±0.52	2.09±0.79
K5#	2.16±0.37	1.68±0.23	2.24±0.23	1.90±0.11

（1）钾。结果见表 7.29。在处理 60min 和 120min 后，与各自肠囊外液和超纯水对照组肠囊内液相比，各水样（包括不同配方调质剂或颗粒矿化剂溶出物调质的淡化水）组肠囊内液中的钾离子浓度没有出现明显改变（$P>0.05$）。

（2）钠。结果见表 7.30。在处理 60min 和 120min 后，与相应组肠囊外液相比，水样 22#和 23#处理组肠囊内液中的钠离子浓度出现明显降低（$P<0.05$）。其

他调质水样肠囊内液中的钠离子浓度没有出现明显改变（$P>0.05$）。提示调质剂添加量过高可能会影响钠的吸收。

（3）钙。结果见表 7.31。在处理 60min 或 120min 后，与相应组肠囊外液相比，水样 22#和 23#处理组肠囊内液中的钙离子浓度出现明显降低（$P<0.05$）。其他调质水样肠囊内液中的钙离子浓度没有出现明显改变（$P>0.05$）。提示调质剂添加量过高可能会影响钙的吸收。

（4）镁。结果见表 7.32。在处理 60min 或 120min 后，与相应组肠囊外液相比，水样 22#和 23#处理组肠囊内液中的镁离子浓度出现明显降低（$P<0.05$）。其他调质水样肠囊内液中的镁离子浓度没有出现明显改变（$P>0.05$）。提示调质剂添加量过高可能会影响镁的吸收。颗粒矿化剂溶出物调质水样 K2#在处理 60min 后可使镁离子浓度出现明显升高（$P<0.05$），但在 120min 时没有出现这种改变。

7.7.4　试验小结

（1）未调质淡化水对小肠葡萄糖的吸收有显著影响。

（2）对于配方调质水，调质水具有较好的口感，并且对葡萄糖和电解质（钾、钠、钙和镁）的吸收没有显著影响；随着硬度的增加，调质水对小肠葡萄糖吸收的影响有逐渐增大的趋势。

（3）对于颗粒矿化剂调质水，考虑到口感因素，K5#德国产颗粒矿化剂调质水可以作为优选水样。

（4）总体来说，K5#德国产颗粒矿化剂调质水可能优于配方和其他颗粒矿化剂调质水。

7.7.5　分析与讨论

（1）调质水的使用体验试验表明在调质水硬度 50～100mg/L 范围内，洗涤效果较好；在硬度 20～100mg/L 和碱度 15～100mg/L 范围内，调质水饮用口感较好。

（2）调质水的洗净率比淡化水高，说明对反渗透海水淡化水适当调质，可进一步提高洗净率。调质水在硬度 15～150mg/L 和碱度 15～150mg/L 范围内，随着硬度和碱度的增大，洗净率稳定在 20%左右。硬度及碱度的变化对水质洗涤的效果影响不大。洗涤剂的种类对洗净率的效果影响也较小。

（3）未调质淡化水对小肠葡萄糖的吸收有显著影响；调质水在总硬度小于 43.6mg/L 时对葡萄糖和电解质（钾、钠、钙和镁）的吸收没有显著影响；随着硬度的增加，调质水对小肠葡萄糖吸收的影响有逐渐增大的趋势；说明淡化水调质时硬度不宜过高，过高可能对水质饮用产生不良影响。

7.8 本章小结

（1）反渗透淡化水的pH、总硬度、总碱度、Ca^{2+}浓度、Mg^{2+}浓度较低，属“软水”。用于洗涤时“发滑”现象严重；饮用时平淡无味，口感不佳。为提升淡化水的饮用品质、使用效果，淡化水须经过调质处理，调节淡化水pH、总硬度、总碱度并适当增加钙镁离子浓度，以达到相关用水标准。

（2）通过对世界各国饮用水水质标准调研分析及我国城市自来水和饮用天然矿泉水水质检测分析，结合洗涤、饮用体验试验，确定淡化水水质调质目标建议值。

（3）采用加药调质法，选用添加食品级的氯化钙和碳酸氢钠进行水质调质。得出了氯化钙投加量与硬度之间、碳酸氢钠投加量与碱度之间的关系。在淡化水调质目标建议值范围内，氯化钙和碳酸氢钠的投加量分别为36～216mg/L和18～140mg/L。

（4）对于溶解矿石调质法，选用改性白云石进行水质调质。通过对传统颗粒矿化剂石灰石、麦饭石、方解石和白云石及德国产颗粒矿化剂进行系统研究，研制出新型矿化剂——轻烧白云石进行淡化水水质调质，得出了调质出水水质建议值。其调质效果优于德国产颗粒矿化剂及传统颗粒矿化剂白云石原矿、石灰石、麦饭石等。

（5）水质洗涤体验试验及口感试验表明，在淡化水硬度 50～100mg/L（以$CaCO_3$计）、碱度 15～150mg/L（以$CaCO_3$计）范围内，用户对调质水洗涤效果感觉良好。在淡化水硬度 20～100mg/L（以$CaCO_3$计）、碱度 15～100mg/L（以$CaCO_3$计）范围内，用户对调质水饮用口感效果感觉良好。

（6）调质后淡化水的初步安全性分析试验表明，未调质淡化水对小肠葡萄糖的吸收有显著影响；对于调质水，总硬度小于43.6mg/L时对葡萄糖和电解质（钾、钠、钙和镁）没有显著影响；随着硬度的增加，调质水对小肠葡萄糖吸收的影响有逐渐增大的趋势。说明淡化水调质时硬度不宜过高，过高可能对水质饮用产生不良影响。

（7）WHO提出影响水质口感的水质指标有总硬度、TDS、氯化物、硫酸盐、锌和钠等。本研究主要针对反渗透淡化水中的总硬度、总碱度、Ca^{2+}浓度、Mg^{2+}浓度进行了研究及论证。对于TDS、氯化物、钠等的调质还需结合反渗透系统进行研究，例如，可通过控制一级或二级反渗透系统来控制淡化水中的TDS、氯化物和钠含量。而对于淡化水中的硫酸盐和锌物质的调节，可通过投加硫酸盐和锌盐或者其他颗粒矿化剂达到调质目的。

（8）由于矿石本身溶出能力的限制，溶解矿石剂法只能将淡化水调质到一定程度，目前，溶解矿石法的研究还处于起步阶段，未来应开发溶出效果更好的矿化剂，为淡化水调质提供更好调质剂。

参考文献

冯光化. 2001. 中国麦饭石资源与开发研究[J]. 矿物岩石地球化学通报，20（2）：131-135.

郭兴忠，杨辉，曹明. 2004. 麦饭石中元素溶出的微结构模型探讨[J]. 矿物学报，24（4）：425-428.

厚生省令第 69 号. 1993. 日本生活饮用水水质标准[S].

黄纯凯. 2011. 既有给水管网输配淡化海水水质稳定性控制研究[D]. 天津：天津大学.

黄西平，张琦，郭淑元，等. 2004. 我国镁质资源利用现状及开发前景[J]. 海盐湖与化工，33（6）：1-6.

贾利华. 2011. 海水淡化水安全输配研究[D]. 天津：天津大学.

李娟，张盼月，高英，等. 2008. 麦饭石的理化性能及其在水质优化中的应用[J]. 环境科学与技术，31（10）：63-75.

李振中. 2009. 海水淡化水在输配系统中化学稳定性研究[D]. 天津：天津大学.

刘宏伟. 2012. 海水淡化矿化工艺研究[D]. 天津：天津大学.

世界卫生组织. 2017. 饮用水中的营养素[M]. 马冠生，译. 北京：人民卫生出版社.

王冲. 2013. 基于 LCA 理论的白云石煅烧过程及炼镁新工艺的研究[D]. 长春：吉林大学.

王冲，刘勇兵，曹占义，等. 2013. 白云石煅烧组织的转变过程[J]. 材料热处理学报，34（2）：23-26.

肖伟民，林耀军，罗冬浦，等. 2004. 饮用水不同类型消毒剂对分质供水管材溶蚀作用研究[J]. 给水排水，（1）：25-28.

肖裕秀. 2012. 二氧化碳联用石灰石接触池工艺改善水质化学稳定性研究[D]. 长沙：湖南大学.

徐赐贤，董少霞，路凯. 2012. 海水淡化后水质特征及对人体健康影响[J]. 环境卫生学杂志，2（6）：313-327.

许仕荣，王煜邦，王长平，等. 2012. 用于饮用水再矿化工艺的石灰石选择[J]. 给水排水，38（4）：31-35.

闫平科，马云东，高玉娟. 2007. 麦饭石的溶出性能及其影响因素[J]. 辽宁工程技术大学学报，26（6）：819-821.

闫志为. 2008. 硫酸根离子对方解石和白云石溶解度的影响[J].中国岩溶，27（1）：24-30.

闫志为，刘辉利，张志卫. 2009. 温度及 CO_2 对方解石、白云石溶解度影响特征分析[J]. 中国岩溶，28（1）：7-10.

杨庆娟，魏宏斌，邹平，等. 2009. 纳滤水的口感分析[J]. 净水技术，28（5）：25-28.

占慧，申屠勋玉，王奕阳，等. 2012. 海水淡化后的矿化处理[C]. 北京国际海水淡化高层论坛论文集：192-194.

张雅浩. 2012. 白云石杂质分离技术及钙镁砂制备新工艺的研究[D]. 武汉：武汉科技大学.

赵明，沈娜，何文杰. 2011. 淡化水作为城市供水时的水质问题与对策[J]. 水处理技术，37（10）：1-3.

左世伟，解利昕，李凭力，等. 2010. 海水淡化水矿化过程研究[J]. 化学工业与工程，27（2）：163-166.

GB 17323—1998. 瓶装饮用纯净水[S].

GB 17324—1998. 瓶装饮用纯净水卫生标准[S].

GB 5749—2006. 生活饮用水卫生标准[S].

GB 8537—2008. 饮用天然矿泉水[S].

GJB 1335—1992. 低矿化度饮用水矿化卫生标准[S].

Gunasekaran S，Anbalagan G. 2007. Thermal decomposition of natural dolomite[J]. Bulletin of Materials Science，30（4）：339-344.

Lahav O，Birnhack L. 2007. A new post-treatment process for attaining Ca^{2+}，Mg^{2+}，SO_4^{2-} and alkalinity criteria in desalinated water[J]. Water Research，41：3989-3997.

Lahav O，Birnhack L. 2007. Quality criteria for desalinated water following post treatment[J]. Desalination，207（1-3）：286-330.

Liat B，Nikolay V，Ori L. 2011. Fundamental chemistry and engineering aspects of post-treatment processes for desalinated water-a review[J]. Desalination，273：6-22.

Maitra S，Choudhury A，Das H S. 2005. Effect of compaction on the kinetics of thermal decomposition of dolomite under non-isothermal condition[J]. Journal of Materials Science，（40）：4749-4751.

Plummer L N，Pakhurst D L. 1979. Critical review of the kinetics of calcite dissolution and precipitation[J]. ACS Symposium Series，（93）：537-538.

US. Environmental Protection Agency. National Primary Drinking Water Regulations[S].

WHO. Guidelines for drinking-water Quality[S].

Withers A. 2005. Options for recarbonation，remineralisation and disinfection for desalination plants[J]. Desalination，179（1-3）：11-24.

World Health Organization Working Group. 1986. Health impact of acidic deposition[J]. Science of the total environment， 52：157-187.

YB/T 5279-2005. 中华人民共和国黑色冶金行业标准 石灰石[S].

第 8 章　淡水消毒技术与试验

WHO 调查指出，人类有 80%的疾病与细菌感染有关，其中 60%以上是通过饮用水传播的。为保证人体健康，生活饮用水必须经过消毒处理才可供饮用。水的消毒并非是将水中的微生物全部消灭，而是要消除水中致病微生物的致病作用。致病微生物包括细菌、病毒及原生动物包囊等。除水质安全至上原则外，船舶上消毒措施的设计应考虑空间、重量、方便快捷以及储存、操作的安全性等。

8.1　概　　述

消毒是指用物理、化学或生物等方法杀灭水中的细菌、病毒和其他致病性微生物，但生物方法利用生物因子去除病原体，作用缓慢，而且灭菌不彻底，故消毒主要应用物理及化学方法。物理消毒法主要有机械消毒、热力消毒、辐射消毒、紫外线消毒等；化学消毒法主要有氯化消毒、二氧化氯消毒、氯胺消毒、阴离子表面活性剂消毒等。目前我国用于饮用水消毒的方法常用的主要有氯化消毒、二氧化氯消毒、紫外线消毒等。

8.1.1　煮沸消毒

加热是古老的饮用水消毒方法之一，也是我国船舶上普遍采用的饮用水消毒方法。煮沸消毒机理主要是通过热效应使细胞内的蛋白质和有机物（包括酶）凝聚变性，或使某个对生物生命过程很关键的细胞器的功能失效从而导致微生物死亡。将水煮沸 15～20min 即可完全消灭细胞繁殖体。船舶上煮水的热源有蒸汽、电能和燃油，以电能和蒸汽应用较为广泛。船舶上采用盘管加热法对蒸汽加热，其安装在船舶饮用水的末端。煮沸消毒作为饮水的最后一道安全措施，在为人员提供安全卫生的饮用水方面发挥重要作用。

8.1.2　紫外线消毒

紫外线消毒作为新一代环保型消毒技术，从安全性上看，不需向水体添加任何化学药剂，无臭、无味，对工作人员无任何影响，可以实行自动化控制，管理简单，易操作。随着紫外线消毒技术的进一步完善，紫外线消毒用于饮用水二次消毒及小型饮用水净水系统的前景广阔。

1. 作用机理

紫外线是一种肉眼看不见的光波，存在于光谱紫射线端的外侧，故称紫外线。紫外线按波长范围分为 A、B、C 三个波段和真空紫外线，A 波段 320～400nm，B 波段 275～320nm，C 波段 200～275nm，真空紫外线 100～200nm。紫外线对水的消毒灭菌主要是通过紫外线对微生物辐射，生物体内的核酸（包括 RNA 和 DNA）吸收了紫外线的光能，改变了 DNA 的生物学活性，导致核酸（RNA 和 DNA）的键断裂、股间交联和形成光化产物，使微生物不能复制，造成致死性损伤。DNA 和 RNA 对紫外线的吸收光谱范围为 240～280nm，对波长 260nm 的吸收达到最大值。大量研究表明，波长在 250～270nm 范围内的 C 波段紫外线（UVC）对微生物灭活能力较大，其中以 254～257nm 为最大。UVC 会使细菌、病毒、芽孢及其他病原菌的 DNA 丧失活性，破坏其复制能力，造成微生物死亡。

紫外线的杀菌效果是由微生物所接受的照射剂量决定的，同时，也取决于紫外线的输出能量，与灯的类型、光强和使用时间有关，随着灯的老化，它将丧失 30%～50%的强度。紫外照射剂量是指达到一定的细菌灭活率时，需要特定波长紫外线的量：

$$\text{照射剂量}\left(\frac{\text{J}}{\text{m}^2}\right)=\text{照射时间(s)}\times\text{UVC强度}(\text{W/m}^2) \tag{8.1}$$

照射剂量越大，消毒效率越高。由于设备尺寸要求，一般照射时间只有几秒，因此，灯管的 UVC 输出强度就成为衡量紫外光消毒设备性能最主要的参数。照射剂量不足则有可能出现光复活现象，即病菌不能被彻底被杀死，当从渠道中接受可见光照射后，重新复活，降低了杀菌效果。杀菌效率要求越高，所需的照射剂量越大。

2. 紫外线消毒设备

紫外线消毒需要通过紫外线消毒器来实现，紫外线消毒器可分为敞开式和封闭式。敞开式紫外线消毒器内水为重力流。敞开式又可分为浸没式和水面式。浸没式系统是将紫外线灯外加石英套管置于水中，水从套管周围流过。这种系统灭菌效果好，辐射能利用率高，但是构造比较复杂，对运行管理要求高，适合用于水量较大的水厂。水面式系统是将紫外线灯置于水面上，通过平行紫外线对明渠中的水进行灭菌。这种系统灭菌效果差，能量浪费大，实际应用较少。

饮用水紫外线消毒器多采用封闭压力式。消毒器的筒体多为内部已抛光处理的不锈钢制造，筒体和外加石英套管的紫外线灯管把被消毒的水封闭起来。有的紫外线消毒器在筒体内部加装了导流板，避免出现死水。紫外线灯可与水流方向垂直或平行。平行于水流的消毒系统水力损失小，水流均匀；垂直水流系统内水流紊动，可提高消毒效率。根据处理水量的大小，可使用单灯管或多灯管的紫外线消毒器。紫外线消毒装置可以采用自动水力开关系统，可根据用户用水与否、用水量大小自动启闭装置内的紫外线灯管电路，实现自动运行，节省电能。紫外线消毒器运行一段时间后，石英套管外壁会黏附一些杂质，这会降低紫外线的透过率，因此一般需 3 个月左右清洗一次。

3. 优点

紫外线用于水消毒，具有消毒快捷、彻底、不污染水质、运作简便、使用及维护的费用低等优点。据试验，高强度的紫外线彻底灭菌只需要几秒钟，而臭氧与氯消毒则需 10～20min。紫外线消毒对一般大肠杆菌的平均去除率可达 98%，细菌总数的平均去除率为 96.6%。

（1）紫外线消毒技术具有较高的杀菌效率，运行安全可靠。紫外线消毒对细菌和病毒等具有较高的灭活效率，并且由于不投加任何化学药剂，因此不会对水体和周围环境产生二次污染。

（2）不产生有毒有害副产物，不影响水的物理性质和化学成分。紫外线消毒不改变有机物的特性，并且由于不投加化学药剂，不会产生对人体有害的副产物，也不会产生损害管网水生物稳定性的副产物。

（3）能减少臭味和降解微量有机物，紫外线对水中多种微量有机物具有一定的降解能力，并且能够减少水的臭味。

（4）占地面积小，运行维护简单、费用低。紫外线消毒运行维护简单，运行成本低，其性能价格比具有很大优势。

（5）消毒效果受水温和 pH 影响小。

4. 缺点

（1）无持续杀菌能力，可能存在微生物的光复活问题。

（2）浊度及水中悬浮物对紫外线杀菌有较大影响，降低消毒效果。

（3）紫外灯套管容易结垢，影响紫外线的透出和杀菌效果。

（4）每只灯管处理水量有限，且需要定期清洗更换。

目前紫外线在饮用水、再生回用水、生活污水、工业废水等的消毒处理中得到了一定的应用，尽管紫外线消毒技术存在无持久杀菌能力、利用紫外线消毒时水的色度和浊度低、水深最好不超过 12cm、细菌光修复及灯管的使用寿命等问题，但是随着人们对紫外线消毒技术研究的不断深入，杀菌效率更高的中压灯、脉冲灯的出现，灯管使用寿命的延长，以及紫外线消毒装置产品的商业化、国产化，绿色环保高效的紫外线消毒技术在我国饮用水消毒中将具有良好的应用前景。

8.1.3　过滤消毒

过滤消毒的方式比较多，但在船舶上主要以膜过滤为主。为了净化供水水质、消除微生物，许多船舶安装了不同形式的饮水净化器，对保护水质发挥了重要作用。膜过滤机理主要是利用膜孔的筛滤作用和吸附作用去除微生物，同时也将水中的其他有机物颗粒和一大部分有机物去除，从而破坏微生物赖以生长繁殖的基质，起到控制微生物的作用。过滤消毒不需要化学药剂，能耗和费用低，处理时间短，感官性状好，不存在二次污染，而且装置的自动化程度较高，使用维护方便，通常该方法需与紫外线灯消毒技术联合使用。过滤消毒后的水没有持续消毒能力，出水水质易受船舶原水水质影响。

通过微滤技术，可以去除水中微生物，在用水终端安装 0.2μm 过滤器，可以实现直饮净水供应。

8.1.4　氯化消毒

1. 作用机理

氯化消毒包含氯气消毒和氯化消毒剂消毒。氯在常温下为黄绿色气体，具有强烈刺激性及特殊臭味，氧化能力很强。在 6～7atm[①]下，可变成液氯，体积缩小 457 倍。液氯灌入钢瓶，有利于储存和运输。

液氯作为消毒剂时，氯气易溶于水，在水中很快就能与水结合生成次氯酸（HClO），反应方程式为

$$Cl_2 + H_2O = HOCl + Cl^- + H^+ \tag{8.2}$$

次氯酸是弱酸，在水中发生电离生成次氯酸根离子（ClO^-）和氢离子（H^+）。20℃时，次氯酸的电离平衡常数为

$$k_c = \frac{[H^+][ClO^-]}{[HClO]} = 3.3\times10^{-8}(mol/L) \tag{8.3}$$

水中游离的次氯酸及次氯酸根离子的比例取决于 pH：当 pH＜6 时，次氯酸几乎全为分子状态；当 pH = 6～7.5 时，次氯酸所占比例大；而 pH＞7.5 时，以次氯酸根为主要形态存在。

无论使用哪种氯制消毒剂，氯的灭菌作用主要是依靠次氯酸。次氯酸具有很

① $1atm=1.01325\times10^5Pa$。

强的氧化性，是一种体积很小的中性分子，能够扩散到带有负电荷的细菌表面，通过渗透到细胞内部，损害细胞膜，使蛋白质、RNA 和 DNA 等物质释放，并影响多种酶系统（主要是磷酸葡萄糖脱氢酶的巯基被氧化破坏），从而使细菌死亡。

水中含有氨时，由于次氯酸是非常活泼的氧化剂，很容易与氨作用，相继生成三种氯胺，反应式为

$$NH_3 + HOCl = NH_2Cl + H_2O \tag{8.4}$$

$$NH_2Cl + HOCl = NHCl_2 + H_2O \tag{8.5}$$

$$NHCl_2 + HOCl = NCl_3 + H_2O \tag{8.6}$$

式中，一氯胺（NH_2Cl）、二氯胺（$NHCl_2$）、三氯胺（NCl_3）统称为氯胺。氯胺的存在形式取决于 pH、温度、接触时间以及 Cl_2 与 NH_3-N 的比例。一般来说，当 pH＞9 时，一氯胺占优势；当 pH = 7.0 时，一氯胺和二氯胺同时存在；当 pH＜6.5 时，主要以二氯胺为主；而三氯胺只有在 pH＜4.5 时才存在；水中存在的氯胺也具有氧化性，能起到消毒作用，但作用更为缓慢。在我国，用液氯作消毒剂对自来水消毒是很普遍的。

2. 有效氯和余氯

在氯化消毒时常用到“有效氯”“耗氯量”“需氯量”“余氯”等一系列名词。

“有效氯”是指氯化物中以正价存在的氯，只有这些氯才有消毒作用，也就是指氯化合物中所含有的氧化态氯，以百分数表示。

“耗氯量”是指消毒剂投入水中消毒时，与水中细菌、藻类等微生物及某些杂质反应，消耗掉的那部分有效氯。

“需氯量”是指消毒时为了杀灭水中细菌、藻类等微生物及某些杂质所需要投加的有效氯量。

“余氯”是指氯投入水中后，除了与水中细菌、藻类等微生物及某些杂质等作用消耗一部分氯量外，还剩下的一部分有效氯量。由于余氯量随存留时间而减小，所以凡是提到的余氯量都离不开接触时间，如 15min 余氯、30min 余氯等。余氯又分为游离余氯和结合余氯。

“游离余氯”是指水中以 HOCl、ClO^-形式存在的余氯，两者的比例取决于水的 pH 和温度。

“结合余氯”是指水中与氨结合的余氯，有一氯胺、二氯胺、三氯胺三种物质。

3. 消毒效果的影响因素

消毒效果受许多因素的影响，了解和掌握这些因素，可以指导消毒工作的

正确进行，提高消毒效果；反之，处理不当，只会影响消毒效果，导致消毒失败。影响消毒效果的因素很多，概括起来主要有加氯量、接触时间、pH、温度、浊度、有机物的存在、微生物种类及数量，下面对几个重要的影响因素进行介绍和分析。

（1）加氯量。任何一种消毒剂的消毒效果都取决于其与微生物接触的有效浓度，同一种消毒剂的浓度不同，其消毒效果也不一样。用氯及含氯化合物消毒饮用水时，氯不仅与水中细菌作用，还要氧化水中的有机物和还原性无机物，其需要的氯的总量称为需氯量。为保证消毒效果，加氯量必须超过水的需氯量，使在氧化和杀菌后还能剩余一些有效氯，称为余氯。我国颁布的《生活饮用水卫生标准》（GB 5749—2006）中规定，出厂水中游离性余氯在接触 30min 后不应低于 0.3mg/L。为了防止水质的二次污染，氯投加后水中余氯的最低限应在 0.3mg/L 以上，并在 4mg/L 以下，以免余氯过量对人体造成伤害。

（2）接触时间。消毒剂投入水中后，必须保证与水有一定的接触时间，才能杀死微生物等病原体，充分发挥消毒作用。消毒剂与微生物接触时间越长，消毒效果越好；接触时间太短，则往往消毒不充分，水中微生物数量越多，完全灭菌所需的时间也会越长。我国《生活饮用水卫生标准》（GB 5749—2006）中规定，游离性有效氯消毒时，接触时间应不低于 30min。

（3）pH。pH 对消毒效果的影响主要是对消毒剂的作用，pH 变化可改变其溶解度、离解度和分子结构。次氯酸是弱电解质，当 pH＜5.0 时，次氯酸全部以分子形式存在于水中，随着 pH 的升高，次氯酸分子含量逐渐减少，次氯酸根离子含量逐渐增多，当 pH＞7.0 时，次氯酸分子含量急剧减少；pH＝7.5 时，次氯酸分子和次氯酸根离子含量大致相等；pH＞9.0 时，次氯酸根离子接近 100%。而根据大肠杆菌的试验，次氯酸分子的杀菌效率比次氯酸根离子高约 80 倍，因此消毒时，碱性条件的水质消毒效果很差。

（4）温度。通常温度升高，消毒速度会加快，药物的渗透能力也会增强，可显著提高消毒效果，消毒所需要的时间也可以缩短。一般来说，水温每提高 10℃，病菌杀灭速度提高 2～3 倍。

（5）浊度。用氯消毒时，必须使生成的次氯酸直接与水中细菌接触才能达到杀菌效果。如果水的浊度很高，悬浮物质较多，细菌多附着在这些悬浮颗粒上，则氯不能充分接触细菌本身，使杀菌效果降低。

4. 氯化消毒特点

氯化消毒效果好，且具有持续的消毒功能。但是，淡化水经过氯化消毒，在去除病菌的同时也会生成一些消毒的副产物，如三氯甲烷、三氯乙酸等。水中生成的三氯甲烷等卤代有机物主要是由水中氯和三氯甲烷的前体物生成的，这种前体物主要以腐殖酸和富里酸的形式大量存在于天然水体中。这些消毒副产物都是“三致”（致残、致死、致癌）物质，对人体健康会构成潜在威胁。此外，消毒通常都要求存在一定的余氯量，余氯量过多则会造成饮用水有较大的气味，导致饮用水的感官指标变差。虽然氯化消毒有以上的不足，但是这种方法具有消毒效率高、成本低、投量准确、设备简单等优点，所以至今还在世界范围内广泛应用。

8.1.5 二氧化氯消毒

二氧化氯（ClO_2）具有广谱杀菌能力，是一种较为优良的消毒剂，它对水中病原微生物的杀灭作用通常强于氯，且其消毒效果基本不受 pH 影响；同时可以去除水中多种有害物质，如铁、锰、硫化物、氰化物和亚硝酸盐等。在常用消毒剂中，相同时间内达到同样的杀菌效果所需的 ClO_2 浓度是最低的。近年来，我国也开始重视 ClO_2 产品的推广和应用。国家化工管理部门颁布了有关的行业标准，国家卫生管理部门已批准 ClO_2 为消毒剂，《生活饮用水卫生标准》（GB 5749—2006）将其列为饮用水消毒剂之一。

1. 作用机理

ClO_2 是一种黄绿色气体，具有与氯相似的刺激性气味，沸点 1℃，凝固点 –59℃，极不稳定，在空气中浓度为 10%时可能爆炸，到目前为止将 ClO_2 液化的种种努力都没有成功，只能在使用现场临时制备。ClO_2 易溶于水，溶解度约为氯的 5 倍，与氯不同，ClO_2 在水中以纯粹的溶解气体存在，不易发生水解反应，水溶液在较高温度与光照下会产生 ClO_2^- 与 ClO_3^-，因此应在避光低温处存放。ClO_2 浓度在 10g/L 以下时基本没有爆炸的危险。ClO_2 是一种强氧化剂，它消毒的特点是，只起氧化作用，不起氯化作用，因而一般不会产生致癌物质。它在给水处理中的主要作用是脱色、除臭、除味，控制酚、氯酚和藻类生长，氧化无机物和有机物，特别是在控制三卤甲烷（THM）的形成和减少总有机卤方面，与氯相比具有优越性。

ClO_2 在水中几乎 100%以分子状态存在，易透过细胞膜，ClO_2 在水溶液中的氧化还原电位高达 1.5V，其 ClO_2 分子结构外层存在一个未成对电子，具有很强的氧化作用，通过强氧化性杀灭微生物。ClO_2 发生氧化还原的反应式为

$$ClO_2 + e^- \Longrightarrow ClO_2^- \tag{8.7}$$

$$ClO_2^- + 2H_2O + 4e^- \Longrightarrow Cl^- + 4OH^- \tag{8.8}$$

ClO_2的杀菌作用主要是通过渗入细菌及其他微生物细胞内，阻止细菌及其他微生物蛋白质合成，最终导致其死亡。同时ClO_2对细胞壁有较好的吸附和透过性能，可有效地氧化细胞内的酶。除对一般细菌有杀死作用外，ClO_2对芽孢、病毒、藻类、铁细菌、硫酸盐还原菌和真菌等均具有很好的灭杀作用。ClO_2对病毒的灭杀作用在于其能迅速地对病毒衣壳上蛋白质中的酪氨酸起破坏作用，从而抑制病毒的特异性吸附，阻止其对宿主细胞的感染。

2. 消毒效果的影响因素

影响ClO_2消毒效果的因素主要有温度、投加量与接触时间、光及光照强度。消毒效果不受 pH 的影响（$6<pH<10$），这使得其在水质 pH 的变化方面比氯有更强的适应性，特别适用于碱度较高的水质的消毒，同时也不受水源中经常存在的氨的影响。因此，ClO_2用于饮用水消毒有其特有的实用性。

与氯化消毒相似，温度越高，ClO_2的杀菌能力越强。在同等条件下，当体系温度从 20℃降到 10℃时，ClO_2对隐孢子虫的灭活效率降低 4%。温度低时，ClO_2的消毒能力较差，5℃时要比 20℃时多消耗消毒剂 31%～35%。

《生活饮用水卫生标准》（GB 5749—2006）中规定，以ClO_2为消毒剂时，ClO_2与出厂水接触 30min 后，其浓度不应低于 0.1mg/L，且不大于 0.8mg/L。由此可见，相同时间内，达到相同的杀菌效果所需的ClO_2浓度要比氯化消毒所需消毒剂浓度低。

ClO_2化学性质极为不稳定，见光极易分解。以稳定性液体ClO_2的衰减为例，在ClO_2初始浓度为 1mg/L、衰减时间为 20min 时，阳光直射、室内有光、室内无光条件下ClO_2残余率分别为 12.12%、88.55%、99.85%。

3. ClO_2消毒特点

作为一种新型饮用水消毒剂，由于ClO_2具有较强的病原体杀灭能力和净水作用，因此，国内外应用ClO_2处理饮用水的水厂日益增多，在消毒成本方面也与氯消毒剂相当，它具有以下几个优点。

（1）具有高效杀菌能力：ClO_2协同发生器（电解法原理制成）生产的是以ClO_2为主并伴有氯气、臭氧和过氧化氢等多种杀菌能力的综合气体，其杀菌能力是氯气的 2.5 倍。

（2）具有较强的杀灭病毒能力：卫生部门的检测已经证实，ClO_2杀灭病毒的能力比臭氧和氯更强，对水中有关肠道疾病和脊髓灰质炎等的多种病毒也有良好的杀灭作用。

（3）能消除水中的有机污染物：ClO_2可将水中的有机物氧化成为以含氧基团（羧酸）为主的其他物质，不产生氯化有机物。

（4）ClO_2 制备原料是食盐，能源为直流电，现制现用，耗电、耗盐少，节省能源。

（5）ClO_2 也可以采用化学方法提取，其工作原理为配制一定浓度的含氯无机盐水溶液与酸液及少量催化剂，然后定量地输送到反应器内产生混合气体。运转设备也可间歇使用，发生量可调范围大、耗电少、运行费用低，有推广使用价值。

（6）ClO_2 消毒效果比较稳定，可实现有压投加，自动化程度比较高，适合用于小型水量的水处理，对操作人员影响不大。目前国内已有厂家研制出二氧化氯泡腾片，可以长期存储，使用方便。

其缺点如下：

（1）能与许多化学物质发生爆炸性反应。

（2）对光太敏感，有光照情况下 ClO_2 易分解，衰减速度更快。

（3）对热、振动、撞击和摩擦相当敏感，极易分解发生爆炸，会给储存和运输带来很大困难，所以国内外很多水厂都采用现场制备的方式。

（4）ClO_2 加入水中后，会有 50%～70%转变为 ClO_2^- 与 ClO_3^-。很多试验表明 ClO_2^- 与 ClO_3^- 对血红细胞有损害，对碘的吸收代谢有干扰，还会使血液中胆固醇含量升高。

（5）会有少量有毒副产物亚氯酸盐与氯酸盐的生成。

（6）ClO_2 发生器产生的综合消毒气体中 ClO_2 含量偏低，投加量难以控制，建议增加自动检测设备、自动投加设备和 ClO_2 产量计算装置，控制盐不饱和浓度，改进循环冷却方式，使其制备方法更加完善。

8.1.6 臭氧消毒

1. 作用机理

臭氧（O_3）由三个氧原子组成，在常温常压下为无色气体，极不稳定，分解时产生初生态氧。

$$O_3 \longrightarrow O_2 + [O] \tag{8.9}$$

$$[O] + H_2O \longrightarrow 2OH^- \tag{8.10}$$

氧自由基[O]具有极强的氧化能力，对细菌、芽孢甚至病毒都有极强的杀伤力，还具有很强的渗入细胞壁的能力，从而破坏细菌有机体结构导致细菌死亡。所以，臭氧在水处理中能氧化水中的多数有机物，使之降解，并能氧化酚、氨氮、铁、锰等无机还原物质。

2. 特点

作为一种强氧化剂，臭氧的氧化能力是氯的 2 倍，杀菌能力是氯的数百倍。臭氧既能氧化水中的有机物也能氧化无机物，且与有机物作用后不产生卤代物。臭氧消毒受 pH、水温及水中含氨量的影响较小，且脱色效果好，还有一定的微絮凝作用，能去除微生物、水草、藻类等生物产生的臭味，使消毒后的水质观感、口感均有极大改善。

臭氧有远超过氯的很强的杀菌能力，且接触时间短，除能有效杀灭细菌以外，对各种病毒和芽孢也有很大的杀伤效果。臭氧的氧化能力虽强，也并非十全十美。臭氧与有机物反应也生成一系列的中间副产物——不饱和醛类、环氧化合物等。同时，臭氧不能有效地去除氨氮，对水中有机氯化物也无氧化效果。臭氧使用需现场制备，成本较高，也限制了它的广泛应用。目前只有欧洲一些城市把臭氧消毒作为主要手段用于饮用水净化，我国国内也有数十家水厂应用。

8.1.7　漂白粉消毒

漂白粉是将氯气通入石灰水中制成的，又称含氯石灰或氯化石灰。主要成分是次氯酸钙（25%～32%有效氯）。漂白粉遇水产生次氯酸，可广泛应用于饮水消毒、污水处理和污染环境的消毒等。其使用方法为：先将漂白粉配成消毒液，再投入水中，搅拌混合，约 30min 后，检查余氯含量，达到要求（0.3～0.5mg/L）后即可使用。

漂白粉消毒的优点是价格便宜且杀菌谱广、消毒效果良好、易于操作等，目前仍是一种普遍使用的消毒剂，部分船舶就采用漂白粉对水舱中的水进行消毒。其主要缺点是容易产生三氯甲烷、氯酚等有机卤化物，造成二次污染，对人体健康有一定影响。大量的试验和实践表明，只要做到科学合理加氯，就能明显降低自来水中有机卤化物的生成量，使水质符合国家饮用水卫生标准。要做到科学合理加氯，须引进加氯自动控制技术与余氯自动检测技术，做到余氯自动检测及同步跟踪，实现计量合适、有效控制。

8.1.8　次氯酸钠消毒

1. 作用机理

次氯酸钠消毒机理与液氯完全一致，主要是通过它的水解形成次氯酸，次氯酸再进一步分解形成新生态氧，新生态氧的极强氧化性使菌体和病毒的蛋白质变性，从而使病原微生物死亡。次氯酸在杀菌、杀病毒过程中，不仅可作用于细胞壁、病毒外壳，而且因次氯酸分子小、不带电荷，可渗透入菌（病毒）体内与菌（病毒）体蛋白、核酸和酶等发生氧化反应，从而杀死病原微生物。与液氯消毒相比，次氯酸钠消毒工艺运行方便，费用低。

2. 优点

（1）次氯酸钠消毒液体以次氯酸钠发生器制备为最佳。因为它制备出的次氯酸钠液体比较稳定、单一，也容易保存，不含有害成分。

（2）由于次氯酸钠发生器所制备的消毒液不像氯气、二氧化氯等消毒剂在水中产生游离分子氯，所以一般不存在因分子氯而发生的氯代化合反应，生成不利于人体健康的有毒有害物质。并且次氯酸钠也不会像氯气同水反应会形成盐酸那样，对金属管道造成严重腐蚀。

（3）就运行成本而言，采用次氯酸钠消毒的运行成本费用较低。

3. 缺点

次氯酸钠发生器在工作过程中电极会逐渐结垢，这就需要定期清洗电极。一般 1～3 个月清洗一次，其方法是将稀盐酸通过防腐泵打入电解槽中浸泡一定时间进行溶解。另外，它不能实现在有压情况下投加，比较适合小型水量的处理。

8.1.9 氯胺消毒

氯胺是氯化消毒的中间产物，具有消毒杀菌作用的只有一氯胺和二氯胺。纯的一氯胺是一种无色不稳定液体，熔点为–66℃，能够溶于冷水和乙醇，微溶于四氯化碳和苯。一氯胺的消毒作用是通过缓慢释放次氯酸而进行的。氯胺消毒作用机理与氯气相近，通过穿透细胞膜，使核酸变性，阻止蛋白质的合成来达到杀灭微生物的目的。其消毒效果比氯气消毒要差一些。一些能被氯胺灭活的病菌所需氯胺的浓度较高，接触时间也更长。但氯胺的稳定性优于氯气，所以氯胺在控制微生物的再生长方面优于自由氯。更重要的是用氯胺消毒后生成的消毒副产物（DBPs）明显要比氯气少，有资料显示三卤甲烷的生成量可减少约 50%。但是近些年来，研究人员检测出了危害性更大的含氮消毒副产物——亚硝胺、卤代硝基甲烷、卤代乙腈，这些物质在氯胺消毒过程中的生成量远高于氯气消毒法，因此氯胺消毒的安全性和实用性也开始受到质疑。

常见氯化消毒剂的特点如表 8.1 所示。

表 8.1　常见的氯化消毒剂的特点

消毒剂类型	化学式	特点
液氯	Cl_2	氯气是一种强氧化物质，在常温常压下呈黄绿色气体，具有强烈的刺激性和氯臭味，当加压至 6～7atm 时可液化，体积缩小 457 倍，可灌入钢瓶中储存，故又称液氯。液氯加入水中可水解生成盐酸和次氯酸
漂白粉	$CaOCl_2$	漂白粉又称含氯石灰、氯化石灰。它是将氯气通入熟石灰中而制成的混合物，主要成分为次氯酸钙(32%～36%)，还含氯化钙(29%)、氧化钙(10%～18%)、氢氧化钙（15%）及水（10%），通常以 $CaOCl_2$ 代表其分子式。漂白粉为白色颗粒状粉末，有氯臭，能溶于水，溶液呈碱性，有大量沉渣。漂白粉在一般保存过程中，有效氯每月可减少 1%～3%，不宜过长时间保存
漂白粉精	$Ca(ClO)_2$	将氯化石灰乳经过结晶分离，再溶解喷雾干燥即制成漂白粉精。漂白粉精含次氯酸钙约 80%，还含有少量氯化钙（2.74%）、氢氧化钙（1.9%）。漂白粉精为白色粉末，有氯臭，易溶于水，溶液呈碱性，有少量沉渣，稳定性较漂白粉好，有效氯含量比漂白粉多一倍
次氯酸钠	$NaClO$	电解食盐所得氯气与氢氧化钠作用生成次氯酸钠，次氯酸钠为淡黄色液体，有氯臭，易溶于水，稳定性差，受热及阳光照射有效氯易丧失，故不宜长时间保存
有机含氯消毒剂	$C_3Cl_2N_3NaO_3$	目前常用的有机含氯消毒剂是二氯异氰尿酸钠（优氯净）。优氯净为白色粉末，有氯臭，性质稳定，易溶于水，溶液呈弱酸性。但研究报道有机氯毒性危害程度比无机氯大，且可能有致癌作用，因此，将有机氯消毒剂长期用于饮用水消毒是不合适的

8.1.10　高锰酸钾消毒

高锰酸钾（$KMnO_4$）为一种暗紫色、有金属光泽的棱状晶体，具有性质稳定、易储存、易溶于水等特性。$KMnO_4$ 可以作为饮用水消毒剂，一方面是由于它的强氧化性能够氧化水中的无机离子和有机物，除去水中色和味，破坏细胞结构，使蛋白酶发生变性；另一方面是因为 $KMnO_4$ 在水中可反应生成二氧化锰沉淀，二氧化锰能吸附水中颗粒物形成中性胶体物质，这些胶体物质能够通过吸附作用来除去水中微生物。

$KMnO_4$ 能够有效除铁、除锰、除臭味等，此外，$KMnO_4$ 还原产物水合二氧化锰具有很好的去除水中污染物的能力，用 $KMnO_4$ 消毒不会产生三卤甲烷等消毒副产物。但是，如果仅使用 $KMnO_4$ 预处理，虽然在有机物去除和减少氯化消毒副产物方面效果明显，但对微生物灭活作用较差，因此大多数情况下将 $KMnO_4$ 与氯气、氯胺和臭氧等消毒剂联合使用，获得更好的消毒效果。

8.1.11　有机溴消毒

有机溴类杀菌剂具有如下优点。①高效。杀菌速度快，半小时的杀菌率可达99%以上，且持续时间长。②广谱。它对冷却水中常见的真菌、异养菌、硫酸盐还原菌、铁细菌等都有好的杀菌力。③环保。它的降解速度快，降解产物为CO_2、NH_3、N_2等，对环境无毒。④适用于碱性环境。有机溴的杀菌力不受 pH 影响，而且它的降解速度随 pH 的增加而加快。

8.1.12　微电解消毒

20 世纪 90 年代初，国内外的学者开始了饮用水电化学消毒技术的研究。微电解消毒即电化学法消毒，其消毒实质是电化学过程中产生的具有灭菌能力的物质与直接电场综合作用的结果。

若水中细菌总数为 1000CFU/mL，大肠杆菌 30 个/L，经过微电剂量为 $200mA \cdot s/cm^2$ 的电子水消毒器处理后，细菌总数可小于 30CFU/mL，大肠杆菌可小于 3 个/L，符合《生活饮用水卫生标准》（GB 5749—2006）要求。微电解法对细菌的灭活速度小于紫外线，大于氯和二氧化氯，与臭氧相近。

经微电解处理后的水具有持续消毒能力，其能力的强弱取决于处理后水样中所含余氯量的多少。微电解易于降解水中的有机物，所生成的三氯甲烷的量比加氯消毒生成的量要低。即使含 THM 的前体物质较多的水，经过微电解处理后水中三氯甲烷的含量仍低于国家标准所规定的数值。

微电解消毒运行管理简单、安全、可靠，但达到灭活效果时，能耗较高。微电解消毒的机理、影响因素、设备的研究有待进一步探索。

8.1.13　光化学氧化消毒

光化学氧化法分为光催化氧化法和光激发氧化法。

光激发氧化法即将 O_3、H_2O_2、O_2 等氧化剂与光化学辐射相结合，产生氧化能力极强的自由基，如氢氧自由基（·OH）等，在氧化有机物过程中起主要作用。紫外-臭氧（UV-O_3）联用技术在饮用水深度处理难降解有机废水中具有良好应用前景，对三氯甲烷、四氯化碳、六氯苯、多氯联苯等都可迅速氧化；紫外-过氧化氢（UV-H_2O_2）光激发氧化法可使三氯甲烷、氯苯、氯酚及邻苯二甲酸二乙酯浓度降低到原来浓度的 1%。

光催化氧化法即当用能量大于禁带宽度的光照射型半导体时，其禁带上电子被激发跃过禁带进入导带，同时在禁带上产生空穴。空穴可夺取半导体颗粒表面的有机物或溶剂中的电子，使原本吸收入射光的物质被活化氧化。N 型半导体中二氧化钛（TiO_2）的催化活性与稳定性最好，紫外-二氧化钛（UV-TiO_2）作催化剂的光催化氧化技术可迅速降解有机卤化物、芳香族化合物、有机酸、醇类含硫磷等杂原子的有机物、表面活性剂等。

8.1.14　金属离子消毒

离子对化学消毒剂也存在正反两种影响：本身具有的毒性离子与消毒剂产生协同作用，能更有效地灭活病毒；另一些离子则可能消耗消毒剂的剂量，使得消毒效果减弱。研究表明，铜/银离子对游离氯具有一定协同作用。400/40μg/L 的铜/银离子加 1mg/L 有效氯（次氯酸钠）灭活 99.9%脊髓灰质炎病毒需要 6min 左右，而单独使用 3mg/L 有效氯（次氯酸钠）灭活脊髓灰质炎病毒 15min 的灭活效率仅为 98.5%。这可能是因为微量铜离子可以破坏敏感细胞呼吸酶的巯基，抑制酶的活性，破坏核酸的结构，而微量银离子能与微生物含巯基的酶结合，抑制酶活性，从而灭活微生物。

8.2　不同消毒技术对淡化水水质的影响

基于消毒技术现状、在船舶上实施的安全性和可行性，对氯消毒、紫外线杀菌消毒等进行了试验研究，按照《生活饮用水消毒剂和消毒设备卫生安全评价规范》制定了试验细则，对比研究了反渗透淡化水、岸基自来水的消毒效果与水质参数（包括 pH、TDS、浊度、菌群数量、硬度、电导率等）变化等。本节拟表述消毒技术对淡水水质影响的一种趋势或规律，试验数据为多次试验中的某一次或者一个范围内的某一点，不必过多关注文中数据与图表的完全对应。

8.2.1　消毒剂初始浓度与淡化水水质变化的相关性

选取三种淡水，1#水样：TDS 为 200～300mg/L 反渗透海水淡化水，2#水样：TDS 为 400～500mg/L 反渗透海水淡化水；3#水样：TDS 为 100mg/L 岸基自来水。在水中分别添加不同剂量的次氯酸钙和二氧化氯，水中次氯酸钙初始浓度自 0.5mg/L 到 75mg/L，二氧化氯初始浓度自 0.5mg/L 到 25mg/L 时，研究不同初始浓度的次氯酸钙和二氧化氯对淡水水质的影响及其变化规律。

1. 添加次氯酸钙和二氧化氯对水质 pH 的影响

由图 8.1（a）可以看出，次氯酸钙消毒过程中，1#水样 pH 逐渐增大，在次氯酸钙添加量大于等于 25mg/L 时，由初始 pH 6.4 升高到 9 左右；据图 8.1（b），2#水样 pH 随着次氯酸钙添加量的增加而逐渐升高，次氯酸钙添加量为 5mg/L 时，pH 由初始值 6.1 增大到 7.5 左右；据图 8.1（c），3#水样的 pH 与 1#、2#水样变化趋势一致，随着次氯酸钙添加量的增加而逐渐增大，次氯酸钙添加量大于等于

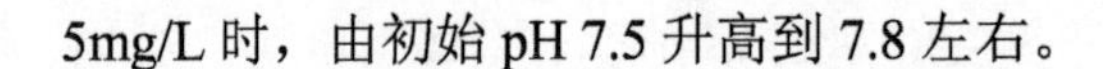
5mg/L 时，由初始 pH 7.5 升高到 7.8 左右。

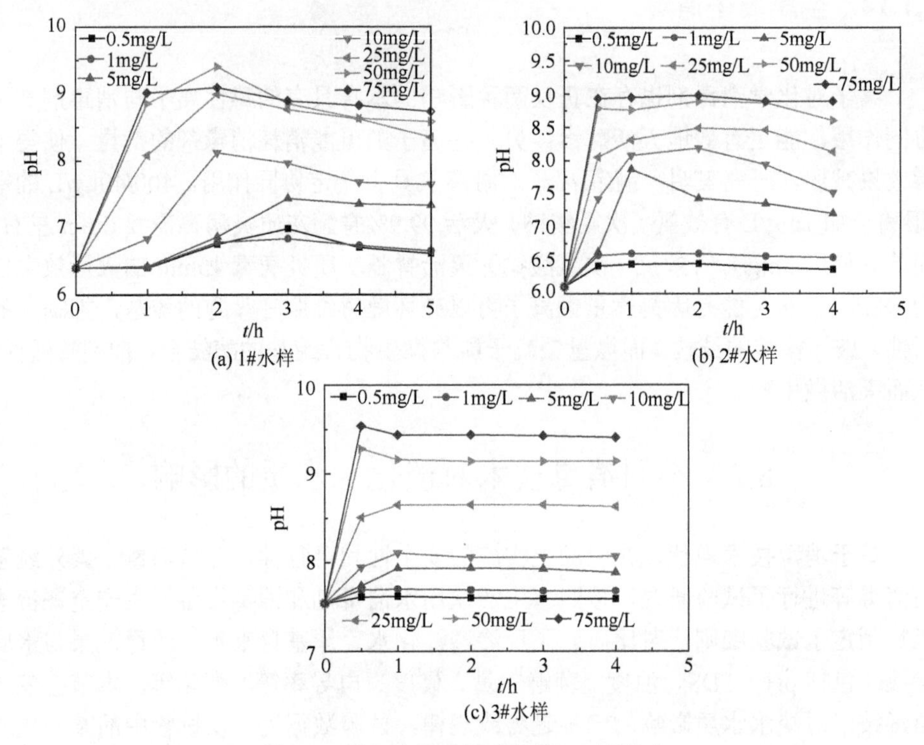

图 8.1　添加次氯酸钙对水样 pH 的影响

由图 8.2（a）可以看出，在二氧化氯消毒过程中，1#水样 pH 逐渐减小，在二氧化氯添加量为 25mg/L 时，初始 pH 由 7 降低到 6.6 左右；据图 8.2（b），2#水样 pH 随着二氧化氯添加量的增大有一定降低，在二氧化氯添加量为 25mg/L 时，pH 由 6.9 降低到 6.75 左右，二氧化氯添加量越大，pH 降低越明显。

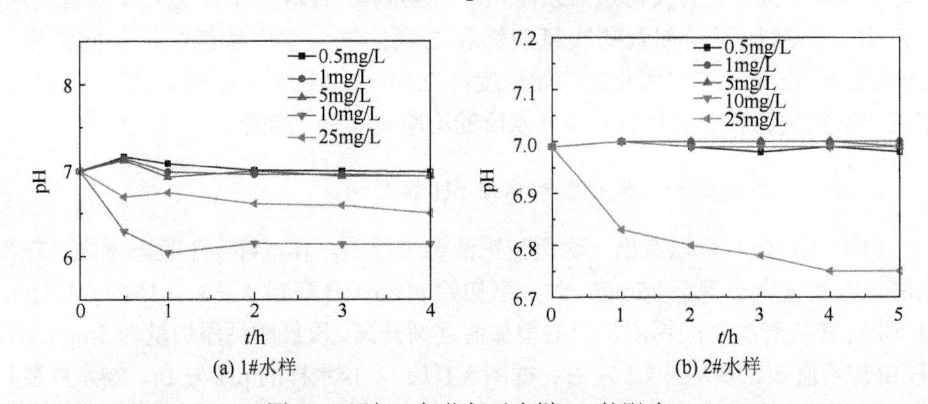

图 8.2　添加二氧化氯对水样 pH 的影响

次氯酸钙会引起水样 pH 升高，次氯酸钙添加量与水样 pH 呈正相关，在反渗透淡化水消毒过程中如使用次氯酸钙消毒应关注消毒剂添加引起的 pH 上升问题；添加二氧化氯会引起水样 pH 降低，二氧化氯添加量与水样 pH 呈负相关，在反渗透淡化水消毒过程中如使用二氧化氯消毒应关注消毒剂添加引起的水质 pH 降低问题。

2. TDS 的变化

由图 8.3 可以看出，添加次氯酸钙会令 1#水样、2#水样和 3#水样的 TDS 都增大，次氯酸钙添加量越多，TDS 增加幅度越大。以次氯酸钙添加量为 5mg/L 为例，1#水样 TDS 由 256mg/L 升高到 262mg/L 左右，2#水样 TDS 由 441mg/L 增大到 447mg/L 左右，3#水样的 TDS 由 100mg/L 升高到 110mg/L 左右。水样初始值 TDS 越小时，次氯酸钙添加量对水样 TDS 影响越大。

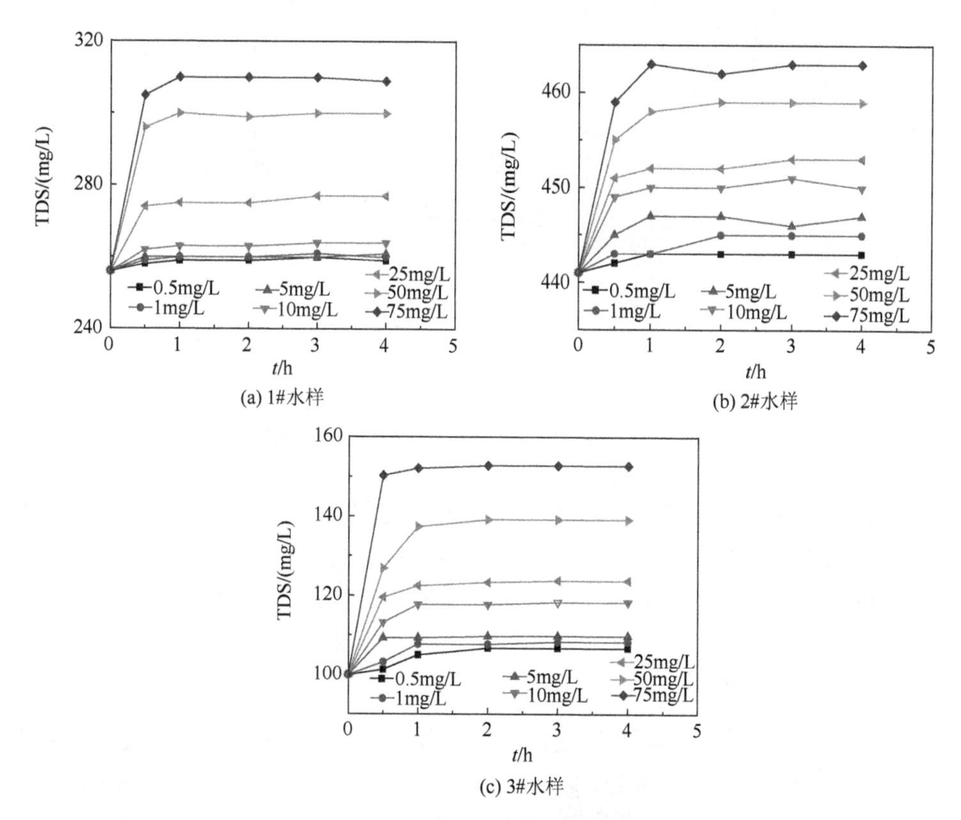

图 8.3　次氯酸钙添加量对水样 TDS 的影响

添加二氧化氯对 TDS 的影响不如添加次氯酸钙显著，见图 8.4。以二氧化氯添加量为 5mg/L 为例，1#水样的 TDS 在初始值 248mg/L 左右，添加二氧化氯对 TDS 影响不大；2#水样的 TDS 由 442mg/L 增大到 447mg/L 后维持在一定水平；3#水样的 TDS 由 100mg/L 增大到 109mg/L 左右。

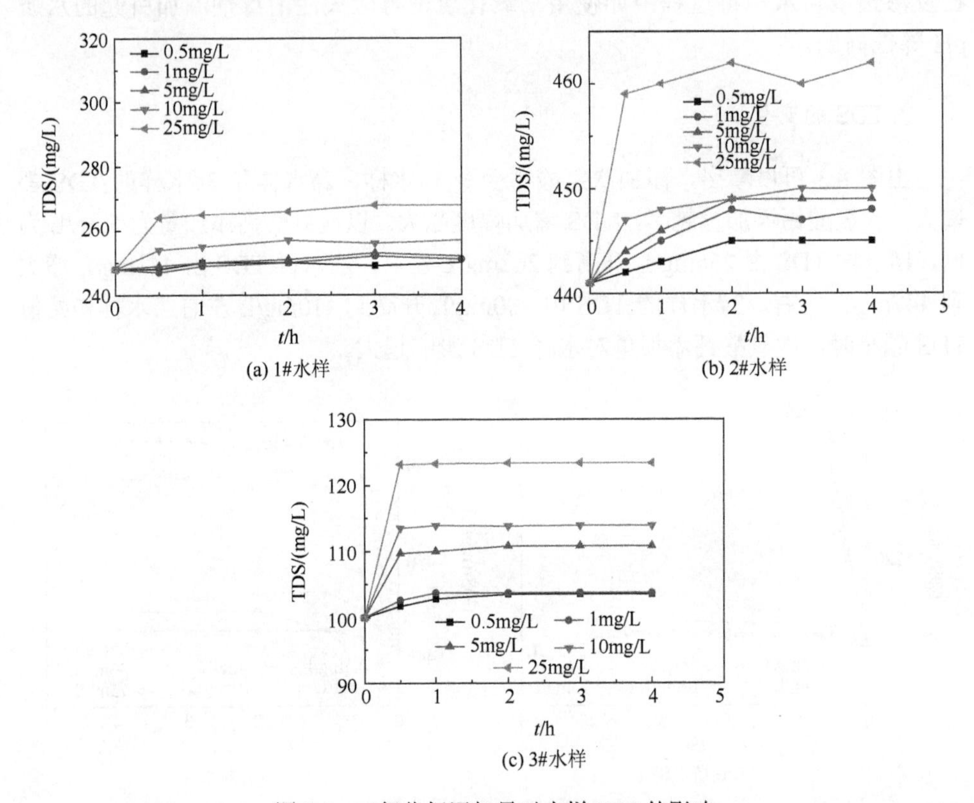

图 8.4　二氧化氯添加量对水样 TDS 的影响

添加次氯酸钙和二氧化氯都会引起水质 TDS 增大，添加量与 TDS 值呈正相关；添加二氧化氯会小幅度提高水样的 TDS，添加次氯酸钙对 TDS 的影响更大。在反渗透淡化水消毒过程中需注意添加次氯酸钙对水质 TDS 增加的影响。

3. 电导率的变化

由图 8.5 可以看出，添加次氯酸钙对 1#水样、2#水样和 3#水样的电导率都有影响。以次氯酸钙添加量为 25mg/L 为例，1#水样电导率由初始值 512μS/cm 升高到 550μS/cm 左右，2#水样电导率由初始值 882μS/cm 增大到 895μS/cm 左右，3#水样的电导率由初始值 200μS/cm 升高到 240μS/cm 左右。

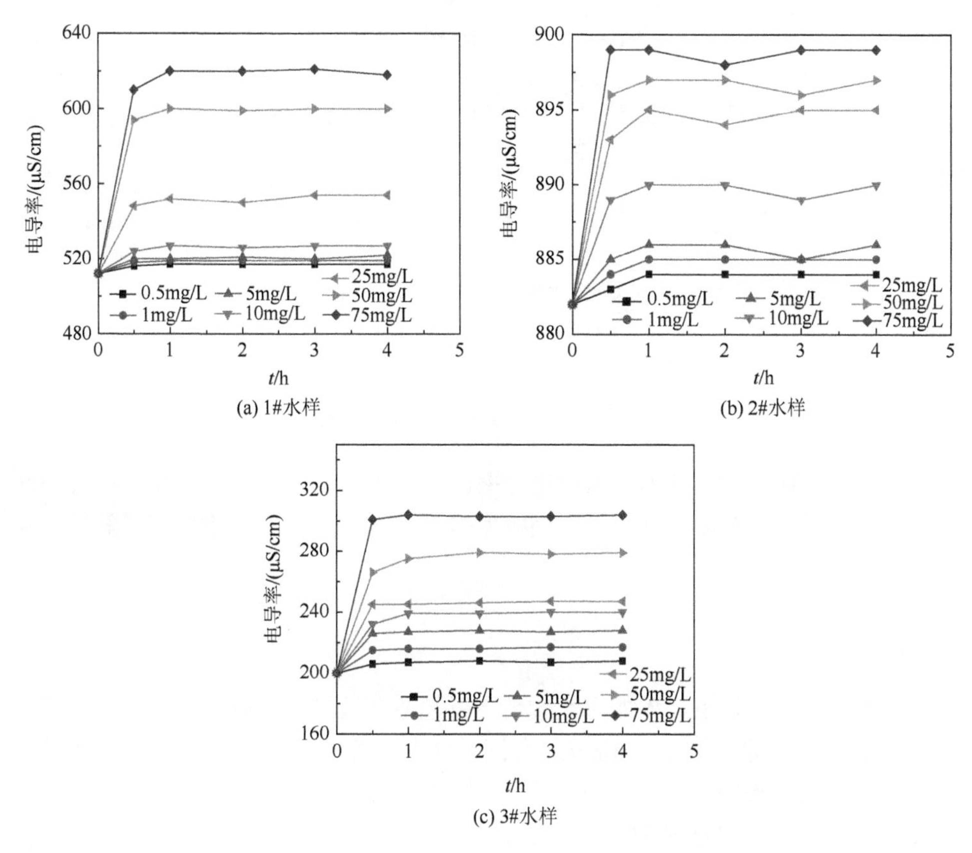

(a) 1#水样　　(b) 2#水样

(c) 3#水样

图 8.5　添加次氯酸钙对水样电导率的影响

比较图 8.6 与图 8.5 可知，添加二氧化氯对电导率的影响小于添加次氯酸钙。以二氧化氯添加量为 5mg/L 为例，1#水样的电导率在初始值 494μS/cm 左右，添加二氧化氯对电导率的影响不大；2#水样的电导率由 882μS/cm 增大到 891μS/cm 后维持在一定水平；3#水样的电导率由 200μS/cm 增大到 218μS/cm 左右。

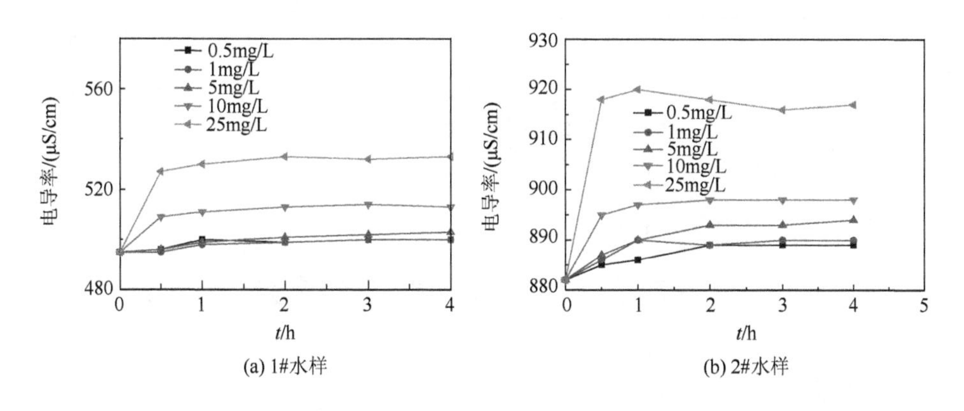

(a) 1#水样　　(b) 2#水样

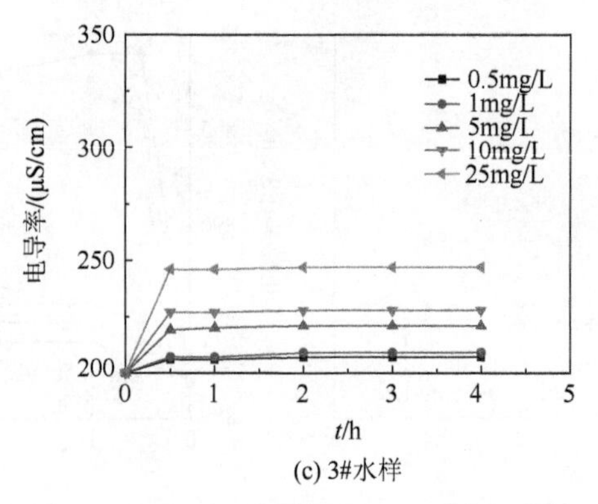

(c) 3#水样

图 8.6　添加二氧化氯对水样电导率的影响

与添加二氧化氯消毒剂对水样电导率的影响规律一致，添加次氯酸钙会引起水质电导率增大，添加二氧化氯会小幅度提高水样的电导率，添加次氯酸钙对水样电导率的影响更大。

4. 浊度的变化

由图 8.7 可以看出，添加次氯酸钙会引起浊度的增加，添加量越大，浊度升高越多。以次氯酸钙添加量 5mg/L 为例，1#水样的浊度由初始 0.3NTU 上升到 0.7NTU 左右；2#水样随着次氯酸钙添加量的增大，浊度也相应地提高，浊度由 0.4NTU 升高到 1.2NTU 左右；3#自来水由初始浊度 1.4NTU 提高到 2.0NTU 左右。添加次氯酸钙对浊度的影响大。

图 8.8 给出了二氧化氯对水样浊度的影响。添加二氧化氯对水样浊度的影响不大。1#水样的浊度基本在 0.4～0.6NTU 范围；2#水样的浊度维持在 0.4NTU 左右，3#自来水的浊度基本维持在 1.2NTU 左右，在二氧化氯添加量为 10mg/L、25mg/L 时，其对浊度的影响提高，水样浊度大于 3NTU，超出国标范围。

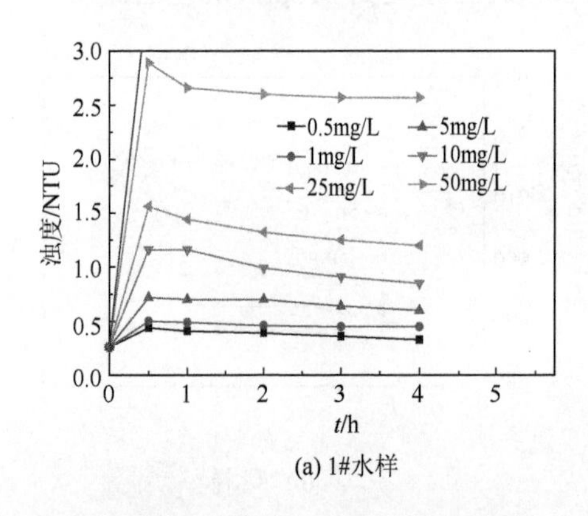

(a) 1#水样

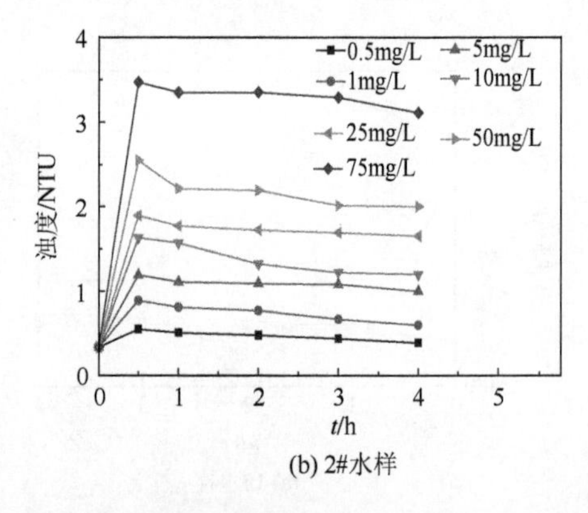

(b) 2#水样

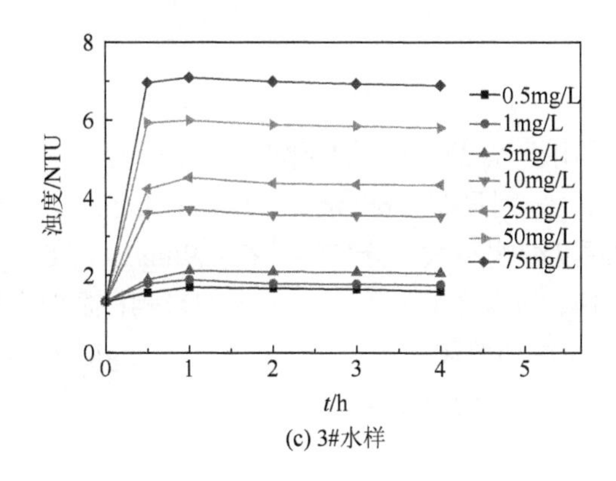

(c) 3#水样

图 8.7　添加次氯酸钙对水样浊度的影响

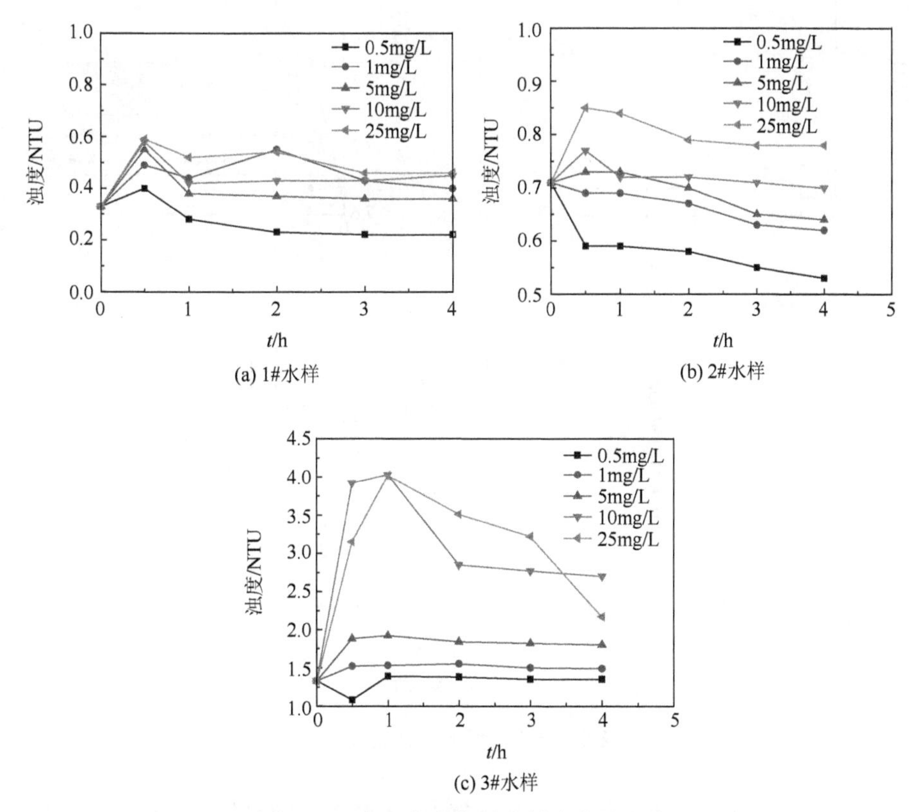

(c) 3#水样

图 8.8　添加二氧化氯对水样浊度的影响

与添加二氧化氯相比较，添加次氯酸钙对消毒过程中浊度的影响较大。在添加量在≤5mg/L 的范围内时，添加次氯酸钙与二氧化氯都使水样浊度增大，但都能维持在《生活饮用水卫生标准》(GB 5749—2006) 要求范围内。

5. 硬度的变化

由图 8.9 可以看出，以 25mg/L 次氯酸钙添加量为例，由于 1#、2#水样硬度（以 $CaCO_3$ 计）很低，分别只有 4.65mg/L、7.64mg/L 左右，因此添加次氯酸钙对 1#水样、2#水样的硬度影响不大，分别维持在 4.9mg/L、7.8mg/L 左右，可见添加次氯酸钙并没有对 1#、2#水样的硬度引起很大的影响；添加次氯酸钙对 3#自来水硬度的影响稍微明显，由初始硬度 56mg/L 升高到 60mg/L 左右，但总体影响不大，因此添加次氯酸钙对水质的硬度影响较小。

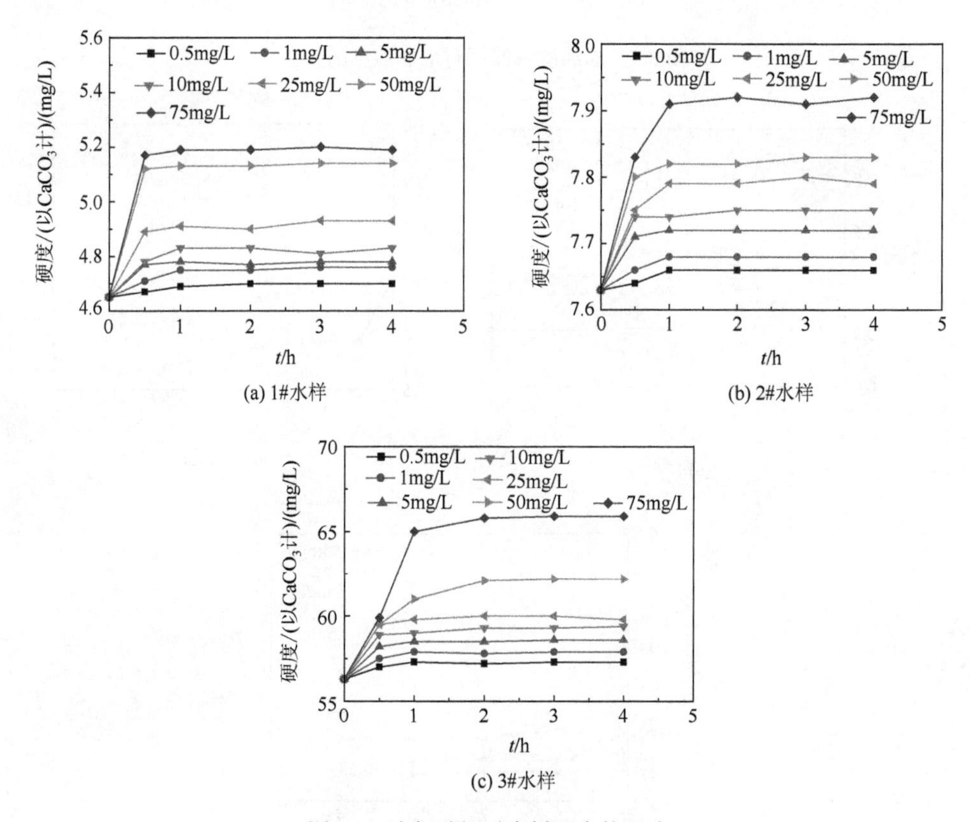

图 8.9　次氯酸钙对水样硬度的影响

由图 8.10 可以看出，添加二氧化氯对 1#水样、2#水样和 3#自来水的影响不明显，1#水样的硬度基本维持在 4.8mg/L，2#水样与初始硬度差别不大，在二氧化氯添加量大于等于 5mg/L 时，硬度维持在 5mg/L 左右，3#自来水的硬度基本维持在 57.5mg/L 以上（以 5mg/L 为例），因此添加二氧化氯对硬度的影响不明显。

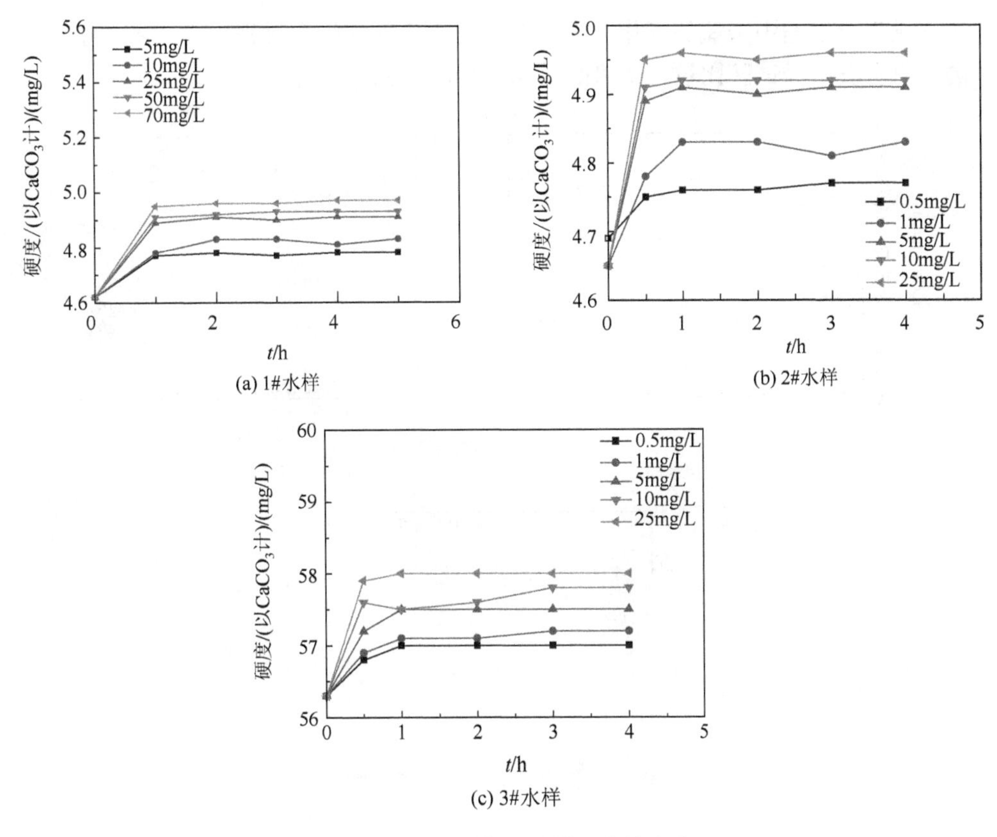

(a) 1#水样

(b) 2#水样

(c) 3#水样

图 8.10　二氧化氯对水样硬度的影响

次氯酸钙消毒与二氧化氯消毒过程相比，次氯酸钙对硬度的影响大于二氧化氯，但两者影响都不大，添加消毒剂后水的硬度基本维持在初始硬度范围附近。

6. 余氯的变化

由图 8.11 可以看出，添加次氯酸钙会导致水体中余氯浓度明显提高，对 1#水样、2#水样和 3#自来水水样，次氯酸钙添加量≤5mg/L 时，余氯浓度为 1～2mg/L；随着添加量增加，水中的余氯含量相应提高，在次氯酸钙添加量为 25mg/L、50mg/L 和 70mg/L 时，水中余氯含量迅速增加，都大于 5mg/L，超过国家《生活饮用水卫生标准》要求。因此在进行次氯酸钙消毒时，应根据水量对次氯酸钙添加量进行计算，进而控制水体中余氯的含量及其变化。

添加二氧化氯对余氯的影响如图 8.12 所示，随着二氧化氯添加量的增大，余氯呈逐渐减少趋势，最终稳定在一定的浓度范围内。

次氯酸钙消毒与二氧化氯消毒相比较，控制水体中余氯含量主要考虑的是次氯酸钙消毒过程中余氯的变化，因此在进行次氯酸钙消毒过程中需要考虑水体中的余氯含量，经试验比较，次氯酸钙添加量应≤5mg/L。

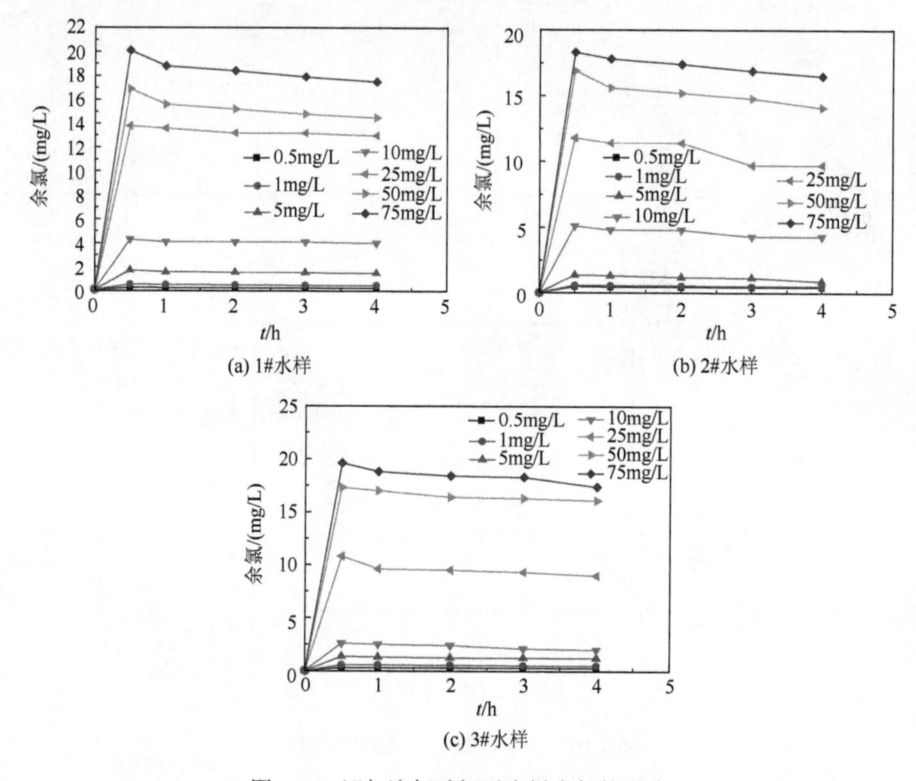

(a) 1#水样　(b) 2#水样　(c) 3#水样

图 8.11　添加次氯酸钙对水样余氯的影响

7. 细菌数变化

研究次氯酸钙和二氧化氯对两种反渗透水和自来水的消毒效果，消毒效果以细菌数表示。

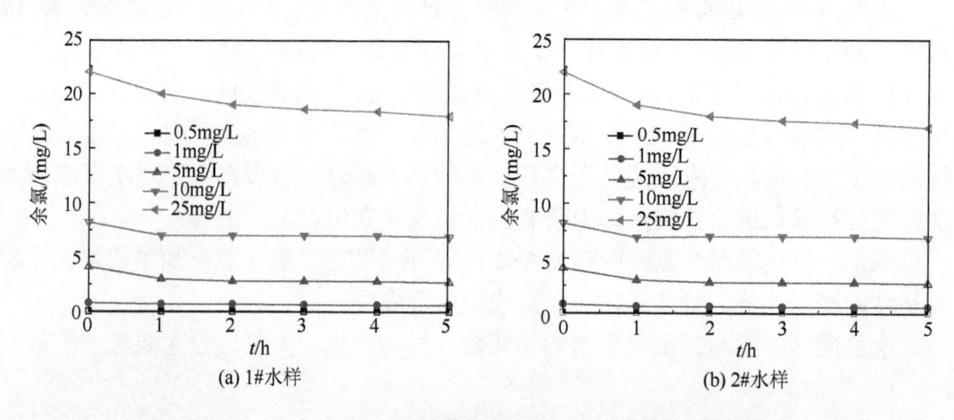

(a) 1#水样　(b) 2#水样

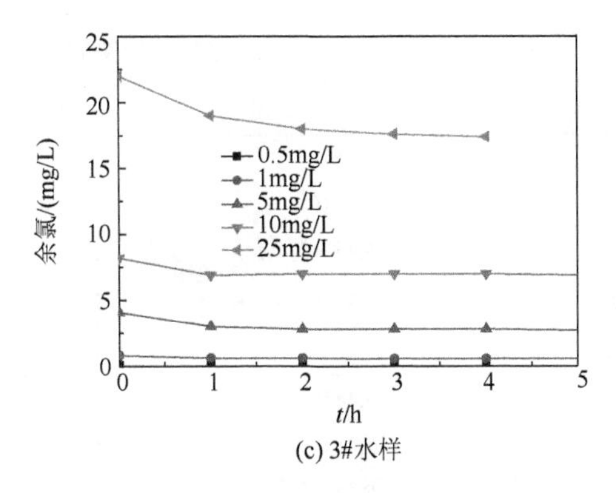

(c) 3#水样

图 8.12　添加二氧化氯对水样余氯含量的影响

由表 8.2 可以看出，添加次氯酸钙，对 1#水样、2#水样和 3#自来水均能快速杀菌消毒，以 1#水样为例，在次氯酸钙添加量≥5mg/L 时，细菌数由 5.4×10^8CFU/L 迅速降低至 14CFU/L，细菌数等达到饮用水卫生标准要求，且次氯酸钙消毒能保证水体中的余氯浓度达标，保持水体的杀菌效果。

表 8.2　次氯酸钙对水样细菌数的影响

水样编号	次氯酸钙浓度/(mg/L)	处理前细菌数/(CFU/L)	消毒时间/h	处理后细菌数/(CFU/L)
1#	0.5	5.4×10^8	1	15660
	1	5.4×10^8	1	3540
	5	5.4×10^8	1	14
	10	5.4×10^8	1	16
	25	5.4×10^8	1	5
2#	0.5	5.4×10^8	1	16336
	1	5.4×10^8	1	3668
	5	5.4×10^8	1	20
	10	5.4×10^8	1	15
	25	5.4×10^8	1	4
3#	0.5	5.4×10^8	1	12035
	1	5.4×10^8	1	256
	5	5.4×10^8	1	16
	10	5.4×10^8	1	17
	25	5.4×10^8	1	6

由表 8.3 可见，二氧化氯能快速消毒，添加二氧化氯消毒过程中，1#水样、2#水样和 3#自来水消毒效果明显，以 1#水样为例，二氧化氯添加量≥1mg/L 时，水体中的细菌数由 5.4×10^8CFU/L 迅速降低至 11CFU/L，达到饮用水卫生标准要求。

表 8.3　二氧化氯对水样细菌数的影响

水样编号	次氯酸钙浓度/(mg/L)	处理前细菌数/(CFU/L)	消毒时间/h	处理后细菌数/(CFU/L)
1#	0.5	5.4×10^8	1	365
	1	5.4×10^8	1	11
	5	5.4×10^8	1	未检出
	10	5.4×10^8	1	未检出
	25	5.4×10^8	1	未检出
2#	0.5	5.4×10^8	1	436
	1	5.4×10^8	1	15
	5	5.4×10^8	1	未检出
	10	5.4×10^8	1	未检出
	25	5.4×10^8	1	未检出
3#	0.5	5.4×10^8	1	560
	1	5.4×10^8	1	23
	5	5.4×10^8	1	未检出
	10	5.4×10^8	1	未检出
	25	5.4×10^8	1	未检出

次氯酸钙消毒和二氧化氯消毒相比较，二氧化氯消毒迅速，但水体中没有余氯，不利于消毒后水质储存，而次氯酸钙消毒过程中水体中有余氯，保证了水质的消毒效果。因此在次氯酸钙添加量≥5mg/L 时，消毒效果显著，在二氧化氯添加量≥1mg/L 时，消毒效果显著。

8. 大肠杆菌变化

研究次氯酸钙（表 8.4）和二氧化氯（表 8.5）对两种反渗透水和自来水消毒效果的影响，消毒效果以消毒质控菌大肠杆菌 CGMCC 1.3373 的数目表示。

表 8.4　次氯酸钙对水样大肠杆菌的影响

投加次氯酸钙浓度/(mg/L)	大肠杆菌数(消毒前)/(CFU/L)	消毒时间/h	大肠杆菌数(消毒后)/(CFU/L)
0.5	5.4×10^8	1	325
1	5.4×10^8	1	86
5	5.4×10^8	1	未检出
10	5.4×10^8	1	未检出
25	5.4×10^8	1	未检出
50	5.4×10^8	1	未检出
75	5.4×10^8	1	未检出

表 8.5　二氧化氯对水样大肠杆菌的影响

投加二氧化氯浓度/(mg/L)	大肠杆菌数(消毒前)/(CFU/L)	消毒时间/h	大肠杆菌数(消毒后)/(CFU/L)
0.5	5.4×10^{8}	1	69
1	5.4×10^{8}	1	未检出
5	5.4×10^{8}	1	未检出
10	5.4×10^{8}	1	未检出
25	5.4×10^{8}	1	未检出
50	5.4×10^{8}	1	未检出
75	5.4×10^{8}	1	未检出

由表 8.4 可以看出，选取大肠杆菌 CGMCC 1.3373 为消毒对象，添加次氯酸钙，对水样能快速杀菌消毒，在次氯酸钙添加量≥5mg/L 时，大肠杆菌数目由 5.4×10^{8}CFU/L 迅速降低至未检出，大肠杆菌数目达到饮用水卫生标准要求，且次氯酸钙消毒能保证水体中的余氯浓度，保持水体的杀菌效果。

二氧化氯能快速消毒（表 8.5），添加二氧化氯的消毒过程中，水样消毒效果明显，二氧化氯添加量≥1mg/L 时，1h 后，水体中的大肠杆菌数目由 5.4×10^{8}CFU/L 迅速降低至“未检出”状态，达到饮用水卫生标准要求。

次氯酸钙消毒和二氧化氯消毒相比较，二氧化氯消毒迅速，但水体中没有余氯，不利于消毒后水质储存，而次氯酸钙消毒过程中水体中有余氯，保证了水质的消毒效果。在次氯酸钙添加量≥5mg/L 时，消毒效果好，在二氧化氯添加量≥1mg/L 时，消毒效果较好。

8.2.2　储水时间与淡化水水质变化的相关性

常温下，添加次氯酸钙和二氧化氯对水样进行消毒，消毒后水样的水质随着储存时间的延长而变化，如图 8.13 所示。次氯酸钙和二氧化氯投加量为 1mg/L、5mg/L，TDS、电导率、硬度的变化与添加量呈正相关。添加次氯酸钙水质 pH 呈上升趋势，添加二氧化氯水质 pH 呈下降趋势；两种消毒剂对水质浊度稳定值影响不大；二氧化氯添加量的多与少都不能保持水中余氯，次氯酸钙添加量与余氯浓度、保持时间呈正相关性。大肠杆菌在 1h 后降低至 1CFU/L，达到饮用水卫生标准，见表 8.6。同时，水样在储存过程中，随着水中余氯的减少，出现微生物的复苏现象，28h 后，5mg/L 添加量的水中大肠杆菌数目为 1CFU/L，1mg/L 添加量水样中大肠杆菌数目是 5～6CFU/L，超出国家饮用水卫生标准。

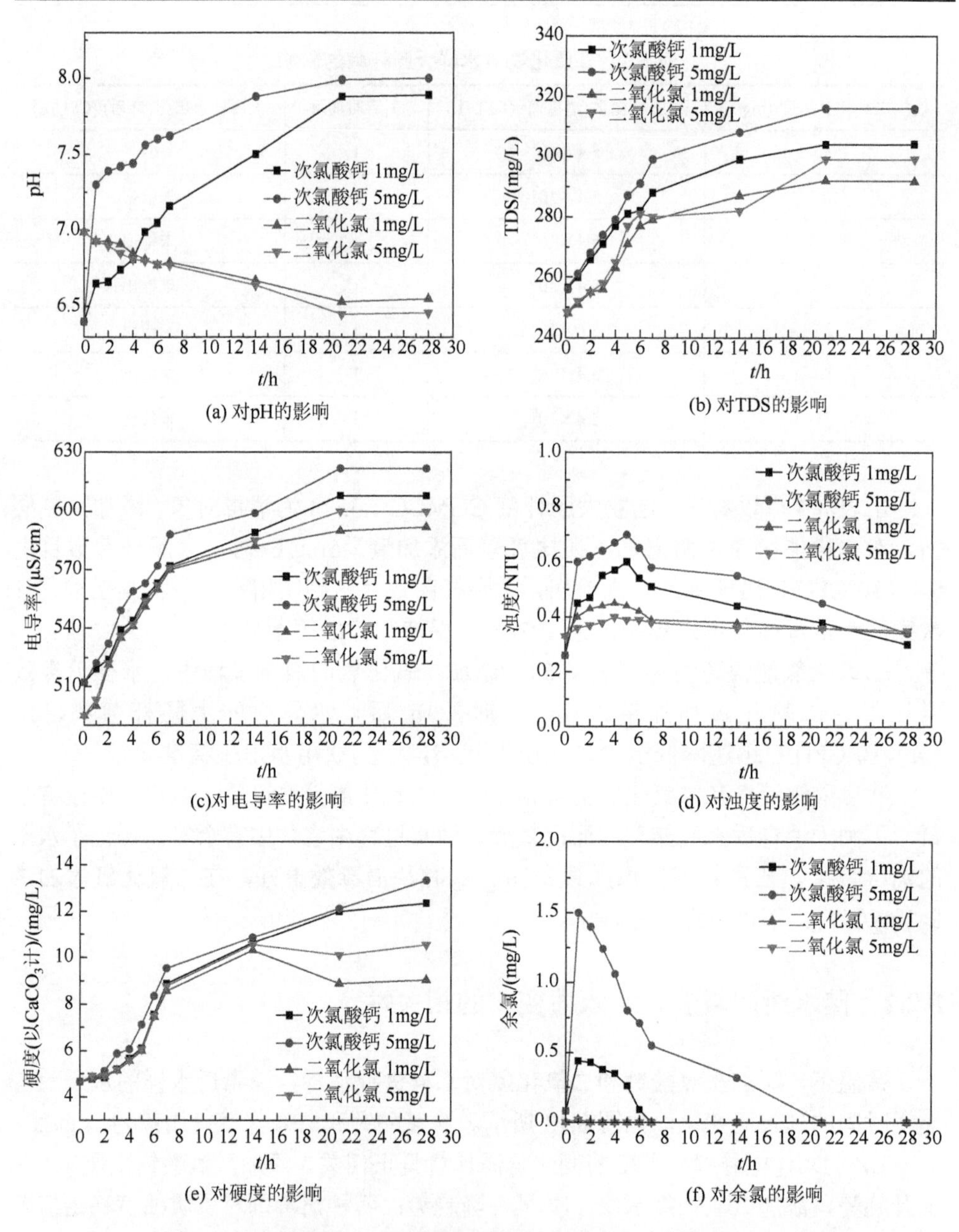

(a) 对pH的影响　　(b) 对TDS的影响

(c)对电导率的影响　　(d) 对浊度的影响

(e) 对硬度的影响　　(f) 对余氯的影响

图 8.13　次氯酸钙和二氧化氯消毒随时间对水样典型参数的影响

表 8.6　次氯酸钙和二氧化氯消毒时间对大肠杆菌数目的影响

投加次氯酸钙浓度/(mg/L)	消毒后时间/h	大肠杆菌数/(CFU/L)
1	1	未检出
	2	未检出

续表

投加次氯酸钙浓度/(mg/L)	消毒后时间/h	大肠杆菌数/(CFU/L)
1	3	未检出
	4	未检出
	5	未检出
	6	未检出
	7	未检出
	14	未检出
	21	未检出
	28	1
5	1	未检出
	2	未检出
	3	未检出
	4	未检出
	5	未检出
	6	未检出
	7	未检出
	14	未检出
	21	未检出
	28	5～6
投加二氧化氯浓度（mg/L）	消毒后时间/h	大肠杆菌数/(CFU/L)
1	1	未检出
	2	未检出
	3	未检出
	4	未检出
	5	未检出
	6	未检出
	7	未检出
	14	未检出
	21	未检出
	28	2~3
5	1	未检出
	2	未检出
	3	未检出
	4	未检出
	5	未检出
	6	未检出

续表

投加二氧化氯浓度/(mg/L)	消毒后时间/h	大肠杆菌数/(CFU/L)
5	7	未检出
	14	未检出
	21	未检出
	28	5～6

8.2.3 初始大肠杆菌数目与消毒方式的相关性

试验用容器、工具经消毒处理，取反渗透水三份，各 300mL，投入大肠杆菌数分别为 5.4×10^4CFU/L、5.4×10^6CFU/L、5.4×10^8CFU/L，分别加入次氯酸钙 0.5mg/L，控制有效余氯在 0.05～0.3mg/L 之间，按照作用时间 1h、2h 和 3h 进行消毒效果的对比。

由图 8.14 可以看出，在初始大肠杆菌数目分别为 5.4×10^4CFU/L、5.4×10^6CFU/L、5.4×10^8CFU/L 时，当次氯酸钙添加量为 0.5mg/L，pH、TDS、电导率、浊度、硬度、余氯维持在一定的范围内，没有明显区别。

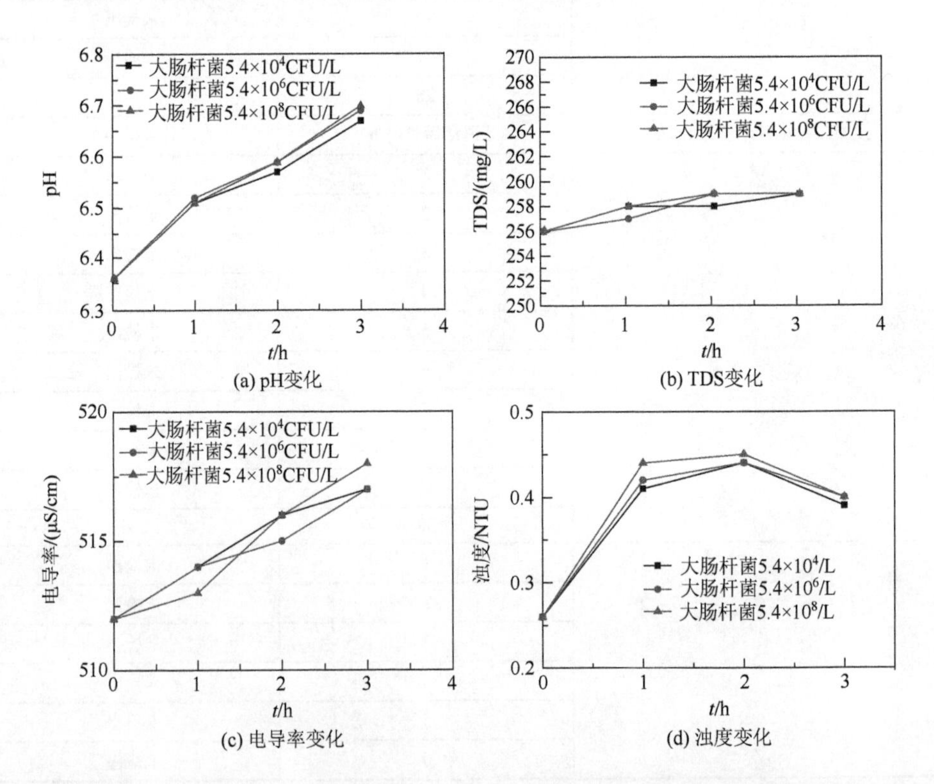

(a) pH变化 (b) TDS变化

(c) 电导率变化 (d) 浊度变化

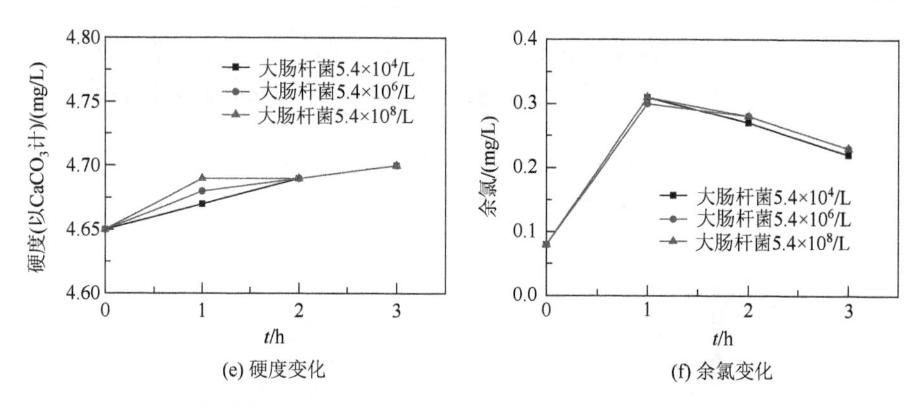

(e) 硬度变化　　(f) 余氯变化

图 8.14　在不同初始大肠杆菌数目下次氯酸钙消毒后水质随时间的变化

如表 8.7 所示，大肠杆菌初始量为 5.4×10^4CFU/L 时，消毒 1h 后水中大肠杆菌数量为“未检出”，达到饮用水卫生标准要求；大肠杆菌初始量为 5.4×10^6 时，消毒 2h 后水中大肠杆菌数目为 1CFU/L，达到饮用水卫生标准要求；大肠杆菌初始量为 5.4×10^8 时，消毒 3h 后水中大肠杆菌数目为 2CFU/L，达到饮用水卫生标准要求。以上说明对大肠杆菌的杀灭需要一定的时间，而时间过长余氯量会衰减，需要定期对余氯进行测量，以便控制水中大肠杆菌的数目。

表 8.7　在不同初始大肠杆菌数目下次氯酸钙消毒后大肠杆菌数目随时间变化

不同大肠杆菌初始数目/(CFU/L)	消毒后时间/h	大肠杆菌数/(CFU/L)
5.4×10^8	1	360
	2	23
	3	2
5.4×10^6	1	54
	2	1
	3	未检出
5.4×10^4	1	未检出
	2	未检出
	3	未检出

8.2.4　次氯酸钙消毒衰减特性

取反渗透水 1000mL，加入次氯酸钙至初始浓度为 1mg/L，放置 12min、24min、48min、72min、96min、120min，检测余氯，绘制余氯变化曲线。如图 8.15 所示，在次氯酸钙添加量为 1mg/L 时，余氯值在 24min 内迅速增大，最大浓度达 0.45mg/L，经过先增大后减小的过程，在 120min 后余氯浓度为 0.09mg/L，达到饮用水卫生标准要求。因此，在船舶水质检测规定中，要求添加消毒剂 30min 后再测量余氯。

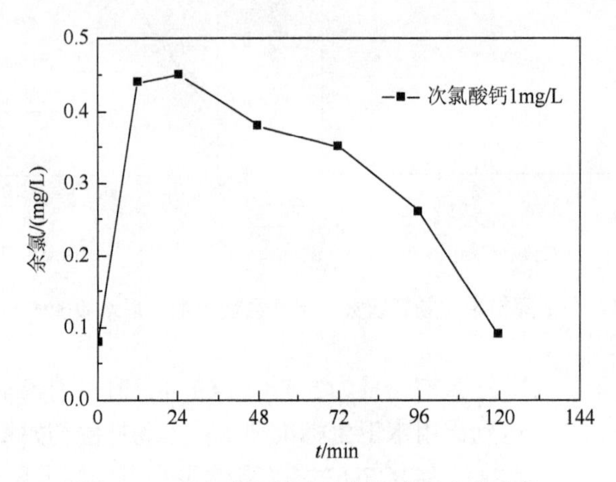

图 8.15　次氯酸钙消毒过程中余氯变化曲线

8.2.5　紫外线剂量对消毒效果的影响

在 40W 功率消毒器、同样照射时间下，比较紫外线剂量对消毒水质的影响，确定优化的紫外线消毒剂量，见图 8.16。在不同的紫外线剂量作用下，水的 pH、电导率、浊度变化不大，其变化趋势一致。在 250～300min，pH 稳定在 6.5 左右，电导率维持在 530μS/cm 左右，浊度在 0.5NTU 左右。

如图 8.17 所示，不同的紫外线剂量对细菌和大肠杆菌的消毒效果均明显，在紫外线剂量为 5mJ/cm^2 时，细菌和大肠杆菌在 30min 时下降到 2CFU/L，1h 后细菌和大肠杆菌数目为 0CFU/L，达到生活饮用水卫生标准要求。从节能的角度衡量，最佳紫外线剂量为 5mJ/cm^2。

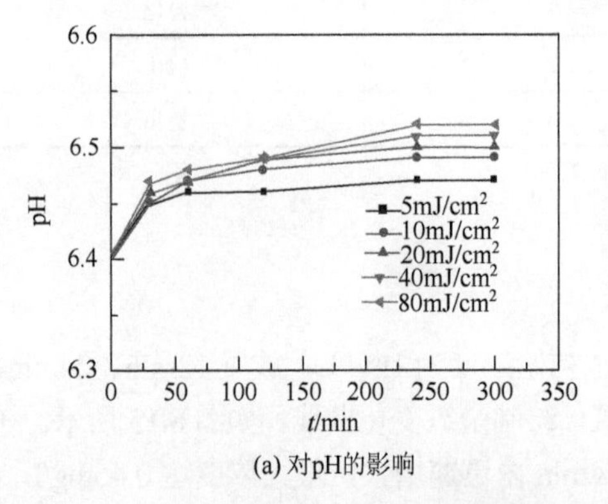

(a) 对pH的影响

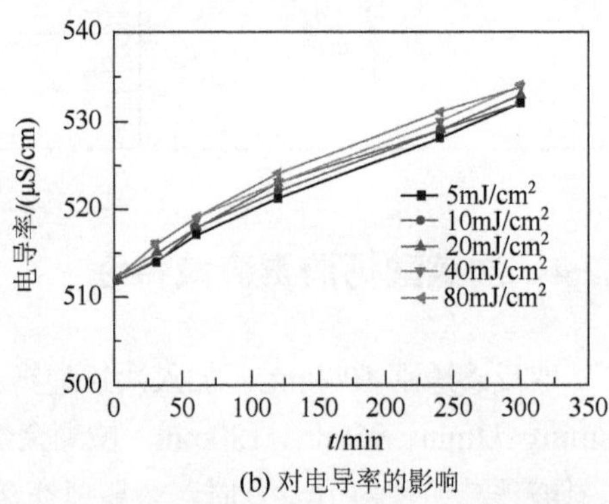

(b) 对电导率的影响

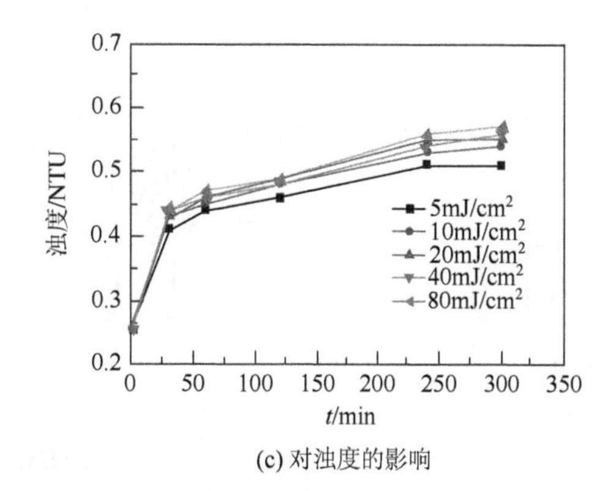

(c) 对浊度的影响

图 8.16　紫外线剂量对消毒水水质主要参数的影响

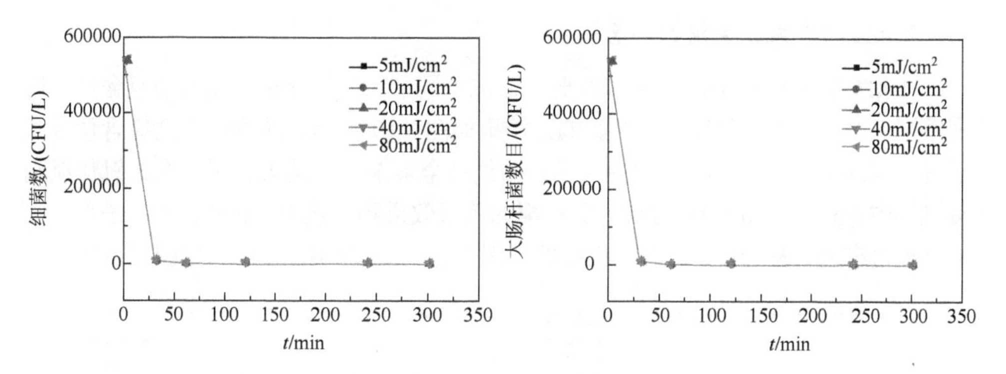

图 8.17　不同剂量紫外线对细菌和大肠杆菌的杀灭效果

8.2.6　pH 对消毒效果的影响

设定不同淡化水初始 pH，比较次氯酸钙和二氧化氯消毒方式的效果。取反渗透装置产水 5 份各 100mL，通过氢氧化钠调节 pH，添加次氯酸钙 0.5mg/L，确定有效余氯 0.25mg/L，对比作用时间 5min、10min、15min、30min 后的有效余氯、菌群数量。

1. pH 对次氯酸钙消毒的影响

在 pH 分别为 5、6、7、8 和 9 时，添加次氯酸钙，研究 pH 不同时余氯和菌群数量的变化，结果如图 8.18 所示。随着 pH 的增大，余氯逐渐减少，由 0.31mg/L 降低至 0.16mg/L，同时大肠杆菌数增多。消毒效果随着 pH 的增大而降低，这是因为次氯酸钙消毒起作用的是 HClO，HClO 来自次氯酸钙水解，当 pH 偏酸性时，会有较多的 HClO，消毒效果较好；当 pH 偏碱性时，HClO 很少，消毒效果差。

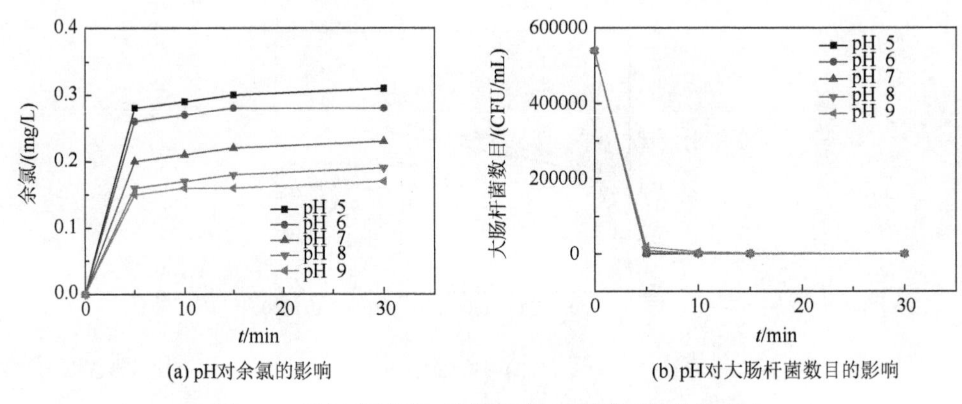

(a) pH对余氯的影响　(b) pH对大肠杆菌数目的影响

图 8.18　次氯酸钙添加量相同时 pH 对消毒效果的影响

2. pH 对二氧化氯消毒的影响

在 pH 分别为 5、6、7、8 和 9 时，添加不同剂量二氧化氯，测量余氯含量，研究不同 pH 对余氯和菌群数量的影响，结果如图 8.19 所示。达到一定余氯含量（大于等于 0.5mg/L）后，水样中的大肠杆菌能完全被杀灭。结果表明，在二氧化氯消毒过程中，pH 在 5.0～9.0 时对大肠杆菌的杀灭效果影响较小。有研究结果表明，二氧化氯可在 pH 为 3.0～9.0 内杀灭细菌，因为 pH 对二氧化氯的消毒效果影响较小。

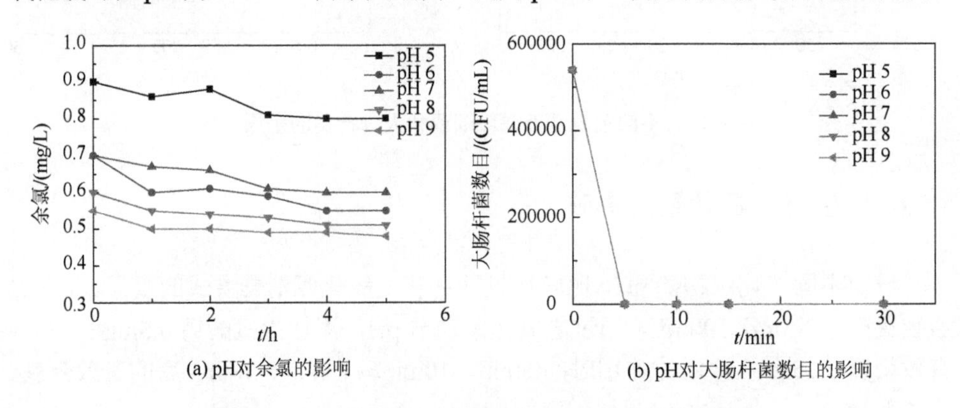

(a) pH对余氯的影响　(b) pH对大肠杆菌数目的影响

图 8.19　二氧化氯添加量相同时 pH 对消毒效果的影响

8.2.7　两种二氧化氯消毒剂的消毒效果比较

取 100mL 水样，分别加入消毒剂 1#（粉末状）和消毒剂 2#（片状），在相同的试验条件下，观察两种二氧化氯消毒剂的消毒效果并进行比较。两种消毒剂在消毒过程中 pH 的变化如图 8.20（a）所示。在消毒剂 1#和消毒剂 2#消毒过程中，TDS 没有太大差异，消毒剂 1#比消毒剂 2#的 TDS 略高[图 8.20（b）]，这是因为消毒剂 1#是粉末状，释放速率较快，所以 TDS 略高。

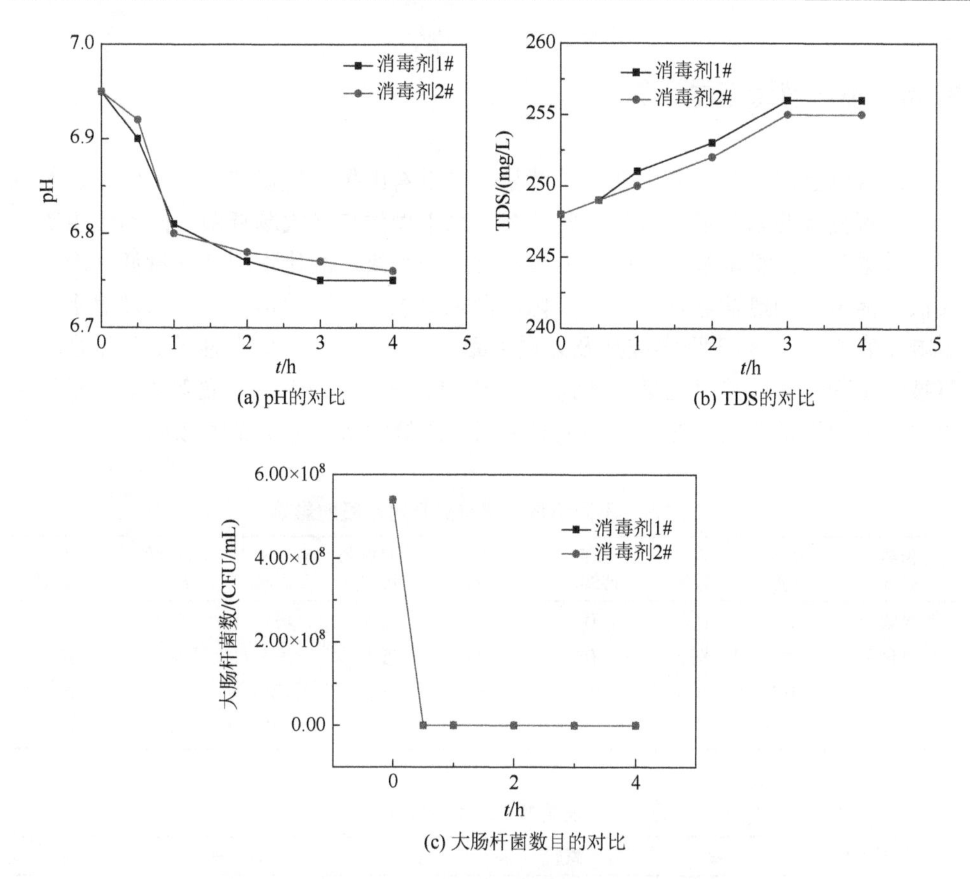

图 8.20　两种形状二氧化氯消毒剂消毒过程中水质对比

两种消毒剂在消毒过程中大肠杆菌的变化如图 8.20（c）所示，消毒剂 1#和消毒剂 2#的消毒效果是一致的，两者的大肠杆菌在 0.5h 时已经完全消除。因此得出结论，消毒剂 1#和消毒剂 2#在消毒过程中 pH 和 TDS 有轻微差异，但是它们的消毒效果是一致的。

通过对次氯酸钙、二氧化氯和紫外线的消毒效果进行试验，综合比较 pH、TDS、电导率、浊度、硬度、余氯、细菌数和大肠杆菌八个指标，确定次氯酸钙的最佳添加量为 5mg/L，二氧化氯的最佳添加量为 1mg/L，紫外线的最佳剂量为 5mJ/cm^2。在消毒衰减性试验中，在 24min 内余氯值迅速增大，最大浓度是 0.45mg/L，随后余氯浓度衰减，120h 后余氯基本检测不到，需要进行下一个阶段的添加，以保证消毒效果。pH 对消毒效果有影响，在次氯酸钙和二氧化氯消毒过程中，随着 pH 的增大，实际余氯逐渐减少，由 0.31mg/L 降低至 0.16mg/L，说明 pH 越大，余氯浓度越低，作用时间短，因此向水质中添加消毒剂次数增多。

8.2.8 不同消毒技术比较

综合以上消毒技术分析及消毒试验，可以看出氯（次氯酸、二氧化氯、氯气等）具有良好的杀菌消毒效果，紫外线对水中微生物（大肠杆菌、隐孢子虫等）杀菌效果明显。微电解技术由于依靠电解盐获得氯，淡化水中盐含量低，因此余氯低，需结合加氯消毒技术满足淡化水消毒要求。不同消毒技术特点及对水质的影响见表 8.8。船舶工程实施涉及装置可靠性、技术难度、安全性等。常见几种消毒技术工程实施性能对比见表 8.9。不同消毒方法对大肠杆菌、贾第虫、病毒等病原体杀灭效果是有差别的，消毒剂对不同病原体的效力分析见表 8.10。

表 8.8　不同消毒技术特点及对水质的影响

消毒技术	消毒性质	杀菌效果	杀菌持续性	对 pH 的影响	对 TDS 的影响	对浊度的影响	对硬度的影响	余氯（二氧化氯）
次氯酸钙	化学	良好	有	增大	增大	增大	增大	有
二氧化氯	化学	良好	有	减小	增大	增大	无	有
紫外线技术	物理	良好	无	无	无	无	无	无
微电解技术	化学		有		无	无	无	有

表 8.9　消毒技术工程实施性能对比

实施性能	氯	氯胺	臭氧	二氧化氯	紫外线
装置可靠性	好	好	好	好	一般
技术难度	易	易	较难	一般	一般
安全性	不定	一般	一般	高	低
杀菌能力	好	好	好	好	好
副产品对身体伤害	高	一般	一般	一般	无
持续时间	长	长	无	一般	无
pH 影响	强	一般	弱	弱	无
过程控制	成熟	成熟	成熟	发展中	发展中
设备维护成本	低	中等	高	中等	中等

表 8.10　消毒剂对不同病原体的效力分析

消毒剂	消灭微生物能力		
	大肠杆菌	贾第虫	病毒
氯	非常有效	一般	非常有效
臭氧	非常有效	非常有效	非常有效
氯胺	非常有效	一般	一般

续表

消毒剂	消灭微生物能力		
	大肠杆菌	贾第虫	病毒
二氧化氯	非常有效	一般	非常有效
紫外线	非常有效	非常有效	一般

综合以上消毒技术，可以看出，对于不同水源水质、污染状态，消毒效果各有特点，针对船舶淡化水特点及使用情况，宜采用综合消毒措施，通过物理、化学消毒技术的综合运用，如氯化消毒结合紫外线杀灭、氯化与微电解消毒，保证用水安全。

8.3　不同消毒方式工程模拟试验

在岸基建设海水淡化试验系统，在试验系统上进行不同消毒方式的消毒效果对比工程模拟试验。

8.3.1　次氯酸钙消毒试验

我国《生活饮用水卫生标准》（GB 5749—2006）规定，消毒用的氯气和水的接触时间应该大于等于 30min，出厂水的余氯限值为 4mg/L，出厂水中余氯的余量不低于 0.34mg/L，管网末端水中余氯应大于 0.05mg/L。

1. 次氯酸钙消毒剂配制及有效性

在消毒溶药罐中配制约为 6g/L 的次氯酸钙溶液，每天定点测量一次有效氯含量，测量一周得到相关试验数据，并绘制衰减曲线如图 8.21 所示。

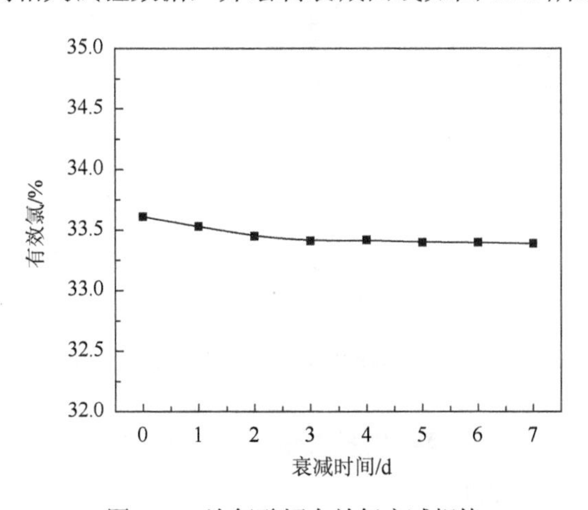

图 8.21　次氯酸钙有效氯衰减规律

通过图 8.21 可以看出，由于药罐为一相对密封且避光的环境，因此一周时间内次氯酸钙溶液有效氯含量的自然衰减并不明显，只有微量的变化。

2. 次氯酸钙投加量与淡化水初始余氯相关性

通过自动加药装置向 RO 产水管网投加 6g/L 的次氯酸钙溶液，设置 RO 产水流量为 7L/min，通过泵的开度调节次氯酸钙溶液投加流量，次氯酸钙溶液与产水混合后打入水箱内，控制初始余氯范围为 0.3～4mg/L，从而得到次氯酸钙投加量与余氯之间的关系，如表 8.11 所示，并拟合得到次氯酸钙投加量与余氯的关系曲线，如图 8.22 所示。

表 8.11　水箱中初始余氯变化

序号	次氯酸钙投加量/(mg/L)	余氯/(mg/L)	TDS/(mg/L)	pH	浊度/NTU
1	0.60	0.33	1.58	7.64	0.22
2	1.46	0.75	2.21	7.43	0.5
3	2.08	1.1	2.83	7.63	0.59
4	4.01	1.84	4.18	7.98	0.2
5	6.4	3.14	6.36	8.75	0.34
6	8.08	3.8	7.72	9.08	0.22

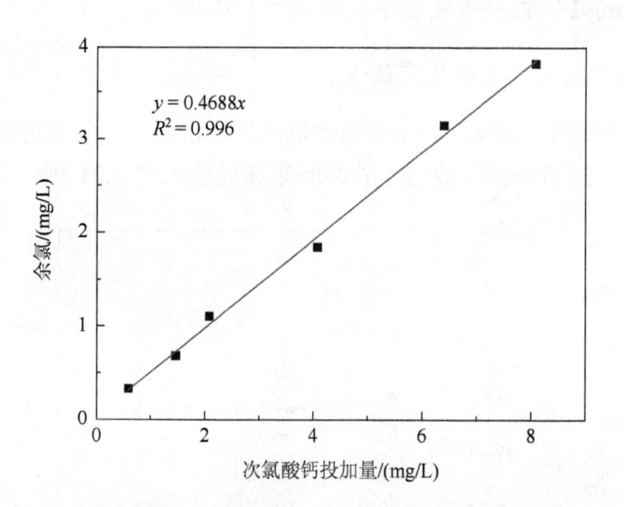

图 8.22　次氯酸钙投加量与初始余氯关系

从图 8.22 可以看出，次氯酸钙投加量（y）与初始余氯（x）之间呈线性关系，$y=0.4688x$，线性相关度为 0.996。

3. 水箱中初始余氯衰减规律

分别配制好初始余氯为 0.68mg/L、1.14mg/L、2.0mg/L、4.1mg/L 的二级产水溶液于密封的水箱内，考察不同初始余氯下余氯自然衰减的规律，结果如图 8.23 所示。在密闭环境下，余氯自然衰减比较缓慢，保存时间在半月或半月以上余氯都未跌至 0.3mg/L 以下。

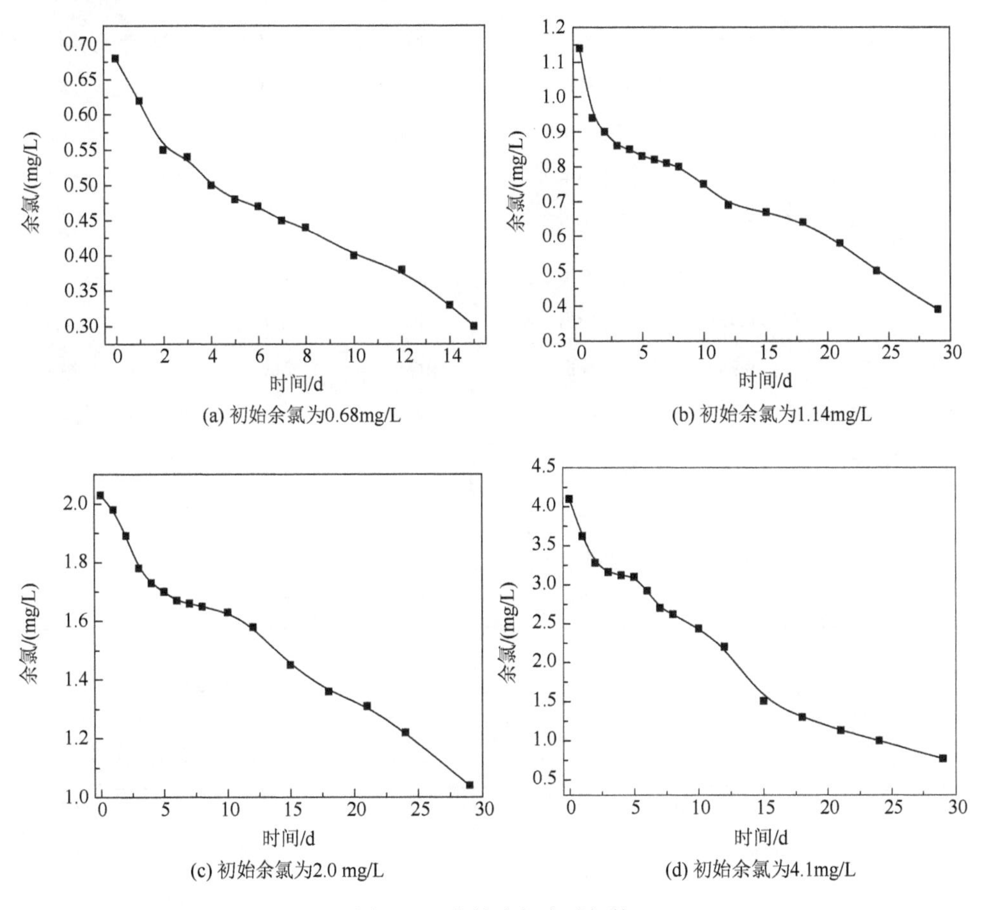

图 8.23　水箱余氯衰减规律

4. 水箱消毒效果

在水箱中配制好初始余氯分别为 4mg/L、0.7mg/L、0.3mg/L 的二级 RO 产水溶液，再向水箱中投加大肠杆菌，使得水箱内大肠杆菌含量约为 10^5CFU/100mL，30min 后检测水中菌落总数及总大肠杆菌数，检验其杀菌效果，并分析水箱中水质变化情况。初始余氯为4mg/L时水箱消毒效果见表8.12，衰减规律曲线见图8.24。初始余氯为0.7mg/L、0.3mg/L时水箱消毒效果见表8.13。

表8.12　初始余氯为4mg/L时水箱消毒效果及变化规律

序号	时间	余氯/(mg/L)	菌落总数/(CFU/mL)	总大肠菌群/(CFU/100mL)	pH	浊度/NTU	TDS/(mg/L)
1	0	3.92	—	10^5	8.2	0.48	28.8
2	30min	3.54	未检出	未检出	7.97	0.43	28.5
3	1d	2.54	未检出	未检出	7.73	0.21	28.4
4	2d	2.03	未检出	未检出	6.85	0.3	28.4
5	3d	1.50	未检出	未检出	6.84	0.2	28.9
6	4d	1.26	未检出	未检出	6.5	0.25	30
7	5d	1.04	未检出	未检出	6.49	0.23	31.6
8	6d	0.97	未检出	未检出	6.86	0.18	28.9
9	7d	0.86	未检出	未检出	7.00	0.13	29.7
10	8d	0.71	未检出	未检出	7.03	0.09	29.0
11	9d	0.60	未检出	未检出	7.01	0.09	29.0
12	10d	0.49	未检出	未检出	7.12	0.10	29.0
13	11d	0.41	未检出	未检出	7.21	0.12	29.1
14	12d	0.31	未检出	未检出	7.42	0.18	32.7

表8.13　初始余氯为0.7mg/L、0.3mg/L时水箱消毒效果及变化规律

序号	余氯初始值/(mg/L)	时间	余氯/(mg/L)	菌落总数/(CFU/mL)	总大肠菌群/(CFU/100mL)	pH	浊度/NTU	TDS/(mg/L)
1	0.7	0	0.78	—	10^5	6.34	0.44	37.2
2		30min	0.26	未检出	未检出	7.71	0.33	33.7
3	0.3	0	0.27	—	10^5	6.87	0.21	22.4
4		30min	<0.02	165	2	8.13	0.13	22.7

根据表8.12、表8.13的数据可知，当初始余氯在4mg/L、0.7mg/L时，30min后可以将10^5的大肠杆菌杀灭完全，而当初始余氯在0.3mg/L时，30min后水中余氯基本为零，大肠杆菌及菌落总数都还有残余，杀毒效果并不理想，初始余氯为0.3mg/L时不能有效保证饮用水的安全。

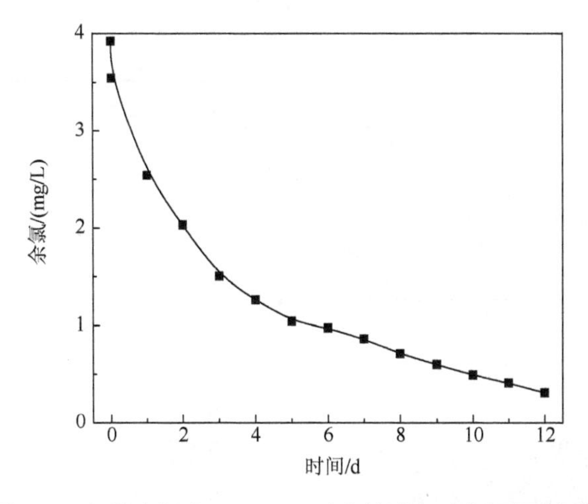

图 8.24　初始余氯为 3.92mg/L 时水箱消毒后余氯衰减规律

5. 储水箱循环消毒试验

初始余氯为 0.7mg/L 时，水箱中投加约 10^5CFU/100mL 的大肠杆菌，水箱中余氯衰减至 0.3mg/L 时继续投加消毒剂至余氯为 0.7mg/L，并循环投加若干次，2 周后取水样检测消毒副产物，结果见表 8.14。循环投加消毒剂的余氯衰减规律见表 8.15，可以看出，随着时间的延长和消毒剂累积量的增加，余氯衰减速度越来越慢，添加消毒剂时间间隔越来越长。

表 8.14　循环投加次氯酸钙消毒副产物

序号	指标	检测结果/(mg/L)	GB 5749—2006 限值/(mg/L)
1	二氯乙酸	0.0110	0.05
2	1, 2-二氯乙烷	未检出（＜0.00006）	0.03
3	二氯甲烷	未检出（＜0.00003）	0.02
4	三氯甲烷	0.0227	0.06
5	1, 1, 1-三氯乙烷	未检出（＜0.00008）	2
6	三氯乙酸	0.0127	0.1
7	硝酸盐（以 N 计）	0.12	10

表 8.15　循环投加消毒剂的余氯衰减规律

投加时间	序号	时间	余氯/(mg/L)
第一次循环投加	1	0	0.78
	2	30min	0.26

续表

投加时间	序号	时间	余氯/(mg/L)
第二次循环投加	3	0	0.76
	4	1d	0.29
	5	2d	0.36
	6	3d	0.22
第三次循环投加	7	0	0.92
	8	1d	0.71
	9	2d	0.64
	10	3d	0.53
	11	4d	0.43
	12	5d	0.36
	13	6d	0.28
第四次循环投加	14	0	0.87
	15	1d	0.73
	16	2d	0.63

由试验结果可以看出，对长期存储的饮用水，采用次氯酸钙（钠）进行循环消毒，其副产物浓度远低于《生活饮用水卫生标准》（GB 5749—2006）要求，说明次氯酸钙（钠）消毒处理的饮用水长期存储饮用是安全的。

8.3.2　次氯酸钠消毒试验

以次氯酸钠为消毒剂，在水箱中配制好初始余氯分别为 4mg/L、0.7mg/L、0.3mg/L 的二级 RO 产水溶液，再向水箱中投加大肠杆菌，使得水箱内大肠杆菌含量约为 10^5CFU/100mL，30min 后检测水中菌落总数及总大肠杆菌数，检验其杀菌效果，并分析水箱中水质变化情况，初始余氯为 4mg/L 时水箱消毒效果及变化规律见表 8.16，变化曲线见图 8.25。

表 8.16　初始余氯为 4mg/L 时水箱消毒效果及变化规律

序号	时间	余氯/(mg/L)	菌落总数/(CFU/mL)	总大肠菌群/(CFU/100mL)	pH	浊度/NTU	TDS/(mg/L)
1	0	4	—	10^5	7.42	0.44	7.79
2	30min	3.54	未检出	未检出	7.33	0.63	8.53
3	1d	2.84	未检出	未检出	6.97	0.32	8.66

续表

序号	时间	余氯/(mg/L)	菌落总数/(CFU/mL)	总大肠菌群/(CFU/100mL)	pH	浊度/NTU	TDS/(mg/L)
4	2d	2.38	未检出	未检出	6.81	0.14	8.73
5	3d	2.10	未检出	未检出	6.53	0.18	8.92
6	4d	1.9	未检出	未检出	6.47	0.11	8.93
7	5d	1.79	未检出	未检出	6.50	0.13	9.73
8	6d	1.68	未检出	未检出	6.73	0.09	8.95
9	7d	1.59	未检出	未检出	6.61	0.13	9.01
10	8d	1.46	未检出	未检出	6.63	0.08	9.08
11	9d	1.29	未检出	未检出	6.61	0.10	9.16
12	10d	1.03	未检出	未检出	6.70	0.12	9.22
13	11d	0.9	未检出	未检出	7.02	0.08	9.33
14	12d	0.79	未检出	未检出	7.14	0.14	10.11

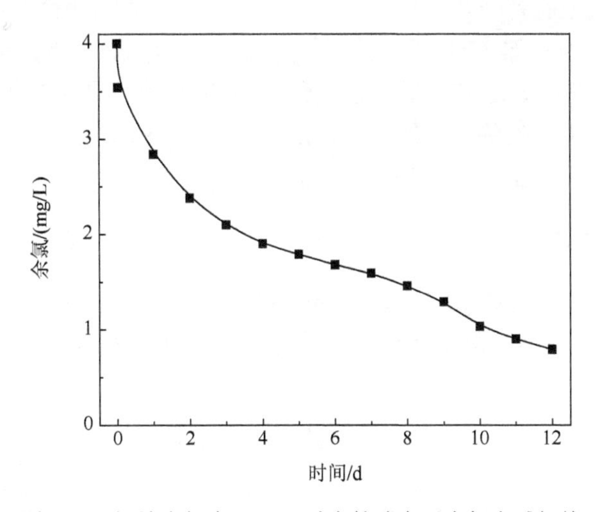

图 8.25　初始余氯为 4mg/L 时水箱消毒后余氯衰减规律

初始余氯为 0.7mg/L 和 0.3mg/L 时储水箱消毒效果及变化规律见表 8.17。根据表 8.16、表 8.17 数据可知，当初始余氯在 4mg/L、0.7mg/L 时，30min 后可以将 10^5CFU/100mL 的大肠杆菌杀灭完全，而当初始余氯在 0.3mg/L 时，30min 后水中余氯基本为零，大肠杆菌及菌落总数都还有残余，杀毒效果并不理想。相比较于次氯酸钙消毒剂，次氯酸钠在溶解性上要优于次氯酸钙，投加入水中所得浊度及 TDS 均要更低，使得余氯衰减要稍慢些。

表 8.17　初始余氯为 0.7mg/L 和 0.3mg/L 时储水箱消毒效果及变化规律

序号	初始余氯/(mg/L)	时间	余氯/(mg/L)	菌落总数/(CFU/mL)	总大肠菌群/(CFU/100mL)	pH	浊度/NTU	TDS/(mg/L)
1	0.7	0	0.68	—	10^5	7.09	0.38	11.81
2		30min	0.26	未检出	未检出	7.23	0.41	12.05
3	0.3	0	0.29	—	10^5	6.73	0.07	3.63
4		30min	<0.02	210	9	8.13	0.11	4.26

8.3.3　二氧化氯消毒试验

我国《生活饮用水卫生标准》（GB 5749—2006）规定，出厂水中二氧化氯含量限值为 0.1～0.8mg/L，管网末端二氧化氯余量大于 0.02mg/L。

1. 水箱初始二氧化氯衰减规律

取二氧化氯泡腾片一片（约为 1g），放入 1L 水中，测得二氧化氯含量约为 100mg/L，以此为标准在密闭的水箱内配制二氧化氯浓度分别为 0.2mg/L、0.4mg/L、0.6mg/L、0.8mg/L 的溶液并研究其衰减规律，衰减曲线结果见图 8.26。可以看出，二氧化氯的保存周期不长，浓度最高 0.8mg/L 的二氧化氯溶液最多也只能保存 5 天，5 天后二氧化氯即降至 0.1mg/L 以下。

2. 水箱消毒效果

水箱中投入大肠杆菌 10^5CFU/100mL，初始二氧化氯分别为 0.8mg/L、0.4mg/L、0.1mg/L 条件下，检测水箱中水质变化情况，结果见表 8.18。

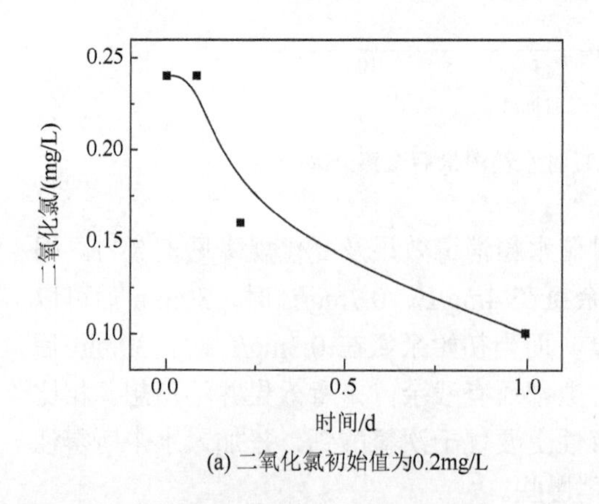

(a) 二氧化氯初始值为0.2mg/L

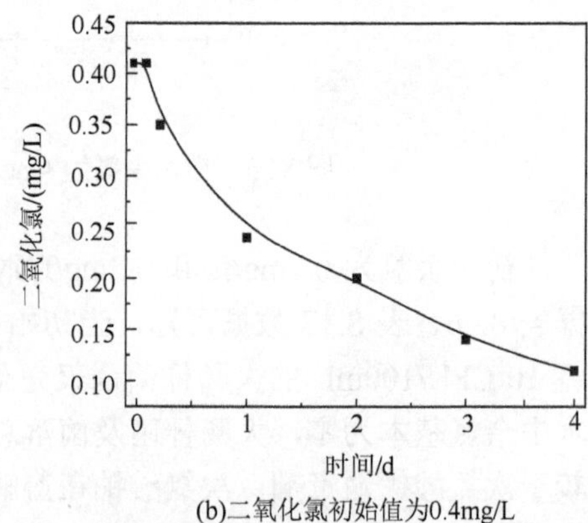

(b)二氧化氯初始值为0.4mg/L

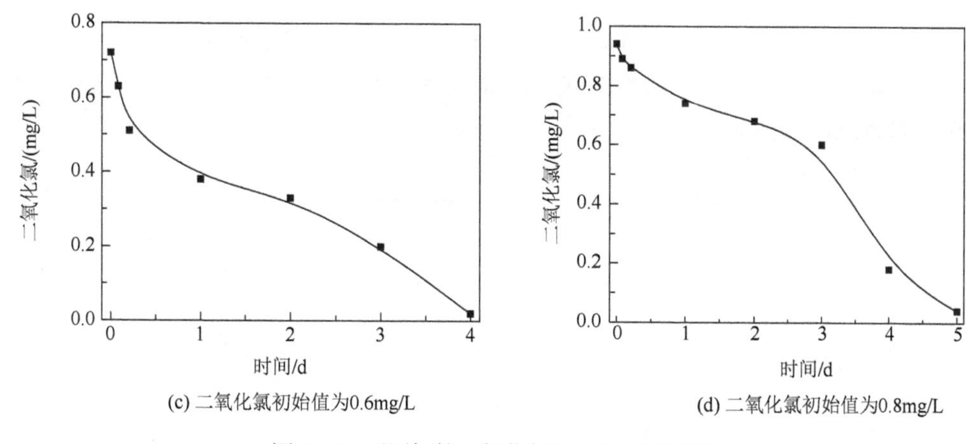

(c) 二氧化氯初始值为0.6mg/L　　(d) 二氧化氯初始值为0.8mg/L

图 8.26　不同初始二氧化氯剂量的衰减规律

表 8.18　不同初始二氧化氯下水箱消毒效果及变化规律

序号	初始二氧化氯/(mg/L)	时间	二氧化氯/(mg/L)	菌落总数/(CFU/mL)	总大肠菌群/(CFU/100mL)	pH	浊度/NTU	TDS/(mg/L)
1	0.8	0	0.74	—	10^5	6.23	0.36	59.8
		30min	0.58	未检出	未检出	5.81	0.44	60.5
		1d	0.03	未检出	未检出	5.96	0.2	61.1
2	0.4	0	0.43	—	10^5	5.89	0.27	22.0
		30min	0.31	未检出	未检出	5.85	0.29	22.6
		1d	0.02	未检出	未检出	6.19	0.24	24.4
3	0.1	0	0.09	—	10^5	6.23	0.08	2.82
		30min	0.03	258	16	8.68	0.09	3.39

以二氧化氯为消毒剂时，可以看出其杀菌效果与次氯酸钙相差不多，但是其在不密封条件下保存效果很差，一天即基本全部衰减完全。

配制好二氧化氯溶液，在密闭且避光的环境下保存，二氧化氯含量随时间的衰减规律如图 8.27 所示。

8.3.4　微电解消毒试验

电解装置是直接投掷在淡水箱内进行工作的，利用原有淡水中微量氯的含量通过电解转化成次氯酸根离子。由于二级产水中 TDS 比较低，通过电解后产生的水中余氯只有 0.1mg/L 左右，故这里采用一级产水进行试验，主要考查水中余氯随着电解时间的变化情况，试验装置额定流量 8.5m^3/h，试验结果如表 8.19 所示，并在电解完成的水中投入约为 10^{5}CFU/mL 的大肠杆菌，测试其 30min 后的杀毒效果，余氯衰减规律如图 8.28 所示。

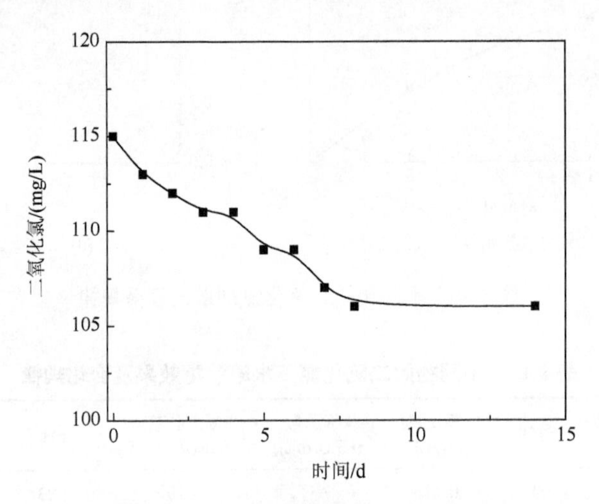

图 8.27　二氧化氯随时间的衰减规律

表 8.19　水中余氯随电解工作时间的变化

工作时间/h	初始余氯/(mg/L)	浊度/NTU	pH	TDS/(mg/L)
0	0.03	0.18	8.85	140.7
0.5	1.0	0.25	6.95	140.0
1	1.7	0.30	6.17	139.8
1.5	1.67	0.39	6.52	139.7
2	1.69	0.41	6.82	139.7

微电解法能保证水质中有一定量的氯离子，二级产水中由于 TDS 太低，故无法使用电解法实现消毒，从图 8.28 可以看出，电解后余氯随着时间呈现先增加后趋于平稳的趋势。表 8.20 显示，电解后的淡水在消毒 30min 后能够把细菌杀完，具有杀菌功效。

表 8.20　电解完成后消毒效果及变化规律

时间	余氯/(mg/L)	菌落总数/(CFU/mL)	总大肠菌群/(CFU/100mL)	pH	浊度/NTU	TDS/(mg/L)
0	1.69	—	10^5	6.82	0.41	139.7
30min	1.14	未检出	未检出	7.3	0.47	140.6

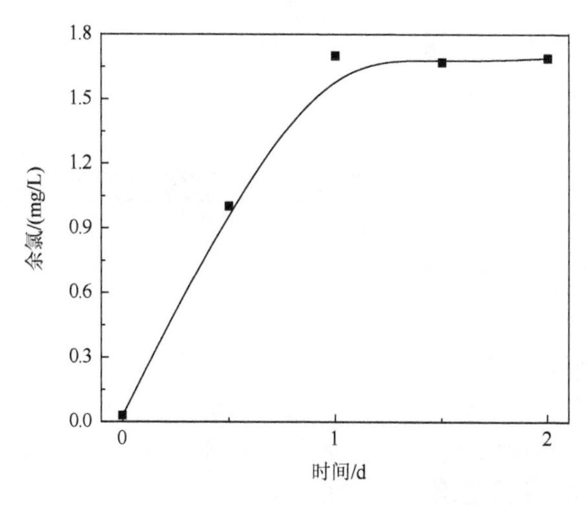

图 8.28　余氯随电解工作时间的变化

8.3.5　紫外线消毒试验

在水箱内配制约含有 10^5CFU/100mL 的大肠杆菌的淡化水，启动紫外线消毒装置，水经水泵打入紫外消毒管道，检测在不同流速下紫外消毒装置出水中的菌落总数及大肠杆菌数目，以测试紫外消毒效果，试验用紫外线消毒装置额定功率 40W、流量 $0.5m^3/h$，通过调解阀开度改变流量，结果如表 8.21 所示。

表 8.21　紫外线消毒试验效果

流速/(L/min)	菌落总数/(CFU/mL)	总大肠菌群/(CFU/100mL)	pH	浊度/NTU	TDS/(mg/L)
0.62	未检出	未检出	7.23	0.26	8.53
1.65	未检出	未检出	7.19	0.28	8.49
1.98	未检出	未检出	7.25	0.28	8.56
3.15	未检出	未检出	7.41	0.31	8.77
4.31	1	2	7.45	0.30	8.67

从表 8.21 可以看出，含菌的淡化水在流量小时，菌落基本可以通过紫外线杀灭，但当流量增大时，紫外线杀毒未能全部杀尽细菌，说明紫外线照射强度未达到要求。

综合以上不同消毒措施的试验情况可以看出，次氯酸钙（钠）作为传统消毒剂对淡化饮用水消毒效果明显，而且经过了几十年的应用实践，安全性有保证；二氧化氯用于饮用水消毒效果良好，而且片剂易溶，存储方便，但存在降低水的 pH、在水中衰减速度快的缺点；微电解消毒对一般自来水消毒有效，对于二级反渗透产水，由于水中氯离子浓度低，无法获得足够浓度的次氯酸根，消毒效果无法保证；紫外线消毒在保证照射强度条件下消毒效果良好，但无持续消毒能力。

8.4　船舶淡水消毒方案及规程

8.4.1　船舶饮用水消毒方案

综合分析国内外饮用水消毒技术及国外船舶饮用水消毒措施，结合次氯酸钙、二氧化氯、紫外线、微电解消毒试验情况及船舶装备实际，船舶饮用水消毒宜综合利用化学及物理杀菌的消毒措施，通过专用加氯装置、紫外线杀菌器等，消除饮用水中的微生物，提高饮用水卫生指标。

（1）海水淡化装置出口安装次氯酸钙加药消毒装置，保证产品水中必要的余氯浓度。

（2）结合循环过滤系统，进行水柜内次氯酸钙的补充，或结合微电解装置，保证淡水舱内水的余氯需求。

（3）供水管路配置紫外线杀菌及过滤装置。

（4）供水终端配置 0.2μm 过滤器，实现直饮水供应。

8.4.2　饮用水系统消毒规程

船舶饮用水来源主要有以下几点。

（1）反渗透或者蒸馏装置，或者经过船级社（军方使用则为军方权威部门）认可的其他生产水的技术。

（2）从获批通过的水源地进行岸-船补给。

（3）从未批准的水源地进行岸-船传递（当没有获批通过的水源地时），船舶（舰船）医药部门代表或者分管责任官必须采用可能的手段对水源进行彻底地调查和检测，然后向指挥官或舰长提供必要的防护措施和消毒措施的建议。

（4）船-船补给。

图 8.29 为典型船舶饮用水消毒装置设计方案，为了保证饮用水系统的安全性，需要制定配套的消毒规程。

1. 温度和 pH 测试

（1）水温和 pH 的测试能够显示出水处理与消毒过程对水质的影响。在较低 pH 和较温暖环境下，氯消毒是十分有效的措施。较高 pH（大于等于 8.5）将会使得消毒功效降低。水温影响着消毒剂溶液箱中氯的释放量，水温高会加速存储器中氯的浓度降低。

（2）pH 测试由机电部门定期进行。

（3）pH 测试用 pH 计进行。

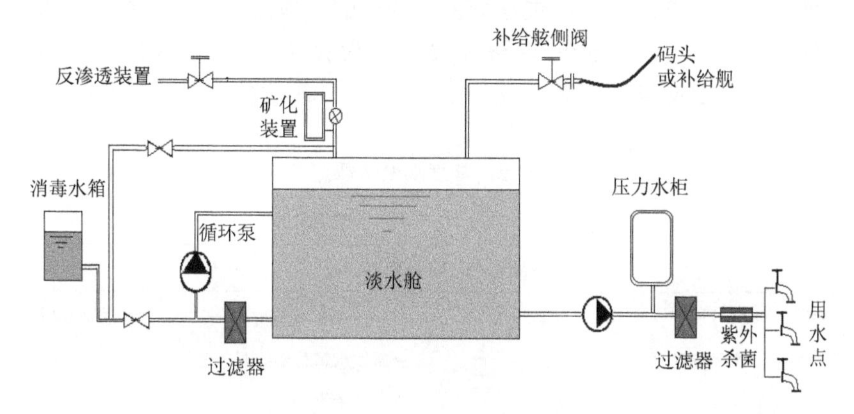

图 8.29　船舶饮用水消毒装置设计方案图

2. 盐度（含氯量）

当饮用水中氯含量超出蒸馏水设备中或最终从岸上获取的饮用水中的含量时，采取的相应措施是：调查、维修、清洗以及消毒。

（1）机电部门人员一般使用船上产水来进行盐分测定。

（2）盐分测定不能建立在卤化水的基础上。带有次氯酸钙的水的卤化可能会导致错误的阳性读数，滴定的最终位置将无法准确判断是水质受污染或者是水已卤化。

3. 卤素的残留

（1）氯余量（FAC）和溴余量（TBR）代表了饮用水中的卤素量。FAC 相较于组合的卤化物更为有效，相比之下，溴是一种非常有效的消毒用剂。在比色试验中，组合的卤化物会通过 FAC 中不同颜色的呈现来加以区分。FAC 和 TBR 反应迅速，因此，对结果的瞬间读数是有必要的（60s 或更短）。

（2）船舶的饮用水分布系统必须在首次处理后保持千万分之二的 FAC 或 TBR。带有大型饮用水分布系统的游艇或者航母等大型舰船，在水分布系统的末端处至少要保持一定程度的氯气痕迹。无论水来自哪种方式，残余的卤化物都将会被留下。船舶所处的地理环境决定着其首次治理的需求度。如果水来自于一处未经同意的来源，如某处水质可疑地区，那么在消耗点上最小的余氯含量为 2.0ppm。

（3）很多岸边水源基于对消毒产生的副产品的考虑，经常用氯胺代替 FAC。无论在水处理中采用何种类型的卤化物，医学部门代表必须证明其是真实有效的。不同的测试方法、材料、工具、仪表等用于比较测量 FAC 与氯胺（总氯含量）。

（4）对卤素残留量的检测应由医学部门代表按照如下条件进行：在获取到饮用水之前；与对各饮用水样品进行细菌性分析的工作协同进行；样品选取点每日是不同的，要在船舶淡水分布系统有代表性的位置点选取水样（如前端、船中央、船末端、甲板下上层结构中等）。常规测试步骤汇总见表 8.22。

表 8.22　常规测试步骤汇总

测试内容	常规测试步骤		
	工作人员不超过 400 人	工作人员在 400～800 人	工作人员超过 800 人
卤素残留物（FAC/TBR）	每日 4 次	每日 8 次	每日 12 次
细菌性测试（饮水箱）		每周饮水箱总量的四分之一	
细菌性测试（水分布系统）	每周 4 次	每周 8 次	每周 12 次
细菌性测试（冰）		每周制冰机总量的四分之一	
特殊情况下的饮水箱		每月每箱取 1 份细菌性样本	

（5）工程部门有必要对饮水箱内的氯或溴残余量在 30min 接触后进行测试。这种测试应该作为对整个处理方法的评估。

（6）氯或溴残余量是由 *N*, *N*-二乙基-1, 4-苯二胺（DPD）测试来确定的。DPD 测试在精准性上的不同取决于是否使用比较仪测试工具或便携式分光光度计。由于比较仪测试工具需要通过彩色幻灯片来进行视觉比较，因此这种方式的测试结果取决于操作员的视觉灵敏度。便携式分光光度计与之相比，能够有效缓解对操作员视觉灵敏度的依赖。

4. 浊度、硬度检测

浊度及硬度检测参照《生活饮用水卫生标准检测方法 感观性状和物理指标》（GB/T 5750.4—2006）第 2 部分和第 7 部分进行，采用浊度仪和滴定法。每日检测一次并记录。

5. 饮用水记录日志

医学部门代表将会对饮用水进行为期两年的序时记录。未搭载医学人员的大型船舶，技术人员是有职责进行相关记录的。对于其他船来讲，日志记录主要由医学部门代表完成。

序时记录的登记，至少要包括如下信息。

（1）选取每个水样本的时间和日期。

（2）船舶的位置：海上、海港、抛锚处、港口处等。

（3）样本选取点：包括位置外围、制冰机、饮水罐等。

（4）船舶用水来源：蒸馏装置、补给船、岸基等，也包括水源信息（已通过认证或没通过认证的），卤素残留量和是否完成了消毒工作。

（5）医疗救援测试。

详述是否有余氯或余溴存在以及原因，包括日期、接收前的水、消毒罐中的连接点等信息，以及当出现阴性指示时的重复性操作。记录所有测试的结果，包括所有阴性值和阳性值。记录采取的做法以及当出现阳性样本时的结果。

参考文献

陈金增. 2010. 船舶海水淡化及节能技术研究[D]. 武汉：华中科技大学.

高丛堦. 2004. 海水淡化技术和工程手册[M]. 北京：化学工业出版社.

马生明，王守伟，李志萍. 2002. 纳米光催化氧化水处理技术进展[J]. 中国给水排水，18（10）：30-32.

阮国岭. 2013. 海水淡化工程设计[M]. 北京：中国电力出版社.

杨尚宝. 2010. 中国海水淡化年鉴（2010）[M]. 北京：海洋出版社.

赵欣，徐赐贤，张淼，等. 2013. 海岛海水淡化水水质的卫生学调查[J]. 环境与健康，4：335-338.

钟里，严益群，吕扬效.1997. 高级氧化过程的研究与进展[J].现代化工，12：16-19.

D 6161-98. 1998. Standard terminology used for crossflow microfiltration，ultrafiltration，nanofiltration and reverse osmosis membrane processes[S].

D 4582-91. 2001. Standard practice for calculation and adjustment of the stiff and davis stability index for reverse osmosis[S].

D 5615-95. 2001. Standard test method for operating characteristics of home reverse osmosis devices[S].

4194-03. 2003. Standard test methods for operating characteristics of reverse osmosis and nanofiltration Devices[S].

B 88-03. 2003. Standard specification for seamless copper water tube[S].

D 3739-94. 2003. Standard practice for calculation and adjustment of the langelier saturation index for reverse osmosis[S].

D 3923-94. 2003. Standard practices for detecting leaks in reverse osmosis devices[S].

D 4195-88. 2003. Standard guide for water analysis for reverse osmosis application[S].

D 4472-89. 2003. Standard guide for recordkeeping for reverse osmosis systems[S].

D 4516-00. 2003. Standard practice for standardizing reverse osmosis performance data[S].

D 4692-01. 2003. Standard practice for calculation and adjustment of sulfate scaling salts（$CaSO_4$，$SrSO_4$，and $BaSO_4$）for reverse osmosis and nanofiltration[S].

Chen J Z，Li G H. 2005. Marine reverse osmosis desalination plant-a case study[J]. Desalination，174：299-303.

Fang Z G，Shu H P，Cao J Y，et al. 2019. Marine reverse osmosis desalination plant operation-a case study[C]. International Conference on Green Materials and Environmental Engineering（GMEE2019）：39-43.

Ji Y G，Liu L，Liu Y Q，et al. 2018. Research of marine reverse osmosis desalination process[J]. Ship Sciencr and Technology，40（2）：119-123.

Jin T H，Zhang L H，Zhu H X，et al. 2014. Influence of reverse osmosis concentrate on physicochemical parameters of

Sini decotion material system and their relevance[J]. China Journal of Chinese Material Medica.

Kumano A，Sekino M，Matsui Y，et al. 2008. Study of mass transfer characteristics for a hollow fiber reverse osmosis module[J]. Journal of Membrane Science，324（1-2）：136-141.

Mao J，Kong X，Schmidt-Rohr K，et al. 2012. Advanced solid-state NMR characterization of marine dissolved organic matter isolated using the coupled reverse osmosis/electrodialysis method[J]. Environmental Science & Technology，46（11）：5806-5814.

NSF International Standard. 2003. NSF protocol P231 microbiological water purifiers[S].

NSF/ANSI 3-2012. 2012. Commercial warewashing equipment[S].

NSF/ANSI 5-2012. 2012. Water heaters，hot water supply boilers，and heat recover equipment[S].

NSF/ANSI 12–2012. 2012. Automatic ice making equipment[S].

NSF/ANSI 14-2013. 2014. Plastics piping system components and related materials[S].

NSF/ANSI 24-2010. 2010. Plumbing system components for recreational vehicles[S].

NSF/ANSI 41-2011. 2011. Non-liquid saturated treatment systems[S].

NSF/ANSI 42-2013. 2013. Drinking water treatment units-aesthetic effects[S].

NSF/ANSI 44-2012. 2012. Residential cation exchange water softeners[S].

NSF/ANSI 44-2013. 2013. Residential cation exchange water softeners[S].

NSF/ANSI 46-2012. 2012. Evaluation of components and devices used in wastewater treatment systems[S].

NSF/ANSI 40-2009. 2009. Residential Wastewater Treatment Systems[S].

NSF/ANSI 50-2012. 2012. Equipment for swimming pools，spas，hot tubs and other recreational water facilities[S].

NSF/ANSI 51-2012. 2012. Food equipment materials[S].

NSF/ANSI 53-2013. 2013. Drinking water treatment units-health effects[S].

NSF/ANSI 55-2013. 2013. Ultraviolet microbiological water treatment systems[S].

NSF/ANSI 58-2013. 2013. Reverse osmosis drinking water treatment systems[S].

NSF/ANSI 60-2009. 2009. Drinking water treatment chemicals-health effects[S].

NSF/ANSI 61-2013. 2013. Drinking water system components-health effects[S].

NSF/ANSI 62-2012. 2012. Drinking water distillation systems[S].

NSF/ANSI 62-2013. 2013. Drinking water distillation systems[S].

NSF/ANSI 177-2004. 2004. Shower filtration systems-aesthetic effects[S].

NSF/ANSI 372-2011. 2011. Drinking water system components-lead content[S].

NSF/ANSI 42-2007a. 2007. Drinking water treatment units-aesthetic effects[S].

Subramani S，Panda R C. 2014. Statistical regression and model analysis for reverse osmosis desalination process[J]. Desalination，351：120-127.

第9章　饮水舱二次污染控制及试验

水是人类生存的必需品。船用饮用水安全问题直接关系到广大船员的身体健康与部队的战斗力，特别是海军在长期出海远航时，条件艰苦，饮用水不安全带来的健康危害会进一步增加舰员的身体与心理负担，提升船舶饮用水安全至关重要。船舶饮用水需要经过制水、储水、供水和用水几个环节，输水管路、淡水舱、供水和用水设备内壁都有可能被淡化水腐蚀和污染，传统的岸基水处理方法如混凝、沉淀和澄清等在船舶上应用受限，过滤是主要的技术途径。过滤方式、过滤精度、过滤效率等对船用淡水舱二次污染控制非常关键。

9.1　概　　述

水中的污染物主要分为固体悬浮物、微生物、无机物、重金属、有机物以及放射性粒子等几大类。水污染对人体安全和健康的危害主要表现在以下四个方面。

（1）引起急性和慢性中毒。水体受有毒化学物质污染以后，人体通过饮水或食物链便可能中毒，这样的急性和慢性中毒是水污染对人体健康危害的主要方面，如汞、铅、镉、砷等重金属的危害。

（2）致癌。现代科学已经有力地证明，饮水与癌症发病率之间的确存在着某些因果关系。某些有致癌作用的化学物质，如砷、铬、镍、铍、苯胺、芳烃、氯代烃等污染水体后，可以在悬浮物、底泥和水生物体内蓄积起来。人若长期饮用含有这类物质的水或者食用体内蓄积这类物质的生物就很容易诱发癌症。美国专家调查研究发现，美国俄亥俄州饮用地表水为水源的居民患癌症的死亡率较饮用地下水为水源的高，这是因为地表水受污染比地下水重。自1974年以来，美国饮用水中发现的化学污染物已超过2100种，其中已确认是致癌物和可疑致癌物的有97种，另有133种是致突变、致肿瘤或有毒污染物，其余90%的污染物中有没有或有多少致癌物还未确定。地表水和地下水中的致癌因子主要来源于工业废水、化肥和农药。很多元素本来是人体必需的微量元素，但如果它们在饮水中的含量太高，就会对人体产生危害。

（3）发生以水为媒介的多种传染病。现在每年都有很多传染病在一些国家的某些地域流行，而且大多数传染病是通过饮水传染的。每年都有很多人被传染甚至被夺去宝贵的生命，抵抗能力弱的儿童是主要的受害者。

（4）间接危害。水体污染常可引起水的感官性状恶化。例如，某些污染物在一般浓度下，对人体健康虽然无直接危害，但可以使水体发生异味和异色、呈现泡沫、产生油膜等，从而妨碍水体的正常利用。铜、锌、镍等物质在一定浓度下能抑制微生物的生长和繁殖，从而影响水中有机物的分解和生物氧化，使水体的天然自净能力受到抑制，影响水体的卫生状况。

目前船舶使用的淡水主要分为两部分，一部分为岸基供水或其他船舶补给水，一般来自码头当地自来水厂；另一部分为船舶自带海水淡化设备造水。这两种水均储存在水舱中，通过供水管路输送到用水终端。船舶水舱属于半封闭式，空气中含有的部分颗粒物可能会进入到水舱中，同时，供水管路选材不合适造成的管路腐蚀和水舱内壁防腐蚀涂料脱落造成的水舱腐蚀等均会产生大量的污染物质进入水中。由于水舱的清洗周期较长，水中的颗粒物不能及时去除，水中颗粒物作为污染物之一，不仅影响水质的浊度，还作为污染物的载体有助于致病微生物的生长，使船舶用淡水存在二次污染的风险。

为确保船员（舰员）、乘员使用安全健康的饮用水，需要对船舶用水进行二次污染的原因分析，同时使用合适有效的技术控制船舶水舱的二次污染，确保船舶用淡水满足国家相关的《生活饮用水卫生标准》要求。项目通过对船舶饮用水水质现状的调查并分析水质二次污染的原因，提出切实有效的二次污染控制技术，对目前可用的二次污染控制技术和颗粒物过滤设备等进行筛选试验，结合船舶的实际使用情况给出船舶适用的二次污染控制方法。

9.2　船舶饮用水水质状况调查

国内很多卫生部门对多港口船舶岸基补给水和船舶饮用水水质进行了抽样调查，分析了一些水质指标，主要包括色度、浊度以及肉眼可见物等感官性状指标；pH、硬度等一般化学性指标；砷和氟化物等毒理学指标；游离性余氯等消毒剂指标；菌落总数和总大肠菌群等微生物指标等。相关部门还对反渗透海水淡化水水质进行了调查分析，分析结果显示岸基补给水和反渗透海水淡化水水质均存在一些问题。

9.2.1　岸基补给水水质情况

1. 厦门港船舶饮用水水质

2007～2010 年，厦门市疾病预防控制中心、厦门出入境检验检疫局对厦门港船舶饮用水水质状况进行了调查，对 5 家船舶公司的 89 艘船舶进行现场调查、采样检测等，采集其饮用水，检测水样菌落总数、总大肠菌群、浊度、余氯、pH、色度等指标。每艘船采样 1～2 份，共 162 份，岸上取水点与船上饮用水水质状况见表 9.1。

表 9.1　岸上取水点与船上饮用水水质状况

指标	类型	合格数/份	合格率/%
菌落总数	船上 岸上取水点	87 115	53.70 95.04
总大肠菌群	船上 岸上取水点	121 118	74.69 97.52
pH	船上 岸上取水点	160 120	98.77 99.17
色度	船上 岸上取水点	150 119	92.59 98.35
浊度	船上 岸上取水点	157 119	96.91 98.35
余氯	船上 岸上取水点	48 98	29.63 80.99
全部合格	船上 岸上取水点	45 96	27.78 79.34

在采集的 162 份船上水样和 121 份岸上取水点饮用水样中，两组合格率进行比较，结果显示岸上取水点水质明显好于船上饮用水水质，其水质主要问题是菌落总数、总大肠菌群超标，余氯不合格，说明船舶饮用水系统各环节可能存在较严重的污染。

2. 常州口岸国际航行船舶生活饮用水水质

常州出入境检验检疫局与南京医科大学公共卫生学院于 2009 年 5 月至 2009 年 12 月，联合对常州口岸国际航行船舶饮用水水质进行了为期 8 个月的抽样检测及卫生学调查。共调查国际航行船舶 221 航次，现场调查情况总体尚可，合格率达到 80.54%，其中化工品船卫生管理状况最好，合格率达到 90%以上；常州口岸国际航行船舶饮用水水质全部指标合格率为 56.11%，其中大肠杆菌、色度、总硬度、砷、氯化物等指标合格率达到了 95%以上，而游离余氯、浊度、铁、锌、菌落总数等指标合格率则低于 85%。不同类型船舶、船方卫生情况、饮用水更换周期对船舶生活饮用水有影响，来自不同国家装载的船舶饮用水水质无显著性差异。

依据此次常州口岸国际航行船舶生活饮用水调查结果，对现场调查结果和饮用水水样水质检测数据的比较及统计学分析显示，常州口岸国际航行船舶卫生管理水平尚可，但饮用水水质总体不佳，船舶类型、船方卫生情况、饮用水更换周期等因素可能是影响因素。

3. 大榭港区船舶饮用水水质情况

宁波大榭出入境检验检疫局每月对大榭港区各码头公司的供水设施和供水器材保管及维护、供水点的环境卫生、供水记录等进行卫生监督检查，每月对码头重点区域水质进行检测，2009 年之前，每月对各码头单位的供水点轮流采样，全年完成所有供水点的检测。2009 年，对各家开放码头外轮供水点实行定点检测，从而更好地对水质变化情况进行分析。在检测码头供水点水质的同时对食堂用水进行检测。掌握码头进水的水质情况，从而在码头供水点水质结果不符合标准时，分析得出水质不符合要求的原因主要为管道水残留时间较长、未排放干净。2007 年 1 月～2010 年 9 月，共计开展监督检查 291 次，码头供水水质检测年均合格率为 99.3%。

4. 马尾口岸供水点及出入境船舶生活饮用水水质

福州出入境检验检疫局与福建医科大学公共卫生学院于 2004 年 12 月～2005 年 11 月期间，联合对马尾口岸供水点及入境船舶饮用水进行为期 12 个月的抽样检测及卫生学调查。

现场调查供水点 4 家，其中口岸码头供水点 3 家，供水船舶 1 家。出入境船舶 151 艘，主要为渔船、沙船、杂货船（62.5%）和集装箱船（27.5%），四种类型船舶普遍存在吨位小、船龄长和设施较差问题，尤其是渔船，卫生环境较差且多数船员文化水平低，缺乏卫生常识。船舶装载水时间与采样相距时间最短 0～1d，最长 120d。船舶储水舱主要是钢板水舱和钢板外涂水泥水舱（91.5%）以及钢板漆涂料水舱（8.5%）。卫生管理方面做到有专人负责，供管水人员每年进行健康体检，但船舶管水人员几乎未参加卫生知识培训；在 284 份水样中定期清洗水舱有 73 份（25.7%），清洗和消毒并保存清消记录的 69 份（24.3%），无定期清洗和消毒 211 份（74.3%），而仅在船舶大型修理时进行水舱清洗和消毒；无一安装水质消毒设施。

供水点管网末梢饮用水水质情况：共检测 4 个供水点，11 份供水点水样，其中海供水（供水船舶）3 份（占 27.27%）、渔业码头 4 份（占 36.36%）、旧港和青州各 2 份（各占 18.18%）。结果显示：在所有检测指标中，色度、臭和味、肉眼可见物、pH、总硬度、氯化物、耗氧量、毒理学三项指标及细菌总数共 11 项检测指标为 100%合格，但全部指标合格的水样只有 1 份（海供水），合格率为 9.09%。

各供水点浊度指标和游离性余氯合格率均较低；渔业码头水质中铁的合格率较低，仅为 25%。

出入境船舶管网末梢饮用水水质情况：共检测 151 艘出入境船舶，284 份出入境船舶管网末梢水样。结果显示：在所有检测指标中仅臭和味、总硬度、砷、硝酸盐氮四项指标为 100%合格。感官现状指标中浊度的合格率最低为 61.97%；一般化学指标铁的合格率最低为 63.38%，其余如 pH、氯化物、耗氧量、氨氮均存在不同程度问题；氟化物指标 2 份不合格；细菌学指标存在较大问题，各项指标合格率都较低，其中尤为突出的是游离性余氯仅 7 份水样合格，合格率仅为 2.46%。对水舱载水时间进行检测，天数为 0～1d 时其浊度、细菌总数、总大肠菌群、游离性余氯的合格率最低，而船舶为钢板漆涂料水舱和钢板水舱的水质检测 pH、细菌总数和游离性余氯合格率则明显高于钢板外涂水泥水舱。

5. 烟台市船舶饮用水卫生状况

山东省烟台市卫生检疫站于 2004 年对所辖船舶的饮用水状况进行了一次集中调查，共抽检了烟台籍客轮、货轮、执法施工船舶 34 只，采集水样 34 份，按照《生活饮用水卫生标准》（GB 5749—2006）的要求进行评价。

34 份水样余氯含量全部不达标，细菌总数的合格率为 82.35%，其他指标均符合要求。结果表明：船舶的生活饮用水卫生状况不容忽视，存在一些卫生安全隐患。

6. 镇海口岸船舶二次供水水质状况

为了解镇海口岸船舶二次供水水质状况，袁军（2010）于 2008～2009 年对镇海口岸船舶二次供水进行了调查，调查对象为海上船舶各类储水舱提供的二次供水，研究船舶二次供水卫生状况。对镇海口岸船舶二次供水储水舱类供水方式、管理人员卫生状况、水质进行调查，以同期岸基码头末梢水质作为对照。采样及检测按照《生活饮用水标准检验法》（GB 5750—2006）进行，以《生活饮用水卫生标准》（GB 5749—2006）进行分析评价；每月 2 次对在港船舶二次供水水质进行浊度、余氯、铁、细菌总数、总大肠菌群等项目监测。

共采样检测镇海口岸船舶二次供水水质 36 份，全部检测指标合格的仅为 14 份；浊度、铁合格率为 61.11%；余氯合格率仅 38.89%；2 份出现油污。同期检测岸基码头末梢水 45 份，仅有 1 份样品浊度超标，合格率达 97.78%；镇海口岸船舶二次供水水质明显差于同期岸基码头末梢水。

调研中发现船舶二次供水余氯合格率低，细菌总数、总大肠菌群超标。船舶二次供水地点主要在海上，需要将城市供水系统中的水先存储在储水舱中，水储存时间从 1 天至 1 月不等，在这个过程中饮用水余氯含量逐渐减少，又无投药设施及时补充消毒药物，同时船舶特殊复杂的管道系统易形成“潴留水”，致使余氯合格率降低，细菌滋生。

9.2.2　船舶反渗透海水淡化水水质

船舶作为独立的个体，远离陆地航行，人员、设备需要消耗大量淡水，尤其对于大型船舶来说，单靠船舶自身携带的淡水是远远不够的。所以，大中型远洋船舶都装备有海水淡化装置，以提供人员和设备用淡水，保证船舶的续航力。海水淡化技术的特点是低成本、无污染、高效益、低耗能，是实现资源综合利用和社会可持续发展的根本要求，也是未来发展的趋势。

中国人民解放军海军医学研究所与第三军医大学军事预防医学院根据实际保障条件分析了以超滤为预处理措施的典型船舶反渗透海水淡化水、舱储饮用水、港口直供水样品，水质检测结果见表 9.2。

表 9.2　船舶反渗透海水淡化水与传统饮用水的水质检测结果

检测项目	GB 5749—2006 限值	GJB 1335—1992 标准		水质检测结果		
		适宜浓度范围	最高限量值	港口直供水	舱储饮用水	海水淡化水
砷/(mg/L)	0.01	—	—	0.0004	0.0006	0.0005
锡/(mg/L)	0.005	—	—	<0.002	<0.002	<0.002
铬/(mg/L)	0.05	—	—	<0.004	<0.004	<0.004
铅/(mg/L)	0.01	—	—	<0.001	<0.004	<0.003
汞/(mg/L)	0.001	—	—	<0.001	<0.001	<0.001
硒/(mg/L)	0.01	—	—	<0.001	<0.001	<0.001
氰化物/(mg/L)	1.0	—	—	0.48	0.40	<0.01
硝酸盐/(mg/L)	10	—	—	0.47	0.43	0.06
三氯甲烷/(mg/L)	0.06	—	—	<0.0006	<0.0006	<0.0006
四氯化碳/(mg/L)	0.002	—	—	<0.0003	<0.0003	<0.0003
溴酸盐/(mg/L)	0.01	—	—	<0.005	<0.005	
甲醛/(mg/L)	0.9	—	—	<0.05	<0.05	<0.05
亚氯酸盐/(mg/L)	0.7	—	—	<0.04	<0.04	<0.04
氯酸盐/(mg/L)	0.7	—	—	<0.23	<0.23	<0.23
色度/度	15	—	—	<5	<5	<5
浊度/NTU	1	—	—	<0.01	<0.1	<0.1

续表

检测项目	GB 5749—2006 限值	GJB 1335—1992 标准		水质检测结果		
		适宜浓度范围	最高限量值	港口直供水	舱储饮用水	海水淡化水
臭和味	无异臭、异味	—	—	无	无	无
肉眼可见物	无	—	—	无	无	无
pH	6.5～8.5	7.0～8.5	6.5～9.0	7.05	7.08	7.38
铝/(mg/L)	0.2	—	—	<0.025	<0.025	<0.025
铁/(mg/L)	0.3	—	—	0.219	0.153	0.045
锰/(mg/L)	0.1	—	—	0.005	0.008	<0.002
铜/(mg/L)	1.0	—	—	<0.002	0.017	<0.002
锌/(mg/L)	1.0	—	—	<0.002	0.106	0.004
氯化物/(mg/L)	250	50～100	250	18.2	16.6	102**
硫酸盐/(mg/L)	250	30～100	250	5.36	5.64	22.3**
溶解性总固体/(mg/L)	1000	200～500	1000	92	96	178**
总硬度/(mg/L)	450	—	—	38.0	32.4	<1
耗氧量/(mg/L)	3	—	—	0.54	0.47	0.22
挥发酚类/(mg/L)	0.002	—	—	<0.002	<0.002	<0.002
硼/(mg/L)	0.5	—	—	0.06	0.07	1.03*
钠/(mg/L)	200	20～100	200	15.7	20.4	68.4
重碳酸盐/(mg/L)	—	50～150	230	55.1	62.9	4.8**

注：—表示 GB 5749—2006、GJB 1335—1992 未做明确规定的水质项目；

*表示该项检测结果超过《生活饮用水卫生标准》(GB 5749—2006) 限值；

**表示该项检测结果低于《低矿化度饮用水矿化卫生标准》(GJB 1335—1992) 适宜浓度范围。

9.2.3　远航舰船水质取样分析

2013 年 4 月，某单位组织对三艘远航回来约一个月的淡水系统水质进行了取样分析。1#船取样部位为热水柜出口管段中的残留水，2#船取水部位为前造水机出口、前洗漱间用水；3#船取水部位为后造水机出口、前洗漱间用水。

表观上 1#船热水柜出口水样发黄，有异味。从水质检测结果来看，铁含量高达 83.4mg/L，明显高于正常海水中铁含量，更高于国家关于淡水的标准 0.3mg/L；浊度远大于标准值；pH 最低为 4.18，低于饮用水的标准 6.5～8.0；硫酸盐和氯化物平均值分别为 303mg/L、352mg/L，大于标准限值 250mg/L；硼含量平均值为 0.56mg/L，也高于标准限值 0.5mg/L。从水质检测铁含量和 pH 这两项指标可以看出，水中腐蚀产物过多，酸根离子过多，造成水质偏酸性。

2012 年 9 月～12 月，浙江大学牵头对 9 艘舰船反渗透海水淡化水、舱储水水质进行了系统的取样检测分析。调查结果如下。

（1）电导率偏高、硬度过低。反渗透海水淡化技术对水中大部离子，特别是 Ca^{2+}、Mg^{2+}等二价离子有较好的去除作用，因此，淡化水往往硬度过低，饮用时口感较差，长期饮用可能会影响人体健康；用于洗澡时，会产生发黏现象；同时，硬度偏低会使水质具有较强的腐蚀性。

（2）出水杂质多、感官差。淡化水杂质较多、感官较差的主要原因是淡化水对金属管路内壁腐蚀，加速供水系统老化，同时铁离子溶出，产生氢氧化铁沉淀物；管道中水力状态突然发生变化，使沉淀于管壁的杂质脱落，杂质从取水水龙头处随水流出，影响感官及健康；氯化物浓度高，加速金属管路的电化学腐蚀。

（3）出水水质不稳定。现有舰船反渗透海水淡化装置预处理主要采用砂滤，由于不同海区海水水质差异较大，特别是近海海水水质较差，简单的砂滤预处理无法保证进反渗透膜的水质，反渗透膜容易受到污染和堵塞，反渗透膜的分离性能下降，处理效果变差，出水水质波动。经补给船或陆上补给的淡水，补给及转输环节多，储存时间长，导致细菌等微生物滋生并产生沉淀物，海上摇晃使舰船出水水质变差。储水舱钢盖板不密实或产生锈蚀有时导致水质发红。

（4）硼超标。舰船淡化水及舱储水的硼含量见表 9.3，造水机出水及舱储水硼含量均超过饮用水卫生标准（0.5mg/L）。

表 9.3　舰船淡化水及舱储水硼含量表

水样	1#-B	1#-C	2#-B	3#-B	3#-C	4#-B	5#-B	6#-B
硼浓度/(mg/L)	0.6	0.7	0.7	1.4	0.5	1.3	0.8	1.0

注：B 表示淡化机出水，C 表示舱储水。

硼在海水中主要以硼酸的形式存在，由于硼酸的分子直径小于反渗透膜的膜孔径，且能够和膜上的有效部分以氢键的形式结合，与碳酸或水以相同的方式扩散到离子浓度低的溶液中去，因而反渗透对硼的去除率为 80%左右，往往较难达标。要解决硼超标的问题，可以进行工艺改进，增加预处理除硼、二级反渗透、改进反渗透膜材料或进行反渗透出水调控（混兑含硼量更低的淡水）等。

9.2.4　分析与讨论

通过前面的调查研究、水质分析测试结果可以得出，储存在船舱中的岸基补给水或反渗透海水淡化水水质部分指标检测不合格，岸基补给自来水水质部分指标不合格可能是在储存过程中发生了二次污染，因此需要采取合适的措施对船舶淡水储存过程可能发生的二次污染进行控制。

9.3　船舶用淡水二次污染控制技术

9.3.1　船舶用淡水二次污染原因分析

二次供水是指通过二次供水设施间接向用户供给生活饮用水的行为，或者说二次供水是集中式供水在入户之前经再度储存、加压和消毒或深度处理，通过管道或容器输送给用户的供水方式。二次供水设施是指为保障生活饮用水而设置的高、中、低位蓄水池（箱）及附属的管道、阀门、水泵机组等设施。由于二次供水管理不善或二次供水受到污染，一些微生物引起的疾病可以通过水进行传播，如伤寒、痢疾、霍乱以及马鼻疽、钩端螺旋体病、肠炎等。

海船由于长期在海上航行，其生活饮用水基本靠船上饮水舱的储水维持，饮水舱水质的好坏直接影响着船员的健康，经水传播的肠道传染病，还存在动物源性传染病的可能，其造成的危害是无法预计的。另外，由于污染造成水中金属等微量元素过多，容易引起身体脏器的功能改变，严重的甚至引起中毒。对船舶的生活饮用水检测表明，部分浊度、细菌总数和总大肠菌群数指标超标，存在引发肠道传染病的安全隐患。

二次污染的实质是污染物在水中的迁移转化，这种迁移转化是一种物理、化学和生物学的综合作用过程。造成供水管网水质污染的原因是多方面的，从本质上看，可以归结为以下几个因素。

1. 水质的影响

出厂自来水水质合格率及水质的稳定性直接影响着管网内水质的二次污染严重程度。水质的合格率可用《生活饮用水卫生标准》（GB 5749—2006）判定，一般大的自来水公司都能达标。

水质的稳定性包括化学及生物稳定，化学不稳定会腐蚀管道、设备内壁，或者使管内壁结垢；生物不稳定会使细菌繁殖。化学稳定性可用饱和指数（IL）和稳定指数（IR）来表示：IL＝0 时，水质稳定；IL＞0 时，碳酸盐处于过饱和，有结垢的倾向；IL＜0 时，碳酸盐未饱和，二氧化碳过量，二氧化碳有侵蚀性，使管内壁形成不了保护性的碳酸盐薄膜，水对管内壁具有腐蚀的倾向。IR＞7 时，不会形成碳酸钙结垢及腐蚀水；IR＜7 时，有形成结垢倾向。当水中 pH 小于 6.5 且水中铁的含量超过 3mg/L 或管道为金属管时，将导致自养型铁细菌大量繁殖和金属腐蚀，进而造成细菌、浊度、色度、铁等指标的上升。生物稳定性主要是用AOC指标来反映，生物可同化有机碳（AOC）是指有机物中最易被细菌吸收直接同化成细菌体的部分，它是衡量细菌生长潜力的水质参数。

水质存在化学不稳定性，在管网系统中将产生沉淀、结垢或腐蚀等。例如，当出厂水中铁、锰严重超标时，铁、锰会逐渐沉积在管壁上；当水质存在腐蚀性时，会腐蚀金属管道、产生铁锈积结在管壁；而当水的流速、流向急剧变化时，沉淀物会受到冲刷出现“黑水”和“黄水”；当水中暂时硬度较高时，钙、镁离子产生的沉淀物在管道内形成水垢，是细菌、微生物繁殖滋生的场所，进而形成生物膜，生物膜老化剥落引起臭、味及色度的恶变，造成了水质二次污染。

水质存在生物不稳定性的主要原因是水中存在细菌等微生物和微生物所需要的营养物，微生物以有机物作为营养基质，促进其生长繁殖而引起水质二次污染。浊度在一定程度和范围内是水质多项指标的综合反映。浊度高说明胶体颗粒吸附有机物及附着的细菌等微生物较多，浊度高的水会削弱消毒剂对微生物的灭杀作用，实践证明控制蚀度、余氯、有机物指标对提高水质生物稳定性和控制水质二次污染非常重要。

2. 供水管材对水质的影响

（1）管材及配件的自身分解物。管材及配件、管道接口材料、管壁涂层材料的自身分解物直接影响供水水质。有些分解出来的物质还可能与水中的其他物质反应产生新的物质。这些物质对水质的污染和对人体健康的影响不容忽视。

（2）管壁的化学物质。管壁的化学物质主要是指涂层材料对水质的影响。例如，沥青涂层中所含痕量多环芳烃（PAH）对人体健康构成一定危害。水泥砂浆衬里会受到水中酸性物质的侵蚀，从而导致腐蚀，并发生脱钙现象，进而污染水质。生产聚氯乙烯（PVC）材料时，常用铅盐作为稳定剂，使用时间较长时，铅盐会析出而直接造成饮用水的重金属污染。

（3）管道使用年限。实践表明，随着管网使用年限的增加，管网发生腐蚀、结垢、爆管等现象逐渐严重，也更容易发生二次污染。在市政管道上，未做防腐处理的铸铁管道，使用年限超过 5 年时，其腐蚀、污垢将达到严重的程度，引起水质恶化。管道使用年限越长，腐蚀越严重，水质状况越糟；在早期军用舰船上，淡水管路采用镀锌钢管，在海水淡化后的低矿化度水流过后其腐蚀状况有可能比在海水中更糟，腐蚀速率更快。

3. 管道的腐蚀与结垢对水质的影响

（1）管道的腐蚀。金属管道的腐蚀会对水质造成严重的影响。金属给水管道的腐蚀包括化学腐蚀、电化学腐蚀和微生物腐蚀共同进行的过程。微生物腐蚀是指有铁细菌和硫酸盐还原菌参与下的腐蚀过程。化学腐蚀比微生物腐蚀次要得多。管道腐蚀产生的锈垢与微生物一起积结在管道内壁，不但会直接污染水质，也使管道有效截面积缩小，降低了通水能力。市政小区或老居民区给水管到各用户内的金属给水管二次污染更为严重，就是这些管道严重锈蚀造成的。

(2)管道的结垢。给水管道的结垢来源大致有三种：由金属腐蚀产生的锈垢、钙镁离子产生的结垢以及水中的悬浮杂质沉淀形成的泥垢。数据表明，管道垢层的厚度会随着时间的延续不断地增加，使管道有效截面积逐渐缩小；筒式也提供了很好的细菌滋生场所，微生物附着生长从而形成“生物膜”（也称“生物环”）。

金属储水设施内壁腐蚀形成的结垢。由于金属防腐层的脱落，金属会形成结垢层，对金属而言呈现腐蚀现象。二次供水系统中，由于水位不断变化，金属表面可间断与空气接触，不断补充氧气，促进了氧化作用的进行，锈蚀较严重。特别是，在储水设施的进口和出口处，由于流动状态（流速）变化太大，形成冲刷，腐蚀更加严重。由于腐蚀的生成物能溶于酸性介质中，不易溶解于碱性介质中，因此，pH 偏低的酸性水能促进腐蚀作用，而 pH 偏高能阻止或完全停止腐蚀作用。

钙镁沉淀在储水设施中形成水垢。所有的天然水中几乎都含有钙镁离子，并且水中的重碳酸根离子分解出二氧化碳和碳酸根离子。这些钙镁离子和碳酸根离子化合形成钙镁的碳酸化合物，它难溶于水而形成沉淀物。把重碳酸根溶液看作是一个平衡的体系，那么就可以确定，当其他条件相同时，二氧化碳的排出导致化学反应单向进行，并使碳酸钙镁浓度增大。若浓度超过本身的溶解度，则碳酸钙镁必定开始沉淀，直到形成新的平衡状况为止，因而导致管网水的浊度升高及总硬度下降。对于饱和指数 IL＞0 和稳定指数 IR＜6.0 的不稳定水质，往往会在供水系统中产生钙垢和镁垢。

水中悬浮物的沉淀。水中悬浮物的沉淀是形成沉渣的最简单过程。《生活饮用水卫生标准》(GB 5749—2006）中规定，出厂水浊度小于 1NTU，特殊情况小于 3NTU。出厂水中有一定的致浊悬浮物，当自来水在二次水池和水箱中停留时间较长时，水中的少量微小的悬浮物会逐步积累沉淀下来，形成沉渣。

以上三个方面往往同时发生，形成不同形态的结垢和沉淀。当二次供水系统中水力状况发生改变时，这部分水垢有可能进入到二次供水系统中去，影响二次供水水质。并且，这些污垢和沉积物还会消耗水中余氯，甚至消耗殆尽，影响二次供水的持续消毒能力。对饮用水供水安全造成很大的风险。

4. 管网结构及水力状况对水质造成的影响

管道内水流速度及其变化情况直接影响着水的浊度等指标。当流速较小或流速稳定时，沉淀作用大于冲刷作用，表现为浊度降低，水中各种物质容易沉积而污染水质，微生物也因此容易生存；当流速较大或流速急剧变化时，沉积物被冲刷污染水质，表现为浊度升高。

管网中水的停留时间越长，水体就越可能发生二次污染。管网中水停留时间与管网结构、管径、用水量有关。用户用水量越小、管径越大、流速越低，水在管网中停留时间越长。局部管道没有形成环状，呈枝状的管道末梢及消火栓等地方的水停留时间较长甚至是死水。

5. 微生物繁殖对水质的污染

尽管出厂水通过加氯消毒后微生物基本已经被杀灭，达到国家安全饮用水标准，甚至还控制有一定的余氯量以保持持续消毒作用，但是调查发现，用水点处的细菌学指标合格率严重下降。

微生物再生长会引起管网水质二次污染，所产生的负面影响主要取决于细菌的数量和特性。微生物繁殖对水质的污染主要表现在：①细菌和大肠杆菌的再度繁殖；②耐氯微生物的滋生，如耐氯的藻类（直链藻属、脆杆藻属和小球藻属等），这些藻类的分泌物及死亡体所产生的新的有机污染物，不仅消耗余氯，还为细菌等微生物生长提供了营养源；③铁细菌等自养型微生物的繁殖，铁细菌的繁殖不但会造成细菌指标超标，同时还加速了腐蚀，使水的浊度和色度增加；④硫的转化菌的繁殖，它同样能引起腐蚀；⑤硝化与反硝化菌的繁殖，硝化和反硝化过程都会使水中亚硝酸盐含量上升。

微生物的再度繁殖对水质的危害，除了直接造成细菌学质量的下降，同时也是金属结垢与腐蚀的诱导原因，并且会造成浊度、色度、有机污染物、亚硝酸指标的上升，严重影响二次供水水质。

6. 加氯消毒对水质的影响

消毒剂氯气在使管道产生腐蚀的同时，由于水源的污染，出厂水消毒过程中以及余氯与水中残留的有机物质反应，都会产生有毒害作用的副产物，也属于二次污染，给人们的身体健康造成潜在的危害。余氯与出厂水中残留的有机物质反应，产生有毒害作用的三卤甲烷（THM）和氯乙酸（HAA），给人们的身体健康造成很大的危害。氯气会使水的碱度降低，因而使管道容易产生腐蚀。微污染水源水普遍含有氨氮，氯气会与之反应生成氯化氰，此物质有助于在净水构筑物和管网中滋生藻类。

7. 二次供水对水质的影响

（1）水箱容积设计偏大，水在水箱中停留时间过长造成二次污染。船舶水在船舱、压力水柜中先停留，再进入供水管路，就是典型的二次供水。根据有关监测部门监测结果，自来水在水箱中储存24h后，余氯迅速下降甚至为零，特别是在水温较高的夏天更为严重。当水温低于10℃时，滞留时间超过48h时；当水温在15℃时，滞留时间超过36h；当水温大于20℃时，滞留时间超过24h时，细菌、总大肠菌群指标明显增加。

（2）系统设计所限。水舱一般位于船舶底部，如果出水管设置过高，出水管以下部分将形成死水区；船舶摇晃，水池中的沉积物进入出水管；溢流管直接排入生活污水管网等。

（3）水箱结构粗糙和涂料有机物溶出。船舱内壁粗糙，易滋生微生物，水箱内壁涂料有的溶出污染物，这些都会造成水质污染。

8. 外界原因造成的二次供水污染

二次供水系统会受到外来的污染，从而产生水质周期性或间断性的恶化，一般有：①管网系统的渗漏，造成失压或停水，外部污染物会进入到供水管道系统中；②用水点处的外部水虹吸倒流，由于安装的不合理，同样会将外部污染物引入到供水系统中；③分质供水系统的不同供水系统或者不同用途供水系统之间的错误连通；④外部污染物直接进入供水系统。外部污染物进入到供水系统中往往会造成水质污染事故。虽然发生的概率很小，但一旦发生，往往会造成较大的危害，引起大规模的水传染疾病的暴发，如肠炎、痢疾、腹泻等。

通过对船舶用淡水二次污染的原因分析可以看出很多因素都可以造成水质的二次污染，对这些影响因素进行分类总结可以将其归纳为四部分，分别为：淡水水质本身的问题；供水管路材质、设计结构以及发生的腐蚀问题；微生物生长以及对应消毒方法产生的问题；供水方式和其他原因产生的问题。分析出淡水二次污染的原因后可以针对性地提出船舶水舱二次污染控制技术，开展后续工作。

9.3.2　船用淡水二次污染控制技术

通过前面对船舶饮用水的调查分析可以看出，船舶饮用水主要存在以下问题：①pH、浊度不合格，部分含有肉眼可见物；②余氯含量不合格；③细菌总数和总大肠菌数不合格。针对上述水质问题并结合二次污染产生的原因，可以通过控制补给水水质、调整海水淡化水水质平衡、合理选择供水管网材质和水舱内壁涂料防止发生腐蚀、优化水质消毒工艺以及加装水舱循环过滤装置降低水质浊度来解决上述水质问题。

1. 补给水水质的控制

目前远洋船舶使用的淡水主要是岸基补给的自来水和船舶配备的反渗透海水淡化装置制造的淡化水两部分，对于自来水水质的控制，主要通过在进行补给时严格控制补给水质，做到不合格的自来水不能进行补给；对于自造的反渗透海水淡化水则需要对造水设备进行改造升级，确保各项水质指标满足国家标准要求。

改革开放四十年来，我国经济发展迅速，但环境污染日益严重，饮用水污染尤为突出。目前地下水污染现象严重，据国家环境部门统计，我国82%的河流受到不同程度的污染；在我国七大水系中，不适合作饮用水源的河段已接近40%；城市水域中78%的河段不适合作饮用水源；约50%的城市地下水受到污染。受水源污染的影响，目前自来水也存在一些不安全性，主要体现在自来水输水管网的二次污染和水中余氯浓度偏高两方面。

针对岸基自来水可能存在的问题，需要卫生部门在船舶进行岸基补给水时首先对自来水水质进行化验分析，确保水质安全卫生，避免将不达标的饮用水引入到船舶上造成疾病的传播。降低自来水的浊度可以去除水中的有机污染物、降低病毒传染病的发病率以及去除原虫等，对保障饮用水水质安全有重要意义，是水处理的主要目的之一。因此从水质安全角度出发，还需要对水舱中淡水的浊度进行检测并使用相关设备降低淡水的浊度。

2. 海水淡化水水质平衡控制

目前有调查分析表明，船舶反渗透海水淡化水与靠泊港口直供水、舱储饮用水相比较，毒理指标、感官性状和一般化学指标无显著差异，但应控制TDS数值；而钙、镁、总硬度等处于低值，水质为非平衡状态；硼含量超过标准限值是一个难题。通过淡化水二次处理，可以解决溶解性总固体和硼含量高的问题，淡化水再矿化可解决钙镁等浓度提升和水质平衡问题。

无论使用的是岸上补给自来水还是船舶自生产的海水淡化水，都要严格控制其水质满足国家标准要求，在源头进行控制，避免引入受污染的水质危害人员身体健康。对水舱中的自来水和反渗透海水淡化水需要进行浊度监测，使用相关的设备降低水的浊度，保障水质安全。

3. 系统材质选择

海水淡化系统或者淡水保障系统包括制水/补水系统、储水系统、供水系统和用水系统，如果把船舱或水箱作为一个设备来看，设计者需要做到将淡水/淡化水对每个分系统的管路、附件和设备等过流材料的腐蚀控制在可接受的范围内。

（1）水舱材质的选择。对于陆地装备或者结构物来说，水舱材质还有选择的余地，如玻璃钢水箱、搪瓷钢板水箱以及不锈钢水箱等。而对于船舶来说，水舱材料只可能是船体结构的一部分，也就说只能是船体结构钢。

（2）水箱防腐蚀涂料的要求。在第3章中已经提到，船舶水舱材料为低合金结构钢，在淡化水中易腐蚀，必须用防腐蚀涂料进行防护，而食品级环氧树脂防腐涂料是比较好的选择，这点在第4章有较详细的表述。

（3）供水管材的选择。传统热浸锌、镀锌钢管由于易腐蚀、结垢不适宜淡化水特别是直饮水系统，适于直饮水系统的传统管材有铜管、不锈钢管、有机玻璃管以及一些新型给水管材，如铝塑复合管、钢塑复合管、ABS管、普通UPV管、UPVC管或PVC-U管、聚丙烯管等，从管材机械性能、耐热、耐腐蚀及施工连接、配件等方面考虑，316L不锈钢管应是最佳选择。除输水管材应合理选择外，为确保水质，对各类阀门、管配件、水泵、水箱、水表均应采用不锈钢管材。

4. 水质消毒

在供水系统中保持一定数量的余氯（或其他消毒剂）是保障给水卫生安全的必要条件，主要作用如下。

（1）克服管网系统的污染。管网中污染源包括如下因素：管道交叉连接处、给水结构物污染、管道修补处；冲洗管道不理想、管道压力不足和管道老化锈蚀处。微生物易于在这些场所再生，必须靠剩余消毒剂抑制微生物生长。

（2）阻止大肠杆菌重生。大肠杆菌是一种致病菌，如果消毒不彻底，其有可能在管网中再生。大量研究表明，在经充分杀菌的水中，保持0.05mg/L的余氯足以抑制大肠杆菌的再生，保证饮水卫生安全。

（3）抑制生物膜形成。细菌几乎在各种地方都会发生，即使在电子工业所用水TOC浓度小于20μg/L时，仍能生成生物膜。管道直饮水TOC一般在0.05mg/L，因此是有可能生成生物膜的。管网死头是生物膜产生的根源，虽可采用优越设计得以改善，如设计循环水路，尽量减少死水端长度，但水中余氯的存在仍是有效控制生物膜形成的有效方法。

（4）保持管网水的水质稳定性。管网中水的生物水质稳定性与管网中的生物膜形成及微生物重生具有相关关系。管网腐蚀是减少余氯的主要因素。当前对余氯消耗与腐蚀之间的相关性仍有待进一步研究，一般可以改善管网状态以减少停留时间来维持水质稳定。

（5）阻止偶发病原菌发生。一些病原菌如军团菌和一些大肠菌可在配水管网和用户支管内的生物膜中得以残存，如果余氯控制不好，可能繁殖，诱发疾病。

（6）传达微生物污染。剩余消毒剂能作为传达微生物污染的信号，当污染物进入管网系统，将损害剩余消毒剂，使得管网中部分管段中剩余消毒剂减少，剩余消毒剂损失的情况可作为污染信号。

管网剩余消毒剂的污染观测，可以替代一些综合监测。根据经验，在分质供水管网中，维持 0.03～0.05mg/L 的余氯，各项微生物指标一般都在限定值内。经第 8 章所述的试验与分析，氯的加注、余氯补充和保持是保证淡水安全的一项主要措施，而在用水末端可采取紫外线杀菌和过滤的方式保证淡水的饮用安全。

从各种消毒方式的对比可以看出，各种方式均有各自的特点和使用范围。对于船舶供水系统水质的消毒，应该将上述几种消毒方式进行优化组合，选出一种切实可行的组合工艺消毒技术。杀菌可采用紫外线杀菌，能够在较短时间内杀死全部细菌，不形成消毒副产物；水质微生物控制可选择加氯消毒，使水中含有合适的余氯，起到抑菌和保鲜的作用。

9.3.3　饮用水深度处理技术

1. 生物活性炭技术

生物活性炭技术是多年来在饮用水处理的应用实践中产生的。在它的发展过程中，联合使用臭氧和生物活性炭进行处理起到了相当重要的作用。

以预臭氧代替预氯化，可以使水中一些原不易被生物降解的有机物变成可被生物降解的有机物。此外，臭氧预氧化的同时还可以提高水中溶解氧的含量。水中溶解臭氧在活性炭的催化分解下，在炭床的顶部很快分解，因此不会抑制炭床中微生物的生长。在适当的设计和运行条件下，活性炭床保持好氧状态，在活性炭颗粒的表面生长着大量的好氧微生物，在活性炭对水中污染物进行物理吸附的同时，又充分发挥了微生物对水中有机物的分解作用，显著提高了出水水质，并延长了活性炭的再生周期。由于这种活性炭床具有明显的生物活性，后来被称为生物活性炭。

欧洲从 20 世纪 70 年代开始了生物活性炭的大规模研究与应用。我国从 20 世纪 80 年代初也开始了生物活性炭技术的研究，目前已有部分给水厂采用了臭氧生物活性炭深度处理工艺。

欧洲饮用水处理常用的臭氧生物活性炭处理工艺流程主要由以下部分组成，见图 9.1。

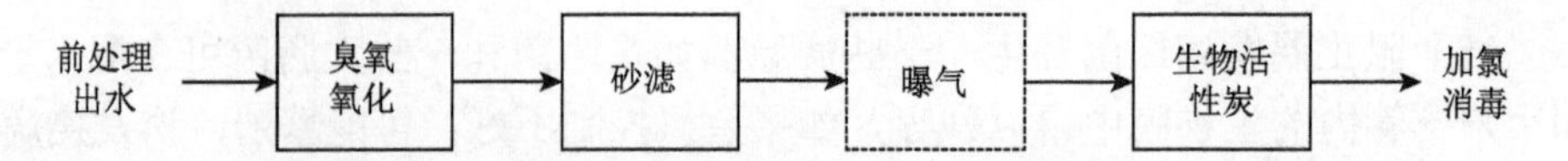

图 9.1　欧洲饮用水处理常用的臭氧生物活性炭处理工艺流程

工艺流程中臭氧氧化的主要目的是用少量的臭氧，尽可能多地使水中不可生物降解的有机物变成可生物降解的有机物，增加被处理水的可生物降解性，为生物活性炭中微生物的降解创造条件，并减少活性炭的物理吸附负担。臭氧的投加量一般为 2～6mg/L，臭氧反应时间为 6～12min。

臭氧氧化的另外两个优点是可以同时对处理的水进行充氧和臭氧处理，具有微絮凝作用。

臭氧的微絮凝作用是：一些大分子溶解状污染物被臭氧氧化后，因在结构中加入了氧而使分子的极性变大，极性增大后可使这些污染物分子中的氧与其他有机物分子中所含的某些氢原子形成氢键，增加了分子的有效分子量。当这种有效分子量达到一定程度时，溶解度将降低，产生微絮凝效果。另外，水中一些高价阳离子也可以同这些被氧化的污染物进行反应，产生凝聚。

由于臭氧处理具有微絮凝作用和臭氧处理出水具有良好的生物降解性，欧洲一些水厂把过滤设置在臭氧和活性炭之间，在充分截流颗粒物质的同时，在滤池中进行有机物的生物降解和氨氮的硝化。

对于过滤设置在生物活性炭处理前的情况，由于滤床中进行了大量的生物氧化和硝化，滤后出水溶解氧的含量已大大降低。为了在生物活性炭床中保持好氧条件，一些水厂在炭床前还设立了曝气充氧系统。

我国目前采用臭氧生物活性炭的几个水厂是把臭氧氧化和生物活性炭都设在砂滤之后，如图 9.2 所示。这种做法的优点是在深度处理中所加入的臭氧可以得到更有效的利用，不足之处是不利于发挥臭氧的微絮凝作用和砂滤池中的生物降解作用。

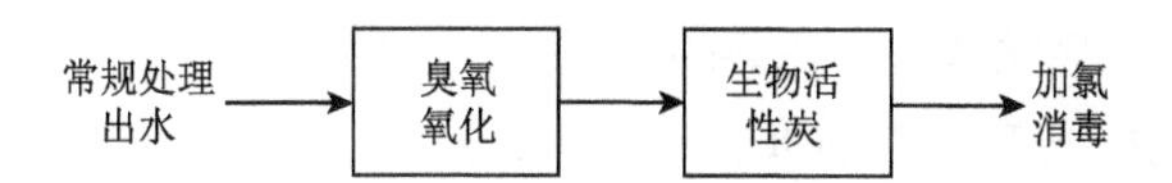

图 9.2　我国生活饮用水处理常用的臭氧生物活性炭深度处理工艺流程

在生物活性炭床中，活性炭起着双重作用。首先，它作为一种高效吸附剂，吸附水中的污染物质；其次，它作为生物载体，为微生物的附着生长创造条件，通过这些微生物对水中可生物降解有机物和氨氮进行生物分解。

在溶解氧充足的条件下，经过 1～3 个月的运行，活性炭滤床中可以长成足够量的微生物，使炭床具有明显的生物活性；同时，活性炭的物理吸附能力也逐渐降低，活性炭床逐步转化为生物活性炭。目前正在研究在活性炭床运行的初期，加入一些高效菌种，以缩短生物活性炭的启动周期，并增加炭床的生物分解能力。

由于生物分解过程比活性炭吸附过程的速度慢，因此要求生物活性炭床中的水力停留时间比单纯活性炭吸附的时间长。水厂中生物活性炭床一般采用 10～20min 的水力停留时间。

生物活性炭床在运行中需要定期反冲洗，反冲洗周期一般在几天至一周。反冲洗对炭粒表面附着生长的生物膜的影响不大，反冲后炭床的生物分解能力只是略有降低，并且很快得到恢复。

根据实际运行经验，采用生物活性炭技术比单纯的活性炭吸附法具有以下优点：

（1）提高了对水中可降解有机物的去除，出水的生物稳定性好。

（2）延长了活性炭的再生周期，炭周期可达 1～2 年。

（3）氨氮可以被生物硝化，转化为硝酸盐。

（4）出水的需氯量低。

2. 离子交换技术

离子交换剂具有离子交换能力，水处理中所使用的离子交换剂有：离子交换树脂、磺化煤、钠沸石等，目前所用的主要为离子交换树脂。

离子交换树脂由树脂母体（骨架）和交换基团构成。离子交换树脂在生成过程中先采用凝胶法生成树脂母体小球。树脂母体小球为具有空间网架多孔结构的高分子聚合物的小球，如苯乙烯系树脂小球。树脂小球上再引入不同的交换基团，使其具有交换功能，成为离子交换树脂。例如，苯乙烯系树脂小球在浓硫酸中加热到 100℃，以 1%硫酸银为催化剂，把苯乙烯树脂苯环上的部分 H^+置换为磺酸基团（$—SO_3H$），就得到强酸性苯乙烯系阳离子交换树脂。在苯乙烯系树脂上加入季氨基，则得到强碱基苯乙烯系阴离子交换树脂。

可交换离子为 H^+的强酸性阳离子交换树脂用符号 RH 表示，以 H^+交换 Na^+后所形成的树脂符号标为 RNa，两个 RH 以 H^+交换 Ca^{2+}后符号为 R_2Ca。可交换离子为 OH^-的强碱性阴离子交换树脂用符号 ROH 表示，其他交换的符号相似。

水的软化处理主要使用强酸性阳离子交换树脂，水的除盐处理主要使用强酸性阳离子交换树脂和强碱性阴离子交换树脂。树脂的全交换容量表示树脂理论上总的交换能力的大小，等于交换基团的总量。树脂的工作交换容量是在使用中实际可以交换的容量。工作交换容量远小于全交换容量，其原因是：存在交换平衡，再生与交换反应均不完全；交换柱穿透时柱中交换带中仍有部分树脂未交换等。

离子交换树脂对于水中某种离子能选择交换的性能称为离子交换树脂的选择性。它和离子的种类、离子交换基团的性能、水中该离子的浓度有关。在天然水的离子浓度和温度条件下，离子交换选择性有以下规律。

对于强酸性阳离子树脂，与水中阳离子交换的选择性次序为

$$Fe^{3+} > Al^{3+} > Ca^{2+} > Mg^{2+} > K^{+} = NH_4^{+} > Na^{+} > H^{+}$$

也就是说，如果采用 H 型（指树脂交换基团上的可交换离子为 H^+）强酸性阳离子交换树脂，树脂上的 H^+可以与水中以上排序 H^+左侧的各种阳离子交换，使水中只剩下 H^+离子；如果采用 Na 型（指树脂交换基团上的可交换离子为 Na^+）强酸性阳离子交换树脂，树脂上的 Na^+可以与水中以上排序在 Na^+左侧的各种阳离子交换，使水中只剩下 Na^+离子和 H^+离子。

对于强碱性阴离子树脂，与水中阴离子交换的选择性次序为

$$SO_4^{2-} > NO_3^{-} > Cl^{-} > HCO_3^{-} > OH^{-}$$

也就是说，如采用 OH 型（指树脂交换基团上的可交换离子为 OH^-）强碱性阴离子交换树脂，树脂上的 OH^-可以与水中以上各种阴离子交换，使水中只剩下 OH^-离子。

离子交换反应是可逆反应。例如，RH 与水中 Na^+的反应为

$$RH+Na^{+} \rightleftharpoons RNa+H^{+} \tag{9.1}$$

存在平衡关系式

$$\frac{[RNa][H^{+}]}{[RH][Na^{+}]}=K_{H}^{Na} \tag{9.2}$$

式中，K_{H}^{Na} 为离子交换树脂的选择性系数。

对于式（9.1）的反应，选择性系数 $K_{H}^{Na}=2.0$ 。对于用 RH 处理含有低浓度 Na^+的水，因水中$[H^+]/[Na^+]<1$，所以式（9.1）的反应向右进行，直至反应平衡时，$[RNa]/[RH] \gg 1$，即大部分树脂从 H 型转化为 Na 型。此时如改用很高浓度的 H^+的溶液，如 3%～4%的 HCl，通过上述已经交换饱和的树脂，则式（9.1）的反应被逆转向左进行，直至达到新的反应平衡时，$[RNa]/[RH] \ll 1$，实现了树脂的再生。

离子交换软化除盐的基本原理是：用 Na 型强酸性阳离子交换树脂 RNa 中的 Na^+交换去除水中的 Ca^{2+}、Mg^{2+}，饱和的树脂再用 5%～8%的 NaCl 溶液再生。软化反应的反应式见式（9.3）（以 Ca^{2+}硬度为例，Mg^{2+}硬度的反应形式完全相同），水的软化反应的离子组合见图 9.3。原水经过 RNa 树脂的软化，水中的致硬离子 Ca^{2+}、Mg^{2+}被全部去除，替换成非致硬的 Na^+离子，但是处理后水的含盐量（以 mol 为单位）没有降低。

$$2RNa+Ca^{2+} \xrightleftharpoons{\text{软化、再生}} R_2Ca+2Na^{+} \tag{9.3}$$

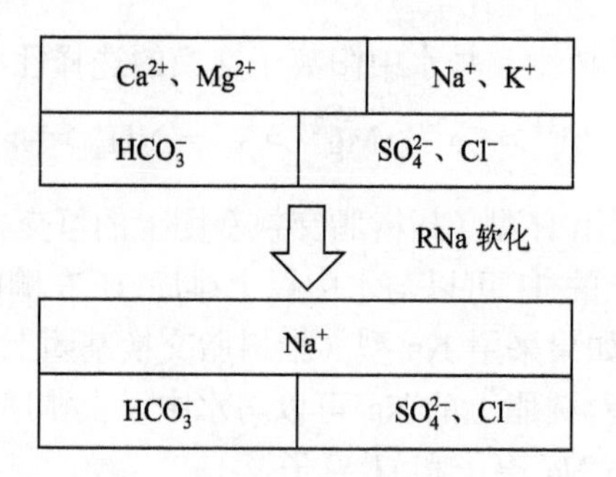

图 9.3 RNa 软化处理的离子组合

先用 H 型强酸性阳离子交换树脂 RH 中的 H^+ 交换去除水中的所有金属阳离子（以符号 M^{m+} 表示），饱和的树脂用 3%～4%的 HCl 溶液再生。RH 出水吹脱除去由 HCO_3^- 和 H^+ 生成的 CO_2 气体。再用 OH 型强碱性阴离子交换树脂 ROH 中的 OH^- 交换去除水中的除 OH^- 外的所有阴离子（以符号 N^{n-} 表示），饱和的树脂用 2%～4%的 NaOH 溶液再生。最后所产生的 H^+ 与 OH^- 合并为水分子。除盐反应的反应见式（9.4）～式（9.6），原水经过离子交换除盐处理后，水中的各种离子都被去除了。

$$m\mathrm{RH} + \mathrm{M}^{m+} \xrightleftharpoons{\text{用H}^+\text{交换阳离子、再生}} \mathrm{R}_m\mathrm{M} + m\mathrm{H}^+ \tag{9.4}$$

$$\mathrm{HCO_3^-} + \mathrm{H}^+ \longrightarrow \mathrm{CO_2} \uparrow + \mathrm{H_2O} \tag{9.5}$$

$$n\mathrm{ROH} + \mathrm{N}^{n+} \xrightleftharpoons{\text{用OH}^-\text{交换阴离子、再生}} \mathrm{R}_n\mathrm{N} + n\mathrm{OH}^- \tag{9.6}$$

3. 反渗透技术

对于饮用水的深度处理，除以上方法外，还有反渗透处理技术，基本原理与方法可参见第 5 章相关内容。

9.4 循环过滤

9.4.1 过滤的分类及原理

1. 分类

过滤是固液分离的组成部分，它利用过滤介质或多孔膜截留液体中的难溶颗粒，是将固体和液体分离的单元操作。最早的过滤技术用于酒的澄清，至今过滤技术仍广泛应用于与饮料相关的行业，目的在于排除饮料中微小而又难排除的固体颗粒，同时还要避免将有香味的蛋白质滤掉。净水处理不仅是要除掉大量的水中的各种固体物，包括细菌，而且成本必须很低。

根据所采用的过滤介质不同，过滤可分为下列四类。

（1）格筛过滤（screen filtration）。过滤介质为栅条或滤网，用以去除粗大的悬浮物，如杂草、破布、纤维、纸浆等。其典型设备有格栅、筛网和微滤机，此种过滤方式一般适用于大流量、对过滤精度要求不高的场合。

（2）微孔过滤（micro filtration）。采用成型滤材，如滤布、滤片、烧结滤管、蜂房滤芯等，也可在过滤介质上预先涂上一层助滤剂（如硅藻土）形成孔隙细小的滤饼，用以去除粒径细微的颗粒。根据过滤精度的不同采用不同的过滤材质。

（3）膜过滤（membrane filtration）。采用特别的半透膜作过滤介质，在一定的推动力（如压力、电场力等）下进行过滤，由于滤膜孔隙极小且具有选择性，可以除去水中细菌、病毒、有机物和溶解性溶质。主要类型有反渗透、超过滤和电渗析等。膜过滤的耐高温、耐腐蚀等优越性使其获得了越来越多的应用，但是相对高昂的价格和高技术限制使其还未能够完全普及。

（4）深层过滤（depth filtration）。采用颗粒状滤料，如石英砂、无烟煤等。由于滤料颗粒之间存在孔隙，废水穿过一定深度的滤层，水中的悬浮物即被截留。为区别于上述三类表面或浅层过滤过程，这类过滤称为深层过滤。

2. 过滤的原理

过滤的机理可分为阻力截留、重力沉降和接触絮凝三种。

阻力截留：当废水流过滤料层时，粒径较大的悬浮物颗粒首先被截留在表层滤料的空隙中，从而使此层滤料间的空隙越来越小，截污能力越来越高。结果逐渐形成一层主要由被截留的固体颗粒构成的滤膜，并由它起主要的过滤作用。这种作用属于阻力截留或筛滤作用。

重力沉降：废水通过滤料层时，众多的滤料介质表面提供了巨大的沉降面积。一般情况下，$1m^3$粒径为0.5mm的滤料中就拥有$400m^2$不受水力冲刷而可供悬浮物沉降的有效面积，形成无数的小“沉淀池”，悬浮物极易在此沉降下来。重力沉降强度主要取决于滤料直径和过滤速度。滤料越小，沉降面积越大；滤速越小，水流越平稳，这些都有利于悬浮物的沉降。

接触絮凝：由于滤料有较大的表面积，它与悬浮物之间有明显的物理吸附作用。此外，砂粒在水中表面常带有负电荷，能吸附带有正电的铁、铝等胶体，从而在滤料表面形成带正电的薄膜，进而又吸附带负电荷的黏土及多种有机胶体，在砂粒上发生接触絮凝。在大多数情况下，滤料表面对尚未凝聚的胶体还能起到接触碰撞的媒介作用，促进其凝聚过程。

3. 过滤介质的分类和性能

目前常用的过滤介质有以下几种。

（1）纺织物：即滤布，单丝或复丝滤布过滤精度一般最小为10μm，短纤维滤布或进口单丝滤布达到5μm。

（2）非编织介质：纤维毡的过滤精度一般最小为 10μm，滤纸的过滤精度为2μm，复合过滤板材的过滤精度达到0.5μm。

（3）刚性多孔介质：陶瓷的过滤精度为1μm，烧结金属粉末和塑料烧结滤材的过滤精度是3μm。

（4）松散固体介质：金属纤维烧结滤材的过滤精度可达 1μm，常用还有沙子、活性炭材料等。

（5）膜：高分子有机膜精度小于0.45μm，无机膜（陶瓷膜、金属膜）精度可以达到0.2μm。

（6）金属丝网：平纹金属丝网的过滤精度最小达到5μm。

良好的过滤介质需要具有许多不同的特性，主要是指过滤性能、使用性能和机械性能，它们决定过滤介质实用的过滤机种类，是过滤介质选用的主要考虑项目，具体见表9.4。

表9.4　过滤介质应具备的性能

机械性能	使用性能	过滤性能
刚度	化学稳定性	截留的最小颗粒
强度	热稳定性	截留效率
蠕变或拉伸抗力	生物稳定性	清洁介质的流动阻力
移动的稳定性	动态稳定性	纳污容量
抗磨性	吸附性	堵塞倾向
振动稳定性	可湿性	
可制造工艺性	卫生和安全性	
密闭性	再使用可行性	
可供应尺寸		

9.4.2　膜法过滤

膜法过滤又称膜分离，是将水与水中颗粒物分离或分开的一种方式，是用天然或人工合成膜，以外界能量或化学位差作为推动力，对双组分或多组分溶质和溶剂进行分离、分级、提纯和富集的方法。膜分离可以用于液相和气相，液相分离可以用于水溶液体系、非水溶液体系以及水溶胶体系。

目前常见的几种膜分离是：微滤（MF）、超滤（UF）、纳滤（NF）、反渗透、渗析（D）、电渗析（ED）、气体分离（GS）、渗透蒸发（PV）、液膜（LM）、膜蒸馏（MD）、膜接触器等，分离机理见表9.5。

表9.5　主要膜分理过程的分离机理

膜过程	分离机理	渗透物	截留物	膜结构
微滤	筛分	水、溶剂溶解物	悬浮物、颗粒、纤维和细菌（0.01～10μm）	对称和不对称多孔膜
超滤	筛分	水、溶剂、离子和小分子（分子量<1000）	生化制品、胶体和大分子（分子量1000～300000）	具有皮层的多孔膜
纳滤	筛分＋溶解/扩散	水和溶剂（分子量<200）	溶质、二价盐、糖和燃料（分子量200～1000）	致密不对称膜和复合膜
反渗透	溶解/扩散	水和溶剂	全部悬浮物、溶质和盐	致密不对称膜和复合膜
电渗析	离子交换	电解离子	非解离和大分子物质	离子交换膜
渗析	扩散	离子、低分子量有机质、酸和碱	分子量大于1000的溶解物和悬浮物	不对称膜和离子交换膜
气体分离	溶解/扩散	易渗透的气体和蒸气	难渗透的气体和蒸气	复合膜和均质膜
渗透蒸发	溶解/扩散	溶质或溶剂（易渗透组分的蒸气）	溶质或溶剂（难渗透组分的液体）	复合膜和均质膜
液膜	反应促进和扩散传递	电解质离子	非电解质离子	载体膜
膜蒸馏	气液平衡	溶剂或溶剂（易汽化与渗透的组分）	溶质或溶剂（难汽化与渗透的组分）	多孔膜
膜接触器	分配系数	易扩散与渗透的物质	难扩散与渗透的物质	多孔膜和无孔膜

目前常用的四大膜过滤技术为微滤、超滤、反渗透和纳滤，它们的共同特点都是以静压差为推动力而达到分离的目的，区别是分离精度不同，因而压差也不同。国际纯粹与应用化学联合会（International Union of Pure and Applied Chemistry，IUPAC）对其定义如下。

（1）微滤：指大于0.1μm的微粒或可溶性物被截留的压力驱动型膜过程。

（2）超滤：指小于0.1μm且大于2nm的微粒或可溶物被截留的压力驱动型膜过程。

（3）纳滤：指小于2nm的微粒或可溶物被截留的压力驱动型膜过程。

（4）反渗透：指高压下溶剂逆着其渗透压而选择性透过的膜过程。

由于分离的精度不同，其原理、过程用膜及操作方式也不完全相同。几种过滤工艺范围见图9.4。

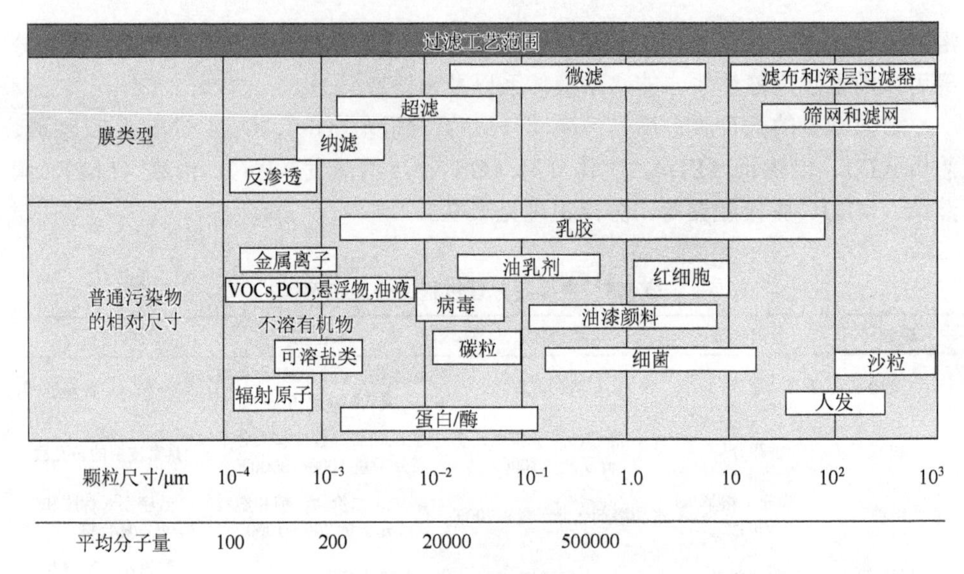

图 9.4　几种过滤方式的过滤范围

VOCs：挥发性有机物；PCD：聚合物

1. 微滤

微滤又称为“微孔过滤”，它是以静压差为推动力，利用膜的“筛分”作用进行分离的膜分离过程。微滤膜具有比较整齐、均匀的多孔结构，在静压差的作用下，小于膜孔的粒子则被阻拦在膜的表面上，使大小不一的组分得以分离。微滤作用相当于过滤，由于微孔膜孔径相对较大，孔隙率高，因而阻力小，过滤速度快，实际操作压力也较低。主要从气相和液相物质中截留微米及亚微米级的细小悬浮物、微生物、微粒、细菌、酵母、红细球、污染物等，以达到净化、分离和浓缩的目的。被分离粒子的直径范围为 0.1～10μm。

微滤膜在过滤时不会脱落，没有杂质溶出，无毒，使用方便，使用寿命较长，同时膜孔分布均匀，可将大于孔径的微粒、细菌、污染物等截留在滤膜表面，滤液质量较高，也称为绝对过滤（absolute filtration）。适合于过滤悬浮的微粒和微生物。微滤滤除微粒和微生物的效率见表 9.6。

表 9.6　微滤滤除微粒和微生物的效率

测试微粒	球形 SiO_2	球形聚苯乙烯		细菌	热原
直径/μm	0.21	0.038	0.085	0.1～0.4	0.001
脱除率/%	＞99.99	＞99.99	100	100	＞99.997

（1）微滤的特点。与深层过滤介质如硅藻土、沙、无纺布相比，微滤膜具有

以下特点：①属于绝对过滤介质。②孔径均匀，过滤精度高。③厚度薄，吸附量小，微滤膜的厚度一般为10～200μm。④通量大，由于微滤膜的孔隙率高，因此在同等过滤精度下，流体的过滤速度比常规过滤介质高几十倍。⑤无介质脱落，不产生二次污染。⑥颗粒容纳量小，易堵塞。

（2）微滤的分离机理。尽管普遍认为微滤的分离机理类似于“筛分”，但在这种“筛分”过程中，微滤膜的结构起着决定性的作用，膜的结构不同，截留机理也有较大差异。对于微滤膜，比较公认的有两种结构，一种为“筛分膜”，它拥有几乎完美的圆柱形孔，这些孔或多或少与膜表面垂直并随机分散；另一种是“深层膜”，其孔是弯曲不规则的，膜的表面也很粗糙，一部分孔的路径与膜表面是平行的。因此微滤的分离机理可分为以下两大类。

（a）膜表面层截留。膜表面层截留又分为①机械截留（筛分截留）指微滤膜将尺寸大于其孔径的微粒等杂质截留；②吸附截留，指微滤膜将尺寸小于其孔径的微粒通过物理或化学作用吸附而截留；③架桥截留，指固体颗粒在膜的微孔入口因架桥作用而被截留。

（b）膜内部截留。膜内部截留也称为网络截留，这种截留发生在膜的内部，往往是由于膜孔的曲折而形成。

除上述截留之外，某些情况下，还有静电截留。

（3）微滤膜材料种类。微滤膜材料主要分为以下几种。①疏水聚合物膜：聚四氟乙烯（PTFE）、聚偏氟乙烯（PVDF）、聚丙烯（PP）；②亲水聚合物膜：纤维素酯（CA 和 CTA）、聚碳酸酯（PC）、聚砜/聚醚砜（PSF/PES）、聚酰亚胺/聚醚酰亚胺（PI/PEI）、聚酰胺（PA）；③陶瓷膜：氧化铝、氧化锆、氧化钛、碳化硅。

（4）微滤的应用。在工业发达国家，从家庭生活到尖端技术都在不同程度上应用微滤技术，其主要用于无菌液体的制备、生物制剂的分离、超纯水的制备以及空气的过滤、生物及微生物的检测等方面。

（a）在医疗卫生领域中的应用。主要体现在药用水（包括纯净水、注射用水）的过滤、小针剂及眼药液的精滤与终端过滤、血液过滤、中草药液及后发酵液的澄清过滤以及空气、蒸汽的过滤等。在制药工业中，终端过滤的选择相当关键，其去除效率取决于合适的滤膜材料、膜孔径及流程。

（b）在生物化学和微生物研究中的应用。利用不同孔径的微滤膜收集细菌、酶、蛋白、虫卵等进行分析。利用膜进行生物培养时，可根据需要在培养过程中变换培养基，以达到多种不同的目的，并可进行快速检验。因此，微滤技术已被用于水质检验、临床微生物标本的分离、溶液的澄清、酶活性的测定等。

（c）在食品饮料工业领域中的应用。微滤技术普遍用于酒类、饮用水、茶饮料、果汁、奶制品、碳酸饮料的澄清和除菌过滤。例如，用孔径小于0.5μm的微孔滤膜（滤芯过滤器）对啤酒和酒进行过滤后，可脱除其中的酵母、霉菌和其他微生物。经这样处理的产品清澈、透明、存放期长，且成本低。我国经多年努力，已研制出多种材质的系列孔径的微滤膜元件，并形成产业化规模，已广泛用于国内各大著名的饮料生产商，如山东旭日升食品饮料有限公司、中国汇源果汁集团、农夫山泉股份有限公司等。

（d）在电子工业中的应用。电子工业使用的流体包括气体和液体，过滤器大致分为气体过滤器和液体过滤器。气体过滤器采用疏水性微滤膜来从主体气体（氮、氧、氢）和特殊气体（如硅烷、胂、磷化氢、氨）中去除粒子。液体过滤器分成化学药剂过滤器、光敏抗蚀剂过滤器及去离子水过滤器。电子工业对去离子水的要求很高，因此应选择洁净度高、滤膜完整性好、孔径均匀的微滤膜，否则会影响去离子水的水质，进而导致电子元器件或集成电路板的报废。微滤膜在纯水制备中主要有两方面作用：一是在 RO 或 ED 前用作保安过滤器，用以清除细小的悬浮物质；二是在阳/阴或混合交换柱后，作为最后一级终端过滤手段，滤除树脂碎片或细菌等杂质。

（e）在油田注水中的应用。在石油开采中，向低渗透油田实行早期注入高质量的水是对低渗透油田补充能量、稳定产量的长期的根本保证。在石油开采注水工艺中一个核心的环节是如何保证注入水的水质，微滤技术在其中已发挥了较大的作用，国内主要用 PE 烧结微孔管、折叠式微滤膜过滤芯及中空纤维超滤组件等。

（f）在家庭生活中的应用。由于我国城市自来水供给系统在输送过程中的不完善，日常饮用的自来水往往存在着二次污染的问题，这给人身健康带来很大的隐患。采用微滤技术制造的家用净水器，通过微滤膜的过滤不仅能有效去除水中的铁锈、泥沙等肉眼可见物，还能截留水中的细菌如大肠杆菌等。

2. 超滤

超滤即超过滤，是介于微滤和纳滤之间的一种膜过程。膜孔径在 0.1～2nm 之间，但在实际应用中一般不以孔径表征顶膜，而是以截留分子量（molecular weight cut-off，MWCO）（10^3～10^5）表征。

超滤与微滤相似，也是利用膜的“筛分”作用进行分离的膜过程。在静压差的作用下，小于膜孔的粒子通过膜，大于膜孔的粒子则被阻拦在膜的表面上，使大小不同的粒子得以分离，不过其过滤精度更高，因而膜孔更小，实际的操作压力也比微滤略高，一般为 0.1～0.5MPa。

超滤主要从液相物质中分离大分子物质（蛋白质、核酸聚合物、淀粉、天然胶、酶等）、胶体分散液（黏土、颜料、矿物料、乳液粒子）、乳液（润滑脂、洗涤剂、油水乳液），以及微生物等。采用先与合适的大分子结合的方法也可以从水溶液中分离金属离子、可溶性溶质和高分子物质，以达到净化、浓缩的目的。

超滤具有以下特点：

（1）属于压力驱动型膜过程。

（2）分离范围为分子量 1000～10^5 的大分子物质和胶体物质，相应粒子直径 5nm～0.1μm。

（3）分离机理一般认为是机械筛分原理。

（4）膜的形态为不对称结构。

（5）膜组件形式有板式、卷式、管式、毛细管式及中空纤维式。

（6）过滤的方式一般为错流过滤。

（7）膜皮层厚度小于 1μm，操作压力低，可不考虑渗透压的影响。

（8）易于工业化，应用范围广。

超滤和微滤的功能有所不同，微滤多数是除杂，产物是过滤液；而超滤着重分离，产物既可以是渗透液，也可以是截留液或二者兼有。

超滤膜材料可分为两类，一类是有机膜，另一类是无机膜。目前商品化的超滤膜都是采用聚合物材料由相转化法制备的，常用材料包括：聚砜/聚醚砜/磺化聚砜（SPSF）/聚砜酰胺、聚偏二氟乙烯、聚丙烯腈（PAN）、纤维素（CA/CAT/人造再生纤维素）、聚酰亚胺/芳香聚酰胺、聚脂肪酰胺、聚醚醚酮（PEEK）以及复合超滤膜。

无机膜主要是陶瓷膜（氧化铝、氧化锆），其皮层通过溶胶-凝胶法制备，结构分三层，即分离层、中间层和载体层。整个膜的孔径分布是由载体层到顶层（分离层）逐渐减小，形成不对称分布。制法有固体粒子烧结法、溶胶-凝胶法等。

与反渗透、纳滤装置一样，超滤膜组件有 4 种形式：卷式（最常见，主要用于脱盐及超纯水的制备）、中空纤维式、板框式（处理黏度较大的料液）以及管式（处理含悬浮物、高黏度的料液）。

超滤技术现有的应用主要有以下几种。

（1）用于饮用水生产。采用膜净化饮用水是膜技术最主要的应用。传统的水处理包括投药、凝聚、絮凝、沉淀、过滤和杀菌等过程；新的规则要求去除三氯甲烷和其他合成有机物。超滤在去除对人有害的微生物方面是很有效的。家用净水器就是活性炭吸附技术与超滤技术杂化的成功范例。超滤设备也已成为我国目前在矿泉水生产中的主体净化设备。

（2）作为反渗透装置的前处理设备。在海水淡化过程中，在反渗透之前使用超滤处理其进水，可使海水的 FI 达到 0～1，而且细菌及海藻等几乎全部除去。在高纯水制备中，透过水完全可作反渗透/电渗析/离子交换等水处理系统的进水，不但保护了这些装置的安全运行，而且提高了产品水的质量。超滤装置对其进料预处理工艺的要求，一般采用 5～10μm 精度的过滤器过滤即可。

（3）作为水处理设备的终端处理设备。在高纯水制备和饮用纯净水制备中使用超滤/微滤去除去离子水中的微粒、细菌、热原和胶体等杂质。

此外，超滤技术还用于食品及发酵工业、生物工程与医药工业、环境工程等，作为过滤、有用物质回收、废水和废液处理的手段。

3. 反渗透

从1950年美国佛罗里达大学提出了反渗透海水淡化，1953年Reid和Bretom在实验室证实了醋酸纤维素膜的脱盐能力后，美国加利福尼亚大学的Loeb和Sourirajan于1960年研制出世界上第一张不对称醋酸纤维素膜，从而使RO膜应用于工业制水成为可能，后来RO膜新品种不断得到开发，从初期的醋酸纤维素非对称膜发展到用界面聚合技术制成的交联芳香聚酰胺复合膜。由于结构上的优势，在工业上应用最多的RO膜是卷式膜，它占据了绝大多数苦咸水脱盐和越来越多的海水淡化市场。RO法在所有水的淡化中占有技术领先地位，目前全世界范围内的RO装置容量已超过2700万t/d（2000年），20世纪90年代以来，该容量每年以7%～8%的速度递增。目前，世界上最大的RO苦咸水淡化装置为位于美国亚利桑那州的36万t/d的运河水处理厂；超大规模RO海水淡化工厂建于沙特阿拉伯和阿联酋，其日产量分别为12.8万t和14万t；美国是RO膜技术的发明国和最大生产国，日本于其后崛起。

在美国和欧洲，RO主要应用于各种工业用水及饮用水；中东、西班牙的海水淡化应用较多；日本主要用于半导体、电子；韩国除用于半导体、电子外，小型饮用纯水需求量也很大。

RO分离过程具有以下的特点：在常温下进行，无相变，可用于热敏性物质的分离与浓缩；有效去除无机盐和有机小分子杂质，RO膜孔径为0.0001～0.001μm，通常RO截留分子量小于500；有较高的脱盐率和水回用率；膜分离装置简单，操作简单，易实现现代化；需配高压泵和耐高压管路；对进水指标有较高要求；膜被污染，需定期清洗。

从开发RO膜的过程可以看到，所有的RO膜材料（或超薄复合皮层材料）都是亲水性的有机高分子，主要有两大类：一类是醋酸纤维素及其衍生物；另一类是以芳香聚酰胺为代表的芳香族含氮高分子。

按操作压力分类，可分为高压RO膜、低压RO膜和超低压RO膜三类。高压RO膜用于海水淡化；低压RO膜用于苦咸水脱盐、电子工业和制药工业中超纯水的制备、食品工业废水处理以及饮料用水的生产等；超低压RO膜（疏松RO膜或纳滤膜，如Sel-RO膜）最初用于水的软化，近年来发展迅猛。

RO分离一般是在高压下进行的，具有实际应用价值的RO膜要求具备以下性能：

（1）膜的脱盐率高，透水率大。

（2）机械强度好，耐压密。

（3）化学稳定性好，能耐酸/碱、微生物的侵蚀，抗污染性好。

（4）使用寿命长，性能衰减小。

（5）制膜容易，价格低廉，原料充沛。

（6）特殊场合下要求耐溶剂、耐高温、耐氯。

以上的条件是相对的，不同的分离对象有各自的具体要求。

RO 膜组件主要有 5 种形式，分别为板框式、管式、螺旋卷式、中空纤维式以及槽条式。

RO 技术早期主要用于海水和苦咸水淡化，后来被广泛用在超纯水制备、电厂高压锅炉用水脱盐净化、工业废水处理、食品及饮料加工及各种化工领域中的浓缩分离和净化过程。

4. 纳滤

纳滤膜，介于 RO 膜和超滤膜之间，近十几年来发展迅速，是当前膜分离技术研究与开发的热点之一。纳滤膜的研究可以追溯到 20 世纪 70 年代，早期有人称纳滤膜为"疏松的反渗透膜（loose reverse osmosis membrane）"，将介于 RO 和超滤之间的膜分离技术称为"杂化过滤（hybrid filtration）"。直到 20 世纪 80 年代，才渐趋统一，称为纳滤。纳滤膜是在 RO 膜的基础上发展起来的。

（1）纳滤膜特点。纳滤膜有两个显著特征：一个是其截留分子量介于 RO 和超滤之间，为 200～2000，因而推测其表面分离层可能有 1nm 左右的微孔结构，即具有纳米级孔径；另一个是纳滤膜对无机盐有一定的截留率，因为它的表面分离层由聚电解质所构成（大多是复合型膜），对离子有静电相互作用。受膜与离子间 Donnan 效应的影响，膜对不同价态的离子截留能力不同。纳滤膜能截留透过超滤膜的分子量较小的有机物，而又能渗透被 RO 膜所截留的无机盐。操作压力比 RO 低，一般低于 1.0MPa，通量比 RO 大。

（2）纳滤膜的分离机理。与超滤膜相比，纳滤膜有一定的荷电容量，对不同价态的离子存在唐南（Donnan）效应；与 RO 膜相比，纳滤膜又不是完全无孔的，因此它们的分离机理在存在共性的同时，也存在差别。纳滤对大分子的分离机理与超滤相似，但对无机盐的分离行为不仅由化学势梯度控制（溶解扩散机理），也受电势梯度的影响，即纳滤膜的分离行为与其荷电特性、溶质荷电状态以及二者的相互作用均有关系。纳滤膜对极性小分子有机物的选择性截留是基于溶质分子的尺寸和电荷。一是根据离子所带电荷选择性吸附在膜的表面；二是在扩散、对流、电泳移动性能的共同作用下传递通过膜。

（3）纳滤膜材料。纳滤膜材料基本上和 RO 膜材料相同，主要有纤维素和聚酰胺两大类。纤维素类有 CA、CTA 及 CA + CTA 复合膜。聚酰胺类主要是 PA。此外，用于纳滤膜材料的还有聚砜类（聚砜、聚醚砜、磺化聚砜、磺化聚醚砜）、聚酯类。

与 RO、超滤装置一样，纳滤膜组件有 4 种形式：卷式，最常见的一种形式，主要用于脱盐及超纯水的制备；中空纤维式，主要用于水的软化；板框式，主要用于处理黏度较大的料液；管式，用于处理含悬浮物、高黏度的料液。

（4）纳滤技术的应用。在水处理方面的应用，膜法软化水是纳滤膜最重要的工业应用之一，一般可用于去除 Ca^{2+}、Mg^{2+}等硬度成分、三卤甲烷中间体（致癌物的一种前驱物）、异味、色度、农药、可溶性有机物及蒸发残留物质，并在低压下实现水的软化及脱盐；在食品加工方面的应用，用于乳清脱盐、果汁浓缩、酵母生产、低聚糖的分离和精制、环糊精的生产等；在染料工业中的应用，用于染料脱盐、纯化、浓缩等，可改善商品染料品质，并能降低能耗；在医药方面的应用，主要集中在生化试剂生产上，对生化试剂进行提纯与浓缩，可降低有机溶剂及水的消耗量，将微量的有机污染物和低分子盐分除去，节能降耗、提高产品质量；在废水处理中的应用，应用于制糖、造纸、电镀、机械加工等工业废水的处理上；在石油工业上的应用，主要是通过精馏把原油分级成汽油、煤油、重油等，用膜分离过程替代蒸馏，节省能耗费用；用于膜生物反应器，使反应产物通过膜分离不断从反应体系中逸出，破坏化学平衡使产量提高。

5. 电渗析

渗析是指溶质在浓度梯度的作用下，从给体穿过膜进入受体相的过程，这种允许溶质透过而溶剂无法透过的膜称为渗析膜。电渗析就是指在外加直流电场作用下，利用离子交换膜的选择透过性（即阳膜只允许阳离子透过，阴膜只允许阴离子透过），使水中阴、阳离子定向迁移，从而达到离子从水中分离的一种物理化学过程。

电渗析技术通常用来分离水中的离子态污染物。在阴极与阳极之间，两端电极接通直流电源后，水中阴、阳离子分别向阳极、阴极方向迁移，由于阳膜、阴膜的选择透过性，形成了交替排列的离子浓度减少的淡室和离子浓度增加的浓室。与此同时，在两电极上也发生着氧化还原反应，即电极反应，其结果是使阴极室因溶液呈碱性而结垢，阳极室因溶液呈酸性而腐蚀。因此，在电渗析过程中，电能的消耗主要用来克服电流通过溶液、膜时所受到的阻力以及电极反应。

膜处理技术有以下基本性能：是一种物理过滤作用，不需要加注药剂；是一种绝对的过滤作用，不产生副产品；因为膜工艺运行的驱动力是压力，易实现自动控制。目前膜法过滤共有五种工艺形式，其适用范围与特点见表 9.7。

表 9.7 膜法工艺的适用范围与特点

膜法工艺	驱动力	输送主要液种	最小去除物质	公称孔径/m	典型的操作压力/($\times10^5$Pa)	典型的水通量/[L/(cm^2·h)]	应用于水处理的工艺（前处理）
微滤	压力	水	胶体、细菌	10^{-7}～10^{-2}	0.2～2	100～1000	加药或不加药，混凝沉淀及粗滤、微滤
超滤	压力	水	大分子量有机物、病毒	10^{-8}～10^{-7}	1～5	50～200	加药或不加药，混凝沉淀及粗滤、微滤
纳滤	压力	水	小分子量有机物、二价金属离子	10^{-10}～10^{-9}	5～20	20～50	天然有机物质、微污染物的去除采用微滤或超滤做预处理
电渗析	电动势	离子溶液	—	10^{-10}～10^{-9}	1～3	—	—
反渗透	压力	水	绝大部分溶解物	10^{-10}～10^{-9}	20～80	10～50	海水或苦咸水去盐，离子污染物的去除

在以压力为驱动力的膜分离技术中，反渗透运行压力高，能耗大，而且由于其良好的截留性能，可将大多数无机离子和矿物质从水中去除，出水的硬度偏低，水质呈酸性，长期饮用这种水无益于身体健康。

纳滤膜对水中矿物质盐类的去除率在 50%～70%，对二价离子如钙、镁的去除率特别高，在净水处理中适用于硬度和有机物高且浊度低的原水（进水要求浊度几乎为零）。

微滤运行压力低，孔径大，不会去除水中溶解性的矿物质，该技术不仅适用于处理地下水，也适合处理地面水。

9.4.3 分析与讨论

通过对水舱水质二次污染的原因分析以及相应的控制技术的研究，可以得出通过以下几点对水舱水质二次污染控制的要求。

（1）从源头对水质进行控制，不管是岸基补给水还是自造海水淡化水均要满足国家标准要求。

（2）水舱材质（包括防腐蚀涂层）和供水管路材质均须无毒无害，各项性能需满足标准要求并且防腐性能优异。供水管路材质推荐使用不锈钢 316L、水舱内壁防腐涂料需要使用食品级涂料。

（3）使用合适的消毒方式来控制水中微生物以达到保鲜目的，推荐使用加氯消毒和紫外消毒联合使用的方式。

（4）根据实际情况选择合适的过滤装置对水舱储水进行定期循环过滤以去除水中的颗粒物，确保水质浊度满足国家标准要求。

9.5　水舱循环过滤试验研究

水舱循环过滤试验的主要目的是选择合适的过滤装置去除水中含有的颗粒物，因为颗粒物作为污染物之一，是水体呈现浑浊的主要成因，并且与其他污染物有着广泛的联系。在水体中颗粒物不仅是微污染物流动迁移的载体，而且为污染物之间的各种化学反应和性状的转变提供界面，颗粒物的去除是水处理的重要工作。

（1）颗粒物作为污染物，本身对水质有着明显的影响，其组成成分的复杂性、形状的多样性、粒度的不同分布范围，使得它们的性质有所不同，同时它们相互之间在水体中也发生了复杂的反应，例如，颗粒物之间结合成为复杂的组合体系；颗粒物多种多样的形状和聚集体的不同结构都会影响其特性和功能。

（2）颗粒物作为污染物的载体，与常量微量有毒有害污染物相结合，成为水处理技术中被关注的对象。由于颗粒物表面形态的多样性和多种活性官能团的存在，其具有很强的吸附作用，能够吸附水体中大多数污染物和微生物；污染物被吸附的同时，相互之间还会产生化学反应和电荷迁移作用；微生物相互之间及本身也会有生化反应；被吸附到颗粒物上的各种环境微量污染物，其中可能包含微生物的营养物质，也可能使颗粒物成为微生物寄生的载体。水体中重金属、微量金属、有机物等污染物含量与颗粒物浓度的高低有密切的联系。在相对静止的水中，颗粒物会沉积到水体的底层，把污染物蓄积起来，当环境条件改变或者污染物发生化学变化时，污染物可能重新被释放出来，再次成为环境的污染源，而作为潜在的二次污染，颗粒物可以在很长时间内发挥环境效应。颗粒物在一定程度上是微污染物在环境系统中运移、转化、循环的重要方式。

（3）颗粒物与水的生物安全性也有重要关系。以水体为媒介的致病微生物，大多数致病病原体的尺寸一般在1～12μm，例如，贾第虫的大小为7～11μm，隐孢子虫为4～7μm；水体富营养化问题导致的藻类问题也是水处理行业关注的重点问题，藻类颗粒的平均大小是5～100μm，大量研究表明这个粒度范围颗粒物的去除，可以有效地优化水处理工艺的效率，提高饮用水和配水管网的水质安全稳定性。

水中颗粒物的来源一方面是外界带入的，包括自来水中本身含有的以及大气中含有的部分颗粒物飘落进水舱；另一方面是管路材料腐蚀、水舱内壁涂料脱落、金属腐蚀造成的。目前颗粒物的去除主要通过使用过滤介质进行阻拦分离，膜分离技术是目前主流的水处理技术。首先对实船取水进行颗粒物分析，然后有针对性地选取合适的过滤方式，并通过试验研究来确定过滤精度。

9.5.1　实船取水分析

对 6 艘船舶水舱的淡水进行取样并对其颗粒物分布进行分析，其中 3 艘船的水质具有代表性，分别以 3#、5#、6#船表示。

1. 5#船取水水样分析

对现役的 5#船淡水舱进行动态取水。搅拌水舱底部，从两个水舱中取得水样两瓶，两个水样底部均含有大量的污染物，颗粒物颜色为黄褐色，使用浊度计测试两个水样的浊度分别为 59NTU 和 144NTU。将两个水样进行颗粒物粒径分布和颗粒物成分测试，测试仪器为珠海欧美克仪器有限公司生产的激光粒度分析仪。测试结果见图 9.5 和表 9.8。

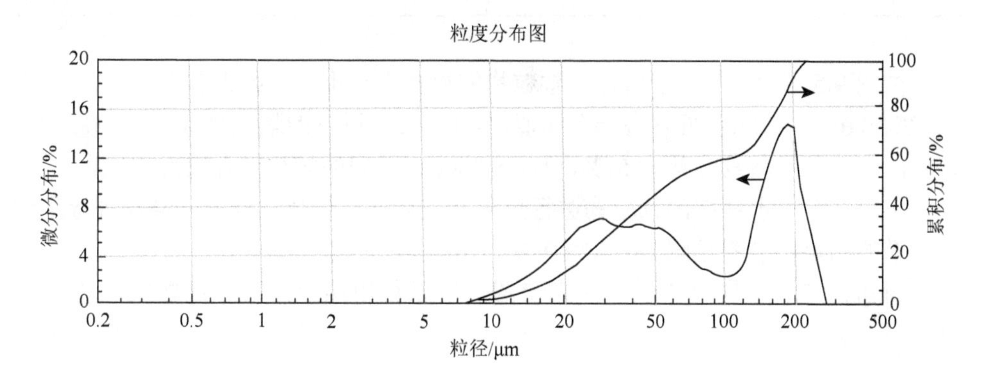

图 9.5　5#船水样颗粒物粒径分布图

表 9.8　5#船水样颗粒物粒径分布表

粒径/μm	微分分布/%	累积分布/%	粒径/μm	微分分布/%	累积分布/%
0.20	0.00	0.00	11.00	1.20	2.95
0.24	0.00	0.21	13.31	1.93	4.88
0.29	0.00	0.21	16.11	2.92	7.80
0.35	0.00	0.21	19.50	4.19	11.99
0.43	0.00	0.21	23.60	5.77	17.75
0.52	0.00	0.21	28.56	6.95	24.70
0.63	0.00	0.21	34.57	6.68	31.38
0.76	0.00	0.21	41.80	6.56	37.94
0.92	0.00	0.21	50.60	6.39	44.33

续表

粒径/μm	微分分布/%	累积分布/%	粒径/μm	微分分布/%	累积分布/%
1.11	0.01	0.23	61.30	5.91	50.23
1.35	0.03	0.26	74.20	3.81	54.04
1.63	0.05	0.31	89.80	2.79	56.84
1.97	0.07	0.37	108.60	2.73	59.57
2.39	0.09	0.47	131.50	4.90	64.48
2.89	0.13	0.59	192.60	14.54	88.94
3.50	0.18	0.78	233.10	8.15	97.09
4.24	0.18	0.96	282.10	2.91	100.00
5.13	0.10	1.06	341.40	0.00	100.00
6.21	0.08	1.14	413.10	0.00	100.00
7.51	0.17	1.30	500.00	0.00	100.00
9.09	0.45	1.75			

由图 9.5 和表 9.8 可以看出，颗粒物的粒径大小不一，绝大多数在 300μm 以下，在 30μm 和 190μm 处各有一个峰值，其中 10μm 以下的颗粒物含量为 3%，10～100μm 之间的颗粒物含量为 57%，100～300μm 之间的颗粒物含量为 40%。

将 1#和 4#水样中的颗粒物进行烘干处理后使用傅里叶红外光谱仪进行了红外光谱的测定，谱图见图 9.6 和图 9.7。

解析图 9.6 和图 9.7 中红外光谱图，可以得出两个水样中的颗粒物主要成分为硅酸盐。

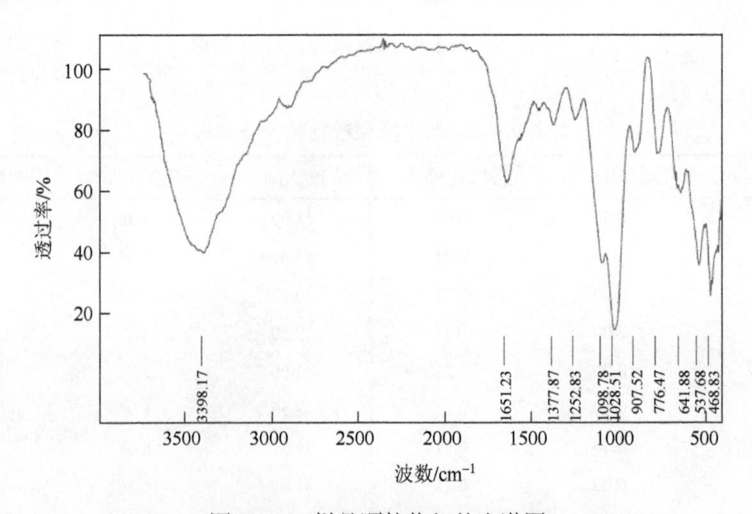

图 9.6　1#样品颗粒物红外光谱图

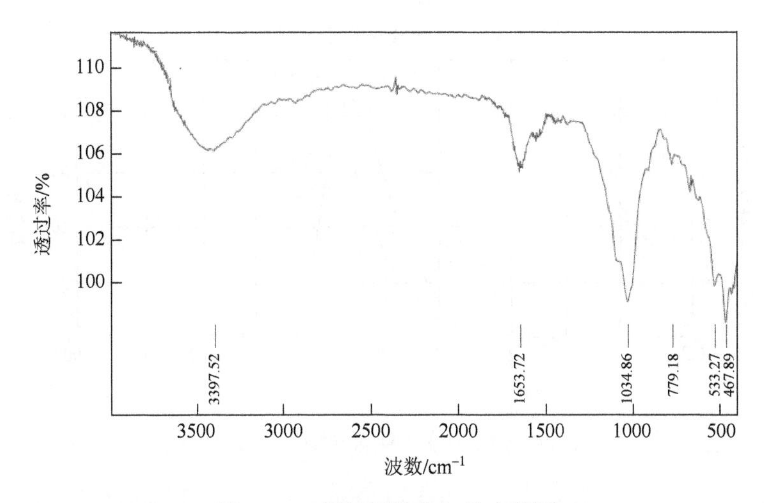

图 9.7　4#样品颗粒物红外光谱图

2. 3#船和 6#船取水水样分析

对 3#船和 6#船各进行了 2 个舱室的水样取水，获得 4 个测试水样，每条船各有 1 个水样成功进行了颗粒物粒径分析，测试数据见表 9.9，粒径分布曲线见图 9.8 和图 9.9。

表 9.9　3#船和 6#船取水水样颗粒物测试结果

水样	*D*(4, 3)/μm	*D*(3, 2)/μm	*D*10/μm	*D*50/μm	*D*75/μm	*D*90/μm
3#船	12.24	9.18	5.55	11.87	15.71	19.28
6#船	11.30	8.50	5.15	10.97	14.49	17.77

注：*D* 表示粉体颗粒的直径；*D*(4, 3)表示体积平均径；*D*(3, 2)表示平面平均径；*D*10 表示累计 10%点的直径。

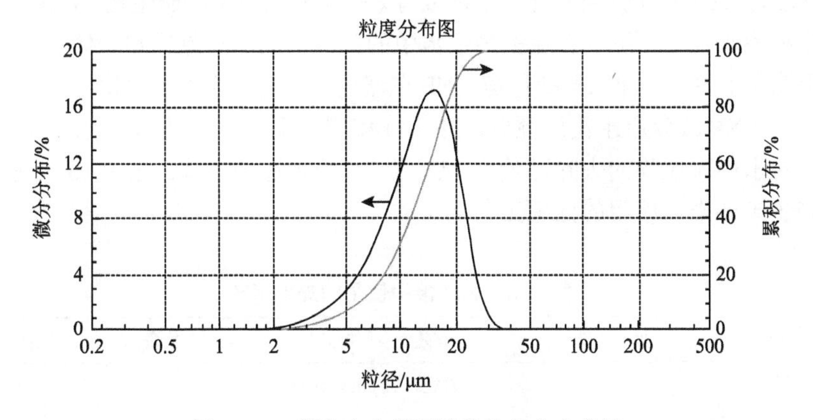

图 9.8　3#船取水水样颗粒物粒径分布曲线

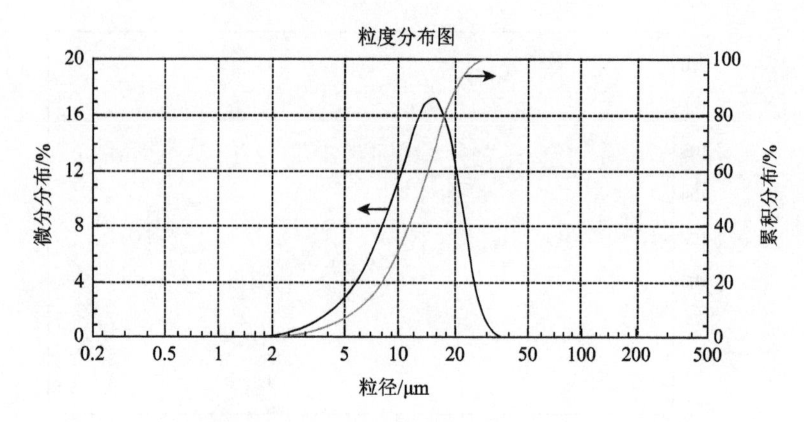

图 9.9　6#船取水水样颗粒物粒径分布曲线

从图 9.8 和图 9.9 可以看出，两船取水水样中颗粒物粒径均处于 35μm 之内，两个水样的峰值均在 15μm 左右。

从 3 艘船现场实船取水情况来看，水舱中的储水总体来讲还是比较澄清的，取水时为了对水舱中的颗粒物进行分析，特意在水舱的边角处取得一些沉淀物。由于各船舶新旧情况不一，水舱中的储水卫生情况也不尽相同，总体来讲 1μm 以下的颗粒物数量极少，颗粒物粒径基本都在 1μm 以上。

9.5.2　水舱过滤试验装置的确定

1. 过滤膜形式

通过分析 MF、UF、RO 和 NF 四种膜过滤方式在饮用水生产中的使用情况可以得出：MF 可以用于饮用水的澄清和除菌过滤，在纯水制备中作为保安过滤清除细小的悬浮物质；UF 在饮用水处理中可以有效去除对人有害的微生物，在高纯水制备和饮用纯净水制备中可以去除去离子水中的微粒、细菌、热原和胶体等杂质；RO 可用于纯净水生产和净水器制备等；NF 在低压下可用于饮用水的软化和脱盐等。

RO 和 NF 改变原水化学性质，UF 和 MF 截留颗粒物但不改变原水化学性质。因此针对水中颗粒物的去除可使用 MF 或 UF 两种过滤方式。表 9.10 中是针对超纯水制备国外推荐使用的处理工艺。

表 9.10　国外推荐使用的处理工艺

污染物	处理工艺	有效性及限制条件	投资	运行费用
悬浮物	MF	粒径＞0.1μm 颗粒物	中	低
悬浮物	UF	粒径＜0.1μm 颗粒物	中	低

续表

污染物	处理工艺	有效性及限制条件	投资	运行费用
溶解性有机物	UF	分子量＞10000	中	低
溶解性有机物	AC	分子量＜10000	低	中
溶解性离子	RO	去除率 90%～98%	高	中
溶解性离子	ED	去除率 80%～90%	高	中
微有机体	MF	尺寸＞0.2μm	中	低
微有机体	UF	尺寸＜0.2μm	中	低
微有机体	UV	抑制繁殖但不能去除	低	低

注：AC 表示活性炭过滤。

从表 9.10 可以看出，使用 MF 可以去除粒径＞0.1μm 的颗粒物和尺寸＞0.2μm 的微有机体，设备投资适中，运行费用低；使用 UF 可去除粒径＜0.1μm 的颗粒物、分子量＞10000 以及尺寸＜0.2μm 的微有机体，设备投资适中，运行费用低。UF 装置需要对其进水进行预处理，一般采用 5～10μm 精度的过滤器。

由于微滤的目的是过滤，而超滤的目的是分离大分子与小分子，针对船舶的实际使用情况，推荐使用 MF 装置。现有的船舶反渗透设备均装有保安过滤装置，舰员已熟悉了仪器使用及滤芯更换操作规程，新增的水舱过滤装置使用 MF 不会存在操作障碍。

2. 微滤膜材料

通过前面的分析，选用微滤作为水舱循环过滤装置的处理工艺是可取的。

微滤膜按照材质可以分为纤维素酯类、聚酰胺类、聚砜类、聚氟类、聚碳酸酯和聚酯类、聚烯烃类以及无机材料类等几大类。

（1）纤维素酯类，如二醋酸纤维素、三醋酸纤维素、硝化纤维素（CN）、乙基纤维素（EC）以及混合纤维素（CN-CA）等。其中混合纤维素制成的膜是一种标准的常用滤膜。由于成孔性能良好、亲水性好、材料易得且成本较低，因此，该膜的孔径规格分级最多，从 0.05μm 到 8μm，约有近十个孔径型号。该膜使用温度范围较广，可耐稀酸，不适用于酮类、酯类、强酸等液体的过滤。现已广泛应用于制药工业中的药液除菌过滤、食品饮料中的液体终端过滤、环境水样的调查和实验室分析检测等。

（2）聚酰胺类，如尼龙 6（PA6）和尼龙 66（PA66）微滤膜。该类也具有亲水性能，较耐碱而不耐酸。在酮、酚、醚及高分子量醇类中，不易被腐蚀。孔径型号也较多，适用于电子工业中超纯水的过滤、食品饮料及制药工业中液体的终端过滤等领域。该类国产滤膜在 1995 年开始商品化，但近几年发展很快，在市场销售量方面已接近 CN-CA 膜。

（3）聚砜类，如聚砜和聚醚砜微滤膜。该类膜具有良好的化学稳定性和热稳定性，耐辐射，滤速快，机械强度较高，应用面也较广。目前，聚醚砜微孔滤膜在食品饮料及医药工业中作为高档微孔滤膜产品已得到认可和应用。

（4）聚氟类，如聚偏氟乙烯和聚四氟乙烯膜。这类微滤膜都有极好的化学稳定性，适合在高温下使用。特别是聚四氟乙烯膜，其使用温度为–40～260℃，可耐强酸、强碱和各种有机溶剂。其由于具有疏水性，可用于过滤蒸汽及各种腐蚀性液体。国内大部分药厂、酒厂及其他发酵行业用的空气无菌过滤系统，其终端除菌膜，相当一部分是采用聚氟类微滤膜。

（5）聚碳酸酯和聚酯类。主要用于制核孔微滤膜。核孔膜孔径非常均匀，一般厚度为 5～15μm。此膜的孔隙率只有百分之十几，因膜薄所以其流体的过滤速度与前面所述的几种膜相当。但制作工艺较为复杂，规模生产时重孔率较高，且膜价格尚高，应用受到限制。目前该类膜已能制成多种孔径规格。

（6）聚烯烃类，如聚丙烯拉伸式微滤膜和聚丙烯纤维式深层过滤膜。该类微滤膜具有良好的化学稳定性，可耐酸、耐碱和各种有机溶剂，价格便宜，但该类膜孔径分布宽。目前的商品膜有平板式和中空纤维式多种构型，并具有从超滤级的微孔到 70μm 多种孔径规格。

（7）无机材料类，如陶瓷微孔膜、玻璃微孔膜、各类金属微孔膜等。这是近几年来备受重视的新一族微孔膜。无机膜具有化学稳定性好、机械强度高、耐高温、耐有机溶剂、耐生物降解、可洗刷等优点，特别在高温气体分离和膜催化反应器及食品加工等行业中，有良好的应用前景。

几种常用滤膜的性能特点见表 9.11。由于水舱饮用水过滤用滤膜使用环境为常温环境，可以选择使用价格较便宜的聚丙烯滤膜。

表 9.11 几种常用滤膜的性能特点

滤膜材质	高 pH	低 pH	溶剂	＞80℃热过滤
尼龙 PA66	良	差	良（带有 PP 硬件）	差
聚偏氟乙烯 PVDF	差	良	良（酮、醛除外）	优
聚醚砜 PES	良	良	良（酮、醛除外）	良
聚四氟乙烯 PTFE	良	良	良（酮、醛除外）	良
聚丙烯 PP	优	优	优（甲苯除外）	优

3. 过滤精度的确定

随着制膜技术的进步，滤芯的过滤精度越来越高。我国目前生产的微孔膜滤芯的最小孔径值可达到 0.1μm。在选用膜材料时的首要前提是必须达到工艺或生产质量的要求，但并不是越精密越好。一方面，膜孔径越小，精度越高，堵塞得也越快，这会引起生产成本的提高。另一方面，膜元件精度越高，其制作工艺越难，成本也就越高，因此，滤芯孔径的选择应根据生产工艺的实际要求来确定。常用的膜元件过滤孔径选择见表 9.12，微生物学中常用的滤膜孔径及用途见表 9.13。

表 9.12　微孔过滤膜元件孔径的选择

滤膜孔径/μm	用途	备注
3～10	预过滤或保安过滤	一般使用聚丙烯纤维膜滤芯
0.5～1.0	净化、澄清过滤	
0.3～0.45	要求较高的澄清、净化过滤	
0.1～0.2	除菌过滤	

表 9.13　微生物学中常用的滤膜孔径及用途

滤膜孔径/μm	主要用途
8.0	预过滤
5.0	预过滤
3.0	预过滤
1.2	预过滤
0.8	分离微生物
0.65	分离微生物，能阻留大多数种类细菌
0.45	分离微生物，可阻留绝大多数种类细菌
0.30	能阻留钩端螺旋体
0.22	能阻留一切细菌

通过技术资料查询和相关讨论，确定使用二级组合过滤方式。一级过滤设备作为粗过滤，精度范围一般为 3～10μm，目前很多过滤设备的保安过滤精度均为 5μm，而且根据实船取水颗粒物粒径分析结果来看，使用 5μm 过滤器作为一级过滤设备可以去除几乎 95%的颗粒物，因此对于一级过滤使用 5μm 精度的过滤器已经不存在任何争议，采用两种二级过滤方案（5μm + 3μm 和 5μm + 1μm）进行试验。

关于最终过滤精度的确定，需要考虑对微小隐孢子虫和蓝氏贾第鞭毛虫的过滤。由供水系统污染所引起的水传播疾病时有暴发，对人类的健康构成直接威胁，微小隐孢子虫和蓝氏贾第鞭毛虫被认为是世界上最主要的导致人体腹泻的水源性原生动物寄生虫。两种虫都是世界范围分布的原生动物，贾第鞭毛虫每年感染人数约为2.5亿，隐孢子虫每年感染人数为2.5亿～5亿，它们污染饮用水源引起疾病的普遍症状是腹泻、呕吐、腹痛、低烧等。

近年来，以饮用水为媒介引起的隐孢子虫病和贾第鞭毛虫病不断暴发，对饮用水安全构成严重威胁，给城市水环境带来生态和健康风险，已引起了包括我国在内的世界各国的关注。我国《生活饮用水卫生标准》（GB 5749—2006）中明确规定，饮用水中微小隐孢子虫和贾第鞭毛虫的水平应为每10L水中少于1个卵囊或孢囊。

贾第鞭毛虫以孢囊（cyst）的形态存在于水中，大小为 8～12μm；而隐孢子虫以卵囊（oocyst）的形式存在于水中，大小为4～6μm。它们都是单细胞的寄生虫，贾第鞭毛虫致病剂量为 10～100 个活孢囊，而隐孢子虫致病剂量仅为 1～10个活卵囊。两种虫的个体非常微小，一般过滤方法很难将其捕获除掉；具有极强的抗氯性，常规氯消毒效果较差；传播剂量很小，隐孢子虫甚至1个就足以致病；孢囊和卵囊在水环境中存活期和潜伏期均较长，可通过污水排放等途径污染饮用水，存在水平较高，发病呈区域性。

美国对水中两种虫与颗粒物数量的相关关系进行了深入研究，发现当水中大于2μm的颗粒数超过100个/mL时，水中存在这两种虫的概率很大；当水中大于2μm的颗粒数小于50个/mL时，这两种虫的危害很大。为进一步确保水质，美国很多水厂对滤池出水中大于2μm的颗粒物数量都控制在50个/mL以下。

浊度一直作为水中悬浮颗粒监测的重要参数，但两种虫在水中对浊度的贡献不大，在水厂的出水浊度低至0.1～0.2NTU的情况下仍然暴发过致病原生动物疾病的事件。《生活饮用水卫生标准》（GB 5749—2006）中规定出厂水浊度为1NTU，并且多数中小型水厂还不容易达到，由此可见我国自来水中原虫的污染很难避免，应该加大原虫污染控制力度。

我国绝大多数人的生活习惯是将自来水烧开之后饮用，通过煮沸加热的方式能够有效地杀灭这两种虫。对于船舶来说，对外交流机会越来越多，需要制作冷餐、冰激凌、冰块等，对这两种虫的控制应该从严。因此从“两虫”控制和浊度控制的角度出发应该选择1μm作为二级过滤器的精度。

4. 试验用水舱过滤装置的选用

通过前期对过滤设备厂家的调研以及国内相关水处理设备展览会的参会了解等，确定了几款过滤设备作为试验选择对象，见表9.14。

表 9.14　试验用水舱过滤装置

序号	设备厂家	过滤介质	过滤精度/μm
1	上海汉盛船舶技术有限公司	滤芯（有机）	3
2	颇尔过滤器（北京）有限公司	滤芯（有机）	1、5
3	上海海迅机电工程有限公司	滤袋（有机）	1、5、10
4	武汉中舟环保设备股份有限公司	滤芯（无机）	8
5	杭州科百特过滤器材有限公司	滤芯（有机）	1、3、5

表 9.14 中 5 家公司的产品均具有各自的特点，其中上海汉盛船舶技术有限公司的产品主要应用于国外民船淡水舱过滤；颇尔过滤器（北京）有限公司的产品用于外国海军的淡水舱过滤；上海海迅机电工程有限公司的产品已经在舰船上使用；武汉中舟环保设备股份有限公司的过滤器采用的是德国技术，可以进行反冲洗，使用寿命可以达到数万次；杭州科百特过滤器材有限公司作为国内公司，拥有先进的研发、设计、制造和过滤系统成套的能力，部分产品性能已经达到颇尔过滤器（北京）有限公司同类产品的水平。

杭州科百特过滤器材有限公司的 HF150 系列大流量滤芯直径 6in（150mm），单支滤芯最大过滤面积超过 $8m^2$，流量可达 $60m^3/h$，由 5 层以上纳米纤维膜组成，高密度折叠，实现了超大过滤面积、大流量、长寿命、高纳污量的完美组合，可实现 99%以上的超高过滤效率。杭州科百特过滤器材有限公司、美国 3M 公司和颇尔过滤器（北京）有限公司同等规格大流量滤芯对比数据见表 9.15。

表 9.15　3 家公司同等规格大流量滤芯性能对比

公司	膜面积(40in)/m^2	膜厚/mm	异丙醇（IPA）流速时间/s	效率(0.5～2.0μm 颗粒)/%	自来水寿命(杭州地区)/L
颇尔公司	5.16	2.2	12.78	99.3	272.25
科百特公司	5.6	2.2	11.2	99.1	325.43
3M 公司	12	0.8	5.67	11.79	164.5

注：IPA 流速时间在–0.005MPa/50mL IPA 下测试。

9.5.3　水舱过滤试验研究

该部分试验分为两部分，一部分是对单台过滤器进行性能对比试验，筛选出过滤性能好的设备进行后续试验；另一部分是对筛选出的过滤设备进行组合并进行水舱循环过滤试验，根据试验结果确定最佳的组合方案。

1. 单台过滤装置的性能测试

过滤设备：参试的过滤设备厂家共 3 家，分别为上海海迅机电工程有限公司的袋式过滤器，滤袋精度分别为 5μm 和 1μm，材质为不锈钢 316L，流量为 $50m^3/h$；武汉中舟环保设备股份有限公司的绝对过滤装置，滤芯的过滤精度为 8μm，流量为 $3.5m^3/h$；杭州科百特过滤器材有限公司的有芯式过滤器，滤芯精度分别为 5μm、3μm 和 1μm，材质为食品级不锈钢 316L，流量为 $0.5m^3/h$。

试验粉尘：试验粉尘使用 ISO12103-1 标准试验粉尘 A1 粉（精细粉尘）和 A3 粉（中等粉尘）两种，由美国 PTI 公司生产。

试验溶液：使用自来水和标准试验粉尘配制，对于芯式过滤器试验水量为 $1m^3$，袋式过滤器试验水量为 $2m^3$，试验粉尘添加浓度为 3mg/L。

测试设备：哈希 2100Q 便携式浊度计，压力表。

试验方法：向试验水箱中注入 $1m^3/2m^3$ 的自来水，然后加入 A1/A3 粉尘 3g/6g，使用搅拌装置确保粉尘在试验溶液中分散均匀。将水舱、过滤设备和流量计等设备用管路连接，滤液通过管路返回到水舱中。开启搅拌装置搅拌 10min 后开启水泵进行过滤试验，每 10min 测试一次设备进水和出水浊度，并记录过滤器的压力和流量。使用 A1 粉尘配制的试验溶液试验 2h 后结束，使用 A3 粉尘配制的试验溶液进行到浊度达到 1NTU 以下时结束。

1）A1 粉尘测试结果

试验用 A1 粉尘的粒径分布测试结果见图 9.10 和表 9.16，从测试结果可以得出 A1 粉尘粒径在 1μm 以下的粒子大约为 5%，粒径在 3μm 以下的粒子大约为 30%，粒径在 5μm 以下的粒子大约为 55%。

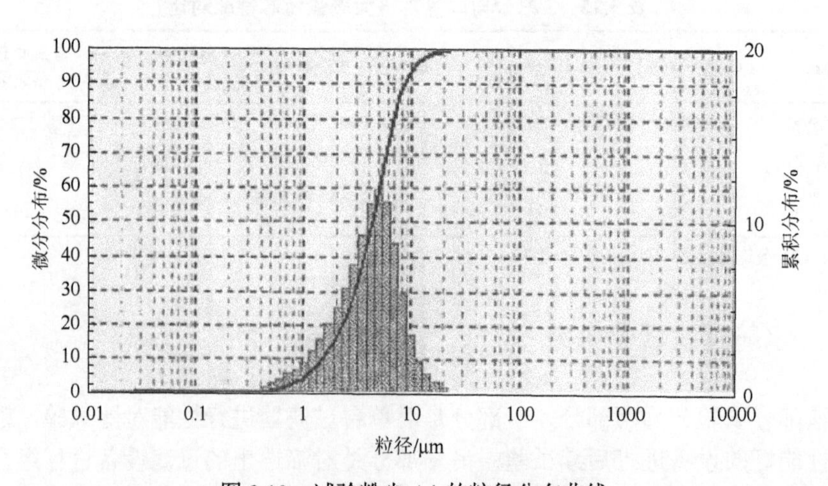

图 9.10　试验粉尘 A1 的粒径分布曲线

表 9.16　试验粉尘 A1 的粒径分布表

粒径/μm	微分分布/%	累积分布/%	粒径/μm	微分分布/%	累积分布/%
0.344	0.00	0.00	3.89	9.23	43.68
0.409	0.00	0.00	4.62	11.03	54.71
0.486	0.32	0.32	5.50	11.92	66.63
0.578	0.56	0.88	6.54	11.24	77.87
0.688	0.83	1.71	7.78	8.76	86.63
0.818	1.09	2.80	9.25	5.82	92.45
0.972	1.42	4.22	11.00	3.47	95.92
1.156	1.87	6.09	13.08	1.96	97.88
1.375	2.47	8.56	15.56	1.10	98.98
1.635	3.20	11.76	18.50	0.63	99.61
1.945	4.06	15.82	22.00	0.39	100.00
2.312	5.01	20.83	26.16	0.00	100.00
2.750	6.12	26.95	31.11	0.00	100.00
3.27	7.50	34.45			

2）A3 粉尘测试结果

试验使用 A3 粉的粒径分布测试结果见图 9.11 和表 9.17。从测试结果可以得出 A3 粉尘粒径在 1μm 以下的粒子大约为 2.5%，粒径在 3μm 以下的粒子大约为 12%，粒径在 5μm 以下的粒子大约为 51%。

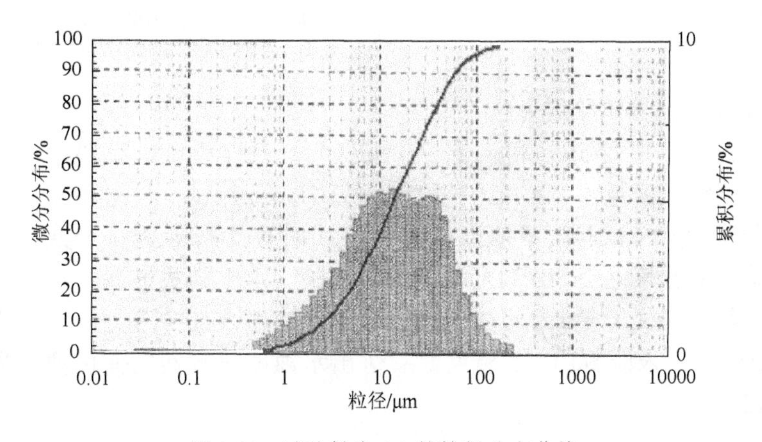

图 9.11　试验粉尘 A3 的粒径分布曲线

表 9.17　试验粉尘 A3 的粒径分布表

粒径/μm	微分分布/%	累积分布/%	粒径/μm	微分分布/%	累积分布/%
0.344	0.00	0.00	11.00	5.19	42.25
0.409	0.00	0.00	13.08	5.12	47.57
0.486	0.00	0.00	15.56	5.29	52.86
0.578	0.37	0.37	18.50	5.14	58.00
0.688	0.48	0.85	22.00	4.99	62.99
0.818	0.60	1.45	26.16	4.93	67.92
0.972	0.74	2.19	31.11	4.98	72.90
1.156	0.91	3.10	37.00	5.06	77.96
1.375	1.12	4.22	44.00	4.95	82.91
1.635	1.34	5.56	52.33	4.47	87.38
1.945	1.57	7.13	62.23	3.66	91.04
2.312	1.80	8.93	74.00	2.75	93.79
2.750	2.05	10.98	88.00	1.95	98.74
3.27	2.35	13.33	104.7	1.36	97.10
3.89	2.74	16.07	124.5	0.96	98.06
4.62	3.24	19.31	148.0	0.70	98.76
5.50	3.81	23.12	176.0	0.52	99.28
6.54	4.35	27.47	209.3	0.40	99.68
7.78	4.76	32.23	248.9	0.32	100.00
9.25	5.03	32.23	296.0	0.00	100.00

3）袋式过滤器试验结果

使用精度分别为 5μm 和 1μm 的滤袋对 A3 粉尘调制的试验溶液进行过滤试验，试验溶液流量为 $2m^3/h$。试验初期每 20min 测试 1 次进水浊度、出水浊度和滤器压力，待试验溶液浊度接近 1NTU 时每 10min 测试一次，直至水箱内的试验溶液浊度达到 1NTU 以下结束试验。由于袋式过滤器在试验时的流量远小于额定最大流量，因此在试验过程中过滤器内部的压力没有发生任何变化，使用压力表未能测出。各精度滤袋进出水浊度随时间的变化曲线见图 9.12 和图 9.13。

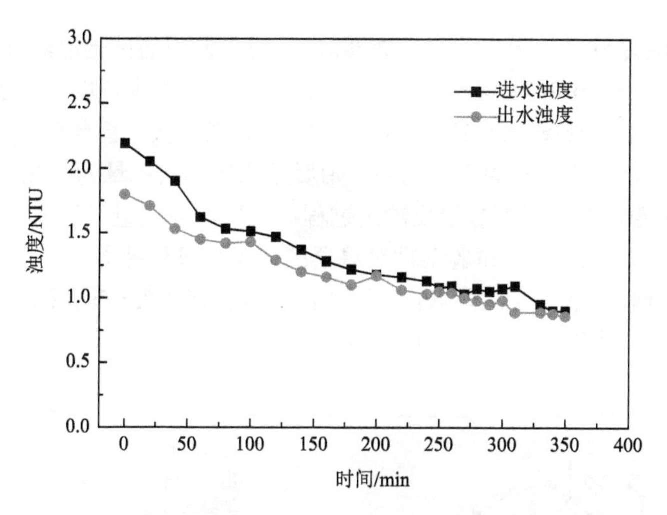

图 9.12　精度 5μm 袋式过滤器进出水浊度和时间的变化曲线

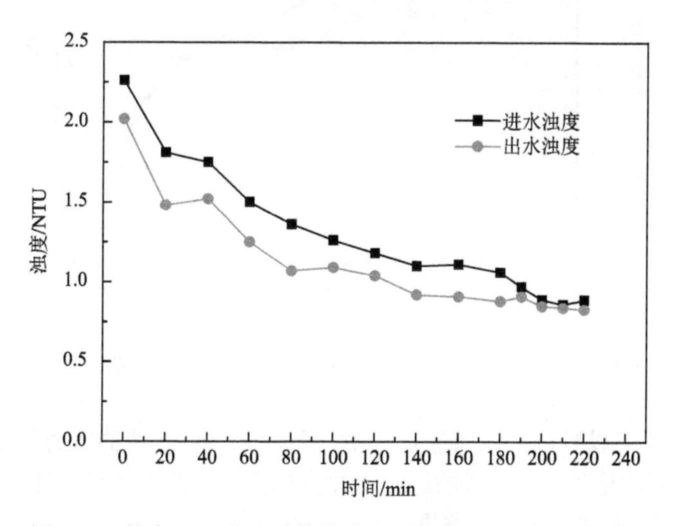

图 9.13　精度 1μm 袋式过滤器进出水浊度和时间的变化曲线

从图 9.9 和图 9.10 可以看出，随着试验时间的增长，过滤器的进、出水浊度均呈现下降的趋势，但两者数值相差不大，即滤袋的过滤效果不佳。1μm 滤袋的过滤效果要好于 5μm 滤袋，将试验溶液浊度降低同等水平所需的时间更短。

4）无机芯式过滤器试验结果

无机芯式过滤器（绝对过滤装置）的最大处理量为 3.5m^3/h，该过滤器提供了两种操作模式，一种是自动过滤，另一种是手动过滤。自动过滤设定为 5min 冲洗一次，采用气动冲洗方式，冲洗时间有 10s、20s 和 30s 三个档位供选择，每次冲洗用水量为 9L 左右。

使用精度为8μm的无机芯式过滤器对A3粉尘调制的试验溶液进行过滤试验，试验溶液流量为1m³/h。试验初期每20min测试1次进水浊度、出水浊度和滤器压力，待试验溶液浊度接近1NTU时每10min测试一次，直至水箱内的试验溶液浊度达到1NTU以下结束试验。试验开始后过滤器初始流量为3.5m³/h，随后逐渐减小至0.4m³/h，保持该流量至反冲洗过程；反冲洗后流量又变为3.5m³/h，然后再逐渐减小至0.4m³/h。在试验前期过滤器的流量一直保持着这种变化规律，到试验后期随着试验溶液浊度的降低，过滤器流量维持在1.2m³/h。无机芯式过滤器的进出水浊度、压力随时间的变化曲线见图9.14。

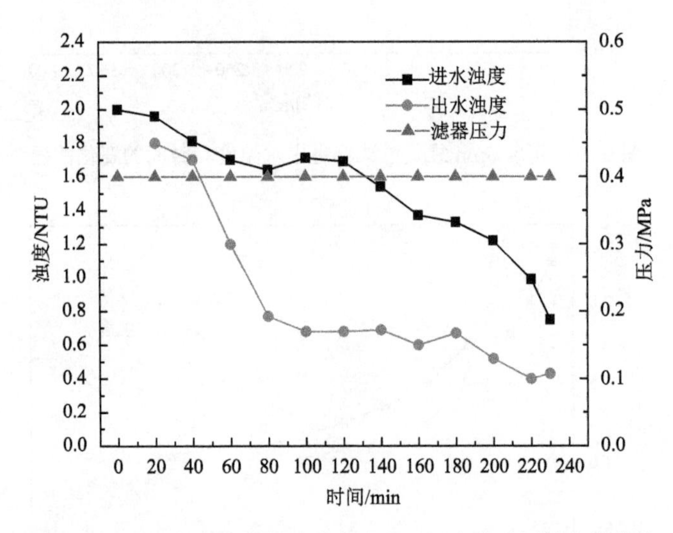

图9.14　无机芯式过滤器进出水浊度、压力随时间的变化曲线

从图9.14可以看出，在试验过程中，无机芯式过滤器的压力恒定在0.4MPa，随着试验时间的延长，过滤器的进出水浊度均呈现下降的趋势，且两者差值较大。

5）有机芯式过滤器试验结果

（1）过滤器物理机械性能测试。试验用有机芯式过滤器的物理机械性能测试结果见表9.18。

表9.18　过滤器的物理机械性能测试结果

序号	项目	结果
1	筒体成分	C 0.025%、Si 0.566%、Mn 1.1330%、P 0.023%、S 0.0016%、Cr 16.878%、Ni 10.21%、Mo 2.045%
2	伸长率/%	52
3	拉伸强度/MPa	706
4	屈服强度/MPa	320

续表

序号	项目	结果
5	密封性测试（0.5MPa、5min）	无漏气
6	耐压测试（0.9MPa、10min）	合格
7	内表面粗糙度	R_a≤0.38μm
8	外表面粗糙度	R_a≤0.38μm

（2）各不同精度过滤器对 A1 粉尘调制试验溶液的过滤结果。使用精度分别为 5μm、3μm、1μm 的滤芯对 A1 粉尘调制的试验溶液进行过滤试验，由于过滤器的处理量为 $0.5m^3/h$，试验溶液总量为 $1m^3$，理论上过滤器工作 2h 后能将试验溶液过滤一遍，因此将试验时间设定为 2h，每 10min 测试一次过滤器的进水浊度、出水浊度以及滤器压力。各精度滤芯进出水浊度、压力随时间的变化曲线见图 9.15。

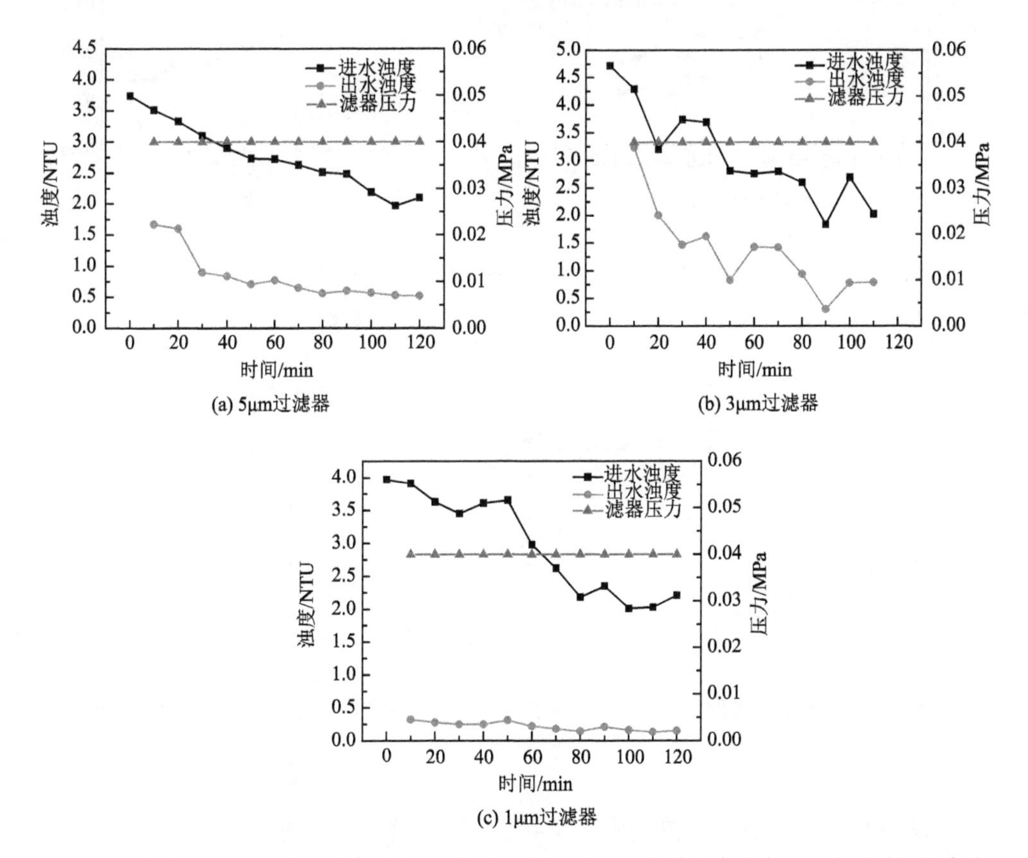

图 9.15　有机芯式不同精度过滤器在 A1 粉尘调制试验溶液中进出水浊度、压力随时间的变化曲线

从图 9.15 可以看出，由于试验时使用的均是新滤芯，因此在试验过程中三种不同精度的过滤器压力均保持恒定，三种不同精度的过滤器进出水浊度均呈现下降的趋势，1μm 精度的过滤器出水浊度相对比较稳定，变化不是特别剧烈。

（3）各不同精度过滤器对 A3 粉尘调制试验溶液的过滤结果。使用精度分别为 5μm、3μm、1μm 的滤芯对 A3 粉尘调制的试验溶液进行过滤试验，试验初期每 20min 测试 1 次进水浊度、出水浊度和滤器压力，待试验溶液浊度接近 1NTU 时每 10min 测试一次，直至水箱内的试验溶液浊度达到 1NTU 以下结束试验。各精度滤芯进出水浊度、压力随时间的变化曲线见图 9.16。

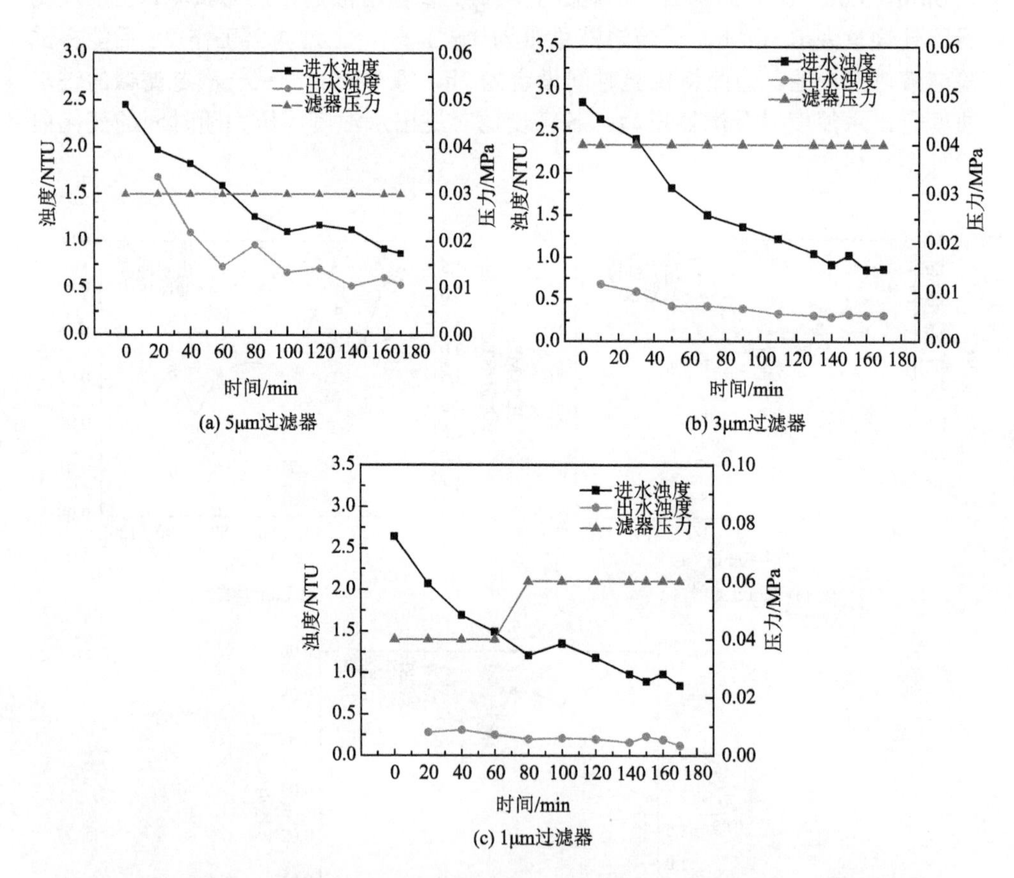

图 9.16　有机芯式不同精度过滤器在 A3 粉尘调制试验溶液中进出水浊度、压力随时间的变化曲线

从图 9.16 可以看出，在试验过程中三种不同精度的过滤器进水浊度和出水浊度均随着时间的延长出现下降的趋势，精度 3μm 和精度 1μm 的过滤器工作后很

快水箱内试验溶液的浊度均达到了 1NTU 以下，精度 5μm 的过滤器工作约 50min 后水箱内试验溶液的浊度也达到了 1NTU 以下，工作时间要长一些。同时，1μm 的过滤器出水浊度低于精度 3μm 和精度 5μm 的过滤器出水浊度。由于精度 1μm 的过滤器滤芯拦截的固体颗粒物数量较多，随着试验时间的延长出现了过滤器内部压力增大的现象。

6）各过滤器的过滤效率

在测试各过滤器过滤效果的过程中，在试验溶液浊度达到 1NTU 时，对各过滤设备的进水和出水进行取样，使用全通道颗粒分析仪测试水样中不同粒径的颗粒物个数，计算各设备的截留效率，结果见表 9.19。

表 9.19　试验用过滤设备的截留效率

序号	粒径/μm	截留效率/%					
		滤袋 5.0μm	滤袋 1.0μm	无机滤芯 8.0μm	有机滤芯 1.0μm	有机滤芯 3.0μm	有机滤芯 5.0μm
1	≥1.0	3	15	8	99.78	99.35	—
2	≥2.0	17	33	39	99.99	95.45	91.78
3	≥5.0	47	68	75	100	99.93	98.19
4	≥8.0	62	82	81	100	100	99.99
5	≥10.0	75	95	85	100	100	100
6	≥12.0	84	100	100	100	100	100
7	≥25.0	90	100	100	100	100	100
8	≥35.0	100	100	100	100	100	100
9	≥50.0	100	100	100	100	100	100
10	≥75.0	100	100	100	100	100	100
11	≥100.0	100	100	100	100	100	100

从表 9.19 中的数据可以看出，袋式过滤器的过滤效果远低于芯式过滤器，试验用有机类芯式过滤器的过滤效果还是比较令人满意的。

7）小结

通过对参试的几种不同类型过滤器过滤效果的测试可以得出，芯式过滤器比较适合进行船舶水舱的过滤。无机芯式过滤器虽然可以进行循环利用，但成本较高，而且在过滤元件堵塞严重的情况下需要将过滤元件拆卸下来浸泡、冲洗等，操作不方便，因此推荐使用有机芯式过滤器。

对于有机芯式过滤器，通过精度 3μm 和 1μm 的过滤器对 A1 和 A3 两种粉尘配制试验溶液的过滤情况可以看出，精度 1μm 的过滤器出水浊度要好于精度 3μm 的过滤器出水浊度；在同等试验条件下两种精度的过滤器将等体积的试验溶液降至相同浊度的工作时间相差不大。

2. 过滤系统的循环过滤试验

由于前面进行的不同精度芯式过滤器的过滤试验效果差别不明显，因此将三种精度的过滤器组成 5μm + 3μm 和 5μm + 1μm 两套过滤系统，开展船舶水舱的循环过滤模拟试验，通过对两套过滤系统的进出水浊度、过滤器压力以及滤液中不同粒径颗粒物个数进行测试，对比两套过滤系统的过滤效果。

试验溶液使用自来水和 A3 粉尘配制，试验水量为 $1m^3$，试验粉尘添加浓度为 3mg/L。试验初期每 20min 测试 1 次进水浊度、出水浊度和滤器压力，待试验溶液浊度接近 1NTU 时每 10min 测试一次，直至水箱内的试验溶液浊度达到 1NTU 以下结束试验。5μm + 3μm 和 5μm + 1μm 两套过滤系统进出水浊度、压力随时间的变化曲线分别见图 9.17 和图 9.18。

从图 9.17 和图 9.18 中的数据可以看出，两套过滤系统的二级过滤设备的压力在试验过程中均是相同的，保持恒定不变；两套过滤系统的进水浊度和出水浊度均随时间的延长出现下降的趋势。对于等体积的试验溶液，5μm + 1μm 系统在初始试验溶液浊度稍高的情况下能够使用比 5μm + 3μm 系统更少的时间将试验溶液的浊度降至 1NTU 以下，说明 5μm + 1μm 系统的过滤能力要好于 5μm + 3μm 系统。

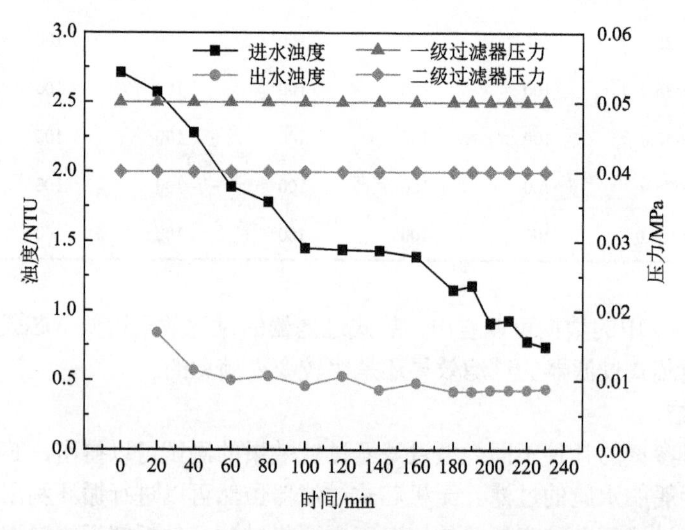

图 9.17　5μm + 3μm 过滤系统进出水浊度、压力随时间的变化曲线

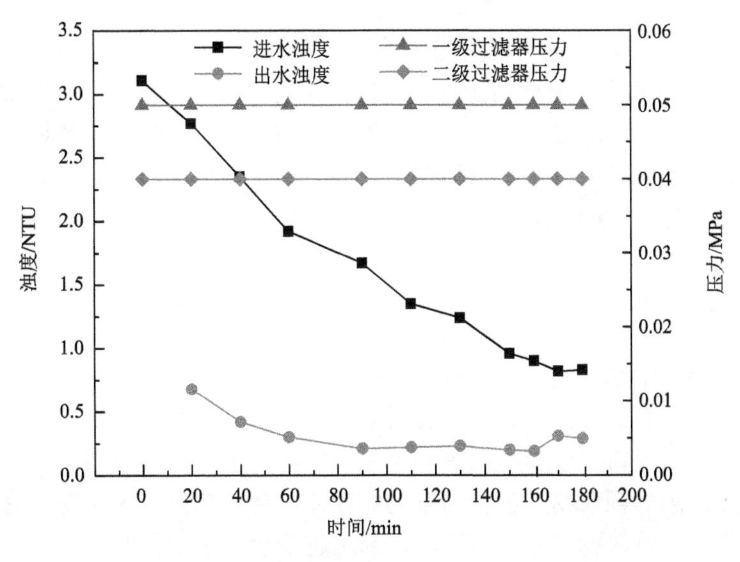

图 9.18　5μm＋1μm 过滤系统进出水浊度、压力随时间的变化曲线

为了对比使用两套系统将水箱中试验溶液降至相同浊度后水质中的颗粒分布情况，将自来水、5μm＋3μm 过滤系统处理后的水样以及 5μm＋1μm 过滤系统处理后的水样使用全通道颗粒分析仪进行了不同粒径范围的颗粒数量分析，测试结果见表 9.20。

表 9.20　不同水样颗粒分布测试结果

序号	粒径	液体颗粒计数/(个/5mL)			
		自来水水样	5μm＋3μm 系统处理水样	5μm＋1μm 系统处理水样	纯水
1	≥1.0μm	3431	6535	662	14
2	≥2.0μm	2115	4655	388	7
3	≥5.0μm	648	2006	130	1
4	≥8.0μm	189	896	47	1
5	≥10.0μm	108	611	28	0
6	≥12.0μm	54	406	17	0
7	≥25.0μm	6	80	2	0
8	≥35.0μm	2	20	1	0
9	≥50.0μm	0	6	0	0
10	≥75.0μm	0	1	0	0
11	≥100.0μm	0	0	0	0

从表 9.20 的测试结果可以看出，使用自来水和 A3 粉尘配制的试验溶液，经过 5μm + 3μm 过滤系统过滤后，滤液中各粒径尺寸的粒子数量均大于试验用自来水中的粒子数量；而经过 5μm + 1μm 过滤系统过滤后，滤液中各粒径尺寸的粒子数量均远远小于试验用自来水中的粒子数量。这说明 5μm + 1μm 过滤系统对颗粒的拦截效果要好于 5μm + 3μm 过滤系统。

9.5.4 分析与讨论

浊度是指水中悬浮物对光线透过时的阻碍程度，它不仅与水中悬浮物质的含量有关，而且与它们的大小、形状及折射系数等有关，相同浊度条件下水中含有的颗粒物数量以及粒径分布状态等均不完全相同。水中的颗粒物质是水处理的主要去除对象，因为颗粒物是各种污染物的载体，会降低自来水的安全卫生程度，大量研究表明，颗粒物去除率越高，自来水越安全卫生。因此从疾病防控、安全卫生的角度考虑，应选择过滤精度 5μm + 1μm 的二级过滤系统作为船舶水舱循环过滤系统。

9.6 小　　结

（1）通过对船舶用水的调查研究以及船舶用水二次污染的原因分析可以看出，目前船舶用水存在着二次污染的风险，二次污染的原因主要可以归结为水中颗粒物的存在以及微生物的生长两方面。颗粒物作为污染物之一，是水体呈现浑浊的主要成因，并且与其他污染物有着广泛的联系，在水体中颗粒物不仅是微污染物流动迁移的载体，而且为污染物之间的各种化学反应和性状的转变提供界面，在水处理过程中起着重要的作用，因此水中颗粒物的去除是非常重要的。

（2）关于过滤方式与参数选取。目前常用的微滤、超滤、纳滤和反渗透这四种水处理工艺中，微滤和超滤较为适用于船舶水舱循环过滤，结合实际使用情况推荐采用微滤方式，使用芯式过滤设备；通过对过滤设备厂家调研并参考国内外相关行业的使用情况，证明船舶水舱循环过滤装置应使用两级过滤系统；通过实船取水分析和相关的过滤试验研究，认为从疾病防控以及水质的安全卫生角度考虑一级过滤应使用精度为 5μm 的过滤设备，二级过滤应使用精度为 1μm 的过滤设备。

（3）船舶用水二次污染的控制需要从供水水源控制、供水管网材质控制、水中微生物控制以及水中颗粒物去除四个方面来进行。

供水水源控制：无论自来水还是反渗透海水淡化水，均需要确保各项指标满足《生活饮用水卫生标准》（GB 5749—2006）的要求。

供水管网材质控制：水舱内壁防腐涂料需使用卫生级，各项性能满足相应的国家标准要求，防腐性能优异，无污染物溶出；从腐蚀的角度考虑，所有供水管路材料、阀门、水泵等均推荐使用不锈钢 316L 材料。

水中微生物控制：可通过杀灭的方式去除，推荐使用加氯消毒和紫外消毒联合使用的方式。定期监测水中余氯含量并及时补加含氯药剂，抑制微生物的生长；终端用水前使用紫外线消毒的方式对可能含有的微生物进一步灭杀，确保用水安全。

水中颗粒物去除：使用循环过滤系统进行物理去除，推荐采用微滤的过滤方式，使用芯式过滤器组成过滤精度为 5μm + 1μm 的二级过滤系统去除水中的颗粒物，确保饮用水的浊度满足《生活饮用水卫生标准》（GB 5749—2006）中规定的浊度＜1NTU 的要求（甚至更低）。

通过以上几个方面的控制可以有效地解决船舶水舱水质的二次污染问题，解决用水安全问题，降低饮用水安全问题给人员身体健康带来的危害。

参 考 文 献

陈春宁，刘金香，谢水波. 2001. 防止管道直饮水水质二次污染的技术措施[J].南华大学学报（理工版），15（3）：64-66.

戴婕，伍海辉，窦茵，等. 2007. 颗粒计数仪器在给水处理工艺中的应用探索[J]. 给水排水，33（9）：27-29.

丁冰泉，秦思昌，陶永华，等. 2001. JT 水仓饮用水水质调查[J]. 海军医学杂志，22（2）：175-177.

杜海宽. 2010. 城市供水管网水质二次污染分析及对策[J]. 城镇供水，4：94-95.

高思维，熊国欢，吴青，等. 2007. 马尾口岸供水点及出入境船舶生活饮用水水质现状调查分析[J]. 口岸卫生控制，12（1）：40-43.

高勇，周浩，陈兴洲. 2003. 上海口岸入境船舶饮用水检验结果分析[J]. 卫生监督与卫生处理，26（4）：231-233.

耿聪. 2012. 水过滤器性能检测方法[J]. 研究与开发，（8）：91-93.

侯达文. 2008. 城市二次供水水质改善研究[D]. 长沙：湖南大学.

黄健康，赖永彬，章国辉，等. 2013. 2007-2010 年厦门港船舶饮用水水质状况调查[J]. 中国国境卫生检疫，36（4）：261-264.

李圭白，杨艳玲. 2007. 超滤-第三代城市饮用水净化工艺的核心技术[J]. 供水技术，1（1）：1-3.

李孟. 2000. 水中颗粒杂质光电检测方法和应用研究[J]. 分析检测，18（3）：17-19.

李欣，王郁萍，赵洪宾. 2001. 给水管道材质对供水水质的影响[J]. 哈尔滨工业大学学报，33（5）：592-595.

梁华炎. 2010. 水体中颗粒物主要检测方法综述[J]. 广东化工，37（5）：296-299.

廖伟伶. 2012. 给水管道管材对水质的影响及防护措施[J]. 重庆工商大学学报，29（11）：93-97.

林涛，王磊磊，陈卫，等. 2008. 饮用水处理中颗粒物数量变化及粒径分布规律[J]. 河海大学学报，36（3）：326-329.

林耀军. 2004. 管道分质供水深度处理与消毒保鲜技术研究[D]. 北京：中国科学院.

马妍，朱樟国，方艺霓，等. 2011. 大榭港区饮用水卫生监督技术报告[J]. 口岸卫生控制，16（3）：30-32.

孟庆功，唐晓津，吕庐峰，等. 2008. 浊度法用于测量悬浮液中微量固体颗粒浓度[J]. 工业水处理，28（7）：74-77.

邱文毅，丁永键，钱进，等. 2011. 常州口岸国际航行船舶生活饮用水水质现况调查[J]. 口岸卫生控制，15（6）：27-29.

史智平. 2010. 原子力显微镜对水中颗粒物的检测[J]. 唐山师范学院学报，32（5）：50-52.
孙丽华，吕谋，李圭白. 2006. 混凝/砂滤/超滤组合工艺对水中颗粒物质的去除[J]. 青岛理工大学学报，27(5)：74-76.
孙钦敏，房文建，高科贵. 2005. 烟台市船舶饮用水卫生状况调查[J]. 职业与健康，21（4）：591-592.
童帧恭. 2004. 管网水质二次污染剖析[J]. 华东交通大学学报，21（4）：45-47.
王长玉. 2008. 低浊度水中颗粒检测技术相关性研究[D]. 北京：北京工业大学.
魏向东，盛欣，姜江，等. 1998. 不同材质水箱对水质的影响[J]. 玻璃钢/复合材料，6：33-34.
吴迷芳. 2006. 城市二次供水系统的优化改造[D]. 天津：天津大学.
吴文静. 2007. 管道直饮水系统分析与工程应用[D]. 杭州：浙江大学.
夏瑞雪，辛凯，马永恒，等. 2011. 超滤膜对水中颗粒物的去除效果研究[J]. 给水排水，37：19-21.
谢朝新. 2004. 水长期贮存对水质的影响及超声-电凝聚水处理技术研究[D]. 重庆：重庆大学.
徐勇鹏，刘广奇. 2006. 颗粒数作为水质替代参数的研究[J]. 哈尔滨商业大学学报，22（2）：16-18.
杨海丽，郑玉龙，黄稚. 2007. 海南近海海域浊度与悬浮颗粒物粒径的分布特征[J]. 海洋学研究，25（1）：34-37.
杨艳玲，李星，陈伟仲，等. 2008. 采用颗粒检测技术监测和控制膜滤水质[J]. 北京工业大学学报，34（1）：76-79.
叶桂军. 2002. 光衍射法测量水中颗粒计数及大小分布[J]. 实用测试技术，7（1）：4-7.
袁军. 2010. 镇海口岸船舶二次供水水质状况调查[J]. 浙江预防医学，222（9）：57-58.
袁志彬，王占生. 2003. 城市供水管网水质污染的防治研究[J]. 天津建设科技，2：30-31.
查人光，徐兵. 2005. 低浊度控制与饮用水安全浅议[J]. 给水排水，31（1）：11-13.
张克峰，刘金栋，王永磊，等. 2005. 二次供水水质污染的现状及防治措施分析[J]. 山东建筑工程学院学报，20(3)：50-52.
张兰，荣彪，吴扬扬. 2012. 国内船舶二次供水卫生监测现状及建议[J]. 职业与健康，28（24）：3148-3150.
张兰，荣彪，吴扬扬，等. 2013. 厦门港区国内船舶二次供水水质监测结果[J]. 实用预防医学，20（7）：834-836.
章诗芳，郑峰. 2005. 降低饮用水浊度保障水质安全[J]. 净水技术，24（2）：39-41.
朱洁，陈洪斌，孙博雅. 2009. 颗粒物计数法用于给水处理的评述[J]. 净水技术，28（1）：1-6.
邹士洋，陶永华，曹佳，等. 2011. 船舶反渗透海水淡化水的水质检测及卫生学分析[J]. 中国卫生检验杂志，21(10)：2511-2513.
GB 5749—2006. 生活饮用水卫生标准[S].
GB/T 13922—2011. 水处理设备性能试验[S].
GB/T 18853—2002. 液压传动过滤器评定滤芯过滤性能的多次通过方法[S].
GB/T 19077.1—2008. 粒度分析激光衍射法 第 1 部分：通则[S].
GB/T 26114—2010. 液体过滤用过滤器通用技术规范[S].
GB/T 28957.1—2012. 道路车辆用于滤清器评定的试验粉尘 第 1 部分 氧化硅试验粉尘[S].
GB/T 30176—2013. 液体过滤用过滤器性能测试方法[S].
GB/T 6040—2002. 红外光谱分析方法通则[S].
GB/T 7218—2004. 筒式加压液体过滤滤芯[S].
GB/T 7219—2006. 筒式加压液体过滤滤芯性能试验方法[S].
NSF 42—2013. Drinking Water Treatment Units-aesthetic Effects[S].
NSF 53—2013. Drinking Water Treatment Units-health Effects[S].

第 10 章　船舶饮用安全保障系统设计与管理

船舶饮用安全保障系统的设计要点主要为两个方面：系统安全设计、系统功能设计。系统安全设计又包含材料安全和水质安全，材料安全涉及系统与设备的材料选型、水舱涂料选型等；水质安全涉及面很广，最主要的是微生物指标、浊度要在饮用水控制范围内，长期饮用健康也应在饮用安全范畴内。系统功能设计包含淡水的接收补给、淡水制造、调质处理、循环过滤、储存分配和系统监测、淡水使用管理等内容。水质安全是淡水保障的首要任务，无论采取何种方式供水、补给水、制水，保障能力有多大，水质安全达标、符合使用要求是前提。全方位管理和水质检测对于饮用安全至关重要。

10.1　饮用安全保障系统设计

设计者在船舶淡水保障系统中应该关注安全性和功能性，但早期人们更多关注的是功能性设计。实际上这两个方面是相辅相成的，安全性设计是前提，功能性设计是保障，如果进行功能设计时不注重安全设计，功能也会出现问题。一般设计者都会考虑如何设计补给接口和补给系统补水、配置海水淡化装置制水、设计水舱储水、利用压力水柜或变频供水装置进行供水，以及末端的烧开水饮用的开水器、直饮水装置、洗澡用的热水器等，也会考虑如何保证用水水量供给设计、最大负荷供给设计，这些都是功能性设计。

目前已经清楚地知道，饮用水在船上可作为传染病传播的重要媒介。一般来说，最大的微生物危险性与摄入人畜粪便污染的水有关。然而，化学污染也有可能因在港口受污染的水被带到船上、交叉污染或不当的处理而发生在船上，船舶在水处理工艺、运送、生产、储存或输配过程中都有可能遇到水污染的问题。包括岸上设施和船上设施的船舶供水系统的组织机构明显不同于传统的陆地输水，港务局需要负责提供装载到船舶储水容器的安全饮用水。如果怀疑饮用水的来源不安全，船长就必须决定是否需要做进一步处理（如氯化消毒或过滤），当需要在船上或装船之前处理的时候，所选择的处理方法应该是最适合于原水、船员最容易操作和维护的方法。通过软管或送水船或驳船把水送至船上、从岸边把水输送到船上都存在被微生物或化学物污染的可能性。除了使用源自岸上的水和船上大量储蓄的水，许多船只通过海水淡化系统自行生产饮用水。

船舶上淡水系统的安全保障设计是至关重要的。与岸边设施相比，船上的管道系统繁多，在有限的空间内包括输水管、海水管、下水管和燃料管道。管网系统众多而复杂，难于检查、维修和维护。许多船上的水源性疾病暴发都是由于饮用水装到船上后发生二次污染，例如，当储水系统设计、建造存在缺陷时，由污水或舱底水引发的疾病。饮用水必须储存在一个或几个水舱/水箱里，这些水箱的结构、位置能够防止污染，饮用水管线必须被保护起来并设置在适当的位置，使其不被浸没在船底的水中或通过储存非饮用水的水箱；设计上采取措施减少输配水过程中的水滞留和死角来防止水质恶化是十分重要的，同时还要考虑船舶的运动会增加浪涌和倒流的可能性；船长要对船舶供水运行的整体评估负责，必须保证全船安全管理有效运行，制订水安全计划，对涉及饮用水安全管理的船员进行培训也是必不可少的。

在制订水安全计划时，为了确保系统能够提供安全的水，需要考虑：原水的水质，如岸补水或船补水、海水淡化海水水源；自身的海水淡化设备和系统，保证安全可靠运行；水箱和管道的设计和构建，用不同外观色彩或标识加以区分，对饮用水安全加强管理；定期清洗，最大限度减少盲端和水滞留区；设计过滤系统及其他水处理系统，包括消毒系统和保持消毒剂残余量的供给系统；交叉连接和预防回流的装置；维持系统内足够的水压；系统中存在消毒剂的残留计量管理；水系统操作和检测人员卫生管理；水质测量计划并按要求实施；水安全应急管理。

10.1.1　系统组成及要求

1. 系统组成

船舶饮用安全保障系统一般由注水模块、制水模块、储水模块、用水模块和水质监/检测模块等组成，其完整工艺装置组成如图 10.1 所示。

注水模块由补给接口、过滤装置组成。模块中应有消毒剂补充措施，可以共用制水系统中设置的消毒装置。

制水模块由海水淡化装置、调质装置和消毒装置组成。

储水模块由循环过滤装置和消毒装置组成。

用水模块由供水装置和终端处理装置组成。

水质监/检测模块由在线水质监测仪表和离线水质检测装置组成。

2. 通用要求

关于船舶饮用安全保障系统，一般要求如下。

（1）应配置便携式水质检测设备。

（2）终端淡水水质指标应符合《生活饮用水卫生标准》（GB 5749—2006）的有关规定。

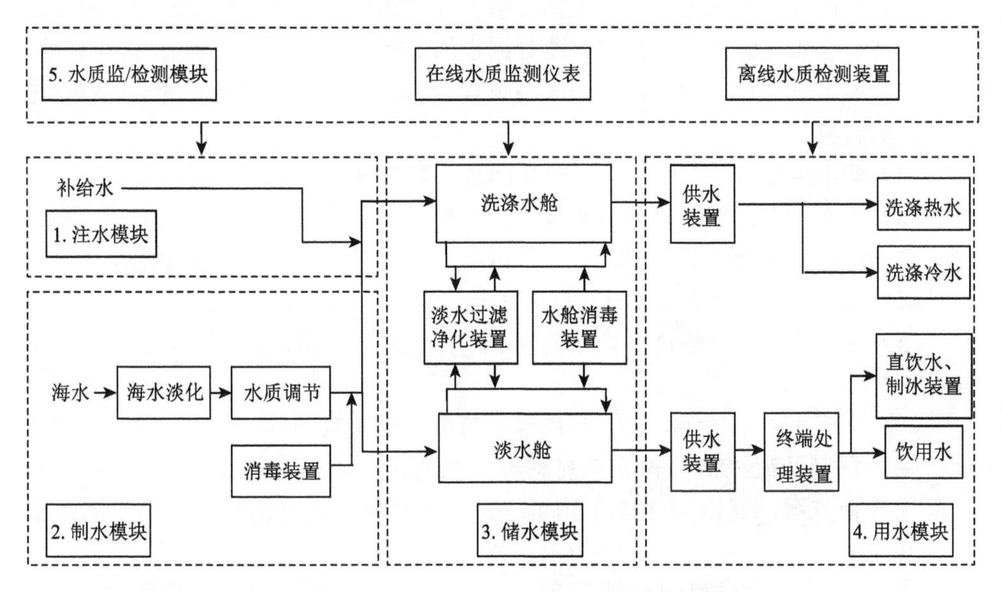

图 10.1　船舶饮用安全保障系统组成示意图

（3）污水管、燃油管、滑油管等可能造成日用淡水污染的管路以及其他与日用淡水系统无关的管路，均不应通过淡水舱。

（4）环境适应性要求。

（a）倾斜和摇摆。装置应能在表 10.1 规定的倾斜和摇摆下工作。

表 10.1　倾斜和摇摆

名称	横倾/(°)	纵倾/(°)	横摇		纵摇	
			角度/(°)	周期/s	角度/(°)	周期/s
水面船舶	±15	±10	±45	3～14	±10	4～10

（b）振动。装置应能在 1～16Hz 频率范围内位移幅值 1mm、16～60Hz 频率范围内加速度幅值 10m/s^2 时正常工作。

（c）环境温度和湿度。装置的控制箱应能在空气温度为 0～50℃、相对湿度大于 95%（有凝露）的环境中工作。

（5）可靠性。反渗透膜的使用寿命应不低于 5 年；装置的平均故障间隔时间（MTBF）应不低于 3000h。

（6）维修性。装置的平均修复时间（MTTR）应不超过 4h。

3. 系统材料与防腐蚀要求

（1）系统材料的选择应考虑使用环境及介质的腐蚀条件，包括压力、温度、大气盐雾、介质化学特性、介质流速等因素的影响。

（2）海水进水管路和浓水管路采用铜镍合金、钛合金、双相不锈钢或耐腐蚀性更强的材料。

（3）海水进水管路上不同金属材质间应采取绝缘措施。

（4）淡水供水管路所有与水直接接触的材料及部件应采用无毒无异味、耐腐蚀、易清洗、表面光洁的材料，并符合国家现行标准《生活饮用水输配水设备及防护材料的安全性评价标准》（GB/T 17219—1998）的有关规定。

（5）水舱选材符合船体设计建造要求，与船体同材质；独立压力水箱可采用 304 不锈钢材料。

（6）比较 304 不锈钢、321 不锈钢、316L 不锈钢、TUP 紫铜、B10 铜镍合金、铝青铜以及镀锌钢七种金属材料在淡化海水下的腐蚀性能，316L 不锈钢是最优选择方案，其次为 304 不锈钢、321 不锈钢，镀锌钢管不宜用于制作淡化水管路。

（7）淡水舱内壁防腐蚀涂料应满足《食品安全国家标准 食品接触用涂料及涂层》（GB 4806.10—2016）的相关要求。

10.1.2 注水系统

注水系统设计要求如下。

（1）船舶日用淡水的岸基和海上充注任务由专业作业人员负责操作，通过注水管路系统为船舶注水。

（2）系统应设置注入总管，具备对任意淡水舱注入的功能。

（3）注水总管应设置流量计。

（4）淡水注入部位应设置在露天部位和海补平台，应具有核生化防护措施和冬季防冻措施。

（5）注水软管及附件应避免浸入非饮用水中，并考虑潮汐变化对管路的要求。

（6）淡水舱数量较多时，应设置集中注入站。若设有两个及以上的注入站时，则任一注入站均应能对全部淡水舱进行装注。

（7）补给水注入淡水舱前余氯含量应不低于 0.3mg/L。如果低于 0.3mg/L 则应在岸基进行余氯补充或进入水舱之前在注水管路上进行余氯补充。

10.1.3　海水淡化装置

反渗透海水淡化装置是海军舰船制作淡水方式首选。

一级反渗透装置在某些海域硼去除还不能达到≤0.5mg/L，在某些海域一级反渗透淡化水氯化物指标还大于标准值 250mg/L，且海水中某些微量元素对人体是否有害尚未可知。长期饮用或者承担向其他船舶补给淡水任务的船舶，推荐设置二级反渗透装置。

船舶反渗透海水淡化装置主要由海水增压泵、预处理器、高压泵、反渗透膜组件和显示控制仪表及控制箱组成，必要时可设置缓冲器。其工艺流程见图 10.2。

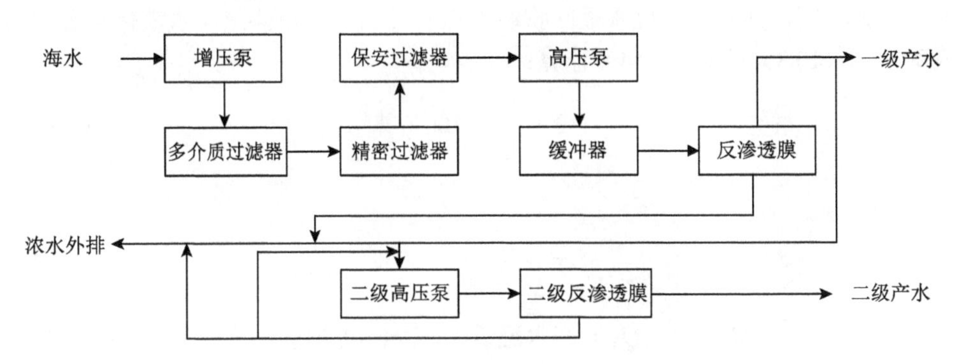

图 10.2　反渗透海水淡化装置工艺流程图

1. 装置设计要求

（1）反渗透海水淡化装置应在洁净海域（一般离岸 12 海里外）使用，设计海水温度 4～36℃，海水 TDS≤45000mg/L。

（2）反渗透海水淡化装置产水应保证经调质、消毒处理后 TDS 不大于 500mg/L。

（3）反渗透海水淡化装置在设计条件及使用寿命内的最小产水量应达到设计水量；设计师应提供设计条件下不同海水条件的产水量及水质性能曲线。

（4）反渗透膜装置可根据需要选用卷式、碟式或其他种类的反渗透膜元件，以结构紧凑、适应环境能力强的碟式为优先选择。

（5）反渗透预处理工艺应根据原水水质情况确定。海水经过预处理后，水质淤塞（污染）指数 SDI_{15} 应小于 5。水质淤塞（污染）指数 SDI_T 按式（10.1）计算：

$$SDI_T = \frac{1-(t_1/t_2)}{T} \times 100 \tag{10.1}$$

式中，SDI_T为在 207kPa（30psi）进水压力下，测定间隔时间 T 分钟的淤塞指数；t_1为初始收集 500mL 水样所需的时间，s；t_2为经 15min 后收集 500mL 水样所需的时间，s；T 为测定时间间隔，min，通常为 15min。

（6）海水反渗透装置的脱盐率应符合以下规定：运行一年内不低于 99.0%（25℃）；运行三年内不低于 98.5%（25℃）。反渗透海水淡化装置脱盐率按式（10.2）计算：

$$R = \frac{C_f - C_p}{C_f} \times 100\% \tag{10.2}$$

式中，R 为脱盐率，%；C_p为产水 TDS，mg/L；C_f为海水 TDS，mg/L。

（7）反渗透装置的水回收率应根据进水水质、温度、预处理工艺、膜元件性能等因素确定，其中二级反渗透回收率不宜低于 80%。反渗透海水淡化装置水回收率按式（10.3）或式（10.4）计算：

$$Y = \frac{Q_p}{Q_f} \times 100\% \tag{10.3}$$

或

$$Y = \frac{Q_p}{Q_p + Q_c} \times 100\% \tag{10.4}$$

式中，Y 为水回收率，%；Q_p为产水流量，m^3/h；Q_f为进水流量，m^3/h；Q_c为浓水流量，m^3/h。

（8）反渗透海水淡化装置根据反渗透厂商提供的反渗透设计要求并结合实际运行经验进行设计。根据海水水质、温度、膜元件性能、产水量、水回收率等参数，计算确定膜元件数量、膜压力、容器数量、组合排列形式、操作压力等相关参数。对于复合膜，其产水通量宜取 12～17L/(m^2·h)，污堵因子宜取 0.7～0.85。

（9）反渗透海水淡化装置系统中应设有不合格进水和产水排放阀，进水和浓水管路中应设置化学清洗接口；应设置淡水冲洗水箱、进水阀、排放阀，并与高压泵连接；具备装置停机时淡水自动冲洗功能，冲洗水宜采用反渗透产水；应设有产水超压保护措施，宜设置压力释放安全装置。

2. 设备设计要求

（1）海水增压泵布置于多介质过滤器之前，其额定功率应根据设计进水流量和多介质过滤进水压力要求确定。

（2）保安过滤器宜采用滤芯式过滤器，宜采用一次性滤芯滤器，不推荐可清洗滤芯式滤器；保安过滤器的过滤精度应高于 5μm，滤芯应能快速更换；应留有足够空间进行检修和滤芯的更换。

（3）填装反渗透海水淡化膜元件的压力容器最大耐压应不小于膜元件能承受的最大压力，并且对海水有耐腐蚀性；反渗透装置的产水静背压值不得超过规定值，浓水排放管的布置应能保证装置停运时最高一层膜组件不会被排空。

（4）海水预处理装置与一级反渗透装置宜集成一体化设计；二级反渗透装置可根据需要与一级反渗透集成一体化设计或独立设计；设备布置应流程顺畅、布局合理并留有足够的检修操作空间。

（5）装置拆去反渗透膜元件，预处理部分和高压部分应能承受 1.5 倍设计压力的液压而无渗漏和变形；装置在设计压力下运行应无渗漏；整机噪声应符合相关采购方要求。

（6）自动化控制宜采用就地启停操作和远程运行监控管理相结合的方式；设备控制系统的设计中应留有与其他控制装置通信的接口；控制保护系统宜具有自动/手动开机功能、停机淡水冲洗功能；精滤器及保安过滤器进出口配置压力传感器，具备在线测量、记录、报警功能；进水配置在线温度、TDS 计、流量仪表，产水配置 TDS 计、流量仪表，具备水量水质在线检测、记录、报警功能；在高压泵的管路上设置高压保护及报警功能；当淡水含盐量超过规定值时，装置应能自动排放不合格淡水并发出报警信号。

10.1.4　水质平衡调控装置

水质平衡调控装置分两类：加药调质、颗粒矿化剂溶出调质。根据时代发展和欧美发达国家在水质调质方面的技术优势，应优先选用颗粒矿化剂溶出调质方法。矿石溶出调节装置由进水压力表、壳体、矿石和出水压力表组成，工艺流程见图 10.3。

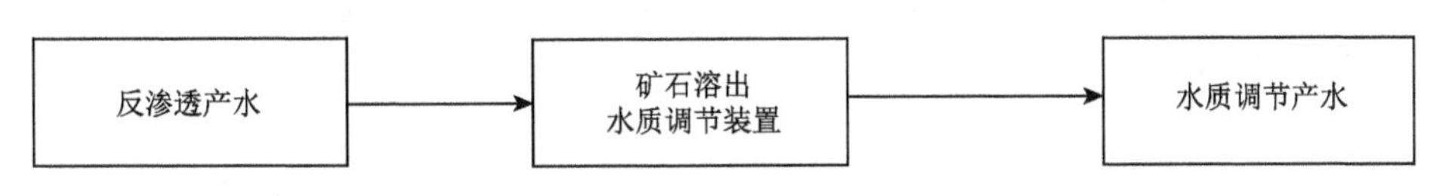

图 10.3　水质调节装置工艺流程图

装置设计要求如下。

（1）淡化水调质装置用于调节反渗透产水的 pH、碱度和硬度，其相关离子浓度等指标应符合采购方有关规定。

（2）调质剂理化性质及安全性须符合 GB/T 17218—1998 的有关规定；调质剂应满足经济性及储运方便性要求，同时应具有快速并持续稳定的调质效果。

（3）水质调节装置的主要设备材质采用 316L 不锈钢或更高等级的不锈钢；

所有与水直接接触的材料与部件应采用无毒、无异味、耐腐蚀、易清洗、表面光洁的材料，应符合 GB/T 17219—1998 等有关要求。

10.1.5 消毒装置

在水中添加消毒剂的过程称为消毒。消毒的方法有手工和自动之分，船舶消毒装置主要分为以下三类：消毒剂投加装置、紫外线消毒装置、微电解消毒装置。

1. 消毒剂投加装置

消毒剂投加装置主要由药剂箱、计量泵或喷射泵、搅拌器、电控箱、仪表、余氯传感器及管道阀门等组成。采用喷射泵时应具备压力水源。药剂箱采用封闭结构，侧面应具有指示量尺，上部加药口密封，底部设置泄放口，流程图如图 10.4 所示。

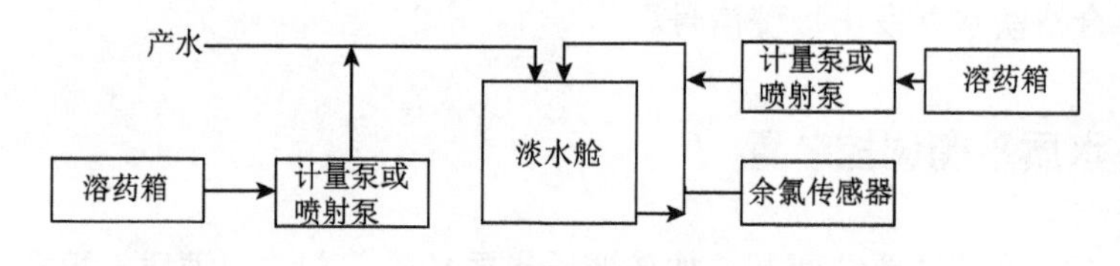

图 10.4 消毒剂投加装置工作流程图

2. 紫外线消毒装置

紫外线消毒装置包括壳体、灯管、控制器等，具有电源指示、故障指示，流程图如图 10.5 所示。

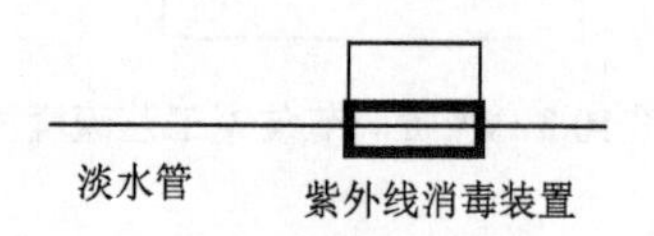

图 10.5 紫外线消毒装置工作流程图

3. 微电解消毒装置

微电解消毒装置包括壳体、电极、控制器、余氯传感器等，具有电源指示、故障指示，流程图如图 10.6 所示。

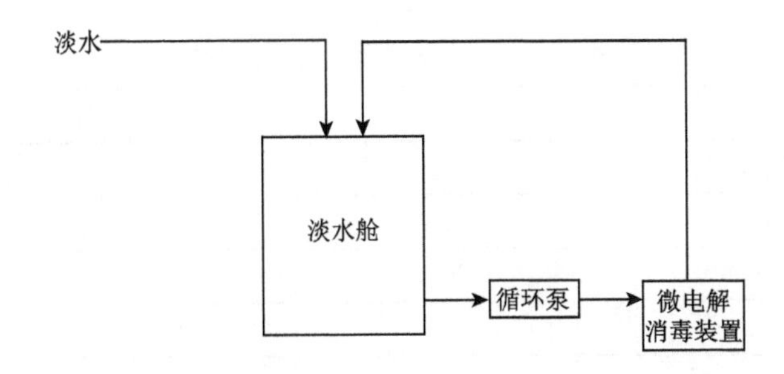

图 10.6　微电解消毒装置工作流程图

4. 性能参数要求

（1）消毒剂投加装置性能参数见表 10.2。

表 10.2　消毒剂投加装置性能参数

项目	参数
消毒装置设计压力/MPa	＜0.6
进水温度/℃	0～45
计量泵或喷射泵排量	加药量可调
水舱游离氯(二氧化氯)/(mg/L)	0.3～2（0.1～0.8）
溶药箱容积	宜根据淡水舱 7 天消毒需求量并有 30%的余量进行设计和要求
电源	AC220V 50Hz 或 AC380V 50Hz

消毒剂应符合《次氯酸钙（漂粉精）》（GB/T 10666—2019）、《次氯酸钠》（GB 19106—2013）和《二氧化氯消毒剂卫生标准》（GB/T 26366—2010）的要求。

（2）紫外线消毒装置性能参数见表 10.3。

表 10.3　紫外线消毒装置性能参数

项目	参数
处理量/(m^3/h)	0.5～15
消毒装置设计压力/MPa	＜0.6
辐射强度/(μW/cm^2)	＞180
进水温度/℃	0～45
电源	AC220V 50Hz

（3）微电解消毒装置性能参数见表 10.4。

表 10.4　微电解消毒装置性能参数

处理量/(m^3/h)	10～1000
消毒装置设计压力/MPa	＜0.6
水舱游离氯/(mg/L)	0.3～2
进水温度/℃	0～45
电源	AC220V 50Hz

（4）消毒剂投加装置和微电解装置工作 30min，检测处理后的淡水，应满足《生活饮用水卫生标准》（GB 5749—2006）规定要求；紫外线消毒装置处理后的淡水微生物指标应满足《生活饮用水卫生标准》（GB 5749—2006）规定要求。

5. *材料要求*

所有与水直接接触的材料与部件均应采用无毒、无异味、耐腐蚀、易清洗、表面光洁的材料，应符合《生活饮用水输配水设备及防护材料的安全性评价标准》（GB/T 17219—1998）等有关要求。

6. *自动化控制功能要求*

设置自动化控制功能，可采用就地启停操作或远程运行监控管理相结合的方式。

（1）具备自动/手动开机功能。

（2）消毒剂投加装置储药箱配置液位计，具备低液位报警功能。

（3）消毒剂投加装置配置余氯传感器，控制箱具备在线检测、记录、反馈控制与故障报警功能。

（4）消毒剂投加装置加药量受余氯控制仪检测的余氯浓度信号控制，能保证装置出水的余氯浓度值达到设定值要求（在 0.3～2mg/L 范围内任意设定）。

（5）紫外线消毒装置具有灯管损坏报警功能、故障报警功能。

（6）微电解消毒装置具备自动控制功能，受淡水舱内余氯传感器信号控制，装置具有故障指示报警功能。

10.1.6　水舱循环过滤装置

水舱循环过滤装置设计要求如下。

（1）装置用于去除淡水舱中的固体颗粒物，降低淡水舱中水质浊度；装置主要由循环泵、过滤装置、压力及流量传感器、电气及控制箱和管阀系统等组成。装置工艺流程见图 10.7。

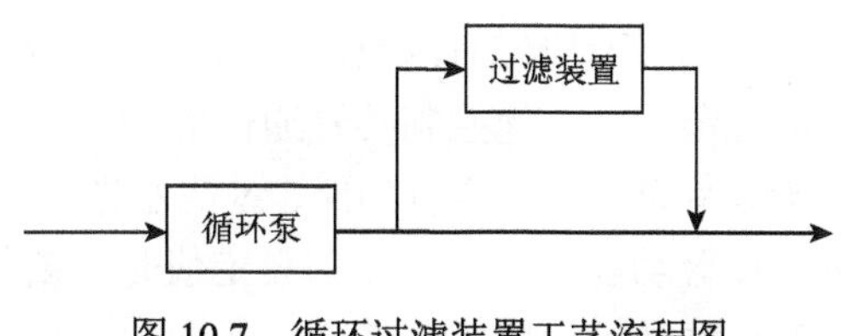

图 10.7　循环过滤装置工艺流程图

（2）装置宜采用多级过滤工艺，洗涤水末级过滤精度不大于 8μm；饮用水一级过滤精度不大于 8μm，二级过滤精度不大于 1μm。

（3）装置可配置独立的循环泵及过滤装置，或利用调驳泵及旁路过滤装置实现循环过滤。

（4）装置应配置在线浊度仪，具备在线测量、记录、报警并反馈控制装置运行的功能。

（5）一级过滤宜采用具有反冲洗功能的过滤器，具备根据压差自动反冲洗的功能。

（6）过滤装置主体及连接管路宜选用 022Cr17Ni12Mo2（相当于 316L 不锈钢）不锈钢；法兰和接头等应与其连接的不锈钢管路材料配套，宜选用 022Cr17Ni12Mo2（相当于 316L 不锈钢）不锈钢；垫片宜使用无毒硅橡胶波形垫片。

（7）所有与水直接接触的材料和部件应采用无毒、无异味、耐腐蚀、易清洗、表面光洁的材料，应符合卫生部颁布的《生活饮用水输配水设备及防护材料的安全性评价标准》（GB/T 17219—1998）的有关要求。

（8）自动化控制采用就地启停操作与远程运行监控管理相结合的方式，具备自动/手动开机功能；具备过滤材料更换报警功能。

10.1.7　终端用水装置

（1）饮用水终端处理装置具有吸附、过滤和消毒功能，其中过滤滤膜孔径不大于 0.2μm。饮用水终端处理装置工艺流程见图 10.8。

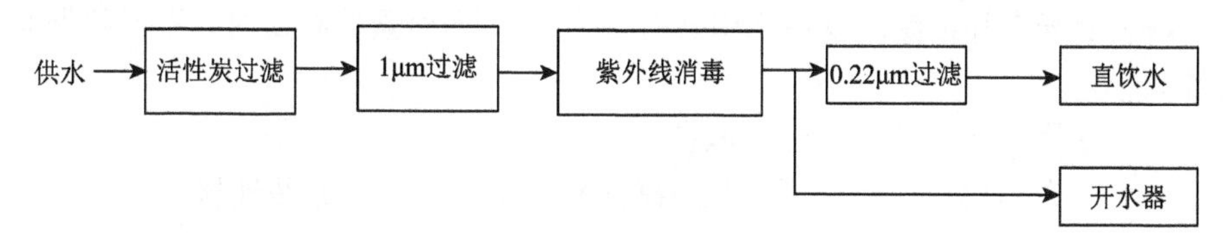

图 10.8　饮用水终端处理装置工艺流程图

（2）装置应在出水管路上设置止回阀，装置应能承受 1.5 倍设计压力的液压而无渗漏和变形。

(3)装置自动化控制宜采用就地启停操作和远程运行监控管理相结合的方式。设备控制系统的设计中应留有与其他控制装置通信的接口。

(4)装置应具备自动/手动开机、停机功能；过滤器进、出管配置压力传感器，具备在线测量、记录与报警功能；当压差达到设定值时，装置应能发出报警并停机；紫外线消毒器具备自动开机、停机功能。

(5)装置的主要设备应采用 316L 不锈钢或更高性能的不锈钢。所有与水直接接触的材料与部件应采用无毒、无异味、耐腐蚀、易清洗、表面光洁的材料，应符合《生活饮用水输配水设备及防护材料的安全性评价标准》(GB/T 17219—1998) 的有关要求。

10.2 饮用安全管理

10.2.1 岸-船补给水质安全管理

基地港口保障主要是进行岸船之间的淡水接收或补给。

1. 岸-船之间饮用水接收或补给的基本要求

(1) 岸船之间的饮用水传递必须由专门的岸上站台人员操作或管理。特殊情况下，岸船之间的饮用水传递可由经过培训的船上人员操作和管理。

(2) 工程人员应提前通知医药部门代表进行饮用水软管连接。

(3) 在最初补给饮用水之前应确保余氯、氯胺（总氯）和总溴的残存量。

(4) 如果船上接收的饮用水中余氯或者卤素残存量不达标，必须在船上提升余氯/卤素残存量或者通过岸上设备提升饮用水源的卤素残存量，以获得恰当的残存量。

(5) 医药部门代表将根据饮用水源当前的余氯/卤素残存量是否适当来决定是否连接。

(6) 当来自补给源的饮用水中含有恰当的余氯/卤素残存量时，不需要做其他处理。

(7) 饮用水连接软管不能浸泡在海水中。

(8) 个人用软管连接饮用水时应确保软管不与非饮用系统连接。

2. 岸-船之间补给饮用水的操作步骤

受船舶结构和操作条件的限制，有必要对连接程序加以控制。表 10.5 提供了岸-船之间补给饮用水的连接程序指导准则。

表 10.5　岸-船饮用水补给程序

步骤	岸-船饮用水补给
1	移开岸上防护盖，码头上饮用水出口空排 15～30s；在浓度为 100mg/L 的余氯溶液中浸泡和冲洗出口至少 2min；空排水 15～30s
2	在连接完成前的最后一步向出口递送经过消毒的干净饮用水软管（饮用水软管由岸上设备提供）。移开软管管帽，解开软管末端，如果之前没有消毒还要进行消毒处理。连接软管和岸上出口，进行冲洗
3	用浓度为 100mg/L 的余氯溶液对船上连接管进行消毒。连接软管和船上的管进行饮用水的传递。也可以使用经过医药部门代表认可的 FDA 列出的其他食物接触表面消毒剂，如碘
4	当补给完成后，关牢岸上的供水源，解除船上的连接，然后解除岸上的连接。检查并彻底地冲洗饮用水出口
5	彻底地排干软管中的水，然后将软管正确地存储于仓库储物柜中

3. 船上饮用水软管和设备的管理维护

饮用水软管不能做任何其他用途。必须对其进行例行的检测，当出现破裂和发生泄漏时必须解除故障后使用。饮用水管与软管在连接之前应进行消毒。每次使用饮用水测深塞之前都必须先消毒，而且测深塞只能用于测量饮用水箱的容积。

10.2.2　船-船补给水质安全管理

船-船淡水补给遵照岸船接收的水质卫生要求，按规定做好防污染工作。船-船饮用水补给程序如表 10.6 所示。

表 10.6　船-船饮用水补给程序

步骤	船-船饮用水补给
1	每艘船对各自的饮用水连接管进行消毒。在使用高架索的过程中饮用水软管的管帽应当放在适当的位置。当固定接收船上的饮用水软管时，软管防护盖已经移除，而且软管已经过消毒
2	连接供给船的软管末端并对它进行冲洗
3	当完成饮用水的补给后，移开接收船的饮用水软管并把软管帽放回原位
4	供给船还原连接和盖子，同时将饮用水软管储存好

船舶运输饮用水必须坚持记录以下内容：

（1）饮用水的来源（标示是否取自获得认可的水源）。

（2）每日的余氯/卤素余量。

（3）细菌检测的结果。

（4）以上信息在饮用水补给之前提供给接收船舶。

当饮用水取自于一个获得认可的供给点时，运水船舶给接收船舶的是至少含有 0.2mg/L 卤素余量的饮用水。假如卤素余量低于 0.2mg/L，则接收船舶必须在饮用水储水箱中添加足够的氯或溴，在反应 30min 后，使得卤素余量提升至 0.2mg/L。

从非认可的水源地接收的水，必须进行卤化处理，在 30min 的反应时间后要达到至少 2.0mg/L 的卤素余量。

接收船舶上的医学部门代表要对水的卤素余量进行检测，以确保提供最小 0.2mg/L 的卤素余量。如果水中没有达到至少含有 0.2mg/L 的卤素余量，工程部门就有必要在水进入分配管道系统之前，在接收储水箱中对其进行处理。如果水取自于一个未认可或质量可疑的水源，医学部门代表应当提前对水进行细菌检测，在 2.0mg/L 浓度的溶液充分消毒后进入分配系统，以控制细菌量。医学部门代表应当确保适当的登记，以确保关于饮用水水源、卤素余量、细菌检测和措施建议有备份证明。

从船舶上补给的供人消耗的水中应含有 2.0mg/L 的 FAC。在补给之前的最后一周内必须进行细菌检测分析，确保从船舶上补给的供人消耗的水不含有大肠杆菌。适当训练船员，监测从船舶上补给饮用水的过程。先前用于油料或其他液体的水管，绝不能用于补给饮用水。只有认可的连接饮用水的水管才可用于补给饮用水。

10.2.3　制水水质安全管理

船舶自行保障是通过船舶上的产水设备生产淡水。饮用水生产是一项工程任务（由机电部门实施），但是医药部门代表必须了解生产过程，同时进行监督和提供建议。

船舶上的产水设备主要有反渗透设备和蒸馏设备。对船上的产水设备进行检查、检查并批准陆上的取水点只是确保供应水安全必要的预防措施的一部分。在船上存在着很多可能的污染物，其中许多可以导致水源性疾病的暴发。因此，无论水源是否安全，必须对随后的污染保持警惕的监视以确保安全。所有从认可的水源接收的水或在舰上制取的水均应加以处理，以使之在 30min 接触期后有至少 0.2mg/L 的 FAC 或 TBR。

潜艇上通常避免使用卤化饮用水。不过不少潜艇经过改装内嵌了溴化器装置。如果细菌检测显示大肠杆菌呈阳性，则饮用水需要使用次氯酸钙（65%～70%）或溴进行消毒处理，直到 30min 的反应时间后达到 0.2mg/L 的 FAC 或 TBR 余量。必须维持一定的卤素余量，直到再次细菌检测显示饮用水安全。当使用次氯酸钙时，必须对潜艇空气中的氯气进行监测。如果氯气超过安全线，必须启动手动的控制空气质量的应急程序。当潜艇停留在港内时，需要对位于潜艇薄弱部分的饮用水建立一个每周进行样本检测的计划。但是在所有情况中，无论是在海上，还是在港内，每周都将进行检测。当在港内使用岸上供给的水时，每天都将进行卤素余量检测和情况记录。医学部门代表提供一份包含水源、日期、细菌检测、使用的一切消毒手段和卤素读数的饮用水情况记录日志。

船厂工作艇一般不具备生产淡水的能力，它们使用的水是从岸上设备补给而来的。大部分船厂工作艇安装有饮用水储水箱和一个小型的消毒系统。当使用的水是从认可的饮用水源补给而来时，不必进行消毒处理。在船厂工作艇上发生的大部分水污染问题，通常都与采取了不当的补给程序有关。由于缺乏人员和设备，通常并不执行每天例行的卤素余量检测。医学部门代表应与港务后勤指挥人员保持密切的联系，以监视补给程序是否正确，确保获得安全可靠的饮用水。必须每周对艇的每一个储水箱和消毒系统中的饮用水取样进行细菌检测。在饮用水供给发生细菌污染的事件时，医学部门代表要对水源的污染情况进行调查，并提供改进和消毒的措施建议。医学部门代表还要对饮用水的消毒处理进行监管。

10.2.4　水质安全应急管理

1. 应急水源

应急水源是指符合紧急状态或战时要求的水源。例如，美国、英国、加拿大、澳大利亚等国规定了应急水源应满足可饮用的最低标准要求（短和长期适用），作为紧急状态或战时的岸上水源标准。

（1）水质不明的水源。除了获得环境保护组织认可的公共饮用水系统、获得军方认可的水源、获得军方认可的瓶装水之外，所有公共或个人的供水系统都应该被认定为质量不明的水源。当不明确饮用水水质安全是否符合要求时，医药部门代表或者分管责任官必须采用可能的手段对水源进行尽可能彻底的调查和检测，然后向指挥官或船长提供采取必要的防护措施和消毒措施的建议。在特定情况下当船必须接收质量不明确的饮用水时，即不确定水质安全或者是否是地区性传染性肝炎地区的水，必须进行氯化或溴化处理，在饮用水中反应 30min 后应能至少达到 2.0mg/L 浓度的卤素余量。如果溴化器不能满足溴余量达到 2.0mg/L 的要求，则这类水必须通过一次性氯化的方法，使得在水中反应 30min 后饮用水箱中的水能至少达到 2.0mg/L 浓度的余氯。在饮用水箱中保持 2.0mg/L 卤素量 30min 后，水就被认为可以安全使用了。

（2）应急饮用水。船舶在医疗站建有内置的饮用水储存箱，以提供应急饮用水。这类储水箱设计为重力式，且与主要的饮用水系统隔离开来。按照维护要求，一个季度要进行一次维护，将所有应急饮用水储存箱中的水排干，并重新灌装含有最小卤素余量的饮用水。

（3）灌装和瓶装水。一些小型船舶由于在医疗站没有应急饮用水储存箱，而储存 5gal[①]装（获得认可的容器）的应急饮用水。这些容器灌装的是船上自产的饮用水，或者岸上获得许可的工厂生产的饮用水。在灌装之前这些容器都必须经过清洗和消毒处理。在船舶上，任何情况下之前用于盛装汽油或其他石油产品的 5gal 装容器，都不能用作应急饮用水容器。只有被认可的 5gal 装饮用水容器可以用来储存饮用水。使用的瓶装水只能通过经许可的水源进行生产。

2. 应急产水

在紧急情况下，需在污染水域制取淡水，必须严格遵循下列规程以减小危害。

（1）对蒸馏装置，应使浸水管蒸发器内保持最低水位，降低产水量运行，以减少飞溅或夹带的浓水量。

（2）当氯化物含量超过 2.3mg/L 时，禁止向饮水柜输送。若运行中产生瞬时氯化物含量超过 2.3mg/L 的水，应使蒸馏装置首效蒸发温度保持在不超过 73.9℃（165℉）。

（3）若淡化装置处理的是淡水、半咸水或污染水，首效蒸发温度保持在不超过 73.9℃（165℉）。蒸馏水的含盐量低，但无法确定淡水中是否有浓水飞溅和夹带，因此，在氯化物含量低于 2.3mg/L 时仍不能保证蒸馏水是否合格。

（4）若处理的是半咸水，上述第（3）步骤的温度要求虽然可防止夹带所造成的蒸馏水污染，但是不能防止蒸馏水冷却器管泄漏所致的污染。由于热量回收装置无法使加入的海水加热至 73.9℃（165℉），通过热量回收装置配备消毒器加热，可使温度达 98.8～101.7℃（210～215℉）。

（5）若反渗透海水淡化装置的产品水的导电率超过 1000μΩ/cm（相当于 500mg/L 总溶解性总固体），禁止将其输送到饮水柜。

3. 应急消毒

当没有经认可的饮用水源时，在紧急情况下就有必要使用未经认可的水源以供饮用和烹调。这类水必须尽可能干净。在人饮用之前，必须用氯消毒，使用浓度最低为 5.0mg/L 的 FAC 溶液消毒 30min。这类水可饮用时，需保证至少 2.0mg/L 的氯残余量。还可以通过保持 2min 的沸腾状态获得安全的饮用水。在余氯不足 1.0mg/L 时，水的口感会很差。但要确保水的安全饮用必须含有高的余氯。

船舶上禁止使用非饮用水洗澡和洗衣服。然而，在水消耗严重而且后勤补给

① 1gal（US）=3.78543L。

水不足的情况下，可能需要临时使用经消毒（氯化）的非饮用水洗澡（淋浴）和洗衣服。当有作战需求且加强了医学监测的情况下，应当批准这种应急使用情况。

4. 应急储水

一般在紧急情况下，才会使用其他液体的储存箱储存或补给饮用水。

储存箱的选择和准备。运输箱的油漆涂层应当遵守关于饮用水箱的标准。当储存箱经过清洗而且与饮用水接触表面可见时，必须经过指定的工程人员检查。检查时应当关注下面的条件：附着良好的涂层；全部覆盖的干膜层；是否有生锈；涂层的完好性；起水泡和涂层剥落；是否完全防渗水，尤其是储箱的内底；饮用水其他的降解条件。

根据所有储水箱的检查结果，舰船上分管军官将决定是否使用这些水箱运输或储存饮用水。如果最终决定采用，则在检查时就需要建立一些必要的修理、维护和清洁标示。根据下面所列的指导，彻底地清洗水箱的表面、管道系统、水泵等。

（1）用高压喷雾水枪使用饮用水冲洗水箱的表面。

（2）当使用化学药品清洗时，应当使用标准认可的添加剂。

（3）清除水垢并冲洗。

（4）将水泵拆开，并用饮用水和认可的添加剂进行清洗。

（5）更换所有的垫圈。更换的垫圈的材料应当是获得认可的可应用于饮用水系统的材料。

（6）所有的管线都必须用饮用水和认可的清洗剂进行冲洗。

（7）绘制一幅抽水泵和分配系统的简图，并完成下面的流程：标示出系统中应用于饮用水处理的所有部分，并用颜色代码进行区分；用空着的法兰或盖，封锁所有不用于补给饮用水的管道；在每一个储水箱上标示用于测试的取水点和氯的投放点。

（8）完成储水箱的清洗和修理。实施最后一次检查，以确保修理和清洁工作已经充分完成。

（9）对储水箱和相连的管道进行消毒处理。

（10）对储水箱进行 8h 的通风处理，以达到风干的目的。

5. 紧急情况下使用饮用水箱作为压载舱

除非在关系到船舶生存的情况下，否则储水箱/舱不能灌装压载水。灌装任何非饮用液体作为压舱舱或者其他紧急用途的饮用水箱和管道，都必须与饮用水系统断开连接。只有当这类受到污染的储水箱、管道和设备已经完成清洗和消毒时，才可再次连通。储存在这类储水箱中的水，不能用于饮用和烹调，除非经过充分地清洁/消毒和细菌检测分析，确定水质安全、适合人类饮用。如果在提供使用之前，细菌检测显示为阳性，则需要重新进行消毒处理，直到细菌检测分析为阴性为止。如果担心化学污染，那么有必要进行化学检测以确保舰员安全使用。

10.3 水质监测与检测

10.3.1 需求分析

生活饮用水的水质直接影响着每个人的身体状况，因此经海水淡化处理过的水要进行必要的水质检测。反渗透技术虽经过 40 多年的发展已经比较成熟，海水经过淡化系统处理后脱盐淡化效果非常明显，影响海水不能直接饮用的主要化学指标钾、钠、镁、总硬度、溶解性固体、氯化物、硫酸盐等均能降至允许范围，淡化水的其他化学指标铁、锰、铜、锌、挥发酚类、阴离子合成洗涤剂以及毒理学指标氟化物、氰化物、砷、硒、汞、镉、铅、六价铬、硝酸盐等，其含量均能符合生活饮用水卫生标准，但是淡化水水质会受海水的理化特性、海水预处理水平和反渗透膜性能的影响，反渗透淡化水的卫生安全性仍需要客观地进行评价，并进行水质监/检测以保证水质的安全。

1. *反渗透淡化水特征水质指标分析*

在前期反渗透试验中，取稳定运行状态下的海水和相应的淡化水水样，送往相关检测机构进行 82 项水质指标分析，分析结果见表 10.7。从表中可以看出，砷、镉、铅、汞、硒、铝、铁等 66 项指标在海水中都没有检测出，可见这类水质指标在海水中的含量极低，经过反渗透海水淡化后的淡化水中含量也极低，因此不需要对这类指标进行日常检测。锰、铜、钡、硼、钼、镍、钠、钙、镁、氟化物、硝酸盐氮、氯化物、硫酸盐、总硬度（以 $CaCO_3$ 计）、TDS、耗氧量（COD_{Mn} 法，以 O_2 计）、pH、氨氮、总 α 放射性和总 β 放射性这 20 项水质指标可以在海水中检测到，经过一级反渗透得到的淡化水中上述水质指标除了硼含量为 0.939mg/L，无法达到《生活饮用水卫生标准》（GB 5749—2006）外，其余水质指标都能满足《生活饮用水卫生标准》（GB 5749—2006）的要求，经过二级反渗透后硼含量也能达到《生活饮用水卫生标准》（GB 5749—2006）的要求。锰、铜、钡、钼、镍、钠、钙、镁、氟化物、硝酸盐氮、硫酸盐、氨氮、总硬度（以 $CaCO_3$ 计）、总 α 放射性和总 β 放射性这 15 项水质指标的检测方式复杂，同时淡化水中相应指标的含量明显低于《生活饮用水卫生标准》（GB 5749—2006）的要求，因此可不作为日检离线水质指标；硼、氯化物、TDS、耗氧量（COD_{Mn}法，以 O_2 计）和 pH 这 5 项水质指标可作为离线检测指标。

表 10.7　水质指标检测结果

编号	测试项目	单位	测试结果		脱除率/%	生活饮用水标准	产水是否达标
			原水	产水			
1	砷	mg/L	未检出	未检出		0.01	是
2	镉	mg/L	未检出	未检出		0.005	是
3	铅	mg/L	未检出	未检出		0.01	是
4	汞	mg/L	未检出	未检出		0.001	是
5	硒	mg/L	未检出	未检出		0.01	是
6	铝	mg/L	未检出	未检出		0.2	是
7	铁	mg/L	未检出	未检出		0.3	是
8	锰	mg/L	0.025	未检出	>80.00	0.1	是
9	铜	mg/L	0.016	未检出	>62.50	1	是
10	锌	mg/L	未检出	未检出		1	是
11	锑	mg/L	未检出	未检出		0.005	是
12	钡	mg/L	0.035	未检出	>85.71	0.07	是
13	铍	mg/L	未检出	未检出		0.002	是
14	硼	mg/L	4.14	0.939	77.32	0.5	否
15	钼	mg/L	0.02	未检出		0.07	是
16	镍	mg/L	0.057	未检出	>98.25	0.02	是
17	银	mg/L	未检出	未检出		0.05	是
18	铊	mg/L	未检出	未检出		0.0001	是
19	钠	mg/L	9830	76	99.23	200	是
20	钙	mg/L	368	0.193	99.95	—	是
21	镁	mg/L	1170	0.444	99.96	—	是
22	氟化物	mg/L	1.02	未检出	>99.51	1	是
23	硝酸盐氮	mg/L	0.2	未检出	>97.50	10	是
24	氯化物	mg/L	19700	101	99.49	250	是
25	硫酸盐	mg/L	2860	0.83	99.97	250	是
26	六价铬	mg/L	未检出	未检出		0.05	是
27	氰化物	mg/L	未检出	未检出		0.05	是
28	溶解性总固体	mg/L	26000	218	99.16	1000	是
29	总硬度（以 $CaCO_3$ 计）	mg/L	6670	3.6	99.95	450	是

续表

编号	测试项目	单位	测试结果		脱除率/%	生活饮用水标准	产水是否达标
			原水	产水			
30	耗氧量（COD_{Mn}法，以O_2计）	mg/L	7.61	1.15	84.89	3	是
31	挥发酚类（以苯酚计）	mg/L	未检出	未检出		0.002	是
32	阴离子合成洗涤剂	mg/L	未检出	—		0.03	否
33	色度（铂钴色度单位）		未检出	＜5		15	是
34	浊度（散射浊度单位）	NTU	未检出	＜0.5		1	是
35	臭和味		0	0		无异臭、异味	是
36	肉眼可见物		无	未检出		无	是
37	pH		7.6	6.70		6.5～8.5	是
38	氯化氰（以CN^-计）	mg/L	未检出	未检出		0.07	是
39	氨氮	mg/L	0.05	未检出		0.5	是
40	硫化物	mg/L	未检出	未检出		0.02	是
41	乙苯	mg/L	未检出	未检出		0.3	是
42	二甲苯	mg/L	未检出	未检出		0.5	是
43	1, 1-二氯乙烯	mg/L	未检出	未检出		0.03	是
44	1, 2-二氯乙烯	mg/L	未检出	未检出		0.05	是
45	1, 2-二氯苯	mg/L	未检出	未检出		1	是
46	1, 4-二氯苯	mg/L	未检出	未检出		0.3	是
47	三氯乙烯	mg/L	未检出	未检出		0.07	是
48	四氯乙烯	mg/L	未检出	未检出		0.04	是
49	甲苯	mg/L	未检出	未检出		0.7	是
50	苯	mg/L	未检出	未检出		0.01	是
51	苯乙烯	mg/L	未检出	未检出		0.02	是
52	氯乙烯	mg/L	未检出	未检出		0.005	是
53	氯苯	mg/L	未检出	未检出		0.3	是
54	六氯丁二烯	ug/L	未检出	未检出		0.0006	是
55	三氯苯	mg/L	未检出	未检出		0.02	是
56	六六六	mg/L	未检出	未检出		0.005	是
57	林丹	mg/L	未检出	未检出		0.002	是
58	滴滴涕	mg/L	未检出	未检出		0.001	是
59	七氯	mg/L	未检出	未检出		0.0004	是
60	六氯苯	mg/L	未检出	未检出		0.001	是
61	百菌清	mg/L	未检出	未检出		0.01	是

续表

编号	测试项目	单位	测试结果		脱除率/%	生活饮用水标准	产水是否达标
			原水	产水			
62	溴氰菊酯	mg/L	未检出	未检出		0.02	是
63	对硫磷	mg/L	未检出	未检出		0.02	是
64	甲基对硫磷	mg/L	未检出	未检出		0.02	是
65	马拉硫磷	mg/L	未检出	未检出		0.25	是
66	毒死蜱	mg/L	未检出	未检出		0.03	是
67	乐果	mg/L	未检出	未检出		0.08	是
68	敌敌畏	mg/L	未检出	未检出		0.001	是
69	灭草松	mg/L	未检出	未检出		0.3	是
70	2, 4-滴	mg/L	未检出	未检出		0.03	是
71	呋喃丹	mg/L	未检出	未检出		0.007	是
72	莠去津	mg/L	未检出	未检出		0.002	是
73	五氯酚	ug/L	未检出	未检出		0.009	是
74	邻苯二甲酸二（2-乙基己基）酯	ug/L	未检出	未检出		0.008	是
75	环氧氯丙烷	ug/L	未检出	未检出		0.0004	是
76	苯并[*a*]芘	mg/L	未检出	未检出		0.00001	是
77	总 α 放射性	Bq/L	0.05	0.03	40.00	0.5	是
78	总 β 放射性	Bq/L	13	0.11	99.15	1	是
79	亚硝酸盐氮	mg/L	未检出	未检出		—	是
80	微囊藻毒素-LR	mg/L	未检出	未检出		0.001	是
81	草甘膦	mg/L	未检出	未检出		0.7	是
82	丙烯酰胺	mg/L	未检出	未检出		0.0005	是

2. 调质后淡化水特征水质指标分析

根据淡水保障工艺，对淡化水进行调质可以增加淡化水中钙镁含量、总硬度、总碱度和 pH，又由于总硬度体现了水中的钙镁含量，因此适合日检水质指标有总硬度、总碱度和 pH 三项。

3. 消毒后淡化水特征水质指标分析

船上淡化水消毒一般采用余氯消毒，评价淡化水消毒效果的直接指标是微生物指标（总大肠菌群和细菌总数），间接指标是淡化水中余氯的含量，因此适合日检离线水质指标有总大肠菌群、细菌总数和余氯，考虑到总大肠菌群、细菌总数的检测周期较长，同时余氯含量能很好地指示淡化水消毒情况，则日检水质指标为余氯，总大肠菌群、细菌总数可作为周检水质指标。

4. 水舱中淡水特征水质指标分析

水舱作为淡水的储存场所很容易滋生微生物，增加淡水浊度，因此需要时常检测水舱淡水中的总大肠菌群、细菌总数、余氯和浊度等水质指标。

5. 末端出水特征水质指标分析

淡水从水舱到末端出水，需要经过不锈钢管路，在长期的淡水输送过程中，必然会有部分铁溶解到淡水中导致末端淡水铁含量有超标的风险，因此需要检测的指标为铁含量，同时考虑到末端出水水质要达到《生活饮用水卫生标准》（GB 5749—2006）的要求，还应该测定余氯、总大肠菌群、细菌总数、浊度、硬度、碱度、硼、COD_{Mn}、pH、TDS 等水质指标。

6. 市政自来水特征水质指标分析

目前新饮用水水质检测项目的国家标准有 106 项，分为常规项目和非常规项目。常规项目有 42 项，指的是能反映水质基本状况的指标，检出率比较高；非常规项目有 64 项，是指根据地区、时间或特殊情况需要的检测指标。市政供水行业的行业检测指标及频率如表 10.8 所示。

表 10.8　市政供水行业的检测指标及频率

检测指标	检测频率
色度、浊度、臭和味、肉眼可见物、pH、余氯、总大肠菌群、菌落总数、耗氧量	每日检测一次
菌落总数、总大肠菌群、色度、浊度、臭和味、肉眼可见物、pH、铁、钙、总硬度、重碳酸盐、氯化物、溶解性总固体、硫酸盐、硼、游离余氯或二氧化氯、锰、铜、锌、镁、镉、铅、砷、氰化物	每月检测一次

根据表 10.8，并结合船舶上的实际情况，研究发现淡化水 pH 波动大，TDS 偏高，总硬度低，水舱浊度高，淡化水腐蚀管路导致水中铁含量超标，再加上水质消毒需要检测的余氯及微生物指标，筛选出了适合船上检测的 9 个水质指标，分别为 pH、TDS、总硬度、浊度、铁、余氯、氯化物、细菌总数和总大肠菌数。

7. 常规 9 项水质离线检测指标

从上述分析中可以看到，适合离线检测的水质指标有 pH、TDS、浊度、总硬度、总铁、余氯、微生物（总大肠菌群和细菌总数）、氯化物、COD_{Mn}、碱度和硼共 11 项指标。实际操作中发现 COD_{Mn}、碱度和硼含量的测定方法复杂或设备昂贵，船舶上实施困难。因此，确定 pH、TDS、浊度、总硬度、总铁、余氯、氯化物、微生物（总大肠菌群和细菌总数）9 项指标作为常规离线检测指标。

（1）pH。pH 指的是氢离子浓度指数，是溶液中氢离子的总数和总物质的量的比。表示溶液酸性或碱性程度的数值，即所含氢离子浓度的常用对数的负值。《生活饮用水卫生标准》（GB 5749—2006）规定，饮用水的 pH 应该不小于 6.5 且不大于 8.5。

人体为了正常进行生理活动，血液的氢离子浓度必须维持在一定的正常范围内。饮用水过酸或过碱，都会引起血液氢离子浓度的改变，使正常的酸碱平衡发生紊乱，称为酸碱失衡。无论哪一个部位的 pH 都维持在一个恒定范围内，哪怕是发生轻微的变化，都会引起身体的生物活性分子结构和化学功能发生剧烈的变化。有研究指出海水通过反渗透装置得到的淡化水呈酸性，pH 会偏低，甚至低于 6.5，pH 过低也会腐蚀船舶淡水传输管路，因此在海水淡化后处理装置中有提高 pH 的工艺。pH 达标与否对水质影响很大，因此有必要对淡化水的 pH 进行定期检测。

（2）TDS。TDS 指总溶解性固体，又称溶解性固体总量，测量单位为毫克/升（mg/L）。它表明 1L 水中溶有多少毫克溶解性固体。TDS 越高，表示水中含有的杂质越多。《生活饮用水卫生标准》（GB 5749—2006）规定，饮用水的 TDS 应该小于 1000mg/L。

TDS 是一项重要的水质指标，海水淡化装置的产水水质主要通过 TDS 和脱盐率反映。海水之所以有咸味是因为海水中含有浓度较大的氯化物、硫酸盐、碳酸盐等，即 TDS 很高，可高达 30000mg/L，人体直接饮用口感极差，而且会导致脱水，因此饮用水 TDS 必须维持在一定值以下。参照美国舰船淡水保障系统的标准，淡化水 TDS 应该低于 500mg/L，但如果饮用水 TDS 过低，也会因为过分平淡无味而不受人们欢迎。同时淡化水中的 TDS 是否达标也反映出海水淡化装置中反渗透单元运行得是否正常和稳定，因此有必要对淡化水的 TDS 进行检测。

（3）浊度。浊度是指水中悬浮物对光线透过时所发生的阻碍程度。水中的悬浮物一般是泥土、砂粒、微细的有机物和无机物、浮游生物、微生物和胶体物质等。水的浊度不仅与水中悬浮物质的含量有关，而且与它们的大小、形状及折射系数等有关。《生活饮用水卫生标准》（GB 5749—2006）规定，饮用水的浊度应该在 1NTU 以下。

浊度是个很重要的感官指标，因为其肉眼可见，能够最直观地评判水质的好坏。浊度也会影响杀菌，浊度越低，杀菌效果越好，浊度越高，细菌、病毒越不容易被杀死，因为细菌病毒可以钻到这些体积比它们大的悬浮物里面，相当于给它们提供了保护。经过实地调研发现，现有船舶储水舱没有有效的净化措施，导致水舱使用一段时间后，淡水的浊度会上升，超过 1NTU 的上限，这将严重影响饮用水的口感，因此定期检测淡水浊度是有必要的。

（4）总硬度。水的总硬度指水中钙、镁离子的总浓度，其中包括碳酸盐硬度（即通过加热能以碳酸盐形式沉淀下来的钙、镁离子，故又称暂时硬度）和非碳酸盐硬度（即加热后不能沉淀下来的那部分钙、镁离子，又称永久硬度）。《生活饮用水卫生标准》（GB 5749—2006）规定，饮用水的硬度（以 $CaCO_3$ 计）限值为 450mg/L。

海水通过反渗透膜后，其中水中的钙、镁等离子的去除率可达 99.95%，因此经反渗透海水淡化得到的淡化水硬度仅 2～3mg/L（以碳酸钙计）。钙、镁是人体的必需元素，有研究表明长期饮用钙、镁含量低的水会提高患心脏病的风险。水是一个很好的钙的补充剂，世界卫生组织认为，水质标准中应当明确规定钙、镁的最低含量，要在 30mg/L 以上，因此需要对淡化水进行调质处理以提高水的硬度。淡化水中硬度的大小直接反映了调质的效果，因此对水中硬度的定时检测是有必要的。

（5）总铁。铁是一种常见的金属元素，市政用水管路通常采用铁管，时间久后会有部分铁溶入到水中，因此确保水中铁含量在正常值范围内很重要。《生活饮用水卫生标准》（GB 5749—2006）规定，饮用水的铁含量限值为 1.0mg/L。

铁是人体内不可缺少的微量元素，人的体内缺铁，会得缺铁性贫血等疾病，直接影响身体健康。人体内所需要的铁主要来源于食物和饮水。然而船舶淡水传输管路多采用铸铁管或钢管，长期使用后管壁内侧会发生侵蚀，导致淡水中铁含量升高，出现“红水”“黄水”等现象，影响船员对淡化水的体验，饮用水铁锰过多，可引起食欲不振、呕吐、腹泻、胃肠道紊乱、大便失常，据美国、芬兰的科学家研究证明，人体中铁过多对心脏有影响，甚至比胆固醇更危险。因此定期检测水中的铁含量是有必要的。

（6）余氯。余氯是指水经过加氯消毒，接触一定时间后，水中所余留的有效氯。我国《生活饮用水卫生标准》（GB 5749—2006）规定，消毒用的氯气和水的接触时间应该大于等于 30min，出厂水的余氯限值为 4mg/L，出厂水中的余氯不低于 0.34mg/L，管网末梢水中余氯应大于 0.05mg/L。

淡化水中的余氯可以作为衡量对水消毒的效果和预示淡化水再次受污染的信号，余氯是保证氯的持续杀菌能力，防止外来污染的一个重要指标。当余氯保持在 0.5mg/L 时，不仅对伤寒和痢疾致病菌、钩端螺旋体、布氏杆菌等有完全的杀灭效果，对肠系病毒，如与传染性肝炎、小儿麻痹症有关病毒也有杀灭作用。当淡化水中含氯量过低时，会使水再次受污染，使之不能满足生活饮用水水质要求；当淡化水中含氯量过高时，则余氯可以很容易地通过这些细微的毛孔进入人体被吸收，长期饮用会导致心脏疾病、冠状动脉粥样硬化、贫血症、膀胱癌、肝癌、直肠癌、高血压和过敏等疾病。淡化水要达到饮用标准，消毒是必须进行的手段，因此定期检测余氯是必要的。

（7）氯化物。氯化物是一种水中常见的无机物。在河流、湖泊、沼泽地区，氯离子含量一般较低，而在海水、盐湖及某些地下水中，其含量可高达数十克每升。《生活饮用水卫生标准》（GB 5749—2006）规定，饮用水的氯化物含量限值为 250mg/L。

若饮用水中氯化物含量达到 250mg/L，相应的阳离子为钠时，会感觉到咸味，影响饮用水的口感，并且水中氯化物含量高时，会损害金属管道和构筑物，并妨碍植物的生长。因此定期检测水中的氯化物是有必要的。

（8）微生物。对淡水消毒的目的是去除水中的微生物，使水中微生物指标能达到《生活饮用水卫生标准》（GB 5749—2006）。该标准中规定的两个主要微生物指标有细菌总数和总大肠菌群数，要求 1mL 水中细菌数量不超过 100CFU，100mL 水中不得检测出总大肠菌群。

淡化水中细菌的存在数量和余氯呈负相关性，当淡化水中余氯量过低时，很有可能引起水质的再次污染。微生物指标可直接反映反渗透水是否可以安全饮用，因此定期检测是有必要的。

10.3.2　水质检测方法

（1）TDS 测定采用电极法，通过测定水的电导率和温度，采用内置标准曲线将结果换算为水的 TDS，操作简便，检测周期短。

（2）余氯测定采用分光光度法，水中余氯在 pH 为 2～6.5 时，与 DPD 直接反应生成红色化合物，其色度与浓度成正比，利用分光光度计测定水中余氯的含量。

（3）pH 测定采用电极法，用玻璃电极作为指示电极，甘汞电极或银电极作为参比电极，在 25℃，溶液中每变化 1 个 pH 单位，电位差改变为 59.16mV，据此在仪器上直接以 pH 的读数表示，从而以获得水的 pH。

（4）浊度测定采用全散射法，是通过将一束光入射到待测水样，在入射光的 90°方向检测散射光的含量，通过标准曲线换算得到水样的浊度，单位为 NTU。

（5）硬度测定是通过滴定法，将溶液的 pH 调整到 10，用乙二胺四乙酸（EDTA）溶液络合滴定钙、镁离子。铬黑 T 作指示剂与钙、镁离子生成紫红色络合物。滴定中，游离的钙和镁离子首先与 EDTA 反应，跟指示剂络合的钙镁离子随后与 EDTA 反应，到达终点时溶液的颜色由紫色变为天蓝色。

（6）总铁测定是采用分光光度法，在 pH 为 3～9 的条件下，低铁离子能与邻菲咯啉生成稳定的橙红色络合物，在波长 510nm 处有最大光吸收，可快速测定水样中的总铁含量。

（7）微生物测定采用平板计数法，用 0.45μm 膜过滤一定量的水样来确定细菌总数，将截留在过滤表面的生物组织置于一定的营养物中进行培养，形成菌落，通过低倍放大镜就可以观察到，并可对菌落进行计数。

10.3.3 美国海军舰船水质检测

目前还没有针对船上饮用水的化学水质标准。对于海上移动平台（如船类）建立化学饮用水标准还存在问题。然而，岸上饮用存储水应该符合EPA的官方标准或者海外环境指南中饮用水质标准的基本文件。水测试的所有步骤和要求必须符合美国公共卫生协会（APHA）、美国水工程委员会（AWWA）、水污染控制联合会（WPCF）发布的《水与污水检验的标准方法》。

1. 化学污染物测试

分析水中含有的可疑化学污染物是复杂的。船外是不提供设备和相关受训专业人员的。EPA颁布了国家公共水系统的饮用水标准，界定了特殊污染物的最大浓度限值（MCL)。《美国军人中心健康促进和预防医学技术指南》第230条“军事人员的化学暴露标准”，设置了四个等级的短期饮用水军事暴露标准。这种参考方法对引导分析船上环境的操作性风险管理有帮助，需要注意的是这种风险评估模型是建立在军事个体的水消耗来自于一个固定的设备（如反渗透净化水装置）上的。海上遇到水质问题时应联系最近的海军环境预防医疗单位。

2. 卤素残余量检测

饮用水通过添加卤素化合物消毒。饮用水消毒所用的卤素包括氯和溴的化合物。在饮水系统各部分中应保持可检测的微量游离有效氯残余或溴残余总量。微量卤素残余读数（在比色计上可检测的颜色变化）可确保饮用水没有细菌污染。游离有效氯或溴残留总量是与水接触30min后水中残存的过量的氯或溴。

水面舰船的饮用水分布系统必须在首次处理后保持0.2mg/L的余氯或溴残留总量。带有大型应用配水系统的舰船，如航母，在水分布系统的末端处至少要保持一定程度的余氯。舰船所处的地理环境决定着其首次治理的需求度。如果水来自于一处未经同意的来源，如某处水质可疑地区，那么在消耗点上的卤素残留应保持最小值2.0mg/L：

（1）在配水系统中自始至终都必须保持0.2mg/L的卤素残余量。

（2）从水源接收的或舰船自产的没有卤素余量的水必须进行氯化或溴化处理，在饮用水中反应30min后应能至少达到0.2mg/L浓度的卤素余量（FAC/TBR）。

（3）接收未经审批的水源地的饮用水，即不确定质量的水或者是地区性的传染性肝炎地区的水，必须进行氯化或溴化处理，在饮用水中反应30min后应能至少达到 2.0mg/L 浓度的卤素余量（FAC/TBR）。在这些例子中，如果溴化器不能满足溴余量达到 2.0mg/L 的要求，则这类水必须通过一次性氯化的方法，使得在水中反应 30min 后饮用水箱中的水能至少达到 2.0mg/L 浓度的游离有效氯。在饮用水箱中保持 2.0mg/L 卤素量 30min 后，水就被认为可以安全使用了。

（4）根据《海军舰船技术手册》及《海军预防医学手册》，对卤素残留量的检测通常由医学部门代表按照如下条件进行：在船员饮用之前。与对各饮用水样品进行细菌性分析的工作协同进行。样品选取点每日是不同的，要在舰船水分布系统有代表性的位置点选取水样，如前端、船中央、船末端、甲板下或上层结构中等。

不同的测试方法、材料、工具、仪表等用于比较测量余氯与氯胺（总氯含量）。余氯或溴残余量是由 DPD 测试来确定的。DPD 测试在精准性上的不同取决于是否使用了比较仪测试工具或便携式分光光度计。

3. 温度和 pH 测试

这类测试对于工程系统的人员是重要的，水温和 pH 的测试能够显示出水处理与消毒过程中遇到的偏离问题。在较低 pH 和较温暖环境下，卤化是十分有效的措施。较高 pH（大于等于 8.5）将会使得卤素的消毒功效产生反作用。水温影响着存储器中溴的释放量，较温暖的水温会迅速影响存储器的使用。

pH 测试由船上工程部门对给水例行进行。测试可能会用饮用水，重要的做法见《海军舰船技术手册》第二卷第 220 章。pH 测试也可能会用到 DPD 氯溴 pH 测试工具。

4. 盐度（含氯量）测试

当饮用水中氯含量超出蒸馏水设备中或最终从岸上获取的饮用水中的含量时，海水中的污染物渗透到饮用水中的现象就发生了。此时需采取的相应措施是调查、维修、清洗以及消毒。工程人员一般使用船上生成水来进行盐分测定。盐分测定不能建立在卤化水的基础上。带有次氯酸钙的水的卤化可能会导致错误的阳性读数，滴定的最终位置将无法确定受污或卤化水。

5. 医学部门代表对交叉连接进行监督

医学部门代表和工程人员应当对交叉连接保持警惕。医学部门代表应当对舰船上已有饮用水系统进行更换或修理时的潜在交叉连接问题保持警惕。且应经常与工程人员商讨关于饮用水系统的所有修理或更换行动，这可能对预防交叉连接非常有益。如果怀疑或确认一个交叉连接，就应当快速采取行动，以及在存在不符合要求的条件时采取有效的决定。与工程指挥官讨论的最大好处是，能够重新考虑存在嫌疑的部位和回顾舰船的设计方案。如果确认了一个交叉连接点，则医学部门代表和工程人员需要立即采取行动，控制住饮用水系统中受到影响的部分，直到排除交叉连接；如有必要，还需对饮用水系统进行消毒。

6. 饮用水记录日志

医学部门代表将会进行为期两年的饮用水跟踪的序时记录。搭载预防医学人员的大型船，技术人员有进行相关记录的职责。对于其他舰船，日志记录主要由医学部门代表完成。

记录至少要包括如下信息。选取每个水样本的时间和日期。舰船的位置：在海上、海港、抛锚处、港口处等。样本选取点：包括位置外围、制冰机、饮水罐等。舰船用水来源：蒸馏装置、驳船、岸滨等，也包括水源信息（已通过认证或没通过认证的）、卤素残留量和是否完成了消毒工作。医疗救援测试：包括卤素残留。详述是否存在氯或溴以及成因，如日期、接收前的水、消毒罐中的连接点等信息，以及包括当出现阴性指示时的重复性操作。细菌性分析：记录所有测试的结果，包括所有阴性值和阳性值，记录如存在总大肠菌和缺乏总大肠菌的结果，如果总大肠菌是存在的，要记录残渣中是否含有大肠杆菌。记录采取的做法以及当出现阳性样本时的结果。气味和味觉及相关问题经检查和鉴定采取相关行动。

7. 美国海军饮用水检测方式

水质卫生监督监测是执行水质标准，尽早发现水质存在的问题，评价水质状况，及时采取有效技术措施，保证供水质量的重要环节和手段。美军饮用水检测要求见表 10.9～表 10.11。

表 10.9 饮用水生产、储存和分发过程中推荐的防疫检测周期

水质参数	检测周期				
	水生产点	分发系统	单独储存	瓶装/包装水	推荐测试方法
大肠杆菌	每周/每月	每月	每周/每月	每月	P/A 法
溶解性总固体	每周/每月	—	—	—	盐度计
游离余氯	每周/每月	每周	每天	—	DPD 法
游离余氯	每周/每月	每周	每天	—	DPD 法
温度	每周/每月	每月	—	—	温度计
pH	每周/每月	每月	每天	—	pH 计/酚红法

续表

水质参数	检测周期				推荐测试方法
	水生产点	分发系统	单独储存	瓶装/包装水	
颜色/气味	每周/每月	—	—	—	比色盘
浊度	每周/每月	—	—	每月/视觉的	浊度仪
砷	每季度	—	—	—	测试条
氰化物	每季度	—	—	—	测试条
镁	每季度	—	—	—	滴定/测试条
氯化物	每季度	—	—	—	测试条
硫酸盐	每季度	—	—	—	测试条
放射性	每季度	—	—	—	实验室分析
高级水质检测	每半年/每年	每半年/每年	—	事件驱动	实验室分析
化学污染	涉及威胁	—	—	—	M272 化学污染检测装具

表 10.10　水处理人员根据威胁和战争防护等级确定放射性测试频率

威胁程度	战争防护等级	测试频率
没有已知威胁	0	每周
轻度威胁	1	每天
中度威胁	2	每天两次
严峻威胁	3	每天四次
严重威胁	4	每小时
知道污染	4	每小时和每次分发前

表 10.11　部署期间建议监测频率

水样类型	人员			时间		
	防疫军医	所有人	操作员	开始	30 天后	备注
水源水	*			*		每年卫生调查、每年高级水质监测
水处理点	*			*	每月	每半年高级水质监测
				*	每小时	游离余氯、浊度、溶解性总固体、pH
储存和分发设备	*			*	每月	检验游离余氯
		*	*	*	每天	检验游离余氯

续表

水样类型	人员			时间		
	防疫军医	所有人	操作员	开始	30 天后	备注
瓶装水	*			*	每月	每次 10 瓶样品直至用完
单元容器饮用水	*			*	每月	检验，需要时清洁和消毒
		*			每天 2 次	游离余氯
大批储存水	*			*	每月	消毒
		*	*	*	每天	游离余氯
移动储存和输送水	*			*	每月	每半年消毒
		*	*	*	每天	记录
软桶水	*			*	每月	第一次开启时间
		*		*	每小时、每天	游离余氯
淋浴和人员卫生水	*			*	每月	清洁，游离余氯
		*	*	*	每天	清洁，游离余氯
供给水		*		*	每周	记录供给对象

*表示监测记录项；空白处表示没有强制要求。

美军饮用水水质检测按实际需要进行了每天检验项目、每周检验项目、每月检验项目和季度检验项目，以及化学战剂的检验等级划分。

10.3.4 船舶水质监/检测项目设置

1. 水质在线监测

船舶上反渗透海水淡化装置运行时，温度、TDS、pH 是最重要也是最基础的水质指标。因此，对于船舶上的反渗透海水淡化装置，应在海水进水口设置在线海水温度和 TDS 监测仪，在反渗透产水处应设置在线产水 TDS 监测仪，所有数据应能实现自动记录功能。

若反渗透淡化水存在调质过程，则在调质后在线监测调质淡化水的 pH。淡水储水舱内的淡水会存放一段时间，因此需要实时监测储水舱中余氯和浊度的变化，当在线监测的余氯含量低于 0.3mg/L 时，应手动或设备自动向储水舱添加余氯，当在线监测的浊度含量高于 1NTU 时，应开启水箱循环过滤装置来净化储水舱的浊度。图 10.9 是所需安装在线监测仪表的位置及水质指标。

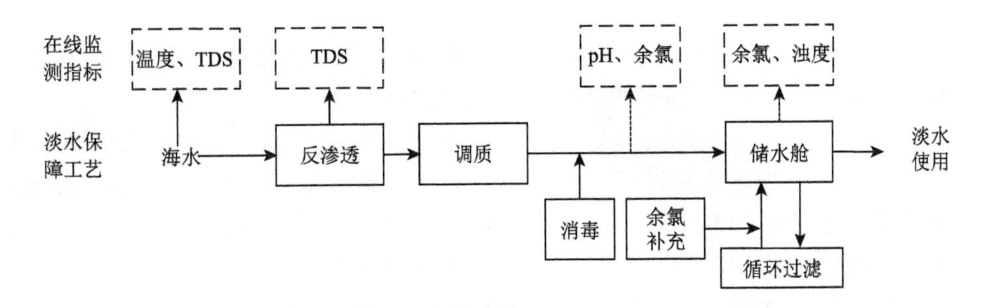

图 10.9　淡水保障系统所需安装的在线监测仪表的位置及水质指标

在线监测仪表参数配置要求。配置的在线监测仪表应满足表 10.12 的要求。

表 10.12　水质在线分析仪配置要求

序号	设备及位置	在线监测项目	要求
制水系统			
1	反渗透装置增压泵进水管	温度	温度测量范围 0～40℃，精度不低于 1℃；探头材料应能耐海水腐蚀，监测结果长期稳定可靠
		TDS	测量范围 0～50000mg/L，精度不低于 1mg/L；探头材料应能耐海水腐蚀，监测结果长期稳定可靠
2	一级反渗透产水总管	pH	pH 测量范围 0～14，精度为小数点后两位；监测结果长期稳定可靠
		TDS	TDS 测量范围 0～2000mg/L，精度不低于 1mg/L；监测结果长期稳定可靠
		电导率	电导率测量范围 0～4000μS/cm，精度不低于 1μS/cm
3	二级反渗透产水管	pH	pH 测量范围 0～14，精度为小数点后两位；监测结果长期稳定可靠
		TDS	TDS 测量范围 0～2000mg/L，精度不低于 1mg/L；监测结果长期稳定可靠
		电导率	电导率测量范围 0～4000μS/cm，精度不低于 1μS/cm
储水系统			
1	淡水舱内或出水管	pH	pH 测量范围 0～14，精度为小数点后两位
		余氯	余氯测量范围在 0.1～10mg/L，精度不低于 0.01mg/L；监测结果长期稳定可靠，根据监测结果能控制余氯投加系统的启停
		浊度	浊度测量范围在 0～50NTU，精度不低于 0.1NTU；监测结果长期稳定可靠，根据监测结果能控制循环过滤系统的启停

2. 水质离线检测

舰船应具备快速检测 pH、TDS、浊度、总硬度、总铁、余氯、总大肠菌群、细菌总数 8 项水质指标的生产检测能力；且应具备快速检测菌落总数、总大肠菌群、色度、浊度、臭和味、肉眼可见物、pH、总硬度、氯化物、溶解性总固体、游离余氯或二氧化氯 11 项水质指标的卫生检验能力。

对 9 个水质指标检测设备的选型进行分析，得到了适合船舶淡水保障系统使用的水质指标快速检测设备，组成了成套的便携式 CM-WQA-9 水质检测箱，可放到船舶上使用，其中各检测指标的检测频次及采样点如表 10.13 所示。通过对船舶淡水水质的实时检测，可以保障船舶淡水的饮用和洗涤健康，当水质指标超过《生活饮用水卫生标准》（GB 5749—2006）的标准时，可及时采取相应措施。

表 10.13　淡水保障系统的 9 个常规指标检测的离线检测方法

检测项目		检测设备	采样点	检测频次
9 个指标	浊度、pH、总硬度、溶解性总固体、余氯	CM-WQA-9 水质检测箱	原水、储水舱	每日不少于一次
	总铁、氯化物、总大肠菌群、菌落总数			每周不少于一次

3. 月检 22 项水质指标

除了上述比较重要的 9 项水质指标必须经常检测外，通过收集分析国内外相关文献，结合市政自来水月度特征水质分析要求，确定了菌落总数、总大肠菌群、色度、浊度、臭和味、肉眼可见物、pH、铁、钙、总硬度、重碳酸盐、氯化物、溶解性总固体、硼、铜、锌、镁、游离余氯或二氧化氯、镉、铅、砷、氰化物 22 项水质指标，检测可在岸基实验室进行。

从论证分析中可以看到，虽然国内多家设备厂商都能生产多参数水质检测仪，但考虑到检测的方便性、检测结果的稳定性以及试剂存放的方便性，推荐使用哈希的 DREL2800 水质分析实验室，其可对水质进行 20 多项指标检测，具体检测频次及采样点如表 10.14 所示。此套设备检测的水质指标多，不需要很高的监测频率，一般可放在岸基实验室使用，每月取船舶上的淡水水样，测定其水质指标，确保船舶淡水水质符合《生活饮用水卫生标准》（GB 5749—2006）的要求。

表 10.14　淡水保障系统的多参数水质检测的离线检测方法

检测项目	检测设备	采样点	检测频次
22 项指标：菌落总数、总大肠菌群、色度、浊度、臭和味、肉眼可见物、pH、铁、钙、总硬度、重碳酸盐、氯化物、溶解性总固体、硼、游离余氯或二氧化氯、铜、锌、镁、镉、铅、砷、氰化物	哈希公司的 DREL2800 水质分析实验室	储水舱	每月不少于一次

10.4　船舶淡水保障系统及发展趋势

船舶淡水保障系统一般由注水系统、制水系统、储水系统、用水系统等组成。制水系统由海水淡化装置、调质装置和消毒装置组成。储水系统由循环过滤装置和消毒装置组成。用水系统由供水装置和终端处理装置组成。

10.4.1　系统优化

人员、设备对淡水的水质要求差别较大，美国海军规定舰船淡水含盐量低于500mg/L，动力设备对淡水水质在含盐量或者电导率方面提出了比人员更高的要求。尤其对于动力锅炉用水，含盐量要求极低，一般要求不超过 10mg/L。因此对船舶海水淡化装置提出了更高的产水水质要求，采用蒸馏式海水淡化技术一次淡化就能达到要求，采用反渗透海水淡化装置时应该多级或者多次淡化。

除了水质要求高外，由于船舶活动范围广，海域环境条件变化大，要求船舶海水淡化装置具有良好的海水环境适应性；装置安装在船上，船上空间有限，结构紧凑，集成式或者模块化是总体设计的需求和发展趋势；船舶有振动和冲击，所以淡化装置需要耐受船体结构的冲击和振动；船舶需要远离大陆，对淡化装置的可靠性、维修性等性能比陆用设备要求更高。

10.4.2　膜法优先

20 世纪 80 年代以前，船用海水淡化装置基本上是用蒸馏式，有单效蒸馏(浸管式)、闪蒸和电动压汽三种。但是，在内燃动力装置船舶上，多采用以柴油机缸套冷却水或废气锅炉热蒸汽为热源的浸管式装置（又称废热式淡化装置)。20 世纪 80 年代以后，在船用淡化装置中，增加了反渗透式，美国海军泰勒研究中心于 1988 年在驱逐舰（DD992）上进行的技术评定试验和运行评定试验，认为反渗透式海水淡化装置的性能和可靠性均佳。因此，反渗透海水淡化装置被美国海军批准为水面舰船使用。

美国早期航母采用浸管式和闪蒸式蒸馏装置，如“企业”号等大型常规蒸汽动力和核动力航母均采用双级闪蒸式蒸馏装置，其单台容量为 266m^3/d（70000gal/d），全舰共装 4 台。随着反渗透技术的发展，早期美国尼米兹级航母除了配备蒸馏式海水淡化装置外，还配备反渗透海水淡化装置。法国常规蒸汽动力装置航母“贞德”号所采用的是双效浸管式蒸馏装置。

内燃机动力装置潜艇常采用具有双槽管升膜蒸发器的电动压汽式蒸馏装置，以生产艇上的生活用水。20 世纪 80 年代以后，开始试用反渗透式海水淡化装置。核动力潜艇除需要生产生活用水外，还要生产原子锅炉补给水。因此，既需采用电动压汽式生产生活用水，也需采用浸管式装置生产锅炉补给水。

反渗透淡化装置能很好地适应船上的饮用水生产，但应用于潜艇还需要解决目前存在的一些问题，如高压泵噪声过高，整机占据的空间较大，且比较笨重。这主要是因为潜艇用反渗透系统还需具有预热器、粗滤器、换热器以及离子交换器等设备，以改善渗透水的纯度。因此，在碟式膜反渗透装置出现之前，人们一直纠结于反渗透淡化装置与电动压汽式装置之间如何选择。碟式膜反渗透装置相比卷式膜反渗透装置，可以较好地解决体积和重量问题，但是噪声问题的缓解只能依靠提升高压泵产品质量。

电动压汽式装置的缺点为，系统中必须具有较大容量的电加热器供启动和给水温度过低时加热或预热海水之用；电动压汽机为高速回转机械，价格高，维修工作量也较大；蒸发温度较高，给水倍率较小，极易结垢。使用这种设备，必须有简便可靠的防垢、清垢措施。因此，装蒸馏海水淡化装置可采用主机柴油机缸套水的废热作为加热热源，产水品质高，成品水的含盐量可以达到 6mg/L 以下，可以用作锅炉补给水；海水进水一般不需要预处理，维修保养方便。但是，当船舶在停泊作业时，由于柴油机减负荷工作，可利用的缸套废热不够，因此装置无法正常制水，不利于船舶在海上定点作业。

反渗透海水淡化装置不受主机工作状态的影响，只要有电，无论是航行还是定点作业或停泊，随时可以制水。反渗透海水淡化装置因具有能耗低、体积紧凑、操作上易于实现自动化控制等优点，在船舶上得到越来越广泛的应用。系统的自动化、模块化设计，可以实现无人操作，减轻船员的负担，便于管理和维护保养。所以，新造船舶或旧船上海水淡化装置的更新改造均倾向于选用反渗透淡化装置。反渗透膜系统产水性能受温度影响较大，温度过低会导致产水量下降。冬季在北方海域作业时海水温度低，可以利用主机柴油机缸套水的废热作为加热热源，提高反渗透海水淡化装置的进水温度，保证装置产水量。反渗透法与蒸馏法的比较见表 10.15。反渗透装置与其他淡化装置的评价对比见表 10.16。

表 10.15　反渗透法与蒸馏法的比较

比较项目	反渗透法	蒸馏法
动力来源	消耗的能量全部为电能	利用柴油机缸套水余热或锅炉废气余热作为热源，节约能源，此外泵类消耗部分电能
产水品质	单级反渗透所产淡水能用于人饮用，一定级数的多级反渗透所产淡水才能作为锅炉补给水或柴油机冷却水	产水品质较高，不但适合人饮用，还能作为锅炉补给水或柴油机冷却水

续表

比较项目	反渗透法	蒸馏法
运行时间	只要有电力供应，就能持续工作，但要消耗船上有限的电能	当舰船停靠码头或停在海上进行作业时，主机小负荷运行，甚至停机，蒸馏装置没有充足的热源，不能持续工作
适用海域与预处理要求	海水预处理要求较高，在比较脏或污染比较严重的海域，甚至不能使用	海水预处理要求不高，所能处理的原料海水比较广泛
适用舰船	适用于各类能提供电能的舰船，但污染较严重的近海海域船舶不能使用	适用于有废热余热供给的舰船，并且核动力舰船因蒸汽携带核辐射，所造淡水不能饮用
造水成本	能量来源全部为电能，并且定期更换的反渗透膜价格不低，造水成本较高	回收废热余热作为热源，只消耗部分电能，造水成本比较低
可靠性与维修性	可靠性高，维修简单、方便、时间短	存在腐蚀，维修要求高

表 10.16　反渗透装置与其他淡化装置的评价对比

评价项目	相对能耗（耗油值）	相对尺寸	相对费用	评价
反渗透淡化器	1.0	1.3	1.3	安装简单，给水须严格过滤，一级反渗透水质只适用洗涤水
单效蒸馏（浸管式）	10.0	2.0	1.0	给水须预处理，能耗高
废热式蒸馏器	1.0	1.4	1.0	给水尽可能处理，管系复杂，发生故障时须对发动机进行保护
双级蒸发蒸馏器	6.5	2.1	1.9	给水须预处理
四级蒸发蒸馏器	4.9	2.3	2.1	给水须预处理
电热压汽蒸馏器	2.4	1.0	1.0	有噪声，给水须预处理，安装简单

早期的船用淡化装置以蒸馏法为主，随着技术的发展，逐渐出现电渗析和反渗透淡化装置，目前船用淡化装置主要为蒸馏淡化装置和反渗透淡化装置两种类型。与传统蒸馏式和电渗析船用海水淡化装置相比，反渗透船用海水淡化装置具有能耗低、结构简单紧凑、体积小、运行稳定可靠、维护简单、船用适应性强、不受船舶主机等设备运行状况影响和易于实现智能化操作等优点，使得反渗透海水淡化装置在船舶上的应用更具有竞争力，因而近几年发展迅速，成为船舶应用尤其是非蒸汽动力舰船应用最有前途的海水淡化装置。如果采用二级反渗透可生产含盐量＜10mg/L 的淡水，与离子交换或电渗析集成后（集成膜技术）生产的纯水可以满足以蒸汽轮机为动力的舰船锅炉补给水的供应。此外，从目前船用淡化装置的市场来看，各类新造船或改造船舶更倾向于选用反渗透海水淡化装置，美国海军尤其如此，该类装置已逐渐成为船用特别是舰船海水淡化装置的一种主流技术，在船舶上的应用具有非常广阔的前景。

提高产水效率和减少能源消耗是反渗透海水淡化装置的发展方向。随着材料技术的进步，反渗透海水淡化装置有望得到更为快速的发展，美国军方报道了在膜技术方面的突破，产水率可从现在的20%～30%提高到50%，石墨烯薄膜为主要的技术途径。2014年我国《科技日报》报道，中国科学技术大学工程科学学院近代力学系吴恒安教授和王奉超博士，与诺贝尔奖得主、英国曼彻斯特大学安德烈·海姆教授课题组合作，在石墨烯功能材料研究方面取得突破性进展，发现了氧化石墨烯薄膜具有精密快速筛选离子的性能，该筛选效应不仅对离子尺寸要求非常精准，而且比传统的浓度扩散快上千倍。《科学》杂志专门对这项研究成果进行了展望评述，认为该发现使得氧化石墨烯薄膜在众多分离应用中具有重要意义，在海水淡化与净化等领域具有广阔的应用前景。

反渗透膜是反渗透海水淡化技术的关键技术。自20世纪50年代以来，人们一直致力于新型反渗透膜的开发和利用。反渗透膜经历了均质对称膜、不对称膜和复合膜三个阶段，不对称膜和复合膜是发展的两个重要里程碑。1953年，Reid首次用6μm厚的均质醋酸纤维素制得均质对称反渗透膜，标志着反渗透海水淡化技术的开始。第一代不对称醋酸纤维素反渗透膜由致密层和疏松支撑层构成，将传质速度提高了近3个数量级。20世纪70年代优异的第三代复合膜研制成功，水通量是早期Reid均质渗透膜的10倍，目前第一代均质膜已在实际中被淘汰，第二代非对称膜仍在一定范围内应用，第三代复合型渗透膜广泛地应用在各个领域。纳米技术的出现为改进海水淡化提供了新的机遇，用于海水脱盐分离的纳米结构材料减少了海水腐蚀的影响问题，人们还发现分离机制和纳米结构材料新的传输现象。特别是近十年来，纳米技术研究取得重大进展，碳纳米管、纳米线、石墨烯、量子点、超晶格等纳米结构材料成为反渗透海水淡化的研究热点，随着对纳米级传输现象研究的不断深入及纳米结构材料的新发展，它将会有效、价廉及持续地满足未来人们对清洁水的需求。近五年来，石墨烯材料制备技术在国内外都取得了突破，美国海军认为利用石墨烯制成反渗透膜进行海水淡化有着极广泛的前途。

10.4.3 高效节能

海水淡化的水回收率是影响其成本的主要因素。回收率即产水与进水流量之比。传统RO的系统回收率一般为30%～40%；热法海水淡化工程的系统回收率一般为15%～50%。回收率是反渗透海水淡化（SWRO）系统设计中一个非常关键的参数，决定进水处理系统（取水、预处理系统和高压泵）的尺寸和占地面积。预处理阶段在反渗透膜法海水淡化操作费用中所占比重可能高达60%左右。提高系统回收率，意味着能够降低预处理系统的进水处理量、降低耗电量和化学药品的用量，从而大幅度降低产水成本。

采用浓盐水转化两段反渗透工艺，如图 10.10 所示，可显著地提高海水淡化系统回收率，同时减少厂房或舱室建设安装费用。该技术已经于 1999 年在西班牙 Mas Palomas 海水淡化厂得到了成功应用。两段反渗透工艺过程中，使用 Toray 公司耐高压、防污染的反渗透 SU-820BCM 卷式膜组件，第一段 RO 的回收率为 40%，第一段浓盐水（盐度为 5.8%，压力为 6.0～6.5MPa）通过升压泵提高压力到 8.0～10.0MPa，进入第二段 RO 系统。第二段的水回收率为 33%，总水回收率可以达到 60%。其技术关键是确保第二段 RO 不结垢。操作过程中加酸至溶液 pH 为 6.0，添加 MT-901 还原剂替代传统的亚硫酸氢钠用于消除余氯。

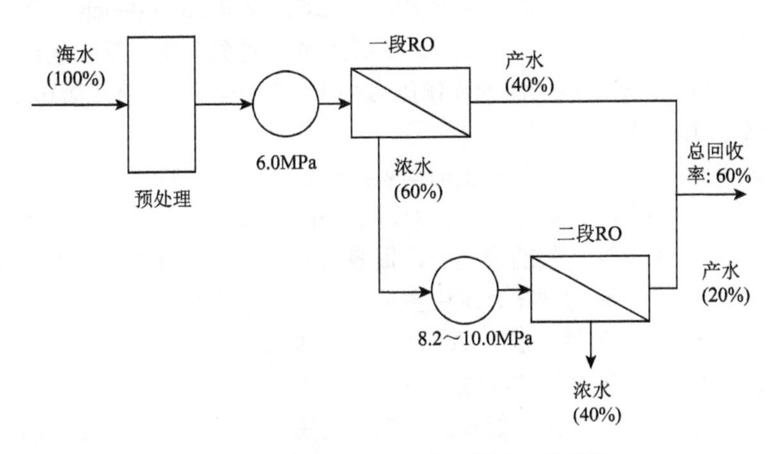

图 10.10 浓盐水转化两段反渗透工艺流程

纳滤是 20 世纪 80 年代发展起来的一种膜分离技术，其分离精度介于超滤和反渗透之间。纳滤膜一般载荷负电，对二价离子和多价离子具有很好的选择截留性。纳滤可有效降低海水的硬度、TDS 和有机物含量，并因为可去除 98%以上的 SO_4^{2-}，大大降低了 $CaSO_4$ 硬垢形成的可能性，在海水淡化领域具有极大的应用潜力。

纳滤软化 + 反渗透淡化（NF-RO）的工艺可大幅度降低反渗透膜表面的结垢与污染风险，大幅度提高反渗透系统的回收率，并降低成本。1998 年，沙特阿拉伯盐水转化公司（SWCC）最先报道了 NF-RO 的试验研究，纳滤海水软化工艺可将海水总硬度由 7500mg/L 降至 220mg/L，去除率达 97%；TDS 由 45460mg/L 降至 28260mg/L，去除率达 38%；总氯由 21587mg/L 降至 16438mg/L，去除率达 24%；SO_4^{2-} 由 2300mg/L 降至 20mg/L，去除率达 99%；相同操作条件下，采用 NF-RO 工艺后，SWRO 系统的总回收率提高 30%。SWCC 采用的是 8 只 4 英寸的商品纳滤膜元件，显示了纳滤膜在海水软化领域的巨大应用潜力。

意大利皇家科学院 Drioli 教授等也开展了 NF-RO 的研究，采用 NF300PA 4

英寸纳滤膜对 Tirrenian 近岸海水进行软化处理，操作压力为 0.9MPa、有效膜面积为 6.8m^2 时，纳滤产水流速达到 7.5m^3/d。在不考虑膜面无机结垢的情况下，纳滤段的循环操作可使反渗透段的回收率增至 50%。

纳滤的操作压力一般仅为反渗透的三分之一左右，因此，纳滤过程的能耗相对较低，并且，纳滤膜对于海水中的无机盐具有一定的去除率，通过合理选择脱盐率和纳滤组合工艺，可以实现有效地脱盐。研究采用具有高脱盐率的 NF-90、NE-90 4 英寸纳滤膜元件组成的两级纳滤工艺替代反渗透海水淡化工艺，保持系统回收率为 22%时，二级纳滤产水 TDS 降低至 218mg/L，达到饮用水水质要求。这种二级纳滤工艺具有很好的应用前景。据报道，美国 Long Beach 市即应用了这种中试工艺，产水 TDS 小于 500mg/L，系统回收率达到 37%，第一级纳滤的操作压力小于 3.8MPa，第二级纳滤的操作压力小于 1.7MPa，与一级反渗透工艺相比，降低了能耗 20%～30%。

脱盐率是海水淡化的一个重要的衡量指标；还有一个特殊的指标是硼。反渗透能够去除海水中 99%的离子，但是对硼的去除率为 80%左右。这主要是由于硼酸的分子直径小于反渗透膜的膜孔径，很容易通过反渗透膜进入产水，导致硼的去除率很低。另外，因为硼在海水中主要以硼酸的形式存在，它是一种不带电荷的质子酸（电性弱），能够和膜上的有效部分以氢键的形式结合，与碳酸或水以相同的方式扩散到离子浓度低的溶液中去。

通常可以采用二级甚至多级反渗透来提高脱盐率，或使用多级反渗透或纳滤膜、反渗透膜组合的工艺同样可以达到脱硼的目的。研究认为，当原水中硼含量＞3.5mg/L 时需要使用多级反渗透工艺，而不需要调节 pH。目前，有很多工程还在二级反渗透前通过调节 pH 共同作用脱硼，与一级反渗透相比，这种方法工艺复杂，成本和运行费用都较高。

目前研究对船舶单效蒸馏、反渗透、机械蒸汽压缩、多级闪发式海水淡化装置进行了热力分析计算，并对利用热泵作为热源进行海水淡化进行了分析讨论。可以看出，利用柴油机冷却水作为热源的蒸馏式海水淡化装置能耗低，主要存在的问题是操作复杂，利用现代自动控制手段进行改进，将显著提高其使用效能。反渗透技术能耗较低，操作简单，是目前船舶海水淡化获得广泛应用的主要原因。通过分析热泵作为热源的海水淡化装置，指出了其必须解决的问题。从目前船舶海水淡化装置现状看，获得淡水的成本较高，主要原因在于为实现装置的小型化，节能措施受限，热量损失较大。随着节能技术的发展，降膜蒸发技术、高效蒸汽压缩机、板式换热器以及能量回收装置的利用，可有效降低产水能耗；另外，对浓海水进行循环利用，回收其废热，不仅可降低能耗，还可以减小对环境的影响。总体看来，和陆用海水淡化装置比较，船舶海水淡化节能技术有广阔的发展前景。

10.4.4 新技术应用

在探索高效节能的反渗透技术的同时，也没有停止对新的海水淡化技术的研究和追求，进入 21 世纪以后，不断有新的海水淡化技术进展的报道。2010 年美国佐治亚州的一家公司研制出一种新型海水淡化设备。据称，其淡化过程的费用只有现有技术的 1/3。这种便携式的新设备可每天处理 1.1 万 L 水。它使用了一种称为迅速喷雾蒸发（RSE）的技术：含盐的水通过管道喷雾进入分离室，形成非常细小的水滴，在分离室的热空气中水滴迅速蒸发。水和盐分等杂质分离水蒸气输入凝结室成为纯水，而盐分则落在分离室的底部。试验表明它能处理含盐量高达 16%的水，大大超出了一般海水的浓度。经计算，它生产 1000L 淡水的成本是 16～27 美分。科学家认为这种装置还可以处理废水。

参 考 文 献

BS EN ISO 3696-1995. 1995. Water for Analytical Laboratory Use-specification and Test Methods[S].

Centers for Disease Control and Prevention，American Water Works Association. 2012.Emergency water supply planning guide for hospitals and health care facilities[R]. Atlanta：U.S. Department of Health and Human Services.

Commandant United States Coast Guard. 1999. Water Supply and Wastewaterdisposal Manual[S].

DoD 4715.05-G. 2007. Overseas Environmental Baseline Guidance Document[S].

Earth Tech（Canada）Inc. 2005. Chlorine and Alternative Disinfectants Guidance Manual[S].

EPA 570/9-89-007. 1997. Cross-connection Control Manual[S].

EPA 816-F-09-004. 2009. 40 CFR Part 141. National Primary Drinking Water Regulations[S].

EPA 816-F-09-004. 2009. 40 CFR Part 142. National Primary Drinking Water Regulations[S].

EPA 816-F-09-004. 2009. Disinfectants and Disinfection Byproducts. National primary drinking water regulations[S].

EPA 816-F-09-004. 2009. National Primary Drinking Water Regulations[S].

EPA 816-R-10-020. 2010. Guidance Manual for the Aircraft Drinking Water Rule（ADWR）-Interim Final[S].

EPA 822-S-12-001. 2012. Edition of the Drinking Water Standards and Health Advisories[S].

EPA-HQ-OAR-2006-0735. National Primary Drinking Water[S].

EU_Directive_98_83. 1998. EC on the Quality of Water Intended for Human Consumption[S].

FDA-2012-D-0316. 2012. Guidance for Industry Bottled Water Quality Standard：Establishing an Allowable Level for Di（2-thylhexyl）Phthalate Small Entity Compliance Guide[S].

FM 10-52-1. 1991. Water Supply Point Equipment and Operations[S].

FM 3-16. 2010. The army in Multinational Operations[S].

FM 4-02.56. 2003. Army Medical Field Feeding Operations[S].

FM 4-25.12. 2002. Unit Field Sanitation Team[S].

Hauschild V D. 2000. Chemical Exposure Guidelines for Deployed Military Personnel[J] .Drug and Chemical Toxicology，23（1）：139-153.

MIL-STD-438 E NOTICE 1-1983. 1983.Schedule of Piping，Valves，Fittings and Associated Piping Components for

Submarine Service[S].

MIL-STD-777F CHANGE 2-2018. 2018. Schedule of Piping，Valves，Fittings，and Associated Piping Components for Naval Surface Ships[S].

Naval Ships Technical Manual. 2005. Gas Free Engineering[S].

Naval Ships Technical Manual. 2005. Inspections，Tests，Records，Reports[S].

Naval Ships Technical Manual. 2005. Low-pressure Distilling Plants[S].

Naval Ships Technical Manual. 2005. Piping Systems[S].

Naval Ships Technical Manual. 2005. Potable Water Systems[S].

Naval Ships Technical Manual. 2005. Reverse Osmosis Desalination Plants[S].

Naval Ships Technical Manual. 2005. Stowage，Handling，and Disposal of Hazardous General use Consumables[S].

Naval Ships Technical Manual. 2005. Vapor Compression Distilling Plants[S].

Naval Ships Technical Manual. 2005. Vol. 1，Water Chemistry-Vol. 2，Test and Treatment[S].

NAVFAC UG-2034-ENV. 1999. Consecutive Water system Guidance Document for Navy Installations[S].

NAVFAC UG-2077-ENV. 2007. Potable Water Quality Management Guidance Document[S].

NAVMED P-5010-1. 2004. Food Safety[S].

NAVMED P-5010-6. 1990.Water Supply a Float[S].

NAVSUP P-486.2004.Food Service Management[S].

NSF/ANSI 12-2012. Automatic Ice Making Equipment[S].

NSF/ANSI 14-2013. Plastics Piping System Components and Related Materials[S].

NSF/ANSI 24-2010. Plumbing System Components for Recreational Vehicles[S].

NSF/ANSI 3-2012. Commercial Warewashing Equipment[S].

NSF/ANSI 372-2011. Drinking Water System Components-lead Content[S].

NSF/ANSI 41-2011. Non-liquid Saturated Treatment Systems[S].

NSF/ANSI 42-2013. Drinking Water Treatment Units-aesthetic Effects[S].

NSF/ANSI 44-2012. Residential Cation Exchange Water Softeners[S].

NSF/ANSI 46-2012. Evaluation of Components and Devices used in Wastewater Treatment Systems[S].

NSF/ANSI 50-2012. Equipment for swimming Pools，Spas，Hot Tubs and other Recreational Water Facilities[S].

NSF/ANSI 51-2012. Food Equipment Materials[S].

NSF/ANSI 5-2012. Water Heaters，Hot Water Supply Boilers，and Heat Recover Equipment[S].

NSF/ANSI 53-2013. Drinking Water Treatment Units-health Effects[S].

NSF/ANSI 55-2013. Ultraviolet Microbiological Water Treatment Systems[S].

NSF/ANSI 58-2013. Reverse Osmosis Drinking Water Treatment Systems[S].

NSF/ANSI 60. 2009. Drinking Water Treatment Chemicals-health Effects[S].

NSF/ANSI 61-2013. Drinking Water System Components-health Effects[S].

NSF/ANSI 62-2013. Drinking Water Distillation Systems Shower Filtration Systems-aesthetic Effects[S].

Office of Water（4601M）. 2002. Office of Ground Water and Drinking Water，Distribution System Issue Paper. Finished Water Storage Facilities[S].

QSTAG 245.1985.Edition 2. Minimum Requirements for Water Potability（Short and Long Term Use）[S].

S9086-VD-STM-010/CH-631. 2005. Naval Ships Technical Manual. Preservation of Ships in Service[S].

STANAG 2136-2007. 2007.Aspects of Water Supply and Sewage Systems in Military Camps[S].

U.S. Environmental Protection Agency. 2003. Office of Water Office of Drinking. Water Cross-connection Control

Manual[S].

U.S. Environmental Protection Agency. 2014. Watersense New Home Specification[S].

U.S. Public Health Service. 2009. Food Code[S].

UG-2077-ENV. 2007. Potable Water Quality Management Guidance Document[S].

World Health Organization. 2011. Guidelines for Drinking-water Quality[M]. 4th ed. Geneva：World Health Organization.

World Health Organization. 2011. Hardness in Drinking-water Background Document for Development of WHO Guidelines for Drinking-water Quality[S].